Die Römer in der Schweiz

Walter Drack und Rudolf Fellmann

Die Römer in der Schweiz

Konrad Theiss Verlag Stuttgart
Raggi-Verlag, Jona SG

CIP-Titelaufnahme der Deutschen Bibliothek

Drack, Walter:
Die Römer in der Schweiz / Walter Drack u. Rudolf Fellmann.
– Stuttgart : Theiss ; Jona, SG (Schweiz) : Raggi-Verl., 1988
  ISBN 3-8062-0420-9
NE: Fellmann, Rudolf:

Redaktion: Gabriele Süsskind

Schutzumschlag: Jürgen Reichert, Kornwestheim.
Foto: Büste von Mark Aurel, Musée romain, Avenches

© Konrad Theiss Verlag GmbH & Co., Stuttgart 1988
Alle Rechte vorbehalten
Gesamtherstellung: Grafische Betriebe
Süddeutscher Zeitungsdienst Aalen
Printed in Germany
ISBN 3-8062-0420-9

Vorwort

Den Anstoss zum vorliegenden Buch gab der Konrad Theiss Verlag im Februar 1984. Walter Drack nahm die Einladung dankbar an, hatte er doch schon seit 1941, besonders aber während seiner 25 Jahre dauernden Amtszeit als Kantonaler Denkmalpfleger und Kantonsarchäologe von Zürich u. a. mehrere römische Gutshöfe teilweise oder gar umfassend ausgegraben und 1975 im Rahmen der »Ur- und frühgeschichtlichen Archäologie der Schweiz« (UFAS) die »Römische Epoche« als Band V ediert.
Unabhängig davon war von anderer Seite ungefähr gleichzeitig die Anfrage an Rudolf Fellmann, Professor für provinzialrömische Archäologie an der Universität Bern, herangetragen worden, ob er nicht ein zusammenfassendes Werk über die Römer in der Schweiz schreiben wolle. Er hatte daraufhin bereits ein in Einzelheiten gehendes Projekt entworfen, als Walter Drack ihm von der an ihn ergangenen Einladung sprach. Die beiden in alter Freundschaft verbundenen Autoren beschlossen, ihre Projekte zusammenzulegen, wobei Walter Drack einen ausführlichen topographisch gegliederten Katalog der bedeutendsten Fundstellen und Funde zu verfassen sich vornahm und Rudolf Fellmann die von ihm bereits konzipierten neun Kapitel zur Geschichte und Kulturgeschichte in das Buch einzubringen gedachte. So entstand in mehrjähriger Zusammenarbeit und in intensivem Gedankenaustausch die vorliegende Publikation »Die Römer in der Schweiz«.
Wie sehr im heutigen Zeitpunkt eine Neubearbeitung der hiesigen römischen archäologischen Forschungsergebnisse notwendig war, zeigte sich schon bei der Herausgabe des erwähnten Bandes »Die römische Epoche«. Seither aber haben die wegen der hektischen Bautätigkeit in den sechziger Jahren erfolgten und ab 1975 in immer grösserem Rahmen weitergeführten bzw. neu unternommenen Rettungsgrabungen so viele und verschiedenartigste Baureste und eine so grosse Zahl an Neufunden aller Art aus den Bereichen der einstigen römischen Städte, Dörfer (vici), Gutshöfe usw. zutage gefördert, dass sich in der Tat eine gesamtschweizerische Darstellung aufdrängte.

Vorwort

Die Verwirklichung dieses Vorhabens wäre ohne interessierte und tatkräftige Hilfe von dritter Stelle nicht möglich gewesen. Wir möchten daher auch an dieser Stelle den nachstehend genannten Personen und Institutionen unsern grossen Dank aussprechen:
für die Vermittlung von Text-, Plan- und Bildunterlagen:
– den Archäologischen Dienststellen der folgenden Kantone: Aargau, Basel-Stadt, Basel-Land, Bern, Freiburg, Genf, Graubünden, Jura, Luzern, Neuenburg, St. Gallen, Schaffhausen, Schwyz, Solothurn, Thurgau, Tessin, Waadt, Wallis, Zug und Zürich sowie dem Büro für Archäologie der Stadt Zürich;
– dem Eidg. Archiv für Denkmalpflege in Bern und der Schweiz. Gesellschaft für Ur- und Frühgeschichte in Basel;
– den zuständigen Konservatoren der folgenden Museen: Augst: Römermuseum – Baden: Hist. Museum – Basel: Hist. Museum – Bellinzona: Museo civico – Bern: Bernisches Hist. Museum – Brugg: Vindonissa-Museum – Chur: Rätisches Museum – Frauenfeld: Thurg. Museum – Genf: Musée d'Art et d'Histoire – Gr. St. Bernhard: Musée de l'Hospice – Lausanne: Musée cant. d'Archéologie et d'Histoire – Lenzburg: Museum Burghalde – Locarno: Museo civico – Luzern: Natur-Museum – Neuenburg: Musée cant. d'Archéologie – Nyon: Musée romain – Olten: Hist. Museum – Rapperswil: Heimatmuseum – Schaffhausen: Museum zu Allerheiligen – Sitten: Musée archéologique – Solothurn: Hist. Museum Blumenstein – Vidy: Musée romain – Winterthur: Museum Lindengut – Yverdon: Musée d'Yverdon – Zürich: Schweiz. Landesmuseum – Vaduz: Liechtensteinisches Landesmuseum;
– für besondere und wichtige Hinweise und Dienstleistungen:
Frau lic.phil. P. Bonnard, Nyon, Frau Dr. H. Claussen, Münster i. W., Frau Prof. Dr. E. Ettlinger, Zürich, Frau lic.phil. E. Helferich, Vaduz FL, Frau Dr. A Hochuli-Gysel, Lenzburg, Frau lic.phil. C. Holliger, Brugg, Frau Dr. St. Martin-Kilcher, Basel, Frau Dr. Y. Mottier, Genf, Frau Prof. Dr. H. Schwab, Fribourg, Frau Dr. A. Siegfried-Weiss, Zürich sowie den Herren lic.phil. E. Abetel, Lausanne, K. Bänteli, Schaffhausen, Prof. Dr. L. Berger, Basel, Dr. H. Bögli, Avenches, Prof. Dr. Ch. Bonnet, Genf, Dr. G. Borella, Lugano, lic.phil. Ph. Bridel, Nyon, lic.phil. J. Bürgi, Frauenfeld, Prof. P. Donati, Bellinzona, H. W. Doppler, Baden, Dr. P. Eggenberger, La Tour-de-Peilz, Dr. J. Ewald, Liestal, Dr. G. Fingerlin, Freiburg i. Br., lic.phil. M. Fuchs, Avenches, Dr. A. R. Furger, Augst, A. Good, Sargans, H. Grütter, Bern, Dr. M. Hartmann, Brugg, lic.phil. H.-J. Lehner, Sitten, Dr. P. Litwan, Basel, lic.phil. F. Maier, Brugg, Dr. G. Malin, Mauren FL, Prof. Dr. M. Martin, Basel, lic.phil. J. Morel, Vevey, lic.phil. F. Mottas, Lausanne, Dr. F. Müller, Bern, U. Müller, dipl. Arch., Augst, Dr. U. Münzel, Baden, Dr. L. Pauli, München, Prof. Dr. D. Paunier, Lausanne, D. Peduzzi, Cama GR, Prof. P.-L. Pelet, Lausanne, Dr. h. c. A. Planta (†), Sent GR, Dr. J. Rageth, Chur, F. Rimensberger, Rapperswil SG, M.

Schaub, Augst, lic.phil. F. Schifferdecker, Porrentruy, Dr. H. Schneider, Olten, Dr. J. Schneider, Zürich, Prof. Dr. HR. Sennhauser, Zurzach, Prof. Dr. G. Walser, Bern, lic.rer.nat. D. Weidmann, Lausanne, Dr. K. Zimmermann, Bern und lic.phil. A. Zürcher, Thalwil.
Den besonderen Dank an die Förderer dieser Publikation versuchen die Autoren und die Verlage dadurch zum Ausdruck zu bringen, dass wir sie auf einer Ehrentafel aufführen.

Walter Drack   Rudolf Fellmann

Die Förderer dieses Buches

Schweizer Kulturstiftung PRO HELVETIA, Zürich
Regierungsrat des Kantons Zürich
Belport Familienstiftung, Zürich
Dr. Carlo Fleischmann Stiftung, Zürich
Otto Gamma-Stiftung, Zürich
Ernst Göhner Stiftung, Zug
Ulrico Hoepli-Stiftung, Zürich
Migros-Genossenschafts-Bund, Zürich
Schweizerische Bankgesellschaft, Zürich
Schweizerischer Bankverein, Jubiläumsstiftung, Basel
Schweizerische Lebensversicherungs- und Rentenanstalt, Zürich
Schweizerische Mobiliar Versicherungsgesellschaft, Jubiläumsstiftung, Bern
Schweizerische Rückversicherungs-Gesellschaft, Zürich
Schweizerische Volksbank, Jubiläumsstiftung, Bern
Stiftung Landis & Gyr, Zug
Stiftung der Schweizerischen Landesausstellung 1939 Zürich für Kunst
  und Forschung
Volkart Stiftung, Winterthur
»Winterthur« Schweizerische Versicherungs-Gesellschaft, Winterthur

Inhalt

Vorwort   5

Erster Teil
von Rudolf Fellmann

Eroberung und Konsolidierung   13

Das 1. Jahrhundert n. Chr.   33

Das 2. und 3. Jahrhundert n. Chr.   65

Strassen und Verkehr   88

Die Siedlungen des Landes   101

Tägliches Leben und Umwelt   138

Handel, Handwerk und Gewerbe   167

Kunst und Kunstgewerbe   204

Religion   220

Gräber und Bestattungssitten   255

Spätantike   276

Inhalt

Zweiter Teil
von Walter Drack

Topographische Beschreibung der archäologischen Fundstätten
und Einzelfunde (ausserhalb der Museen)   319

Anhang

Anmerkungen zum ersten Teil   581
Zeittafel   612
Inschriften (aufbewahrt ausserhalb der Museen)   619
Meilensteininschriften   621
Lateinische Ortsnamen und geographische Bezeichnungen
in der Schweiz   624
Die überlieferten lateinischen Ortsnamen   626
Museen mit römischen Funden   628
Abkürzungsverzeichnis Literatur   631
Literatur   633
Namen- und Sachregister   637
Ortsregister   642
Bildnachweis   645

Erster Teil

Geschichte, Zivilisation, Kultur, Religion

von Rudolf Fellmann

Eroberung und Konsolidierung

Am Anfang jedes Versuches, die Geschichte der Schweiz zur Römerzeit zu schreiben, müssen zwei Gesichtspunkte berücksichtigt werden:
Das Staatsgebiet der heutigen Schweiz war in der Antike keine politische Einheit. Es lag vielmehr in den Randgebieten von vier Provinzen des Römischen Reiches.
Es gilt, den eigentlichen Zeitpunkt des Beginns des römischen Einflusses auf die Gebiete, die Jahrhunderte später den staatlichen Rahmen der Schweizerischen Eidgenossenschaft bilden, sorgfältig abwägend festzulegen.
Um dem ersten Gesichtspunkt gerecht zu werden, wählten wir als Titel dieses Buches nicht »Die Schweiz in römischer Zeit«, sondern »Die Römer in der Schweiz« und dies in der Absicht, zu dokumentieren, dass hier der politische und kulturelle Einfluss Roms auf jene Gebiete, die heute den staatlichen Rahmen der Schweiz bilden, geschildert werden soll. Darüber hinaus sind auch die unmittelbar an die Schweiz anstossenden Gebiete zu berücksichtigen.
Der zweite Gesichtspunkt bedarf einer sorgfältigen Untersuchung. Wir stellen ihn darum an den Beginn unserer Betrachtungen über den Ablauf der geschichtlichen Ereignisse zur Römerzeit im Gebiete der heutigen Schweiz.
Interessanterweise liegt das Gebiet der Schweiz, das zuerst unter römische Herrschaft kam nicht im Süden des Landes. Nicht der Kanton Tessin (wenn man von dessen südlichstem Teil, dem Sottoceneri, absieht), sondern das Gebiet *Abb 34* von Genf, und zwar der Teil links der Rhone, kam als erstes unter römische Herrschaft. *Genava*/Genf, ein Oppidum des Stammes der Allobroger, bildete einen Teil der 121 v. Chr. geschaffenen *Provincia Gallia Narbonensis*. *Abb 1*
Rechts der Rhone begann das Gebiet der Helvetier. Diese politische Situation traf C. Iulius Caesar im Jahre 58 v. Chr. an, als er sich mit den Problemen auseinanderzusetzen hatte, die der von den Helvetiern geplante Auszug aus ihrem zwischen Jura, Alpen und Genfersee gelegenen Land auslöste. Dabei ist freilich festzuhalten, dass die Wohnsitze der Helvetier, wie sie Caesar zum Jahre 58

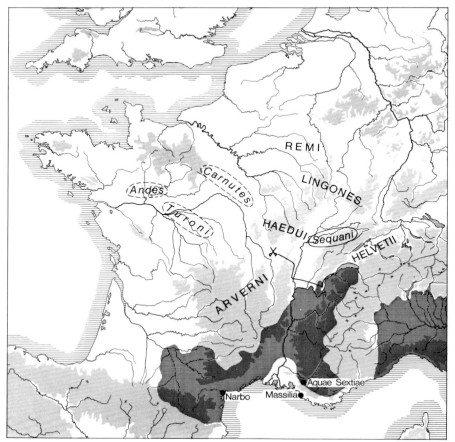

Abb. 1 Gallien im Jahre 58 v. Chr. mit Caesars Amtsgebiet (schraffiert), dem Auswanderungsweg der Helvetier und der Lage der verschiedenen Stammesgebiete.

v. Chr. schildert, kaum seit langem bestehenden Verhältnissen entsprechen. Die Allobroger dürften ursprünglich auch Gebiete rechts der Rhone und am rechten Ufer des Genfersees besiedelt haben.[1]

Die Helvetier scheinen erst nach einer längeren Wanderung von Ost nach West in jene Siedlungsgebiete gekommen zu sein, in der wir sie in Caesars *Commentarii de bello Gallico* finden. Die Berichte, die von einer »Helvetiereinöde« östlich des Schwarzwaldes im Gebiete der »Rauhen Alb« reden und die Tatsache, dass noch um Christi Geburt auf dem Magdalensberg bei Klagenfurt in Kärnten (A) auf einer Inschrift unter den ansässigen Stämmen Helvetier erwähnt werden, sprechen eine deutliche Sprache.[2] Unter den Stämmen und Völkern, die in der

ersten Hälfte des 1. Jahrhunderts v. Chr. in der Südostecke Galliens siedelten, haben wir noch die Germanen unter ihrem König Ariovist zu erwähnen. Seit etwa 70 v. Chr. hatten sich diese Scharen, die ursprünglich vom gallischen Stamm der Sequaner gegen ihre Erbfeinde, die Häduer, zu Hilfe gerufen worden waren, im zuvor sequanischen Gebiet als ungebetene Gäste niedergelassen und 58 v. Chr. bereits zwei Drittel des Stammesterritoriums besetzt.
Rom verfolgte diese Ereignisse aufmerksam. Es betrieb zunächst eine Politik der Nichteinmischung, war zwar mit einzelnen gallischen Stämmen (u. a. auch mit den Häduern) durch Verträge verbunden, bemühte sich aber auch um Ariovist, der als »sehr befreundeter König« bezeichnet wurde. Aufgrund dieser vorsichtig abwägenden Politik verweigerte der Senat einer Delegation der Häduer, die in Rom um Hilfe nachsuchte, die Unterstützung. Man wollte sich nicht in die Abenteuer eines gallischen Krieges hineinziehen lassen.[3]

C. Iulius Caesar und die Helvetier

Diese Politik änderte sich, als im Jahre 58 v. Chr. C. Iulius Caesar die Statthalterschaft über die Provinzen *Gallia Narbonensis, Gallia cisalpina* und *Illyricum* antrat. Bestimmt waren dem schlauen Politiker die tatsächlichen Verhältnisse in Gallien genauestens bekannt. So wusste er auch ohne Zweifel vom Auswanderungsplan der Helvetier. Deren Missgeschick war es, dass ihnen, ausgerechnet im Augenblick ihres geplanten Abmarsches, ein tatkräftiger und energischer Gegner, der die Gunst der Stunde zu nutzen wusste, gegenüberstand. Die Helvetier lieferten Caesar, ohne es zu wissen, den Grund zum Eingreifen in die inneren Verhältnisse Galliens und zur Auslösung eines »Gallischen Krieges«, der, weit über die einfache Bezwingung der Helvetier hinausgehend, die Eroberung ganz Galliens bezweckte. Das Gesuch um das Durchmarschrecht durch die römische Provinz, das die Helvetier unter ihrem greisen Anführer Divico stellten einerseits und die Behauptung, ihr Auswanderungsziel, das Gebiet der Santonen am Atlantik, würde empfindliche Störungen des Gleichgewichtes im unmittelbaren Vorland der *Provincia Narbonensis* hervorrufen andererseits, gaben Caesar dem Senat in Rom gegenüber die nötige Begründung für sein Handeln. Ausserdem gelang ihm das Meisterstück, die Helvetier hinzuhalten, entlang der Rhone eine Verteidigungslinie aufzubauen und gleichzeitig in Eilmärschen seine bei Aquileia am Adriabogen im Winterlager stehenden Legionen über die Alpen zu holen.[4]

Abb 1

Dem Durchzug der Helvetier durch den Jura entlang der Rhone folgte ihr Ausschwärmen und Plündern im Gebiet der Häduer und schliesslich der mühsam bewerkstelligte Übergang über die Saône, bei dem Caesar den noch auf dem linken Flussufer stehenden Teilstamm der Tiguriner überfiel und schlug. Die Ereignisse gipfelten in der Schlacht bei Bibracte, in der Caesar die Helvetier und ihre Verbündeten, allerdings nur mit äusserster Kraftanstrengung, besiegen konnte. Caesar behauptete zwar das Schlachtfeld, musste aber auf eine Verfolgung der abrückenden Helvetier verzichten, weil er gezwungen war, seinen Soldaten Ruhe zu gönnen.[5]

Caesar nahm in der Folge die Unterwerfung der Helvetier an und befahl ihnen, in ihre Heimat zurückzukehren. Da sie vor dem Auszug alle Vorräte, die sie nicht mitführen konnten, verbrannt hatten, wies er die Allobroger an, für die Getreidelieferung besorgt zu sein. Caesar begründete seinen Entschluss, die Helvetier in ihr Land zurückzuschicken, ausdrücklich damit, dass er vermeiden wollte, dass das Gebiet, aus dem sie abgezogen waren, von den Germanen besetzt würde, die dann unmittelbare Nachbarn der Allobroger bzw. der *Provincia Narbonensis* geworden wären. Um die Germanengefahr endgültig zu beseitigen, wandte sich Caesar bekanntlich anschliessend gegen Ariovist und schlug den Germanenfürsten an einem nicht näher bekannten Ort im Oberelsass.[6]

War das Helvetiergebiet von nun an ein Teil einer römischen Provinz und somit auch ein Teil des Römischen Reiches? Mit allergrösster Wahrscheinlichkeit war dies nicht der Fall. Die Rückführung in das Gebiet, das sie eben erst verlassen hatten, war für die Helvetier offenbar mit einem Auftrag verbunden. Sie waren zurückgeschickt worden, »nicht um bewacht zu werden, sondern um fernzuhalten«, wie das in einem späteren Fall vom germanischen Stamm der Ubier am Niederrhein gesagt wurde. Der Abwehrauftrag enthielt auch den Befehl, die zerstörten Siedlungen wiederaufzubauen. In der Frage, ob Caesar mit den Helvetiern diesbezüglich einen eigentlichen Bündnisvertrag (*foedus*) abgeschlossen habe, herrscht unter den Fachleuten Uneinigkeit. Cicero nennt in der Tat einen solchen Helvetier-Vertrag. Die Frage dreht sich darum, ob der von Cicero erwähnte Bündnisvertrag identisch mit dem zwischen Caesar und den Helvetiern abgeschlossenen Pakt ist oder ob es sich um eine Angelegenheit handelt, die zeitlich viel weiter zurückliegt. Nach sorgfältiger Abwägung aller Gesichtspunkte neigen wir dazu anzunehmen, Caesar habe tatsächlich mit den Helvetiern einen solchen Bündnisvertrag abgeschlossen.[7]

Wenn wir uns nach archäologisch fassbaren Spuren der geschilderten Ereignisse umsehen, so stellen wir fest, dass unter Umständen Brandspuren an der Wallanlage des grossen Oppidums auf dem Mont Vully am Murtensee mit dem Auszug der Helvetier zusammenhängen. Das Oppidum scheint ungefähr in der fraglichen Zeitspanne verlassen worden zu sein. Jedenfalls liegt kein Fundmaterial vor, das eine spätere Benützung ausweist. Man hat auch geglaubt, Spuren jener Befestigungen entdeckt zu haben, die Caesar zur Abwehr der Helvetier am linken Ufer der Rhone von Genf bis zum Jura hatte errichten lassen. Es will uns allerdings scheinen, dass die betreffenden Spuren noch zu unsicher sind und weiterer Erforschung und Abklärung bedürfen.

Tafel 1 Commugny. Palastartiges Herrenhaus eines Gutshofes. Wandmalerei im 3. Stil von Pompeii. Um 30 n. Chr. Rekonstruktionsversuch von E. Vogt.

Tafel 2 a   Pully. Palastartiges Wohnhaus auf Geländeterrasse über dem See. Ausmalung der Kryptoportikus im 4. Stil von Pompeii. Sockelpartie mit Wagenrennen. Drittes Viertel 1. Jh. n. Chr.
b   Avenches. Insula 18. Städtisches Wohnhaus. Wandmalerei im 3. Stil von Pompeii. Um Mitte 1. Jh. n. Chr.

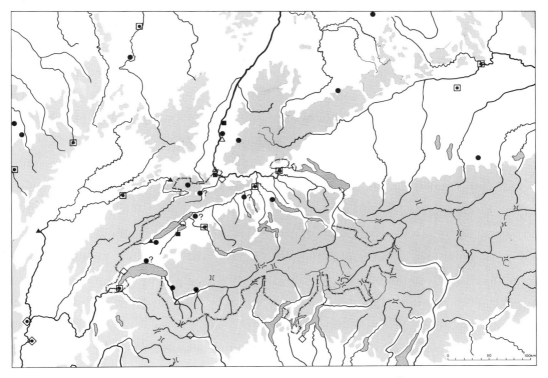

- ○ Oppidum, 1. Hälfte 1. Jh. v. Chr.
- ● Oppidum mit unbestimmter Zeitdauer
- ■ Oppidum, 2. Hälfte 1. Jh. v. Chr.
- ▣ Oppidum bis in die 2. Hälfte des 1. Jh. v. Chr. weiterbestehend
- △ Emporium, 1. Hälfte 1. Jh. v. Chr.
- ▲ Emporium, 2. Hälfte 1. Jh. v. Chr.
- ◇ Colonia
- ◈ Colonia am Orte eines Oppidum

Abb. 2 *Spätkeltische Oppida und frührömische Kolonien.*

Dass die Helvetier, Caesars Anweisungen folgend, ihre Oppida wieder aufbauten, können wir möglicherweise an zwei Plätzen beobachten. So scheint beim Oppidum Bern-Engehalbinsel eine neue Wallanlage entstanden zu sein, die nur noch ein flächenmässig weit kleineres Oppidum umschloss. Das schon erwähnte Oppidum auf dem Mont Vully wurde nicht wieder aufgebaut. Dafür wurde, wenn wir einer ansprechenden, noch nicht bis in alle Einzelheiten gesicherten Hypothese folgen wollen, auf dem Bois de Châtel über *Aventicum/* Avenches ein kleineres Oppidum errichtet.[8]

Mit den Helvetiern war auch der Stamm der Rauriker ausgezogen. In historischer Zeit hatte diese kleine Civitas ihren Sitz in der Basler Gegend, im Jura und im Oberelsass. Ob dies auch für die Periode vor dem Auswanderungsversuch zutrifft ist fraglich. Erschwerend wirkt sich hier noch der Umstand aus, dass

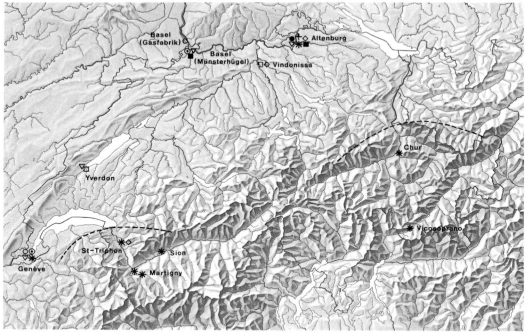

○ Campana A	☐ Lyon, Atelier La Muette A
⊙ Campana	■ Herkunft Gallien
● Puteoli/Pozzuoli	◇ Herkunft Italien
▽ Campana B	+ Latium 1
	✳ Padana 1–2

Abb. 3 Verteilung und Herkunft der Scherben der Keramik mit schwarzem Glanztonüberzug (sog. campana). Als weiterer Fundpunkt ist Tarnaiae/Massongex VS nachzutragen.

Caesar unter den Stämmen (*civitates*), die er in ihre Gebiete zurückschickte, die Rauriker nicht nennt. Man hat dieses Faktum oft so zu erklären versucht, dass in den mittelalterlichen Handschriften von Caesars *Commentarii* durch einen Abschreibfehler der Name der Rauriker ausgefallen sei. Wir halten es mit anderen Forschern für durchaus möglich, dass die Rauriker erst durch Caesar in jene Gebiete eingewiesen worden sind, die sie in der historischen Periode bewohnt haben.[9]

Fest steht, das haben die neuesten Forschungen klargelegt, dass die Rauriker ihre offene Siedlung am nördlichen Stadtrand der heutigen Stadt Basel, bei der sog. »Alten Gasfabrik« (heute Areal SANDOZ AG), die sie beim Auszug verlassen hatten, nicht wieder aufbauten. Sie errichteten im Gegenteil auf dem Basler Münsterhügel ein kleines Oppidum. Zu diesem Zwecke riegelten sie den Geländesporn mit einem tiefen und breiten Graben ab und bewehrten ihn mit einer

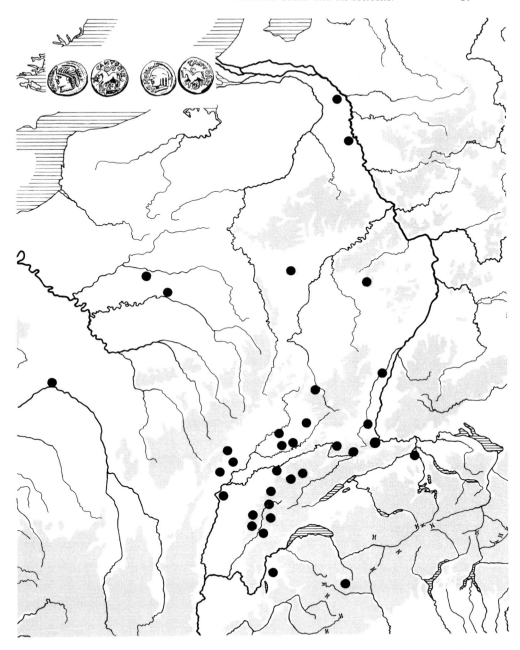

Abb. 4 Verbreitung der keltischen Münzen mit der Legende TURONOS CANTO-RIX. Oben die beiden Münztypen: links der aus Bronze, rechts der aus Potin.

mächtigen Wallanlage. Dieses Oppidum gehört zeitlich eindeutig in die Periode nach der Niederlage bei Bibracte. Das Fundmaterial ist denn auch charakteristisch für diese Periode: Das römische Importgut nimmt zu. Neben den Amphoren finden wir nun auch die sog. Dolien (grosse Vorratsgefässe), deren Scherben in der Vorläufersiedlung bei der »Alten Gasfabrik« noch völlig fehlen.

Abb 3 Zahlreich sind auch die Scherben von feiner Importkeramik mit schwarzem oder braun-rotem Überzug, die dem Formen- und Materialkreis der sog. Campanischen Keramik zuzuweisen sind. Tonanalysen haben ergeben, dass der Fabrikationsort dieser Keramik in *Lugudunum*/Lyon (F) zu suchen ist. Auch das Spektrum der Fibeln ist gegenüber demjenigen aus der Vorgängersiedlung wesentlich erweitert und verändert.[10]

Wir können die Periode unmittelbar nach der Rückkehr der Helvetier und Rauriker anhand ihrer archäologischen Hinterlassenschaft einigermassen fassen. Man gewinnt daraus den Eindruck, dass die beiden Civitates noch nicht in das Römische Reich integriert waren, sondern eine Art Vormauer des Imperiums bildeten, wozu die Helvetier durch das *foedus* ja verpflichtet waren. Eine weitgehende Selbständigkeit in inneren Angelegenheiten scheint den Stämmen verblieben zu sein. Darauf weist der Bau der neuen Oppida hin. Das Auftreten von

Abb 4 Münzen mit den Namen von Stammesfürsten (Turonos Cantorix u. a.) darf wohl ähnlich interpretiert werden. Auch die Siedlungsweise scheint die traditionelle geblieben zu sein, wobei sich allerdings durch den Import römischer Waren, vor allem aus dem Zentrum um Lyon, der kulturelle Einfluss aus dem Mittelmeergebiet nun wesentlich verstärkte.[11] Als sich die Helvetier dem Aufstande unter Vercingetorix 52 v. Chr. anschlossen, brachen sie den mit Rom abgeschlossenen Bündnisvertrag. Zwar wurde der Stamm nach dem Zusammenbruch des Aufstandes wie andere gallische Stämme, die teilgenommen hatten, nicht weiter bestraft, aber an eine Fortdauer des *foedus* war nicht zu denken.

Die Gründung von zwei Koloniestädten

Da sich die Helvetier als nicht unbedingt zuverlässig erwiesen hatten und da es ausserdem zu Einfällen von Stammesgruppen aus dem Alpenraum, die die zeitgenössischen Quellen als »Räter« bezeichnen, nach Gallien kam, beschloss Caesar, zur Kontrolle des Helvetiergebietes und zur Absperrung der Einfallachsen zwei römische Kolonien anzulegen. Solche Koloniegründungen wurden auf Grund und Boden vollzogen, der zuvor enteignet worden war. Die erste der beiden Kolonien wurde noch zu Lebzeiten Caesars, d. h. im Jahre 45/44 v. Chr., am Genfersee beim heutigen Nyon gegründet. Ihr Titel lautete *Colonia Iulia Equestris*. Der *ager*, d. h. das Territorium dieser Kolonie, war durch den Jura, den Genfersee und gegen Osten durch den Fluss Aubonne begrenzt. Es wird

Abb. 5 Inschrift am Grabe des L. Munatius Plancus in Gaeta [I]. In der letzten Zeile die Erwähnung der Gründung der Colonia Raurica.

nicht ganz klar, was der Beiname *Equestris* bedeutet. Gewiss hängt er mit den Veteranen zusammen, denen Caesar in der Kolonie Land anwies. Nach der einen Ansicht handelte es sich um Veteranen aus den Reitereinheiten der Legionen, nach einer anderen um Veteranen aus Caesars Lieblingslegion, der *legio X equestris*.[12]

Die zweite Kolonie war gewiss noch von Caesar geplant worden. Ihre Gründung vollzog aber bereits, wohl nach Caesars Tod, im Jahre 44 v. Chr. der damalige Statthalter in Gallien L. Munatius Plancus. Die Inschrift am monumentalen Rundgrabe dieses ehemaligen Kampfgenossen Caesars, das bei Gaeta (I) liegt, meldet, dass er nicht nur die Kolonie *Lugudunum*/Lyon gegründet habe, sondern auch eine im Raurikerland (*coloniam deduxit Rauricam*). Für diese Koloniegründung wurde somit ein Teil des Stammesgebietes der Rauriker enteignet. Die Lage der Kolonie im Rheintal oberhalb Basel, an der Stelle, wo die Strassen von den beiden Jurapässen über den Oberen und den Unteren Hauenstein her das Rheintal erreichten, war als Sperriegel ausserordentlich geeignet. Hier konnte gleichzeitig der Verkehr von Osten durch das Rheintal und von Süden aus dem Mittelland kontrolliert werden. So gut die Gründung der *Colonia Raurica* durch Munatius Plancus bezeugt ist, so problematisch ist dies aus archäologischer Sicht. Innerhalb des Stadtgebietes des Koloniehauptortes wurden bis jetzt, trotz langjähriger Ausgrabungstätigkeit, keinerlei Funde gemacht, die in die Zeit unmittelbar nach 44 v. Chr. datiert werden könnten. Wir kennen ja das Fundmaterial aus der Periode kurz nach der Mitte des 1. Jahrhunderts v. Chr., das hier auftreten müsste, recht gut, findet es sich doch als Importgut in den oben erwähnten von den Helvetiern und Raurikern wieder auf- oder neugebauten Oppida. Man hat zur Erklärung dieser Diskrepanz u. a. vorgeschlagen, dass die von Munatius gegründete Kolonie an einem anderen Ort gelegen habe, der mit dem der späteren Koloniestadt nicht identisch sei. Dabei hat man auch an den Basler Münsterhügel gedacht, dabei aber übersehen, dass dieser Fundplatz in den letzten Jahren reiche Funde geliefert hat, die alle auf ein spätkeltisches Oppidum und eine darin errichtete augusteische Militärstation hinweisen.[13]

Hier scheint eine andere Erklärung, die mit den historischen Abläufen besser vereinbar ist, einleuchtender: Bald nach Caesars Ermordung brach der Bürgerkrieg zwischen Caesars Testamentsvollstreckern und seinen Mördern aus. Die Veteranen in den neu gegründeten Kolonien *Iulia Equestris* und *Raurica* verliessen ihre Landlose (sie hatten sie vielleicht teilweise noch gar nicht bezogen) und wandten sich wieder dem einträglichen Kriegshandwerk zu. Zum Teil wurden sie von ihren Feldherren direkt aufgeboten und angefordert. Sie leisteten als alterfahrene Kämpfer zu besonders günstigen Soldbedingungen Dienst. Das bot ihnen einen grösseren Anreiz als ein Landlos an der Grenze des Reiches im Raurikergebiet.[14]

Die Zeit nach Caesar und der Alpenfeldzug

Die Geschichte Galliens in den Jahren zwischen Caesars Ermordung und dem Beginn des 2. Jahrzehnts v. Chr. wird selten ausführlich dargestellt, obwohl sie recht gut bekannt ist. Aus Platzgründen können wir hier nicht ausführlich darauf eingehen und verweisen auf die Zeittafel. Die betreffenden Jahrzehnte sind gekennzeichnet durch verschiedene Aufstände gallischer Stämme, denen auch immer wieder Germanen, die zu diesem Zwecke den Rhein überschritten, zu Hilfe kamen. Die römischen Statthalter hatten alle Mühe, auch nur einigermassen Herren der Lage zu bleiben.[15] Augustus weilte in den Jahren 27 bis 25 v. Chr. persönlich in Gallien. Er traf ein Chaos an, weil auf die Eroberung durch Caesar keine Konsolidierungsphase gefolgt war. Immer deutlicher zeigte sich, dass als Grundlage für jegliche weitere Massnahmen die Nachschubwege verkürzt werden mussten. Das bedeutete die Öffnung der Alpenübergänge. Schon Caesar hatte diese Notwendigkeit erkannt und im Jahre 47 v. Chr. durch seinen Legaten Galba die Öffnung des Grossen St.-Bernhard-Passes (*mons Poeninus*) versuchen lassen, ein Unternehmen, das bekanntlich misslang. In diesem Zusammenhang ist auch von Interesse, dass im Jahre 27 v. Chr. in *Genava*/Genf an der Hafenmole gebaut wurde, eine Massnahme, die man sicher im Zusammenhang mit dem Import auf dem Weg durch das Rhonetal sehen muss. Für denselben Zeitraum kennen wir auch bereits Bautätigkeit und ein römisches Fundspektrum in *Vesontio*/Besancon (F). Dies dokumentiert den Handelsweg durch die Täler der Saône und des Doubs.[16]

Die Eroberung des Alpenraumes wurde in der Folge konsequent vorangetrieben. 25 v. Chr. eroberte A. Terentius Varro Murena das Aostatal. Die Bevölkerung, der wilde Stamm der Salasser, wurde grösstenteils in die Sklaverei ver-

Abb 374

Die Zeit nach Caesar und der Alpenfeldzug 23

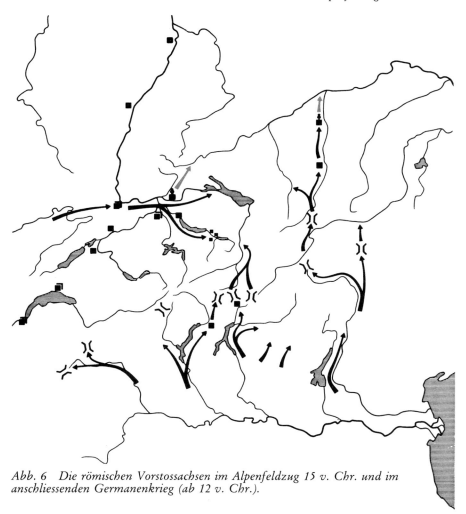

Abb. 6 Die römischen Vorstossachsen im Alpenfeldzug 15 v. Chr. und im anschliessenden Germanenkrieg (ab 12 v. Chr.).

kauft. Als Sicherung der neu geöffneten Passroute über den Kleinen St. Bernhard (*Alpis Graia*) nach *Lugudunum*/Lyon wurde die *Colonia Augusta Praetoria*, das heutige Aosta, gegründet. Nach Ausweis des Münzspektrums im Heiligtum auf der Passhöhe des Grossen St. Bernhard wurden damals dieser Pass und das Wallis dem römischen Herrschaftsbereich noch nicht einverleibt.[17]
Die eigentliche Eroberung des zentralen Alpenraumes erfolgte in mehreren Etappen. 16 v. Chr. begab sich Augustus abermals persönlich nach Gallien,

nachdem Lollius, der dortige Statthalter, durch die Germanen eine Niederlage erlitten hatte. Im gleichen Jahre unternahm P. Silius Nerva einen ersten Vorstoss, der ihn nach der Ansicht einiger Forscher bis ins Alpenrheintal führte. Die eigentliche Hauptaktion fand im Jahre 15 v. Chr. statt. In mehreren Kolonnen rückten die Heere unter Leitung der beiden kaiserlichen Prinzen Drusus und Tiberius in einem grossen Zangenangriff vor. Tiberius von Westen her, wohl entlang der Achse des Hochrheines gegen den Bodensee, und Drusus durch das Tal des Etsch über Brenner und Reschenscheideck und weiter ins Alpenvorland, wo er sich mit Tiberius traf und die Räter in einer Entscheidungsschlacht vernichtend schlug.[18]

Abb 6

Wir erfahren beiläufig auch von einer dritten Vorstossachse, die der Konsul des Jahres 15 v. Chr., L. Calpurnius Piso, persönlich geleitet zu haben scheint. Ihm war vielleicht sogar die Oberleitung des ganzen Unternehmens übertragen. Die beiden jungen Prinzen waren ja militärisch noch recht unerfahren. Piso könnte mit seiner Einheit über die Bündnerpässe einen mittleren Keil in die Alpen vorgetrieben haben. Es ist bezeugt, dass er nach Abschluss der Aktion zu Augustus nach *Lugudunum*/Lyon zog, von wo aus der ganze Feldzug geleitet worden war. Offenbar wurde Pisos Rolle absichtlich heruntergespielt, denn es ist überliefert, Augustus habe versucht, die Taten der übrigen Feldherren zugunsten der Aktionen der beiden Prinzen in den Hintergrund zu drängen.[19]

Im Rahmen des Alpenfeldzuges sind offensichtlich auch die vier Civitates des Wallis unterworfen worden. Mit dem Datum des Feldzuges setzt nämlich die Reihe römischer Münzen auf der Passhöhe des Grossen St. Bernhard kräftig ein. Den Abschluss des ganzen Unternehmens bildete die Errichtung eines grossen Siegesdenkmals in La Turbie oberhalb von Monaco. Auf dessen Inschrift wurden unter den im Alpenfeldzug unterworfenen Volksstämmen auch die Nantuaten, die Veragrer, die Seduner und die Uberer, d. h. die vier Stämme des Wallis, genannt.[20]

Während des Alpenfeldzugs und seiner Vorbereitung erfolgte der endgültige Zugriff Roms zum Gebiet der Helvetier und Rauriker. Dabei wurden Strassen gebaut, Truppen vorgeschoben und an den wichtigsten Punkten Garnisonen errichtet. Diese Massnahmen finden denn auch ihren Niederschlag im Auftreten des archäologischen Fundmaterials, das dem Zeitraum der Mitte des 2. Jahrzehntes v. Chr. zuzuordnen ist, an zahlreichen Plätzen im schweizerischen Mittelland und am Juranordfuss. Vorab sind dabei der Basler Münsterhügel und der Lindenhof in Zürich zu nennen. An beiden Punkten sind deutliche Spuren der militärischen Präsenz und die entweder aus Italien oder auch schon aus Manu-

Taf 3a fakturen bei *Lugudunum*/Lyon importierte Feinkeramik (*Terra sigillata*, sog.
Abb 10 Acobecher, sog. Vogelkopflampen) gefunden worden. Wann die genannten Punkte effektiv besetzt worden sind, ob erst 15 v. Chr. im Zuge des Feldzuges oder schon etwas früher im Laufe der logistischen Vorbereitung, kann nicht aus-

gemacht werden. Das archäologische Material lässt, das sei mit aller Entschiedenheit betont, eine solche feinere Präzisierung nicht zu.[21]
Aus denselben Gründen sind leider auch die drei steinernen Türme am Westende des Walensees nicht genauer zu datieren. Das in ihnen geborgene Fundmaterial ist ohne Zweifel der augusteischen Zeit zuzuordnen. Es lässt aber keine feinere Datierung innerhalb des Zeitbandes des 2. Jahrzehntes v. Chr. zu. Wir können somit auch nicht schlüssig entscheiden, ob es bei diesen Türmen um eine vorsorgliche Sperrmassnahme vor Beginn des Angriffs oder aber um Posten handelt, die eine durch einen vorausgegangenen Angriff geöffnete (Wasser-)Strasse flankierten. Wir neigen eher zur zweiten Ansicht. Es erhebt sich die Frage, ob nicht noch weitere Türme entlang dieser Strasse, die offenbar die Bündnerpässe mit dem Zürichsee verband, existiert haben. Die merkwürdige, in dieser frühen Periode unübliche Steinbautechnik der Türme mit den abgetreppten Fundamenten findet ihre Parallelen in frühen, ungefähr zeitgleichen Bauten auf dem Magdalensberg in Kärnten (A). Ob daraus Schlüsse abgeleitet werden können? Die eben erwähnte Strasse dürfte über den Septimerpass geführt haben, denn auf dessen Passhöhe wurden Funde gemacht, die in den gleichen Zeitraum gehören.[22]

Abb 303, 304, 371, 467

Das Gebiet der heutigen Schweiz fest in römischer Hand

An den Alpenfeldzug schliesst fast lückenlos der Versuch der Eroberung des Freien Germanien an. Manche Forscher haben die beiden Aktionen als zwei Teile einer einzigen grossen Unternehmung sehen wollen. Wie dem auch sei; sicher ist, dass der Feldzug gegen Germanien ohne die verkürzten Nachschubwege, die der Alpenfeldzug geöffnet hatte, nur schwer hätte durchgeführt werden können. Wiederum wurden vor Beginn des Vorstosses sorgfältige Dispositionen getroffen. Wir wissen heute sehr genau, dass die Offensive auf drei Achsen vorgetragen werden sollte: vom Niederrhein durch das Lippetal, von der Mainzer Gegend durch die Wetterau und das Maintal und vom Hochrhein aus der Gegend von Zurzach durch den Klettgau hinauf auf die Hochfläche der Baar.[23]
Während die beiden anderen Vorstossachsen uns im Rahmen dieses Buches nur am Rande interessieren können, ist der vom Hochrhein aus geplante Vorstoss von grossem Interesse. Gegenüber von Zurzach wurde um 12 v. Chr. beim heutigen Dangstetten ein Legionslager errichtet. Mehrere Kleininschriften belegen als Garnison eindeutig Teile der 19. Legion. Auch Hilfstruppen, darunter orientalische Einheiten, müssen in dem Lager in Garnison gelegen haben. Als sicher darf angenommen werden, dass auf der linken Rheinseite bei Zurzach ein kleines Kastell, gleichsam als Brückensicherung, angelegt wurde.[24]

Abb 7

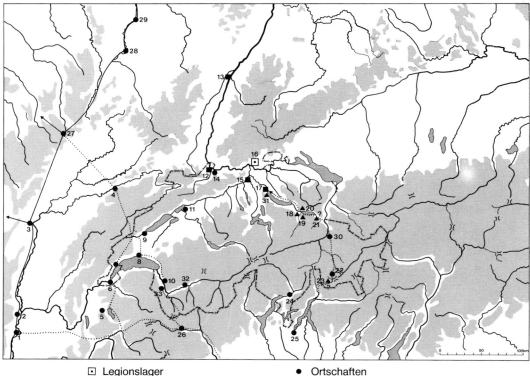

⊡	Legionslager	●	Ortschaften
■	Kastell	―	Strassen
▲	Militärposten	....	vermutete Strassen

Abb. 7 Frühaugusteische Fundplätze (Mitte 2. Jahrzehnt v. Chr.). 1 Vienna/Vienne [F], 2 Lugudunum/Lyon [F], 3 Cabillonum/Chalon-sur-Saône [F], 4 Vesontio/Besançon [F], 5 Boutae/Annecy [F], 6 Genava/Genf, 7 Iulia Equestris/Nyon (VD), 8 Lousonna/Vidy bei Lausanne (VD), 9 Eburodunum/Yverdon (VD), 10 St-Triphon (VD), 11 Petinesca/Studen (BE), 12 Basel, 13 Sasbach-Limberg [D], 14 Augusta Raurica/Augst (BL), 15 Vindonissa/Windisch (AG), 16 Dangstetten [D], 17 Turicum/Zürich, 18–20 Walenseetürme (GL und SG), 21 Mels-Kassel (SG), 22 Septimerpass (GR), 23 Vicosoprano-Caslacc (GR), 24 Bilitio/Bellinzona (TI), 25 Comum/Como [I], 26 Augusta Praetoria/Aosta [I], 27 Andematunnum/Langres [F], 29 Divodurum/Metz [F], 30 Curia/Chur (GR), Zürich-Uetliberg (ZH), 32 Sion-Sitten (VS), 33 Tarnaiae/Massongex (VS).

Es ist klar, dass vor dem geplanten Germanenfeldzug auch im Hinterland, d. h. auf den Nachschub- und Verbindungswegen, alle wichtigen Punkte mit kleinen Garnisonen gesichert wurden. An mehreren Stellen hat man diese Posten in bestehende gallische Oppida hineingelegt, so z. B. in Basel und *Vindonissa*, vielleicht auch in Zürich-Lindenhof und *Petinesca*/Studen BE. Was mit der von diesen Massnahmen betroffenen einheimischen Bevölkerung geschah entzieht sich

Abb. 8 Basel. Schwellbalken eines frührömischen Baus (Magazin?) unter dem Basler Münster.

Abb. 9 Basel. Anhängeetikett aus Bein mit der Ritzinschrift T. TORI (= »Titus Torius« oder »Turma [Schwadron] des Torius«).

Abb. 10 Basel. Sog. Vogelkopflampe. Typische Leitform frühaugusteischer Schichten.

unserer Kenntnis. Es fällt schwer, den Fundhorizont, der zu den Vorbereitungen des Alpenfeldzuges gehören könnte, von dem der Vorbereitungen des Germanenfeldzuges zu trennen. Die Funde erlauben eine solche feine Gliederung nicht. Man wird aber kaum fehlgehen, wenn man den entsprechenden Fundniederschlag in Basel, *Vindonissa,* Zurzach und an all den Plätzen an den Strassen-

Abb. 11 Augusta Raurica/Augst. Drei Fragmente einer Bronzetafel mit der (ergänzten) Inschrift zur Ehren von L. Octavius, dem Verleiher des neuen Namens an die COLONIA [PATERNA] P[IA APOLLIN]ARIS [AVGVSTA E]MERITA [RAVR]ICA.

verbindungen im Hinterland bis hin zum Genfersee im Zusammenhang mit diesen beiden Aktionen sieht.[25]

Eines steht fest: Durch die logistischen Massnahmen im Vorfelde des Alpenfeldzugs und bei der Vorbereitung des Germanenfeldzuges kam das ganze Gebiet der heutigen Schweiz fest in den Griff der römischen Armee. Das bedeutete das Ende der keltischen Oppida. Das lässt sich im Falle des Oppidums von Altenburg-Rheinau sehr gut fassen. Seine Besiedlung brach im Augenblick der Errichtung des nahegelegenen Legionslagers Dangstetten ab. Die beiden Organisationsformen waren offenbar nebeneinander nicht möglich. Das Helvetiergebiet gehörte fortan zum Römischen Reich. Die Übernahme scheint friedlich verlaufen zu sein, denn weder die Helvetier noch die zum gleichen Zeitpunkt inkorporierten Rauriker werden auf dem grossen, im Jahre 7/6 v. Chr. errichteten Denkmal des *Tropaeum Alpium* bei La Turbie über Monaco (F) erwähnt. Die Errichtung dieses Siegesdenkmals bildete den endgültigen Abschluss der Eroberung des Alpenraumes.[26]

Im Gefolge der militärischen und politischen Durchdringung wurde das frisch erschlossene Gebiet auch neu durchorganisiert. Dazu gehörte vor allem die Überprüfung früher getroffener Massnahmen.In diese Zusammenhänge muss man die Inschrift einer Bronzetafel aus *Augusta Raurica* stellen, die eine Widmung an einen gewissen L. Octavius enthält, von dem gemeldet wird, dass er der *nuncupator* (Namensgeber) der Kolonie sei. Man wird nicht fehlgehen, wenn man aus diesem Text schliesst, dass es sich bei dieser Persönlichkeit um einen

Kommissar (wohl aus der Verwandtschaft des Augustus) handelt, der den Auftrag hatte, die Verhältnisse in der *Colonia Raurica* zu untersuchen und neu zu regeln. Dass es sich nicht um eine Neugründung und schon gar nicht um eine solche an einem neuen Ort handelt, zeigt der Name des Rechtsaktes. Es handelt sich nicht um eine erneute *deductio* (Hinführung, Gründung), sondern um eine (Neu-)benennung (*nuncupatio*). Vermutlich wurde bei dieser Gelegenheit auch ein neues Koloniestatut (*lex coloniae*) verkündet, dessen wichtigster Bestandteil die neue, klangvolle Namensreihe der Kolonie als *Colonia [Paterna] Pia Apollinaris Augusta Emerita Raurica* war. Dieser Akt der Neufassung der Kolonie ist wohl ebenfalls in den hier umrissenen Zeitraum des späteren 2. Jahrzehnts v. Chr. hineinzustellen. Im Gefolge des endgültigen Zugriffs durch Rom beginnt denn auch an den meisten Plätzen der Fundniederschlag. Jetzt, gegen Ende des 2. und zu Beginn des 1. Jahrzehntes v. Chr., setzte in *Aventicum*, in der *Colonia Augusta Raurica* und in der *Colonia Iulia Equestris* die Bautätigkeit ein. Auch in der *Colonia Iulia Equestris* haben wir somit dasselbe Auseinanderklaffen zwischen dem Gründungsdatum und dem effektiven Siedlungsbeginn, wie wir es in *Augusta Raurica* feststellen können. In *Iulia Equestris* lässt sich zusätzlich eine recht enge Querverbindung zur Kolonie *Vienna*/Vienne (F) feststellen, was sich besonders an den Laufbahnen der Beamten erfassen lässt.
Waren auch hier Änderungen im Koloniestatut vollzogen worden? Ob sich aus den Ortsnamen *Drusomagus* (Lage unbekannt, wohl im Wallis), *Iuliomagus*/Schleitheim SH, die beide Namensgut der frühen Kaiserzeit mit keltischer Bezeichnung (magus = Feld) vereinen, weitere Anzeigen für frühe Organisationsversuche ableiten lassen, muss offen bleiben. Dazu wäre das ebenfalls nicht lokalisierbare *Forum Tiberii* zu stellen.[27]
An dieser Stelle ist ein Blick auf die Verhältnisse im Alpenraum nötig. Während im Wallis die Kontinuität der Besiedlung gesichert ist, scheint die Situation in Graubünden komplexer zu sein. Nach einer neuen Studie fehlen für den fraglichen Zeitraum Besiedlungsspuren weitgehend. Man wird dies nicht als eine Folge des Alpenfeldzuges erklären können, denn die Periode der angeblichen Fundleere setzt schon früher ein. Man muss sich in diesem Falle eher die Frage stellen, ob die scheinbare Fundlücke nicht durch eine Fehldatierung und -interpretation archäologischer Befunde hervorgerufen wird. Im Wallis wurden nach der Eroberung die vier Talstämme der Nantuaten, Veragrer, Seduner und Uberer durch Augustus in ihren Stammeseinheiten belassen und als *civitates* neu organisiert. Augustus wurde dadurch zu ihrem Schutzherren (*patronus*), dem die Stämme denn auch schon um 8 v. Chr. Ehreninschriften setzten. Die Loyalität zum Kaiserhause äusserte sich auch in Inschriften, die den beiden Enkeln des Augustus, Caius und Lucius Caesar, nach deren frühem Tod (3 und 4 n. Chr.) von den einzelnen Civitates gesetzt wurden. Eine wohl fast gleichlautende Inschrift für L. Caesar ist auch aus *Curia*/Chur bekannt. Sie wurde im Vicus bei

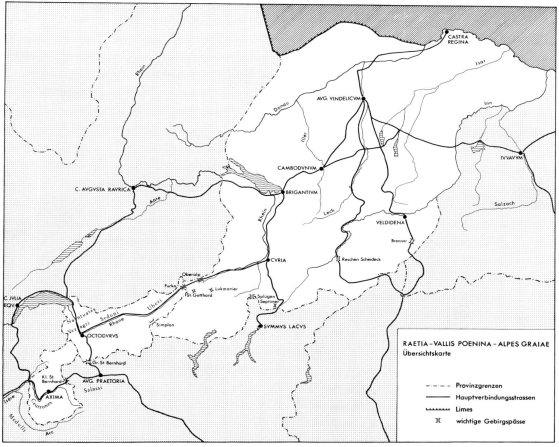

Abb. 12 Der Alpenraum mit den Provinzen Raetia und Alpes Graiae et Poeninae. Die Karte lässt die ursprüngliche Verwaltungseinheit im Alpenraum vor Errichtung der Provinzen erkennen.

vier Altarfundamenten gefunden. Diese scheinen auf einer Platzanlage gestanden zu haben. Geht man fehl, wenn man annimmt, dass es sich hier um eine Anlage für den Herrscherkult handelt? *Curia*/Chur erweist sich damit wie *Tarnaiae*/Massongex, *Octodurus*/Martigny und *Sedunum*/Sitten als Hauptort einer Civitas (*Civitas Caluconum*?).[28]

Die Ähnlichkeit der Situation im Wallis und in Graubünden beruht nicht auf Zufall. Der Alpenraum wurde nach der Eroberung von 15 v. Chr. als eine verwaltungsmässige Einheit belassen. Er sollte als eine Art Schutzwall für Italien in fester Hand bleiben und unterstand zunächst einem militärischen Kommandanten mit dem Titel *legatus pro praetore in Vindolicis*. Diesem Kommandanten war wahrscheinlich ein weiterer Beamter an die Seite gestellt, der den Titel *procurator Caesaris Augusti in Vindolicis et Raetis et in valle Poenina* (Finanzverwalter des Kaisers bei den Vindelikern und Rätern und im Wallis) trug. Nach dem Abzug der Truppen aus dem Lager Oberhausen bei *Augusta Vindelicum*/Augsburg (D) lag die Verwaltung des weitgespannten Gebietes in den Händen eines *primus pilus* (ranghöchster Centurio) der abgezogenen Legions-Vexillation, dem lediglich eine aus einheimischen Kräften rekrutierte, leichtbewaffnete Hilfstruppe zur Verfügung stand (*praefectus Raetis Vindolicis Vallis Poeninae et levis armaturae*).[29]

Abb 6   Die Vorstösse gegen die Germanen, die zunächst vom Legionslager Dangstetten aus vorgetragen worden waren, gestalteten sich wechselhaft. Dangstetten wurde schon um 8 v. Chr. nach dem Tode des Drusus aufgegeben. In der Folge, aber nicht in lückenlosem Anschluss und unter Umständen schon seit 5 v. Chr., lag eine Legionsabteilung mit verschiedenen, beigegebenen Hilfstruppen in Oberhausen bei *Augusta Vindelicum*/Augsburg in Garnison. Die Niederlage des Varus im Jahre 9 n. Chr. brachte einen empfindlichen Rückschlag und machte eine Umgruppierung der Kräfte nötig. (Abzug der verschiedenen in Augsburg-Oberhausen stehenden Truppen?). Germanicus operierte mit wechselndem Erfolg weiterhin in Germanien. Nach dem Tode des Augustus (14 n. Chr.) ordnete Tiberius schliesslich die Einstellung der Eroberungsversuche an. Die Reichsgrenze wurde am Rhein festgelegt. Von den hochgespannten Eroberungsplänen blieben nur die Namen der beiden Heeresbezirke *Germania inferior* (Niedergermanien) und *Germania superior* (Obergermanien) übrig, die halfen, den Schein zu wahren.[30]

Tafel 3 a   Basel. Münsterhügel. Keramik aus dem zweiten Jahrzehnt 1. Jh. v. Chr.
(v. l. n. r.): Spindelflasche, Balsamarien, Soldaten- und Aco-Becher, Terra sigillata.
b Baden. Töpfe in Latène-Tradition. Mitte 1. Jh. n. Chr.
Tafel 4 (umseitig)   Farbige Gläser des 1. Jh. n. Chr. aus Tessiner Gräbern:
a–c, f Muralto, d Minusio, e Gegend von Locarno. H: a 177, b 145, c 68, e 97,
f 118 mm; d 165 mm lang.

Das 1. Jahrhundert n. Chr.

Das 1. Jahrhundert n. Chr. war durch die Stationierung einer Legion im Gebiet der Civitas der Helvetier geprägt. Diese Massnahme hing eng mit dem bereits geschilderten Entschluss des Kaisers Tiberius zusammen, die Offensive gegen das Freie Germanien einzustellen, den dort operierenden Feldherrn Germanicus zurückzurufen und den Rhein als Reichsgrenze festzulegen.

Schon 9 n. Chr., als Folge der Niederlage des Quinctilius Varus im Teutoburger Wald, war die Militärzone links des Rheins neu gegliedert worden. Damals entstanden zwei Militärbezirke (unteres und oberes Germanisches Heer). Im Bereiche des obergermanischen Heeresbezirkes standen vier Legionen, die vom Legionslager *Mogontiacum*/Mainz (D) aus befehligt wurden. Dort residierte der Legat des obergermanischen Heeres (*legatus exercitus Germanici superioris*), der auch die Befugnisse eines Statthalters ausübte. Was die Finanzverwaltung anbetraf, so waren die beiden Heeresbezirke mit den Provinzen *Gallia Belgica* und *Gallia Lugdunensis* (mit letzterer nur bis zur Regierungszeit des Claudius) in einem grossen Finanzbezirk zusammengefasst.[31]

Das Legionslager Vindonissa

Umdispositionen, die wohl auch mit der Niederlage des Varus zusammenhängen, führten zum Abzug eines Grossteiles der Garnison des Lagers von Augsburg-Oberhausen. Die früher oft vertretene Ansicht, das Legionslager *Vindonissa* sei der direkte Nachfolger des Lagers von Augsburg-Oberhausen lässt sich kaum aufrechterhalten. Wir wissen nicht genau, wo die *legio XIII gemina*, die als erste Truppe in das Legionslager *Vindonissa* einzog, unmittelbar vorher gelegen hat. Sie gehörte sicher zum obergermanischen Heer, war aber vielleicht auf verschiedene Posten verteilt und rückte wohl zunächst auch noch nicht in voller Stärke in *Vindonissa* ein.[32]

34 Das 1. Jahrhundert n. Chr.

Abb 500 Als Erbauungsdatum des Legionslagers *Vindonissa* wird man am ehesten die Jahre 16 oder 17 n. Chr. anzunehmen haben. Das neue Legionslager hatte einen ausgesprochen defensiven Charakter. Es genügt, seine strategische Lage mit der des ehemaligen Lagers von Dangstetten (D), das ja offensiven Zwecken gedient hatte, zu vergleichen. Nicht am Rhein, sondern von diesem abgerückt, liegt *Vindonissa* hinter einer Juraklus. Es sitzt gleichzeitig, einer Spinne mitten im Netz vergleichbar, am Vereinigungspunkt der drei Flüsse Aare, Rhein und Limmat, die das Schweizer Mittelland entwässern. Damit übte es die Kontrolle über die

Abb 501

Abb 13, 14

Wasserwege aus, beherrschte die den Tälern folgenden Fernstrassen, war gleichzeitig aber auch Wächter an jener Stelle, an der die Aare in einem mächtigen Durchbruch den das Schweizer Mittelland gegen Norden abschirmenden Jura durchschneidet. Auch die engere topographische Lage des Legionslagers wurde sorgfältig ausgewählt. Es handelt sich um ein Plateau, das vor Hochwassern geschützt auf einem Geländesporn zwischen Aare und Reuss liegt.[33]

Das erste Lager, das die 13. Legion errichtete, nutzte zunächst nicht einmal die ganze Plateaufläche aus. Es erreichte im Norden die Hangkante des Plateaus noch nicht, und auch die westliche Lagerfront war noch an die 100 Meter hinter die im späteren Vollausbau erreichte Linie zurückversetzt. Im Osten lehnte sich das Lager an den damals noch offenen »Keltengraben«, d. h. an die Abschnittsbefestigung des aufgelassenen keltischen Oppidums an. Im Süden

Abb. 13 Vindonissa/Windisch. Grabstein des C. Allius Oriens aus Tortona [I], Centurio der legio XIII gemina. Auf dem Grabstein sind die Orden: Coronae (Kränze), Armillae (Armreifen) und Phalerae (Ordensscheiben) des Verstorbenen abgebildet.

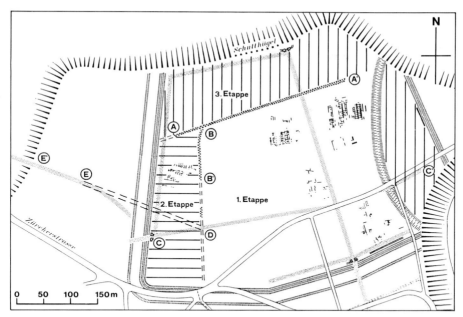

Abb. 14 Vindonissa/Windisch. Plan des Legionslagers mit den verschiedenen Erweiterungsphasen und den ältesten Holzbauten. A–A', B–B' ältere Lagerumwehrungen, C Westtor, C' Osttor, D Westtor, 1. Etappe, E–E' Ausfallstrasse.

scheint das Lager etwa 40 Meter weiter gereicht zu haben, als das im späteren Vollausbau der Fall war. Die gegenüber den späteren Ausbauphasen geringere Lagerfläche lässt vermuten, dass zunächst nur Teile der vorgesehenen Besatzungstruppen (z. B. nur die 13. Legion ohne Hilfskohorten, oder gar nur Teile der Legion) einrückten.

Diese früheste Phase des Legionslagers besass eine Umwehrung in Holz-Erde-Technik. Die Innenbauten waren in derselben Bautechnik errichtet. Die innere Einteilung der ersten Bauphase folgte übrigens, besonders was die astronomische Orientierung der Bebauung anbetrifft, anderen Regeln als die der späteren Anlagen. Schon sehr bald, wohl noch unter Tiberius, wurde das Lager ein erstes Mal vergrössert. Die westliche Lagerfront wurde um etwa 100 Meter vorverschoben. Wir müssen daraus schliessen, dass weitere Truppenkontingente in *Vindonissa* einrückten. Dies könnte mit der Niederwerfung eines heftigen Aufstandes gallischer Stämme im Jahre 21 n. Chr. zusammenhängen, an dem sich auch die im Westen an die Helvetier angrenzenden Sequaner und Häduer beteiligten.[34] Anschliessend sah sich die Heeresleitung genötigt, im Innern Galliens mehrere Kastelle zu errichten und zu besetzen. Eine Verstärkung der Garnison von *Vindonissa* drängte sich in diesen Zusammenhängen geradezu auf. Man

Abb. 15 Legionär in der Bewaffnung des 1. Jh. n. Chr. Rekonstruktionszeichnung.

wird deshalb *Vindonissa* als das östlichste Element in diesem Sicherungsfeld ansehen müssen, was bis jetzt zu wenig beachtet worden ist.[35]

Abb 18 *Vindonissa* war aber neben dieser Aufgabe im Rahmen der inneren Sicherheit des Reiches auch der Angelpunkt eines umfassenden Defensivsystems. Vom Legionslager hing eine ausgedehnte Linie von Kastellen und Posten ab. Der Westflügel dieser Linie begann in Basel und erreichte über ein Kastell an der Stelle der späteren Unterstadt von *Augusta Raurica* das zentrale Legionslager. Der öst-

Das Legionslager Vindonissa

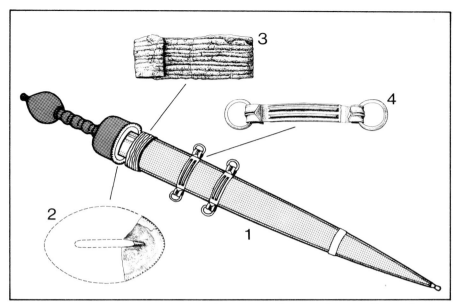

Abb. 16 Basel. Waffen aus frührömischer Zeit. Teile von Schwertgriffen und -scheiden: 1 Rekonstruierter Gladius mit Scheide, 2 Stichblatt, 3 Mundband, 4 Scheidenklammer.

Abb. 17 Vindonissa/Windisch. Schutthügel. Dolch aus Eisen mit Handschutz aus Bronze und Holzgriff.

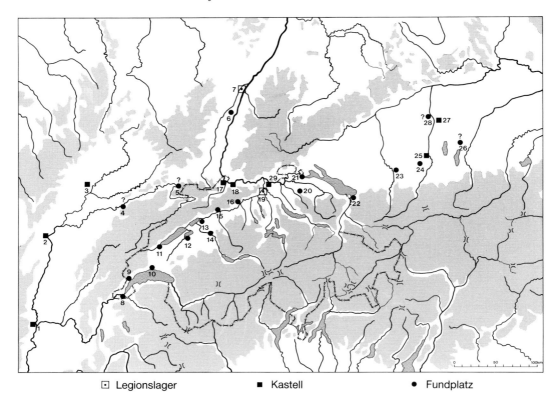

□ Legionslager   ■ Kastell   ● Fundplatz

Abb. 18 Militärische Posten und andere Fundplätze aus der Zeit des Tiberius.
1 Lugudunum/Lyon [F], 2 Cabillonum/Chalon-sur-Saône [F], 3 Mirebeau-sur-Bèze [F], 4 Vesontio/Besançon [F], 5 Epomanduodurum/Mandeure [F], 6 Hellelum/Ehl [F], 7 Argentoratum/Strassburg [F], 8 Genava/Genf, 9 Iulia Equestris/Nyon (VD), 10 Lousonna/Vidy bei Lausanne (VD), 11 Eburodunum/Yverdon (VD), 12 Aventicum/Avenches (VD), 13 Petinesca/Studen (BE), 14 Bern-Engehalbinsel, 15 Salodurum/Solothurn, 16 Olten (SO), 17 Basel, 18 Augusta Raurica/Augst (BL), 19 Vindonissa/Windisch (AG), 20 Vitudurum/Oberwinterthur (ZH), 21 Tasgaetium/Eschenz (TG), 22 Brigantium/Bregenz [A], 23 Cambodunum/Kempten [D], 24 Auerberg [D], 25 Abodiacum/Epfach-Lorenzberg [D], 26 Gauting [D], 27 Augsburg [D], 28 Rederzhausen [D], 29 Tenedo/Zurzach (AG).

liche Flügel umfasste die Kastelle und Posten von *Tenedo*/Zurzach AG, *Vitudurum*/Oberwinterthur ZH, *Brigantium*/Bregenz (A), *Cambodunum*/Kempten (D), *Abodiacum*/Lorenzberg b. Epfach (D) und griff bis Gauting südlich von München aus. Dem östlichen Flügel der Kastell-Linie war offenbar die Kontrolle des rätisch-vindelikischen Alpenvorlandes aufgetragen. Von einer eigentlichen Grenze kann man jedenfalls nicht reden.

Das Legionslager Vindonissa 39

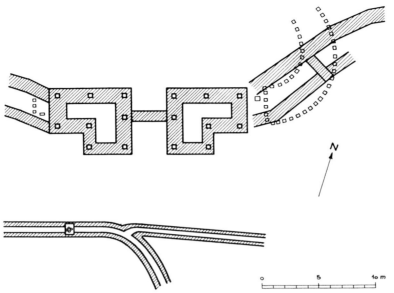

Abb. 19 Vindonissa/Windisch. Grundriss des Nordtors (porta decumana). Die Holzbauperiode wird vom späteren Steinbau überlagert.

Abb. 20 Vindonissa/Windisch. Nordtor (porta decumana). Fundamente der Steinbauperiode und Pfostenlöcher der Holzperiode (mit eingesetzten modernen Balken).

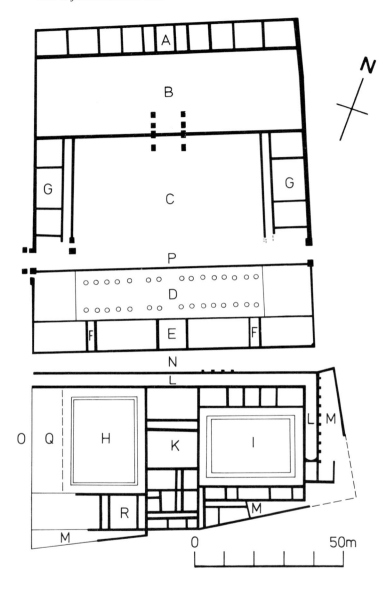

Abb. 21 Vindonissa/Windisch. Grundriss des Stabsgebäudes (principia) und des Legatenpalastes (praetorium) zur Zeit der 11. Legion: A Verwaltungsbau, B Vorhof mit monumentalem Eingangsbau (groma), C Haupthof (forum), D Basilika, E Lagerheiligtum (aedes principiorum), F Durchgangskorridore, G Seitenflügel, Waffenkammern (armamentaria), H und I Höfe des Prätorium, K Hauptraum, L Gartenhof, M Diensthöfe, N Lagergasse, O via praetoria, P via principalis, Q und R weitere Räume des Prätoriums.

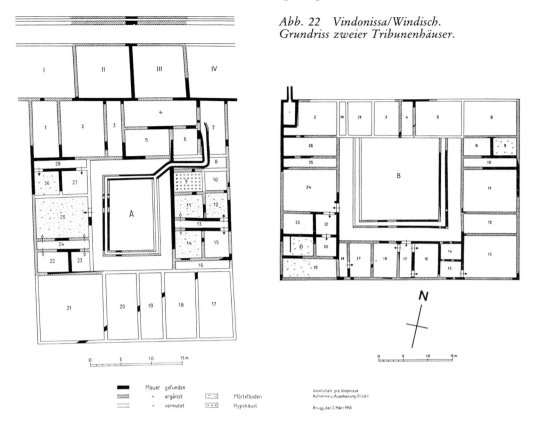

Abb. 22 Vindonissa/Windisch.
Grundriss zweier Tribunenhäuser.

Möglich ist auch, dass bereits vom spät-tiberischen *Vindonissa* aus wieder Vorstösse ins Gebiet rechts des Rheines vorgenommen wurden. Aufgrund von Funden ist ein Posten in *Brigobannis*/Hüfingen (D) nicht ganz auszuschliessen. Hängt damit etwa zusammen, dass um 30 n. Chr. weitere Truppen nach *Vindonissa* verlegt wurden? Das ergibt sich nämlich zwingend aus der Vergrösserung *Abb 14* und Umgestaltung des Lagers, die in jenem Zeitraum erfolgte. Die nördliche Lagerfront wurde nun bis an die Böschungskante des Plateaus vorgeschoben, im Süden wurde dafür die Front etwas zurückgenommen. Im Osten erfolgte eine Erweiterung über den nun zugefüllten »Keltengraben« hinaus. Die Umwehrung auch dieses Lagers war immer noch eine Holz-Erde-Mauer. Auch das La- *Abb 19, 20* gerinnere wurde umorganisiert und vor allem die Bauten umorientiert. Im neu erschlossenen Nordteil des Lagers findet sich bezeichnenderweise nur eine Periode von Holzbauten, die bereits demselben Orientierungsschema wie die späteren Steinbauten folgt. Von den Innenbauten dieser Periode kennen wir neben

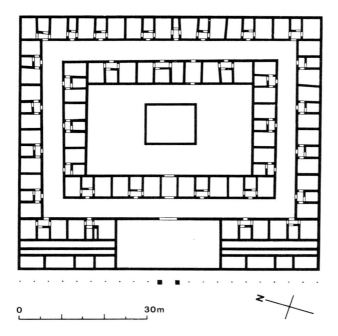

Abb. 23 Vindonissa/ Windisch. Grundriss des Lagerspitals (valetudinarium).

zahlreichen Kasernenbaracken auch das Lagerspital (*valetudinarium*) und Thermenbauten.³⁶

In den Jahren um 45 n. Chr. erfolgten entlang der Rhein- und Donaugrenze grössere Umdispositionen. Die 13. Legion wurde 45/46 nach *Poetovio*/Pettau/ Ptuj (Y) verlegt. Im Gefolge weiterer Umorganisationen, die mit dem Britannienfeldzug zusammenhängen, den Kaiser Claudius plante, wurde die *legio XXI rapax* vom Niederrhein nach *Vindonissa* verlegt. Ihre Anwesenheit hier ist für das Jahr 47 durch mehrere Bauinschriften belegt. Die neue »Hauslegion« scheint nämlich, kaum im Lager stationiert, eine rege Bautätigkeit entfaltet zu haben. Damals begann der Umbau des Legionslagers in Stein. Nicht nur die Lagerumwehrung mit den Toren, sondern auch die Innenbauten (Stabsgebäude, Lagerspital, Lagerbad, Kasernen und Offiziershäuser) wurden damals sukzessive erneuert.

Abb 501

Abb 19–24

Die Bautätigkeit der 21. Legion lässt sich nicht nur anhand der Bauinschriften erfassen, sondern auch durch die Tatsache, dass die neue Truppe im Unterschied zur 13. Legion die Bauten mit Ziegeln deckte. Viele dieser Ziegel tragen Stempel mit der Legionsnummer. Daraus lässt sich nicht nur die Bautätigkeit im Lager selber erschliessen. Ziegel mit den Stempeln der 21. Legion kommen nämlich als Funde in einem Gebiet vor, das weit über das eigentliche Legionslager hinausgreift. Die Interpretation dieses Befundes bedarf sorgfältigster Abwägung.

Während weitgehend Einigkeit darüber herrscht, dass die Fundpunkte von gestempelten Ziegeln, die relativ weit vom Legionslager entfernt – in der Westschweiz, in der Oberrheinischen Tiefebene oder am Fuss des Alpenraumes – liegen, die Präsenz militärischer Posten, die von *Vindonissa* abhingen, dokumentieren dürften, ist die Interpretation der zahlreichen Fundstellen von Legionsziegeln in einem engeren Gebiet um das Legionslager umstritten. Viele dieser Ziegel stammen aus Gutshöfen. Der extremen Interpretation dieser Fundstreuung, dass es sich um ein aus dem Gebiet der helvetischen Civitas rechtlich ausgesondertes und der Verwaltung des Heeres unterstelltes Legionsterritorium handle, steht die Auffassung gegenüber, dass es eine Zone mit Gutshöfen gewesen sei, die gewisse Lieferungsverpflichtungen gegenüber dem Legionslager ein-

Abb 27

Abb. 24 Vindonissa/Windisch. Grundmauern einer Zenturienkaserne. Im Vordergrund der Kopfteil mit den Wohnräumen des Centurio, im Hintergrund die Unterkünfte der Soldaten.

Abb. 25   Vindonissa/Windisch. Zenturienkaserne (Rekonstruktion).

gegangen waren (oder einzugehen hatten) und darum in einer Art Gegengeschäft Zugang zur Baumaterialproduktion der Legion hatten. Es sei aber nicht verhehlt, dass es sich bei der fraglichen Zone auch ganz einfach um das Gebiet handeln könnte, innerhalb dessen es sich distanzmässig noch lohnte, das bei der Aufgabe des Legionslagers frei werdende Bau- und Abbruchmaterial zu noch vertretbaren Kosten abzutranportieren und einer Wiederverwendung zuzuführen.

Die mittlere der drei Interpretationen scheint uns die wahrscheinlichste. Sie zeigt das Legionslager *Vindonissa* zur Zeit seiner grössten Bedeutung als Zentrum einer Zone, aus der es seine Verpflegung nahm. Die Ernährung und Versorgung einer Truppe von über 6000 Mann war keine einfache Aufgabe. Viel logistische Feinarbeit steckte dahinter. Auch die Wasserversorgung des Legionslagers dürfte von der 21. Legion mit der Errichtung der Wasserleitung aus dem Birrfeld auf eine sichere Basis gestellt worden sein. Ein gut durchdachtes System von Abwasserkanälen sorgte für die Entwässerung und für die Wegführung des gebrauchten Wassers. Schon seit der Lagererweiterung in den dreissiger Jahren,

Abb. 26   Vindonissa/Windisch. Inneres eines Mannschaftsraums (Rekonstruktion).

als die Lagerumwehrung an die Böschungskante vorgeschoben wurde, hatte man begonnen, den Lagerkehricht durch die *porta decumana* (Nordtor) wegzuführen. Die zu der gewiss nicht sonderlich geschätzten Kehrichtabfuhr befohlenen Soldaten – *ad stircus* (zum Mist) hiess die Kommandierung – führten den Unrat durch die *porta decumana* hinaus und schütteten ihn über die Böschung. Dort bildete sich im Lauf der Jahrzehnte ein ansehnlicher Schuttkegel, in dem sich, da er durch aus dem Hang austretende Quellen ständig durchnässt wurde, Funde aus organischem Material, wie Leder und Holz, über die Jahrhunderte erhalten haben. Diese einzigartigen Funde ermöglichen einen in mancher Hinsicht überraschenden Einblick ins tägliche Leben der in *Vindonissa* stationierten Truppen.[37]

Abb 17, 29

Abb 99

Aufgrund der Ziegelstempel wissen wir, dass neben der *legio XXI rapax* auch Auxiliarkohorten im Lager standen. Belegt sind die *cohors VI Raetorum* und die *cohors VII Raetorum* (6. und 7. Kohorten der Räter), die *cohors XXVI voluntariorum civium Romanorum* (26. Kohorte der freiwilligen römischen Bürger) und die *cohors III Hispanorum* (3. Spanische Kohorte). Die genannten Kohorten lagen sicher nicht alle gleichzeitig in *Vindonissa*. Es wird angenommen, dass zunächst die 7. Kohorte der Räter und die 26. Kohorte der freiwilligen römischen Bürger, in einem späteren Zeitpunkt die 6. Räterkohorte und die 3. Spanierkohorte jeweils miteinander in Garnison standen.

Abb 27

An dieser Stelle muss festgehalten werden, dass sicher nie alle nominell in *Vindonissa* stehenden Truppen in voller Stärke im Lager anwesend waren. Grössere Abteilungen (sog. Vexillationen) waren stets irgendwohin abkommandiert. *Vindonissa* war nämlich nach der Mitte des 1. Jahrhunderts immer noch Zentrum eines weitgespannten Verteidigungsdispositivs, von dem aus auch erste Schritte zur Inbesitznahme von rechtsrheinischen Gebieten ausgingen. Durch Funde von gestempelten Ziegeln und von militärischen Ausrüstungsgegenständen sind zahlreiche militärische Posten entlang der Verkehrsachsen ins Aaretal bzw. in die Westschweiz sowie ins Reuss- und Limmattal belegt. Sicher bestand auch eine Beziehung zur Kastellkette an der Donau, wohin unter Claudius die Reichsgrenze vorverschoben worden war. Die Kastelle in *Tenedo*/Zurzach und *Brigobannis*/Hüfingen (D) spielten eine wichtige Rolle als Verbindungsglieder zur Donaulinie.[38] Seit der Mitte des 1. Jahrhunderts hatte man auch erneut den Schritt über den Oberrhein gewagt und die ganze Rheinebene fest im Griff. Eine Kette von Plätzen und Posten, durch Funde von Legionsziegeln oder durch sonstige datierende Elemente belegt, beweist dies. Darunter sind besonders zu nennen: Weil a. Rhein bei Basel (belegt durch ein Gräberfeld), der Militärposten von Oedenburg-Biesheim (F), ein Posten auf dem Münsterhügel von Breisach (D) und eine grosse Kastellanlage – sie scheint beinahe den Umfang eines Legionslagers gehabt zu haben – bei Sasbach (D). Die Postenkette reichte weiter bis *Saletio*/Selz im Unterelsass. Festzuhalten ist, dass das Legionslager *Argento-*

Abb 28

Abb 532

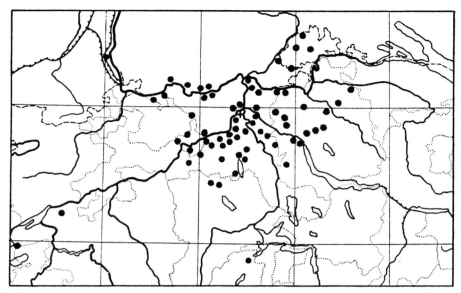

Abb. 27 Verbreitungskarte der Ziegel mit Stempeln der 21. Legion.

ratum/Strassburg seit der Jahrhundertmitte nicht mehr belegt war. Es ist strittig, ob allenfalls noch eine kleine Truppe zum Unterhalt dort stationiert war. Ob das ganze weitgespannte System ausschliesslich von *Vindonissa* aus gesteuert wurde, ist unklar. Das grosse Lager bei Sasbach (D) könnte ebenfalls eine wichtige Funktion ausgeübt haben. Seine Existenz deutet darauf hin, dass schon damals von der Oberrheinebene her ein verkürzter Weg nach *Brigobannis*/Hüfingen (D) durch den Schwarzwald gesucht und wohl auch gebahnt wurde. Man wird weniger an eine Strasse als einen gut passierbaren Gebirgspfad denken müssen. Auf diese Weise wurden die Kastelle am Oberrhein mit denen an der Donau direkt verbunden. Der Umweg um das Rheinknie bei Basel konnte entfallen. Dies zeigt sich denn auch in Basel in einem deutlichen Nachlassen der Fundmengen aus Schichten der nachclaudischen Zeit.[39]

Neue Strassen über die Alpen

Nach dem erfolgreichen Britannienfeldzug des Jahres 43 ergab sich die Notwendigkeit, die Verkehrsachsen durch die Alpen zu verbessern. Im Zuge dieser Massnahmen liess Claudius im Jahre 46 die Achse durch das Etschtal über die Reschenscheideck ins Alpenvorland nach *Augusta Vindelicum*/Augsburg (D) als Fahrstrasse ausbauen. Die Inschriften der Meilensteine nennen diesen Strassenzug *Via Claudia Augusta*. Ein Jahr später, d. h. 47 n. Chr., war nach Aussage der Meilensteine auch der Ausbau der Achse über den Grossen St. Bernhard vollendet. Es sei aber bereits hier deutlich festgehalten, dass es sich bei diesem Pass in den obersten Abschnitten zu beiden Seiten der Passhöhe nicht um eine Fahrstrasse gehandelt haben kann. Wir müssen mit einem guten Ausbau des Saumpfades rechnen.

Der Ausbau der Achse des Grossen St. Bernhard war von mehreren administrativen Massnahmen begleitet. Zunächst wurde an der Stelle, wo der Passweg die Ebene des Rhonetals erreicht, d. h. beim Orte *Octodurus*/Martigny VS, eine systematisch angelegte Neusiedlung mit dem Namen *Forum Claudii Vallensium* gegründet. Die neue Siedlung wurde neben dem längst bestehenden gallo-römischen Heiligtum, in dem Wanderer und Kaufleute nach Überwindung des mühevollen Passes ihre Dankopfer zu spenden pflegten, auf vorher unbesiedeltem Ackerboden errichtet. Das alte Heiligtum lag fortan am Westrand der nach regelmässigem Plan angelegten neuen Marktstadt.⁴⁰

Abb 401

Neue Verwaltungseinheiten

Eine wohl gleichzeitig erfolgte Verwaltungsmassnahme war die Zusammenfassung der vier bisher als selbständige Civitates organisierten Walliser Stämme der Nantuati, Veragri, Seduni und Uberi in einer einzigen *Civitas Vallensium*, der gleichzeitig das latinische Bürgerrecht verliehen wurde. Zwar stand damit der Zugang zu den höchsten Staatsämtern in Rom noch nicht offen. Wer aber in der Civitas irgendein Amt ausgeübt hatte, z. B. das eines *duovir iure dicundo*, des höchsten Amtes, das die Civitas zu vergeben hatte, erhielt automatisch das volle römische Bürgerrecht. Hauptort der neuen Civitas war nun der Marktort *Forum Claudii Vallensium* und nicht mehr *Tarnaiae*/Massongex, der Ort, wo das Bundesheiligtum der vier Stämme lag.

Abb 12

In den Rahmen derselben Verwaltungsmassnahmen wird man am ehesten auch die Abtrennung des Wallis von Rätien zu stellen haben. Zwar wird uns der ehemalige Militärbezirk, der bekanntlich vom bayrischen Alpenvorland quer durch die grosse alpine Längsfurche des Rhein- und Rhonetales bis zum Genfersee reichte, noch in frühclaudischer Zeit mit Provinzstatus genannt. Der Entschluss zur Aufgliederung des zu grossen und kaum zusammenhängenden Gebildes scheint bald darauf gefallen zu sein. Da gleichzeitig mit dem Grossen St. Bernhard (*Alpis Poenina*) auch der Kleine St. Bernhard (*Alpis Graia*) ausgebaut worden war – letzterer tatsächlich als Fahrstrasse –, lag es nahe, die an den beiden Pässen liegenden Gebiete zu einer Provinz zu vereinigen. Als Name für die neue Provinz beliebte *Alpes Graiae et Poeninae* (Graiische und Pöninische Alpenprovinz) und als Hauptort wurde *Axima*/Aime-en-Tarantaise (F), der Hauptort des Stammes der Ceutronen, ausgewählt, und parallel zu *Forum Claudii Vallensium* in den Rang eines *Forum Claudii Ceutronum* erhoben. Der Kommandant des obergermanischen Heeresbezirkes hatte, offenbar auch später noch in seiner Funktion als Statthalter der Provinz *Germania superior*, eine Art militärische Aufsichtsfunktion über das Gebiet der neuen Provinz. Alle Posten entlang der Strassen wurden nämlich mit Soldaten aus den Einheiten des obergermanischen Heeres besetzt. Der Statthalter trat gelegentlich auch als Schiedsrichter auf, so z. B. anlässlich einer Grenzstreitigkeit zwischen der Civitas der Ceutronen und den Einwohnern der Kolonie *Vienna*/Vienne (F).[41]

Aufruhr der Helvetier und die Folgen

Für einen kurzen Augenblick kam im Jahre 69 das Gebiet der Helvetiercivitas ins Schlaglicht der grossen Reichspolitik. Wir sind über die Ereignisse dieser Periode recht gut orientiert, da sie Tacitus in seinen »Historien« ausführlich beschreibt; freilich, wie sich gleich zeigen wird, doch nicht so ausführlich, als dass nicht eine ganze Anzahl von Unklarheiten bestehen blieben.[42]
Nach dem Selbstmord Neros im Jahre 68 und nach der Ermordung seines Nachfolgers Galba durch die Prätorianer zu Beginn des Jahres 69 standen sich zwei weitere Kronprätendenten gegenüber. Otho, den die Prätorianer auf den Schild erhoben hatten, und Vitellius, der Kommandant des niedergermanischen Heeres, der von allen acht Legionen der beiden germanischen Heeresbezirke zum Kaiser ausgerufen worden war. Vitellius liess seine Armee in zwei Kolonnen gegen Italien vorrücken. Die eine zog durch Gallien in der Absicht, die Alpen über den Pass des Mt. Genèvre zu überschreiten. Die andere Kolonne, unter der Führung des Aulus Caecina Alienus, hatte den Weg über den Grossen St. Bernhard zu nehmen. Ihr sollte sich die in *Vindonissa* stehende *legio XXI rapax* anschliessen. Letztere hatte offenbar schon seit längerer Zeit wegen ihres ungezügelten Verhaltens, das sich ja auch in ihrem Beinamen äussert, ein sehr gespanntes Verhältnis zu den Einwohnern der Helvetiercivitas. Im Umfeld der Wirren und der allgemeinen Unsicherheit nach dem Tode Neros kamen die aufgestauten Spannungen schliesslich zum Ausbruch, zumal die Helvetier offenbar noch nichts vom Tode Galbas wussten und die Herrschaft des Vitellius ablehnten. Soldaten der 21. Legion hatten eine Geldsendung beschlagnahmt, die für die Soldzahlungen in einem Kastell bestimmt war, dessen Garnison die Helvetier seit langer Zeit mit eigenen Soldaten und auf eigene Kosten unterhielten. Man wird annehmen dürfen, dass diese Sendung von der Helvetierhauptstadt *Aventicum* aus unterwegs war. Im Gegenzug fingen die Helvetier eine Offizierspatrouille ab, die einen Brief im Namen des germanischen Heeres an die pannoni-

Vorhergehende Seite: Tafel 5 Windisch. Einige Bildlampen aus dem Legionslager Vindonissa: Silen und Mänade, Eichenkranz, Maske des ägyptischen Gottes Ammon, zwei Gladiatoren im Kampf. 1. Jh. n. Chr.

Tafel 6 Glasbecher mit Dekor aus Emailfarben. Mitte 1. Jh. n. Chr.: a Winterthur-Oberwinterthur. Unteres Bühl: mit Fisch-Bildern, H. 60 mm, b Muralto. Areal Liverpool, Grab 11: mit Blättergirlande und Vogel, H. 65 mm.

schen Legionen bei sich trug, und nahmen den Centurio und einige der Soldaten in Gewahrsam.

Diese Ereignisse gaben Caecina den Vorwand zu hartem Durchgreifen. Tacitus berichtet, dass es zur Verwüstung der Felder kam und dass ein Badeort (*Aquae Helveticae*/Baden AG) geplündert wurde. Ausserdem wurden zu den in Rätien stehenden Auxiliareinheiten Boten geschickt mit dem Befehl, den Helvetiern, sobald sie sich gegen die Legionen gewandt hätten, in den Rücken zu fallen. Die Helvetier selbst hatten zwar einen gewissen Claudius Severus zum Anführer gewählt, handelten jetzt aber weitgehend kopflos. Mit der militärischen Disziplin und der Waffenkenntnis war es offenbar bei dem von früher her für seine Kampfkraft berühmten Stamm nicht mehr weit her, so dass es zu einem grossen Gemetzel kam. Die Überlebenden flüchteten sich auf den *Mons Vocetius* (Bözberg?), von wo sie sofort durch eine Kohorte thrakischer Hilfstruppen (*cohors Thracorum*) wieder heruntergetrieben wurden. Es folgte ein grausames Wüten und Morden, Tausende wurden erschlagen und ebensoviele in die Sklaverei verkauft.

Anschliessend marschierte Caecina gegen *Aventicum*/Avenches. Eine Delegation der Helvetier konnte das Schlimmste abwenden. Die Unterwerfung wurde angenommen, jedoch liess Caecina einen gewissen Iulius Alpinus, der zu den ersten des Stammes gehört zu haben scheint, als angeblichen Kriegstreiber hinrichten. Es war der Beredsamkeit des Claudius Cossus aus der Gesandtschaft der Helvetier zu verdanken, dass die Stadt schliesslich verschont wurde.

Die Ereignisse, die uns Tacitus überliefert, bedürfen einer sorgfältigen Analyse und sind mit den Fakten zu vergleichen, die die Archäologie liefert. Die Hauptereignisse haben sich offenbar vor allem im Raume um *Vindonissa* und in der Ostschweiz abgespielt. In *Aquae Helveticae*/Baden AG sind die Spuren der Zerstörung des Vicus als Brand- und Zerstörungsschicht sehr deutlich fassbar. An diesem Fundplatz fügen sich archäologische Befunde und historische Überlieferung zu einer Einheit zusammen, wie das sonst selten der Fall ist.[43]

Nicht so einfach ist die Situation an anderen Fundplätzen, die ohne historische Nachrichten bloss Zerstörungshorizonte aufweisen, die in einen Zeitraum datiert werden könnten, der das Jahr 69 ungefähr umspannt. Aufgrund der Funde allein lässt sich bekanntlich in den meisten Fällen allerhöchstens eine Zeitspanne von ca. zehn Jahren umgrenzen. Unter Berücksichtigung dieser Tatsache könnten Zerstörungshorizonte entsprechender Zeitstellung, die in *Vitudurum*/Oberwinterthur und *Basilia*/Basel festgestellt worden sind, allenfalls mit den Ereignissen des Jahres 69 zusammengebracht werden. Auf dem Uetliberg bei Zürich scheint in der fraglichen Periode ein Wall- und Grabensystem errichtet worden zu sein. Die Bevölkerung floh offenbar vor der Bedrohung auf den Berg.

Auch in der Westschweiz finden sich Spuren der Ereignisse von 69 in der archäologischen Hinterlassenschaft. In *Eburodunum*/Yverdon VD scheint eine Brandschicht angeschnitten worden zu sein, die durch eine Münze Galbas frühestens in die Regierungszeit dieses Herrschers datiert wird. In *Lousonna*/Vidy könnte ein Versteckfund, der u. a. zwei Goldmünzen enthielt, mit den genannten Ereignissen in Verbindung gebracht werden, und auf dem Wistenlacher Berg/Mont Vully, dem alten Oppidum der Tiguriner, fand sich hinter den Trümmern der bei der Auswanderung der Helvetier abgebrannten Pfostenschlitzmauer eine Schicht, die in die fragliche Zeitspanne datiert werden kann. Auch hier könnte es sein, dass die Anwohner im Oppidum ihrer Vorfahren Zuflucht gesucht haben. Ist es blosser Zufall, dass Tacitus berichtet, die Helvetier hätten in ihrer ausweglosen Situation auch erwogen, es auf eine Belagerung ankommen zu lassen? Diese Idee wurde aber als zu unsicher verworfen, da die Mauern vor Alter verfallen waren (*dilapsis vetustate muris*). Leider erfahren wir von Tacitus nicht, wo sich die Helvetier allenfalls hätten verschanzen wollen und wo die verfallenen Mauern lagen. Die Befunde auf dem Uetliberg und auf dem Mont Vully zeigen, dass der Gedanke, sich einzuigeln, nicht überall verworfen wurde.[44]

Die Forschung hat gerne die Bemerkung des Tacitus über die »von Alter zerfallenen Mauern« auf jenes Kastell bezogen, von dem schon die Rede war, d. h. jenes, das die Helvetier mit eigener Soldtruppe besetzt hielten. Die Frage nach der Lokalisierung dieser Befestigung hat die Forschung lange und intensiv beschäftigt. Darüber ist die an und für sich interessantere Tatsache, dass die Helvetier noch im Jahre 69 n. Chr. überhaupt das Recht hatten, eine Befestigung mit eigener Soldtruppe zu unterhalten, kaum diskutiert worden.

Als sicher kann zunächst festgehalten werden, dass *Tenedo*/Zurzach für die Lokalisierung des fraglichen Kastells, wie das die bisherige Forschung gern getan hat, nicht in Frage kommen kann. Die neuen Grabungen haben zwar eine Abfolge mehrerer Kastelle belegt. Allerdings wurden nicht die geringsten Spuren einer Zerstörungsschicht, die mit den Ereignissen von 69 in Zusammenhang gebracht werden könnte, festgestellt. Im Jahre 69 n. Chr. bestand in *Tenedo*/Zurzach mit höchster Wahrscheinlichkeit gar kein Kastell mehr.[45]

Die Frage muss offen bleiben, ob es sich bei dem Kastell, das Tacitus erwähnt, um einen Platz handelt, der ins Gefüge des von *Vindonissa* ausgehenden spätclaudisch-neronischen Kastellsystems integriert war, oder um eine oppidumartige Anlage, die weiterhin besetzt zu halten den Helvetiern erlaubt war. Die erste Erklärung scheint uns unwahrscheinlich, und wir vermöchten keine Parallele dafür aufzubringen, dass in die Grenzwehr der frühen Kaiserzeit ein Milizkastell integriert war. Die zweite Lösung scheint eher denkbar. Die »vor Alter zerfallenen Mauern«, die Tacitus erwähnt, würden sich dann auf diesen Platz beziehen. Die Tatsache, dass der Civitas der Helvetier diese eigene militärische Möglichkeit eingeräumt war, halten wir für sehr interessant. Spiegelten sich darin

Verhältnisse und Bedingungen, die auf die Zeit des *foedus*, des Vertrages mit Caesar, zurückgehen? Wir wagen es nicht zu entscheiden.
Dass unterworfenen Civitates unter Umständen gewisse eigene militärische Mittel belassen wurden, zeigen die Verhältnisse in Rätien. Tacitus berichtet, dass neben den rätischen Alen und Kohorten, d. h. Truppen, die in das Heer integriert waren, auch eine rätische Miliz (*Raetorum iuventus*) auf die Helvetier losgelassen wurde. Dabei sei auf den Unterschied verwiesen, den Tacitus herausarbeitet: Die Räter sind »waffengewohnt und militärisch geschult« (*iuventus sueta armis et more militiae exercitata*), die Helvetier waren »im Waffenhandwerk nicht geschult und zeigten keine militärische Disziplin« (*non arma noscere, non ordines sequi*). Tacitus nennt somit zu Recht die Helvetier einen gallischen Stamm, der »einst durch seine Waffentaten und Männer, jetzt nur noch durch die Erinnerung an ihren grossen Namen« berühmt sei. Mit diesen Ausführungen kontrastieren zwar die Tatsachen, dass schon in der 1. Hälfte des 1. Jahrhunderts n. Chr. Helvetier als Soldaten in die Reitereinheiten (*alae*) des römischen Heeres eintraten. In der 1. Hälfte des 2. Jahrhunderts finden wir mehrere Helvetier als Kavalleristen in der von Kaiser Trajan neu geschaffenen kaiserlichen Gardetruppe der *equites singulares*, die dort die alte Stammestradition als verwegene Reiter fortgesetzt zu haben scheinen.
In der Mitte des 2. Jahrhunderts wurde aus peregrinen Helvetiern eine eigentliche Infanterieeinheit gebildet, die *cohors I Helvetiorum*. Im Jahre 148 lag diese Einheit im Kastell Böckingen b. Heilbronn (D) am sog. Neckar-Odenwald-Limes. Um 178 finden wir die Kohorte im Kastell Öhringen am obergermanisch-rätischen Limes. Ob sie damals noch rein aus Helvetiern bestand, ist fraglich, da gewöhnlich Nachrekrutierungen aus dem Umfeld des Standortes erfolgten. Peregrine Rauriker dienten zusammen mit Sequanern in der aus Reitern und Infanteristen gemischten *cohors I Sequanorum et Rauricorum equitata*. Wir finden sie zuerst im Kastell Oberscheidental am Odenwaldlimes und später im sog. »Altstadtkastell« in Miltenberg (D) in Garnison.
Einwohner des Wallis dienten in der Reitereinheit der *ala Vallensium*, wie wir aus einer Weihung an Jupiter in *Sumelocenna*/Rottenburg am Neckar (D) erfahren.[46]
Es scheint, dass sich aus den Berichten des Tacitus ein gewisses Kulturgefälle zwischen den Helvetiern und den Rätern herauslesen lässt. Im Gebiet der Helvetier war offensichtlich unter dem Einfluss der kulturellen Ausstrahlung, die sich entlang der Achse des Rhonetals ausbreitete, durch die Existenz der *Colonia Iulia Equestris*, aufgrund der Einflüsse aus Oberitalien sowie durch die Präsenz der Legion in *Vindonissa* der Prozess der Romanisierung und gleichzeitig die Akkulturation des Stammes viel rascher vorangeschritten. Für das Verständnis verschiedener kultureller Aspekte, auf die später einzugehen ist, z. B. des fast völligen Fehlens keltischer Sprachspuren in den Inschriften aus der »römischen

Schweiz«, sind solche Feststellungen nicht unwichtig. Zusätzlich sei noch darauf hingewiesen, dass die Ereignisse des Jahres 69 für die Civitas der Helvetier auch einen nicht zu gering einzuschätzenden Bevölkerungsverlust durch eine hohe Zahl Gefallener und in die Sklaverei verschleppter Stammesangehöriger brachte.

Unter diesen Voraussetzungen dürften die Helvetier aufgeatmet haben, als im Dezember 69 Vespasian endgültig als Sieger in den Wirren des Vierkaiserjahres feststand. Der neue Herrscher hatte möglicherweise einen Teil seiner Jugend in *Aventicum*/Avenches zugebracht. Sein Vater hatte bei den Helvetiern Bankgeschäfte betrieben und war dort auch verstorben.[47]

Als erste Massnahme musste Vespasian das Heer wieder in Ordnung bringen und gleichzeitig den in Niedergermanien ausgebrochenen Aufstand der Bataver unter Civilis niederschlagen. Er dirigierte die 21. Legion auf diesen Kriegsschauplatz. So zog die den Helvetiern verhasste Truppe im Frühjahr 70 abermals über den Grossen St. Bernhard zu ihrem Lager *Vindonissa*, von wo sie, die dort noch verbliebenen Truppenteile mitnehmend, auf den Kriegsschauplatz eilte. Sie kehrte nie mehr nach *Vindonissa* zurück. Für eine kurze Zeitspanne blieb somit das Legionslager *Vindonissa* ohne Garnison. Man kann vermuten, dass die erboste Zivilbevölkerung die Gelegenheit nutzte und auf verschiedenen Inschriften die Legionsziffer der verhassten 21. Legion durch Ausmeisseln tilgte sowie ihrer Wut durch die symbolische Beschädigung von Waffen Ausdruck gab.[48]

Unter den Legionen, die zur Niederwerfung des Aufstandes des Iulius Civilis in Marsch gesetzt wurden, waren auch die 8. Legion mit dem Beinamen Augusta und die *legio XI Claudia pia fidelis* (11. claudische, loyale, kaisertreue Legion). Nach der Niederwerfung des Aufstandes scheint die 8. Legion zunächst in ihrem neu in Stein gebauten Legionslager im Gebiet der Lingonen in Mirebeau-sur-Bèze bei Dijon (F) in Garnison gestanden zu haben. Zu einem vorerst nicht genau bestimmbaren Zeitpunkt (vielleicht schon 70/71) rückte sie danach in *Argentoratum*/Strassburg (F) ein. Es gibt aber Hinweise, dass sie über längere Zeit noch beide Plätze besetzt hielt. Nach *Vindonissa* wurde die 11. Legion verlegt. Sie war die Besatzungstruppe dieses Lagers bis zur endgültigen Aufgabe im Jahre 101 n. Chr. Ihre Präsenz dort wird durch Ziegelstempel und zahlreiche Inschriften belegt.[48]

Abb 29, 31, 507

Südwestdeutschland unter römischer Kontrolle

Auf die Neudisposition der Legionen folgte in den Jahren 73 und 74 eine grössere militärische Unternehmung, deren Ziel es war, Südwestdeutschland unter militärische Kontrolle zu bringen und die direkte Verbindung von *Argentora-*

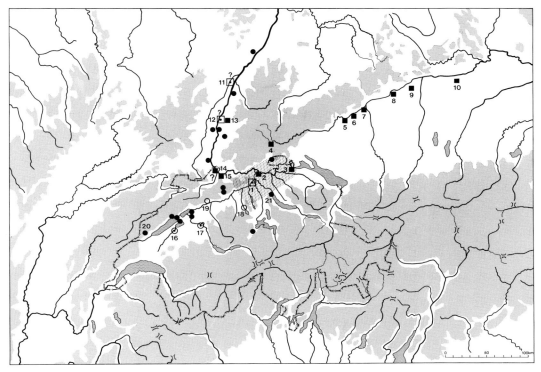

Abb. 28 *Truppenstandorte und Grenzsystem in claudischer Zeit (21. Legion).*
1 Vindonissa/Windisch (AG), 2 Tenedo/Zurzach (AG), 3 Tasgaetium/Eschenz (TG), 4 Brigobannis/Hüfingen [D], 5 Emerkingen [D], 6 Risstissen [D], 7 Unterkirchberg [D], 8 Aislingen [D], 9 Burghöfe [D], 10 Weltenburg [D], 11 Argentoratum/Strassburg [F], 12 Sasbach [D], 13 Riegel [D], 14 Basel, 15 Augusta Raurica/Augst (BL), 16 Aventicum/Avenches (VD), 17 Bern-Engehalbinsel, 18 Sursee (LU), 19 Salodurum/Solothurn, 20 Chasseron (VD), 21 Turicum/Zürich.

tum/Strassburg nach Rätien zu öffnen und zu sichern. Zur Vorbereitung dieses Feldzuges wurde ein grösseres Truppenaufgebot zusammengezogen. Einerseits sicherte man das Hinterland im Gebiet der Lingonen, indem ein grösseres Detachement der 8. Legion im Legionslager Mirebeau stationiert wurde, andererseits verstärkte man das obergermanische Heer vorübergehend durch die 7. Legion, die aus Spanien hergeholt wurde. Rings um den Schwarzwald scheint man als Ausgangsbasis und zur Sicherung Truppen in Garnison gelegt zu haben. Im Zuge dieser Massnahmen wurden offenbar Detachemente der 1. und der 7. Legion nach *Augusta Raurica* gelegt. Das können wir aus dem Fragment einer Inschrift entnehmen, das allerdings in zweiter Verwendung verbaut gefunden

Abb 31

Abb 30

Abb. 29 Vindonissa/Windisch. Schutthügel. Lederetikett von Schildüberzug in Durchbruchsarbeit mit Inschrift der legio XI Claudia pia fidelis.

wurde. Sein fragmentarischer Zustand erlaubt auch keinerlei Rückschlüsse auf den weiteren Inhalt des Textes (Bauinschrift?). Das Bruchstück einer Bronzetafel, das in Wutöschingen (D) gefunden wurde, unterrichtet uns darüber, dass auch ein Detachement der 14. Legion zu den am Hochrhein stationierten Truppen gehörte.[50]

Leiter des, wie wir gesehen haben, umsichtig geplanten Unternehmens war der kaiserliche Legat des obergermanischen Heeres Cn. Cornelius Pinarius Clemens. Die 11. Legion war dabei vor allem auf der Vorstossachse über *Brigobannis*/Hüfingen (D) nach *Arae Flaviae*/Rottweil (D) eingesetzt. Das belegt nicht nur die schon genannte Bronzetafel von Wutöschingen (D), sondern auch das Vorkommen von Ziegelstempeln der 11. Legion in Rottweil. Der Feldzug verlief offenbar in allen Teilen erfolgreich, die Verbindung von Strassburg durch das Kinzigtal über den Sattel des Brandsteig konnte geöffnet und die »direkte Verbindungsstrasse von Strassburg nach Rätien« (*iter de[rectum ab Arge]ntorate in R[aetiam]*) eingerichtet werden. Pinarius Clemens erhielt die Triumphalornamente verliehen, die höchste Auszeichnung, die jemals von einem Kaiser einem Untergebenen verliehen worden war.[51] Vielleicht war *Arae Flaviae*/Rottweil als Zentrum des neu eroberten Territoriums gedacht. Die Ortschaft hatte die bevorzugte Rechtsstellung eines Municipiums; ob freilich schon seit flavischer Zeit, ist ungewiss. In den »Flavischen Altären« hat man gerne ein Gegenstück zum Lyoner Altar, dem Bundesheiligtum der gallischen Stämme gesehen. Es sei aber auch an die *Ara Ubiorum* in Köln und an die Altargruppe in *Curia*/Chur erinnert, die wohl eher als regionale Zentren des Kaiserkultes anzusehen sind. In Rottweil sind bis jetzt die Spuren von sechs Kastellen festgestellt worden. Ihre Zeitstellung und relative Abfolge ist nicht bis ins letzte geklärt; einige

scheinen nur sehr kurzfristig bestanden zu haben, andere dürften mit dem Chattenkrieg, von dem noch zu reden sein wird, zusammenhängen.[52]
Fest steht, dass das Legionslager *Vindonissa* zur Zeit der 11. Legion wiederum Mittelpunkt eines weitverzweigten Postensystems war. Wir finden sie einerseits auf der Achse *Iuliomagus*/Schleitheim SH, *Brigobannis*/Hüfingen (D), *Arae Flaviae*/Rottweil bis Geislingen (D) hinausreichen. Andererseits zielten sie über *Turicum*/Zürich nach *Curia*/Chur, hielten in Alpnach OW immer noch die Brünigroute unter Kontrolle und markierten mit ihrer Präsenz in Oedenburg-Biesheim (F) auch die Verbindung von *Vindonissa* zur Oberrheinischen Tiefebene und zum nächstgelegenen Legionslager in *Argentoratum*/Strassburg (F). Nur gegen Westen zu, d. h. ins schweizerische Mittelland, scheint die militärische Präsenz der Legion von *Vindonissa* abgebaut worden zu sein. Der Posten auf dem Chasseron, der den Juraübergang ins Gebiet der Sequaner markierte, war nach Ausweis der Ziegelstempel allerdings noch besetzt.[53]

Abb. 30   Augusta Raurica/Augst. Fragment einer Inschrift (mit Ergänzungen), die die Legionen I Adiutrix und VII Gemina erwähnt, die am Feldzug unter Cn. Pinarius Clemens im Jahre 72 n. Chr. teilnahmen.

Aventicum wird Colonia

Der Abbau der militärischen Kontrolle im genannten Bereich könnte mit einem Ereignis zusammenhängen, das sich ungefähr gleichzeitig mit dem Germanenfeldzug des Pinarius Clemens vollzogen hat, mit der Erhebung von *Aventicum*/Avenches in den Rang einer Kolonie. So sieht jedenfalls der Chronist Fredegar, der sich auch in anderen Fällen mit genauen Kenntnissen der Geschichte *Aventicums* ausweist, die Zusammenhänge.[54]
Der vollständige Name der Kolonie lautete *Colonia Pia Flavia Constans Emerita Helvetiorum Foederata* (fromme, flavische, standhafte Veteranenkolonie, die Verbündete). Was die Erklärung dieser stolzen Namensreihe angeht, herrscht unter den Gelehrten einigermassen Übereinstimmung: *Flavia* bezieht sich auf die Gründung durch einen Kaiser aus der Dynastie der Flavier, *Emerita* scheint auf die Ansiedlung von Veteranen hinzuweisen, *Pia* und *Constans* sollen

Abb 32

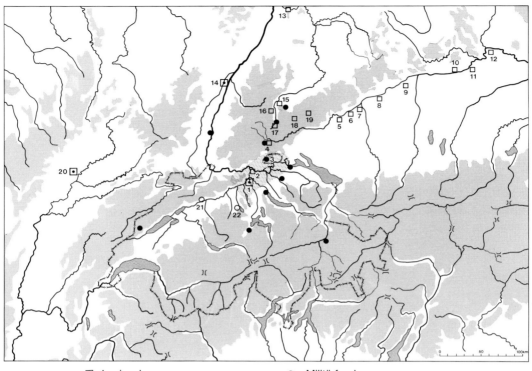

- ⊡ Legionslager
- ▫ Kastell
- ● Ziegelstempel der 11. Legion
- ○ Militärfunde
- ▨ Zone der dichteren Streuung der Ziegelstempel der 11. Legion

Abb. 31 Kastellsystem der frühflavischen Zeit. 1 Vindonissa/Windisch (AG), 2 Tenedo/Zurzach (AG), 3 Iuliomagus/Schleitheim (SH), 4 Brigobannis/Hüfingen [D], 5 Emerkingen [D], 6 Risstissen [D], 7 Unterkirchberg [D], 8 Günzburg [D], Burghöfe [D], 10 Kösching [D], 11 Abusina/Eining [D], 12 Regensburg-Kumpfmühl [D], 13 Heidelberg-Neuenheim [D], 14 Argentoratum/Strassburg [F], 15 Sulz [D], 16 Waldmössingen [D], 17 Arae Flaviae/Rottweil [D], 18 Lautlingen [D], 19 Burladingen-Hausen [D], 20 Mirebeau-sur-Bèze [F], 21 Salodurum/Solothurn, 22 Sursee (LU).

an die loyale Haltung der Kolonie zu Domitian während des Aufstandes des Saturninus (89 n. Chr.) erinnern und *Foederata* wäre eine Reminiszenz an das Bündnis (*foedus*), das Caesar einst mit den Helvetiern nach der Schlacht von Bibracte geschlossen hatte, doch könnte auch an ein Bündnis zwischen Vespasian und den Helvetiern gedacht werden.[55]

Hier beginnen die zahlreichen staatsrechtlichen Probleme und ungelösten Fragestellungen, die mit der Erhebung von *Aventicum* zur Kolonie verknüpft sind.

Abb 32 Wichtig ist zu wissen, dass der volle Kolonietitel nur aus einer Inschrift bekannt

ist, die erst zwischen 110 und 116 n. Chr., d. h. unter Trajan, verfasst worden ist. In den früheren Texten fehlt der Beiname *Foederata*. Wie war das Rechtsverhältnis zwischen den Kolonisten und den peregrinen Helvetiern? Die Kolonisten gehörten nach Ausweis der Inschriften zur *tribus* (Bürgerabteilung) *Quirinia*; Helvetier, die das Bürgerrecht persönlich und vor der Koloniegründung erhalten hatten, waren der *tribus Fabia* zugeteilt.[56]
Eine nüchterne Analyse der Fakten, wie sie durch das Inschriftenmaterial überliefert sind, ergibt folgendes Bild: Nach der Koloniegründung existierte die Civitas der Helvetier weiter. *Aventicum* war gleichzeitig Hauptort der Kolonie und der *Civitas Helvetiorum*. Es war gleichsam eine Art Stadtstaat innerhalb der Civitas. Zu diesen Verhältnissen passt am ehesten der Status einer Kolonie latinischen Rechtes. Schwierigkeiten schafft aber dann der Beiname *Emerita*, den man im allgemeinen mit der Ansiedlung von Veteranen erklärt. Eine Kolonie latinischen Rechtes beruht nämlich nicht auf der Landverteilung an Veteranen. Die Problemkreise scheinen sich, wie Peter Frey deutlich ausgeführt hat, in einer seltsamen Weise gegenseitig auszuschliessen: Entweder fand keine Deduktion (Ansiedlung) von Veteranen statt, dann ist eine Kolonie latinischen Rechtes möglich, oder es fand eine Deduktion statt, dann handelt es sich um keine latinische Kolonie, was die Weiterexistenz der Civitas in Frage stellt.[57]

Abb 35

Um beim jetzigen Stand unserer Information aus dem Dilemma herauszukommen, sind verschiedene Lösungsvorschläge gemacht worden: *coloni* (die Kolonisten) und *incolae* (die peregrinen Einwohner des Koloniegebietes) seien beide korporativ organisiert gewesen, worauf verschiedene Inschriften hinweisen;[58] weiter wurde erwogen, ob nicht trotz des Status einer latinischen Kolonie eine Ansiedlung von Veteranen erfolgt sein könnte, die dann unter dem Vorsitz von sog. *curatores* ebenfalls korporativ organisiert waren.[59]
Neuerdings ist mit Recht darauf hingewiesen worden, dass eine Ansiedlung zahlreicher römischer Bürger in der Kolonie dazu geführt hätte, dass ihnen die höchsten Beamtenstellen zugefallen wären. Das ist aber, wie eine Untersuchung am inschriftlichen Material von *Aventicum* ergeben hat, keineswegs der Fall. Im Gegenteil, die Mehrheit der Beamten der Kolonie tragen helvetische Namen. Daraus ergibt sich, dass offenbar die Oberschicht der Helvetier in die Kolonie aufgenommen wurde, der Rest aber im peregrinen Status verblieb. Damit kann aber wohl auch eine weitere Streitfrage einer Entscheidung zugeführt werden: Wurde die Kolonie gegründet, um die unruhigen Helvetier, die 69 nochmals rebelliert hatten, zu bestrafen und in den Griff zu bekommen und so gleichsam die Lücke zwischen den Kolonien von *Iulia Equestris* und *Augusta Raurica* zu schliessen, oder ist die Koloniegründung als ein Gunstbeweis Vespasians anzusehen, dessen Familie sich, wie wir schon gesehen haben, mit den Helvetiern verbunden fühlte, hatte der Kaiser doch auch die Erziehung seines Sohnes Titus im grosselterlichen Hause in *Aventicum* der Obhut der Erzieherin (*educatrix*

Augusti nostri) Pompeia Gemella anvertraut. Die oben erwähnten effektiven Verhältnisse in der Kolonie lassen eher zur zweiten Lösung neigen. Zu weiteren Erkenntnissen in diesen Fragen wird man erst kommen, wenn andere Quellen, z. B. neue Inschriften, gefunden werden; für den Augenblick reicht das vorhandene Quellenmaterial nicht aus, um zu eindeutigen Schlüssen zu kommen.[60]

Abb 318 Als weithin sichtbares Zeichen der Rangerhöhung erhielt *Aventicum* eine Stadtmauer, die den Siedlungskern in weitem Abstand auf einer Strecke von 5,5 Kilometern umgibt und 73 Türme aufweist. Die lange umstrittene Erbauungszeit der Ringmauer konnte neuerdings mit Sicherheit festgestellt werden. Sie ist in den Abschnitten, die durch die sumpfige Ebene der Broye geführt sind, auf einen Rost aus Eichenpfählen gestellt, deren Schlagdatum mit den Hilfsmitteln der Jahrringchronologie bestimmt werden konnte. Ein Teil der Pfähle wurde im Frühling 73, ein anderer 77 n. Chr. gefällt. Auch im Stadtzentrum wurde gebaut. Neue Forumsthermen in der Insula 29 ersetzten die älteren in der Insula 23, eine neue Therme entstand in der Insula 18. Der monumentale Baukomplex des Forums wird wohl auch in dieser Zeit eine neue Ausgestaltung erhalten haben.[61]

Wie weit eine Neuvermessung des Helvetiergebietes zur Gewinnung und Ausscheidung von Landlosen stattfand, ist noch unklar. Diesbezügliche Forschungen haben zwar Ansätze und Spuren solcher Vermessungen (Zenturiationen) ergeben, scheinen aber noch zu unsicher zu sein, um darauf sichere Schlüsse zu bauen.[62] Zu erwähnen ist aber, dass auch in *Augusta Raurica* in derselben Periode Anstrengungen unternommen wurden, den Bau einer Stadtmauer endlich voranzutreiben. Die beiden identischen Unternehmungen in *Aventicum* und *Augusta Raurica* sind vielleicht aus demselben Ansporn heraus entstanden. In *Augusta Raurica* blieb der Mauerbau aber stets ein Torso. Dürfen wir daraus schliessen, dass der Koloniestadt am Rhein der Mäzen fehlte, der in *Aventicum* den grosszügigen Mauerbau finanzierte? Auch in anderen Kolonien sind ja die Stadtmauern inschriftlich als kaiserliche Geschenke belegt.[63]

Der Chattenkrieg Domitians

Grössere militärische Aktivitäten brachte ins Gebiet der »römischen Schweiz« der Chattenkrieg Domitians. Um diesem aufsässigen Germanenstamm, der seine Sitze im Taunus und in der Wetterau gegenüber von *Mogontiacum*/Mainz hatte, endgültig beizukommen, wurden im Jahre 83 umfangreiche Dispositionen getroffen. Sie betrafen zunächst vor allem das Hinterland des Kriegsschauplatzes. Ins Legionslager von Mirebeau-sur-Bèze (F) wurde eine Truppe gelegt, die aus Detachementen (*vexillationes*) von nicht weniger als neun Legionen bestand. Darunter waren vier Vexillationen von Legionen, die in Britannien standen und eigens zur Verstärkung auf den Kontinent herübergeholt worden waren(!). Auch die 11. Legion in *Vindonissa* hatte ein Detachement zu stellen. Für den Anmarsch der Truppen und den Nachschub wurden die Strassen und Brücken ausgebessert. Durch die Jahrringforschung wissen wir, dass die Brücke von »Le Rondet« bei Sugiez FR im Jahre 83 verstärkt und ausgebessert wurde und dass in demselben Jahre bei *Tasgaetium*/Eschenz TG eine Rheinbrücke gebaut wurde. Beide Massnahmen gehören ohne Zweifel in den Rahmen der logistischen Vorbereitung des Chattenkrieges. Auch die in *Vindonissa* stehende 11. Legion scheint, wenigstens durch Detachemente, an den Aktionen im Maingebiet teilgenommen zu haben. Im Kastell Nauheim (D) fanden sich nämlich Ziegelstempel der 11. Legion, die nicht aus der Produktion um *Vindonissa* stammen. Ob eine Inschrift Domitians in *Vindonissa*, die auf die Jahre 84 oder 85 datiert werden kann, zu Ehren der militärischen Erfolge des Kaisers, dem der Senat Anfang 84 den Titel *Germanicus* verlieh, errichtet wurde, lässt sich der Lückenhaftigkeit des Textes wegen nicht genau ausmachen.[64]

Von grosser Bedeutung für unser Gebiet sind aber die Ausbauaktionen, die nach dem Chattenkrieg unternommen wurden. Hilfstruppen des obergermanischen Heeres sicherten nun in enger Zusammenarbeit mit den Legionen die Linie am Main, im Odenwald und am mittleren Neckar. Sie stellten damit die Verbindung zu der Kastellkette her, die links der Donau auf den Höhen der Alb verlief. Jetzt wurde endlich auch der Bau einer bequemen Diagonalverbindung von *Mogontiacum*/Mainz nach *Augusta Vindelicum*/Augsburg möglich. Sie verlief über Bad Cannstatt am Neckar nach *Phoebiana*/Faimingen an der Donau und weiter nach *Augusta Vindelicum*/Augsburg. Sie verband das obergermanische Heer mit den in Rätien stehenden Auxiliareinheiten und machte den Weg um das Rheinknie bei Basel vollends unnötig. Das Legionslager *Vindonissa* war ins Hinterland geraten. Noch war es belegt, wenn auch in zunehmendem Masse wohl eher im Sinne einer Versorgungsbasis, während die Einheiten der 11. Legion zum Teil, wie wir bereits gesehen haben, auf vorgeschobenem Posten die Strassen zum neu entstehenden Limes sicherten. Noch hielt man es wahrscheinlich für geraten, auch das Hinterland durch militärische Präsenz zu sichern, ähnlich wie im Gebiet der Lingonen durch das Lager von Mirebeau-sur-Bèze. Die Aufrechterhaltung dieser Funktionen war aber in beiden Fällen nur noch eine Frage der Zeit.[65]

Die germanischen Heeresbezirke werden Provinzen

In den Jahren 85 bis 87 wurden Münzen geprägt mit der Legende *Germania capta* (Germanien erobert). Im selben Zeitraum, der Verwaltungsakt lässt sich zeitlich nicht genau fixieren, wurden die beiden germanischen Heeresbezirke,

60 Das 1. Jahrhundert n. Chr.

die vorher zur Provinz Belgica gehört hatten, zu selbständigen Provinzen gemacht. Der grössere Teil der »römischen Schweiz« gehörte wahrscheinlich (urkundlich lässt sich dies weder beweisen noch widerlegen) fortan zur *Provincia Germania superior* (Obergermanien), in welcher der Legionskommandant von Mainz mit dem Titel *legatus Augusti pro praetore Germaniae superioris* als Statthalter regierte. Was die Finanzverwaltung anbetraf, so unterstanden die neuen Provinzen nach wie vor dem Finanzprokurator in Trier.[66]
Im Jahre 89 kamen vermutlich nochmals grössere Truppenmassen in unser Land, als Kaiser Domitian sich anschickte, den Aufstand des Mainzer Legaten

Abb. 32 Aventicum/ Avenches. Stein mit Inschrift zu Ehren des Iulius Camillus, gesetzt auf Beschluss des Stadtrates (ordo decurionum) der Colonia Pia Flavia Constans Emerita Helvetiorum (vollständiger Konietitel).

L. Antonius Saturninus, der von seinen Truppen zum Gegenkaiser ausgerufen worden war, niederzuwerfen. Der Kaiser rückte mit seiner Prätorianergarde an, zog die ihm treu ergebene 7. Legion aus Spanien heran und vereinigte diese Streitkräfte mit der 11. Legion von *Vindonissa* zu einem beachtlichen Heer. Nach der Niederwerfung des Aufstandes wurde der Ausbau des rechtsrheinischen Gebietes weiterhin entschieden vorangetrieben.

Die letzte Konsequenz aus dieser Entwicklung war die Aufgabe des Legionslagers *Vindonissa*, das nicht mehr ins neue Verteidigungssystem zu passen schien. Zu Beginn der Regierungszeit Trajans, im Jahre 101, war es so weit. Die 11. Legion rückte ab in Richtung untere Donau, wo sie im heutigen Rumänien ihr neues Standlager bezog.[67]

Was nach dem Abzug der Legion mit dem Areal des Legionslagers *Vindonissa* geschah, ist nicht ganz klar. Vielleicht verblieb dort noch ein kleiner Posten, der von der 8. Legion in Strassburg gestellt wurde. Es ist aber durchaus möglich, *Abb 33* dass mit einem bewussten Verwaltungsakt der Versuch unternommen wurde, aus dem Lagergelände eine Zivilsiedlung entstehen zu lassen. Ähnliche Massnahmen lassen sich an aufgelassenen Legionslagern in Britannien und am Legionslager von *Burnum* (YU) beobachten. Dabei wurde stets das ehemalige Stabsgebäude (*principia*) durch ein Forum mit Basilika ersetzt. So wird man auch die Vorgänge in *Lopodunum*/Ladenburg bei Heidelberg (D) interpretieren müssen, wo ein aufgelassenes Kastell zu einer Zivilsiedlung erweitert wurde. Dabei errichtete man ebenfalls genau über dem ehemaligen Stabsgebäude ein grosses Forum mit Basilika. Wir sind der Meinung, dass in *Vindonissa* ein ähnlicher Prozess in Gang gesetzt wurde. Das grosse Bauwerk, das nach Ausweis der Funde frühestens in den allerletzten Jahren des Aufenthaltes der 11. Legion anstelle des Stabsgebäudes des Legionslagers errichtet wurde und dessen Bau den teilweisen Abbruch des Legatenpalastes bedingte, könnte ein Forumsbau mit Basilika gewesen sein. Die Basilika findet in ihrer Grundrissgestaltung mit der Mittelapsis und den beiden seitlichen, nach hinten vorspringenden Risaliten ihre engste Parallele im eben genannten Basilikabau von *Lopodunum*/Ladenburg. Ob das Bauwerk je vollendet wurde, ist unklar.[68]

Die Verwaltung der »römischen Schweiz« und ihre Organe

Ziehen wir an dieser Stelle kurz Bilanz über das »denkbar uneinheitlichste Gebilde der römischen Schweiz« und versuchen einen Überblick über die Verwaltung und deren Organe zu gewinnen: Am Ende des 1. Jahrhunderts war dieses Gebiet aufgeteilt unter eine senatorische und drei kaiserliche Provinzen, darüber hinaus waren das Sottoceneri und das Bergell an Stadtterritorien Italiens *Abb 34* angegliedert.

Abb. 33 Vindonissa/Windisch. Schildbuckel aus Bronze mit (ergänzter) Verzierung, die Embleme der legio VIII Augusta zeigt.

Zur senatorischen Provinz *Gallia Narbonensis* gehörte nach wie vor das Gebiet von *Genava*/Genf. Seine Einwohner hatten 40 n. Chr. zusammen mit den Allobrogern das volle römische Bürgerrecht erhalten. Damals wurde auch die Gemeindeverfassung abgeändert: An die Stelle eines Viermännerkollegiums (*quattuorviri*) trat ein Zweimännerkollegium (*duoviri*). Das lässt sich im Inschriftenbestand von *Genava*/Genf nachvollziehen.[69]

Die kaiserliche Provinz der *Alpes Graiae et Poeninae* stand unter einem ritterlichen Prokurator. Ihre Einwohner hatten vermutlich unter Claudius bei der Errichtung der Provinz das latinische Bürgerrecht erhalten, das den Beamten nach Ablauf ihrer Amtsdauer den Erwerb der römischen Vollbürgerschaft ermöglichte. Die Ostschweiz war ein Teil der Provinz *Raetia*, die von einem ritterlichen Prokurator mit Sitz in *Augusta Vindelicum*/Augsburg verwaltet wurde. Das restliche Gebiet gehörte mit höchster Wahrscheinlichkeit zur Provinz *Germania superior*, an deren Spitze der in Mainz residierende *legatus Augusti pro praetore* mit senatorischem Rang stand.[70]

Die Bewohner der Provinzen *Raetia* und *Germania superior* hatten, sofern sie nicht auf irgend einem Wege das römische Bürgerrecht erworben hatten, generell den Rechtsstatus eines peregrinen (provinzialen) Untertanen. Die römischen Bürger, die innerhalb der Civitas der Helvetier wohnten, waren als *cives Romani conventus Helvetici* (helvetische Vereinigung der römischen Bürger) in einem Verband zusammengefasst, dessen Vorsitzende (*curatores*) sie selbst wählen konnten.⁷¹

Innerhalb der Provinzen wurden im Laufe des 1. Jahrhunderts die alten Einteilungen der gallischen Stämme in Gaue (*pagi*) sukzessive abgebaut. An ihre Stelle traten die *coloniae*, *civitates* und *vici*, administrative Einheiten, die ein gewisses Mass an Selbstverwaltung besassen. Innerhalb der *Germania superior* bestanden die Civitates der Helvetier und der Rauriker, deren Hauptorte identisch mit den im entsprechenden Stammesgebiet errichteten Koloniestädten gewesen zu sein scheinen. Die Civitas der Walliser mit dem Hauptort *Forum Claudii*/Martigny gehörte zur Provinz der Graiischen und Poeninischen Alpen. Auch die Provinz *Raetia* war in *civitates* gegliedert, doch besitzen wir darüber, was das Gebiet der »römischen Schweiz« angeht, keinerlei Unterlagen (Civitas der Caluconen mit *Curia*/Chur als Hauptort?).⁷²

Interessant ist, dass die Verwaltungsorgane der *coloniae* und der *civitates* weitgehend ähnlich aufgebaut waren. Die Bürger- resp. Stammesversammlung hatte

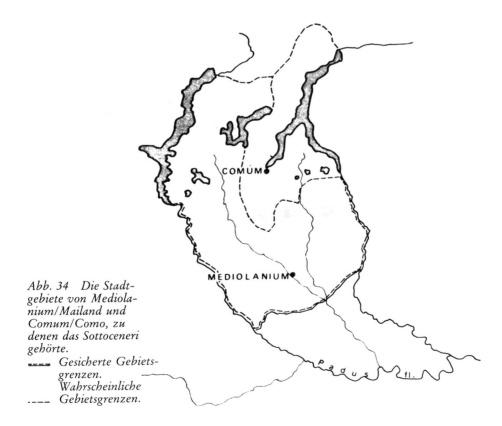

Abb. 34 Die Stadtgebiete von Mediolanium/Mailand und Comum/Como, zu denen das Sottoceneri gehörte.
──── *Gesicherte Gebietsgrenzen.*
╴╴╴╴ *Wahrscheinliche Gebietsgrenzen.*

eigentlich nur das Recht der Beamtenwahl. Die eigentliche Amtsgewalt lag bei der 100 Mitglieder umfassenden Ratsversammlung (*ordo decurionum*). Ihre Mitglieder waren auf Lebzeiten gewählt. Alle fünf Jahre fanden Ergänzungen statt, wobei vor allem ehemalige Beamte hinzugewählt wurden. Die ausführende Gewalt lag in der Hand von Kollegien (meist Zweier-, bisweilen Vierer-

Abb 35 kollegien). Die *duoviri iure dicundo* (Zweimännerkollegium zur Rechtssprechung) waren die eigentlichen Bürgermeister und Richter. Daneben gab es die Ädilen, die für das Polizeiwesen, die Quästoren, die für die Finanzen zuständig waren. Spezielle Aufgaben wurden an *praefecti* delegiert (z. B. *praefectus arcendis latrociniis*: Präfekt zur Bekämpfung des Bandenunwesens). Die Verwaltungen der *coloniae* und *civitates* hatten eine Doppelfunktion. Einmal amteten sie in der Lokalverwaltung (öffentliche Ordnung, niedere Gerichtsbarkeit, Strassenwesen, städtische Finanzen etc.); zum anderen waren sie auch Vollzugsorgane der Reichsverwaltung (Steuereinzug, Volkszählung). Für die meisten der genannten Ämter haben wir aus dem Bereich der »römischen Schweiz« gute Belege, so aus *Iulia Equestris*, *Aventicum* und der *Civitas Vallensium*.[73]
Alle Ämter waren ursprünglich Ehrenämter, und die Öffentlichkeit erwartete von den betreffenden Inhabern eine grosszügige Spendefreudigkeit. Belege dafür kennen wir ebenfalls. So stiftete der Ädil Tiberius Claudius in *Aventicum* auf seine Kosten ein Ballspielhaus. Mit der zunehmenden Wirtschaftskrise erlosch diese Spendefreudigkeit. Das führte schliesslich im späteren 3. Jahrhundert dazu, dass das Amt eines Dekurionen erblich und der Stand in eine Art Zwangskörperschaft verwandelt wurde.
Alle anderen Siedlungen ausser den drei Koloniestädten *Iulia Equestris*, *Aventicum* und *Augusta Raurica* hatten den juristischen Status eines sog. *vicus*. Unter diesem Rechtsbegriff finden sich also Siedlungen von unterschiedlichster städte-

Abb 396, 478, baulicher Entwicklung vereint. Neben Strassendörfern, wie Lenzburg, *Saloduru*-
517, 518 *rum*/Solothurn und *Vitudurum*/Oberwinterthur u. a. m., standen Hauptorte
Abb 400 von *civitates* mit regelmässiger Quartiereinteilung, wie z. B. *Forum Claudii*/Martigny.
Die *vici* hatten eigenes Vermögen und eine gewisse Selbstverwaltung. Ihre Organe waren eine Gemeindeversammlung der *vicani* und zwei oder vier jährlich gewählte Beamte mit dem Titel *curatores* (oder *magistri*) *vici*. Auch für diese lo-

Abb 477 kale Selbstverwaltung besitzen wir inschriftliche Belege, z. B. aus *Salodurum*/Solothurn, aus *Vindonissa* und aus *Aquae Helveticae*/Baden, wo die Gemeindeversammlungen entweder Heiligtümer bauen liessen oder das Grundstück für ein solches zur Verfügung stellten.[74]

Tafel 7 a Riom-Parsonz. Riom. Pferdewechselstation. Hauptgebäude. Aus der Wandmalerei: Amor. Letztes Viertel 1. Jh. b Augst. Insula 8. Palastartiges Wohnhaus. Aus der Wandmalerei: Rennwagen. Um 100 n. Chr.

Tafel 8 Chur. Welschdörfli. Vicus. Haus des Merkur. Wandmalerei. Mitte 2. Jh.:
a Merkur mit Heroldstab (caduceus), H. 95 cm, b Wandpartie mit später zugefügten
Zeichnungen (Esel, Vogelbauer).

Das 2. und 3. Jahrhundert n. Chr.

Die Geschichtsschreibung hat früher das 2. Jahrhundert gern als die militärlose Zeit und die Periode des »Kaiserfriedens« bezeichnet, während der im Innern des Reiches Ruhe und Friede herrschten, ja sogar eine gewisse Stagnation eintrat. Gewiss, das Gebiet der heutigen Schweiz lag damals nicht mehr unmittelbar an der Reichsgrenze. Diese war weit nach Süddeutschland vorverschoben und wurde kurz nach der Mitte des 2. Jahrhunderts (159 n. Chr.?) auf der Linie des obergermanisch-rätischen Limes festgelegt.

Die erste Hälfte des 2. Jahrhunderts war ohne Zweifel eine Blütezeit. Grosse Bauaufgaben wurden in Angriff genommen oder weitergeführt. In *Aventicum* wurde am Cigognier-Tempel und wohl auch am planerisch damit verbundenen Theater gebaut. In *Augusta Raurica* dürfte das Quartiersystem der Unterstadt damals geplant und Zug um Zug ausgebaut worden sein. Gegen die Jahrhundertmitte zu waren auch der Bau des zweiten szenischen Theaters, des damit architektonisch verbundenen Schönbühltempels und wohl auch des grossen Amphitheaters am Stadtrand in Angriff genommen worden. Auch im Bereiche des Forums scheint nach einem Brande um 140 n. Chr. gebaut worden zu sein. Die Vielzahl dieser Bauunternehmungen der öffentlichen Hand setzt Prosperität und äusseren Frieden voraus.[75]

Abb 321, 322

Abb 217, 313
Abb 306, 307

Möglicherweise spiegelt sich darin auch eine Änderung im Statut der Kolonie (*lex coloniae*). An Stelle des ursprünglichen Kolonienamens *Augusta Raurica* scheint zu einem nicht genau fassbaren Zeitpunkt (1. Hälfte des 2. Jh.?) der Name *Augusta Rauracum* aufgekommen zu sein. Ob diese Veränderung des Namens etwa darauf zurückgeht, dass das Stammesgebiet (*civitas*) der Rauriker verwaltungsmässig mit dem Koloniegebiet (*ager coloniae*), das ursprünglich aus dem Stammesgebiet ausgeschieden war, schon damals zusammengeschlossen wurde? War *Augusta Rauracum* fortan der Hauptort der beiden vereinigten Körperschaften?

Unruhige Zeiten künden sich an

Eine sorgfältige Analyse aller Fakten und Quellen zeigt, dass vor allem die zweite Hälfte des 2. Jahrhunderts doch nicht so friedlich und ruhig war, wie der erste Anschein glauben lässt. Zu einem nicht ganz genau präzisierbaren Zeitpunkt um 150 n. Chr. scheint es nämlich unter Kaiser Antoninus Pius zu inneren Unruhen gekommen zu sein. Der Biograph des Kaisers meldet in der sog. Historia Augusta: »Aufstände, die überall gemacht wurden, unterdrückte er, nicht mit Grausamkeit, sondern mit Zurückhaltung und entschiedenen Massnahmen.« Mit allem Vorbehalt könnte man in das Umfeld dieser Ereignisse Brände im Vicus von *Aquae Helveticae*/Baden AG in der Mitte des 2. Jahrhunderts, den Schatzfund aus 74 stempelfrischen Goldmünzen, der um 147 in *Lousonna*/Vidy verborgen wurde, sowie den Brand des Tempels auf dem Forum desselben Vicus um 150 erwähnen. Zwei Versteckfunde, die in *Aventicum*/Avenches um 151 verborgen wurden, könnten ebenfalls in diese Zusammenhänge gehören.[76]

Abb 36

Kurz nach der Thronbesteigung des Kaisers Marcus Aurelius im Jahre 161 fielen die germanischen Chatten in die Provinzen Obergermanien und Rätien ein. Auch von inneren Unruhen ist die Rede. Der Verfasser der Historia Augusta meldet: »Er unterdrückte die Wirren im Gebiet der Sequaner mit strenger Untersuchung und Einsatz der Amtsgewalt.« Bei diesen Unruhen könnte es sich um Wirren im Umfeld des Chatteneinfalls handeln. Möglich ist, dass sowohl der Münzschatzfund von *Vitudurum*/Oberwinterthur mit Endmünze von 155/56 n. Chr. als auch der in einem Teil desselben Vicus fassbare, um 160/70 datierbare Zerstörungshorizont in diese Zusammenhänge zu stellen sind.[77]

Im Jahre 166 brach der Markomannenkrieg aus, der 171 mit dem Durchbruch der Feinde bis Aquileia am Adriabogen (I) einen ersten Höhepunkt erreichte. Am östlichen Ende des obergermanisch-rätischen Limes kam es zu Zerstörungen. Auch in den Limeskastellen Mainhardt und Welzheim sowie in den Vici von Sulz am Neckar und *Sumelocenna*/Rottenburg (alle D) sind Zerstörungen nachweisbar, die in die siebziger Jahre des 2. Jahrhunderts datiert werden können und vermutlich mit dem Chatten- oder dem Markomannenkrieg in Zusammenhang stehen. Dasselbe gilt von den schon genannten Zerstörungen in *Vitudurum*/Oberwinterthur und in *Aquae Helveticae*/Baden, da diese ja nicht auf einzelne Jahre genau datierbar sind. Bei dieser Gelegenheit ist auch auf die »Pest« – in Wirklichkeit handelte es sich eher um Pocken oder Flecktyphus – hinzuweisen, die von den aus dem Partherkrieg, welcher von 162–165 dauerte, in den Westen zurückkehrenden Truppen eingeschleppt und verbreitet wurde. Sie forderte bestimmt zahlreiche Opfer unter der Bevölkerung. Der Rückgang der Siedlungsdichte an manchem Ort mag auch dadurch eine Erklärung finden. Der Markomannenkrieg hatte noch eine andere Rückwirkung auf einen Teil der

Abb. 35 Aventicum/
Avenches. Ehreninschrift
für Q. Cluvius Macer,
Bürgermeister (duovir iure
dicundo), gesetzt auf
Beschluss der Civitas der
Helvetier.

»römischen Schweiz«. Der Einbruch der Markomannen und ihrer Verbündeten hatte eine Schwachstelle in der römischen Grenzorganisation aufgezeigt, nämlich das Fehlen eines Legionslagers zwischen *Argentoratum*/Strassburg und *Vindobona*/Wien. Darum wurde die während des Krieges neu ausgehobene *legio III Italica* 179 in das neu erbaute Legionslager *Castra Regina*/Regensburg (D) in Garnison gelegt. Dies zog automatisch einen Wechsel im Status der Provinz *Raetia* nach sich. Da fortan der Kommandant der *legio III Italica* das Amt des Provinzstatthalters ausübte, wurde Rätien aus einer senatorischen zu einer kaiserlichen Provinz. *Augusta Vindelicum*/Augsburg blieb aber Hauptstadt Rätiens und Residenzort des Statthalters.[78]

Zu ernsthaften Störungen kam es 185/186 unter Kaiser Commodus. Unter der Führung eines gewissen Maternus hatten sich aus der Armee desertierte Soldaten und andere Abenteurer zusammengefunden. Sie plünderten Gutshöfe, grif-

fen Städte an und öffneten dort die Gefängnisse, deren Insassen sich den Banden anschlossen. Schliesslich nahm die Bewegung, die sich offenbar über weite Gebiete Galliens und wohl auch der germanischen Provinzen ausgedehnt hatte, derartige Dimensionen an, dass sogar die 8. Legion in ihrem Standlager *Argentoratum*/Strassburg (F) belagert wurde. Der Aufstand konnte schliesslich durch die Armee gemeistert werden. Das Strafgericht blieb nicht aus. Dabei leiteten offenbar die Legionskommandanten in Sondermission die Untersuchungen. Wahrscheinlich hängen auch Ausbauarbeiten am Legionslager von Mirebeau-sur-Bèze bei Dijon (F) mit diesen Ereignissen zusammen. Es erwies sich offenbar als nötig, auch im Hinterland wieder Garnisonen anzulegen und noch vorhandene militärische Infrastruktur zu verbessern. Man muss sich fragen, ob die auch *bellum desertorum* (Deserteurkrieg) genannte Aufstandsbewegung, die sicher nicht ohne Rückwirkung auf die »römische Schweiz« war, auch archäologisch fassbare Spuren hinterlassen hat. Wurden auch in unserem Gebiet, z. B. in den Städten und Vici, wieder grössere militärische Posten eingerichtet?[79]
Zur Förderung von Wohlstand, Handel und Gewerbe haben solche Wirren sicher nicht beigetragen. Das durch Inschriften in der *Colonia Iulia Equestris* mehrfach bezeugte Amt eines *praefectus arcendis latrociniis* (Präfekt zur Bekämpfung des Bandenunwesens) kann im Zusammenhang mit solchen Wirren gesehen werden. Mit *latrocinium* bezeichnet die lateinische Sprache den nicht erklärten Krieg, d. h. die inneren Wirren. Das Amt ist nicht nur auf die *Colonia Equestris* beschränkt, wie man früher meinte. Ein Neufund zeigt, dass es auch in anderen Ortschaften Galliens existierte und offenbar ein Amt innerhalb der städtischen Ämterlaufbahn war.[80]

Das severische Kaiserhaus

Abb 36 Ganz einschneidenden Charakter hatten die Ereignisse des Jahres 197. In diesem Jahr kam es in *Lugudunum*/Lyon (F) zur Entscheidungsschlacht zwischen Septimius Severus und seinem Gegner Clodius Albinus. Diesen Kämpfen war eine Art Stellungskrieg vorausgegangen, wobei Clodius Albinus Britannien und Gallien besetzte, die sich für ihn entschieden hatten. Septimius Severus sperrte zunächst die Alpen, um den Gegner am Zuge nach Rom zu hindern, und marschierte schliesslich durch Rätien Richtung Lyon. Sein Heereszug muss dabei den Weg durch die »römische Schweiz«, vielleicht durch das Mittelland, sicher aber entlang der Rheinlinie in Richtung auf die Burgundische Pforte genommen haben. In *Augusta Raurica* sind im Zusammenhang mit diesen Ereignissen zwei Münzschätze versteckt worden, der eine in der Unterstadt, der andere in der Insula 20. Auch der Schatzfund von Witenlingen bei Pfaffnau LU dürfte im gleichen Zeitraum vergraben worden sein. Nach seinem Siege wütete Septimius Se-

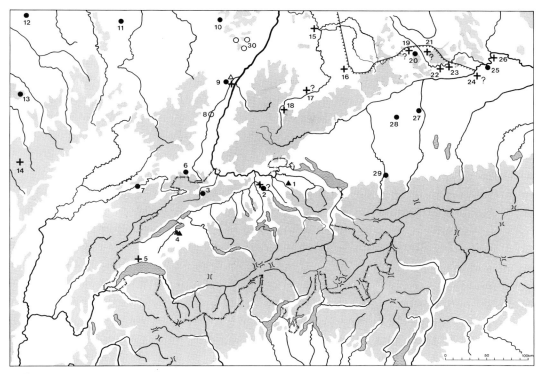

+ Zerstörungen
▲ Schatzfund mit Münzen bis Antoninus Pius (138–161)
△ Schatzfund mit Münzen bis Antoninus Pius (unsicherer Befund)
● Schatzfund mit Münzen bis Marcus Aurelius (161–180)
○ Schatzfund mit Münzen bis Marcus Aurelius (unsicherer Befund)

Abb. 36 Schatzfunde und Zerstörungshorizonte aus der 2. Hälfte des 2. Jh. n. Chr. 1 Vitudurum/Oberwinterthur (ZH), 2 Aquae Helveticae/Baden (AG), 3 Corban (JU), 4 Aventicum/Avenches (VD), 5 Lousonna/Lausanne-Vidy (VD), 6 Hirtzbach [F], 7 Baume-les-Dames [F], 8 Schönau-Diebolsheim [F], 9 Argentoratum/Strassburg [F], 10 Kleinredrichingen b. Zweibrücken [D], 11 Mont [F], 12 Pont-à-Binson [F], 13 Vendeuvre [F], 14 Alesia/Alise-Ste-Reine [F], 15 Bad Wimpfen im Tal [D], 16 Welzheim [D], 17 Sumelocenna/Rottenburg a. N. [D], 18 Sulz [D], 19 Dambach [D], 20 Gelbe Bürg (Gemeinde Sammenheim) [D], 21 Biriciana/Weissenburg [D], 22 Pfünz [D], 23 Böhming [D], 24 Abusina/Eining [D], 25 Kelheim [D], 26 Regensburg-Kumpfmühl [D], 27 Augusta Vindelicum [D], 28 Mindelzell (Ldkr. Krumbach) [D], 29 Cambodunum/Kempten [D], 30 Umgebung von Weissenburg [F].

verus in den Gebieten, die seinen Gegner unterstützt hatten. Er verfolgte vor allem die reiche Oberschicht, in deren Händen Handel und landwirtschaftliche Produktion lagen, und scheint auch die Geldversorgung gedrosselt zu haben, was schwere wirtschaftliche Rückschläge zur Folge hatte. In *Augusta Raurica*, aber auch an verschiedenen anderen Orten führte das zu einer drastischen Reduktion, ja sogar zum Erliegen des Münzumlaufes. Vielleicht entschloß man sich aus diesen Gründen in *Augusta Raurica* dazu, die irgendwann in diesem Zeitraum eingestürzte Nordwestecke des Theaters nicht mehr aufzubauen, sondern zu planieren.

Auch einzelne *villae rusticae* (Gutshöfe) scheinen damals den Betrieb eingestellt zu haben (Villen von Sarmenstorf AG und Ersigen-Murrain BE). Ausserdem ist es durchaus möglich, dass Septimius Severus zur Durchsetzung seiner Massnahmen an verschiedenen Orten kleinere Garnisonen in die Städte legte. Das schöne Sandsteinrelief aus der Unterstadt von *Augusta Raurica* mit der Darstellung eines Ehepaars zeigt nämlich einen Centurio der römischen Armee in voller Uniform an der Seite seiner Gemahlin. Der Mann trägt die Einheitsuniform der Armee aus der Wende vom 2. zum 3. Jahrhundert mit der charakteristischen ringförmigen Gürtelschnalle. Dazu hält er in der Hand den Kommandostab (*vitis*) des Centurio in der typischen Form, die dieses Amtszeichen im beginnenden 3. Jahrhundert angenommen hatte. Man darf sich füglich die Frage stellen, was diesen Centurio nach *Augusta Raurica* geführt hat.[81]

Die Constitutio Antoniniana

Die Regierungszeit Kaiser Caracallas wird durch zwei fast zeitgleiche Ereignisse charakterisiert. 212 erliess er die *Constitutio Antoniniana*, mit der allen freien Einwohnern des Römischen Reiches das römische Bürgerrecht verliehen wurde. Auf den ersten Blick scheint die Massnahme eine grosszügige Geste gewesen zu sein. Sie war es nicht. Römische Bürger unterlagen der Erbschaftssteuer, die nun von einem viel grösseren Personenkreis einverlangt werden konnte. Ausserdem erweiterte sich der Rekrutierungsbereich für die Legionen beträchtlich. Eine weitere Folge war eine weitgehende Nivellierung. Die Attraktivität des Dienstes in den Alen und Kohorten mit dem Endziel, nach Dienstende das Bürgerrecht zu erhalten, dürfte endgültig geschwunden sein. Es war auch kaum mehr ein Privileg, Bürger einer römischen Kolonie zu sein. Vielleicht hängt es auch mit diesen Umstrukturierungen zusammen, dass der ursprüngliche Name der *Colonia Augusta Raurica* verblasste. Aus den Bezeichnungen, die die Stadt in den Strassenkarten aus dem späteren 3. Jahrhundert hat, lässt sich schliessen, dass sie nun im Volksmunde *Augusta Rauracum* oder *Augusta Ruracum* genannt wurde. Es handelt sich dabei offenbar um eine Angleichung an die Bezeichnung von Civitas-Hauptorten, wie etwa *Augusta Vindelicum*/Augsburg (D), die nie den Status einer Colonia gehabt hatten. Aus Gründen der Einheitlichkeit verwenden wir in diesem Buch durchweg den Stadtnamen Augusta Raurica.[82]

Gleichzeitig mit dem Erlass der *Constitutio Antoniniana* veranlasste Caracalla

Abb. 37 Augusta Raurica/Kaiseraugst. Relief aus Sandstein. Dargestellt ist ein Ehepaar; der Mann in der Einheitsuniform der römischen Armee des beginnenden 3. Jh. n. Chr. mit Ringschnallengürtel (cingulum). Der charakteristische Stock mit Knauf (vitis) weist ihn als einen Centurio aus. Die Frau trägt eine Ärmeltunika und einen gewickelten Mantel.

umfangreiche Strassenbauarbeiten, was aus den Meilensteinen hervorgeht, die mit Datum 213 gesetzt wurden. Diese Arbeiten hingen mit der Planung des Germanenfeldzuges des Kaisers zusammen. Für diese Unternehmung wurden grössere Truppenverbände zusammengezogen, u. a. die *legio II Traiana* aus Ägypten und Teile der *legio II adiutrix* aus Pannonien. Caracalla überschritt den Limes am 11. August 213 durch das Limestor von Rainau-Dalkingen (D). Dieses wurde nachher zu seinen Ehren mit einer Triumphalfassade ausgeschmückt und mit einer überlebensgrossen Statue des Kaisers gekrönt. Die Germanen wurden geschlagen und zurückgedrängt. Im Rahmen dieser Ereignisse wird zum erstenmal der Name des Stammesbundes der *Alamanni* erwähnt. In dieser im elbgermanischen Raum neu entstandenen Gruppierung scheinen vor allem die Sueben und Hermunduren aufgegangen zu sein. Der Name ist aus den folgenden Jahrhunderten römischer Geschichte nicht mehr wegzudenken.[83]

Um die Schilderung der sich langsam verändernden Rahmenbedingungen römischer Politik und Geschichte im 3. Jahrhundert abzurunden, muss noch erwähnt werden, dass im Jahre 227 in Persien ein Dynastiewechsel stattfand. Das

Herrscherhaus der Arsakiden wurde durch das wesentlich nationalistischer eingestellte der Sassaniden abgelöst. Spannungen und offene Feindschaft zwischen den beiden Grossmächten waren die logische Folge. Rom war fortan zwischen zwei feindliche Pole eingespannt – die Germanen hier, die Perser dort –, und nur allzu oft fand zwischen den beiden so weit auseinanderliegenden Fronten ein gewolltes oder unabsichtliches Zusammenspiel statt. Die Alamannen waren nämlich keineswegs endgültig geschlagen. Im Jahre 233 kam es zu neuen, massiven Einfällen. Kaiser Severus Alexander weilte damals auf einem Feldzug gegen die Perser. Der Alamanneneinfall zwang ihn zur Rückkehr in den Westen. Die Verwüstungen, welche die Alamannen angerichtet hatten, waren beträchtlich. Das Limestor von Dalkingen wurde zerstört, und auch um das Legionslager *Castra Regina*/Regensburg (D) kam es zu Brandschatzungen. Die Alamannen scheinen weit ins bayrische Alpenvorland hinein vorgestossen zu sein. Nicht nur Zerstörungshorizonte, sondern auch Münzschätze und andere Schatzfunde lassen die ungefähre Ausdehnung erkennen. Ob der Einfall auch Auswirkungen bis ins Gebiet der Schweiz hatte, lässt sich nur schwer abschätzen. Nach Aussage der

Abb 38 Streukarte fehlen im schweizerischen Mittelland Münzschätze mit Endmünzen kurz vor 233. Trägt man die eigentlichen Schatzfunde (versteckte Wertgegenstände etc.), deren Vergrabungsdatum sich natürlich nur ungefähr festlegen lässt, ebenfalls auf der Karte ein, so fallen die Schatzdepots von Winterthur-

Taf 20 Lindberg ZH und Wettingen AG sowie Obfelden ZH und Widen AG als Gruppe auf. Sie liegen alle östlich der Reuss. Sie könnten allenfalls bereits im Zusammenhang mit dem Einfall von 233 vergraben worden sein. Entgegenhalten muss man aber, dass die Alamannen offenbar ihren Weg nicht durch das schweizerische Mittelland genommen haben. Es wäre somit schwer verständlich, wenn die erwähnten versteckten Wertgegenstände nach Abflauen der Gefahr nicht wieder hervorgeholt worden wären. Kaiser Maximinus Thrax gelang es, in einem Gegenangriff von Mainz aus die Alamannen wieder zu vertreiben. Die Lücken im Gefüge des Limes wurden notdürftig geschlossen.[84]
Ein neuer Einfall erfolgte 242, als Kaiser Gordianus III. auf einem Feldzug im Osten weilte. Er traf vor allem das rätische Gebiet, wo mehrere Limeskastelle zerstört wurden. Damals wurde vermutlich auch der Tempelschatz beim Kastell *Biriciana*/Weissenburg (D) verborgen. Der Einfall von 242 scheint kaum Rückwirkungen auf das Gebiet der »römischen Schweiz« gehabt zu haben. Möglich ist aber, dass der Bürgerkrieg (*bellum civile*), der laut Berichten eines Schriftstellers um 250 in Gallien gewütet hat, sich im einsetzenden Niedergang und in der wirtschaftlichen Stagnation, die wir z. B. in *Augusta Raurica* beobachten können, niedergeschlagen hat.[85]

Einfälle der Alamannen 254 und 260 73

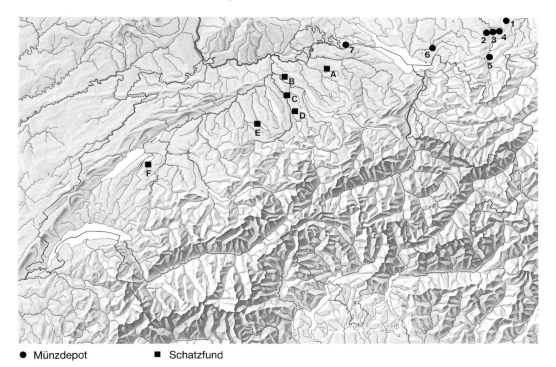

● Münzdepot   ■ Schatzfund

Abb. 38 Münzdepots mit Endmünzen, die auf den Alamanneneinfall von 233 n. Chr. hinweisen, sowie Schatzfunde, deren Vergrabungsdatum nicht festgelegt werden kann. A Winterthur-Lindberg (ZH), B Wettingen (AG), C Widen (AG), D Obfelden-Lunnern (ZH), E Kottwil (LU), F Aventicum/Avenches (Goldbüste). 1 Ronsberg [D], 2 Wiggensbach bei Kempten [D], 3, 4 Cambodunum/Kempten [D], 5 Martinszell bei Kempten [D], 6 Haslach-Rambrechts [D], 7 Schrotzburg bei Konstanz [D].

Einfälle der Alamannen 254 und 260

Die folgenden Jahre waren ausserordentlich ereignisreich. 253 ergriff Kaiser Valerianus die Macht und ernannte im gleichen Jahr seinen Sohn Gallienus zum Mitregenten. Unter der Herrschaft der beiden Kaiser erfolgte im Jahre 254 jener massive Einbruch der Alamannen, dem wahrscheinlich die entscheidende Bedeutung für die Ereignisse und Massnahmen der nächsten Jahre zukommt. Der grösste Teil der Limeskastelle scheint schon damals verlorengegangen zu sein. Die neuesten Forschungsergebnisse zeigen immerhin, dass gewisse Schwerpunkte zunächst noch gehalten werden konnten. Es waren dies vor allem der nördliche und der südliche Eckpunkt des Limes: das Kastell Niederbieber und das Legionslager *Castra Regina*/Regensburg. Am mittleren Limesabschnitt hatte der wichtige Kommandoposten des Kastells Aalen ebenfalls überlebt. Die Schockwirkung dieses Durchbruchs, der einerseits zu den Alpenpässen und andererseits zur Burgundischen Pforte gezielt zu haben scheint, war nachhaltig. Die schon erwähnten, aus sich selbst heraus nicht datierbaren Schatzfunde von Winterthur-Lindberg, Wettingen AG, Obfelden-Lunnern ZH und Widen AG sowie der Silberschatz von Kottwil LU könnten allenfalls im Zusammenhang mit diesen Ereignissen vergraben worden sein. Mit aller gebührenden Vorsicht sei erwähnt, dass im Zusammenhang mit den Ereignissen von 254 vielleicht auch in *Augusta Raurica* mehrere Schatz- und Münzfunde in den Boden gekommen sind. Darunter sind zu erwähnen: ein Geschirr- und Statuettenfund in Kaiseraugst, ein Geschirrfund mit 59 Münzen aus der Insula 42 und ein Münzfund aus der Insula 6. Die Interpretation dieser Funde ist freilich nicht unumstritten. Das Prägedatum der jeweiligen spätesten Münze rückt sehr nahe ans Schicksalsjahr 260 heran! Unmittelbar unter der Brandschicht, die bei der Zerstörung der Bauten in der Schmidmatt entstanden ist, fand sich eine Münze Gordians III. (238–244), was für die Datierung der Brandschicht aber auch nur den frühest möglichen Zeitpunkt angibt. In denselben Zusammenhang ist wohl der Münzschatz von Nuglar SO zu stellen. Die Vici von *Aquae Helveticae*/Baden und Lenzburg AG scheinen bald nach 250 ihr Ende gefunden zu haben. Ähnliches dürfte von verschiedenen Gutshöfen gelten, z. B. von Biberist-Spitalhof SO und Hüttwilen-Stutheien TG, deren Münzreihen beide mit Prägungen Kaiser Gordians III. enden. Alle genannten Fakten weisen zumindest darauf hin, dass ab 250 und besonders ab 254 eine gewisse Unruhe und Unsicherheit herrschte.[86]

Kaiser Gallienus reagiert auf die Einfälle

Gallienus scheint auf den massiven Einbruch in den Limes und die allgemeine Unsicherheit mit einer Art Doppelstrategie reagiert zu haben. Einerseits unternahm er Vorstösse ins Limesgebiet, aufgrund derer er 256 oder 257 den Titel *Germanicus maximus* (grösster Germanensieger) annahm. In diese Zusammenhänge gehört wohl auch die späteste datierbare Inschrift aus dem rechtsrheinischen Obergermanien. Sie ist in der Kirche von Herbrechtingen–Hausen ob Lontal (D) eingemauert. Gallienus trägt hier den eben genannten Titel. Gleichzeitig hat aber Gallienus, offenbar in weiser Voraussicht, den Versuch unternommen, einen rückwärtigen Auffanglimes zu errichten. Möglicherweise steckt dahinter sogar der Gedanke, endgültig auf die Rheinfront zurückzugehen. Nur so sind die von ihm angeordneten Baumassnahmen in *Vindonissa* zu verstehen. Ihr Abschluss wurde durch eine monumentale Inschrift dokumentiert, die in sorgfältiger Schrift verkündet, dass die Kaiser Valerian und Gallienus sowie der Cäsar Saloninus die Mauer von *Vindonissa* mit Truppeneinsatz (*manu militari*) wiederherstellen liessen. Hans Lieb hat in einer minuziösen Untersuchung herausgearbeitet, dass diese Inschrift im Jahre 260 gesetzt wurde. Es muss sich um einen Zeitpunkt handeln, an dem Kaiser Valerian noch nicht in die Hände der Perser gefallen, oder aber die Nachricht von diesem Ereignis noch nicht in den Westen gedrungen war. Die Ausgrabungen in *Vindonissa* und die Aufarbeitung der Fundmünzen aus dem Gebiet des Legionslagers lassen uns den Umfang der damals *manu militari* durchgeführten Arbeiten erahnen. So ist die ganze Südfront des Lagers, die von der Zivilbevölkerung im späteren 2. Jahrhundert, weil den Bedürfnissen des Vicus hinderlich, niedergelegt worden war, neu und unter Berücksichtigung der weiterentwickelten Festungsbaukunst errichtet worden. Die Streuung der Münzen von Gallienus im ehemaligen Lagergelände zeigt, dass auch an den wichtigen Eckpunkten der Lagerumwehrung Verstärkungen errichtet wurden. Wir halten es ausserdem nicht für undenkbar, dass auch das Westtor, dessen Grundriss schlecht zu dem der Lagertore aus dem 1. Jahrhundert passt, im Zuge dieser Wiederherstellungsarbeiten errichtet worden ist. Auf jeden Fall ist festzuhalten, dass die inschriftlich für 260 belegten Baumassnahmen in *Vindonissa* nicht, wie bisher angenommen, eine Reaktion auf den Alamanneneinfall von 260 waren, sondern zu den Vorsichts- und Vorbeugemassnahmen, die Gallienus geplant hatte, gehören.[87]

Die Massnahmen, die Gallienus in *Vindonissa* traf, stehen nicht isoliert da. Auch in die Unterstadt von *Augusta Raurica,* und zwar in das Quartier, das später vom *Castrum Rauracense* überbaut wurde, kamen wahrscheinlich Truppen in Garnison. Die zahlreichen gallienischen Münzen in dieser Zone legen diese Hypothese nahe. Auch auf den strategisch günstig gelegenen Münsterhügel von *Basilia*/Basel scheint Gallienus eine Garnison gelegt zu haben. Im Fundament des grossen Bauwerks unter dem Basler Münster, bei dem es sich vielleicht um das Zentralgebäude des neuen Kastells handelt, wurde eine Gallienusmünze gefunden. Auch sonst zeigt die Münzreihe von *Basilia*/Basel unter Gallienus einen sprunghaften Anstieg des Münzaufkommens. Hatte Gallienus somit am Anfang der Hochrheinstrecke eine Art Sperriegel errichtet, und ist vielleicht die auf dem Breisacher Münsterberg neuerdings in ersten Spuren erfasste vorkonstantinische Anlage auch in diese Zusammenhänge zu stellen?[88]

Die Vorgänge während des Schicksaljahres 260 lassen sich einigermassen zuverlässig auflisten. Zu Beginn des Jahres reiste Gallienus an die Donaufront; sein Sohn Saloninus residierte in Köln. Die Gefangennahme Kaiser Valerians durch die Perser muss Ende August/Anfang September 260 erfolgt sein. Das wurde in Ägypten zwischen dem 29. August und dem 29. September 260 bekannt. Dieses unerhörte Geschehnis löste eine Kette von Ereignissen aus. Gallienus musste sich im Donauraum mit einem Usurpator namens Ingenuus auseinandersetzen und zog zu diesem Zweck Truppen aus Gallien ab. Dies und die sicher auch nach

Germanien gedrungene Nachricht von der Gefangennahme Valerians lösten den grossen Alamanneneinfall aus, der im Herbst 260 mit Urgewalt losbrach. Der in Köln residierende Cäsar Saloninus wird noch am 26. August 260 in einem Papyrus erwähnt, und Münzen in seinem Namen wurden noch bis Ende September geprägt. Im selben Zeitraum revoltierte in Gallien der General Postumus und errichtete ein gallisches Sonderreich. Saloninus wurde im Herbst 260 ermordet.[89]

Abb 39 Der Einfall vom Herbst 260 war verheerend. Die letzten Limeskastelle wurden überrannt und zerstört, und die Alamannen brachen nach Gallien ein. Stiessen sie durch das schweizerische Mittelland vor? In einer neueren Untersuchung ist dies mit dem gewichtigen Argument, dass Münzschätze mit Enddatum 260 im zentralen Mittelland weitgehend fehlen, in Frage gestellt worden. Man kann sich dieser Tatsache nicht verschliessen. Versucht man sich anhand von Streukarten der Münzschätze, deren Endmünzen mit aller Vorsicht eine Vergrabung um 260 nahelegen, ein Bild zu machen, so ergibt sich folgendes: In *Augusta Raurica* und auch sonst am Hochrhein oberhalb Basel scheinen entsprechende Münzschätze zu fehlen, es sei denn, man rechnet die bereits oben genannten aus den Insulae 6 und 42 mit Endmünzen kurz vor 260 auch hierzu. Auffällig ist nämlich eine Anhäufung von Münzschätzen im Oberelsass, besonders am Eingang des St-Amarin-Tales (Thurtal), das bekanntlich zum Col de Bussang und zum Tal der oberen Mosel führt. Im Lichte dieser Funde wäre das Fehlen entsprechender Münzdepots in *Augusta Raurica* und am Hochrhein aufsehenerregend und riefe nach einer Erklärung. Auch in der Burgundischen Pforte finden sich drei Münzdepots, die sogar noch Münzen des Saloninus enthalten, und zwar in Coeuve JU, Sanxay-le-Grand (F) und Luxeuil (F). Eine massive Streuung ist im Tal der Sâone und weiter nach Gallien hinein an den Oberläufen der Loire, des Allier und der Seine zu erkennen. Auffallend sind weiter Anhäufungen in der Gegend von Annecy (F), an den Zugangswegen zum Kleinen St. Bernhard sowie in Aosta (I). Was die Westschweiz anbetrifft, so sind ein Fund in der Nähe von Genf, einer bei Villars-sous-Yens VD und der Schatzfund von Souvent bei Bex VD unmittelbar vor der Talenge von *Acaunum*/St-Maurice zu nennen. Der letztgenannte Münzschatz ist leider nur unvollständig erhalten und darum in seiner Aussagekraft reduziert.

Abb 39 Bei einem Blick auf die östlichen Teile des Mittellandes fällt eine Massierung von Schatzfunden und Münzdepots in den Achsen des Reuss- und des Limmattales auf. Hier finden wir die Münzschätze von Dättwil AG und Zürich, deren Aussagewert allerdings im Lichte der modernen kritischen Forschung ein beschränkter ist. Dürfen auch die Schatzdepots von Wettingen AG, Obfelden-Lunnern ZH und Widen AG sowie etwas weiter westlich der von Kottwil LU, die alle nicht datierbar sind, in diesen Kontext gestellt werden? Weiter östlich ist der Münzschatz von Hauptwil-Gotthaus TG zu vermerken. Gehört das

Kaiser Gallienus reagiert auf die Einfälle 77

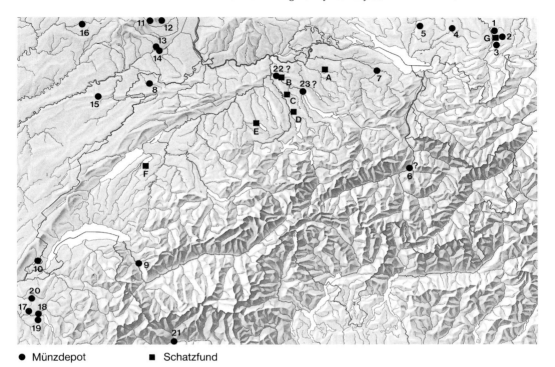

• Münzdepot   ■ Schatzfund

Abb. 39 Münzdepots mit Endmünzen um 260 sowie Schatzfunde, deren genaues Vergrabungsdatum nicht festgelegt werden kann. A Winterthur-Lindberg (ZH), B Wettingen (AG), C Widen (AG), D Obfelden-Lunnern (ZH), E Kottwil (LU), F Aventicum/Avenches (VD), G Cambodunum/Kempten [D]. 1–3 Cambodunum/Kempten [D], 4 Kisslegg-Unterborgen [D], 5 Schlier-Oberrankenreute [D], 6 Curia/Chur (GR), 7 Hauptwil-Gottshaus (TG), 8 Coeuve (JU), 9 Sourent bei Bex (VD), 10 St-Genis-Pouilly [F], 11 St-Amarin [F], 12 Rädersheim [F], 13–14 Sentheim [F], 15 Sancey-le-Grand [F], 16 Luxueil [F], 17 Sillingy [F], 18 Annecy [F], 19 Sévrier [F], 20 Mirzier [F], 21 Challant [I], 22 Dättwil (AG) (?), 23 Turicum/Zürich (?).

Schatzdepot von Winterthur-Lindwald vielleicht auch dazu? Die eben genannte Gruppe von Münzschätzen und Schatzdepots ist eventuell in einen Zusammenhang mit den zahlreichen Münzdepots nordöstlich des Bodensees, besonders um *Cambodunum*/Kempten (D) herum, zu stellen.
Wie ist diese Streuung der Münzschätze zu interpretieren? Blieb das schweizerische Mittelland in seinen zentralen und westlichen Teilen tatsächlich verschont? Die Gefahr einer Falschbeurteilung aufgrund des Fehlens von Münzdepots in dieser Region ist gross. Zu erwähnen ist auch, dass in *Lousonna*/Vidy VD Zerstörungsschichten, die dem Jahre 260 zugewiesen werden könnten, fehlen. Dass die Gebiete östlich der Reusslinie beeinträchtigt wurden, ist zu erwägen. Die

Abb. 40 Neftenbach (ZH), Steinmüri. Weinkrug aus Bronze mit Münzdepot. Gefunden in Bau 5 des Gutshofes unter einer Brandschicht.

Vorstösse durch den rätischen Limes ins bayrische Voralpenland und vielleicht Richtung der Bündnerpässe, dürften hier ihre Auswirkungen gehabt haben. Deutlicher wird dies wohl fassbar werden, wenn der neu gefundene Münzschatz
Abb 40 von Neftenbach ZH, der in einem Bronzekrug unter einer Brandschicht entdeckt wurde, aufgearbeitet und datiert sein wird.

Die Hauptstossrichtung des Einfalls von 260 ging offenbar nördlich des Jura vorbei, d. h. durch die Burgundische Pforte und auf der Achse des Sâone-Rhonetals. Die dorthin vorgestossenen Scharen scheinen sich dann geteilt zu haben. Eine Gruppe zog nach Südfrankreich weiter, während andere Scharen über den Kleinen St. Bernhard, den Mont Cenis oder den Mont Genèvre nach Oberitalien vorgedrungen sind, wo sie bekanntlich von Gallienus geschlagen wurden. Gallienus hatte dort übrigens, ähnlich wie am Rhein nach den Ereignissen von 254, Sicherheitsmassnahmen getroffen, z. B. die Stadtmauer von Verona 255 in nur zehn Monaten erbauen lassen.[90]

Es ist möglich, dass eine Gruppe von Alamannen versucht hat, den direkten Weg nach Italien über den Grossen St. Bernhard einzuschlagen, und darum von der Burgundischen Pforte her über einen der Jurapässe in die Westschweiz vorgedrungen ist. Die Notiz in der Chronik des sog. Fredegar aus dem 7. Jahrhundert, an deren Zuverlässigkeit zu zweifeln wir keinen Grund sehen, passt recht gut zu dieser Annahme: »Die Alamannen gingen, nachdem sie durch List Aventicum mit dem Beinamen Wibels(burg) erobert und geplündert und den grössten Teil von Gallien verwüstet hatten, nach Italien.« In *Aventicum* selber lässt sich eine generelle Zerstörung der Stadt im Jahre 260 archäologisch nicht fassen, da die entsprechenden obersten Schichten der Feldbestellung wegen fehlen. Die Verbergung der Goldbüste des Kaisers Marcus Aurelius in einem Entwässerungskanal unmittelbar vor dem Heiligtum, in dem sie aufgestellt gewesen sein dürfte, lässt sich nicht datieren, kann aber mit Vorsicht in diese Zusammenhänge gestellt werden.[91]

Taf 12

Die Stossrichtung nach dem Wallis lässt sich noch auf andere Art nachweisen. Es scheint nämlich am Sperriegel von *Acaunum*/St-Maurice 260 zu einer Schlacht gekommen zu sein, in der den Alamannen der Zutritt zum Wallis verwehrt werden konnte. Der Ort *Tarnaiae*/Massongex VS unmittelbar vor der Talenge wurde offenbar um 260, wie die 1986/87 durchgeführten Untersuchungen gezeigt haben, völlig zerstört. Gleichzeitig wurde das ganze Rhonetal vom Genfersee bis zur Sperre von St-Maurice schwer verwüstet. Leider ist der Münzschatzfund von Bex-Souvent VD gegenüber von Massongex, wie schon angedeutet, nicht mehr genügend aussagefähig. Er umfasste ursprünglich neben zwei silbernen Armbändern (evtl. militärischen Ursprungs) 650 Münzen, die aber bis auf einen Restposten zerstreut wurden. Die restlichen 92 Exemplare gehören alle zum Münzumlauf nördlich der Alpen und legen ein Vergrabungsdatum um 260 nahe.[92]

Abb 41

Abb. 41 St-Maurice/Acaunum (VS). Grab- oder Ehreninschrift für Iunius Marinus, der im Kampfe gegen die Landesfeinde (Alamannen?) fiel.

Das 2. und 3. Jahrhundert n. Chr.

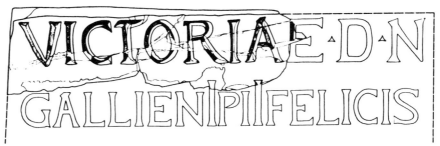

Abb. 42 St-Triphon (VS). Rekonstruktion der beiden Anfangszeilen der Inschrift von einem Denkmal, vermutlich zur Erinnerung an den Sieg von Kaiser Gallienus über die Alamannen.

Abb. 43 Massongex (VS). Meilenstein aus dem 3. Jh. n. Chr., aus einer Portikussäule gearbeitet.

Die Abwehrschlacht von *Acaunum*, die das Wallis vor der Alamanneninvasion bewahrte, lässt sich auch aus zwei Inschriften erschliessen. Die eine ist ein in St-Maurice aufbewahrtes Fragment eines Grabdenkmals für Iunius Marinus, einen ehemaligen *ducenarius* im Range eines *vir egregius* (kaiserlicher Beamter aus dem Ritterstande mit einem Einkommen von 200000 Sesterzen). Von ihm meldet die Inschrift, dass er hier, d. h. an der Stelle, wo die Grabinschrift angebracht war, von den Landesfeinden im Kampfe getötet wurde. Iunius Marinus muss vor 265 gefallen sein, denn nach diesem Datum kam den entsprechenden Beamten bereits der Titel *vir perfectissimus* zu. Die zweite Inschrift gehörte zu einem Siegesdenkmal, das hoch über dem Tal auf dem Hügel von St-Léonard östlich von *Sedunum*/Sitten den Sieg des Kaisers Gallienus verkündete. Am krassesten lassen sich die Unterschiede zwischen dem weitgehend zerstörten Gebiet nördlich des Sperriegels von *Acaunum*/St-Maurice und dem restlichen Wallis daran ermessen, dass bei der nach den Ereignissen von 260 nötig gewordenen Wiederherstellung der Strassen und Meilensteine nördlich von St-Maurice ausschliesslich Portikussäulen aus zerstörten *villae rusticae* als neue Meilensteine verwendet wurden.[93]

Abb 41

Abb 42

Abb 43

Der große Alamanneneinfall von 260 dürfte schockartige Wirkungen auf die Bevölkerung gehabt haben. Zwar müssen wir festhalten, dass es sich im Gebiet der »römischen Schweiz« nicht um eine Totalzerstörung handelte. *Aventicum* war möglicherweise schwer beschädigt; von einer vollständigen Aufgabe der Stadt kann aber keine Rede sein. Die Münzen sprechen hier eine deutliche Sprache. Ihre Reihe bricht in *Aventicum* mit 260 keineswegs ab. Es traten aber Umstrukturierungen in der Besiedlung der Stadt ein, denn die überlebende, zahlenmässig sicher reduzierte Bevölkerung scheint sich in eine Zone zwischen dem Theater und dem Hügel, der das mittelalterliche Städtchen trägt, zurückgezogen zu haben, wobei das Theater offenbar zu einer Art Zitadelle ausgebaut wurde.[94]
Augusta Raurica kam vielleicht bei den Ereignissen vom Herbst 260 eher ungeschoren davon. Jedenfalls fehlen in der Stadt bis jetzt sichere Beweise für Zerstörungen in diesem Zeitraum. Verborgenes Gut konnte vielleicht wieder hervorgeholt werden. Dass das Gladiatorenmosaik in der Insula 30 nach einer Beschädigung durch herabstürzende, brennende Balken wieder geflickt wurde, weist zwar auf einen Brand hin, dass dieser aber auf kriegerische Ereignisse im Jahre 260 zurückgeht, ist nicht beweisbar. Dafür gibt es Anzeichen, dass um 260, wohl im Zusammenhang mit den bereits geschilderten Vorbeugemassnahmen des Gallienus, Truppen in die Unterstadt (später auch in die Oberstadt?) von *Augusta Raurica* gelegt wurden. War es etwa deren Präsenz, die die Alamannen abhielt, die Stadt anzugreifen?

Abb 117

Auch das Spektrum der spätesten Keramik aus manchen Insulae der Oberstadt von *Augusta Raurica* spricht eindeutig für eine Weiterbesiedlung nach dem Fall des Limes. Man kann sich sogar mit Recht fragen, ob der im dritten Viertel des

3. Jahrhunderts in den Insulae 41 und 47 unter Auflassung der dazwischenliegenden Strasse errichtete herrschaftliche Bau (sog. Palazzo des Dreigehörnten Stiers) nicht der Sitz des Kommandanten der gallienischen Garnison von *Augusta Raurica* war.⁹⁵

Abb 306, 307

Trotz dieser Massnahmen war aber die allgemeine Unsicherheit gross, da der Grenzwall gefallen war und das Reich schutzlos den Barbaren ausgeliefert zu sein schien. Dazu kam noch die Unsicherheit im Innern. Die nord- und nordwestschweizerischen Gebiete lagen unmittelbar an der Ostgrenze des Gallischen Sonderreiches, in dem Kaiser Postumus sich bemühte, die Ordnung einigermassen wiederherzustellen. An eine definitive Wiedereroberung der verlorenen rechtsrheinischen Gebiete war offensichtlich nicht zu denken, und es gibt Anzeichen, dass noch dort verbliebene Bevölkerungsreste in einer Art Umsiedlungsaktion aufs linke Rheinufer hinübergeholt wurden. So lässt sich am ehesten die in den spätrömischen Itinerarien und bei Ammianus Marcellinus plötzlich auftauchende Gebietsbezeichnung *decem pagi* (zehn Gaue) zwischen Strassburg und Metz erklären. Sie nimmt wahrscheinlich die Bezeichnung für die verlorenen rechtsrheinischen Gebiete *decumates agri* (zehn Gaue-Gebiet, von kelt. »decametos«) wieder auf. Solche Umsiedlungsaktionen mit der Fiktion der Kontinuität unter Aufrechterhaltung des alten Gebietsnamens kennen wir auch an der unteren Donau.⁹⁶

Völlig entvölkert war das flache Land freilich nicht. Zwar fehlen immer noch detaillierte Untersuchungen über die Verhältnisse ausserhalb der Kastelle, doch zeigen Untersuchungen in einzelnen Regionen, dass die Gutshöfe durchaus teilweise überlebten. Die Bewohner begannen freilich sich abzusichern. Dazu gehören die zahlreichen Fluchtplätze auf Jurahöhen, aber auch in Höhlen, die Funde der zweiten Hälfte des 3. Jahrhunderts aufzuweisen haben. Sie alle aufzuführen, würde den Rahmen dieses Buches sprengen. Es seien darum nur einige wichtige genannt, wobei zwischen solchen Plätzen zu unterscheiden ist, die, wie aufgrund des geringen Fundmaterials zu schliessen ist, jeweils nur kurzfristig in Notzeiten aufgesucht wurden, und anderen, die zahlreiche Münzen und ein auf eine längere Besiedlung hinweisendes Keramikspektrum geliefert haben. Die Plätze dieser Gruppe wurden auch noch im 4. Jahrhundert aufgesucht und waren teilweise mit umfangreicheren Befestigungen abgesichert worden. Zur ersten Gruppe wird man die Portifluh bei Zullwil SO, den Grossen Chastel bei Lostorf SO, die Höhlen Büttenloch bei Ettingen BL und Herrenkeller bei Oberdorf SO sowie die Höhlen im Salève bei Genf und den Mt. Musiège im gleichen Gebiet, die Höhensiedlungen Waldi bei Mettlen TG und Krüppel bei Schaan FL rechnen dürfen. Zur zweiten Gruppe gehören u. a. die Befestigungen auf dem Wittnauer Horn AG, auf dem Mt. Terri JU, auf dem Stürmenkopf bei Laufen BE, auf der Frohburg bei Trimbach oberhalb Olten SO sowie die von Châtillon-sur-Glâne FR und Castiel-Carschlingg GR. Bei einigen dieser

Abb 466
Abb 520

Abb 356

Anlagen sind umfangreiche Befestigungsarbeiten durchgeführt worden, für die zum Teil Spolienblöcke über weite Strecken transportiert wurden. So sind in der Mauer von Châtillon-sur-Glâne eindeutig Architekturstücke verbaut, die nur aus *Aventicum* herbeigeführt worden sein können. Auf dem Wittnauer Horn wurde, genau wie auch in Châtillon, auf der Krone eines verstürzten prähistorischen Abschnittswalles eine Wehrmauer errichtet. Man muss sich hier die Frage stellen, ob die Errichtung solcher Anlagen wirklich nur das Werk der verunsicherten und aufgeschreckten Bevölkerung war oder ob dahinter nicht ein ganz bestimmter planerischer Wille stand. Auch die Spolienmauer, die den Sporn des Basler Münsterhügels abschnitt, stand auf dem verstürzten keltischen Murus Gallicus, und in dieselben Zusammenhänge (vielleicht auch erst in die Folge der Einfälle der siebziger Jahre) wird man die Errichtung der Spolienmauer stellen dürfen, mit welcher der Sporn des Kastelenplateaus in der Oberstadt von *Augusta Raurica* abgeriegelt worden ist. Es muss bei dieser Gelegenheit darauf hingewiesen werden, dass in den Spolienmauern auch Grabsteine und Teile von Grabmonumenten verbaut wurden. Eigentlich war dieses Vorgehen ein Sakrileg, auf das strengste Strafen standen (Deportation zur Arbeit in den Bergwerken). Wurde diese Rechtsfolge in den Notzeiten etwa durch ein kaiserliches Dekret oder die Weisung der militärischen Kommandanten ausser Kraft gesetzt?[97]

Abb 306, 307

Abb. 44   Augusta Raurica, Kastelen. Bronzegefäss mit Münzdepot (sog. Bachofenscher Münzschatz).

Nicht alle der genannten Höhenfestungen sind schon 260 angelegt worden. Manche stammen nach Ausweis der Münzreihen erst aus den siebziger Jahren. Diese Periode war offenbar ebenso entscheidend wie die Jahre zwischen 254 und 260. Nach der Niederlage des Kaisers Claudius Gothicus auf dem Balkan scheint das Gallische Sonderreich unter Kaiser Tetricus sich nach Osten ausgebreitet zu haben. In *Vindonissa* tauchen nämlich plötzlich Münzen dieses Herrschers auf, während die seines Vorgängers Postumus völlig fehlen. Aus *Augusta Raurica* haben wir den Beleg, dass zu einem nicht näher bestimmbaren Zeitpunkt nach 273 in den Strassen der Oberstadt heftige Kämpfe stattgefunden haben. Zahlreiche Waffenfunde in den Insulae 5, 29, 30 und 34 weisen darauf hin. Handelte es sich um Kämpfe im Zusammenhang mit der von Aurelian betriebenen Liquidation des Gallischen Sonderreiches? Möglich ist freilich auch, dass diese kriegerischen Ereignisse wenige Jahre später zu datieren sind. Im Brand-

Abb 45 schutt auf dem Gladiatorenmosaik in der Insula 30 lagen z. B. Münzen, die bis 275 reichen. Das würde nicht schlecht zu den Münzdepots von Muttenz BL passen. Die Zerstörung eines Kellergebäudes in der Flur »Im Liner« vor dem Osttor von *Augusta Raurica* durch einen Brand wird durch die unter der umgestürzten Nordmauer gefundenen Münzen auf die Regierungszeit Aurelians (270–275) datiert. Die mit den Münzen gefundene Keramik widerspricht dieser Datierung nicht. So wird denn auch eine gewaltsame Zerstörung des Gebäudes im Zeitraum zwischen 273 und 275 erwogen. In dieselben Zusammenhänge

Abb 44 dürfte auch die Vergrabung des sog. Bachofenschen Münzschatzes zu stellen sein. Er kam sicher nach 268 unter die Erde, da er Münzen des Postumus aus der Mailänder Münzstätte enthält, die dort nur nach der im genannten Jahr erfolgten Rebellion gegen Gallienus geprägt worden sein können. Am ehesten wird man angesichts dieser sich mehrenden Indizien an die Alamanneneinfälle zu denken haben, die 275 nach dem Tode Aurelians losbrachen. Im gleichen Zeitraum lassen sich ja aufgrund der Münzdepots auch massive Einfälle nach Rätien herausarbeiten.[98]

Das Ende von Augusta Raurica

Fest steht, dass es diese Ereignisse sind, die der stolzen Koloniestadt *Augusta Raurica* nach einem progressiven Niedergang seit den fünfziger Jahren des 3. Jahrhunderts das endgültige Ende bereiteten. In vielen Insulae der Oberstadt und in den Tempelbezirken auf Sicheln und in der Grienmatt enden die Münzreihen mit Prägungen der letzten Kaiser des Gallischen Sonderreiches (Victorinus und Tetricus). Münzen der folgenden Kaiser, d. h. von Probus bis in die Zeit der Konstantine, sind äusserst selten. Weiter besiedelt blieben bloss der Kastelensporn, abgeriegelt durch eine Spolienmauer im Sinne einer im Umfang redu-

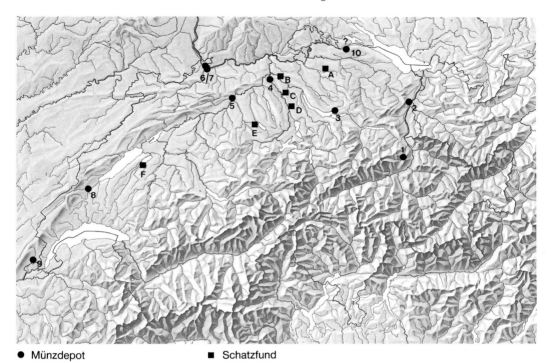

● Münzdepot ■ Schatzfund

Abb. 45 Münzdepots aus der Regierungszeit Kaiser Aurelians sowie Schatzfunde, deren genaues Vergrabungsdatum nicht festgelegt werden kann. A Winterthur-Lindberg (ZH), B Wettingen (AG), C Widen (AG), D Obfelden-Lunnern (ZH), E Kottwil (LU), F Aventicum/Avenches (VD), G Cambodunum/Kempten [D]. 1 Vättis (SG), 2 Oberriet (SG), 3 Jona-Kempraten (SG), 4 Birmenstorf (AG), 5 Aarburg (AG), (?), 6–7 Muttenz (BL), 8 Montcheraud (VD), 9 St-Genis [F], 10 Tasgaetium/Eschenz (TG).

zierten Stadtmauer, und die Zone des späteren *Castrum Rauracense*. War diese vielleicht ebenfalls bereits mit einer ersten Mauer umschlossen? Neueste Untersuchungen scheinen zu bestätigen, was man längst ahnte, dass die Umfassungsmauer des *Castrum Rauracense* mehrere Bauperioden aufweist. Deren genaue Abfolge und Zeitstellung zu klären, ist eine der vordringlichsten Aufgaben der Forschungen in Augst.⁹⁹

Dass die Kämpfe, die *Augusta Raurica* den Untergang brachten, mit äusserster Grausamkeit geführt wurden und dass die barbarischen Sieger ihre Gefangenen zum Teil rituell mit einem heftig geführten Querschlag über die Stirne töteten, zeigt der Fund aus einem Sodbrunnen in der Unterstadt von *Augusta Raurica*, in

Das 2. und 3. Jahrhundert n. Chr.

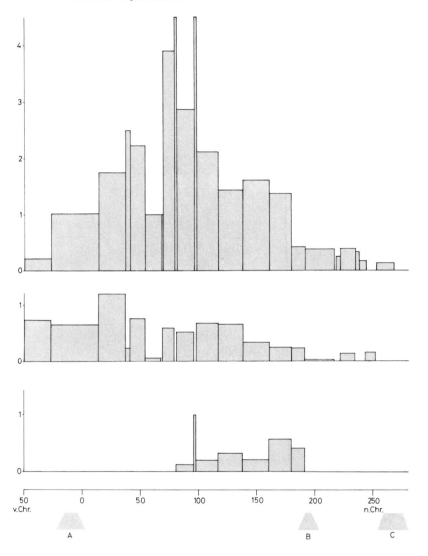

*Abb. 46 Augusta Raurica/Augst. Tabelle der 398 Fundmünzen aus Insula 24 (oben), der 145 Fundmünzen aus dem Nordwestteil der Insula 31 (Mitte) und der 36 Bronzemünzen des Münzdepots C aus Insula 20 (unten). Die Breite der einzelnen Blöcke entspricht den Regierungszeiten der einzelnen (z. T. von mehreren aufeinanderfolgenden) römischen Kaiser; die Höhe der Blöcke (vgl. Skala links) gibt an, wieviele Münzen (umgerechnet) auf ein einzelnes Regierungsjahr entfallen. –
A = Siedlungsbeginn unter Kaiser Augustus, B = Unruhen und Zerstörungen um 196/197 n. Chr., C = Zerstörungen und Ausdünnen der Besiedlung von Augusta Raurica.*

den zahlreiche Menschen, Pferde und Hunde nach grausamer Tötung hineingeworfen wurden. Der Vorgang steht nicht allein. Er findet seine genaue Parallele in den Funden aus dem Sodbrunnen eines Gutshofes bei Regensburg-Harting (D). Aus dem Sodbrunnen in *Augusta Raurica* stammt auch eine vorzüglich gearbeitete Goldkette. Sie könnte einem der Opfer gehört haben.[100]   *Taf 19a*

Nicht nur in *Augusta Raurica* waren die Ereignisse um 275 ein entscheidender Einschnitt. Auch das benachbarte *Basilia*/Basel dürfte dem Ansturm damals zum Opfer gefallen zu sein, wie die Befunde in einem Keller in der Augustinergasse nahelegen. Auch die erste Phase der Höhenfestung Wittnauer Horn wurde   *Abb 520*
nach 270 in einem Brand zerstört. Die Münzreihe auf der Höhensiedlung Krüppel bei Schaan FL beginnt mit den siebziger Jahren des 3. Jahrhunderts, was   *Abb 466*
zeigt, dass sich die Einfälle, wie wir schon angedeutet haben, auch vom rätischen Vorland her durch das Alpenrheintal in Richtung der Alpenpässe bewegten. In *Vindonissa* scheinen nach Ausweis der Münzen schon unter Kaiser Aurelian keine Truppen mehr gestanden zu haben. Ob das neu befestigte Lager überrannt worden ist, wird nicht klar. Sicher ist, dass es als Steinbruch diente, als zu Beginn des 4. Jahrhunderts im Zuge einer völlig anderen Disposition auf dem Sporn zwischen Aare und Reuss das *castrum Vindonissense* und am Aareknie oberhalb von Brugg das Kastell Altenburg erbaut wurden. Die Inschrift, die die Neuum-   *Abb 351*
wallung von 260 nennt, ist nämlich bereits wenige Jahrzehnte später in Alten-   *Abb 507*
burg als gewöhnlicher Mauerstein verbaut worden, was eine deutliche Sprache spricht.[101]

Erst unter Kaiser Probus trat eine gewisse Beruhigung ein, da der Kaiser Gegenstösse ins rechtsrheinische Gebiet führte und »die Germanen über Neckar und Alb zurücktrieb«. 281 wird Probus in *Augusta Vindelicum*/Augsburg (D) in einer Inschrift als *restitutor provinciae* (Wiederhersteller der Provinz) gefeiert. In der Tat müssen sich durch diese Unternehmungen die Verhältnisse etwas gebessert haben. Damals wurde der Gutshof Görbelhof bei Rheinfelden neu erbaut. Schon 288 erfolgten aber neue Einfälle, was sich wiederum in zahlreichen verborgenen Münzschätzen, u. a. dem von Balgach SG, zeigt. Erst die Errichtung des spätrömischen Donau-Iller-Rheinlimes zu Beginn des 4. Jahrhunderts   *Abb 276*
brachte den geplagten Grenzgebieten wieder eine Atempause.[102]

Strassen und Verkehr

Unsere Kenntnisse über die römischen Verkehrswege in der Schweiz beruhen auf Informationen verschiedenster Art. Zunächst besitzen wir zwei römische
Taf 9 Routenbeschreibungen. Die eine, die sog. Peutingersche Tafel, ist die mittelalterliche Kopie einer antiken Strassenkarte. In der vorliegenden Fassung dürfte sie im 4. Jahrhundert n. Chr. unter Verwendung früherer Unterlagen redigiert worden sein. Bei der zweiten Routenbeschreibung handelt es sich um das sog. *Itinerarium Antonini*, eine Sammlung von Listen der Raststationen an wichtigen Strassen mit Angabe der dazwischenliegenden Distanzen. Eine Analyse dieses Werkes hat gezeigt, dass es bald nach 286 n. Chr. unter Verwendung älterer Unterlagen verfasst worden sein muss. Beide Quellen enthalten aber bei weitem nicht alle in der Schweiz effektiv fassbaren römischen Verkehrsverbindungen.[1]
Abb 47 Wichtige Informationen sind aus den Meilen- und Leugensteinen sowie aus weiteren Inschriften zu gewinnen. Die wichtigsten Strassenzüge waren nämlich sorgfältig vermessen und mit Distanzzeigern versehen. Als solche dienten etwa
Abb 463 drei Meter hohe, zylindrische Steinsäulen, die entlang der Strasse im Abstand von einer römischen Meile (*mille passus* = 1,480 km) aufgestellt waren. Soweit das Gebiet der »römischen Schweiz« zu den gallischen und germanischen Provinzen gehörte, wurden ab Anfang 3. Jahrhundert n. Chr. die Entfernungen nicht mehr in Meilen, sondern im alten gallischen Wegmass der Leuge (2,22 km)
Abb 329 angegeben. Die Meilen- oder Leugensteine trugen Inschriften, die neben dem Namen und den Titeln des Kaisers, unter dem sie errichtet worden waren, und neben Hinweisen auf Strassenreparaturen die Entfernung von einem Zählpunkt (*caput viae*) aus meldeten. Als Ausgangspunkt für die Zählung dienten grössere Ortschaften, z. B. Koloniestädte oder Marktflecken.[2]

Neben den Meilensteinen finden sich andere Inschriften, die die Anlage von
Abb 489 Verkehrsbauten melden. Am römischen Strassentunnel der Pierre Pertuis bei Tavannes BE ist z. B. eine Inschrift angebracht, welche die Erbauung der Strasse durch M. Dunius Paternus, einen Bürgermeister (*duovir*) von *Aventicum*, angibt. Eine Inschrift beim Ponte del Masone in der Gemeinde Vogogna (Val

Abb. 47 Tolochénaz (VD). Brücke über den Boiron. Meilenstein Kaiser Caracallas, gesetzt im Jahre 213 n. Chr. im Zuge der Vorbereitungsarbeiten für den Alamannenfeldzug.

d'Ossola [I]) spricht von einem Strassenbau und dessen Kosten. Es muss sich um den im Jahre 196 n. Chr. erfolgten Ausbau einer Verbindung über die Alpen (Simplon-, Albrun- oder Griesspass?) gehandelt haben.[3]
Schliesslich sind als Information die noch heute im Gelände sichtbaren Spuren römischer Strassen einzubeziehen. Dabei können Luftbilder helfen, die am Boden kaum erfassbare Strassentrassen sichtbar werden lassen. An einigen Stellen finden wir die römischen Strassen als alte Wege oder in Form von Dämmen. Bekannt ist ein Abschnitt der von *Aventicum* nach *Vindonissa* führenden Strasse bei Rohr AG. Ein Querschnitt durch den Strassendamm hat die zahlreichen *Abb 48* übereinanderliegenden Kiesschotterungen freigelegt. An diesem Beispiel lässt sich erkennen, wie die meisten römischen Strassen in den flachen Teilen unseres Landes angelegt waren. Überlandstrassen mit Plattenbelag, wie wir sie in Italien finden, scheinen, ausser im innerstädtischen Bereich (z. B. in *Forum Claudii/ Martigny*), zu fehlen. Typisch war also die Schotterstrasse, die durch die periodischen Neuschotterungen im Laufe der Zeit den Charakter eines eigentlichen Dammes annehmen konnte.[4] Führte die Strasse durch sumpfiges Gelände, so

Abb. 48 Rohr (AG). Querschnitt durch den Strassenkörper der römischen Überlandstrasse Aventicum–Vindonissa.

wurde oft als Unterbau ein hölzerner Bohlenweg angelegt. Das schönste Beispiel stammt von der Trasse der Strasse über den Oberen Hauenstein, wo der Ort Langenbruck BL von einer solchen Anlage seinen Namen erhalten hat.[5] Wenn freilich die Strasse durch felsiges und im speziellen durch gebirgiges Gelände führte, waren Kunstbauten, wie Tunnel und Felseinschnitte, nötig. Wir haben das Felsentor der Pierre Pertuis schon erwähnt. Grosse Felsdurchbrüche finden wir an den beiden Jurapässen des Oberen und Unteren Hauenstein, die von diesen Arbeiten ihren Namen erhalten haben. Im alpinen Bereich sind bei den römischen Fahrstrassen und Saumwegen ebenfalls zahlreiche Ab- und Einarbeitungen am anstehenden Fels zu erkennen.[6]

Abb 390

Abb 489

Die Gleisstrassen

In diesem Zusammenhang sind die sog. Gleisstrassen zu erwähnen, die bis vor kurzem recht unkritisch als sichere Zeugnisse für die römische Strassenbaukunst angesehen wurden. Neue Untersuchungen haben aber gezeigt, dass die römischen Gleisstrassen nicht nur im Mittelalter weiter verwendet, sondern bis ins 18. Jahrhundert sogar nachgeschlagen wurden. Die Benutzung der Gleisstrassen scheint im gebirgigen Gelände eng mit der Verwendung einachsiger Wagen mit grossen Rädern verknüpft zu sein. Bei diesem Wagentyp wurden die Pferde im sog. Kettenzug, d. h. hintereinander, eingespannt, wobei das erste zwischen zwei sog. Landen lief. Vierrädrige Wagen mit beweglicher Vorderachse waren auf Gleisstrassen ungeeignet. Die Räder hätten sich wegen der von den an der Deichsel gehenden Pferden erzeugten Seitenbewegungen ständig in den Rillen verkeilt und Schaden genommen. Die allgemeine Einführung des vierrädrigen Wagens mit beweglicher Vorderachse, den die Römer offenbar nur im Flachland verwendeten, führte in der Schweiz im späteren 18. Jahrhundert zur Aufgabe der Gleisstrassen und zur Anlage neuer Strassen mit anderer Linienführung. Darstellungen auf römischen Reliefs aus dem Moselgebiet belegen

Abb 49, 365, 390, 426–428
Abb 344, 345

Abb. 49 Läufelfingen (BL), Unterer Hauenstein. Felseinschnitt mit Gleisen im Bett des Homburger Baches.

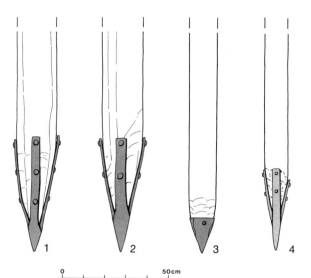

Abb. 50 Römische Brückenpfähle mit eisernen Pfahlschuhen von den Brücken bei 1 Bex (VD), 2 La Punt (GR), 3 Bussnang (TG) und 4 Zurzach (AG).

übrigens sehr schön die Verwendung des Einradwagens im gebirgigen Gelände.[7] Zu den fassbaren Bauspuren von römischen Verkehrswegen gehören auch Brücken. Es scheint in der Schweiz kaum ein römisches Brückenbauwerk intakt auf uns gekommen zu sein. Von mehreren Brücken blieb das Pfahlwerk der Brückenjoche oder die Pfahlfundierung der steinernen Pfeiler im Flussbett er-

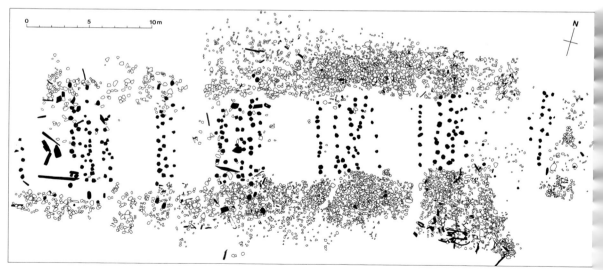

Abb. 51 Vully-le-Haut (FR). Le Rondet. Römische Brücke, Pfeilerstellungen und Steinpackungen.

halten. Solche Pfähle sind oft mit eisernen Pfahlschuhen versehen. Hier sind besonders die Rhonebrücken von *Tarnaiae*/Massongex VS und *Genava*/Genf, die grosse Brücke über die Broye von Le Rondet (Gemeinde Vully-le-Haut FR), Spuren der Rheinbrücken bei *Augusta Raurica*, die spätrömische Brücke bei den Kastellen von *Tenedo*/Zurzach und schliesslich, zwar ausserhalb der Schweiz, aber im Zuge einer auch für unser Gebiet wichtigen Strasse, die mächtige Steinbrücke über den Rhein unterhalb von Basel bei *Cambes*/Kembs (F) zu erwähnen. Bei einigen dieser Brücken konnte der Zeitpunkt der Erbauung oder das Datum von Erneuerungsarbeiten mit Hilfe der Jahrringchronologie ermittelt werden. Die Brücke von *Tenedo*/Zurzach wurde demnach im Jahre 368 n. Chr. errichtet. Untersuchungen an der Brücke von Le Rondet ergaben drei Bauperioden, eine um 34 n. Chr., eine weitere um 83 n. Chr. und schliesslich eine um 129 n. Chr.[8]

Abb 50

Abb 51

Als letzte Quellengruppe für unsere Kenntnis der römischen Strassen sind auch die Flurnamen, die manchen Feldweg begleiten, nicht zu vernachlässigen. Ortsnamen wie Strass TG sowie Bezeichnungen wie Hochstrasse, Heidensträsschen oder im französischen Sprachbereich Vie d'Etraz, La Tanne, Tannaz und ähnliche Ausdrücke weisen auf römische Strassen hin.[9]

Die Strassenführung

Wenn wir uns im folgenden der Linienführung der Strassen im Bereich der »römischen Schweiz« und ihrer Umgebung zuwenden, so stellen wir fest, dass das zur Diskussion stehende Gebiet von zwei grossen Nord-Süd-Achsen durchschnitten wurde. Die eine führte über den Grossen St. Bernhard (*mons Poeninus*). Sie verband auf kürzestem Wege Oberitalien mit Ober- und Niedergermanien, d. h. mit den dortigen Legionslagern, sowie mit dem zentralen Gallien. Diese wichtige Route war mit Meilensteinen versehen. Die Zählung erfolgte in beiden Richtungen, d. h. bis zur Passhöhe und bis Viviscus/Vevey am Genfersee, von *Forum Claudii*/Martigny aus. Die frühesten Meilensteine stammen aus dem Jahre 47 n. Chr. und zeigen, dass die Route über den Mons Poeninus nach dem Britannienfeldzug des Kaisers Claudius ausgebaut wurde, offenbar, um dem vermehrten Süd-Nord-Verkehr zu genügen.[10] Wir können uns der oft geäusserten Meinung, dass damals die Route zu einer Fahrstrasse ausgebaut worden sei, nicht anschliessen. Die kompetente Meinung des besten Kenners römischer Alpenstrassen, Armon Planta, der eine sorgfältige Analyse der Bergstrecke dieses Strassenzuges vorgelegt hat, bestärkt uns in dieser Ansicht. Die oft als Beweis genannten Felsabarbeitungen unmittelbar südlich der Passhöhe beim Passheiligtum sind unserer Ansicht nach kein Beleg für eine Fahrstrasse. Es fehlen die an einer solch kritischen Stelle unabdingbaren Gleisrinnen. Es han-

Abb 52

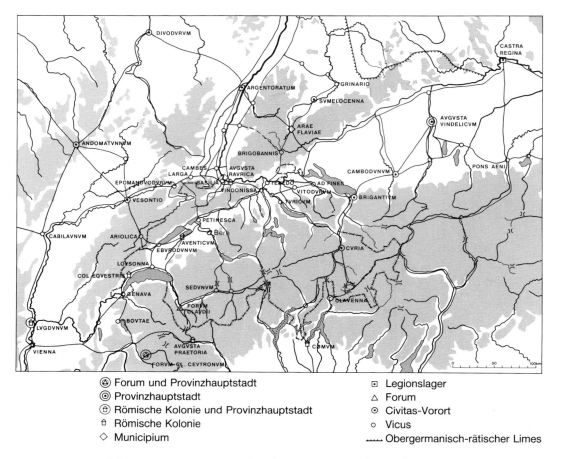

- ⓐ Forum und Provinzhauptstadt
- ⓞ Provinzhauptstadt
- ⓗ Römische Kolonie und Provinzhauptstadt
- ⓗ Römische Kolonie
- ◇ Municipium
- ▫ Legionslager
- △ Forum
- ⊙ Civitas-Vorort
- ○ Vicus
- ⏤ Obergermanisch-rätischer Limes

Abb. 52 Strassensystem und wichtige Orte im 2. Jh. n. Chr.

delt sich um ein Stück des Saumpfades, der hier zur bequemeren Führung über die Felskante ausgehauen worden ist. Dasselbe gilt von den Wegspuren auf der Nordseite unterhalb der Passhöhe, wo lange Passagen mit Stufen nachzuweisen sind. Dort finden sich auch zahlreiche Ziegelbruchstücke, Spuren eines Rasthauses (*mansio*). Der jetzt in der Friedhofmauer von Bourg-St-Pierre eingemauerte Meilenstein dürfte früher hier gestanden haben.[11]

Einen schönen Hinweis darauf, wie die Waren wirklich über den Pass transportiert wurden, bildet das Relief auf einer der Votivtafeln aus dem Passheiligtum. *Abb 53* Auf ihr ist ein Maultier mit Traglast auf dem Bastsattel dargestellt. Halten wir ausserdem fest, dass der Pass des Grossen St. Bernhard dafür bekannt ist, dass er wegen der Schneemassen auf der Passhöhe jeweils erst sehr spät im Jahr gefahrlos begehbar wird und dass als Parallelroute der mit Karren befahrbare Kleine St. Bernhard zur Verfügung stand. Offenbar war die Route am Grossen St. Bernhard, ähnlich wie am Splügen, nur bis zu einem bestimmten Punkt mit Wagen befahrbar. Ist dieser Umladeplatz etwa identisch mit *Forum Claudii*, oder lag er näher bei der Passhöhe? Jedenfalls verlief die Fahrstrasse von *Viviscus*/Vevey aus, wo die von *Forum Claudii* ausgehende Meilenzählung begann, zunächst auf dem rechten Rhoneufer, wechselte dann in *Tarnaiae*/Massongex VS auf das linke Ufer und durchquerte den Engpass von *Acaunum*/St-Maurice VS. Zahlreiche Meilensteine und die beiden oben genannten antiken Routenbeschreibungen bestätigen diese Linienführung.[12]

Die zweite wichtige Süd-Nord-Achse lief über die Bündnerpässe, d. h. vom Gebiete des oberen Comersees (*lacus Larius*) aus entweder über den Splügen oder über Maloja und Julier (als Abkürzung auch über den Septimer) nach Chur und ins Alpenrheintal. Auf dieser Achse sind durch die beiden Routenbeschreibungen mehrere Raststationen (*mansiones*) überliefert. Von diesen ist die von Mu- Abb 347

Abb. 53 Grosser St. Bernhard. Passheiligtum des Jupiter Poeninus. Ansa einer Tabula ansata von einem Votivtäfelchen mit Darstellung eines Maultieres mit Bastsattel.

Abb 347 rus bei Bondo-Castelmur GR ausgegraben worden. Es handelt sich um einen grösseren Gebäudekomplex mit teilweise heizbaren Räumen. Eine weitere Raststation wird in *Tinnetio*/Tinzen GR lokalisiert. Ausserdem kennen wir
Abb 457 durch Ausgrabungen eine in den Itinerarien nicht erwähnte Station in Riom im Oberhalbstein, die ähnlich wie die in Murus strukturiert war. Von der Strassen-
Abb 344 führung der Maloja-Julier-Route sind zahlreiche Spuren entdeckt worden. So wurden auf der Passhöhe Reste des Heiligtums mit einem Weihefund von über 200 Münzen aus der Zeit von Tiberius bis in die Spätantike und Bruchstücke einer steinernen Statue sowie Inschrift mit einer Weihung an die Alpen entdeckt. Dazu kommen viele Gleisspuren, unter denen vor allem die an der Steilstrecke
Abb 479 am Maloja in den Fels gehauene Rampe mit Rückhaltevorrichtungen wichtig ist.
Abb 345 Ähnliches gilt vom Septimer, wo ebenfalls Reste der Strasse und Felsabarbeitungen beobachtet werden konnten.[13]

Die Route über den Splügen hatte die Schlucht der Via Mala zu überwinden. Armon Planta hat nachgewiesen, dass dies nicht durch Umgehung, sondern auf einem Weg durch die Schlucht geschah. An dieser Route lagen die Stationen *Lapidaria*/Andeer nördlich und *Tarvessedum* südlich der Passhöhe. Der zweite Ortsname bezeichnete offenbar den Punkt, wo man vom Packsattel auf Wagen umlud und die Ochsen vorspannte (kelt. tarvos = lat. *taurus* = Stier; *essedum* = kelt. und lat. Wagen).[14]

Die beiden eben beschriebenen Alpentransversalen sind teilweise in der Peutingerschen Tafel, vor allem aber im Itinerarium Antonini aufgeführt und müssen offensichtlich wichtige, offizielle Routen gewesen sein. Es steht aber ausser Zweifel, dass zwischen diesen beiden Achsen im mittleren Abschnitt der Schweizer Alpen weitere Übergänge existierten. Unter den direktesten ist der Gotthard zu erwähnen. Er ist sicher begangen worden, zumal die schwierige Passage der Schöllenenschlucht sich seitlich umgehen lässt. Belege für Fernhandel über den Gotthardpass sind nicht nur Münzfunde auf der Passhöhe, sondern auch Importgut aus dem Norden im Gräberfeld von Madrano im oberen Tessin-
Abb 54 tal. Es handelt sich u. a. um eine Sigillataschüssel des im Elsass produzierenden Töpfers Cibisus, die sicher nicht über die Westalpen und danach das Tessintal aufwärts transportiert worden ist.[15]

Benutzt wurde auch die Achse Brünig-Grimsel-Griespass-Val d'Ossola, an der
Abb 302 eine Rast- und Militärstation in Alpnach NW und eine zweite im Haslital bei Innertkirchen BE bekannt ist. Aus dem Berner Oberland führten noch weitere Übergänge ins Wallis. So wurde nach Ausweis von Münzfunden der heute leicht vergletscherte Lötschenpass begangen. Dafür sprechen auch zahlreiche Funde im Lötschental. Das zur Römerzeit etwas mildere Klima hatte offenbar Pässe freigelegt, die heute vereist sind. Dazu gehört auch, wie die Entdeckung einer römischen Raststation im Iffigensee oberhalb Lenk BE beweist, der Übergang über die sog. Kaltwasserfurgge (Col des Eaux Froides) vom Simmental ins Wal-

Abb. 54   Madrano TI, Gräberfeld. Schüssel (Dragendorff 37) aus Terra sigillata, sog. Panna, aus der Werkstätte des Töpfers CIBISVS.

lis nach *Sedunum*/Sitten. Auch der Sanetschpass dürfte begangen worden sein. Zur Weiterreise nach Süden in Richtung Val d'Ossola (I) wurde, besonders im 1. Jahrhundert n. Chr., der Albrunpass benutzt. Der Passweg durch das Binntal ist von zahlreichen römischen Gräbern gesäumt.[16]   *Abb 261*
Selbstverständlich handelt es sich bei den aufgeführten Routen auf diesen mittleren Achsen um Saumpfade, auf denen mit Erfolg Lasttierkolonnen ihres Weges zogen. Die schon erwähnte Inschrift von Vogogna in der Val d'Ossola zeigt, dass im Jahre 196 n. Chr. Kaiser Septimius Severus bei seinen militärischen Vorbereitungen gegen Clodius Albinus durchaus die strategische Bedeutung dieser mittleren Route über die Alpen erkannt hatte.[17]
Quer durch das schweizerische Mittelland lief eine Ost-West-Achse, die aus den Donauprovinzen ins zentrale Gallien führte. An ihr lag im 1. Jahrhundert n. Chr. das Legionslager *Vindonissa*, doch blieb der Strassenzug auch nach dessen Aufhebung eine wichtige Querverbindung. Er führte von *Brigantium*/Bregenz (A) über *Arbor Felix*/Arbon TG nach *Vitudurum*/Oberwinterthur und *Vindonissa*. Eine Achse zog dann weiter über den Bözberg, wo wir deutliche *Abb 365* Strassenspuren mit Gleisen kennen, nach *Augusta Raurica* und weiter in die Oberrheinische Tiefebene.[18] Der andere Ast strebte durch das Mittelland in Richtung *Salodurum*/Solothurn, *Petinesca*/Studen BE nach *Aventicum* und

Abb. 55   Aventicum/Avenches. Inschrift vom Kontor (schola) der Schiffleute auf der Aare und dem System der Juragewässer (Nautae Aruranci Aramici).

weiter, entweder über *Minnodunum*/Moudon VD zum Genfersee und zum Grossen St. Bernhard, oder über *Eburodunum*/Yverdon zum Genfersee und diesem entlang nach *Iulia Equestris*/Nyon und *Genava*/Genf.[19]
In diesen Strang mündeten fünf wichtige Juraübergänge, die als nördliche Fortsetzung der »mittleren« Alpenübergänge und der Strasse über den Grossen St. Bernhard aufgefasst werden können. Es sind dies, von Osten nach Westen gesehen, zunächst die beiden Hauensteinpässe. Nach Westen hin folgte dann der wichtige Juraübergang aus dem Raume *Petinesca*/Studen durch die Taubenlochschlucht und die Pierre Pertuis. Nach der Durchquerung dieses Felsentores gabelte sich die Strasse. Der eine Ast folgte dem Lauf der Birs in Richtung Rheintal bei *Basilia*/Basel. Diese Strecke hatte mehrere Juraketten zu überwinden. Dies erfolgte nicht wie heute mit einer Routenführung durch die Klusen, sondern unter Umgehung über die Bergrücken. So überwand die Strasse, um die Klus zwischen Moutier BE und Choindez JU zu vermeiden, die Gebirgskette des Raimeux in einem kühnen Aufstieg mit mehreren Kurven und stieg wieder ins Talbecken von Delsberg hinunter. Die Birsklusen zwischen Delsberg und Laufen BE vermied sie durch eine direkte Wegführung ins Tal der Lüssel, die Klus beim Angenstein vor dem Austritt in die Oberrheinische Tiefebene umging sie über den Pass der sog. Blauen-Platte und erreichte über die Höhenrücken zwischen Birs- und Birsigtal in der Nähe von Basel die grosse Strassenachse von *Au-*

Abb. 56   Eburodunum/Yverdon (VD). Römische Barke aus Holz.

Die Strassenführung

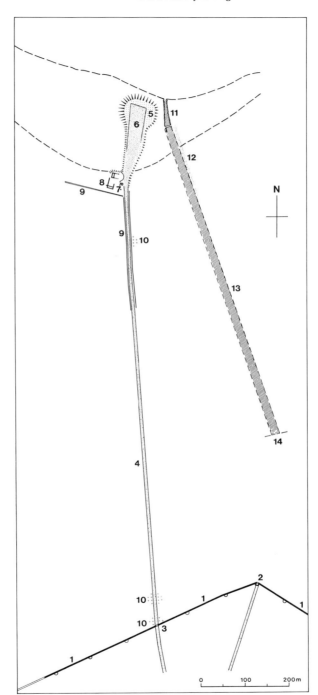

Abb. 57 Aventicum/ Avenches. Plan der Hafenzone: 1 Stadtmauer, 2 Nordosttor, 3 Nordtor, 4 Strasse zum Hafen, 5 Hafenmole, 6 Pier aus Pfahlsetzung und Auffüllung, 7 Turm, 8 Ochsenstall, 9 Entwässerungskanal, 10 Hafennekropole, 11 Äusserer Kanal, 12 Treidelstrasse, 13 Innerer Kanal, 14 Innere Hafenzone (nach F. Bonnet).

gusta Raurica nach dem Rheinland.[20] Der andere Ast stieg auf die Höhen des Juraplateaus und strebte über den Pass von Les Rangiers durch die Ajoie der Burgundischen Pforte zu. Dort traf er in der Nähe von *Epomanuodurum*/Mandeure (F) auf die wichtige Route entlang der Saône und des Doubs, die durch die Burgundische Pforte über *Larga*/Largitzen (F) weiter zum Rhein bei *Cambes*/Kembs strebte, wo sich eine grosse Rheinbrücke befand.[21]

Weiter im Westen führten zwei wichtige Juraübergänge nach *Abiolica*/Pontarlier FR. Der eine ging von Yverdon über Ste-Croix und den Col des Etroits, der andere verlief sowohl von der Genferseeroute aus, als auch von *Eburodunum*/Yverdon her via *Urba*/Orbe VD über den Col de Jougne. Diese wichtigen Achsen führten weiter nach *Vesontio*/Besançon und über *Andomatunnum*/Langres ins zentrale Gallien.[22]

Neben den Strassen spielten die Wasserwege eine sehr wichtige Rolle. Auf ihnen konnten Massengüter und zerbrechliche Waren billig transportiert werden. Aus Inschriften wissen wir, dass sowohl die Transporte auf dem Genfersee und auf der Rhone als auch die auf der Aare und dem zusammenhängenden Netz von Wasserstrassen der Jurafuss-Seen in der Hand von Korporationen waren. Die Hafen- und Kanalanlagen von *Aventicum* bildeten in diesem Bereich sicher eine wichtige Basis. Reger Schiffsverkehr herrschte auf dem Rhein bis hinunter zur Nordsee. Der Weihestein eines Schiffers aus der Civitas der Rauraker im Heiligtum der Dea Nehalennia in Colijnsplaat auf der Insel Walcheren (NL) ist ein guter Beleg für diese Aktivitäten.[23] Zahlreiche Originalfunde von römischen Barken und Kähnen geben ein aufschlußreiches Bild von den eingesetzten Transportmitteln.[24]

Abb 55
Abb 57

Abb 56

Die Siedlungen des Landes

Die römische Verwaltung pflegte bei der Erschliessung neu gewonnener Gebiete zunächst eine grundlegende Vermessung durchzuführen, die zu einer völlig neuen Parzellierung führte. Grosse Achsenkreuze wurden über das Gelände gelegt (*limitatio*) und anschliessend die einzelnen Grundstücke in Form von Quadraten (*iugerum* = 1/4 ha; *centuria* = 50 ha) vermessen und ausgeschieden. An den wichtigen Eckpunkten dieser Vermessungssysteme wurden Marksteine aufgestellt, die die genaue Distanz von den Hauptlinien des Achsenkreuzes (*cardo* und *decumanus*) in Zahlen festhielten. Zwischen den Feldern verliefen Wege und Strassen. An vielen Orten im Römischen Reich lassen sich heute noch deutliche Spuren dieser antiken Flureinteilung (*centuriatio*) erkennen, so in der Poebene, in Nordafrika, in Dalmatien und im unteren Rhonetal um *Arausio*/ Orange (F). Dort sind uns auch die zugehörigen Katasterpläne in Form einer monumentalen Inschrift teilweise erhalten geblieben.[1] Es gibt Anzeichen dafür, dass auch im Gebiet der »römischen Schweiz« ähnlich vorgegangen wurde. Zahlreiche Versuche sind unternommen worden, solche Vermessungsnetze aufgrund des Verlaufs von Feldwegen und Gemeindegrenzen zu rekonstruieren. Die Verhältnisse in unserem Lande sind aber unendlich komplizierter als etwa in den weiten Steppen Tunesiens oder in der Poebene. Immerhin scheinen sich deutliche Spuren von römischen Vermessungssystemen entlang des Genfersees, im Mittelland um *Aventicum*, im solothurnischen Aaretal und um *Augusta Raurica* herum abzuzeichnen. Die Verhältnisse werden noch dadurch kompliziert, dass in fast allen genannten Fällen nicht nur ein, sondern mehrere sich überlagernde Systeme festgestellt werden konnten. Wir wissen aus den Werken der römischen Vermessungstheoretiker (*gromatici*), dass periodische Neuvermessungen vorkamen. Wunschziel der Forschung wäre, die zeitliche Abfolge der verschiedenen Vermessungsnetze abzuklären und ihre Verknüpfung mit bestimmten politischen Ereignissen der Landesgeschichte aufzuzeigen.[2]

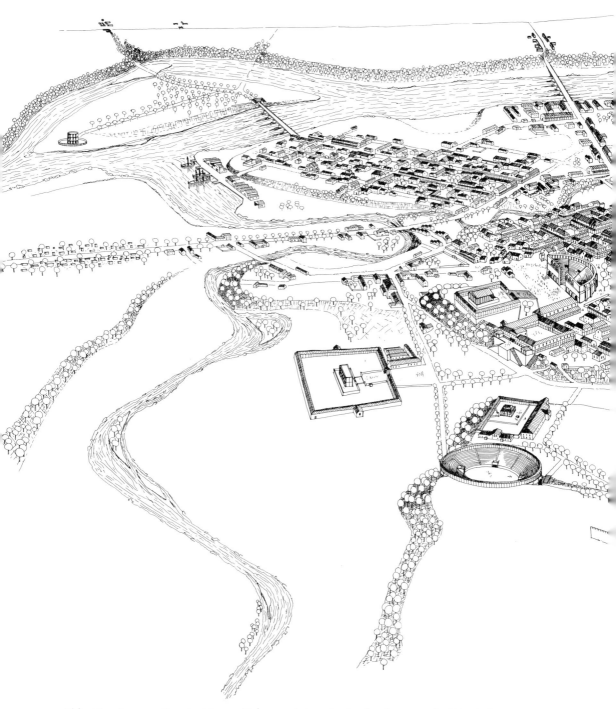

Abb. 58   Augusta Raurica/Augst. Rekonstruktion der Stadtanlage aus der Vogelschau.

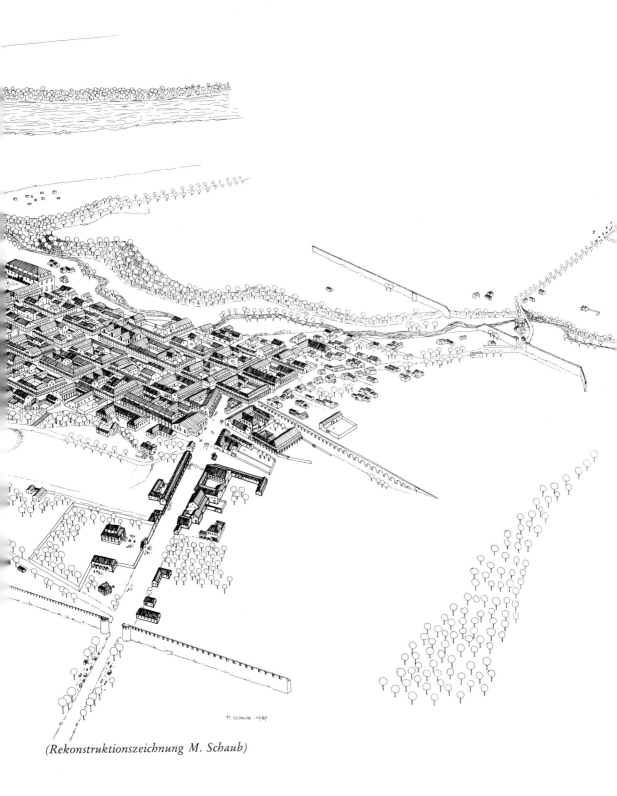

(Rekonstruktionszeichnung M. Schaub)

Die Anlage der Koloniestädte

Nicht nur das freie Land wurde vermessen. Auch bei der Anlage grösserer Siedlungen gingen die römischen Städtebauer systematisch vor. So finden wir in den drei Koloniestädten *Iulia Equestris*, *Augusta Raurica* und *Aventicum* eine genaue Planung der städtischen Strassensysteme und der Wohnblöcke (*insulae*). Der Block dieser Insulae und Strassen wird durch Ausfallstrassen, die meist von den Eckpunkten des Siedlungsblockes ausgehen, in das erweiterte Stadtsystem, z. B. die Stadtmauer mit ihren Toren, eingebunden. Besonders deutlich wird das in *Aventicum*, wo der eigentliche Siedlungsblock im Kern des durch die beträchtlich weiter aussen verlaufende Stadtmauer umrissenen Stadtgebietes liegt. Ähnlich sind die Verhältnisse in *Augusta Raurica* mit dem Unterschied, dass die Stadtmauer und ihre Tore dort nie vollendet wurden. Eine Analyse der Stadtstruktur hat gezeigt, dass die Stadtmauer genau auf den Linien eines minuziös ausgedachten Stadtplanungssystems verläuft, das sicher bereits existierte, als man in der zweiten Hälfte des 1. Jahrhunderts, vielleicht nach den Ereignissen von 69, mit dem Bau begann.

Die städtischen Wohn- und Handwerkerquartiere von *Augusta Raurica* und *Aventicum* sind beide auf einem Achsenkreuz mit Cardo und Decumanus aufgebaut. An deren Kreuzungspunkt befindet sich das Forum mit dem Haupttempel. In *Augusta Raurica* scheinen sich die beiden Achsen im Altarblock vor dem Forumtempel zu schneiden. In *Aventicum* dürfte das ähnlich gewesen sein. Das belegt, dass die ganze Vermessung auch in die in der römischen Antike allgegenwärtige *religio* (religiöse Verpflichtung) eingebunden war.[3]

Es ist klar, dass sich an die planerisch entworfenen Stadtquartiere Zug um Zug eine weitere Bebauung anschloss. Diese reihte sich z. B. an den städtischen Ausfallstrassen zwischen Quartierblock und Stadttoren auf, wie das in *Augusta Raurica* und auch in *Aventicum* sichtbar wird. Bei beiden Städten zeigt sich auch, dass zahlreiche öffentliche Bauten ausserhalb des zentralen Quartierblockes standen. Sie waren aber in vielen Fällen mit diesem durch irgendwelche, vielleicht nachträgliche, planerische Massnahmen verbunden. Hier wären der Baukomplex des Theaters und des Schönbühltempels in *Augusta Raurica* und die strukturell eng verwandte Anlage von Cigognier-Tempel und Theater in *Aventicum* zu erwähnen. Da letzterer Baukomplex nach Ausweis jahrringchronologischer Untersuchungen zu Beginn des 2. Jahrhunderts entstanden ist, lässt sich die spätere Zufügung zum schon aus dem früheren 1. Jahrhundert stammenden Quartierblock deutlich belegen.[4] In *Augusta Raurica* wird der Quartierblock der Oberstadt im Westen von einem ganzen Gürtel gallo-römischer Tempelbezirke umgeben, die sich teilweise nach den Ausfallstrassen, teilweise auch bloss nach den Gegebenheiten des Geländes richten. Zu dieser Zone gehört auch das irgendwann im 2. Jahrhundert erbaute grosse Amphitheater. In *Aventicum* fin-

Die Anlage der Koloniestädte 105

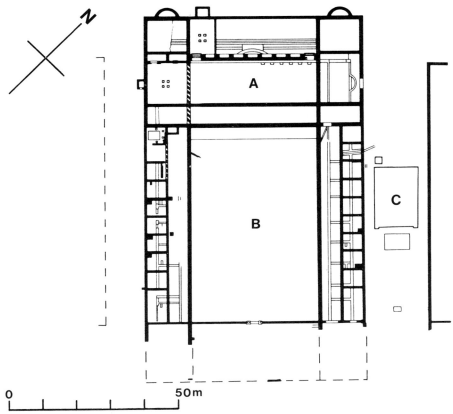

Abb. 59 Martigny/Forum Claudii. Grundriss von Forum (A) und Basilika (B) mit dem seitlich daneben angeordneten Haupttempel (C).

den wir ähnliche Verhältnisse mit dem Amphitheater und dem monumentalisierten gallo-römischen Tempel bei der Grange-du-Dîme sowie nordöstlich der Insulae 6 und 24.

In *Augusta Raurica* fand irgendwann, zu einem noch nicht näher präzisierbaren Zeitpunkt im 2. Jahrhundert, eine systematische Stadterweiterung statt. Eine Geländestufe tiefer als die Oberstadt wurde gegen den Rhein hin ein zweites, regelmässig angelegtes Quartiersystem errichtet, dessen Orientierung von dem des Strassensystems der Oberstadt abweicht. Es stützt sich ebenfalls auf ein Achsenkreuz, dessen einer Schenkel die zur Rheinbrücke strebende Ausfallstrasse ist, während der senkrecht dazu stehende zweite parallel zur Überlandstrasse verläuft, die vom Osttor rheintalaufwärts zielt. Planerisch wählte man für die Quartiere der Unterstadt nicht das Schema der annähernd quadratischen Insulae, sondern eher querrechteckige Quartierblöcke (*scamna*). Auch dieses

Abb 302

Abb 306, 307

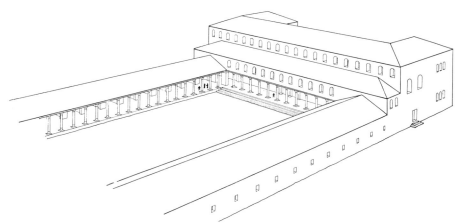

Abb. 60 Forum Claudii/Martigny. Forum und Basilika. Rekonstruktion.

Einteilungsschema findet sich bereits in hellenistischen Städten, und als beste Parallele kann man gewisse Stadtquartiere von Pompeji namhaft machen. Die Verbindung von Ober- und Unterstadt in *Augusta Raurica* erfolgte über Rampenstrassen, und die verschiedene Orientierung der beiden Quartiereinheiten gab Raum für allerhand unregelmässig angelegte Verbindungsbauten, wie z. B. die Gewerbehallen auf der Flur Schmidmatt.[4]

Abb 400
Abb 310

In *Forum Claudii Vallensium*/Martigny, dem unter Kaiser Claudius auf vorher unbebautem Gelände geplanten und errichteten Marktort, findet sich das Planungssystem der Koloniestädte in gewissermassen reduzierter Ausgabe. Der Block der regelmässigen Überbauung umfasst zehn Quartiereinheiten, also im Vergleich mit den 30 in *Aventicum* ursprünglich geplanten Insulae nur ein Drittel. Eine Längsachse durchzieht die Siedlung als Hauptstrasse, die Querachse läuft durch die Insula, die vom Forum eingenommen wird. Auch in anderer Hinsicht zeigt sich die Reduktion des Planes. In den Koloniestädten nimmt das Forum den Raum von zwei Insulae ein, und zwar so, dass die eine vom Haupttempel, die andere vom Forumsplatz und der Basilika belegt wird. Diese Disposition finden wir in *Iulia Equestris*, *Augusta Raurica* und in *Aventicum*. Anders liegen, wie gesagt, die Verhältnisse in *Forum Claudii*. Dort ist der Haupttempel seitlich neben das nur eine Insula einnehmende Forum gleichsam in eine etwas verbreiterte Quartierstrasse hineingezwängt. Dabei handelte es sich aber um ein durchaus monumentales Bauwerk, wie das erhaltene Kapitell einer der Frontsäulen beweist. Im übrigen haben wir in *Forum Claudii* den Fall vor uns, dass die Neusiedlung sich an einen älteren, vorbestehenden Kern, in diesem Falle ein altehrwürdiges keltisches Heiligtum, anschloss.

Abb 404

Abb 59
Abb 60

Abb 402

Die Fora von *Iulia Equestris*, *Augusta Raurica* und *Aventicum* folgen einem

Die Anlage der Koloniestädte 107

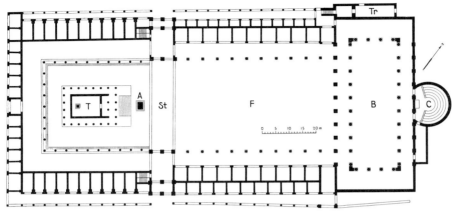

Abb. 61 Augusta Raurica/Augst. Grundriss von Forum, Basilika, Curia und Haupttempel: A Altar, B Basilika, C Curia, F Forumsplatz, St Städtische Hauptachse, die durch den Platzkomplex hindurchführt, T Tempel, Tr Treppenhaus.

Bauschema, das auch sonst in den gallischen Provinzen beim Städtebau angewendet wurde. Charakteristisch ist, wie schon angedeutet, die Verteilung von religiösem Teil mit dem Haupttempel auf die eine Hälfte der beanspruchten Doppelinsula und die Plazierung der öffentlichen Platzanlage und der Basilika in die andere Hälfte. Meist ist die Platzanlage von einer doppelten Reihe von Ladenlokalen umgeben, deren eine sich nach innen zum Platze, die andere nach aussen zu den umgebenden Strassen öffnet. Eng verwandt mit den Fora der drei

Abb 61, 62

Abb 414, 415

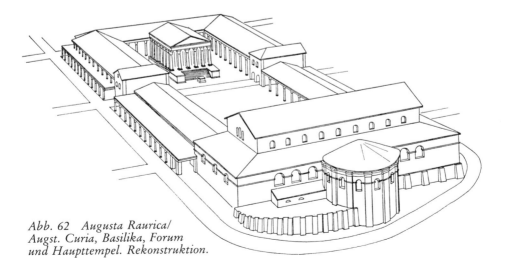

Abb. 62 Augusta Raurica/ Augst. Curia, Basilika, Forum und Haupttempel. Rekonstruktion.

108   Die Siedlungen des Landes

Abb. 63   Aventicum/Avenches, Forum. Monumentalstatue der Agrippina. Teil einer Statuengruppe, welche die das Forum umgebenden Säulenhallen bekrönte.

Abb. 64   Augusta Raurica/Augst. Sandsteinpfeiler vom Forum mit Victoria auf der Weltkugel. Die Göttin hält in den hoch erhobenen Händen einen Ehrenschild mit Büste.

Koloniestädte in der »römischen Schweiz« sind in ihrer Grundriss-Struktur die Fora von *Lutetia*/Paris (F) und *Lugudunum Convenarum*/St-Bertrand de Comminges (F). Auch das Forum von *Augusta Treverorum*/Trier (D) gehört zu dieser Gruppe von Forumsbauten.[5]

In *Iulia Equestris*/Nyon weist das Forum interessante bauliche Einzelheiten auf. Unter den die Platzanlage umgebenden Portiken befinden sich sog. Krypto- *Abb 414* portiken, d. h. unterirdische, hallenförmige Gänge. Parallelen dazu finden sich u. a. in den Fora von *Arelas*/Arles (F) und *Augusta Praetoria*/Aosta (I). Über den Verwendungszweck dieser teils unterirdischen, teils halbunterirdischen Lokalitäten herrscht nicht letzte Klarheit. Am wahrscheinlichsten ist, dass sie als Vorratsdepots verwendet wurden. Am Forum von *Iulia Equestris* lassen sich als weitere konstruktive Eigenheit schmale Korridore in der Dicke des Fundamentmauerwerks beobachten. Es handelt sich offenbar um Entlüftungsräume zur Trockenhaltung des Mauerwerkes. Parallelen kennen wir vom Forum von *Bagacum*/Bavay (F) und von anderen Plätzen.[6]

In *Augusta Raurica* findet sich an die Basilika angebaut der Sitzungssaal des *Abb 62, 312* Stadtrates (*ordo decurionum*) in Form eines dreiviertelrunden, turmartigen Annexes. Die Rekonstruktionszeichnung zeigt eindrücklich, wie die ganze Anlage ausgesehen haben könnte.

Die Forumanlagen muss man sich reich geschmückt vorstellen. In *Iulia Equestris* schmückten Mosaiken die Fussböden der Portiken um den Forumsplatz. Ausserdem waren auf allen Fora zahlreiche Ehrenstatuen aufgestellt. Sie standen teils auf Sockeln auf der Platzanlage, teils krönten sie die den Platz umgebenden Säulenhallen. Besonders gute Beispiele kennen wir aus *Aventicum*, wo eine Sta- *Abb 63* tuengruppe des julisch-claudischen Kaiserhauses das Forum zierte. Auch in *Augusta Raurica* muss das Forum geschmückt gewesen sein. In der Basilika scheint eine Reiterstatue aus Bronze gestanden zu haben. Der schöne Viktoriapfeiler *Abb 64* zierte einen der Strassenzugänge zum Forumsplatz. Zahlreiche Ehreninschriften kündeten vom Ruhme der Kaiser und von den freigebigen Spenden reicher Bürger und Funktionäre. In *Aventicum* waren mit dem Forum die Geschäfts- und Versammlungslokalitäten (*scholae*) der Korporationen (u. a. der Schiffsleute auf den Juraseen und der Aare) verbunden. In *Forum Claudii* war die Basi- *Abb 407* lika mit einer monumentalen Statuengruppe aus Bronze geschmückt, die eine Götterfigur und den Dreigehörnten Stier umfasste.[7] *Abb 408*

Zum besonderen Schmuck gereichten den Koloniestädten, auch dem etwas bescheidener ausgebauten *Forum Claudii Vallensium*, die grossen Tempel. Diese Haupttempel folgten in ihrem Grundriss und Aufbau dem Kanon der klassischen Reichskunst und -architektur. Als Vorbild für ihre Rekonstruktion wird man noch aufrecht stehende Tempelbauten aus den Provinzen, wie die sog. Maison Carrée von *Nemausus*/Nîmes (F), den Augustus-Tempel von *Vienna*/Vienne (F) oder die Tempel auf den Fora von *Augusta Praetoria*/Aosta (I) und

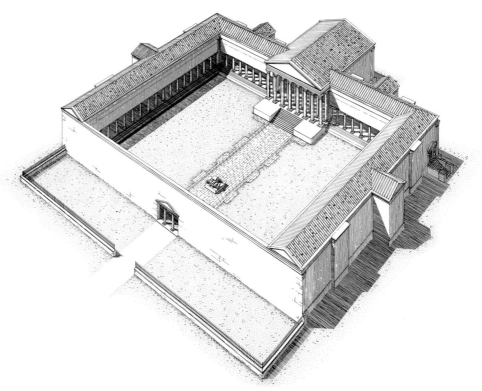

Abb. 65   Aventicum/Avenches. Der Cigogniertempel. Rekonstruktion.

Iulia Pola/Pula (Y) heranziehen dürfen. Eine römische Koloniestadt sollte eigentlich nach dem Vorbild von Rom, dessen Abbild sie ja war, einen Kapitoltempel haben. In manchen Koloniestädten erfüllte offenbar der Forumtempel diese Funktion, so etwa in *Thugga* und *Thuburbo Maius* in der *Africa Proconsularis* (Tunesien), wo die Tempel nicht nur die entsprechende dreifache Gliederung der Cella, sondern auch die Reste der entsprechenden Monumentalstatuen enthielten. Auch der Tempel am Forum von *Brixia*/Brescia (I) erweist sich durch seine drei nebeneinanderliegenden Cellae als Tempel für Jupiter, Juno und Minerva, d. h. für die Kapitolinische Trias. Bei den drei Koloniestädten in der »römischen Schweiz« scheint die Lage der Kapitoltempel eine etwas andere gewesen zu sein. Zwar war der Forumtempel von *Augusta Raurica* nach Ausweis des schönen Adlerreliefs, das den Altar zierte, ein Jupitertempel. War er gleichzeitig auch das Kapitol? Der Erhaltungszustand lässt solche Schlüsse nicht mehr zu. In *Iulia Equestris* lässt sich der Forumtempel nur unvollständig fassen, und in *Aventicum* wurde das noch mächtig aufragende Tempelpodium des Fo-

Die Anlage der Koloniestädte 111

rumtempels im letzten Jahrhundert ohne vorherige Dokumentierung abgebrochen. In dieser Stadt scheint allerdings das Kapitol erfasst worden zu sein, und zwar in jenem Tempel, der seitlich neben dem Forum in der Insula 23 lag. Die dort geborgene Statue der Minerva und die Dreiteilung der Cella lassen an diese Deutung denken. Entstanden ist der Bau, der über einer älteren Therme liegt, freilich erst im 2. Jahrhundert.⁸   *Abb 200–202*

Sowohl in *Augusta Raurica* als auch in *Aventicum* finden wir monumentale Tempel, die mit dem Theater der Stadt in enger axialer Beziehung stehen und mit ihm somit eine gewollte architektonische Einheit bilden. In *Aventicum* handelt es sich um den Baukomplex des Cigognier-Tempels, der, da er auf einem Pfahlrost aus im Jahre 98 geschlagenen Pfählen steht, in den ersten Jahrzehnten des 2. Jahrhunderts erbaut worden sein muss. Sein eigenwilliger Grundriss, der den Tempel in die Architektur des Tempelhofes mit einbezieht, ist zu Recht mit dem sog. Templum Pacis in Rom verglichen worden, den Vespasian 71 bis 75 erbauen liess. Vom Tempelplatz führte eine 53 Meter lange, statuengeschmückte Allee zum Theater. Der Verwendungszweck dieser Monumentalanlage ist umstritten. Handelte es sich um den Versammlungsplatz der helvetischen Bewohner (*incolae*) der Kolonie, also jener Bevölkerungsgruppe, die das römische Bürgerrecht nicht besass? Die Lage neben dem ursprünglichen Quartierblock der Koloniestadt und die Einbindung des Theaters könnten dafür sprechen. Man wird freilich auch an den Kaiserkult oder an eine Kombination beider Verwendungszwecke zu denken haben.⁹   *Abb 321, 65*

Ohne Zweifel ist die ebenfalls axial ausgerichtete Anlage von Theater und Schönbühltempel in *Augusta Raurica* mit dem Cigognier-Tempel von *Aventicum* zu vergleichen, liegt doch dieselbe Kombination von Bauwerken vor. Nun ist die genannte axiale Anlage von Theater und Tempel in *Augusta Raurica* nicht die erste Bauperiode auf dem Platz. Ihr voraus gingen zwei frühere Phasen, in denen ein grosser Tempelbezirk mit mehreren gallo-römischen Vierecktempeln auf Schönbühl zunächst mit einem szenischen Theater und danach mit einem Amphitheater kombiniert war. Ein Blick auf die grossen Heiligtümer in den Civitates Galliens lehrt uns, wo die Vorbilder für diese kombinierten Anlagen zu suchen sind. Auch dort finden wir grosse Tempelbezirke mit Theatern oder mit Amphitheatern kombiniert (Ribemont-sur-Ancre, *Augustodunum*/Autun, Areines [alle F]). Es will uns daher scheinen, dass auch in *Augusta Raurica* Tempelbezirk und Theater, bzw. Amphitheater, von Anfang an nicht voneinander getrennt werden dürfen. Wir ordnen somit dem Theater (und dem es zeitweilig ersetzenden Amphitheater) den Rang eines Kulttheaters zu.¹⁰   *Abb 313*   *Abb 227*

Wenn aber die axiale Kombination von Theater und Schönbühltempel, die nach neuesten Sondierungen (in Kombination mit älteren Beobachtungen in den gallo-römischen Tempelchen auf Schönbühl) wohl erst nach der Mitte des 2. Jahrhunderts entstanden ist, somit ein älteres Heiligtum vom einheimischen Typus   *Abb 217*

Abb. 66   Aventicum/Avenches. Luftaufnahme des szenischen Theaters.

Abb. 67   Augusta Raurica/Augst. Luftaufnahme der Theaterbauten. Dominierend die Ruine des 3. (szenischen) Theaters, rechts die Arena des Amphitheaters (2. Bauwerk am Platze).

Die Anlage der Koloniestädte 113

mit zugehörigem Schaustellungsbau ersetzt, so dürfte es sich nicht um den Kaiserkult, sondern eher um das Zentralheiligtum der in der Kolonie wohnenden Rauriker peregrinen Rechtes handeln. Ob daraus Schlüsse auf die ähnliche Anlage in *Aventicum* erlaubt sind? Man wird dann freilich auch die Vorstellung, das erste szenische Theater in *Augusta Raurica* sei im Jahre 72 von den im Zusammenhang mit dem Feldzug des Pinarius Clemens dort stationierten Soldaten abgebrochen und durch ein Amphitheater ersetzt worden, einer kritischen Revision unterziehen müssen. Die schon erwähnten Sondierungen haben gezeigt, dass das Amphitheater, d. h. der zweite Bau auf dem Platze, bald nach der Mitte des 1. Jahrhunderts erbaut worden ist, also doch wohl 20 Jahre früher als der Zeitpunkt der erwähnten Truppenkonzentration, die, wie wir bereits gesehen haben, aus strategischen Gründen ohnehin gar nicht in *Augusta Raurica* in Garnison lag. Da wäre eher an eine Pression der bis in die Mitte des 1. Jahrhunderts an der Stelle der späteren Unterstadt in einem Kastell stehenden Truppen zu denken, wenn man dem Militär einen derartigen Einfluss auf die Entscheidungen einer römischen Bürgerkolonie überhaupt einräumen will.

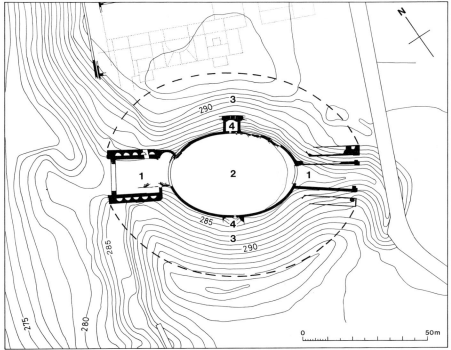

Abb. 68 Augusta Raurica/Augst. Grundriss des grossen Amphitheaters am Stadtrand. 1 Zugangsrampen, 2 Arena, 3 Zuschauerraum, 4 Tierkäfige (evtl. Nemesis-Heiligtümer). Nördlich des Amphitheaters im Luftbild erfasste Spuren eines grossen Kultbaus auf dem Sichelenplateau.

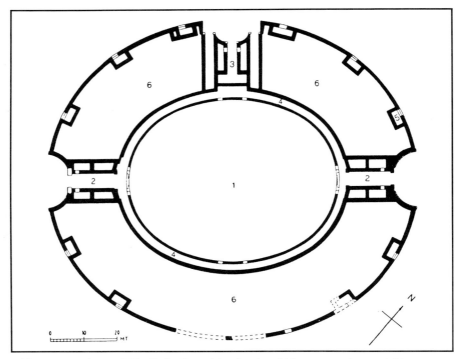

Abb. 69 Vindonissa/Windisch. Grundriss des Amphitheaters: 1 Arena, 2 Zugangsrampen mit Tierkäfigen (?), 3 Hauptloge (Pulvinar), 4 Bedienungsgang um die Arena, 5 Treppenhaus, 6 Zuschauerrampen.

Der Neubau der kombinierten Anlage Schönbühltempel – Theater führte wahrscheinlich auch zur Errichtung des neuen Amphitheaters am Stadtrand von *Augusta Raurica*. Sicher wollte die städtische Bevölkerung nicht auf die Spektakel in der Arena verzichten. Amphitheater lagen darum gerne am Rande der Siedlung. Hier konnten ohne weiteres, wie im modernen Fussballstadion, die Emotionen hochbranden und zum Krawall ausarten. Es sei aber darauf hingewiesen, dass auch das »neue« grosse Amphitheater von *Augusta Raurica* zwar am Stadtrand, aber wiederum in nächster Nähe einer ganzen Anzahl von Tempelbezirken gallo-römischer Tradition gelegen war. Handelte es sich um den hierhin verlegten Kult- und Versammlungsschwerpunkt der peregrinen Rauriker?

Nach Ausweis der Münzen scheint das Amphitheater von *Vindonissa* auch nach dem Abzug der Legion im Jahre 101 weiter benützt worden zu sein. Es diente jetzt wohl vorwiegend der Bevölkerung der ganzen Region, die sich hier bei festlicher Gelegenheit traf. Ähnlich waren wohl die Verhältnisse in *Forum Clau-*

dii/Martigny, wo das ebenfalls am Rande der Siedlung gelegene Amphitheater in *Abb 400, 406,*
der Nähe des grossen, auf alter Tradition beruhenden Tempelbezirkes liegt.[11] *407*

Der Vicus

Bevor wir andere wichtige Gebäudetypen behandeln, sei noch eine weitere Siedlungsform besprochen: der *vicus*. Unter diesem Begriff konnten im juristischen Sinne die unterschiedlichsten Siedlungen stehen, vom einfachen Strassendorf bis zur planerisch durchgegliederten Hauptstadt einer Civitas. Auch im Bereich der »römischen Schweiz« lässt sich diese Vielfalt aufzeigen. Neben einfachen Strassenvici, wie etwa denen von Bern-Enge, *Vindonissa*, *Vitudurum*/Oberwinterthur oder Lenzburg, finden sich solche, die den Charakter städtischer Agglomerationen angenommen hatten, wie etwa *Genava*/Genf und *Curia*/Chur. Eine Sonderstellung nahmen wohl Vici ein, die sich durch ihre Thermalquellen auszeichneten, wie *Aquae Helveticae*/Baden AG und *Eburodunum*/Yverdon VD. *Abb 327*
Ein bedeutender Vicus war ohne Zweifel *Lousonna*/Vidy, das durch seine Lage am Genfersee als Einfuhrhafen für das Schweizer Mittelland diente. Andere Vici kennen wir in ihrer baulichen Struktur kaum, doch haben sie interessantes inschriftliches Material geliefert. Dies trifft zu für *Salodurum*/Solothurn und *Minnodunum*/Moudon.[12]
Die Vici zeichnen sich zumeist durch das Fehlen einer gezielten städtebaulichen Planung aus. Der einfachste Typus ist der eines Strassenzeilendorfes, das höchstens an einigen wenigen Stellen platzartig ausgeweitet ist oder einen grösseren Kultbezirk, evtl. mit Kulttheater oder Amphitheater, umfasst. Hier kann man die Vici von Lenzburg und Bern-Enge, deren antike Namen nicht überliefert *Abb 395, 339*
sind, sowie den von *Vitudurum*/Oberwinterthur einreihen. Auch *Aquae Hel-* *Abb 518, 327*
veticae/Baden gehört zu diesem Typus, wobei dort die eine Geländestufe tiefer an der Limmat liegenden Bäder eine eigene Baugruppe bilden.
Das Fehlen einer Planung mit sich rechtwinklig schneidenden Strassen zeichnet auch die Vici von *Curia*/Chur und *Genava*/Genf aus, obwohl gerade beim er- *Abb 357, 374*
steren grosse Plätze und Thermen und beim letzteren eine grosse Hafenanlage sich fassen lassen. Sehr gute Aufschlüsse über die Struktur eines Vicus erhalten wir in *Lousonna*/Vidy. Im Kern steht eine Art Forumanlage mit Basilika und an- *Abb 392*
schliessendem Kultbezirk, Schifflände und gallo-römischem Umgangstempel sowie, etwas weiter entfernt, einem Thermenbau. Alle diese Elemente sind lose, ohne erkennbare planerische Absicht zusammengefügt, als wären sie natürlich gewachsen. Die Basilika ist nur zweischiffig. Auf ihrer Schmalseite ist ein Lokal abgetrennt, das dem Kaiserkult diente, aussen sind Kammern angefügt, in denen u. a. die Seeschiffer (*nautae lacus Lemanni*) ihre Kontore hatten.
Von dieser Kernzone aus, die man als Forum ansprechen kann, entwickelte sich

Abb. 70   Bern, Engehalbinsel. Das Amphitheater aus der Vogelperspektive.

der Vicus nach Osten und Westen parallel zum Seeufer, und zwar vor allem entlang einer Hauptstrasse, an der sich die typischen Vicus-Häuser mit ihren schmalen Strassenfronten dicht gedrängt aufreihten. Besonders in seinen westlichen Teilen kennt der Vicus *Lousonna* aber auch eine planerische Breitenausdehnung, wie sie auch in *Genava*/Genf und *Curia*/Chur zu beobachten ist.[13]

Die Thermen

Die meisten römischen Siedlungen, ob Koloniestadt, Municipium, Vicus oder Gutshof (*villa rustica*) besassen ein oder mehrere Bäder (*balnea*). Sie dienten nicht nur der Hygiene, sie waren auch soziale Treffpunkte in den Siedlungen. Hier traf man sich zu einem Schwatz oder zu Spiel und Sport vor oder nach dem Badevorgang. Grosse Siedlungen, wie *Aventicum* und *Augusta Raurica*, hatten mehrere Bäder. Da nach Geschlechtern getrennt gebadet wurde, war meist das eine den Frauen vorbehalten. In *Augusta Raurica* war die Identifikation der sog. *Abb 71* »Frauenthermen« dadurch möglich, dass in den Ablaufkanälen massenweise beinerne Haarnadeln gefunden wurden. Wo nur ein Bad zur Verfügung stand, war der Zutritt nach Tageshälften geregelt. Die meisten Siedlungen betrieben das Bad nicht auf Gemeindekosten, sondern verpachteten es, wobei sie ein genaues Pflichtenheft für den Betreiber aufstellten.[14] Frauen bezahlten höhere Eintrittspreise als Männer. Das war nicht ein Akt der Diskriminierung, sondern beruhte darauf, dass die Frauen vermutlich mehr von den im Eintrittspreis eingeschlossenen Kosmetika und Enthaarungsmitteln brauchten. Ausserdem war die Reinigung wegen der die Abläufe verstopfenden Haare arbeitsaufwendiger. Wir kennen den Badevorgang recht genau. Nach Ablegen der Kleider im Apodyterium (man badete nackt), begab man sich in den heissen Raum (*caldarium*), des-

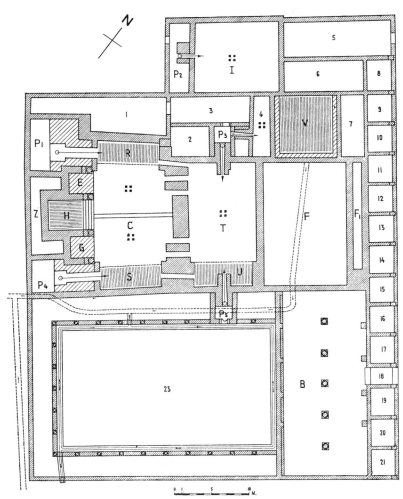

Abb. 71 Augusta Raurica/Augst. Grundriss der Frauenthermen: C Warmbad (*caldarium*), T Lauwarmer Raum (*tepidarium*), F Kaltbaderaum (*frigidarium*), V Kaltwasser-Schwimmbecken (*piscina*), P Heizräume (*praefurnia*), H, R, S, U Warmwasserbecken, B Grosse Halle, Z Latrine, I Heizbarer Umkleideraum (*apodyterium*). 1–7 Diensträume, 8–21 Tabernen entlang der Strasse, 23 Sportplatz (*palaestra*).

Abb. 72   Augusta Raurica/Augst, Insula 23. Mehrere sich überlagernde Bauperioden mit mächtigen Schuttfüllungen zwischen den Mörtelböden der Hypokausten der einzelnen Perioden.

Abb 469   sen Fussboden so heiss war, dass er nur mit Holzsandalen betreten werden konnte. Nach dem Schwitzen, dem Abschaben des Schweisses mit dem Schabeisen (*strigilis*) und dem Übergiessen mit heissem Wasser oder dem Aufenthalt in der Heisswasserwanne, kühlte man sich schrittweise im lauwarmen Raum (*tepi-*
Abb 403   *darium*) und im Kaltraum (*frigidarium*) ab. Dort konnte man zur Abkühlung des erhitzten Körpers auch ein kaltes Bad nehmen.

Die Heizung der Thermen erfolgte durch die sog. Unterbodenheizung (*hypo-*
Abb 399   *caustum*, richtiger: *hypokausis*), d. h. durch den Hohlboden und die mit Kastenziegeln (*tubuli*) versehenen Wände. Geheizt wurde durch das sog. *praefurnium* von einem Heizraum oder Wirtschaftshof aus. Die Rauchgase, die durch die Tubuli hochstiegen, wurden oben durch eine quer verlaufende Ringleitung erfasst und an den Ecken des Raumes seitlich oder nach oben ins Freie geleitet. Waren die Bäder einmal angeheizt und die Gebäudemasse durchwärmt, so musste nur noch in ganz sorgfältig dosierter Menge Feuerungsmaterial nachgeschoben werden. Die aus mehreren Schornsteinlöchern rauchenden Thermen gehörten jedenfalls zum typischen Erscheinungsbild der antiken Siedlungen. Hypokauste hatten übrigens eine beschränkte Lebenszeit. Die Bauelemente brannten offenbar nach einer gewissen Benutzungsdauer aus. Meist zertrümmerte man dann

Die Thermen 119

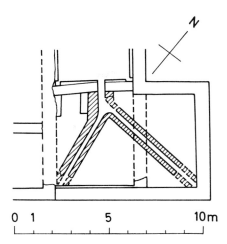

Abb. 73 Eschen (FL). Kanalheizung im Herrenhaus des Gutshofs von Nendeln.

die Hypokausis und errichtete auf dem planierten Schutt eine neue. Das führte zu Erhöhungen des Gehniveaus, einer typischen Erscheinung im römischen Bauwesen. Vielleicht aus den erwähnten Gründen traten im Lauf der Zeit Veränderungen und Neuerungen im Thermenbau auf. So hatte man wahrscheinlich beobachtet, dass die Wärme vom Feuerungsloch (*praefurnium*) aus strahlenförmig in Richtung auf die Schornsteinzüge zulief. Das führte dazu, dass nur noch diese Stränge ausgebaut wurden. So entstand das System der sog. Kanalheizung, die annähernd denselben Wirkungsgrad wie die Hypokausis, aber wohl eine längere Lebensdauer hatte. Alle noch heute im Betrieb stehenden Hammam (orientalische Bäder), die ja die Nachfahren der antiken Bäder sind, funktionieren nach diesem Prinzip.[15]

Da die Bäder auch der öffentlichen Hygiene dienten, hatten sie grosse Toiletten-

Abb 72

Abb 73

Abb 74

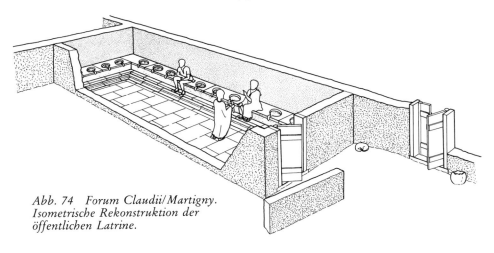

Abb. 74 Forum Claudii/Martigny. Isometrische Rekonstruktion der öffentlichen Latrine.

anlagen. Diese Gemeinschaftslatrinen, wie wir eine in *Forum Claudii*/Martigny kennen, sind für unsere heutigen Vorstellungen etwas vom Erstaunlichsten an der römischen Zivilisation. Mit ihrer perfekten Wasserspülung zeigen sie einen hohen hygienischen und technischen Standard. Reichlicher Wasserzufluss ist allen diesen Anlagen gemeinsam. Die Frage nach der körperlichen Reinigung, und zwar angesichts der Tatsache, dass die Antike das Papier nicht kannte, lässt sich mit dem Hinweis auf die Bräuche im Orient und auf die Tatsache, dass mit der rechten Hand gegessen wurde, schlüssig beantworten. So erklärt sich auch, warum keine antike Grosslatrine ohne Waschbrunnen auskam.[16]

Die Wasserversorgung

Dass bei einem derartigen Wasserverbrauch der Versorgung der Siedlungen mit Trink- und Brauchwasser die grösste Aufmerksamkeit geschenkt wurde, versteht sich von selbst. Kleinere Siedlungen, wie etwa der Vicus von Bern-Engehalbinsel behalfen sich mit Sodbrunnen. Auch die Unterstadt von *Augusta Rau-*

Abb. 75 Liestal (BL). Heidenloch. Freigelegtes Teilstück der Wasserleitung für Augusta Raurica.

Die Wasserversorgung 121

Abb. 76 *Augusta Raurica*/Augst. Wasserleitung *(aquaeductus)*. Herausgeschnittenes Segment der unterirdischen Wasserleitung aus dem Ergolztal.

rica scheint auf die Versorgung durch Sodbrunnen abgestellt zu haben. Ausserdem war dort für Brauchwasser der Rhein in nächster Nähe. Die grossen Koloniestädte, das Legionslager *Vindonissa* und einige grössere Vici besassen aber eine oder mehrere Wasserleitungen (Aquädukte), die Quell- oder Flusswasser über weite Strecken herbrachten. So kennen wir das Wasserversorgungssystem von *Aventicum* mit seinen sechs meist unterirdisch verlaufenden Aquädukten *Abb 77* sehr genau. *Augusta Raurica* bezog das Wasser aus zwei Aquädukten, deren einer im Süden der Stadt aus der Ergolz abzweigte und als beinahe mannshoher *Abb 75, 76* gewölbter Kanal über 5,6 Kilometer zu den Höhen südlich der Oberstadt führte. Er ist auf weite Strecken noch erhalten, teilweise sogar restauriert und begehbar gemacht. Eine zweite, kleinere Wasserleitung erreichte die Stadt von Osten her. Auch *Iulia Equestris*/Nyon, *Genava*/Genf und *Lousonna*/Vidy hatten ihre Aquädukte. Das Legionslager *Vindonissa* wurde durch einen unterirdisch verlaufenden Aquädukt aus der Gegend des Birrfeldes mit Wasser ver- *Abb 504* sorgt. Diese Leitung ist intakt und liefert bis heute Wasser, das allerdings den heutigen Ansprüchen an Trinkwasser nicht mehr genügt.[17] Die grossen Wasserleitungen endeten am Stadtrand in einem Wasserschloss, in dem die Feinverteilung stattfand. Solche Einrichtungen kennen wir aus *Nemausus*/Nîmes (F) und

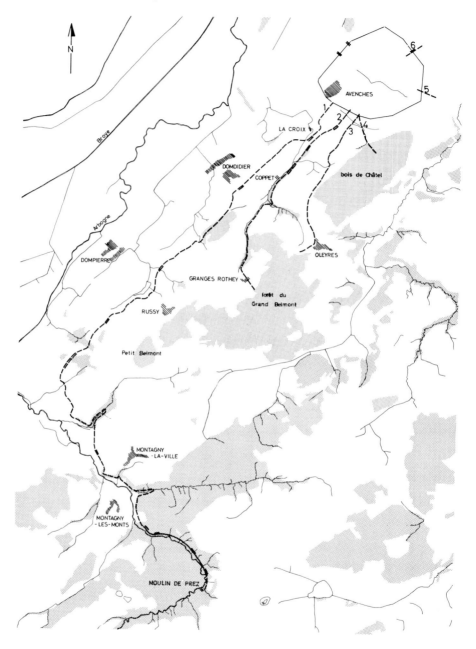

Abb. 77 Aventicum/Avenches. Plan der Leitungsführung der sechs Aquädukte, die Aventicum mit Wasser versorgten.

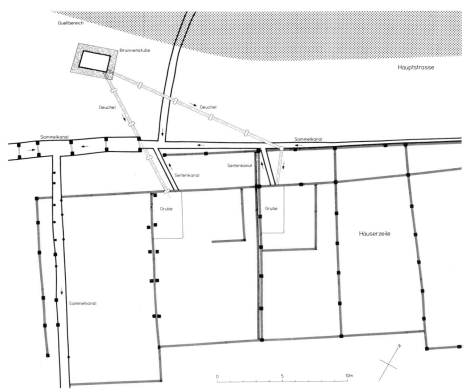

Abb. 78 Vitudurum/Oberwinterthur. Schematische Darstellung der Wasserversorgung und -entsorgung des Vicus während der ersten beiden Bauperioden (ca. ab Chr. Geb. bis 65–75 n. Chr.).

Pompeji (I). In den Koloniestädten auf dem Gebiet der »römischen Schweiz« sind sie nicht erhalten geblieben. Der grosse Aquädukt von *Augusta Raurica* endete im Süden der Stadt oberirdisch auf einer von Pfeilern getragenen Hochleitung. Nach den Schichtanschlüssen der erhaltenen Pfeilerfundamente wurde diese Hochleitung nach der Mitte des 1. Jahrhunderts erbaut.

Die Wasserverteilung in den Strassen erfolgte entweder durch Bleirohre oder durch hölzerne Wasserleitungen, sog. Deuchel. Besonders gut können wir diese Verteilnetze in *Vitudurum*/Oberwinterthur studieren, wo sich in den untersten Schichten das Holz erhalten hat. Auch in *Augusta Raurica* lassen sich die hölzernen Leitungen fassen, da sich im Innern ein dicker Kalkmantel ablagerte, der die Leitungsstruktur bewahrt hat, obwohl das Holz längst vergangen ist. Zahlreiche Strassenbrunnen gehörten zum typischen Bild antiker Siedlungen.[18]

Abb 78
Abb 79
Abb 309

In den römischen Siedlungen entstanden grosse Abwassermengen. Diese wurden, wenn immer möglich, in eigentlichen Kanalisationen weggeführt und entweder einem Fluss oder einer Sickergrube zugeleitet. Das Legionslager *Vindo-*

Abb. 79 Augusta Raurica/Augst. Hölzerne Wasserleitungen (sog. Deuchel) im Kieskörper einer Stadtstrasse.

nissa hatte ein ausgeklügeltes System von Abwasserleitungen, die durch die Tore nach aussen geführt wurden. Der spätere Vicus musste sich mit Sickerschächten begnügen.

In *Augusta Raurica* sind mehrere grosse Kanalisationsstränge festgestellt worden, die als begehbare Gänge ausgebildet waren. Der eine entwässerte die Zentralthermen und kann noch heute begangen werden. Deutlich lassen sich die seitlichen Einläufe sekundärer Kanäle beobachten. Ein anderer unterirdischer Kanal entwässerte das Forum und ein dritter das Theater. In den Stadtstrassen liefen gedeckte Entwässerungskanäle entlang der den Häusern vorgesetzten

Abb 80 Säulengänge. An mehreren Stellen waren diesen Kanälen Strassenaborte aufgesetzt.

Das Strassennetz in den Koloniestädten und Vici bestand weitgehend aus Schotterstrassen, deren Belag durch periodische Neubekiesung sich langsam aufhöhte, so dass in der Folge auch die anstossende Bebauung angepasst werden musste. Nur in *Forum Claudii*/Martigny kennen wir ein Stück städtischer Strasse mit jenem polygonalen Plattenbelag, wie er in den römischen Siedlungen im Mittelmeerraum üblich war. In *Augusta Raurica* ist uns ein Fussgängerübergang über das Kiesbett der Strasse in Form von Trittsteinen erhalten, ausserdem wurden in den »Vorstädten«, d. h. in den Strassen, die zu den Stadtausgängen führten, auch Feuerstellen auf dem Strassenkies beobachtet. Hier verkauften wohl fliegende Händler ihre am Spiess gebratenen Fleischklösse an hungrige Kunden.[19]

Abb 81

Hausbau und Bautechnik

Bevor wir auf den Hausbau eingehen, seien noch einige Worte über die Bautechniken eingeflochten. Bei Beginn der intensiven Bautätigkeit in der »römischen Schweiz«, die bekanntlich erst um 10 v. Chr. einsetzte, wurden in den meisten

Abb. 80   Augusta Raurica/Augst, Insula 30. Portikusfundament mit Strassenlatrine.

Abb. 81 Augusta Raurica/Augst. Plattenreihe als Fussgängerübergang über eine Stadtstrasse.

Fällen vergängliche Materialien verbaut. Wir haben Belege für Holzbauten in al-
Abb 82 len nur denkbaren Techniken (Riegelwerk mit Lehmfüllung auf Rutenwerk in den Fächern, rein hölzerne Blockbauten, Rahmenbauten mit in Nuten eingeschobenen Brettern etc.). Besonders *Vitudurum*/Oberwinterthur hat hier teilweise genau datierbare Bauten in den verschiedensten Techniken geliefert. Andernorts, z. B. in *Vindonissa*, sind nur noch die Bodenverfärbungen, die die Grundschwellen hinterlassen haben, fassbar. Wir finden aber auch Belege für
Abb 83 Mauerwerk aus luftgetrockneten Ziegeln.

Von der Mitte des 1. Jahrhunderts an setzte sich langsam der Steinbau durch. In diesem Zeitraum wurde das Legionslager *Vindonissa* in Stein ausgebaut und auch die Insulae von *Augusta Raurica* stammen in ihrer Steinbauphase frühestens aus dieser Periode. Das typische römische Mauerwerk besteht aus einer
Abb 84 Aussenverkleidung aus kleinen, sorgfältig zugeschlagenen Quaderchen, die keilförmig nach innen einbinden, und aus einem inneren Gusskern. Die Fugen wurden mit einem Fugenstrich versehen, der sogar farbig ausgemalt sein konnte.

Im späteren 2. Jahrhundert kam die Technik auf, das Mauerwerk mit Ziegelbändern zu durchschiessen. In *Augusta Raurica* lassen sich aufgrund dieser Mauertechnik am Theater Flickstellen ausmachen, und ein massiver Mauerpfeiler, der an das Podium des Schönbühltempels angeschoben wurde, erweist sich aus denselben Gründen als spätere Zutat.

Mit dem Übergang von der Holz- zur Steinbauweise änderte sich auch das Material der Dächer. An die Stelle von Schindel- oder sogar Strohdächern traten nun die Ziegeldächer mit dem klassischen römischen System von flachem, mit *Abb 85*

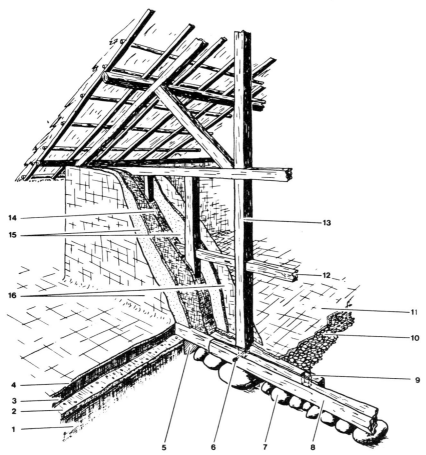

Abb. 82 Aufbausystem eines römischen Holzbaus: 1 Gewachsener Sandboden, 2 Boden aus Stampferde, 3 Ausgleichsschicht mit Holzkohlespuren, 4 Stampferdeboden ausserhalb des Gebäudes, 5 Fundamentgräbchen, 6 Eisennagel in Originallage, 7 Kieselstreifen, 8 Horizontale Schwellbalken, 9 Stemmloch, 10 Kiesbett, 11 Mörtelboden, 12 Zwischenbalken, 13 Vertikale Ständerbalken, 14 Füllung mit gestampftem Lehm, 15 Kalkverputz, 16 Wandmalerei.

Abb. 83 Mauerwerk aus luftgetrockneten Ziegeln (Aventicum/Avenches).

Abb. 84 Römisches Mauerwerk aus kleinen Quadern mit Fugenstrich (Augusta Raurica/Augst, Theater).

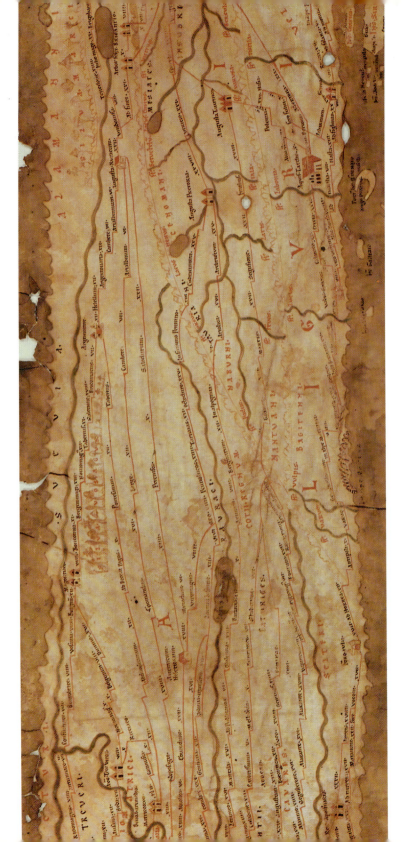

Tafel 9 Peutingersche Tafel. Mittelalterliche Kopie einer römischen Strassenkarte aus dem 3. und 4. Jh. n. Chr.: Europa in Form eines langgezogenen Bandes. Der Ausschnitt zeigt eine Zone vom Moseltal (links oben) bis zum Bodensee (rechts oben). Deutlich sind die »Waldgebirge« der Vogesen und des Schwarzwaldes sichtbar.

Tafel 10   Meikirch. Herrenhaus eines Gutshofes. Wandmalerei aus der Kryptoportikus: a Adorant vor Priapus-Hermen, b Adorant vor einem Tempel. In der oberen Zone der Bildfelder finden sich zwischen etwa 2 cm auseinanderliegenden, in den noch feuchten Malgrund geritzten Linien, mit gleichmässigen Lettern gepinselte Legenden, die auf die Caprotinen, ein Fruchtbarkeitsfest in Rom, hinweisen dürften. Drittes Viertel 2. Jh.

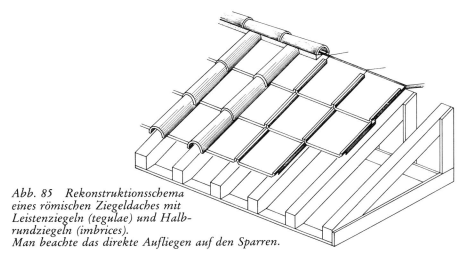

Abb. 85 Rekonstruktionsschema eines römischen Ziegeldaches mit Leistenziegeln (tegulae) und Halbrundziegeln (imbrices). Man beachte das direkte Aufliegen auf den Sparren.

Randleisten versehenem Flachziegel (*tegula*) und dem den Stoss der beiden Leisten überdeckenden halbrunden Hohlziegel (*imbrex*). Die Last einer solchen Bedachung war beträchtlich. Die Ziegel hatten keine Nasen, hingen also nicht an Latten. Sie lagen vielmehr auf den viel enger gelegten Sparren auf. Dies bedingte eine viel weniger stark geneigte Dachschräge, als sie heute nördlich der Alpen üblich ist. An der Traufkante konnten die Reihen der Imbrices mit Stirnziegeln (Antefixe), die allerlei Abbildungen trugen, versehen sein.

Abb 95

Abb 507

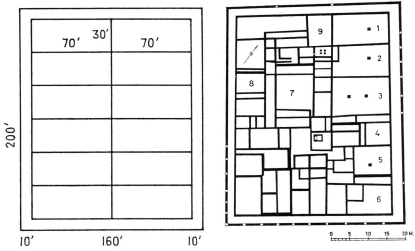

Abb. 86 Augusta Raurica/Augst. Grundriss der Steinbauten in der Insula 24 mit umlaufender Portikus. Daneben das Schema der ursprünglichen Parzellierung. 1–6 Werkhallen, 7 Innenhof, 8, 9 Ladenlokal (?).

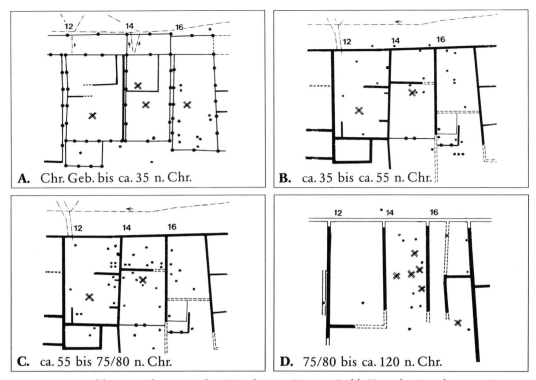

Abb. 87 *Oberwinterthur/Vitudurum, Unteres Bühl. Typische Vicusbauten (Häuser 12, 14 und 16) in ihrer baulichen Entwicklung zwischen dem Beginn des 1. Jh. n. Chr. und etwa 120 n. Chr. Die erste Bauperiode von Haus 14 ist dendrochronologisch aufs Jahr 7 n. Chr. datiert: x Herdstelle. · Münzfund.*

Die Wohn- und Geschäftshäuser der Koloniestädte unterschieden sich im Grundrisschema von denen der Vici. In *Aventicum* und *Augusta Raurica* können wir mehrere Beispiele von vollständig ausgegrabenen Quartiereinheiten (*insulae*) erfassen. Dabei ergibt sich ein ziemlich einheitliches Bild. Aussen war der von vier Stadtstrassen umsäumte Block zunächst von Säulengängen (*porticus*) umgeben. Auf diese öffneten sich Gewerbehallen und Verkaufslokale. Im Kern der Insula waren die Wohnbauten untergebracht, die durch Türen zwischen den Lokalen zugänglich waren und sich darum nach innen, auf Höfe öffneten. Im Winter bewohnten die Besitzer oder Mieter nur einige wenige Räume, die heizbar waren. Das kommt z. B. bei der Stadtvilla in der Insula 30 von *Augusta Raurica* schön zur Geltung, wo ein heizbares Winterspeisezimmer mit der Küche kombiniert war. Ähnliche Verhältnisse fanden sich auch im Gewerbebau Schmidmatt.[20]

Abb. 88 Lousonna/Vidy bei Lausanne. Sandsteinblock mit Inschrift Paries perpetu(u)s communis (Diese Wand ist auf der ganzen Länge beiden Parzellen gemeinsam).

Abb. 89 Genava/Genf. Grundbuchnotiz auf einem Stein. Loc(us) empt(us)/ex d(ecreto) d(ecurionum)/fact(us) privat(us)/[ita] ut consaept(us) est/Florus scribit (Dieser Platz wurde gekauft auf Beschluss des Stadtrates und zu Privateigentum gemacht, so wie er eingezäunt ist. Florus hat es registriert).

Die Bauten in den Vici hatten einen etwas anderen Grundriss. Sie waren langgezogen und stiessen mit ihrer Schmalseite an die Strasse an. An der Strassenfront befand sich zunächst das Geschäfts- oder Betriebslokal, dahinter folgten oft Werkhallen oder Magazine, in die auch Wohnräume, darunter meist ein heizbares Winterzimmer, eingebaut waren. Nach hinten folgten schliesslich Höfe, die ebenfalls für Gewerbebetriebe, z. B. für Töpferöfen, verwendet wurden. Die meisten Vici haben charakteristische Bauten dieses Typs aufzuweisen. Besonders schöne Exemplare können wir in *Lousonna*, Lenzburg, Bern-Enge und in *Vitudurum*/Oberwinterthur fassen. Die langgestreckten Vicus-Bauten waren entweder durch eine schmale Gasse (*angiportum*) voneinander getrennt oder aber mit gemeinsamer Scheidemauer zusammengebaut. Letztere Situation konnte zu Streitigkeiten führen, so dass manche Hausbesitzer es vorzogen, die entsprechende Katasternotiz in Form einer Inschrift an Ort und Stelle festzuhalten, wie das in *Lousonna*/Vidy der Fall war. Es war offenbar überhaupt üblich, solche Grundbuchnotizen gleich an Ort und Stelle anzuschlagen, wie ein Beispiel auf einem Stein aus Genf, der aber vermutlich aus *Iulia Equestris*/Nyon stammt, zeigt.[21]

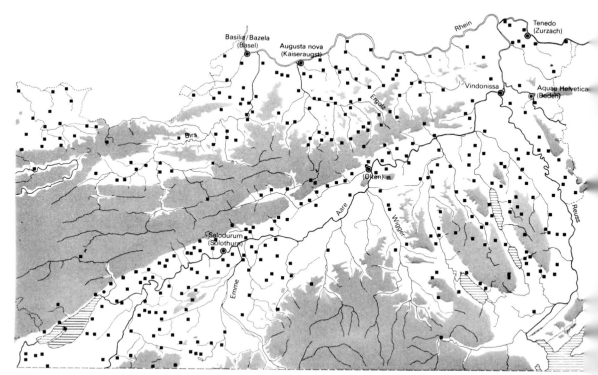

Abb. 90 Römische Gutshöfe (villae rusticae) in der Nordwestschweiz im 1.–3. Jh.

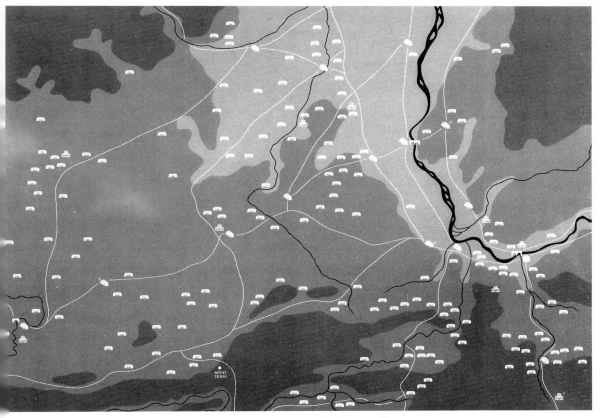

Abb. 91 Siedlungskarte der Basler Gegend in römischer Zeit. Villen, Strassen, Tempel und Siedlungen.

Die Gutshöfe und ihre Bewirtschaftung

Das freie Land ausserhalb der Koloniestädte und Vici war weitgehend landwirtschaftlich genutzt. Nur in den Bergregionen der Alpen und des Jura betrieb man, soweit die Bewaldung dies überhaupt zuliess, Viehzucht und Alpwirtschaft. Die hauptsächliche landwirtschaftliche Produktionseinheit war der Gutshof (*villa rustica*). Die Siedlungskarten zeigen die Streuung dieser Bauten über das Mittelland, die Zone des Tafeljura und die breiten Flusstäler. Wir verweisen für die zahlreichen Gutshöfe, deren Bauten teilweise erfasst und ausgegraben sind, auf den topographischen Teil und greifen hier nur einige modellhafte Beispiele heraus.

Abb 90, 91

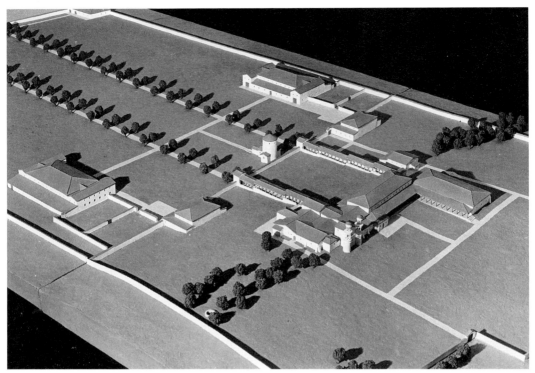

Abb. 92   Winkel, Seeb. Modell des Gutshofs.

Die meisten Villae Rusticae bestehen aus zwei Bauteilen, dem sog. »Herrenhaus« (*pars urbana*) und dem Wirtschafts- und Gesindetrakt (*pars rustica*). Beide waren oft voneinander durch eine Mauer getrennt, während eine äussere Hofmauer den ganzen Komplex umschloss. Schöne Beispiele für diese Strukturen sind die Gutshöfe von Oberentfelden AG, Dietikon ZH, Seeb (Gem. Winkel) ZH, Yvonand-Mordagne VD, Orbe-Boscéaz VD und viele andere mehr. Während die Herrenhäuser äusserst reich ausgestattet sein konnten und mit Mosaiken und Wandmalereien geschmückt waren, reihten sich die schlichten Gesindehäuser entlang der Umfassungsmauer des Wirtschaftshofes auf. Dieser umfasste oft auch grössere Bauten, die sich durch ihre Inneneinrichtungen als Remisen, Werkstätten, Speicher, Stallungen und Scheunen ausweisen. In manchen Fällen befand sich im Wirtschaftshof oder in der Pars urbana auch ein kleines Heiligtum, so z. B. in Dietikon.

Nicht immer war die Anordnung von Wohn- und Wirtschaftsteilen eine rein längsaxiale. Es gibt auch Fälle, besonders bei einfacheren Gutshöfen, die in Streubauweise errichtet sind. Als gutes Beispiel kann die Villa von Laufen-

Die Gutshöfe und ihre Bewirtschaftung

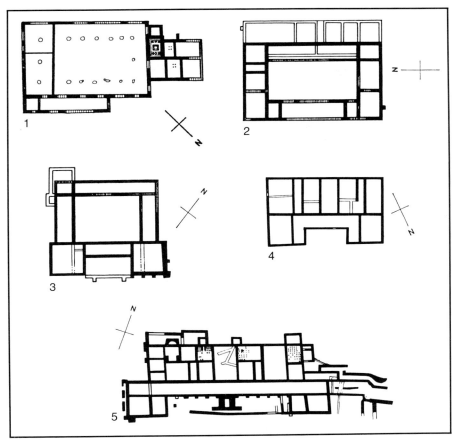

Abb. 93 Die wichtigsten Grundrisstypen der Herrenhäuser von römischen Gutshöfen (villae rusticae). 1 Hallenhaus, 2 Peristylbau, 3 Hof- oder Hallenhaus mit Portikus und Eckrisaliten, 4 Reihentyp mit abgewinkelter Portikus und Eckrisaliten, 5 Reihentypus mit Portikus und seitlich vorspringenden Eckrisaliten.

Müschhag BE genannt werden. So ergibt sich auch, dass die landwirtschaftliche Wirtschaftsform offenbar keine einheitliche war. Grosse Landgüter mit ihren zahlreichen Gesindehäusern beruhten sicher auf einem System, das mit Sklaven und Knechten (wohl freien Standes) arbeitete, bei kleineren, wie dem genannten von Laufen, mag man auch an einen Familienbetrieb denken.
Auch die Form des Herrenhauses variiert. Die Prunkvillen an den Gestaden des Genfersees hatten oft eine freiere Grundrissgestaltung mit halbkreisförmigen Exedren, wie etwa die Villa von Pully VD. Gerne wurde ein halbunterirdischer Gang, eine sog. Kryptoportikus, errichtet, wo man sich vor der Sommerhitze

Abb 433

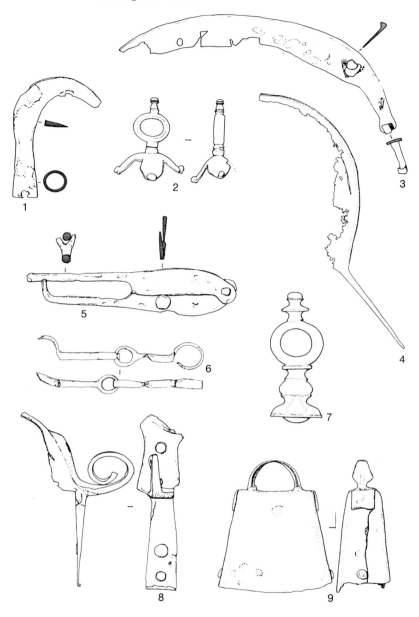

Abb. 94 Landwirtschaftliche Geräte aus der Villa Seeb. 1 Laubgertel, 2 Zügelring, 3 Sense, 4 Sichel, 5 Kastrierzange, 6 Trense, 7 Zügelring, 8 Zügelführung, 9 Treichel.

Die Gutshöfe und ihre Bewirtschaftung 137

zurückziehen konnte. Solche fanden sich in den Villen von Buchs ZH und Meikirch BE, beide mit reicher Ausmalung. Bescheidenere Villen lassen in ihrer Struktur noch ein ursprünglich hölzernes Hallenhaus erkennen. Das Herrenhaus von Hölstein BL ist dafür ein sprechendes Beispiel, und auch bei dem schon genannten von Laufen können wir eine frühe Bauphase aus Holz fassen. Der Normtypus ist im allgemeinen mit einer Vorhalle (*porticus*) versehen, die zwischen zwei seitlich angefügte, unter Umständen vorspringende Eckrisaliten eingespannt ist (Typus der Portikusvilla mit Eckrisaliten). Hinter dieser Fassade öffnen sich die Räume entweder nebeneinander aufgereiht oder aber um eine Halle gruppiert. Beim letzteren Typus ist oft strittig, ob es sich wirklich um eine Halle oder um einen Innenhof handelte. Genaue Beobachtungen haben ergeben, dass beide Varianten vorkommen. Das Herrenhaus des Gutshofs von Seeb zeigt im Verlauf seiner baulichen Entwicklung eine Abfolge fast aller hier aufgeführten Bautypen.[22]

Abb 353, 355
Taf 10

Abb 381

Abb 93.1

Über die Bewirtschaftung des zu den Gutshöfen gehörenden Landes geben die zahlreichen Kleinfunde von landwirtschaftlichen Geräten gute Auskunft. Da wurde mit Sicheln und Sensen gemäht, mit Hacken und Spaten umgegraben, Pflüge mit Pflugschar und Vorschneider schnitten die Ackerkrume auf. Daneben haben wir Hinweise auf Viehzucht, und zwar aufgrund der zahlreichen Kuh- und Ziegenglocken. Kastrierzangen weisen darauf hin, dass man Ochsen mästete und Wallache als Zugpferde heranzog. Das entsprechende Zaumzeug und die Bestandteile und Beschläge für Joch, Wagen und Karren sind ebenfalls vorhanden. Neuere und sorgfältige Untersuchungen haben sogar Auskunft über die verwendeten Getreidesorten (z. B. Dinkel) und über die Tiere gegeben, die gehalten wurden. Dass sich dabei zeigte, dass im Gutshof von Ersigen-Murrain BE, wohl in der Pars Urbana, auch ein Pfau gehalten wurde, beweist, dass es auf diesen Gehöften vielleicht gar nicht viel anders zu- und hergegangen ist als auf einem modernen, stattlichen Bauernhof in bester Lage des schweizerischen Mittellandes.[23]

Abb 94

Tägliches Leben und Umwelt

Wie lebten die Menschen in der »römischen Schweiz«, welches war ihr Umfeld, in welche »ständische Ordnung« waren sie eingespannt? Wie klang ihre Umgangssprache, und wie stand es mit der Schulbildung? Wovon nährten sie sich, und wie waren sie gekleidet? Gab es Freizeit und Spiel? Solchen und ähnlichen Fragen soll in diesem Abschnitt nachgegangen werden. Dabei muss freilich klar gesehen werden, dass die Zahl der einschlägigen Informationen aus dem relativ kleinen Gebiet, über das wir hier schreiben, nicht sehr gross sein kann. Allzu gern greifen manche Verfasser dann zu Funden und Befunden aus Gebieten, die ausserhalb der »römischen Schweiz« liegen. Besonders Pompeji und Herculaneum werden gerne als Quellen für zusätzliche Informationen herangezogen. Wir möchten von einem solchen Vorgehen absehen, da wir es für unstatthaft halten, Erscheinungen des täglichen Lebens im Kampanien des 1. Jahrhunderts n. Chr. unbesehen auf den Bereich der germanischen und rätischen Provinzen zu übertragen. Man kann dem zwar entgegenhalten, dass die sich langsam vereinheitlichende Reichskultur der Kaiserzeit die provinziellen Unterschiede zu nivellieren begonnen habe, doch wissen wir, dass gerade die gallischen Provinzen, denen die »römische Schweiz« nahe stand, einen recht hohen Grad von Eigenleben – z. B. im religiösen und sprachlichen Bereich sowie in manchen Belangen des täglichen Lebens – bewahrt haben. Ob dies auch für das hier zu besprechende Gebiet im gleichen Masse zutrifft, soll einer der Leitgedanken in diesem Abschnitt sein.

Die ständische Gliederung

Die römische Gesellschaft war auch in den Provinzen durch und durch ständisch gegliedert. Da sind zunächst die Unterschiede zwischen den Inhabern des römischen Bürgerrechtes (*cives Romani*) und den übrigen Einwohnern (*pere-

Die ständische Gliederung 139

grini) zu beachten. Römische Bürger waren vor der summarischen Strafgewalt der römischen Beamten geschützt und hatten ausserdem das Recht, an den Kaiser zu appellieren. Übrigens war auch diese Gruppe wieder in sich gegliedert. Neben dem römischen Normalbürger finden wir die Angehörigen des Ritterstandes (*equites*). Dazu gehörte z. B. der jung verstorbene Titus Exomnius Mansuetus aus Sitten VS, der auf seinem Grabstein ausdrücklich als *eques Romanus* (römischer Ritter) bezeichnet wird. Für den höchsten, den senatorischen Stand, gibt es, ebenfalls aus dem Wallis, mehrere Belege, vor allem von Frauen, die diesem Stande angehörten.[1] Wer das römische Bürgerrecht nicht besass, gehörte, falls er freien Standes war, zur Bevölkerungsgruppe der Peregrinen. Bei ihren Eigennamen finden wir oft eine Weiterführung der alten keltischen Sitte, den mit einem Bildungssuffix erweiterten Namen des Vaters zu führen (z. B. Rhenicus – Rehnicius).

Abb 474

Am anderen Ende der sozialen Leiter finden wir die Freigelassenen (*liberti*). Diese konnten ebenfalls römische Bürger sein, wenn sie von einem solchen aus dem Sklavenstande freigelassen worden waren. Sie übernahmen bei diesem Rechtsakt den Familiennamen (*nomen*) des Freilassers und fügten diesem als Beinamen (*cognomen*) ihren alten Sklavennamen an. Diese Namen stammen oft aus dem Griechischen und weisen so die ursprüngliche Herkunft ihres Trägers aus dem Osten aus (z. B. Sisses, Antiphilus u. a.).[2] Die Freigelassenen, die sich in der »römischen Schweiz« nachweisen lassen, dürfen nicht unbedingt als Beleg

Abb. 95 Erlach BE. Ziegel mit vor dem Brennen angebrachter Ritzinschrift: POSSESS[IO]/DIROGIS/GRATI/SERV(V)S/MASSO/FECIT *(Besitz des Dirox. Sklave des Gratus, Masso, hat gemacht). Links drei weitere Namen.*

für die Existenz der Sklavenhalterei in unserem Lande angesehen werden. Sie können durchaus nach ihrer Freilassung zugewandert sein, zumal sie sich oft als sehr geschickte Geschäftsleute betätigten. Es gibt allerdings einige unumstössliche Belege für die Existenz von Sklaven in unserem Gebiet. Die Inschrift auf einem Dachziegel aus Erlach spricht klar von einem »Masso, dem Sklaven des Gratus«.³ Zwei weitere Inschriften berichten von besonderen Beziehungen zwischen ehemaliger Sklavin und Patronus. Titus Nigrinus Saturninus aus *Aventicum* hat offenbar erst seine Sklavin Gannica freigelassen und sie dann geheiratet, wie wir aus seiner Grabinschrift erfahren.⁴ In der Villa rustica von Munzach BL muss zwischen Caius Cotteius und seiner Freigelassenen Prima, einem Mädchen von 16 Jahren, und ihrer einjähriger Schwester Araurica ein besonders herzliches Verhältnis geherrscht haben, da der Patron seiner ehemaligen Sklavin und ihrer kleinen Schwester den Grabstein setzen liess.⁵ Bekanntlich hat erst die sog. *Constitutio Antoniniana* des Kaisers Caracalla im Jahre 212 n. Chr. die Unterschiede zwischen der peregrinen Bevölkerung und den römischen Vollbürgern aufgehoben, indem das römische Bürgerrecht auf alle freien Einwohner des Reiches ausgedehnt wurde.

Abb. 96 Thun-Allmendingen BE, Tempelbezirk. Terrakottafigur. Gruppe von Weihenden in gallischer Kleidung.

Kleidung und Schmuck   141

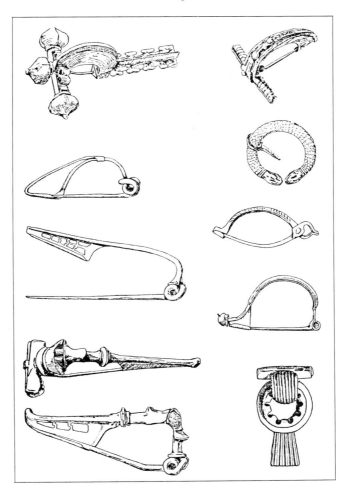

Abb. 97 Fibeln aus Bronze.

Kleidung und Schmuck

Die verschiedene Herkunft der Bevölkerung und ihre ständische Gliederung hat sich auch in der Kleidung ausgedrückt. Dabei müssen wir uns allerdings vor Augen halten, dass die gallischen und germanischen Provinzen in Sachen Bekleidung ohnehin eigene Wege gingen. Das klassische römische Männerkleid, bestehend aus Tunika und Toga, war den römischen Bürgern vorbehalten. Es wurde nur bei feierlichen Gelegenheiten getragen. Tote wurden, wenn sie römische Bürger waren, in der Toga aufgebahrt. Üblicherweise bestand die Männerkleidung in der »römischen Schweiz« aus der weiten gallischen Ärmeltunika mit

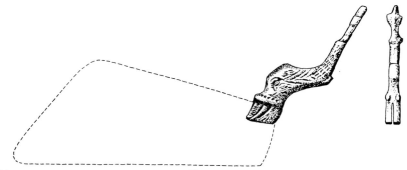

Abb. 98 Augusta Raurica/Augst. Griff eines Rasiermessers in Form eines Delphins. Das Messerblatt aus Eisen nach Darstellungen auf Reliefs zeichnerisch ergänzt.

schmalem Schlitz als Halsöffnung. Darüber konnte bei kalter oder regnerischer Witterung ein Kapuzenmantel (*cucullus*) getragen werden. Die Tonstatuette aus dem gallo-römischen Heiligtum von Thun-Allmendingen BE, die eine Gruppe von Weihenden darstellt, sowie die Tonfigur eines Zwerges aus *Augusta Raurica* zeigen diese Kleidungsstücke sehr schön.

Abb 96

Frauen trugen über der Ärmeltunika eine Obertunika, die mit Fibeln drapiert wurde, und darüber bisweilen einen Überwurf (*palla*). Das rauhe Klima machte auch die Verwendung von Beinkleidern (*bracchae*) nötig. Durch die Textilfunde aus dem Grab eines Mädchens in Martres-de-Veyre in der Auvergne (F) sind wir auch über die Verwendung von strumpfartigen, aus Stoff genähten Beinlingen und über das Schnittmuster der Ärmeltunika orientiert.[6] Auch über die Unterbekleidung wissen wir einiges. Männer und Frauen trugen das sog. Subligar, eine Art Slip. Die Frauen stützten ihre Brüste durch eine lange Binde (*fascia*), die sie um den Oberkörper wanden. Wir finden sie im Bereich der »römischen Schweiz« auf mehreren Statuen und Reliefs dargestellt.[7]

Abb 37

Abb 175

Auch die Pflege der Haartracht und die Kosmetik erfreuten sich grosser Beliebtheit. Im 1. Jahrhundert n. Chr. waren die Männer glattrasiert; von der Mitte des 2. Jahrhunderts an war wieder die Barttracht Mode. Die Rasur erfolgte mit Rasiermessern aus Stahl, ohne Seife, aber mit Öl. Die Damen blickten gerne in ihre Handspiegel aus polierter Weissbronze. Es gab sogar kleine Glasspiegel, die in Bleirahmen gefasst waren. Wir kennen mancherlei Toilettengerät, wie Schminkspatel, Reibsteine zum Anreiben der Schminke und die zugehörigen Bronzekästchen, Pinzetten zum Ausreissen unerwünschter Körperhaare und hölzerne oder beinerne Kämme.[8] Die Haartracht der Frauen war selbstverständlich den Modeströmungen unterworfen. Die Damen des Kaiserhauses gaben dabei den Ton an. So trug die elegante Dame der siebziger Jahre des 1. Jahrhunderts n. Chr. das gelockte Haar hochtoupiert, während zur Zeit des Antoninus Pius

Abb 98

Abb 99

Kleidung und Schmuck 143

im 2. Jahrhundert wieder schlichtere Frisuren Mode waren. Zahlreiche Haarnadeln aus Bein, Bronze oder Silber zeugen von den kunstreichen Haaraufbauten. Nicht alle Bevölkerungsteile eiferten diesen modischen Sitten nach. Besonders die Bewohner des Alpenraumes scheinen noch sehr lange an ihren altüberlieferten Bräuchen und an der traditionellen Tracht festgehalten zu haben. Noch im 1. Jahrhundert n. Chr. trugen die Frauen der mittleren *Vallis Poenina*, speziell im Gebiete der Veragri, d. h. um *Claudii*/Martigny, schwere Knöchelringe aus Bronze mit Augendekor.

Abb 100

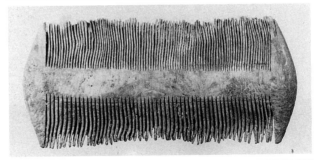

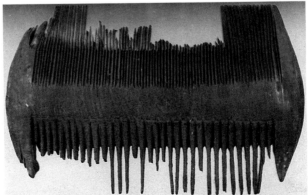

Abb. 99 Vindonissa/ Windisch, Schutthügel. Kämme; oben: Steckkamm; unten: Doppelseitige Kämme zum Durchkämmen der Haare.

Abb. 100 Wallis, Gebiet der Veragri. Schwere Knöchelringe aus Bronze, die auch noch in der frührömischen Zeit getragen wurden.

Abb. 101 Augusta Raurica/Augst. Inschrift aus Sandstein: IVLLVS AD/COMAR[G]I ĐECMVS/ BRVTTI [D]E S(VO) O(RNAMENTA) D(EDERVNT) (Iullus, Sohn des Adcomargus, und Decmus, Sohn des Bruttus, haben von ihrem Geld die Ausschmückung gestiftet). Beachte die keltischen Eigennamen und das D mit Querstrich (= th).

Abb 261 Aussergewöhnlich grosse, armbrustförmige Fibeln kennen wir aus Gräbern im Binntal VS. Der Fundzusammenhang zeigt, dass sie noch im 1. Jahrhundert n. Chr. getragen wurden. Ähnliche Belege finden wir aus dem Lötschental VS
Abb 260 und aus dem obersten Tessin. Im Gräberfeld von Madrano TI kommen sehr grosse, altertümlich anmutende Fibeln (sog. Misoxerfibeln) zusammen mit sicher in die Mitte des 2. Jahrhunderts n. Chr. datierbaren Begleitfunden vor. Dadurch lässt sich bei der Alpenbevölkerung ein Verharren im Traditionellen belegen, wie wir es weiter östlich im norisch-pannonischen Gebiet ebenfalls finden.[9] Ob sich dieses Verharren auch im sprachlichen Bereich äusserte?

Tafel 11 Münsingen.
Badegebäude. Kaltbad.
a Aus dem Bodenmosaik:
Oceanuskopf, b Fischmo-
saik des Wannenbodens.
Um 200.

Tafel 12 Kaiseraugst. Schmidmatt. Gewerbehaus in der Unterstadt von Augusta Raurica. Kleine Silberstatuetten: a Herkules, b Minerva. H 58 bzw 55 mm. 2. Jh.

Tafel 13 Avenches. Goldbüste des Kaisers Mark Aurel (161–180). H. 33,5 cm.

Tafel 14 Augst. Insula 5 bzw 23. Bronzestatuetten des 2. Jh.: a Lar mit Opferschale und Trinkhorn, b Venus mit tordierten Golddraht-Reifen als Votivgaben. H. 32,2 bzw 18,7 cm.

Sprache und Bildung

Über diesen Bereich sind wir, was die Verhältnisse in der »römischen Schweiz« anbetrifft, nur ungenügend orientiert. Gerade die Bevölkerungsschichten, die allenfalls an ihren lokalen, keltischen Dialekten zäh festgehalten haben – wir können das für die Bewohner des Alpenraumes vermuten – bedienten sich eben kaum der Schrift. Es hat den Anschein, als ob in der »römischen Schweiz«, im Gegensatz zu gewissen Gebieten in den gallischen Provinzen (z. B. in Zentralfrankreich), die keltische Sprache stark zurückgedrängt war. Sie wurde, soweit wir das aufgrund der uns vorliegenden Informationen beurteilen können, falls sie überhaupt noch gesprochen wurde, kaum mehr geschrieben. Das war im eigentlichen Gallien anders; von dort sind zahlreiche keltische Inschriften aus römischer Zeit überliefert.[10] Die Existenz des keltischen Substrates äussert sich natürlich vor allem in der Namensgebung. Frauennamen wie Sevva, Ioincatia, Männernamen wie Carassounius, Esunertus, Adnamtus und Adcomargus zeigen deutlich die keltische Herkunft ihrer Träger an und belegen das Weiterleben der charakteristischen keltischen Laute und Wortfügungen.[11] Dies konnte sich auch in der Schreibung der Namen niederschlagen, indem wenigstens zwei Buchstaben des griechischen Alphabetes, mit dem die Helvetier bekanntlich einst ihre Stammeslisten geschrieben hatten, weiterhin Verwendung fanden. Es handelt sich um das »X«, dem im Griechischen der Lautwert »ch« zukommt (chi) und um ein »D« mit horizontalem Querstrich, das einem griechischen

Abb. 102 Unterseite eines Tellers aus Terra sigillata mit eingeritzter Besitzerinschrift: FIRMVS/FIRMVS/ CALCIARI.

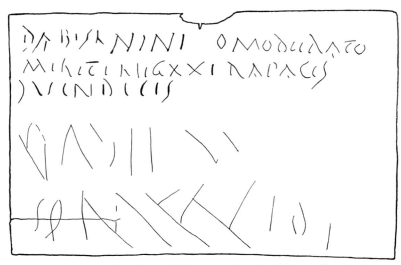

Abb. 103 Vindonissa, Schutthügel. Hölzernes Schreibtäfelchen. Umschrift der Aussenseite mit zwei ins Holz gekratzten Adressen. Oben: DABIS NINIO MODERATO/MILITI LEG(IONIS) XXI RAPACIS (centuria) VINDICIS (Du wirst geben an Ninius Moderatus, Soldat der legio XXI rapax aus der Centurie des Vindex).

grossen Theta entspricht, und das einen Lautwert ähnlich dem des englischen »th« hatte. Nur so sind Namen wie »Divixtus« (ausgespr. Divichtus und verwandt mit dem Namen des Helvetierführers Divico), Craxsius (gespr. Crachsius) oder der Name der Göttin Anextlomara (gespr. Anechtlomara) verständlich.[12] Dass auf einer Inschrift aus *Augusta Raurica* der lateinisch anmutende *Abb 101* Name Decimus mit einem quer durchgestrichenen D (= th) geschrieben wird, zeigt, dass sich dahinter entweder ein keltischer Name verbirgt, oder aber, dass die Aussprache des Lateins in unserem Gebiet gewisse Eigenheiten hatte.[13] Dass manche Götternamen des alten keltischen Pantheons überlebt haben und ihrem Sinne nach wohl auch noch lange verstanden wurden, werden wir noch sehen. Unterschwellig lebte wohl noch manches aus der keltischen Sprache weiter. Dies könnte u. a. auch die Tatsache zeigen, dass auf dem Mosaik aus Oberwe-
Abb 123 ningen ZH, das ein Windhundrennen zeigt, die siegreiche Hündin den Namen Cixa (vermutlich Cicha auszusprechen) trägt. Ein Name, in dem ein keltisches Wort für Hund zu stecken scheint. Auch die Beischriften zu den einzelnen Sze-

Abb. 104 Fragment eines Schreibtäfelchens mit erhaltener Wachsschicht. Oben: Aus- ▷
senseite mit ins Holz gekratzter Adresse: PRIMIGENIO OCLATI(O) (centuria) PRIMIGENII IMBER(IS) (An Primigenius Oclatius aus der Centurie des Primigenius Imber). Unten: Innenseite: PRIMIGENIUS IMBER PRIMIGENIO OCLATIO FRATRI SUO SALUTEM ... (Primigenius Imber an seinen Bruder Primigenius Oclatius einen Gruss ...).

Sprache und Bildung

Abb. 105 Jona SG, Villa Salet bei Wagen. Wandverputz mit Kritzelinschrift: MAS/CLVS/PERM/ISIT NA/TO TRA/N . . . (Masclus hat seinem Sohn erlaubt, zu . . .).

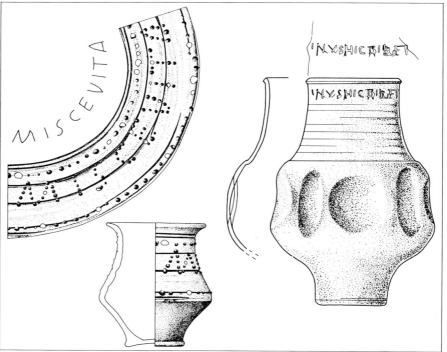

Abb. 106 Augusta Raurica/Augst. Kritzelinschriften auf Gefässen. Links: MISCE VITA (Mische mir [Wein] mein Lebenslichtchen!). Rechts: [REG]INVS HIC BIBET (Hier wird Reginus trinken).

Abb. 107 Augusta Raurica/Augst. Palazzo des Dreigehörnten Stieres, Insula 41/47. Wandmalerei mit Kritzeleien: Diana und Hirsch, oben und rechts Kritzelinschriften.

nen, die auf den Wandmalereien in der Villa von Meikirch BE angebracht sind, *Abb 199* scheinen keltische Wörter zu enthalten.¹⁴

Abgesehen von diesen Beispielen scheint sich das Latein als Schriftsprache weitgehend durchgesetzt zu haben. Es wurde auch in Bereichen verwendet, die keineswegs zu den offiziellen gezählt werden können, z. B. für Inschriften auf Gefässen und für persönliche Briefe. Dabei bediente man sich einer Kursivschrift. Als Schreibmaterial wurden Holztäfelchen (*tabulae ceratae*) verwendet, deren leicht vertiefte Innenflächen mit einer dünnen Wachsschicht bestrichen waren. Als Schreibgerät diente ein eiserner oder bronzener Griffel (*stilus*), an dessen Gegenende ein kleiner Spatel als Radierplatte angebracht war. Zwei Täfelchen bildeten zusammen ein sog. Diptychon, das zusammengeklappt, mit einer Schnur umwunden und versiegelt werden konnte. Die Adresse wurde auf der Aussenseite ins blosse Holz gekratzt. Aus dem Schutthügel des Legionslagers *Abb 103, 104* *Vindonissa* sind zahlreiche Schreibtäfelchen mehr oder weniger intakt geborgen worden. Auch die Kritzelinschriften, die sich da und dort auf Wandmalereien *Abb 105, 106,* finden, sind stets in lateinischer Sprache abgefasst. Die zahlreichen offiziellen *108* Inschriften, die Meilensteine, die Grabinschriften und die eben genannten Texte aus dem privaten Bereich zeigen, dass die Kunst des Lesens und Schreibens recht weit verbreitet gewesen sein muss.¹⁵

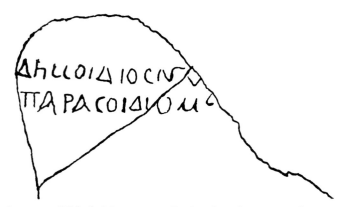

Abb. 108   Lousonna/Vidy bei Lausanne VD. Bruchstück von Wandverputz mit eingeritztem Vers in griechischer Sprache: [H]ΔΗ ΜΟΙ ΔΙΟΣ ΑΡ'Α [ΠΑΤΑ]/ ΠΑΡΑ ΣΟΙ ΔΙΟΜ[ΗΔΗ]. (Sieh da neben dir die Falle des Zeus, Diomedes!) Es handelt sich um einen sog. Versus reciprocus, der vorwärts und rückwärts gelesen gleich lautet.

Wie und wo wurden diese Kenntnisse unterrichtet? Wir haben darüber, was die »Schweiz zur Römerzeit« betrifft, keinerlei Anhaltspunkte, müssen aber annehmen, dass der Unterricht nach antiker Sitte weitgehend Privatlehrern anvertraut war, da es keinen staatlichen Elementarunterricht gegeben zu haben scheint. Die Alphabetreihen als Schreibübung auf mehreren Dachziegeln – dem neben den Topfscherben beliebtesten Schreibmaterial der Antike – aus *Petinesca* sind nur mit dem Schulbetrieb erklärbar. Dass auf eine Wand im Vicus *Tasgaetium*/ Eschenz TG ein Vers aus der Aeneis des Vergil gekritzelt wurde und in *Lousonna*/Vidy sogar ein Vers in griechischer Sprache, muss ebenfalls am ehesten als Reaktion auf den Schulbetrieb angesehen werden, der aus endlosem, mühsamem Auswendiglernen bestimmter Merkverse und Gedichtanfänge bestanden zu haben scheint. Dass trotz dieser Bemühungen die Grammatik nicht immer richtig beherrscht wurde, zeigen Grammatikfehler auf Inschriften.[16]

Wir finden auch einige Hinweise auf höheren Unterricht. So muss es im Wallis eine höhere Schule gegeben haben, an der der sechzehnjährige L. Exomnius Macrinus Rusticus studierte, wie wir aus den Angaben auf seinem Sarkophag wissen. Vielleicht lag diese Unterrichtsanstalt in *Forum Claudii Vallensium*/ Martigny, wo wir durch eine Inschrift von einem heizbaren Auditorium vernehmen, das vielleicht für diesen Unterricht gedient hat.[17] In *Aventicum* muss eine Art medizinische Akademie existiert haben. Das ergibt sich aus der Inschrift des Arztes Q. Postumius Hyginus und seines Freigelassenen Postumius Hermes für die *medici et professores* (Ärzte und Professoren), die offenbar dort unterrichteten.[18]

Abb. 109 Aventicum/Avenches. Weihestein für das göttliche Walten der Kaiser, den Genius der Helvetierkolonie und für Apollo. Gestiftet vom Arzt Quintus Postumius Hyginus und von Postumius Hermes, seinem Freigelassenen, für die Ärzte und Professoren.

Medizin und Lebenserwartung

Wie stand es überhaupt um die ärztliche Versorgung der Bevölkerung? Von der Armee abgesehen, die im 1. Jahrhundert n. Chr. im Legionslager *Vindonissa* ein wohl funktionierendes Militärlazarett (*valetudinarium*) unterhielt, muss es *Abb 23* auch sonst eine gewisse ärztliche Versorgung gegeben haben. Neben den beiden eben genannten Ärzten aus *Aventicum* und ihren dortigen Berufskollegen finden wir inschriftlich auch den Arzt Ti. Ingenuus Satto auf einem Grabstein in Basel und seinen Berufskollegen C. Sentius Diadumenus auf einem Weihestein aus *Eburodunum*/Yverdon VD erwähnt.[19]

Daneben traten sicher auch mancherlei Quacksalber auf, die auf Jahrmärkten und bei anderen Gelegenheiten ihre mehr als zweifelhafte Kunst ausübten. Dazu dürften auch die Zahnausreisser gehört haben, deren Zangen sich erhalten ha- *Abb 112*

Abb. 110   Drei Augensalbenstempel aus Stein.

ben. Da die Bevölkerung besonders unter Augenkrankheiten litt, worunter die sog. *lippitudo* (Triefäugigkeit) eine der häufigsten war, wurden Augensalben angeboten, die in Form von festen Pasten gehandelt wurden. Zum Gebrauch mussten sie erst erwärmt werden. Die Pasten wurden vom Hersteller üblicherweise gestempelt. Die dazu verwendeten sog. Augenarztstempel aus kleinen Steinprismen sind in der Schweiz mehrfach gefunden worden. Sie tragen den

Abb 110

Abb. 111   Forum Claudii/Martigny. Schröpfkopf aus Bronze.

Medizin und Lebenserwartung   153

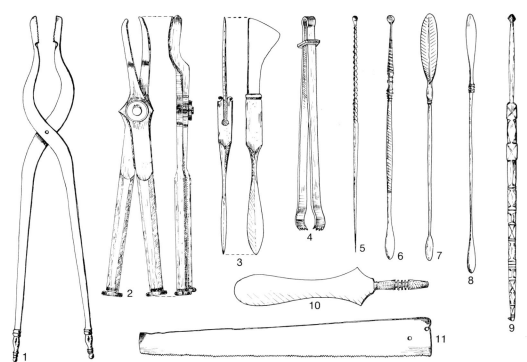

Abb. 112   Medizinische Instrumente aus Bronze: 1 Wundzange, 2 Zahnzange, 3 Skalpell mit Salbenspatel, 4 Pinzette mit Feststeller, 5 Sondenlöffelchen, 6 Sondenlöffelchen mit Kolben, 7, 8 Spatel mit Kolben, 9 Wundhaken, 10 Doppelspatel (Gegenende abgebrochen), 11 Knochensäge. (1 Augusta Raurica, Grienmatt. 2–10 Vindonissa).

Namen des Arztes, den des Produktes und die Umschreibung des Anwendungsgebietes. Eine beliebte Therapie war in der antiken Medizin das Schröpfen. Die in Martigny gefundenen Schröpfköpfe zeugen davon.[20] Medizinische Instrumente sind nicht nur im Militärspital von Vindonissa oder im sog. »Arzthaus« von *Aquae Helveticae*/Baden AG, sondern auch an vielen anderen Fundplätzen entdeckt worden.[21]

Wer von Rheuma und Gicht geplagt wurde, der suchte gerne ein Thermalbad auf. Nicht nur die heissen Bäder von *Aquae Helveticae*/Baden AG, sondern auch die von *Eburodunum*/Yverdon VD erfreuten sich grosser Beliebtheit. Ihre Benützung in der Römerzeit wird durch Funde eindeutig belegt. Aber auch das Heiligtum in der »Grienmatt« in *Augusta Raurica*, wo der Heilgott Apollo und seine Begleiterin Sirona verehrt wurden, scheint mit einem Heilbad verbunden gewesen zu sein. Schliesslich standen auch die Thermen, die wir in allen grösseren Siedlungen und bei den meisten Gutshöfen finden, im Dienste der Gesund-

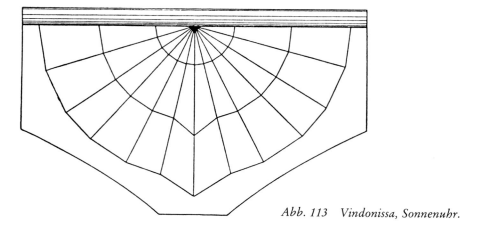

Abb. 113 Vindonissa, Sonnenuhr.

heit. Manch einer mag dort beim Schwitzen sein Zipperlein oder auch nur den Schnupfen, den er sich im rauhen Winterklima zugezogen hatte, losgeworden sein.[22]

Die Lebenserwartung der Bevölkerung in der »römischen Schweiz« war gewiss keine allzu hohe. Wir finden darum auch Belege für berufliche Aktivitäten in sehr jungen Jahren. Vom Rechtsanwalt L. Aurelius Repertus meldet die Grabinschrift, dass der mit 19 Jahren Verstorbene bereits zweimal als Anwalt für die

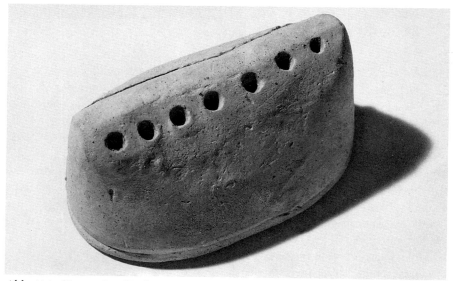

Abb. 114 Tasgaetium/Eschenz TG. Steckkalender aus Ton für die sieben Wochentage.

Civitas des Wallis und für die von *Iulia Equestris*/Nyon aufgetreten sei. T. Exomnius Mansuetus, dessen Grabstein in Sitten gefunden wurde, starb mit 22 Jahren, hatte es aber bereits zum Präfekten der 2. Hispanischen Kohorte gebracht. Geheiratet wurde offenbar auch in sehr jungen Jahren. So musste der Bürger von *Aventicum* Otacilius Thesaeus seiner Gattin Flavia Pusinna den Grabstein schon in sehr jungen Jahren setzen. Sie war nur 18 Jahre und 4 Tage alt geworden.[23] Daneben erfahren wir gelegentlich auch von Leuten, die ein patriarchalisches Alter erreichten, wie etwa L. Camillius Faustus aus *Aventicum*, der sich bereits zu Lebzeiten mit 70 Jahren seinen Grabstein hatte setzen lassen, aber schliesslich das Alter von 92 Jahren erreichte.[24]

Abb 475

Die rasch verstreichende Zeit wurde entweder mit Wasser- und Sanduhren oder aber mit Sonnenuhren gemessen. Solche gab es sogar in Taschenformat für die Reise. Die Stundeneinteilung war freilich von der modernen völlig verschieden. Da der Tagbogen vom Sonnenaufgang bis zum Untergang in zwölf Stunden eingeteilt war, waren diese nicht nur im Laufe des Jahres, sondern auch je nach der geographischen Lage des Ortes von unterschiedlicher Länge. Als Fixpunkt eignete sich eigentlich nur die *sexta hora* beim höchsten Sonnenstand, die sechste oder Mittagsstunde. Die Nacht war in vier Nachtwachen (*vigiliae*) eingeteilt.[25]

Abb 113

Theater, Spiele und Sport

Wer sich guter Gesundheit erfreute, der war auch in der Antike dem Vergnügen nicht abhold. Die Theater und Amphitheater in den Städten und Vici lockten zahlreiche Zuschauer an. Die Darbietungen in den Theatern bestanden wohl

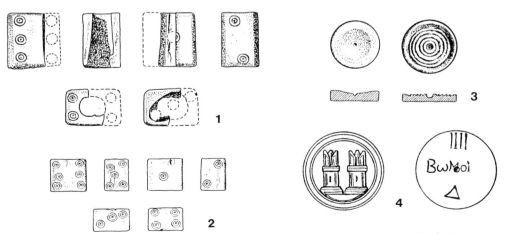

Abb. 115 Würfel und Spielsteine aus Knochen. (1–3 Augusta Raurica, 4 Vindonissa).

Abb. 116 Aventicum/ Avenches. Statuette eines Schauspielers aus Bronze.

eher aus leichter Kost und hatten mit den Amphitheatern um die Gunst des Publikums zu wetteifern. Seltener mögen dort Gladiatorengruppen aufgetreten sein. Das Gladiatorenmosaik in *Augusta Raurica* und das Relief von Aubonne VD mit einer einschlägigen Darstellung mögen dies reflektieren.

Häufiger wohl standen Stier- oder Bärenkämpfe auf dem Programm. Das kürzlich freigelegte Mosaik von Vallon FR weist darauf hin. Es gab ja eigentliche Berufs-Bärenfänger. Vielleicht übten von der in *Vindonissa* stehenden Legion ab-

Abb. 117 Augusta Raurica/Augst, Insula 30. Sog. Gladiatorenmosaik. Ausschnitte, Gladiatorenpaare im Kampf.

158   Täglisches Leben und Umwelt

Abb 118

Taf 2b, 7b
Abb 115
Abb 120

Abb 121

Abb 122

detachierte Soldaten diese Tätigkeit aus. Im Vicus *Turicum*/Zürich stifteten solche Tierfänger einen Weihestein für Diana und Silvanus. Auch an das Auftreten von Gauklern und Musikanten, die durch die Wirtshäuser und von Wochenmarkt zu Wochenmarkt zogen, wird man zu denken haben. Ein Vergnügen mussten sich die meisten Einwohner der »Schweiz zur Römerzeit« freilich versagen – die Wagenrennen im Zirkus. Dazu mussten sie nach *Lugdunum*/Lyon (F), *Vienna*/Vienne (F) oder *Augusta Treverorum*/Trier (D) reisen. Ob die Zirkusdarstellungen auf dem Mosaik von Munzach, auf den Wandmalereien von Pully und in *Augusta Raurica* Erinnerungen an solche Besuche sind?[26] Gerne griffen die Müssiggänger auch zum Spiel. Würfel und Spielsteine werden bei Ausgrabungen oft gefunden. Eigentliche Spielbretter sind aus *Aventicum*, *Vindonissa* und *Augusta Raurica* bekannt. Es handelt sich um Spiele, die ähnlich wie das Mühlespiel und wie Tric-Trac (*ludus duodecim scriptorum* und *ludus latrunculorum*) gespielt wurden. Im Legionslager *Vindonissa* wurden sogar hölzerne Spielkreisel gefunden.[27]

Bei solchen Spielen kreisten sicher auch die Becher, und der eine oder andere schlich sich still beiseite, um sich der Gunst eines Mädchens zu erfreuen. Die Kritzelinschrift *tecum in mansione* (mit dir im Rasthaus) aus *Augusta Raurica* und die Bildchen auf den Lampen, die sich bei den Soldaten des Legionslagers *Vindonissa* besonderer Gunst erfreuten, sprechen da wohl Bände.[28] Wer seine Liebessehnsucht etwas diskreter ausdrücken wollte, schickte seiner Angebeteten eine Schmuckfibel mit dem sinnreichen Spruch *amo te, suc(c)ur(r)e* (ich liebe dich, komm zu Hilfe) oder *amo te, ama me* (ich liebe dich, liebe mich auch).[29] Ein wichtiger Zeitvertreib, der aber wohl auch der Nahrungsbeschaffung diente, war das Jagen. Beliebt scheint die Jagd auf Vögel gewesen zu sein. Von mehreren Fundorten sind sog. Mittlochpfeifen aus Knochen erhalten, die zum

Abb. 118 Vindonissa/Windisch. Spiegel eines Öllämpchens aus Ton mit Darstellung eines Gauklers mit Affen, Hund und Reifen.

Theater, Spiele und Sport 159

Abb. 119 Basel.
Frührömische
Lampe mit zwei
Gladiatoren.

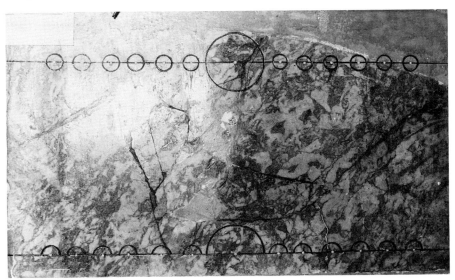

Abb. 120 Aventicum/Avenches. Spielbrett aus Marmor.

Abb. 121   Vindonissa/Windisch. Schutthügel. Drei Spielkreisel aus Holz.

Anlocken dienten. Auf dem sog. Pastoralmosaik von Orbe-Boscéaz VD ist wahrscheinlich ein Vogelsteller mit seinen Ruten und der Pfanne zum Kochen des Leims dargestellt. Grösseres Wild, wie Wildschweine und Hirsche, wurde in Taf 18a Netze getrieben. Der auf dem eben genannten Mosaik abgebildete Wagen scheint mit einem solchen Stellnetz beladen zu sein, doch wird die Darstellung auch anders interpretiert. Hunde wurden zum Aufspüren des Wildes und für die Taf 17 Treibjagd eingesetzt, wie das auf der Randzone des sog. Wochengöttermosaiks von Orbe-Boscéaz dargestellt wird. Der eine oder andere Besitzer eines Land-Abb 123 guts veranstaltete ein Windhunderennen – vielleicht mit Wetteinsatz – und liess seinen siegreichen Champion sogar im Bild verewigen, wie der Besitzer der Villa

Abb. 122   Vindonissa/Windisch. Musikinstrumente. Rechts (v. o. n. u.): Zwei Mittlochpfeifen aus Bein, Pfeife aus Bronze (von Hydraulos [Orgel]?) und Fragment einer Querflöte aus Ebenholz. Links oben: Tubamundstück aus Bronze.

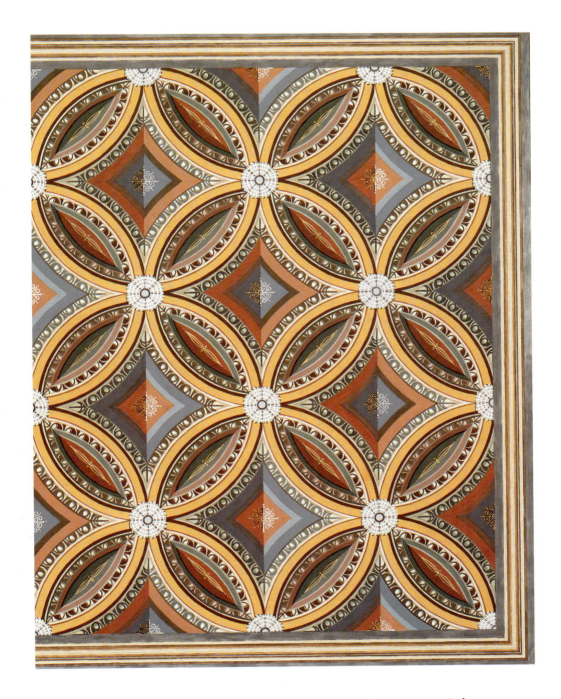

Tafel 15 Avenches. Palastartiges Wohnhaus am Nordwestrand der Kernzone. Deckenmalerei. Anf. 3. Jh. Rekonstruktion von M. Fuchs, Avenches.

Tafel 16 Orbe. Boscéaz. Herrenhaus-Palast eines Gutshofes. Sog Wochengöttermosaik. Im zentralen Medaillon Venus, in den Frieszonen Jagdszenen. Erstes Viertel 3. Jh.

Theater, Spiele und Sport   161

Abb. 123 Oberweningen ZH. Mosaik mit Darstellung eines Windhunderennens und der Inschrift CIXA VICIT (Cicha hat gesiegt).

Abb. 124 Händchen und Beine von Gliederpuppen aus Knochen. Links aus Forum Claudii/Martigny, rechts aus Augusta Raurica/Augst.

von Oberweningen ZH seine Windhündin Cixa.³⁰ Kinder spielten ebenfalls ihre eigenen Spiele. Auch sie werden gewürfelt und Brettspiele gemacht haben. Dass Ballspiele und andere Bewegungsspiele üblich waren, dürfen wir annehmen. Mädchen spielten gerne das sog. Astragalspiel (Aufwerfen und Auffangen von kleinen Knochen), wie das auf einem schönen Kelch aus Terra Sigillata aus *Vindonissa* dargestellt wird. Oder aber sie beschäftigten sich mit ihren Puppen. Bruchstücke von beinernen Gliederpuppen kennen wir aus *Augusta Raurica* und aus *Forum Claudii*/Martigny.³¹

Abb 125

Abb 124

Wer sich eher sportlich betätigen wollte, ging ins Ballspielhaus (*sphaeristerium*). Ein solches Bauwerk liess der Ädil T. Claudius Maternus in *Aventicum* auf eigene Kosten errichten.³² Oder man nahm an einem der Sportfeste (*gymnasium*) teil. Ein solches hatte den Einwohnern des Vicus *Minnodunum*/Moudon Q. Aelius Aunus gestiftet, indem er ein Kapital aussetzte, mit dessen Zinsen jährlich ein dreitägiges Meeting veranstaltet werden sollte. Dabei wird sicher auch fröhlich gezecht und getafelt sowie über die damaligen Sportgrössen, die Gladiatoren und Wagenlenker, diskutiert worden sein. Mancher mag mit den Kellnerinnen »angebandelt« und sie mit *vita* (Lebenslichtchen) angeschmachtet haben, was ein Zecher in *Augusta Raurica* auf seinem Becher schriftlich verewigte. Männer lagen bekanntlich zu Tische. Die Tonstatuette eines fröhlichen Zechers aus *Augusta Raurica* zeigt uns das deutlich. Die Frauen sassen beim Mahle.³³

Abb 106

Abb 126

Abb. 125 Vindonissa/Windisch. Wandscherbe eine Kelches aus Terra sigillata des Töpfers Xanthus mit Darstellung zweier Mädchen beim Knöchel-(Astragal-)Spiel.

Abb. 126 Augusta Raurica/Augst. Tonstatuette eines liegenden Zechers.

Essen und Trinken

In *Augusta Raurica* wurde in der Insula 30 in einem Wohnhaus die Raumgruppe der Küche mit einem Sommer- und einem (beheizbaren) Winter-Speiseraum freigelegt.³⁴ Über das Kochgeschirr sowie über die Auftragsplatten und über das Essgeschirr wissen wir durch mehrere Depotfunde aus *Augusta Raurica* und aus *Forum Claudii*/Martigny, die solche Gefässe in grosser Anzahl enthielten, recht gut Bescheid.³⁵ Zum Essgeschirr gehörten ganze Geschirrsätze mit Platten (*catini*), Tellern (*catilli*) und »Tassen« (*paropsides*). Die letzteren dienten nicht zum Trinken; sie enthielten pikante Saucen, die zu den Speisen gereicht wurden. Brot besorgte man sich in einer der Bäckereien. Sie konnten mit einer Gaststätte (*taberna, caupona*) oder einer Garküche (*popina*) kombiniert sein. Eine solche lag in Augusta Raurica hinter dem Theater. Beim Besteck kennen wir den Löffel und das Messer. Unbekannt war die Gabel – und das bis ins 18. Jahrhundert. Als Trinkgefässe dienten neben den Bechern auch recht inhaltsreiche Schalen und Töpfe, was die auf solchen Gefässen eingeritzten Trinksprüche beweisen. Da in der Antike der Wein beim Trinken mit Wasser verdünnt wurde und da er ausserdem trübe war, wurde er nicht in Flaschen aufgetragen, sondern musste erst im Mischgefäss evtl. mit Zutaten aufbereitet werden. Dazu diente ein Sieb zum Durchseihen, das aus der zugehörigen und passenden Schöpfkelle gehoben und anschliessend zurückgelegt werden konnte.

Abb 127

Abb 128

Abb 130

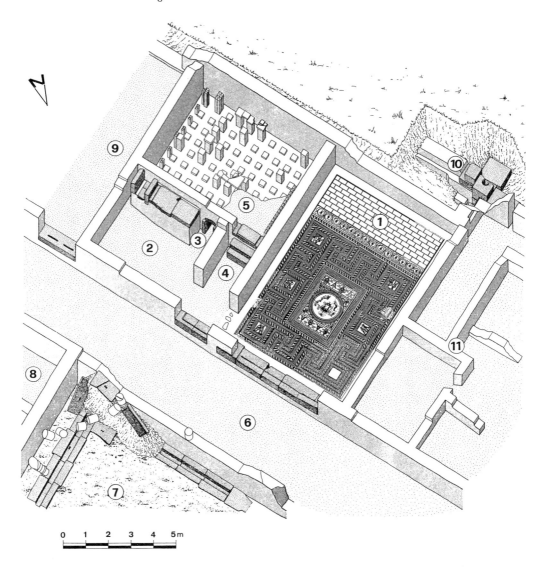

Abb. 127 Augusta Raurica/Augst, Insula 30. Isometrische Ansicht eines Teils der Bebauung aus der 1. Hälfte des 3. Jh. n. Chr. 1 Mosaiksaal, Sommerspeisesaal (mit Platz für ein hölzernes Triclinium), 2 Küche mit erhöhtem Herd, 3 Praefurnium für Bodenheizung in 5, 4 Vorraum mit Treppenstufen, 5 heizbares Winterspeisezimmer, 6 Innenportikus, 7 Innenhof mit Garten und Regenrinne, 8 Schlafzimmer, 9 Werkstatt, 10 Portikus-Latrine, 11 Privatbad.

Essen und Trinken 165

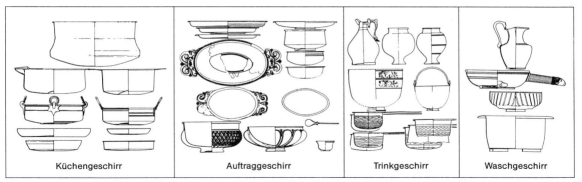

Abb. 128 Augusta Raurica/Augst, Unterstadt, Dorfstrasse Kaiseraugst. Depotfund von Bronzegeschirr. Zeichnerische Darstellung, gegliedert nach dem Verwendungszweck.

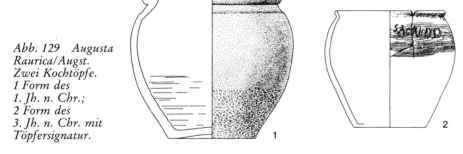

Abb. 129 Augusta Raurica/Augst. Zwei Kochtöpfe. 1 Form des 1. Jh. n. Chr.; 2 Form des 3. Jh. n. Chr. mit Töpfersignatur.

Abb. 130 Winkel ZH. Kelle aus Bronze mit hineinpassendem Sieb.

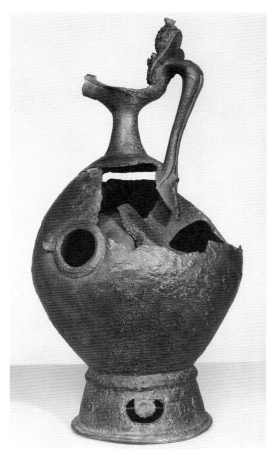 

Abb. 131 Aventicum/Avenches. Authepsa (Samowar) aus Bronze.
Abb. 132 Augusta Raurica/Augst. Authepsa (Samowar) aus Bronze.

Für kalte Wintertage bereitete man sich gerne eine Art Glüh- oder Gewürzwein (*vinum conditum*), den man in einem speziellen Wärmekrug, der sog. Authepsa, warm hielt. Solche Krüge, die nach dem Prinzip des Samowars funktionierten, kennen wir aus *Aventicum* und *Augusta Raurica*.[36] Gesüsst wurden diese Getränke mit Honig, da sowohl Rohr- als auch Rübenzucker unbekannt waren. Zog sich das Gelage bis in die Nacht hinein, so mussten Öllämpchen, vielleicht auch Kienspanfackeln Licht spenden. Wer es sich leisten konnte, liess sich nach Schluss des Festes von einem Sklaven oder Diener mit einer Sturmlaterne nach Hause geleiten.[37]

Handel, Handwerk und Gewerbe

Unsere Kenntnisse von Handel, Handwerk und Gewerbe im Gebiet der »römischen Schweiz« beruhen auf verschiedenen Quellen. Da sind zunächst die Nachrichten der antiken Schriftsteller zu nennen, die, freilich spärlich genug, sich mit dem Export aus den Alpenländern befassen. Weitere Informationen erhalten wir aus Inschriften. Darunter sind Grab- und Weihesteine, die den Beruf nennen, und Inschriften, die wirtschaftliche und handelspolitische Fakten melden, wie etwa die Weihungen von Handelskorporationen und von Angehörigen der Zollbezirke.[1]

Ohne die zahlreichen archäologischen Funde und Befunde käme freilich anhand der ersten beiden Quellengruppen nur ein sehr unvollständiges Bild zustande. In diesem Bereich haben wir entweder Befunde vor uns, die eigentliche Produktionswerkstätten darstellen, oder aber Fundmaterial, das in klarer Weise auf handwerkliche und technische Produktion hinweist. Dazu sind vor allem die Fehlstücke und Halbfertigfabrikate zu zählen, die einen untrüglichen Hinweis auf Produktionsstätten bilden. Wieder andere Funde können den Fernhandel dokumentieren, wenn es sich um Materialien handelt, die im Gebiete der Schweiz auf keinen Fall vorkommen.[2]

Das Gebiet der heutigen Schweiz lag in römischer Zeit im Schnittpunkt zweier Handelsachsen. Die eine war die Süd-Nord-Route, die die verschiedenen Alpenübergänge benutzte und entweder weiter über den Jura in die Oberrheinische Tiefebene oder aber nach *Brigantium*/Bregenz (A) am Bodensee strebte. Die andere verlief als West-Ost-Achse von *Lugudunum*/Lyon (F) kommend nach *Genava*/Genf und weiter durch das schweizerische Mittelland entweder ebenfalls zum Bodensee bzw. nach Bregenz oder aber über *Tenedo*/Zurzach AG nach *Brigobannis*/Hüfingen (D) und von dort weiter zum Limes. Knapp ausserhalb der Schweiz, aber für die Civitas der Rauriker von Bedeutung, verlief die Flussroute auf Saône und Doubs, die ebenfalls zur Oberrheinischen Tiefebene führte. Der Verlauf dieser Routen lässt klar werden, dass einerseits die

Abb 52

Schnittpunkte, z. B. *Aventicum, Vesontio*/Besançon (F) und *Brigantium*/Bregenz, und anderseits die Umschlagplätze vom Wasser- zum Landweg von grosser Bedeutung waren. Zu den letzteren gehörten *Genava*/Genf, *Lousonna*/Lausanne-Vidy VD, *Aventicum, Augusta Raurica, Brigantium*/Bregenz (A), *Tenedo*/Zurzach AG sowie – ausserhalb der Schweiz, aber wichtig für das Gebiet der Rauriker – *Epomanduodurum*/Mandeure (F) und *Cambes*/Kembs (F). In *Epomanduodurum* kennen wir die Quais am Ufer des *Dubis*/Doubs, und in

Abb 57 *Aventicum* sind uns die Anlegestelle am Murtensee und der später gebaute Kanalhafen bestens bekannt.³

Aus Inschriften wissen wir, dass der Fernhandel auf diesen Routen in den Händen mächtiger Unternehmer lag, die sich zu einer Gesellschaft von überregionaler Bedeutung zusammengeschlossen hatten, zum *splendidissimum corpus cisalpinorum et transalpinorum* (hochansehnliche Körperschaft der Händler diesseits und jenseits der Alpen). Wichtige Kontore dieser Körperschaft waren in *Mediolanum*/Mailand (I), *Lugudunum*/Lyon (F) und vermutlich auch in *Aventicum*.⁴

Aus den Inschriften ergibt sich, dass die wichtigsten Exponenten dieser Körperschaft auch als Unternehmer im Flusstransportwesen tätig waren. Dieses war seinerseits wieder korporativ organisiert. So kennen wir inschriftlich die Schif-

Abb 55 fer auf dem Genfersee (*nautae lacus Lemanni*), die Flossfahrer auf der Rhone zwischen Lyon und dem Genfersee (*ratiarii superiores*), die Schiffer auf der Saône (*nautae Ararici*) und schliesslich die auf der Aare und dem Gewässersystem der Jurafuss-Seen (*nautae Ararunci Aramici*). Der Transport erfolgte entweder auf Flössen oder mit grossen, flachen Lastkähnen, von denen in den letzten Jahren einige gefunden und konserviert werden konnten. Transporte zu Wasser waren übrigens, wie die Angaben im Maximaltarif Diokletians (301 n. Chr.) ergeben, wesentlich billiger als Landtransporte – ein weiterer Grund, wenn immer möglich den Wasserweg zu benutzen.⁵

Auch die Händler konnten gruppenweise organisiert als Handelsgesellschaft auftreten. Eine Inschrift aus *Vindonissa*, sie wurde bezeichnenderweise in den Canabae des Legionslagers gefunden, nennt die *negotiatores salsarii leguminari, cives Romani* (Händler mit eingesalzenem Gemüse, römische Bürger). Da es sich um römische Bürger handelt, dürften wir eine Handelsgesellschaft mit Verbindungen nach Italien vor uns haben, die den Bedarf der Soldaten des Legionslagers an eingesalzenen, d. h. konservierten Lebensmitteln deckte.⁶

Zu den effektiven Transportkosten kamen noch Steuern und Binnenzölle hinzu. Auf den Waren lastete in der Kaiserzeit seit Augustus eine Art allgemeine Umsatzsteuer, die *centesima rerum venalium* (Steuerhundertstel auf den Verkaufsartikeln). Wie der Name sagt, handelte es sich um eine Abgabe von einem Prozent.

Doch damit nicht genug. Das Römische Reich war nämlich in Binnenzollbezirke eingeteilt. Auf Waren, die von der einen zur anderen Zollzone gehandelt wurden, war eine Abgabe (*portorium*) zu entrichten. Gallien war so gegenüber Illyricum durch eine Zollgrenze abgetrennt. Der Zollbezirk der *XL [= quadragesima] Galliarum* (Vierzigstels-Steuer der gallischen Provinzen, d. h. 2,5%) umfasste Britannien, die vier gallischen und die zwei germanischen Provinzen sowie einen Teil Rätiens. An ihn schloss gegen Osten die Zone des *portorium Illyrici* an, zu der der Restteil von Rätien, Noricum und Pannonien sowie weitere Gebiete gehörten. Schlaue Fabrikanten versuchten, sich durch die Gründung von Filialbetrieben in der benachbarten Zollzone um diese Abgabe zu drücken. Das könnte z. B. bei den von Rheinzabern (D) aus gegründeten Sigillatamanufakturen von Westerndorf und Pfaffenhofen (Bayern), die beide zu Noricum gehörten, der Fall gewesen sein.[7]

Abb 141

Da die Grenze der *XL Galliarum* durch das Gebiet der heutigen Schweiz verlief, befanden sich Zollposten in *Acaunum*/St-Maurice VS, *Genava*/Genf und *Turicum*/Zürich. Sie lagen offensichtlich an Orten, die nur sehr schwer zu umgehen waren. Man muss sich in diesem Zusammenhang fragen, ob jene Alpenübergänge zwischen den Achsen des Grossen St. Bernhard und den Bündnerpässen, von denen wir oben sprachen, nicht u. a. auch zur Umgehung des Zollkordons benützt wurden.[8]

Kontrollen durch Militärposten mit Polizeifunktion (*beneficiarii, immunes*) fanden ohnehin statt. Solche Posten kennen wir aus *Genava*/Genf, *Viviscus*/Vevey VD und *Salodurum*/Solothurn. Wir dürfen ausserdem weitere in *Augusta Raurica* und *Vindonissa* vermuten. Den Dienst versahen aus der 8. oder der 22. Legion abkommandierte Soldaten. Daraus ergibt sich, dass das Gebiet der Schweiz bis ins benachbarte Savoyen hinein im Aufsichtssprengel des Mainzer Legionskommandanten lag.[9]

Abb 133

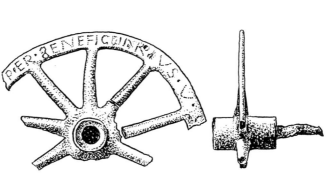

Abb. 133 Augusta Raurica/Augst. Votiv in Form eines Rädchens aus Bronze. Nach der Inschrift von einem Benefiziarier geweiht.

Münzen, Masse und Gewichte

Handel und Gewerbe waren undenkbar ohne ein genau geregeltes Münzsystem und präzis fixierte Masseinheiten für Gewichte, Flächen- und Längenmasse. Das Münzwesen war unter Augustus reorganisiert worden und beruhte auf der Basis von Gold-, Silber- und Aes-Einheiten (aus Messing, Bronze, Kupfer). Die Relationen der Einheiten waren untereinander klar festgelegt und blieben bis in die Mitte des 3. Jahrhunderts unverändert.

Als durch die Inflation der Wert der Aes-Münzen immer mehr zugunsten der Silbermünzen in den Hintergrund trat, wurde im 3. Jahrhundert als neue Einheit ein Doppeldenar (von der heutigen Forschung Antoninian genannt) eingeführt.

Abb 134

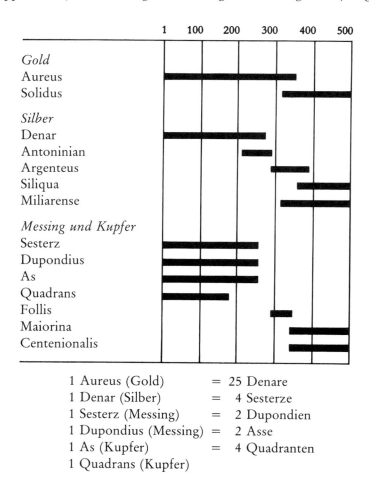

1 Aureus (Gold)	= 25 Denare
1 Denar (Silber)	= 4 Sesterze
1 Sesterz (Messing)	= 2 Dupondien
1 Dupondius (Messing)	= 2 Asse
1 As (Kupfer)	= 4 Quadranten
1 Quadrans (Kupfer)	

Tabelle: Die Prägedauer der wichtigsten kaiserzeitlichen Nominale.

Münzen, Masse und Gewichte   171

Abb. 134 Die wichtigsten kaiserzeitlichen Nominale. 1 Aureus (Antoninus Pius, 138–161), 2 Denar (Augustus, 27 v.–14 n. Chr.), 3 Sesterz (Septimius Severus, 193–211), 4 Dupondius (Nero, 54–68), 5 As (Augustus), 6 Quadrans (Claudius, 41–54), 7 Antoninian (Probus, 276–282), 8 Solidus (Valens, 364–378), 9 Siliqua (Valentinian I, 364–375), 10 Miliarense (Constantius II, 337–361), 11 Follis (Constantius I, 293–306), 12 Maiorina (Constantius II, 337–361). (Alle Münzen im Bernischen Hist. Museum). (Masstab 1:1)

295 n. Chr. versuchte Diokletian das zerrüttete Münzsystem durch eine Reform wieder ins Lot zu bringen. Die von ihm geschaffenen neuen Einheiten verloren freilich auch wieder recht bald an Wert. Für die Prägedauer der verschiedenen Münzeinheiten vergleiche man das hier vorgelegte Schema.[10]

An vielen Fundplätzen ist zu Beginn des 3. Jahrhunderts ein auffallendes Nachlassen des Münzumlaufes zu verzeichnen, z. B. im Vicus Bern-Engehalbinsel.

172 Handel, Handwerk und Gewerbe

Die Vici von *Aquae Helveticae*/Baden und *Vitudurum*/Oberwinterthur erlebten diesen Einbruch schon Ende des 1. Jahrhunderts n. Chr. Darin spiegelt sich die enorme und einseitige Abhängigkeit dieser beiden Siedlungen von der Präsenz des römischen Militärs in *Vindonissa*. Die Soldzahlungen vermehrten eben den Geldumlauf, und die Soldaten verstanden es, das Geld unter die Leute zu bringen.[11]

Die Münzprägung war weitgehend dezentralisiert. Die Münzstätten in Rom, Lyon, Trier, Mailand, Siscia und Pavia versorgten das Gebiet der Schweiz. Zeitweise muss auch in *Augusta Raurica* geprägt worden sein. Gussformen, Münzstempel und Schrötlinge (Metallplättchen zur Prägung von Münzen) legen diesen Schluss nahe. Es wird nicht ganz klar, ob es sich um Falschmünzerei oder um eine offizielle, evtl. mobile Münzstätte handelte. Vor allem unter Kaiser Claudius lief eine grosse Zahl lokaler Prägungen um.[12]

Längenmass war der römische Fuss (29,75 cm). Seine Untereinteilungen konnten entweder auf der Basis von Zwölfteln (*unciae*) oder aber über eine Viererteilung (*palmae*) bestehen. Die erhaltenen Mass-Stäbe tragen jeweils beide Einteilungssysteme. Es handelt sich um kleine Klapp-Mass-Stäbe aus Bronze und Mess-Stäbe aus Eibenholz, die alle aus dem Schutthügel des Legionslagers *Vindonissa* stammen.[13]

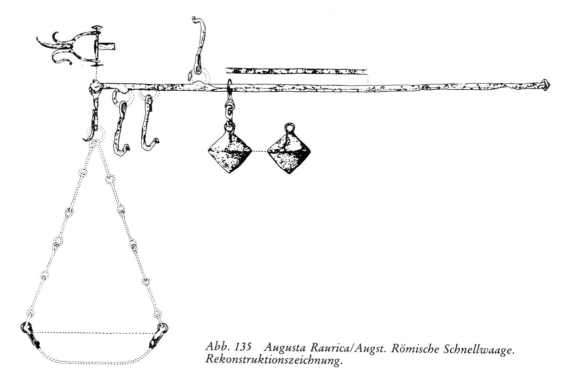

Abb. 135 Augusta Raurica/Augst. Römische Schnellwaage. Rekonstruktionszeichnung.

Münzen, Masse und Gewichte 173

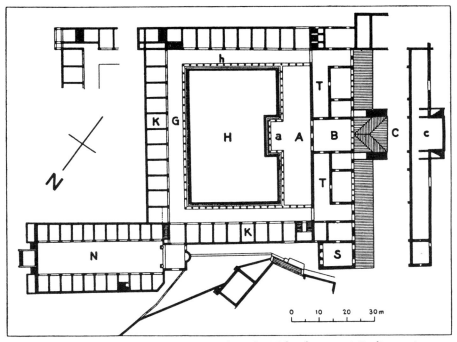

Abb. 136 Augusta Raurica/Augst. Grundriss des Nebenforums: A Podium mit Annex (a), B Hauptraum, C Plattform mit Freitreppe, G und h Portiken, H Hof, K Ladenlokale (tabernae), N Basarartige Nebenhalle mit Ladenlokalen, S Kultraum (?), T Nebenräume.

Auch die Hohlmasse und die Gewichte waren nach dem Zwölfersystem unterteilt. Grundeinheit war die *libra* (Pfund = 327,45 g), die in 12 *unciae* (1 *uncia* = 27,28 g) unterteilt war. Natürlich existierten weitere, noch feinere Unterteilungen. Es war eine Eigenheit des römischen Zahlensystems, dass sich die ganzen Zahlen nach dem Dezimalsystem, die Bruchzahlen aber nach dem Duodezimalsystem richteten. Die Bezeichnungen für die einzelnen Bruchwerte waren nicht aus Zahlen zusammengesetzt, sondern eigentliche Namensbezeichnungen (z. B.: 1/2 = *semis*; 2/3 = *bes*; 3/4 = *dodrans* etc.) Für die Unterteilungen von Fuss und Pfund wurden diese Bezeichnungen auch verwendet.[14]

Unabdingbar für einen geregelten Warenaustausch waren die Waagen. Viele *Abb 135* funktionierten nach dem System der sog. Schnellwaage, d. h. nach dem Hebelsystem mit beweglichem, verschiebbarem Gewicht. Durch Drehen des Waagbalkens konnte man verschiedene Skalen benutzen. Daneben gab es auch gleicharmige Balkenwaagen mit Gewichtsteinen. Solche sind in allen Grössen erhalten. Eine entsprechende Waage ist auf dem Grabstein eines Händlers aus *Augusta Raurica* dargestellt.[15]

Selbstverständlich wurden die Handelstransaktionen sorgfältig in Buchhaltungen notiert. Gerechnet wurde auf kleinen Rechenmaschinen (*abacus*). Ein solches Gerät wurde unlängst in *Augusta Praetoria*/Aosta (I) zusammen mit Schreibutensilien in einem Grabe gefunden. Der Verstorbene war wohl Buchhalter gewesen.[16]

Abb 103, 104 Wer auf Kredit kaufte, hatte eine Schuldverschreibung zu unterzeichnen. Für solche schriftlichen Transaktionen dienten die Holztäfelchen mit Wachsschicht als Schreibmaterial. Manche der im Schutthügel des Legionslagers *Vindonissa* gefundenen Exemplare haben die charakteristische Gestalt von Formularen mit ausgespartem Platz für die Siegel. Warenballen, Stapel und Pakete waren sorg-

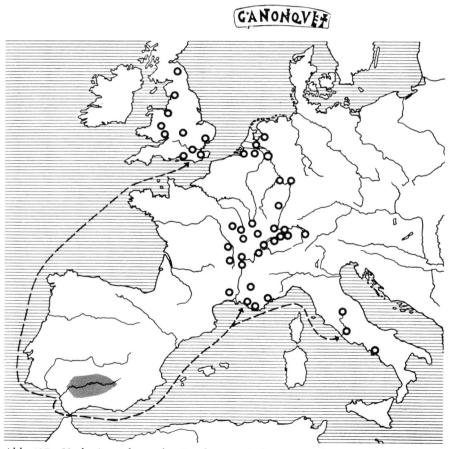

Abb. 137 Verbreitungskarte der Amphoren mit dem Stempel C(AI) ANTONI QUIETI sowie die Handelswege aus dem Produktionszentrum in der Provinz Baetica (Tal des Quadalquivir [E]) zu den Verbrauchern.

Münzen, Masse und Gewichte   175

Abb. 138   Amphorenformen.
1 Amphore für Fischsauce aus Spanien,
2 Amphore für Olivenöl aus Spanien,
3 Weinamphore.

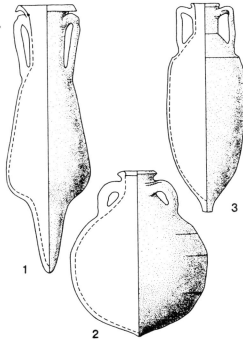

Abb. 139   Beispiele von Pinselinschriften auf Amphoren aus Augusta Raurica/Augst und Vindonina/Windisch. V. o. n. u.: G(arum) Hisp(anum) = Spanische Fischsauce, Oliva nigra ex defruto = Schwarze Oliven aus eingedicktem Mostessig, C. NONI OMV(li) CCXIIIIS = Caius Nonius Omulus [Produzent] 214 Pfund [= 70¼ kg].

fältig etikettiert. Dies erfolgte mit Bleietiketten, wie wir sie aus *Vitudurum/ Oberwinterthur* kennen. Auch Anhängeetiketten aus Bein kamen vor.[17]

Abb 9

Handel und Warenaustausch gab es sowohl in den grösseren städtischen Zentren als auch in den Vici (Strassendörfern). In den letzteren wurden sicher Wochenmärkte (*nundinae*) abgehalten, zu denen die Einwohner der umliegenden Landgüter strömten. Die grossen Zentren verfügten über einen richtigen Markt-

Abb 136 platz (*forum venale*). Ein solcher war wohl das sog. Nebenforum von *Augusta Raurica*, das auch über einen Anbau verfügte, der im Grundriss verblüffend den Basaren orientalischer Städte gleicht. In *Augusta Raurica* scheint sich nordöstlich des Theaters ein grösserer freier, bekiester Platz befunden zu haben, den man unschwer als den Platz für die Wochenmärkte (*nundinae*) ansprechen könnte.[18]

Import und Export

Unter den Importartikeln sind zunächst Lebensmittel zu nennen. Vom Handel mit eingesalzenen Hülsenfrüchten in *Vindonissa* hörten wir schon. Überhaupt hat der Salzhandel sicher eine gewisse Bedeutung gehabt. Vielleicht hatte der Rheinschiffer Marcellus aus dem Raurikergebiet, der im Heiligtum der Dea Nehalennia bei Colijnsplaat an der Oosterschelde (NL) einen Weihestein setzte, auf seiner Rückfahrt rheinaufwärts Meersalz geladen. Auch der Import von Austern ist belegt, doch lässt sich nicht ausmachen, ob sie vom Mittelmeer oder aus der Nordsee in die Schweiz transportiert wurden.[19]

Abb. 140 Vindonissa/Windisch. Schüssel aus Terra sigillata (Form Dragendorff 29) des Töpfers Scotius aus einer Töpferwerkstatt in Südgallien.

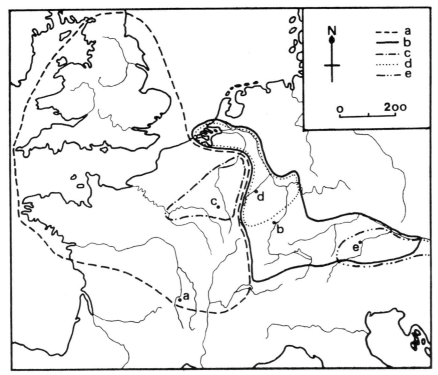

Abb. 141 Verbreitungskarte mit den Zonen, in die im späten 2. und im beginnenden 3. Jh. n. Chr. die Herstellungszentren von Terra sigillata-Gefässen exportierten. a Lezoux (F), b Rheinzabern (D), c Argonnen (F), d Trier (D), e Westerndorf und Pfaffenhofen (D).

Eine grosse Rolle beim Import spielte das Olivenöl. Es wurde in Kugelamphoren aus dem Produktionsgebiet im Tal des Baetis (Quadalquivir [E]) importiert. In *Augusta Raurica* wurde ab dem Beginn des 1. Jahrhunderts n. Chr. und bis ins 5. Jahrhundert Olivenöl importiert, wobei in der Spätantike vermehrt auch Nordafrika eine Rolle spielte. Eine Kugelamphore wog leer etwa 30 Kilogramm. Sie hatte ein Fassungsvermögen von etwa 70 Liter. Ihr Gewicht bei vollständiger Füllung mit Öl betrug an die 100 Kilogramm. Neben Öl wurden aus Spanien auch Fischsaucen (*garum Hispanum*) und in Mostessig eingelegte Oliven (*oliva nigra ex defruto*) importiert. Selbstverständlich fehlte die Einfuhr von Wein nicht, zumal den gallischen Provinzen durch kaiserliches Dekret zunächst der Rebbau verboten war. Für Weintransporte dienten als Behälter die Spitzamphoren, aber auch Holzfässer. Importiert wurde zunächst aus Italien, später auch aus Südfrankreich. Dies belegen Pinselinschriften und Stempel auf Weinampho-

Abb 137, 138

Abb 139

178   *Handel, Handwerk und Gewerbe*

Abb. 142   Tessiner Gräberfelder. Glasgefässe.

ren aus *Vindonissa*. Auch sonst werden Früchte aus dem Süden geliefert worden sein. So kennen wir aus *Aventicum* u. a. Datteln.[20]

Zu den wichtigsten Importgütern gehörte feines Tongeschirr. Der Nachschub begann sogleich mit der Stationierung römischer Truppen. In den für den Alpenfeldzug von 15 v. Chr. angelegten Kastellen findet sich die früheste *Terra sigillata* (feine, z. T. aus Formschüsseln hergestellte Keramik mit einem roten Überzug aus Tonschlicker). Die Produktionsorte dieser Importware waren, wie Tonuntersuchungen schlüssig gezeigt haben, nicht nur in Arezzo (I) und Pisa (I), sondern auch in *Lugudunum*/Lyon. Dort sind denn auch mehrere Töpferateliers freigelegt worden. Auch die Produktion feiner Tonbecher mit Reliefs, die bei den Soldaten sehr beliebt waren, ist durch den Fund von Modelbruchstücken für Lyon belegt.[21]

Die Hersteller von Terra sigillata verlegten ihre Produktionszentren jeweils, um dem Abnehmerkreis näher zu sein. So ist die Terra sigillata in die Schweiz – abgesehen von den frühen Produkten aus Lyon – zunächst aus südgallischen Ateliers (La Graufesenque), dann aus zentralgallischen Töpferzentren (Lezoux bei Clermont-Ferrand) und schliesslich aus dem Produktionszentrum von Rheinzabern in der Pfalz (D) importiert worden. Auch die Tonlämpchen wurden zunächst eingeführt. Was ein Geschirrhändler in einem bestimmten Augenblick etwa an Lager haben konnte, zeigen die entsprechenden Funde aus *Tasgaetium*/Eschenz TG, *Lousonna*/Lausanne-Vidy und *Brigantium*/Bregenz (A).[22]

Abb 140, 141

Abb 169

Vermutlich ebenfalls importiert wurden manche der feinen Glaswaren. Man muss annehmen, dass sie auf dem Flusswege und dann sorgfältig in strohgefütterte Kisten verpackt auf dem Rücken von Packpferden transportiert wurden. Als Produktionszentren nimmt man Oberitalien und dann in zunehmendem Masse Köln an.[23]

Abb 142
Taf 4

Der Import von Metallwaren lässt sich an und für sich nur schlecht belegen. Die Geräte und Werkzeuge aus Bronze unterlagen einer weitgehenden Normierung, so dass es schwierig ist, lokale Produktion und Import zu unterscheiden. Sicher importiert wurde ein Gegenstand mit einer kleinen Bronzerosette aus *Tenedo*/Zurzach AG, die die Inschrift *C. Scrib(onius) Faustus Romae fec(it)* (C. Scribonius Faustus hat es in Rom hergestellt) trägt, und eine Schwertscheide aus *Vindonissa* mit einem inschriftlichen Fabrikationsvermerk aus *Lugudunum*/Lyon. Ebenso darf angenommen werden, dass feines Bronzegeschirr aus Italien (Capua) importiert wurde. Die zahlreichen Funde aus der Saône bei Chalon-sur-Saône zeigen, dass dies auf dem Wasserweg geschah. Die Flussfunde aus der Aare, resp. der Zihl bei Port BE können ebenfalls Belege für Flusstransport sein, wenn es sich nicht um absichtlich in den Fluss geworfene Weihegaben handelt. Import dürfen wir bei einer Gruppe kleiner Bronzewerkzeuge (Spatel, Pinselhalter?) vermuten, die den Stempel *Agathangelus* tragen. Zwar ist der Produktionsort dieses Bronzegiessers nicht genau auszumachen, die Streuung der Geräte weist aber auf Gallien hin.[24]

Abb. 143 Kleinbasel. Bleibarren mit dem Stempel SOCIETAT(IS) S(EXTI ET) T(ITI) LVCRETI(ORVM) (Kompagniefirma des Sextus und Titus Lucretius).

Abb 143 Belegt ist der Import von Rohmetall. Die beiden Bleibarren von Basel und Arbon sind sicher auf dem Flussweg an ihre Fundorte gelangt. Das Basler Stück trägt den Stempel einer Handelsgesellschaft, deren Stempel auch die zahlreichen Bleibarren tragen, die im Hafenbecken von Cartagena (E) gefunden worden sind. Eine Materialanalyse des Basler Stückes liess leider keine genaue Provenienz erkennen.[25]

Abb 153 Wie weit auch Eisen in Form von Doppelspitzbarren und Bronze in kubischer Barrenform importiert wurde, lässt sich nicht genau ausmachen. Import ist aber im letzteren Falle wahrscheinlich, da in der Schweiz keine ausreichenden Vorkommen von Kupfer und Zinn anstehen.[26] Der Import von Steinen wird durch jene Kunstobjekte belegt, die aus aller Wahrscheinlichkeit nach eingeführtem, in der Schweiz nicht anstehendem Steinmaterial gearbeitet wurden. Das dürfte z. B. bei den beiden reich verzierten Türumrahmungen aus Marmor der Fall sein, die in *Augusta Raurica* zwei Tempel zierten. Importiert wurden auch die steinernen Reibplättchen, auf denen Salben, Schminke, aber auch Medizinen angerieben wurden.[27]

Auch Gegenstände aus Holz wurden importiert. Die Kämme aus Buchsbaumholz aus dem Schutthügel von *Vindonissa* könnten zwar theoretisch lokale Produkte sein, doch wird man das Rohmaterial eingeführt haben. Wohl sicher Im-

Abb 144 portstücke sind die Bürsten vom selben Fundort. Die gelochten Brettchen, in die die Borsten eingepresst sind, sind aus dem Holz des Erdbeerbaumes (*Arbutus unedo*) geschnitten, der nur im Mittelmeergebiet vorkommt. Als Borsten wurden Dornen eines nicht näher identifizierbaren Strauches aus der Mittelmeermacchia verwendet.[28]

Abschliessend sei auf eine Analyse hingewiesen, der die auf dem Areal der Grabung Dosch in *Curia*/Chur geborgenen Kleinfunde unterzogen wurden. Dabei zeigte es sich, dass bis in die flavische Zeit der Import über die Alpen sehr intensiv war. Später traten Handelsbeziehungen nach Südgallien und im 2. Jahrhundert solche nach dem Elsass, dem Rheinland und Rätien in den Vordergrund.

Abb. 144 Vindonissa/Windisch, Schutthügel. Fragment einer Bürste.

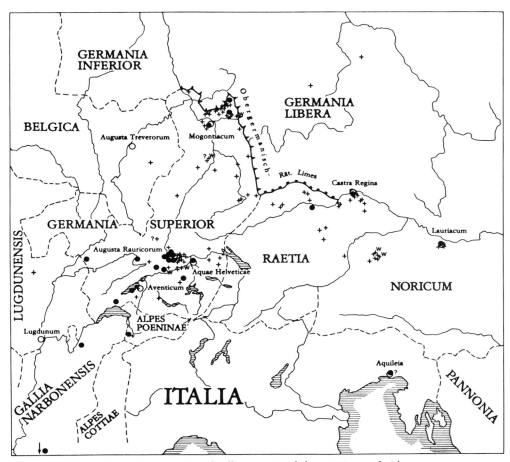

Abb. 145 Verbreitungskarte der Fundstellen von Produkten (Messerscheidenbeschläge) des Bronzegiessers Gemellianus aus Aquae Helveticae/Baden AG: o mit Inschrift des Gemellianus, + nur mit Ornament.

Für das 4. Jahrhundert liess sich eine Neubelebung des Importes über die Alpen feststellen.[29]
Export aus dem Gebiet der »römischen Schweiz« lässt sich in einigen Fällen schlüssig nachweisen, in anderen bloss vermuten. Der Bronzegiesser Gemellianus aus *Aquae Helveticae*/Baden AG vertrieb, wohl im späteren 2. oder im 3. Jahrhundert seine in Durchbrucharbeit aus einer sehr bleihaltigen Bronze gefertigten Messerfutterale über weite Gebiete, besonders aber ins Hinterland des Limes. Sie waren offenbar bei den Soldaten beliebt, glichen sie doch den von der Armee in der fraglichen Zeit verwendeten Schwertscheiden. Ein weiterer Fabrikant von Bronzegeschirr namens L. Cusseius Ocellio muss in der *Colonia*

Abb 145

Abb 328

Abb 146

182 Handel, Handwerk und Gewerbe

Abb. 146 Wolpertswende-Mochenwangen (D), Grabbau IV. Bronzeplättchen mit der Inschrift L(UCIUS) CVSSEIVS/OCELLIO/FECIT/COL (ONIA) IVL(IA) EQ(VESTRI) (Lucius Cusseius Ocellio hat's gemacht in der Colonia Iulia Equestris).

Abb. 147 Leytron VS. Gedrechseltes Gefäss mit Deckel aus Speckstein (Lavez).

Iulia Equestris/Nyon VD tätig gewesen sein. Ein signiertes Stück seiner Produktion wurde in Wolpertswende-Mochenwangen bei Ravensburg (D) gefunden.[30]

Abb 147 Gedrechselte Gefässe aus Speckstein (antik *lapis Comensis*, d. h. Stein von Como, italienisch »laveggio«, rätoromanisch »lavez«) waren ein beliebter Exportartikel. Fabrikationszentren lagen überall dort, wo dieser leicht zu bearbeitende Stein ansteht, d. h. im Wallis, im Tessin und vor allem im Bergell GR so-

Import und Export 183

Abb. 148/149 Augusta Raurica/Augst. Fleischsiederei und -räucherei. Oben Feuerstelle für den Siedekessel, unten die Räucherkammer.

wie im Val Malenco, einem Seitental des Veltlin (I). Schon in der mittleren Kaiserzeit und ganz speziell in der Spätantike wurden solche Gefässe in die Militärstationen verkauft. Im Alpenraum ersetzte dieses Material weitgehend die Keramik.³¹

Aus literarischen Quellen sind uns Exporte von Vieh und Käse aus dem Alpenraum bezeugt. Auch Bauholz dürfte auf den Flüssen zu Tal und in waldärmere Gebiete geflösst worden sein.³²

Auf den Export waren vermutlich auch jene Betriebe mit den Räucherkammern und den grossen Herdstellen für Siedekessel ausgerichtet, die in *Augusta Raurica* in den Werkhallen fast jeder Insula auftauchen. Es handelt sich fast sicher *Abb 148/149* um Fleischsiedereien und -räuchereien. Sie stellten vermutlich geräucherte Speckseiten und ebensolche Würste her. Neben dem Einsalzen und dem Einlegen in Mostessig ist ja das Räuchern eine Konservierungsmethode, die schon in der Antike bestens bekannt war.³³

Hier muss noch ein Gewerbe erwähnt werden, bei dem nicht klar wird, ob es sich um Import oder Export (oder vielleicht gar um beides) handelte: der Skla-
Abb 350 venhandel. Aus der Inschrift eines Votivtäfelchens, das er im Tempel des Iupiter Poeninus auf dem Grossen St. Bernhard gestiftet hat, wissen wir, dass der Helvetier C. Domitius Carassounus dieses Gewerbe betrieben hat, bezeichnet er sich doch stolz als Sklavenhändler (*mango*). Mit demselben Gewerbezweig scheint auch Q. Otacilius Pollinus aus *Aventicum* geschäftliche Kontakte gehabt zu haben, war er doch Schutzpatron der Sklavenhändler, die im Rahmen der schon genannten »hochansehnlichen Körperschaft der Händler diesseits und jenseits der Alpen« organisiert waren.³⁴

Metallverarbeitendes Handwerk

Im folgenden wollen wir uns mit den verschiedenen Sparten der in der »römischen Schweiz« nachweisbaren handwerklichen Produktion befassen. Zunächst sei von den metallverarbeitenden Betrieben die Rede. Neben den Produkten der beiden Bronzegiesser Gemellianus und Ocellio, deren Fabrikationsorte wir zwar kennen, deren eigentliche Werkstätten sich bis jetzt aber nicht fassen lassen, sind uns anhand der Bodenfunde eine ganze Anzahl von Betrieben, die Bronze verarbeitet haben, bekannt. In *Augusta Raurica* z. B. gab es mehrere derartige Werkstätten, u. a. in den Insulae 17, 18, 25, 30 und 31, also im Zentrum
Abb 150 der Koloniestadt. Im Betrieb in der Insula 30 war u. a. die aus Ton geformte Schmelzgrube fassbar. In der Insula 31 fand sich die Werkhalle eines Bronzegiessers, in der neben der aus Ziegeln geformten Schmelzgrube auch noch der Haufen von Giessersand vorhanden war. Zahlreiche Fehlstücke (u. a. auch von Statuetten), Halbfabrikate, zur Wiederverwendung bereitgelegte Abfallstücke

Abb. 150 Augusta Raurica/Augst, Insula 30. Ofen eines Bronzegiessers mit Schmelztiegel.

sowie abgebrochene Gusszapfen und vor allem auch Bruchstücke von Gussformen oder Vorformen zur Herstellung von solchen belegen die Aktivitäten der Bronzegiesser. Auch die eigentlichen Gusstiegel, zum Teil mit den Spuren der grossen Gusszange mit der sie beim Einguss der flüssigen Metallspeise in die Form gehalten wurden, sind vorhanden.

Abb 151, 152

In *Aventicum* wurden in der Insula 18 eine Bronzegiesserei aus der Mitte des 3. Jahrhunderts freigelegt, in welcher die Stelle, an der der Gusstiegel gestanden hatte, deutlich zu sehen war. Eine Reihe von Hohlziegeln sorgte für die Zuleitung der flüssigen Metallspeise. Ähnliche Betriebe kennen wir auch aus *Curia*/Chur und aus *Vindonissa*.[35]

Die Verarbeitung von Eisen in der »römischen Schweiz« wird durch zahlreiche Funde belegt. Das Rohmaterial wurde zum Teil durch Verhüttung von Bohnerz im Jura gewonnen. Wir kennen in Romainmôtiers-Les Bellaires VD entsprechende Eisenschmelzöfen. Auch in Graubünden wurde Eisen verhüttet. Solche sog. Rennöfen, zusammen mit grossen Mengen von Eisenschlacken, wurden in *Curia*/Chur und in Riom GR festgestellt.

Abb 457

Daneben wurde auch Roheisen in der Form der charakteristischen Doppelspitzbarren auf dem Handelswege eingeführt. Die Funde von Schwadernau BE und

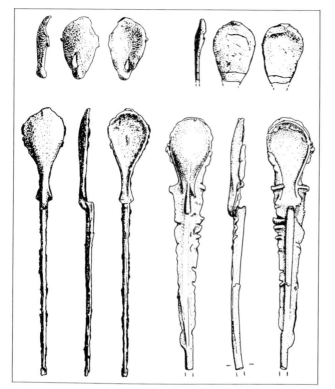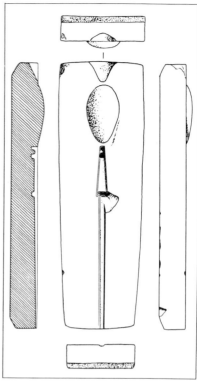

Abb. 151   Augusta Raurica/Augst. Löffel aus Bronze mit Gussnähten, Fehlstücke aus einer Bronzegiesserei.
Abb. 152   Augusta Raurica/Augst. Matrize zur Herstellung von Gussformen für den Guss von Bronzelöffeln.

Bellmund BE lassen vermuten, dass die Barren oftmals zu Paketen von 16 Stück verschnürt gehandelt wurden. Ein solches Bündel wog, bei einem Durchschnittsgewicht von sechs Kilogramm pro Barren, an die 100 Kilogramm. Der schon erwähnte, leider inschriftlose Grabstein eines Händlers aus *Augusta Raurica* zeigt unter der grossen Waage zwei solche Spitzbarren, so dass anzunehmen ist, dass es sich um einen Rohmetallhändler gehandelt hat. Dass auch hier der Transport auf dem Wasserweg im Vordergrund stand, zeigen die Fundplätze solcher Barren, die oft im Bereich alter Flussläufe liegen (Nidau, Port, Meinis-

Abb 153 berg, Walliswil-Bipp [alle BE]). Auch aus *Augusta Raurica*, bezeichnenderweise aus dem Rhein geborgen, und aus *Vindonissa* sind solche Barren bekannt. Sie wurden nicht etwa gegossen – der Eisenguss kam erst im Mittelalter auf –, sondern aus den im Schmelzprozess im Hochofen entstehenden Eisenluppen zusammengeschmiedet.[36]

Aus dem Bereich der Pferdewechselstation von Riom GR kennen wir sog.

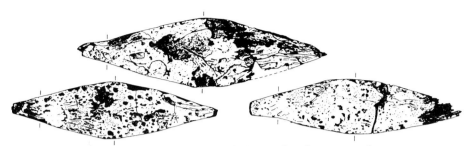

Abb. 153 Augusta Raurica/Augst. Gewerbehaus Schmidmatt. Eisenbarren.

Schmiedegruben. Ihre Identifikation erfolgte aufgrund der Überreste von sog. Hammerschlag, d. h. des oxydischen Überzugs des Eisens, der sich beim Hämmern von den glühenden Objekten löst. Auch Reste von Blasebalgdüsen aus Ton wurden gefunden. Im Vicus *Curia*/Chur muss ebenfalls Eisen verarbeitet worden sein. Dass das Schmiedehandwerk weit herum im Lande ausgeübt wurde, wird auch durch die zahlreichen einschlägigen Werkzeuge belegt: Ambosse, Zangen, Hämmer, Durchschläge, Meissel und Feilen. Alle einschlägigen Techniken des Schmiedehandwerks waren wohl schon bekannt, und die zahlreichen im ganzen Land gefundenen Werkzeuge, Geräte und Gegenstände aus Ei-

Abb 154

Abb. 154 Augusta Raurica/Augst. Schmiedewerkzeuge, Amboss und Zange.

sen sprechen für die Qualität der römischen Schmiedekunst. Bei vielen grossen Landgütern wird ein Schmied zum festen Personalbestand gehört haben.[37] Gab es auch römische Hufschmiede? Die Frage ist verknüpft mit dem Streit um die Existenz des Hufeisens zur Römerzeit. Sein Gebrauch war offenbar nicht allgemein. Die römischen Reitereinheiten scheinen sie z. B. kaum verwendet zu haben. Bei Hufkrankheiten und bei vereisten Strassen zog man den Pferden Hufschuhe über die Hufe. Diese waren sicher ein Produkt der verschiedenen lokalen Schmiedewerkstätten.[38]

Die Verarbeitung von Edelmetallen wird uns durch den Grabaltar zweier Goldschmiede aus *Aventicum* bezeugt. Es handelt sich um den Vater Camillius Polynices und seinen Sohn Camillius Paulus. Der Vater gibt stolz an, dass er aus Lydien in Kleinasien stamme. Er muss als wandernder Künstler nach *Aventicum* gekommen und dort in die auch sonst bekannte vornehme Familie der Camillii aufgenommen worden sein. Die Inschrift unterrichtet uns auch darüber, dass Vater und Sohn Mitglieder der Zimmerleutezunft (*fabri tignuarii*) in *Aventicum* waren und dass der Vater in dieser Korporation alle Ehrenämter durchlaufen hatte. Hier fassen wir somit eine berufsständische Organisation, wie sie in den römischen Städten üblich waren.[39]

Taf 12 Ob die schönen Werke der Goldschmiedekunst, wie etwa die Goldbüste des
Taf 20a Kaisers Marcus Aurelius aus *Aventicum* oder die Goldkette von *Augusta Raurica*
Taf 21 und der goldene Filigranschmuck aus Obfelden-Lunnern ZH, Werke einheimischer Künstler oder Import sind, lässt sich nicht ausmachen. Für einheimi-
Abb 490 sche Produkte halten wir aber die Votive aus Gold- oder Silberblech, die mit einer spezifischen »Faltentechnik« verziert sind. Sie treten oft in der Form von Palmetten auf. Wir kennen ein goldenes Exemplar aus dem Heiligtum von Thun-Allmendingen BE und ein silbernes aus dem Tempel des Iupiter Poeninus auf dem Grossen St. Bernhard mit einer Weihung an die Gottheit. In derselben Technik hergestellt, aber in der Form ungewöhnlich und darum am ehesten Erzeugnisse eines lokalen Silberschmiedes, sind die beiden ehrenbogenförmigen Votivbleche aus *Forum Claudii*/Martigny VS.[40]

Handwerker verschiedener Produktion

Die Herstellung von Glaswaren ist neuerdings sehr gut bezeugt. Neben dem
Abb 155, 156 Schmelzofen eines Glasherstellers in *Forum Claudii*/Martigny kennen wir mehrere solche Betriebe aus der Unterstadt von *Augusta Raurica* sowie aus der Insula 29. Dort kamen nicht nur Reste von Schmelzöfen, sondern auch Formen, u. a. für prismatische Flaschen, Reste der Tiegel und vor allem auch Werkmaterial in Form von grossen Glastropfen zutage. Bei den Ausgrabungen in Muralto TI wurden in einer eigentlichen Werkhalle, in der auch metallverarbeitende

Abb. 155 Augusta Raurica/ Augst. Steinplatte als Basis für eine Form zur Herstellung von vierkantigen Glasflaschen.

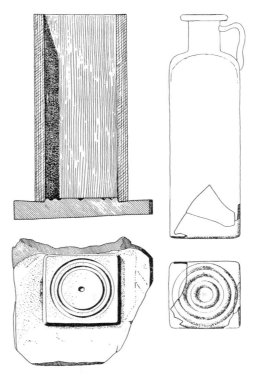

Abb. 156 Augusta Raurica/ Unterstadt, Kaiseraugst AG. Glasmacherwerkstatt mit Schmelzöfen.

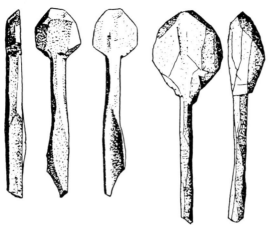
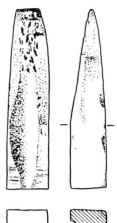

Abb. 157 Augusta Raurica/Augst. Abfallstücke aus einer Beinschnitzerei. Rechts: Reststücke von der Herstellung von Spielwürfeln, links: Rohstücke von Löffelchen.

Abb. 158 Vully-le-Haut, Le Rondet FR. Holzbearbeitungswerkzeug mit den erhaltenen Holzgriffen.

Betriebe angesiedelt waren, der Ofen einer Glasbläserei samt den Abfällen und einem Vorrat an Bergkristall gefunden. Letzteres wurde bestimmt als Rohmaterial für die Glasschmelze verwendet. Ob nicht doch ein Teil der schönen Gläser *Abb 142, Taf 4* aus den Tessiner Gräberfeldern lokale Produktion sind? Das Sammeln von Bergkristall, das sog. Strahlen, scheint im Alpenraum auch zur Römerzeit betrieben worden zu sein. In diese Richtung weisen auch Funde aus dem Binntal VS. Die Glasherstellung wurde auch in spätrömischer Zeit betrieben. Funde im Vorfeld des *Castrum Rauracense*/Kaiseraugst AG und aus *Basilia*/Basel weisen darauf hin. In Basel wurde ein spätrömischer Glasschmelztiegel gefunden, in dem vermutlich Altglas aufgeschmolzen wurde.[41]

Die Verarbeitung von Knochen und Hirschgeweih in *Augusta Raurica* wird *Abb 157* durch Funde von Halbfabrikaten und Fehlstücken belegt. Danach wurden Löffelchen, Würfel, Spielsteine und anderes mehr hergestellt. Knochen wurden auch zur Herstellung von Knochenleim verwendet, wie Depots von sorgfältig zerkleinerten Langknochen in der Insula 20 beweisen. Im spätrömischen Kastell *Ad Fines*/Pfyn TG scheinen Haarnadeln aus Bein hergestellt worden zu sein.[42]

Die Verarbeitung von Holz ist auf verschiedenste Weise belegt. Wir berichteten schon von der zünftischen Korporation der *fabri tignuarii* (Zimmerleute) in

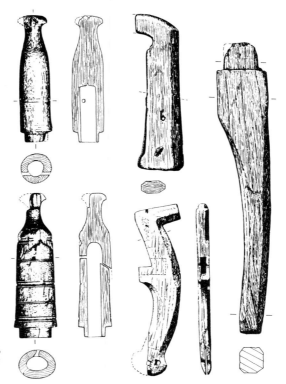

Abb. 159 Vindonissa/Windisch, Schutthügel. Werkzeuggriffe aus Holz.

Aventicum. Die Zimmerleute konnten auch zum Kollegium der *dendrophori Augustales* (kaiserliche Baumträger) gehören, was wir aus dem Grabstein des Severius Commendatus von *Aventicum* erfahren. Dieses Kollegium ist aus einem Verein, der den Kult der kleinasiatischen Göttermutter Kybele pflegte und dabei jedes Jahr am 22. März beim Feste *arbor intrat* (der Baum tritt herein) den heiligen Pinienbaum in die Stadt trug, entstanden. Aufgrund ihrer Erfahrung im Umgang mit Bauholz versahen im übrigen die Kollegien der Dendrophoren jeweils auch den städtischen Feuerwehrdienst. In diesem Zusammenhang darf nicht vergessen werden, dass die römischen Siedlungen in unserem Lande zunächst, und dies noch zum Teil über die Mitte des 1. Jahrhunderts n. Chr. hinaus, aus Holzbauten bestanden haben. Die dank günstiger Bedingungen erhaltenen Spuren solcher Holzbauten in *Vitudurum*/Oberwinterthur zeigen denn auch eine meisterliche Beherrschung der verschiedenen Holzbautechniken.[43]
In *Augusta Raurica* arbeitete in der Mitte des 3. Jahrhunderts in der Insula 31 eine holzverarbeitende Werkstatt. Der dort aus dem Zerstörungsschutt gehobene Sammelfund von Werkzeugen für die Holzbearbeitung (Hobeleisen, Lochbeitel, Meissel, Feilen etc.) zeigt, dass sowohl gröbere Zimmermanns- als auch feinere Schreinerarbeiten ausgeführt wurden. Sehr gut dokumentiert ist die Holzverarbeitung im Legionslager *Vindonissa*. Neben zahlreichen Werkzeugen zur Holzbearbeitung haben sich im Schutthügel auch die hölzernen Werkzeuggriffe für die Lochbeitel und Meissel sowie die Holme von Spannsägen erhalten.

Abb 158, 159

Abb. 160 Vindonissa/ Windisch, Schutthügel. Abfallstücke aus einer Drechslerei. 1 Spule für den Umlauf der Antriebsschnur, 2 Endstück von Drechselgut mit Ansatz für den Schnurumlauf, 3 Halbfertigprodukt mit stehengebliebenem Ansatz für den Schnurumlauf, 4 Endstück mit deutlichen Spuren des Schnurumlaufs.

Abb. 161 Vindonissa/Windisch, Schutthügel. Bruchstück von Ziegenleder mit dem eingeschnittenen Vermerk TOTA (ganzen Balg gerben) für den Gerber.

Zahlreiche Abfallstücke belegen die verschiedensten Techniken der Holzbearbeitung. Dadurch wird auch der Betrieb einer Drechslerei fassbar.[44] Durch Originalfunde aus dem Schutthügel von *Vindonissa* ist die Verarbeitung von Leder belegt. Eine entsprechende Werkstatt befand sich auch im Vicus von *Vitudurum*/Oberwinterthur. Dort wurde zudem das benötigte Rohmaterial hergestellt, wie Funde in Raum B des Hauses 2 belegen. Es handelt sich um drei in den Bogen eingelassene, halbierte Holzfässer sowie um Spuren von Harz, Tierhaaren, Borsten, Haut- und Lederreste und Körner von Kupferoxyd. In *Augusta Raurica* fand sich eine Gerberei in den Gewerbebauten entlang der Strasse zum Westtor. Man kann sich die Geruchsemissionen eines solchen Betriebes lebhaft vorstellen.[45] Nicht geringer dürften die Geruchsbelästigungen durch Tuchwalkereien gewesen sein. In *Augusta Raurica* wird eine solche *fullonica* im schon mehrfach erwähnten Gewerbehaus Schmidmatt aufgrund der dort entdeckten Holzfässer vermutet, und auch in der Insula 35 scheint ein solcher Betrieb gearbeitet zu haben. Als Appreturmittel verwendeten die Walker bekanntlich Urin.[46]

Abb 160
Abb 161

Steinbrüche und Steinmetzwerkstätten

Die Gewinnung und Verarbeitung von Stein wird uns durch mehrere Steinbrüche mit eindeutig römischen Abbauspuren belegt. Einer der bekanntesten ist der von La Lance bei Concise VD am Neuenburgersee. Von dort konnte das Steinmaterial auf dem Wasserwege bequem nach *Aventicum* gebracht werden. Dort ist uns durch seine Weihung an Mars Caturix der Steinhauer (*lapidarius*) Iulius

Abb 361

Abb. 162 Concise, Steinbruch La Lance. Abbaustufen des römischen Steinbruchs.

Abb 162

Silvester bekannt. Dass Steinmaterial auf dem Wasserweg über recht weite Strecken transportiert wurde, zeigte die geologische Untersuchung an den Bausteinen einer römischen Villa bei Langendorf am westlichen Stadtrand von Solothurn. Die fraglichen Steine stammen aus Steinbrüchen westlich von Orbe VD. Der schon genannte Steinbruch von Concise lieferte übigens Bausteine bis ins Wallis. Andere Steinbrüche kennen wir aus Dittingen BE und aus Würenlos AG. Spezielle Produkte, nämlich Mühlsteine, lieferte ein Steinbruch bei Chavannes-le-Chêne VD.[47]

Töpfereien

Eine sehr grosse Rolle spielte die Produktion von Keramik aller Art. Neben zahlreichen Werkstätten, die grobe Gebrauchskeramik herstellten, wie etwa die Töpferei im Nordostteil der Insula 51 von *Augusta Raurica*, die im 1. Jahrhundert n. Chr. Amphoren produzierte, finden sich auch Belege für Töpfereien, die feineres Geschirr produzierten. Auch über weitere Töpfereien in *Augusta Rau-*

rica sind wir gut informiert. Dort arbeitete in der ersten Hälfte des 1. Jahrhunderts n. Chr. eine Töpferei am Südrand der Stadt im Gebiet des späteren Rasthauses (*mansio*). Insgesamt acht Öfen konnten festgestellt werden. Daneben fanden sich auch weitere Spuren des Töpferbetriebes, so die Grube für das Einsumpfen des Tons und das Schwungrad einer Töpferscheibe aus Basaltlava. Hergestellt wurden vor allem Krüge, Töpfe und Schüsseln. Abb 163

Neben diesem Töpferbezirk, der in den siebziger Jahren des 1. Jahrhunderts aufgegeben wurde, gab es Töpfereien auch mitten in der Stadt in der Insula 20. Später verschoben sich die Töpfereien innerhalb des weiteren Stadtgebietes eher in die westlichen und östlichen Randzonen. Im 2. Jahrhundert scheinen sich zwei Zentren herausgebildet zu haben: eines vor der östlichen Stadtmauer, am Fielenbach, und ein zweites an der römischen Rheintalstrasse im Bereich des späteren Friedhofes des *Castrum Rauracense*. Hinweise gibt es aus *Augusta Raurica* auch für die Produktion von Tonlampen, und der Fund eines Modelbruchstückes belegt die Fabrikation von kleinen Statuetten aus weissem Ton.[48] Im weiteren Bereich zwischen *Augusta Raurica* und dem Sundgau (F) müssen wir eine Töpferei ansetzen, die im 3. Jahrhundert Kochtöpfe herstellte. Die dort produzierenden Töpfer signierten ihre Produkte mit einem gross geschriebenen Grafitto vor dem Brennen in den lederharten Ton. Die Signaturen lauten: *GANNICUS F(ECIT)*, *MARTIREG* und *SACREDO*. Wir kennen diese Produkte Abb 129, 2 bis jetzt aus *Augusta Raurica* und aus dem Vicus bei der Hochkirche von Sierentz (F).[49] Gut bekannt ist das Töpferzentrum im Vicus Bern-Engehalbinsel. Abb 164 Mehrere Betriebe mit ihren Öfen und den sonstigen technischen Einrichtungen konnten freigelegt werden. Auch über die Produkte, die hergestellt wurden, sind wir gut unterrichtet. Fehlbrände belegen die Herstellung von Töpfen und Tellern. Model oder Bruchstücke von solchen bezeugen die Produktion von Lampen, Appliken für Reibschüsseln, Tonfiguren und auch von Terra sigillata.[50]

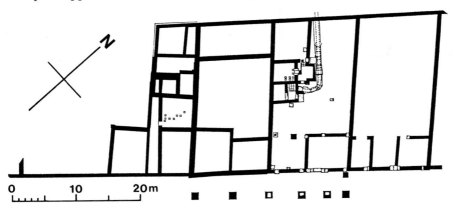

Abb. 163 Augusta Raurica/Augst. Handels- und Werkstatthäuser entlang der zum Westtor führenden innerstädtischen Ausfallstrasse.

Abb. 164   Bern-Engehalbinsel. Formschüssel zur Herstellung einer Schüssel aus Terra sigillata (Form Dragendorff 37).

Abb 165   Auch in *Vindonissa* wurde getöpfert. Wir kennen Öfen im Gebiete des Legionslagers, die aber in der Zeit nach dem Abzug der Truppen gearbeitet haben. Dass die 11. Legion selber einen Töpfereibetrieb unterhielt, dessen Produktionsort wir freilich nicht mit Sicherheit kennen (Altenburg bei Brugg AG?), ergibt sich aus dem Fund von Teller- und Plattenfragmenten in der Technik der sog. Imitation von Terra sigillata mit dem Stempel *LEG(io) XI*.[51]

Aquae Helveticae/Baden AG war vielleicht schon im 1. Jahrhundert n. Chr. ein Produktionszentrum von Keramik. Sicher durch Töpferöfen, Fehlbrände und Brennständer belegt ist aber die Produktion im 2. und frühen 3. Jahrhundert. Die Firmen des C. Valerius Albanus, des Iulius Albanus und des Silvinus stellten damals Reibschüsseln her, die sie mit den Stempeln ihrer Offizinen versahen. Daneben wurde offenbar auch Küchengeschirr, wie Krüge, einfache Teller und Kochtöpfe, produziert.

Abb 166   Von Bedeutung ist aber, dass wir in *Aquae Helveticae* die Herstellung von Terra sigillata fassen können. Es handelt sich dabei um die Produktion von Töpfern (oder einer Töpfergruppe?), die ursprünglich in den Ateliers von Westerndorf (D) in Rätien gearbeitet hatten, dann aber nach Westen auf die Wanderschaft gegangen waren. Minuziöse Untersuchungen haben den Weg dieser Wandertöp-

Töpfereien

Abb. 165 Vindonissa/Windisch. Töpferofen aus der Zeit nach Auflassung des Legionslagers.

Abb. 166 Aquae Helveticae/Baden AG. Stapel von missratenen Tellern (Fehlbrand) aus der Sigillatatöpferei des Töpfers REGINVS.

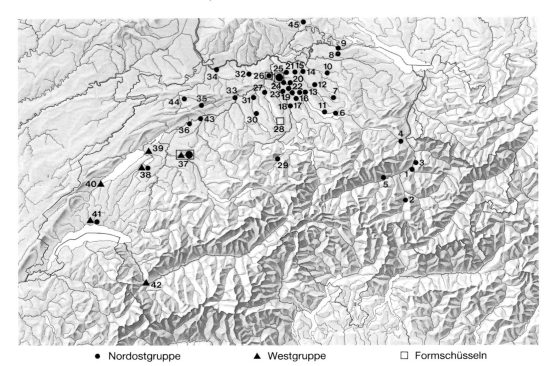

- Nordostgruppe ▲ Westgruppe ☐ Formschüsseln

Abb. 167 Fundorte der »helvetischen« Reliefsigillata. 1 Curia/Chur (GR), 2 Zillis-Reischen (GR), 3 Trimmis (GR), 4 Sargans (SG), 5 Sagens-Schiedberg (GR), 6 Kempraten (SG), 7 Kempten (D), Stutheien (TG), 9 Tasgaetium/Eschenz (AG), 10 Vitudurum/Oberwinterthur (ZH), 11 Uetikon (ZH), 12 Kloten (ZH), 13 Turicum/Zürich, 14 Winkel-Seeb (ZH), 15 Stadel-Raat (ZH), 16 Albisrieden (SO), 17 Wettswil (SO), 18 Ottenbach (SO), 19 Urdorf (SO), 20 Dällikon (ZH), 21 Oberweningen (ZH), 22 Dietikon (SO), 23 Bellikon (AG), 24 Neuenhof (AG), 25 Aquae Helveticae/Baden (AG), 26 Vindonissa/Windisch (AG), 27 Lenzburg (AG), 28 Hohenrain (LU), 29 Alpnach (OW), 30 Triengen (LU), 31 Oberentfelden (AG), 32 Frick (AG), 33 Olten (SO), 34 Augusta Raurica/Augst (BL), 35 Laupersdorf (SO), 36 Leuzigen (BE), 37 Bern-Engehalbinsel, 38 Aventicum/Avenches (VD), 39 Vully-le-Haut, Le Rondet (FR), 40 Eburodunum/Yverdon (VD), 41 Lousanna/Vidy bei Lausanne (VD), 42 Octodurus/Martigny (VS), 43 Salodurum/Solothurn.

fer und die Streuung ihrer Produkte weitgehend geklärt. Die von uns oben schon erwähnte Produktion von Terra sigillata auf der Engehalbinsel bei Bern steht ebenfalls in diesen Zusammenhängen. In jenes wichtige Töpferzentrum war auch eine Produktionsgruppe von Westen her zugewandert.

Die Badener Sigillaten wurden, wie Tonuntersuchungen erwiesen haben, bis nach *Augusta Raurica* gehandelt. Die dortigen Töpfer stellten damals offensichtlich keine derartige Ware her. Durch Fehlbrände und Formschüsselfragmente ist uns in Baden die Produktion des Töpfers *REGINVS* bekannt.[52]

Töpfereien 199

Ein sehr bedeutendes Zentrum der Keramikproduktion war der Vicus von *Lousonna*/Lausanne-Vidy. Zunächst ist das Töpferzentrum in der Flur »La Peniche« zu nennen, in dem in der zweiten Hälfte des 1. Jahrhunderts n. Chr. dieselben Töpfer gleichzeitig Terra sigillata, sog. helvetische Terra sigillata-Imitationen und Reibschalen produziert haben. Fehlbrände, Ofenrückstände und Tonuntersuchungen haben die lokale Produktion eindeutig bewiesen. Damit ist natürlich auch die Frage nach dem Verhältnis zwischen »echter« Terra sigillata und den sog. helvetischen Imitationen gestellt. Die Untersuchungen haben gezeigt, dass Ton und Brenntemperatur identisch sind, dass aber der Formenschatz der Gefässe und der Brennvorgang sowie die Qualität des Tonschlicküberzugs verschieden waren. Handelte es sich um Billigprodukte zweiter Wahl, vielleicht für den einheimischen Geschmack? An Töpfern, die in diesem Atelier arbeiteten, sind uns durch die Stempel *PINDARVS, L. AT(TIVS) IVCV(NDVS)* und

Abb 394a

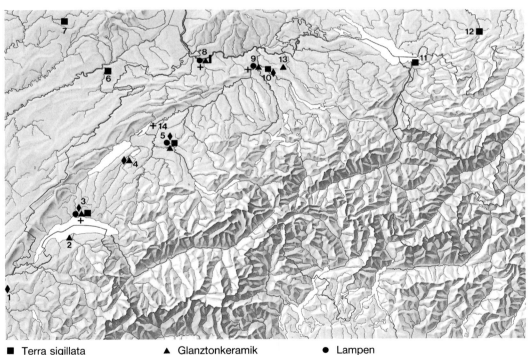

■ Terra sigillata   ▲ Glanztonkeramik   ● Lampen
♦ Reibschüsseln   ▮ Statuettchen   + Terra sigillata-Imitation

Abb. 168 Keramikproduktion in der »römischen Schweiz« und in den angrenzenden Gebieten. 1 Boutae/Annecy [F], 2 Thonon [F], 3 Lousonna/Vidy bei Lausanne (VD), 4 Aventicum/Avenches (VD), 5 Bern-Engehalbinsel, 6 Epomanduodurum/Mandeure [F], 7 Luxovium/Luxeuil [F], 8 Augusta Raurica/Augst (BL), 9 Vindonissa/Windisch (AG), 10 Aquae Helveticae/Baden (AG), 11 Brigantium/Bregenz [A], 12 Cambodunum/Kempten [D], 13 Winkel-Seeb (ZH), 14 Ägerten (BE).

200 Handel, Handwerk und Gewerbe

IVENIS bekannt. Bruchstücke von Modeln zur Herstellung von verzierter Terra sigillata und sog. Applikenmedaillons weisen auf die Produktion auch dieser Keramikgattungen hin.

Der Fund eines Models belegt, dass man in der ersten Hälfte des 1. Jahrhunderts n. Chr. in *Lousonna* auch Lampen herstellte. Die Fundorte von Produkten dieser Offizin zeigen, dass vor allem gegen Osten nach *Vindonissa* und *Augusta Raurica* exportiert wurde, doch gibt es auch Belege in *Genava*/Genf und *Iulia Equestris*/Nyon. Im 2. Jahrhundert war der Vicus von *Lousonna*, wie übrigens auch Thonon (F) am gegenüberliegenden Seeufer, ein wichtiges Zentrum der Herstellung von sog. Glanztonkeramik. Dabei handelt es sich um Gefässe, vor allem um Töpfe und Krüge, die mit Riefenbändern und Tonauflagen (sog. décor en barbotine) verziert sind. Ihr Tonschlickerüberzug hat oft einen metallisch schillernden Glanz. Die Existenz von Fehlbränden belegt die Produktion dieser Ware an den genannten Orten.

Abb 169 Ausserdem kennen wir in *Lousonna* das Lager eines Keramikhändlers und wissen durch den Fund eines Töpferofens aus dem 4. Jahrhundert, dass die Keramikproduktion in diesem Vicus bis in die Spätantike weiterbetrieben wurde.[53] Glanztonkeramik wurde im übrigen auch in *Augusta Raurica* und in einem Töpferofen auf dem Gelände der Villa rustica von Seeb, Gem. Winkel ZH, sog. Imitation von Terra sigillata in *Augusta Raurica* und in einem Töpfereibetrieb in Ägerten BE hergestellt.

Weitere Töpferöfen waren in *Aventicum*, in den Vici von *Petinesca*/Studen BE,

Abb. 169 Lousonna/Lausanne-Vidy. Depot eines Geschirrhändlers.

Tafel 17 a Orbe. Boscéaz. Herrenhaus-Palast eines Gutshofes. Sog. Pastoralmosaik. Ausschnitt mit Bauerngefährt. Erstes Viertel 3. Jh.
b Vallon FR. Herrenhaus eines Gutshofes. Aus dem Mosaikboden: Dompteur. Mitte 3. Jh.

Tafel 18 a Basel. Spätrömische Keramik des 4. Jh.: Teller und Henkelkrug aus Terra sigillata (Mitte), Teller mit rotem Überzug, Faltenbecher, Henkeltöpfchen der sog Eifelkeramik (rechts), Napf aus grauem Ton.
b Kaiseraugst. Dorfstrasse. Depotfund in Holzkiste: Küchengeschirr aus Bronze und drei Bronzestatuetten, diese wohl aus einem Lararium (Hausaltärchen). Kurz nach 250 vergraben.

Tafel 19 a Kaiseraugst. Bahnhofareal. Unterstadt von Augusta Raurica. Goldcollier aus einem römischen Sodbrunnen. 3. Jh.
b Zürich. Ehem Kloster Ötenbach (heute Amtshäuser). Aus einem Goldschatz: Zwei tordierte Armspangen mit Drachenkopfenden. Um Mitte 3. Jh. vergraben.

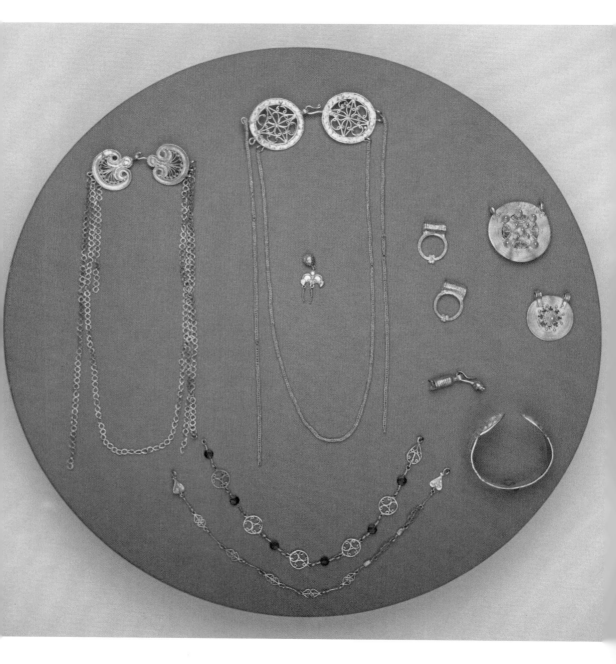

Tafel 20 Obfelden. Unterlunnern. Gutshof. Goldschmuck aus einem Schatzfund. Um Mitte 3. Jh. vergraben.

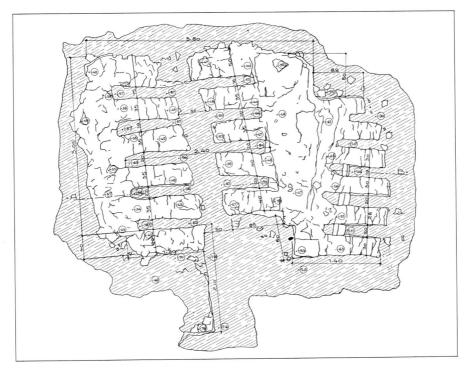

Abb. 170 Rupperswil AG. Ziegelbrennofen.

Salodurum/Solothurn und Rapperswil SG in Betrieb. Auch in einigen Gutshöfen waren, sei es als Nebenerwerb, sei es zur Selbstversorgung, Töpfereien installiert, so in denen von Obfelden-Lunnern ZH und von Vicques JU.[54]
Dass verzierte Terra sigillata-Gefässe ein sehr geschätzter Besitz waren, zeigt die Tatsache, dass wir verschiedene Stücke kennen, die während der Benutzungszeit geflickt worden sind. Dabei durchbohrte der Geschirrflicker die Scherben und heftete das Gefäss dann mit gegossenen Bleiklammern zusammen. Man könnte sich vorstellen, dass die Geschirrflicker, wie das auch bei uns noch bis vor wenigen Jahren der Fall war, als wandernde Handwerker von Haus zu Haus zogen. Dasselbe scheinen auch Kesselflicker gemacht zu haben, was ein Blick auf den Zustand so mancher Kupfer- oder Bronzegefässe klar macht.[55]

Militär- und Privatziegeleien

Zum Schluss muss noch von der Baukeramik gesprochen werden. Dazu gehörten bekanntlich nicht nur die beiden Ziegelsorten (*tegulae* und *imbrices*), sondern auch die Hypokauströhren (*tubuli*) und -platten. Die Feststellung der Pro-

Abb. 171 Ziegelstempel römischer Privatziegeleien.

venienz ist, es sei denn mit naturwissenschaftlichen Methoden, nur möglich, wenn die Produkte gestempelt sind. Grossproduzenten von Baukeramik waren die 21. und die 11. Legion während ihrer Stationierung im Legionslager *Vindonissa*. Die Produktionsstätten der Legionsziegel lagen mit grösster Wahrscheinlichkeit im Grenzgebiet der beiden Gemeinden Hunzenschwil und Rupperswil AG. Neben Öfen fanden sich dort auch zahlreiche gestempelte Ziegel, vor allem solche der 11., aber auch der 21. Legion. Dass die Produktion der in *Vindonissa* stationierten Truppen nicht ausschliesslich aus diesem Bezirk kommen kann, zeigt das Fehlen jeglicher Stempel der Hilfstruppen (Kohortenstempel). Legionsziegel waren im Mauerwerk eines Ziegelofens in Kaisten AG vermauert, doch ist dies noch kein Beweis für eine entsprechende Produktion. Dasselbe gilt vom Ziegelofen, der in Kölliken AG aufgedeckt wurde.

Auch in *Augusta Raurica* rauchten selbstverständlich Ziegelöfen. Von den Ziegeleien, die ihre Produkte stempelten, lassen sich einige durch die Streuung ihrer Produkte vage lokalisieren. Demnach müssen die Ziegel mit dem Stempel *L C PRISC* irgendwo im bernischen Seeland, die mit dem Stempel *LSCSCR* irgendwo zwischen dem oberen Suren- und Wynental AG hergestellt worden sein. Der oben schon zitierte Ziegel von Erlach BE mit seiner Ritzinschrift weist auf Produktion in dieser Gegend hin, da der Text wahrscheinlich eine Aufstellung über die Tagesproduktion ist. In der Umgebung von Chur scheint eine kleine Ziegelei gearbeitet zu haben, die ihre Produkte nicht stempelte, sondern sie mit in den feuchten Ton geschriebenen Grafitti signierte. Wir lesen die zweizeilige Signatur: *SIMENTEVS / VICTORINI* (Simenteus aus der Werkstatt des Victorinus?).[56]

Militär- und Privatziegeleien

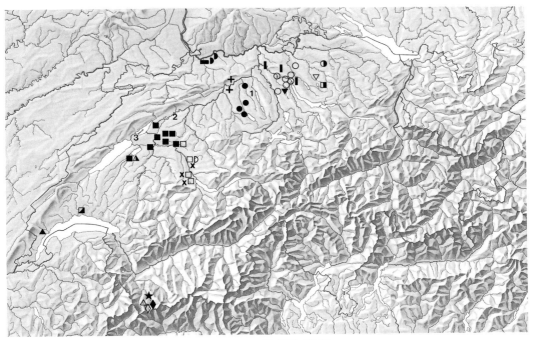

1	SIE	▲	M· AFR· PROF
2	Inschrift: L· CACIO	▲	M·VALERI·SALVII
3	Inschrift: DIROX	▆	MASTI OF
x	A· FC	☐	SARDA
▶	AMASONIVS (4. Jh. n. Chr.?)	▼	VICTOR·FEC
▷	CEA	◐	(...)IMUS· F
○	D· S· P und Fl D· S· P	◩	(...)RSUS
+	DVN· PATER	▽	VS (...)
▬	FLORIANVS (4. Jh. n. Chr.?)	★	SEPPI
■	L· C· PRISCVS	△	PVBLIC
❙	L· FLAVI	◇	(...)P· F
●	LSCSCR	◆	STI (...)

Abb. 172 Verbreitung der Ziegel mit Stempeln von Privatziegeleien.

Kunst und Kunstgewerbe

Keine anderen Teilbereiche der Kultur der »römischen Schweiz« sind so ausführlich untersucht und aufgearbeitet worden wie die der Kunst und des Kunstgewerbes. Zu den meisten Aspekten sind in den vergangenen Jahren ausführliche Monographien erschienen oder in Vorbereitung. Wir können uns darum darauf beschränken, hier über die wichtigsten Aspekte und Forschungsergebnisse zu referieren und sie auf den neuesten Stand zu bringen.[1]
Wenn wir die aus dem Gebiet der »römischen Schweiz« bisher bekannten Kunstwerke betrachten, so können wir feststellen, dass ein eindeutiges West-Ost-Gefälle vorliegt. Qualitätvolle Stücke finden wir vor allem in den Koloniestädten oder in den zum Teil palastartigen Herrenhäusern von Gutshöfen der Westschweiz. Dort war der Grad der Romanisierung ein weitaus höherer als gegen Osten hin, wo, besonders jenseits der auch in anderen Bereichen fassbaren Trennzone zwischen *Salodurum*/Solothurn und Olten, die Häufigkeit von Kunstobjekten deutlich abnimmt.[2]
Besonders in der Gruppe der Rundplastiken und der Reliefs lässt sich feststellen, dass wir mit drei verschiedenen Kunstströmungen zu rechnen haben. Neben Objekten aus dem Bereich der Reichskunst, deren hohe Qualität oder Material auf Import aus dem Süden hinweist, stehen Stücke von unterschiedlicher Qualität, die gleichfalls dem Kanon der Reichskunst verpflichtet sind, aber aus provinziellen, vielleicht auch aus lokalen Werkstätten stammen. Daneben finden sich Kunstobjekte, die durch einen völlig anderen Stil auffallen. Sie sind einerseits der einheimischen, gallischen Kunsttradition und andererseits der oberitalischen Volkskunst verpflichtet.[3]
Importstücke des 1. Jahrhunderts n. Chr. finden wir vor allem in *Aventicum*. Genannt sei zunächst das Kopffragment einer lebensgrossen Knabenstatue aus Bronze, das zu den schönsten Bronzefunden nördlich der Alpen gehört. Vergleichsstücke finden sich nur in Italien, in den nordafrikanischen Provinzen und in Spanien. Wir haben hier ein eklektisches Werk vor uns, das bewusst Elemente

Abb. 173 Forum Claudii/Martigny. Statuette der Venus aus Marmor.

Abb. 174 Augusta Raurica/Augst. Tempelbezirk Grienmatt. Statue des Herkules mit Löwenfell, Keule und Höllenhund Cerberus.

Abb. 175 Augusta Raurica/Augst. Relief aus Kalkstein mit Darstellung eines Liebespaares.

Abb. 176 Aventicum/Avenches. Szenisches Theater. Kopf aus Marmor. Die Dargestellte könnte Iulia Minor sein.

der verschiedensten Kunstepochen zusammenträgt und zu einem neuen Idealbild vereinigt. Erwähnenswert ist auch die Statuette einer Jahreszeitgöttin (?), die einer Werkstätte in Ostia bei Rom zugewiesen werden konnte.[4]

Abb 176 Unter den Steinskulpturen aus *Aventicum* ist zunächst die lebensgrosse Büste der Julia aus Marmor, die im Theater von Aventicum gefunden wurde, zu erwähnen. Als Entstehungsort dieses Werkes wird eine mittelitalische Werkstatt vorgeschlagen.

Ebenfalls mittelitalischen Werkstätten zugewiesen werden: der Kopf einer Bacchusherme, der einer Panstatuette, der eines Amors und schliesslich ein reizender Mädchenkopf mit sog. Melonenfrisur. Bedeutende Stücke müssen die wohl aus einer römischen Werkstatt stammenden überlebensgrossen Marmorstatuen der julisch-claudischen Dynastie gewesen sein, von denen Fragmente im Bereich des Forums gefunden wurden.[5]

Gegen Ende des 1. Jahrhunderts n. Chr. nahm der Import von Kunstwerken aus Italien deutlich ab. Einheimische Produktion begann ihn zu verdrängen. In *Aventicum* lassen sich mehrere Ateliers nachweisen, welche die beiden lokalen Jurakalksteinsorten verarbeiteten. Zwei dieser Werkstätten waren offenbar auf die Herstellung von Grabsteinen spezialisiert, andere fertigten vorwiegend Votive verschiedener Grössen. Im späten 2. und beginnenden 3. Jahrhundert waren zwei Ateliers mit der Herstellung von kolossalen Weihedenkmälern beschäftigt. Die monumentale Sucellus-Gruppe dürfte dort hergestellt worden sein. Auch Abb 201 Marmor wurde verarbeitet. Die Steinteile des grossen Minerva-Akrolithen

Abb. 177 Augusta Raurica/Augst. Zierscheibe (oscillum) aus Stein mit Darstellung eines Liebespaares auf dem Ruhebett (Kline). Das davorstehende Speisetischchen ist umgefallen.

Abb. 178 Bellach SO. Marmorstatue der Venus aus einer Villa rustica (?).

Abb. 179 Aventicum/ Avenches. Bronzestatuette des Gottes Bacchus.

Abb. 180 Aventicum/ Avenches. Relief mit Darstellung der Kapitolinischen Wölfin, die Zwillinge Romulus und Remus säugend.

Abb. 181 Basilia/ Basel, Mauer des spätrömischen Kastells. Block mit Reliefdarstellung, in zweiter Verwendung als Mauerstein verbaut. Drei Soldaten decken sich mit ihren Schilden, während von links ein geflügelter Genius (Amor?) herbeifliegt.

könnten in *Aventicum* selber, vielleicht von zugewanderten Künstlern, hergestellt worden sein. In diesem Falle ist freilich Import nicht ganz auszuschliessen.

Abb 173 Aus *Forum Claudii*/Martigny stammt eine fein gearbeitete Marmorstatuette der Venus.⁶

Auch *Augusta Raurica* kann zahlreiche Werke der Steinskulptur und der ent-
Abb 174 sprechenden Reliefs vorweisen. Hier seien u. a. angeführt: die Statue des Hercules mit dem Höllenhund Cerberus und eine Venusstatuette, die aus der Mauer des *Castrum Rauracense*/Kaiseraugst stammt. An Reliefs erwähnen wir die
Abb 175 Darstellung eines Liebespaares, die vielleicht einen Strassenbrunnen geziert hat,
Abb 177 sowie kleine Zierscheiben (*oscilla*). Hierbei handelt es sich um runde Steinscheiben, die zwischen den Säulen der Gartenperistyle aufgehängt waren und sich spielerisch im Winde drehten. Besonders qualitätvolle Arbeiten sind die Fragmente von Türumrahmungen mit Blätterwerk, die aus den beiden Tempeln »Grienmatt« und »Schönbühl« stammen.⁷

Abb 178 Auch Villae rusticae konnten Statuenschmuck haben. Das zeigen die sog. Venus von Bellach SO und die Fragmente einer überlebensgrossen Bronzestatue aus dem Gutshof Seeb (Gem. Winkel) ZH.⁸ Unter den grossen Steinreliefs seien das
Abb 180 mit der Wölfin aus *Aventicum* und vor allem das Fragment aus der Kastellmauer
Abb 181 von *Basilia*/Basel erwähnt. Das zweitgenannte Stück zeigt eine Szene mit Soldaten – eine mythologische Darstellung. Die Waffen entsprechen nämlich nicht den von der römischen Armee wirklich getragenen. Sie sind vielmehr dem Formenschatz hellenistischer idealisierter Waffendarstellungen entnommen.⁹

Sowohl in *Aventicum* als auch in *Augusta Raurica* und in *Forum Claudii*/Martigny haben zahlreiche grosse Bronzestatuen die Tempel und die öffentlichen Platzanlagen geschmückt. In *Augusta Raurica* wissen wir dies durch den Umstand, dass nach einem Brand im Bereich von Basilika und Curia um 140 n. Chr. Fragmente von Grossbronzen im Untergeschoss der Curia einplaniert wurden und, dass nach der Zerstörung der Stadt in der zweiten Hälfte des 3. Jahrhunderts n. Chr. offenbar Sammler von Alt-Bronze durch die Ruinen streiften. Sie zerkleinerten die Statuen und alle Bronzeverzierungen, derer sie habhaft werden konnten, und verbargen sie in Depots bis zum weiteren Abtransport. Ein solches Versteck in der Insula 28 hat 1294 Fragmente von Bronzeplastiken geliefert. Darunter befanden sich auch Bruchstücke von Reiterstatuen. Dieselbe Er-
Abb 179 scheinung finden wir auch in *Aventicum*, wo die schöne Bronzestatuette des Bacchus auf ihrer Rückseite die Spuren eines brutalen Axthiebes aufweist. Der Sammler versuchte offensichtlich, die Statuette zu zerkleinern, um sie besser wegtragen zu können.

Zu den interessantesten Bronzefunden gehört ohne Zweifel die lebensgrosse
Abb 182 Büste der Göttin Minerva mit Helm und Panzer aus *Augusta Raurica*, vielleicht Teil einer Götterstatue in einem Tempel. Das Werk ist aus Bronzeblech getrieben und in seiner Herstellungstechnik den sog. Gesichtshelmen aus Bronze ver-

*Abb. 182 Augusta Raurica/Augst.
Büste der Minerva.*

*Abb. 183 Aventicum/Avenches.
Arm mit Gewandteil von einer
Monumentalstatue aus Bronze.*

wandt, die die römische Reiterei bei ihren Paradereiterspielen trug. Auch im
Grienmatt-Tempel in *Augusta Raurica* muss eine monumentale Bronzestatue
gestanden haben. Darauf weist der Fund eines überdimensionierten Daumens
aus Bronze hin.[10]
Aus *Aventicum* stammen mehrere grosse Fragmente von kolossalen Bronzestatuen. Darunter finden sich Fragmente von Armen und Panzergewandteile sowie *Abb 183, 184*
der eindrucksvolle Kopf eines Barbaren von einem Hochrelief. Dieses Stück
trägt Spuren von Vergoldung. Die interessanteste Gruppe aus der Kategorie der

Grossbronzen wurde aber in der Forumbasilika von *Forum Claudii*/Martigny gefunden. Es handelt sich um die Fragmente einer überlebensgrossen Götterfigur (Jupiter?) und um Teile der Statue eines Dreigehörnten Stieres, einer gallorömischen Stiergottheit also. Auch in *Iulia Equestris*/Nyon könnte auf dem Forum eine monumentale Bronzestatue gestanden haben, wie der Fund eines grossen Bronzeschwerts mit Scheide, das zu einer Statue gehört haben muss, nahelegt.[11]

Abb 407, 408

Ebenfalls von Bedeutung ist der in Bronze gegossene Kopf des sog. »Jünglings von Prilly«. Dieses lebensgrosse Porträt war ursprünglich zum Einsatz in eine Statue bestimmt, die vermutlich im Freien aufgestellt war. Der Kopf trug nämlich auf seinem Scheitel eine jener Eisenspitzen, wie sie üblicherweise zur Abwehr von Vögeln angebracht wurden. Die Frisur des Dargestellten ist eindeutig der trajanischen Zeit zuzuweisen. Gerade die fast schematische Art der Darstellung der Haartracht schliesst aber das sonst sehr feine Werk aus dem Kreise stadtrömischer Arbeiten aus. Als Entstehungsort wurde ein Werkstattkreis im Rhonetal vorgeschlagen. Zur Person des Dargestellten sind die verschiedensten Hypothesen vorgetragen worden. Nichts spricht dafür, dass ein keltischer Fürst dargestellt sein könnte. Handelt es sich etwa um das Porträt eines hohen Beamten oder ganz einfach um das eines reichen Villenbesitzers und Mitgliedes der helvetischen Oberschicht?[12]

Abb 186

Das schöne Bronzeköpfchen einer Göttin aus dem Heiligtum von Thun-Allmendingen BE, vielleicht eine Diana darstellend, geht vermutlich auf einen späthellenistischen Typ zurück. Die lineare Haartracht verrät aber die Hand eines Künstlers aus der Provinz.[13] Fast unübersehbar ist die Zahl der kleineren Bronzestatuetten. Wir müssen uns in diesem Rahmen darauf beschränken, einige wenige, charakteristische zu erwähnen. Es gibt darunter sehr qualitätvolle Werke, die bestimmten Grossplastiken nachempfunden sind. So orientiert sich die Merkurstatuette von Ursins VD am Doryphoros des Polyklet. Die Statuette einer Jahreszeitgöttin(?) aus *Aventicum* dürfte einer Werkstätte in Ostia, dem Hafen Roms, und der Zeit des Kaisers Claudius zuzuweisen sein. Mehr provinzielle Züge tragen die drei Statuetten der kapitolinischen Trias aus dem Heiligtum von Muri BE. Die Statuetten der Juno und der Minerva wandeln beide das gleiche Vorbild ab. Das Vorgehen bei der künstlerischen Gestaltung lässt sich anhand dieser beiden Statuetten sehr schön erfassen. Beide Göttinnen tragen genau den gleichen Mantel. Bei der Statuette der Juno sind beide Brüste dargestellt. Die linke ist vom Mantel bedeckt, durch den sie aber plastisch geformt hervortritt. Die rechte Brust wirkt wie aufgesetzt. Bei der Minervastatuette ist die linke Brust, dem beiden Statuetten gemeinsamen Modell gemäss, identisch durchgebildet, die rechte fehlt aber, da dort der Brustpanzer (*aegis*) dargestellt werden musste.[14]

Abb 185

Abb 190

Abb 187

Abb 189 Zu den interessantesten Statuetten gehört die des sitzenden Merkur von Otten-

Abb. 184 Aventicum/Avenches. Fragment eines Hochreliefs aus Bronze. Kopf eines toten Barbaren.

Abb. 185 Thun-Allmendingen BE, Tempelbezirk der Regio Lindensis. Köpfchen einer Göttin aus Bronze.
Abb. 186 Prilly VD. Kopf eines jungen Mannes. Bronze. Zum Einsetzen in eine Statue bestimmt.

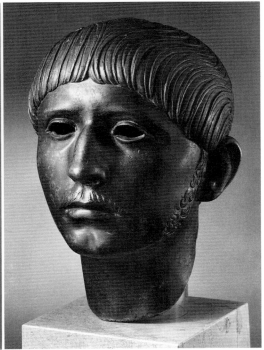

Abb. 187   Muri BE. Statuetten aus Bronze. Kapitolinische Trias: Jupiter, Juno und Minerva.

Abb. 188   Augusta Raurica/Augst. Bronzestatuette. Amor mit den Waffen des Mars.
Abb. 189   Ottenhusen LU. Bronzestatuette des sitzenden Merkur.

Abb. 190 Ursins VD.
Bronzestatuette des Merkur.

Abb. 191 Hölstein BL, Hinterpohl.
Merkur im gallischen Kapuzenmäntelchen. Bronzestatuette.

husen LU. Sie wird durch die Haartracht in die Zeit Trajans datiert. Aus den vielen in *Augusta Raurica* gefundenen Statuetten greifen wir schliesslich noch die der Venus mit den Goldarmreifen und die reizende Figur eines Eros, der sich den Helm des Mars übergestülpt hat, heraus. Taf 14b
Abb 188
Besonders erwähnenswert sind die zwei feinen Statuetten eines Hercules und einer Minerva aus Silber, die in *Augusta Raurica* in der Flur Schmidmatt gefunden worden sind. Es handelt sich um die einzigen Silberstatuetten aus dem Gebiet der »römischen Schweiz«. Beide stammen vielleicht aus gallischen Ateliers, die im 2. Jahrhundert n. Chr. gearbeitet haben.[15] Unter den Kunstwerken aus Edelmetall muss hier die Goldbüste des Kaisers Marcus Aurelius aus *Aventicum* erwähnt werden. Es handelt sich bei aller Feinheit der Ausführung bestimmt um das Werk eines einheimischen Künstlers.[16] Taf 13
Taf 12
Provinziellen Charakter hat auch die Statuette des Merkurs von Hölstein BL. Der Gott trägt zwar die charakteristische Kopfbedeckung, den sog. Petasos, als Mäntelchen aber nicht die zu erwartende Chlamys, sondern eine Art gallisches Kapuzenmäntelchen.[17] Abb 191

Abb. 192 Genava/Genf. Grabstein der Sevva mit Büste der Verstorbenen zwischen Mondsicheln im Giebeldreieck.
Abb. 193 Vindonissa/Windisch. Relief aus Stein. Merkur mit Geldbeutel (marsupium) und Heroldstab (caduceus) in Kultnische.

Abb. 194 Iulia ▷ Equestris/Nyon. Weihestein für Merkur.
Abb. 195 Aventi- ▷ cum/Avenches. Büste aus Bronze, eine unbekannte einheimische Göttin darstellend.

Gallo-römische Volkskunst

Neben den importierten Kunstwerken und den eben vorgestellten aus einheimischen Werkstätten, die sich mit mehr oder weniger Erfolg bemühten, sich den Stil der Reichskunst anzueignen, gibt es Werke, die ganz anderen Gestaltungsprinzipien zu folgen scheinen. Es handelt sich um eine eigentliche Primitivkunst. H. Jucker hat folgende Stilmerkmale dieser Gruppe herausgearbeitet: engstehende Augen mit linearem Umriss der Lider; horizontal geschnittener, kleiner Mund; keilförmige, scheinbar aufgeklebte Nase; herausgeklappte Ohren. Weitere Kriterien sind noch die zylindrische Ausgestaltung der Halspartie und die oft fehlende Plastizität der Gesichtsdarstellung.[18]
Werke mit den genannten Stilmerkmalen finden sich in grosser Zahl in der Volkskunst der gallischen Provinzen. Besonders an den Holzplastiken aus den Heiligtümern von der Seinequelle und von der Source de Chamalière bei Clermont-Ferrand (F) sind sie sehr schön fassbar. Aber auch in Stein übertragen kommt diese Stilrichtung in zahlreichen ländlichen Heiligtümern Galliens vor. Damit dürfte die Herkunft dieser Kunstgruppe klar sein. Es handelt sich um Werke einer eigentlichen gallo-römischen Volkskunst.[19]

Natürlich hat auch die Schweiz typische Exemplare dieser Gruppe aufzuweisen. Die Holzplastik aus *Tasgaetium*/Eschenz TG und die beiden, allerdings noch der vorrömischen Zeit zuzuordnenden Exemplare aus *Genava*/Genf und *Pennelocus*/La Villeneuve VD sind typische Vertreter. Die Reliefs auf den Grabsteinen der Sevva in *Genava*/Genf und der Joincatia in *Basilia*/Basel erfüllen ebenfalls alle Kriterien. Als gutes Beispiel in Ton sei der bekannte Stirnziegel aus *Vindonissa* mit der Darstellung eines Barbarenkopfes erwähnt. An ihm lassen sich die zitierten Charakteristika dieser Volkskunst sehr gut ablesen. Dasselbe gilt vom Weihestein für Merkur aus Nyon, den bezeichnenderweise ein Stifter mit dem gut keltischen Namen Ocellio geweiht hat und für ein Merkurrelief aus *Vindonissa*. Selbstverständlich wurden auch Arbeiten in Bronze in diesem Stil ausgeführt. Die beiden maskenhaften Büsten von Göttinnen (?) aus *Aventicum* und *Augusta Raurica*, aber auch die Venusstatuette aus Venthône VS sind neben anderen Exemplaren, die wir aus Platzgründen hier nicht aufzählen können, typische Vertreter dieser Volkskunst.[20]

Abb 207

Abb 507

Abb 195

Mosaiken und Wandmalerei

Wenn wir uns im folgenden mehr kunsthandwerklichen Arbeiten zuwenden, so sind zunächst die Mosaiken zu nennen.[21] Hier lassen sich mehrere Entwick-

Abb. 196 Hölstein BL, Hinterpohl. Mosaikboden aus dem Frigidarium der Villa rustica.

lungsstufen fassen. Eine erste Frühstufe reicht bis zur Regierungszeit Trajans. Zu dieser Gruppe gehören vor allem Mosaiken mit geometrischen Mustern in Schwarz-Weiss-Technik, wie wir sie aus claudischer Zeit in *Genava*/Genf und in der *Colonia Iulia Equestris*/Nyon finden. Auch die Mosaikfragmente aus den flavischen Zentralthermen von *Augusta Raurica* sind hier einzureihen.

In der folgenden Stufe, die die Zeit Hadrians und der Antonine umfasst, wird die Verwendung von Buntgestein üblich. Daraus ergibt sich auch das Auftreten figürlicher Motive, wie etwa in den Gutshöfen von Zofingen AG und Hölstein BL. Von der Mitte des 2. Jahrhunderts n. Chr. an wird diese Technik immer öfters angewandt, z. B. in den Gutshöfen von Münsingen BE und Herzogenbuchsee BE.

Die dritte Stufe stellt die eigentliche Blütezeit der Mosaikkunst in unserem Lande dar. Es ist die Zeit der severischen Kaiser, d. h. die erste Hälfte des 3. Jahrhunderts. In technischer Hinsicht kommt die Verwendung von Glaspasten und Marmor hinzu. Im Bereiche der Darstellungen werden mythologische Themen eingeführt, wie z. B. im Herrenhaus der Villa rustica von Orbe-Boscé-

az VD oder in Nyon VD. Auch die neu entdeckten Mosaiken von Vallon FR *Taf 18b*
sind in diesen Zusammenhang zu stellen.

Beim Mosaik von Oberweningen ZH ist die Signatur des Künstlers erhalten, bei *Abb 197*
einem anderen in Aventicum der Name des Auftraggebers. Untersuchungen haben ergeben, dass die Vorlagen zu den römischen Mosaiken in der Schweiz eindeutig einem mittelgallischen Werkstattkreis um die Städte *Lugudunum*/Lyon
und *Vienna*/Vienne zuzuweisen sind.[21]

Zu den Sparten des Kunsthandwerks, die mit der zunehmenden Romanisierung in die Schweiz gekommen sind, zählt die Wandmalerei. Auch hier lassen sich mehrere Entwicklungsstufen herausarbeiten, die im folgenden zusammen mit den Hauptbeispielen vorgestellt seien.[22]

Die erste Periode umfasst die Zeit zwischen etwa 30 und 70 n. Chr., d. h. die Periode des Tiberius, des Claudius und des Nero. Die Wandmalereien dieses Zeitabschnitts orientieren sich am dritten und vierten pompejanischen Stil. Begreiflicherweise kamen bisher Wände mit Dekorationen des dritten Stils, der durch schlanke, stangenartige Blätter- und Blumengebinde charakterisiert wird, nur in

*Abb. 197 Oberweningen ZH.
Mosaik mit Künstlersignatur.
ATTILIUS FECIT
(Attilius hat's gemacht). Im
unteren Feld Darstellung
einer Elster.*

Abb. 198 Meikirch BE, Villa rustica. Wandmalerei in der Kryptoportikus. Löwe aus Holzfass hervorkriechend.

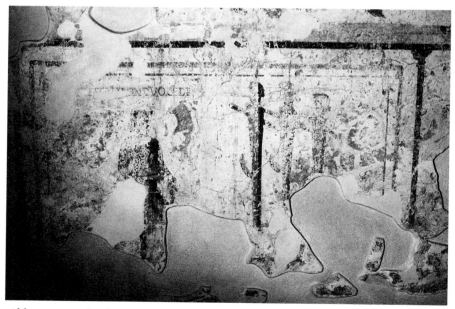

Abb. 199 Meikirch BE, Villa rustica. Wandmalerei in der Kryptoportikus. Anbetender hebt sein Gewand vor drei hölzernen Priapus-Stelen.

der früh romanisierten Westschweiz, z. B. im Herrenhaus der Villa rustica von
Commugny VD und in einem Privathaus der Insula 18 in *Aventicum* vor. Unter Taf 1, 2a
dem Einfluss des vierten pompejanischen Stils der neronischen Zeit mit seinen
perspektivisch-illusionistischen Scheinarchitekturen dürften die Malereien in
der Kryptoportikus des palastartigen Herrenhauses von Pully VD entstanden Taf 2b
sein.
Die Wandmalereien der Zeit von etwa 70 bis 100 n. Chr. sind einer zweiten
Phase zuzurechnen. Charakteristisch sind nun senkrechte, lisenenartige Streifen, in denen Schirmkandelaber stehen. Die Lisenen rahmen grössere Felder ein.
Malereien dieser Phase sind uns von folgenden Fundorten bekannt: Thermen
des Legionslagers *Vindonissa*; städtisches Wohnhaus in der Insula 1 von *Aventicum*; Mutatio von Riom GR und Oberwichtrach BE.   Taf 7a
Die nächste Phase umfasst die vier ersten Jahrzehnte des 2. Jahrhunderts n. Chr.
Eine Rückkehr zu grosser Schlichtheit ist zu verzeichnen. In wenigen Farbtönen
gehaltene Panneaux, die durch lisenenartige, mit Blütenstengeln geschmückte
Streifen gegeneinander abgegrenzt sind, herrschen vor. Die Malereien aus der
Kryptoportikus der Villa rustica von Buchs ZH und aus dem Herrenhaus des
Gutshofes von Bern-Bümpliz sind hier einzuordnen.
Als vierte Periode sind die Malereien der Zeit von etwa 140 bis 190 n. Chr., der
antoninischen Zeit also, zu bezeichnen. Nun findet man in Mosaikböden mehr
und mehr einheimisches Buntgestein und zusehends immer vielfältigere Gliederung und figürliche Motive, vor allem auch in Wandmosaiken. So sind zeitgleiche Malereien polychromer, vielgliedriger und oft auch perspektivisch und mit
figürlichen Darstellungen bereichert. Ausser Fragmenten in der Insula 39 in *Augusta Raurica* und in einem Herrenhaus zu Oberweningen ZH blieben fast
ganze Wände erhalten im »Haus des Merkur« in Chur-Welschdörfli und in der Taf 8
Kryptoportikus des Herrenhauses in Meikirch BE, deren religiöse Symbolik im Taf 10
Kapitel Religion besprochen wird.   Abb 198, 199
In einer fünften Phase in severischer Zeit, von etwa 190 bis um 250 n. Chr., finden in der Malerei die in der Mosaikkunst schon in der zweiten Hälfte des 2.
Jahrhunderts immer zahlreicheren Elemente mehr und mehr Eingang: das
Zweistrangflechtband, das Doppelvolutenmotiv, tordierte Säulen und der sog.
Kreuzblütenrapport, aus dem sich dann gewissermassen tapetenhafte Netzwerkdekorationen mit Stäben und Kreisen, besonders in Deckenmalereien, entwickelten. Dazu finden wir Imitationen von sehr polychromen Marmorinkrustationen besonders an Sockelzonen und – vor allem in Bädern – mit Wassergetier belebte Gewölbemalereien. Derartige Malereien sind aus Villenbädern in
Gretzenbach SO, Hölstein BL und Münsingen BE bekannt geworden. Gute Taf 11
Beispiele von Netzwerkdekorationen an Decken kamen in Häusern in der Insula 7 in *Aventicum* und westlich der Insula 1 in *Forum Claudii*/Martigny sowie Taf 16
in den Herrenhäusern der Gutshöfe von Allaz VD und Bösingen FR zutage. Abb 346

Religion

Beinahe jede Tätigkeit oder Lebensäusserung, sei es im privaten Bereich oder im staatlichen Rahmen, war in der Antike von irgend einer religiösen Bindung begleitet. Das ist die eigentliche Bedeutung des lateinischen Wortes *religio*.
Diese religiösen Bindungen reichten vom primitiven Aberglauben einzelner Menschen über die Verehrung von persönlichen Schutzgöttern oder von Gottheiten, denen das Wohl des Hauses, der Familie oder einzelner Berufsgruppen anvertraut war, bis hin zur offiziellen Staatsreligion, in der vor allem der Kaiserkult eine bedeutende Rolle spielte.
Wir können in den gallischen Provinzen des Römerreiches verschiedene Ebenen des Glaubens feststellen. Neben der klassischen Götterwelt Roms, die mit der römischen Armee, mit der Verwaltung und letztlich durch die immer intensivere Romanisierung ins Land gekommen ist, lässt sich eine zähes Festhalten an den alteinheimischen, gallischen Kulten und den zugehörigen Göttern feststellen.
Daneben treffen wir aber vom Beginn des römischen Einflusses an auch die Verehrung orientalischer Gottheiten, deren eigentliche Heimat in Kleinasien, im Nahen Osten oder sogar ausserhalb des Römischen Reiches, im Iran, zu suchen ist. Wir haben im folgenden diesen verschiedenen Gruppen und Schichtungen im einzelnen nachzugehen, wenn wir ein abgerundetes Bild vom religiösen Leben in der »Schweiz zu Römerzeit« zeichnen wollen.

Die römischen Götter

Zu den religiösen Aspekten, die ohne Zweifel von der römischen Verwaltung ins Land gebracht worden waren, gehörte der Kaiserkult, d. h. die Verehrung des herrschenden Kaisers. Der Kaiserkult hatte in den gallischen Provinzen, zu denen ja zunächst der grössere Teil der »römischen Schweiz« gehörte, sein grosses Heiligtum in Condate bei *Lugudunum*/Lyon (F). Dort war im Jahre 12 v. Chr., nach Abschluss des Alpenfeldzuges, ein grosser Altar für Roma und Augustus als eine Art Bundesheiligtum für die gallischen Provinzen errichtet worden. Alljährlich fand in diesem Heiligtum am 1. August das grosse Kaiserkultfest statt, zu dem sich die Abgeordneten der 60 (oder nach einer anderen Quelle 64) gallischen Civitates einfanden. Auch die Helvetier waren dabei vertreten. Unklar ist, ob auch die Gründungskolonien *Augusta Raurica* und *Iulia Equestris* Abgeordnete entsenden durften.[1]

Der Kaiserkult hatte aber auch in den Ortschaften der »römischen Schweiz« seine Bedeutung. Die entsprechenden Priesterämter eines *sacrorum augustalium magister* (Leiter der Feier zur Ehrung des regierenden Kaisers), oder eines *flamen Romae et Augusti* bzw. *flamen Augusti* (oberster Priester für den Kaiserkult) waren den Spitzen der Gesellschaft, d. h. den Trägern der höchsten munizipalen Ämter, vorbehalten. Auch Frauen konnten zu solchen Priesterämtern berufen werden. Mehrere *flaminicae Augustae* sind inschriftlich überliefert.[2] Ebenfalls mit dem Kaiserkult hatten die sog. *seviri Augustales* (Sechsmännerkollegien für den Kaiserkult), die auch aus dem Stande der Freigelassenen stammen konnten, zu tun. Dieses Amt gab den Neureichen eine willkommene Gelegenheit, mit ihrem Reichtum öffentlich hervorzutreten. Sie liessen sich diese Ehre etwas kosten, denn bei der Wahl in dieses Kollegium wurde eine grössere Einkaufssumme zu Händen der Stadtkasse erwartet. Ausserdem durften die *seviri* bei Gelegenheit von Festlichkeiten tief in die eigene Tasche greifen. Als Gegenleistung stand ihnen ein Ehrensitz im Theater zu.[3]

Zum Kaiserkult wird man auch die Sitte zählen dürfen, Göttern bei Weihungen den Beinamen *Augustus* zu geben. So kennen wir aus *Augusta Raurica* Weihungen an Mercurius Augustus und Aesculapius Augustus. Man drückte so beiläufig auch seine Loyalität zum Kaiserhaus aus. In dieselbe Richtung zielte die seit dem späten 2. Jahrhundert n. Chr. übliche Sitte, Inschriften mit der Formel *In honorem Domus Divinae* (zu Ehren des göttlichen Kaiserhauses) einzuleiten. Noch direkter waren Weihungen *Pro Salute Augustorum* (für das Wohl der Kaiser) oder *Numinibus Augustorum* (für das göttliche Walten der Kaiser).[4]

In *Aventicum* ist der Kult des Herrscherhauses schon sehr früh fassbar. Das Forum war mit Monumentalstatuen des julisch-claudischen Kaiserhauses geschmückt. Mit einer gewissen Wahrscheinlichkeit darf man auch das grosse Heiligtum des Cigognier-Tempels für den Kaiserkult in Anspruch nehmen. Dieser Baukomplex, zu Beginn des 2. Jahrhunderts n. Chr. errichtet, steht in engstem baulichem Zusammenhang mit dem Theater der Stadt. Der Vorschlag, dieses Heiligtum mit dem Kaiserkult zu verbinden, gewinnt durch den Fund der Goldbüste des Kaisers Marcus Aurelius in einem unterirdischen Entwässerungskanal in unmittelbarer Nähe des Tempels an Wahrscheinlichkeit. Welcher Gottheit die ähnliche Anlage in *Augusta Raurica* (Schönbühltempel und Theater) geweiht war, wissen wir nicht.[5]

Abb 65

Taf 12
Abb 313

Abb 306, 307

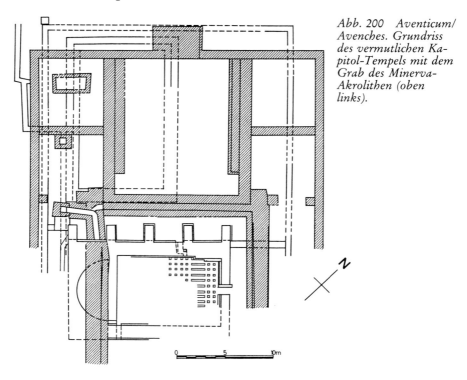

Abb. 200 Aventicum/ Avenches. Grundriss des vermutlichen Kapitol-Tempels mit dem Grab des Minerva-Akrolithen (oben links).

Zu einer römischen Kolonie gehörte, da sie ein Abbild der Stadt Rom zu sein hatte, ein Tempel der *Kapitolinischen Trias (Iupiter, Iuno und Minerva)*. Solche Tempel, die sich vor allem durch die Dreiteilung ihres Allerheiligsten auszeichneten, finden sich in vielen Kolonien an zentraler Stelle.[6] Es hat den Anschein, *Abb 200* als ob in *Aventicum* ein solches Kapitol gefunden worden ist. In diesem Sinne könnte man nämlich den seitlich neben dem Forum liegenden, über einem älteren Thermenkomplex erbauten Tempel ansprechen. Von grösstem Interesse ist *Abb 201, 202* die in ihm in einer Art gemauertem Grab gefundene Kolossalstatue einer Minerva. Der Fund ist in doppelter Hinsicht interessant, erstens zeigt er, dass einmal geweihte Statuen nicht einfach aus dem heiligen Bereich entfernt werden konnten. So hat man denn, als die Minervastatue durch eine neue, vielleicht aus edlerem Werkstoff gearbeitete ersetzt werden sollte, das alte Götterbild feierlich in einer *favissa* (heiliges Depot) begraben. Der zweite interessante Punkt ist die Tatsache, dass es sich bei der genannten Minervastatue um einen sog. Akrolithen handelt. Nur die sichtbaren Teile (Kopf, Hände und Füsse) waren aus Stein. Der Körper bestand aus einem Holzgestell, um das mit Tüchern der Leib drapiert war. Die kleinen Scheiben aus Millefioriglas, mit denen diese Draperie verziert war, wurden ebenfalls in der *favissa* gefunden, woraus sich ergibt, dass man auch

Die römischen Götter 223

das Stoffgewand dort deponiert hat.[7] Die Gottheiten der Kapitolinischen Trias finden wir auch in Rahmen kleinerer Heiligtümer. Hier sind die drei schönen Bronzestatuetten aus dem Heiligtum der »Kultregion an der Aare« in Muri BE *Abb 187* zu erwähnen.[8]
Die grossen Tempel, die zu den monumentalen Forumanlagen der Koloniestädte gehörten, waren sicher dem Kult der altrömischen Gottheiten geweiht.

Abb. 201 Aventicum/Avenches. Die Steinteile des Minerva-Akrolithen in Fundlage in ihrem Grab.

Abb. 202 Aventicum/Avenches. Kopf des Minerva-Akrolithen.

Abb. 203 Augusta Raurica/ Augst. Hauptforum. Adler mit Blitzbündel in Kranz. Relief vom Hauptaltar.

Abb 203 Im Falle von *Augusta Raurica* ist aus dem Relief eines Adlers im Kranze, das zum Tempel gehörte, und aus der – freilich stark ergänzten – Inschrift des Hauptaltars ein Kult des *Iupiter* erschliessbar. In diesen Tempeln dürften
Abb 407 Monumentalstatuen gestanden haben, wie sie aus *Forum Claudii*/Martigny und in Fragmenten auch aus *Aventicum* und *Augusta Raurica* bekannt sind.⁹
Hinweise auf den Kult des Iupiter finden wir in Form von Reliefs und Plastiken
Abb 417 in *Aquae Helveticae*/Baden AG und in der *Colonia Iulia Equestris*. Der Kult ist im weiteren zusammen mit dem der *Iuno Regina* durch zahlreiche Inschriften belegt, u. a. in *Salodurum*/Solothurn und *Minnodunum*/Moudon.¹⁰ Auf den
Abb 182 Kult der Minerva weist die grosse Bronzebüste dieser Göttin hin, die in der Nähe des Forums von *Augusta Raurica* gefunden wurde.
Dass die Armee der Siegesgöttin *Victoria* huldigte, liegt auf der Hand. Wir fin-
Abb 64 den sie u. a. auf einem Steinpfeiler dargestellt, der am Eingang zum Hauptforum von *Augusta Raurica* gestanden hat. Auch den Kultus der Wochengötter, der
Taf 17 auf einem der Mosaiken des grossen Landguts von Orbe-Boscéaz dargestellt und auch mit einem Weihrauchbecken in *Augusta Raurica* belegt ist, wird man hier anfügen müssen. Die *Biviae, Triviae* und *Quadruviae,* die Kreuz-, Dreiweg- und Vierweggöttinnen, wurden von den Reisenden an den Strassenkreuzungen verehrt und waren auch die Gottheiten der dortigen Militärposten. *Diana* erfreute sich sicher bei den Jägern, und darum wohl ganz speziell im Alpenraume, grosser Beliebtheit, wo auch *Silvanus,* der Waldgott, seine Verehrer
Abb 107 hatte. Die Diana, die ein Einwohner von *Augusta Raurica* in den Verputz einer

Die römischen Götter   225

Wand ritzte, dürfte freilich eine andere Bedeutung gehabt haben, da der daneben dargestellte Hirsch auf die Aktaeon-Sage anzuspielen scheint.[11]

Öfters erwähnt wird *Fortuna*, die besonders als *Fortuna Redux* (Glücksgöttin, die einen sicher zurückgeleitet) vor Antritt einer gefährlichen Reise oder dem Auszug in den Krieg angerufen wurde.[12] *Apollo* und sein Sohn *Äsculap* treten uns besonders im Zusammenhang mit Thermen und Heilbädern, z. B. beim Heiligtum in der Grienmatt in *Augusta Raurica*, entgegen. Hinter ihnen mögen sich freilich auch einheimische Heilgötter verbergen, dass aber der klassische Apollo dort tatsächlich verehrt wurde, zeigt ein kleiner Votivstein mit Widmung an ihn in Form eines Erdnabels (*omphalos*). Ein solcher befand sich bekanntlich im Apolloheiligtum von Delphi.[13] Abb 220

Ob die Stadtgottheiten, die sich in Form der Personifikationen der Stadtnamen finden (*Genava, Dea Aventia*), und die Personifikation des Rheines (*Rhenus*) als Gottheit römischen Brauch oder eine Uminterpretation keltischer Vorstellungen darstellen, ist nicht ganz sicher auszumachen.[14]

Als typische Schutzgötter für Haus und Familie wurden die *Laren* verehrt. Ihnen war in einem kleinen Heiligtum im Hause, dem sog. Lararium, ein ganz spezieller Ehrenplatz zugewiesen. Aus *Augusta Raurica* kennen wir zwei Statuettenensembles, die in solchen Lararien gestanden haben dürften. Der Schutz der Einzelindividuen war dem sog. *Genius* anvertraut, einer Gottheit, die mit dem Menschen geboren wurde und mit ihm auch starb. In manchen Fällen hat sich der Kult des Genius mit der Verehrung der alteinheimischen Schutzgötter, der *Suleviae*, überschnitten. Nicht nur der Genius von Menschen, sondern auch der Taf 19b

Abb. 204 Vindonissa/Windisch. Amulett aus dem Rosenstock eines Hirschgeweihs geschnitzt.

von Örtlichkeiten und Korporationen wurde verehrt. So finden wir Weihungen für den Genius der Helvetierkolonie, für den des Pagus Tigurinus oder ganz einfach für den *Genius loci*, den Genius der Örtlichkeit, bei der die Weihung erfolgte.[15]

Das Schutzbedürfnis des einzelnen äusserte sich auch im Tragen von Amuletten. Ihre Symbolik ist fast ausschliesslich aus dem Sexualbereich genommen. Die diesem innewohnenden, reproduktiven Kräfte sollten die Mächte des Bösen, vor allem den sog. »Bösen Blick«, abwehren. So kann es nicht verwundern, dass *Abb 204* Amulette öfters aus Hirschgeweih geschnitzt sind, jenem Material also, das auf wundersame Weise jedes Jahr frisch nachwächst.[16] Abwehrcharakter hatten auch die an Gebäuden angebrachten Reliefs mit der Darstellung eines Phallus, die wir aus *Aventicum* und *Augusta Raurica* kennen.[17] Aus derselben Sphäre heraus ist auch die Verehrung des Gottes *Priapus* zu werten. Als Fruchtbarkeitsgott war er in den Feldfluren aufgestellt. Oft bestand er nur aus einem einfachen Holzpflock, nie aber fehlten die deutlich markierten Sexualorgane. So finden *Taf 10* wir auf einem Panneau der Wandmalereien aus dem Gutshof von Meikirch BE *Abb 199* mehrere, offenbar hölzerne Priapstelen dargestellt. Vor diese ist ein Verehrer getreten, der den Gestus des Hochhebens des Gewandes vollzieht, wie er für Priapstatuetten typisch ist. Leider sind die zugehörigen Inschriften nur sehr schwer zu entziffern.[18]

Die einheimischen Götter

Hinter vielen im römischen Gewande auftretenden Gottheiten verbergen sich freilich einheimische, keltische Götter. Oft wird dies schon anhand des Namens *Abb 205* deutlich: *Cantismerta* (die gute Zuraterin); *Sucellus* (der gute Hämmerer), ein Unterwelts- und Fruchtbarkeitsgott; *Epona*, die Pferdegöttin; *Taranis*, der keltische Jupiter mit dem donnernd rollenden Himmelsrad; *Sedatus*, ein einheimischer Vulkan; *Anextlomara* (die grosse Beschützerin); *Sirona*, eine Heilgöttin, die oft mit Apollo zusammen genannt wird; *Naria Nousantia*; *Cicolluis* und die *Lugoves* sind Beispiele für das weiterhin verehrte keltische Pantheon.[19]

In einigen Fällen können wir den keltischen Ursprung besonders gut erkennen. *Abb 206* Die *Dea Artio*, die Bärengöttin (vom kelt. Artos = Bär), wird bei der Bronzestatuette von Muri BE als sitzende weibliche Gottheit dargestellt. Vor ihr steht eine Bärin. Hier lässt sich der Übergang von der einst in Tiergestalt verehrten Gottheit zur Göttin in Menschengestalt fassen.[20] In diese Zusammenhänge ist auch *Abb 408* die Verehrung des dreigehörnten Stieres zu stellen, den wir in einer Grossplastik in *Forum Claudii*/Martigny VS und als Statuette in *Augusta Raurica* finden. In dieser Gottheit symbolisiert sich, wie bei Priapus, die ungeheure Gewalt der Naturkräfte.[21]

Die einheimischen Götter 227

Abb. 205 Visp VS. Statuette aus Bronze. Sucellus (es fehlt der Hammer in seiner Linken).

Abb. 206 Muri BE. Statuettengruppe. Lar, Dea Artio und Dea Naria. Vermutlich aus dem Kultzentrum der Regio Arurensis.

Abb. 207 Tasgaetium/ Eschenz TG. Hölzerne Statue eines Mannes im Kapuzenmantel.

Abb. 209 Votivbeilchen, u. a. mit Weihung an Minerva. ▷

Abb. 208 Vindonissa/Windisch. Kleine Statuette aus Kalkstein. Muttergottheit mit Hündchen auf dem Schoss.

Die einheimischen Götter 229

Vollends können wir die keltischen Wurzeln in der Verehrung von schlichten Holzstatuen finden. Neben den beiden noch der vorrömischen Zeit zuzuweisenden Exemplaren aus dem Hafen von Genf und von Villeneuve am Genfersee steht eine Holzstatue aus dem Vicus *Tasgaetium*/Eschenz TG. Nach Aussage der dendrochronologischen Untersuchungen handelt es sich um ein Stück aus römischer Zeit. Dargestellt ist eine menschliche Figur im Kapuzenmantel. Es ist nicht klar auszumachen, ob es sich um eine Statue handelt, die einen Weihenden darstellt, oder ob ein Götterbild vorliegt. Im letzteren Fall hätten wir den sog. *Genius Cucullatus* (den hilfreichen Geist im Kapuzenmantel) vor uns, der auch sonst, etwa in der Form eines grotesken Zwerges, dargestellt wird.[22] Abb 207

Wer göttlichen Schutz und Zuspruch suchte, wandte sich gerne auch an eine der typischen einheimischen Muttergöttinnen (*matres*). Zwar sind diese im Bereich der »römischen Schweiz« nicht so häufig wie in Gallien und in Niedergermanien. Darstellungen aus *Vindonissa*, aus Crissier VD, auf der sog. Pierre aux Dames in Troinex GE sowie inschriftliche Weihungen an die *Matres*, u. a. auch auf sog. Votivbeilchen aus dem Heiligtum von Thun-Allmendingen BE, belegen die Verehrung der Muttergottheiten. Auch im Höhenheiligtum auf der Flühweghalde bei *Augusta Raurica* dürften sie verehrt worden sein.[23] Abb 208 Abb 209 Abb 385

Im Gebiet der Alpen finden wir ebenfalls sehr traditionelle Kulte. Hier ist die Verehrung und Anbetung der Alpen selbst zu erwähnen. Offenbar wurde den Gipfelriesen des Berner Oberlandes im Heiligtum von Thun-Allmendingen BE göttliche Verehrung erwiesen. Ihr Altar mit der Inschrift *Alpibus* ist erhalten geblieben. Einen sonst meines Wissens unbekannten Kult fassen wir in Sils-Baselgia im Oberengadin GR. Einer der dort aus dem See geborgenen Altäre ist Abb 490

Abb 210 den *Pastores* (den göttlichen Hirten) geweiht. Hier lernen wir einen typischen Kult der inneralpinen Bevölkerung kennen, die ihre Herden, welche ihren ganzen Besitz und Wohlstand ausmachten, dem Schutze der *Pastores* unterstellten.²⁴
Eine göttliche Verehrung der Bergeshöhen finden wir auch auf dem Grossen St.-Bernhard-Pass. Dort wurde, wir wir aus zahlreichen Votivinschriften wissen,
Abb 211/212, *Iupiter Poeninus* verehrt. Sein Kult ist in mehrfacher Hinsicht interessant. Wir
350 können dort den Übergang vom vorrömischen Heiligtum zum römischen Tempel erfassen, und der Doppelname des Gottes macht uns mit dem Phänomen der *interpretatio Romana* bekannt.²⁵

Darunter verstehen wir die sich sowohl im sprachlichen, aber auch im darstellerischen Bereiche vollziehende Übernahme einer einheimischen Gottheit in den Bereich der römischen Kulte. C. Iulius Caesar zeigt im 6. Buch seiner Commentarii diesen Vorgang auf, wenn er die einheimischen keltischen Gottheiten mit römischen Namen versieht und ihre Wirkungsbereiche nennt. Dabei erwähnt er allen voran Merkur, unter dessen, auch in der klassischen Gestalt, vielfältigem

Abb. 210 Sils GR. Altar mit Weihung an die Pastores (die göttlichen Hirten).
Abb. 211/212 Summus Poeninus/Grosser St. Bernhard, Passheiligtum. Votivbleche für Jupiter Poeninus.

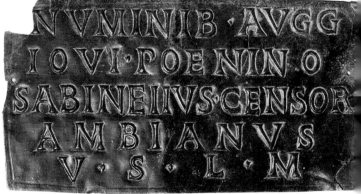

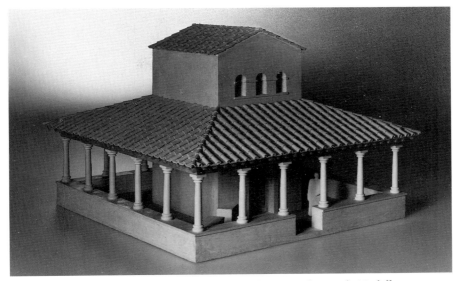

Abb. 213   Riehen BS, Pfaffenloh. Gallo-römischer Vierecktempel. Modell.

Wesen offenbar die verschiedensten keltischen Gottheiten Unterschlupf gefunden hatten. Dasselbe gilt auch für Minerva und Apollo, die bisweilen zusammen mit Merkur als eigentliche klassische keltische Götterdreiheit auftreten.[26] Eine Art Vorstufe der Interpretatio Romana besteht darin, dass dem keltischen Götternamen der lateinische Begriff *deus* (Gott) vorgesetzt wird (*Deus Sedatus, Dea Artio* u. a. m.). Die eigentliche Interpretatio setzt dann ein, wenn der alte, keltische Göttername zum Beinamen eines Gottes des klassischen Pantheons wird. *Mercurius Cissonius* (Merkur der Wagenführer, in *Aventicum* und *Murus/ Bondo-Castelmur GR*), *Mars Caturix* (Mars der Schlachtenkönig, offenbar ein alter Nationalgott der Helvetier, vor allem in den Tempeln von Nonfoux VD und Tronche Belon bei Riaz FR verehrt) sind typische Vertreter dieser Stufe der Adaptation.[27] Letztlich finden wir auch einheimische Gottheiten unter rein römischen Namen. Vorsichtshalber wird aber oft auch in diesem Falle die eigentlich unnötige Bezeichnung *deus* vorangestellt. Der schon erwähnte keltische Gott Sucellus kann so romanisiert als Deus Silvanus auftauchen.[28]

Abb 456

Gallo-römische Umgangstempel

Geradezu modellhaft lässt sich der Vorgang der Interpretatio Romana bei der Übernahme und Umformung der traditionellen keltischen Heiligtümer durch die Römer erfassen. In den nördlich der Alpen gelegenen Provinzen finden wir

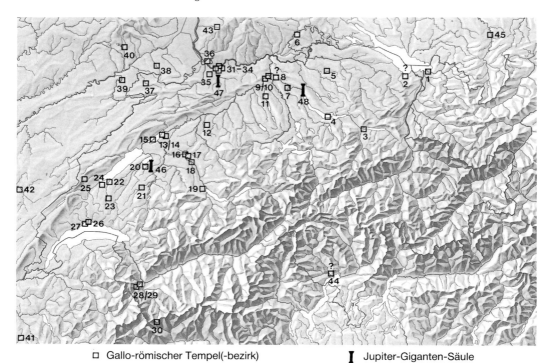

□ Gallo-römischer Tempel(-bezirk)   **I** Jupiter-Giganten-Säule

*Abb. 214 Verbreitungskarte der gallo-röm Tempel und Jupitergigantensäulen.
1 Bregenz [A], 2 Arbon, 3 Mollis-Hüttenböschen, 3 Ufenau, 5 Oberwinterthur,
6 Schleitheim, 7 Dietikon, 8 Baden, 9, 10 Windisch, 11 Lenzburg, 12 Äschi,
13, 14 Studen, 15 Petersinsel, 16, 17 Bern, 18 Muri, 19 Thun-Allmendingen,
20, 46 Avenches, 21 Riaz, 22 Yvonand, 23 St-Cierges, 24 Ursins, 25 Chasseron,
26, 27 Lausanne, 28, 29 Martigny, 30 Grosser St. Bernhard, 31–34 Augst,
35 Schauenburger Fluh, 36 Riehen, 37 Porrentruy, 38 Largitzen [F], 39 Mandeure
[F], 40 Offemont [F], 41 Aix-les-Bains [F], 42 Villards-d'Hevia [F], 43 Badenweiler
[D], 44 Tegna, 45 Kempten [D], 47 Bubendorf, 48 Zürich.*

in grosser Zahl einen eigenständigen Tempeltyp, den sog. gallo-römischen Umgangstempel. Über seine Grundrissgestaltung herrscht weitgehend Klarheit.

Abb 213 Um einen quadratischen Kernbau, der die Cella, d. h. das eigentliche Heiligtum, bildet, läuft in einigem Abstand eine meist leichter ausgebildete Mauer oder eine Pfostenstellung, die einen laubenartigen Umgang getragen haben muss. In weiterem Abstand findet sich dann die Aussenumgrenzung des Heiligtums in Gestalt einer Umfassungsmauer.

Über das Aussehen dieses Tempeltyps gewinnen wir durch einen günstigen Umstand Klarheit. Es sind, freilich nicht im Gebiet der »römischen Schweiz«, einige dieser Tempel in ihrem aufgehenden Mauerwerk sehr hoch, d. h. praktisch bis zum Dachansatz, erhalten geblieben. An erster Stelle ist der sog.

»Ianus«-Tempel in *Augustodunum*/Autun in Burgund zu nennen. Dabei handelt es sich um ein ins Monumentale übersteigertes Exemplar dieses Tempeltypus. Am Bau in Autun lässt sich ablesen, dass der Kern, d. h. die Cella, in der Mitte turmartig hochragte. Ihr Inneres wurde durch hochliegende Fenster erhellt. Der Umgang war mit einem Schleppdach versehen und wesentlich niedriger als die Cella. Nach diesem Muster werden meistens die Rekonstruktionen der gallo-römischen Umgangstempel ausgeführt.[29] Wir möchten aber nicht ausschliessen, dass auch eine einfachere bauliche Ausgestaltung möglich war, bei der Cella und Umgang unter einem gemeinsamen Sattel- oder Zeltdach Platz fanden. Besonders bei kleinen und bescheideneren Umgangstempeln ist auch diese Form denkbar.[30]

Die Zahl der gallo-römischen Umgangstempel in der Schweiz ist recht gross, wie ein Blick auf die Verbreitungskarte zeigt. Sie konnten gruppenweise vorkommen und bildeten dann mit ihrer gemeinsamen Umfassungsmauer eigentliche Tempelbezirke. Diese waren in manchen Fällen die zentralen Heiligtümer für sog. Kultregionen. Solche *regiones* können wir vor allem im Aaretal fassen, wo sich die *Regio Lindensis* (Kultregion am See) mit dem Heiligtum von Thun-Allmendingen, die *Regio Arurensis* (Kultregion an der Aare) mit dem Zentrum von Muri BE und die *Regio O . . .* (Kultregion um den Vicus O . . .) mit dem Tempelbezirk im Vicus Bern-Engehalbinsel aufreihten.[31]

Abb 214

Abb. 215 Petinesca/Studen BE, Tempelbezirk Gumpboden. Gallo-römischer Vierecktempel nach der Freilegung.

Abb. 216 Aventicum/Avenches,
Grange-du-Dîme-Tempel.
Eck-Akroter aus Bronze.

Zu den bedeutendsten gallo-römischen Tempeln in der »römischen Schweiz« gehörten u. a. die von *Petinesca*/Studen BE, wo zwei heilige Bezirke, der eine auf der Kuppe und der andere am Abhang des Jensberges dem sich durch das Seeland von *Aventicum* her nähernden Reisenden die religiöse Bedeutung des Ortes weithin vor Augen führten. Wir werden kaum fehl gehen, wenn wir hier das Zentrum einer weiteren Kultregion annehmen.[32]

Abb 215, 219, 484, 487

Bedeutende Heiligtümer sind auch die schon erwähnten Tempel des Mars Caturix in Essertines/Nonfoux VD und in Riaz FR, die Tempelbezirke am Rande der Oberstadt von *Augusta Raurica* und der Umgangstempel im Vicus *Vitudurum*/Oberwinterthur ZH. Eine monumentalisierte Form eines Umgangstempels finden wir am sog. Grange-du-Dîme-Tempel in *Aventicum*, den man fälschlicherweise mit dem Kaiserkult in Verbindung bringen wollte.[33]

Abb 456

Oft lagen die einheimischen Tempel auf markanten Höhen und waren darum weithin sichtbar. Neben den schon genannten von *Petinesca* sind der Tempel auf der Schauenburgerfluh BL, das Heiligtum auf der Flühweghalde bei *Augusta Raurica*, der dem Merkur geweihte Tempel von Ursins hoch über Yverdon VD und das Höhenheiligtum auf dem Castello di Tegna TI zu erwähnen. Einen bevorzugten Standort scheinen auch Inseln gebildet zu haben. Neben einem sicher belegten Tempel auf der Ufenau im Zürichsee können wir ein ebensolches, wahrscheinlich monumental ausgestaltetes Heiligtum auf der Petersinsel im Bielersee in ersten Spuren fassen.[34]

Abb 385
Abb 494, 495

Die Frage, wie der Typus des gallo-römischen Vierecktempels entstanden ist, lässt sich neuerdings einigermassen beantworten. Vorbilder waren ohne Zweifel keltische, vorrömische Heiligtümer. Dabei scheint kein einheitlicher Typus Pate gestanden zu haben. Sicher spielen die sog. Viereckschanzen, d. h. mit Wall und Graben umgebene Bezirke, von denen eine ganze Anzahl durch Ausgrabungen als keltische Kultstätten erwiesen sind, eine wichtige Rolle. Daneben sind aber auch Grabensysteme mit Palisadenwänden als heilige Bezirke nachgewiesen. Das wohl wichtigste Beispiel ist in Gournay-sur-Aronde bei Compiègne (F) ausgegraben worden. Die Gräben waren dort mit den Knochen von Opfertieren und mit unbrauchbar gemachten Waffenteilen angefüllt. Das gibt Hinweise auf keltische Opferriten, die auch Caesar erwähnt.[35]

Im Gebiet der »römischen Schweiz« sind neuerdings an mehreren Orten Vorläufer der gallo-römischen Umgangstempel gefunden worden. Wir erwähnten schon den einheimischen Vorgänger des Tempels des Iupiter Poeninus auf dem Grossen St.-Bernhard-Pass. Die Ausgrabungen des Heiligtums von Tronche-Belon bei Riaz FR haben ebenfalls die Existenz eines einheimischen Vorgängerbaus belegt, ohne dass dieser aber konkret gefasst werden konnte. Gute Hinweise auf einen Vorgängerbau haben wir beim grossen Merkurtempel am westlichen Stadteingang von *Forum Claudii*/Martigny VS. Der dortige Tempel ist auf einer Plattform aus Trockenmauerwerk errichtet, und es lassen sich darauf die Standspuren der vermutlich hölzernen Cella des Vorgängerbaus sehr gut ablesen. Gegenüber dem hölzernen Vorgängerbau war die aus Stein errichtete Cella etwas verschoben. Zusätzliche Spuren des Vorgängerbaus wurden auch im weiteren Tempelbezirk entdeckt. Unter dessen westlicher Umfangsmauer fand sich eine Art von länglicher Plattform, die in derselben Trockenmauertechnik errichtet war wie die Tempelplattform. Ihre Orientierung wich freilich von der der späteren Umfassungsmauer ab. Diese hatte sich nämlich nach den Fluchten

Abb 349

Abb 402

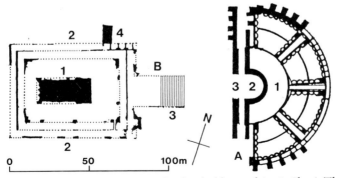

Abb. 217 *Augusta Raurica, Theater und Schönbühltempel im 2. Jh. A Theater: 1 Cavea (Zuschauerraum), 2 Orchestra, 3 Scenae frons (Bühnenhaus). B Schönbühltempel: 1 Podium-Tempel, 2 Portiken, 3 Freitreppe, 4 Nachträglich angebauter Strebepfeiler.*

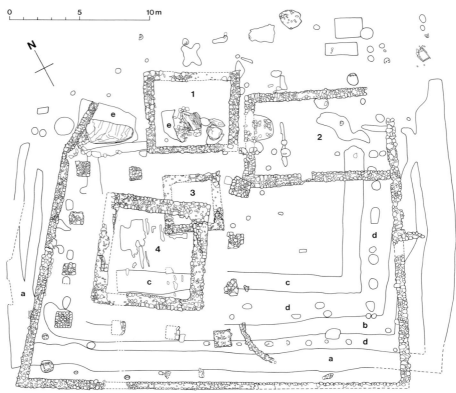

*Abb. 218   Lousonna/Vidy bei Lausanne, Tempelbezirk am Westrand des Vicus.
a – c Grabensystem, d Pfostenlöcher von Palisaden zwischen den Gräben, e Menhire
aus der Bronzezeit. 1–3 Umfassungsmauer und Kapellen der ersten Steinbauphase.
4 Gallo-römischer Umgangstempel der zweiten Steinbauphase.*

des unter Kaiser Claudius neu gegründeten Marktortes *Forum Claudii Vallensium* zu richten.[36]

Besondere Einblicke in die Geschichte eines gallo-römischen Heiligtums haben uns neuerdings die Grabungen in *Lousonna*/Vidy bei Lausanne VD ermöglicht. Am westlichen Rande des Vicus wurde ein Heiligtum aufgedeckt, dessen erste Bauphase aus ursprünglich zwei, dann drei parallelen Grabensystemen bestand. Sie umschlossen eine quadratische Zone. Zwischen den Gräben weisen Pfostenlöcher auf eine Abschrankung hin. Diese Urform des Heiligtums ist, was eine grosse Überraschung darstellt, dem 1. Jahrhundert n. Chr. zuzuweisen. Sie hat durch dieses ganze Jahrhundert hindurch unverändert Bestand gehabt. Das Grabensystem ist übrigens nicht die allererste Phase am Platze. Eine Reihe frühbronzezeitlicher Menhire und ein Grab aus der Spätbronzezeit gingen ihm voraus. Ganz in der Nähe soll auch die sog. Pierre Oupin, ein grosser Menhir, ge-

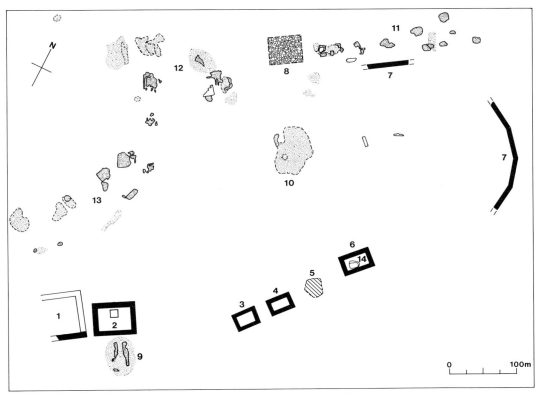

Abb. 219 Thun-Allmendingen BE, Tempelbezirk der Regio Lindensis.
Grundriss: 1 Priesterhaus (?), 2 Tempel mit dem Alpibus-Altar (auf Eiger, Mönch und Jungfrau ausgerichtet), 3–6 Kapellen, 7 Umfassungsmauer, 8 Gepflasteter Platz mit Scherben von Bechern und Schweineknochen, 9 Aschenaltar vor dem Alpibus-Tempel, 10 Zentraler Aschenaltar, 11 Östliche Zone mit Aschenaltären, 12 Nördliche Zone mit Aschenaltären, 13 Südliche Zone mit Aschenaltären, 14 Grube, mit Bruchstücken einer lebensgrossen Jupiterstatue mit Thron.

standen haben. Nach ihm trägt die Siedlung *Lousonna* vielleicht ihren Namen (kelt. louso = Stein). Eine lückenlose Kontinuität zwischen der prähistorischen Anlage und dem Heiligtum des 1. Jahrhunderts n. Chr. lässt sich nicht nachweisen. Aber ist es vermessen anzunehmen, dass die alte »Heiligkeit« des Platzes durchaus noch im Bewusstsein der späteren Anwohner verankert war? Erst im 2. Jahrhundert erfolgte der Ausbau in Stein. An die Stelle der Gräben trat die Umfassungsmauer, und im Innern entstanden kleine Kapellen. Diese wurden schliesslich in einer letzten Phase durch einen klassischen gallo-römischen Umgangstempel abgelöst.[37]
Auf einer sehr altertümlichen Stufe der Entwicklung scheint das schon erwähnte Heiligtum der Kultregion am See (*Regio Lindensis*) in Thun-Allmendingen BE *Abb 219*

Abb. 220 Thun-Allmendingen BE, Tempelbezirk der Regio Lindensis. Zwei Votivschalen aus Weissbronze. Links: Zwei Männer mit ihren Kampfhähnen. Rechts: Akteon (hier als Acthus bezeichnet) belauscht Diana beim Bade und wird von ihr bestraft.

stehen geblieben zu sein. Zwar hat auch hier der Steinbau Einzug gehalten, doch bestand das Heiligtum weitgehend aus einer Aufreihung von Opfergruben und sog. Aschenaltären. Diese sehr alte Form des Brandaltars, bei der die Asche der Opferfeuer jeweils liegen blieb und sich langsam zu kleinen Hügeln auftürmte, kennen wir von prähistorischen Opferplätzen und auch aus gallo-römischen Heiligtümern in Zentralfrankreich. Gerne wüssten wir mehr über die hier verehrten Gottheiten. Neben der vergöttlichten Personifikation der Alpen dürfte es sich nach Ausweis der Funde auch um Kulte der Matres (Muttergottheiten) und um die Verehrung von Fruchtbarkeitsgöttinnen gehandelt haben, die aufgrund der Interpretatio Romana in der Gestalt der Ceres und des ihr zugeordne-

Abb 221 ten Kreises dargestellt waren. Darauf weist jedenfalls die Statue einer Göttin mit Fackel und zylindrischer Kopfbedeckung, dem sog. *polos*, hin. Auch eine lebensgrosse Statue des thronenden Jupiter scheint im Heiligtum gestanden zu haben.[38]

Die am Heiligtum von Allmendingen beobachteten Erscheinungen führen zur Frage nach der Art der Kulthandlungen in den gallo-römischen Tempelbezirken. Neben den Opfergaben, die durch Verbrennen auf dem Altar in Richtung

Himmel gesandt wurden, spielen die Votivgaben eine grosse Rolle. Diese Weihegeschenke an die Gottheiten konnten die verschiedensten Formen haben. Oft wurden Naturalien (Früchte, Blumen etc.) gespendet und in Schalen, Krügen und auf eigentlichen tönernen Opferständern dargebracht. Mit der Zeit war das Heiligtum mit solchen Gaben über und über angefüllt, so dass die Priester Platz für neue Spenden schaffen mussten. Da die einmal gestifteten Objekte Eigentum der Gottheit waren, durften sie nicht weggeworfen werden. Das Platzproblem wurde so gelöst, dass die Priester die abgeräumten Gaben innerhalb des heiligen Bezirkes feierlich beerdigten. Dies hat man ja auch mit der Minervastatue in *Aventicum* gemacht, als sie durch eine neue ersetzt wurde. Solche Depots von Weihegaben nennt man *favissa*. Wir kennen aus dem Grange-du-Dîme-Tempel in *Aventicum* eine solche *favissa*, die zahlreiche Tongefässe enthielt.

Abb 201, 202

Abb 222

Häufig waren auch Geldspenden, die offenbar von den Gläubigen in die Cella hineingeworfen wurden. Die Fundsituation im Tempel von Dietikon ZH, wo sich in der Mitte der Cella eine Art Opfergrube befand, zeigt dies sehr deutlich. Neben Geld wurden aber auch Fibeln in den Tempel geworfen, was am Merkurtempel von *Forum Claudii*/Martigny sehr schön beobachtet werden konnte, oder es wurden Teile der militärischen Ausrüstung gestiftet, wie im Tempel auf dem Grossen St. Bernhard. Geld und andere Spenden wurden auch gerne in die Schächte von Quellen eingeworfen, wie z. B. in die »Römerquelle« von Biel und in den Quellschacht »Grosser heisser Stein« der Thermalbäder von *Aquae Helveticae*/Baden.[39]

Abb 223, 363

Abb 330

Abb. 221 Thun-Allmendingen BE, Tempelbezirk der Regio Lindensis. Statue einer Göttin mit Fackel und zylindrischem Kopfputz (sog. Polos). Stein.

Abb. 222 Aventicum/Avenches, Grange-du-Dîme-Tempel. Abgeräumte und deponierte Votiv- und Opfergaben (sog. favissa).

Abb. 223 Dietikon ZH. Gallo-römischer Umgangstempel. Grabungsaufnahme. Rechte Bildhälfte (eine Grabungsstufe tiefer) die erste Bauperiode.

Tafel 21 Kaiseraugst. Castrum Rauracense. Aus dem berühmten, 350/352 n. Chr. vergrabenen Silberschatz: a Ariadne-Tablett. Teilweise vergoldet und nielliert. 41,5 × 35 cm. b Mitte der sog. Meerstadt-Platte, eine runde Silberplatte von 58 cm Dm.

Umseitig: Tafel 22 Genf. Bischöfliche Residenz der Spätantike an der Stelle der heutigen Kathedrale St-Pierre. Aus dem Mosaikboden des »Empfangssaales«. 5. Jh.

Gallo-römische Umgangstempel

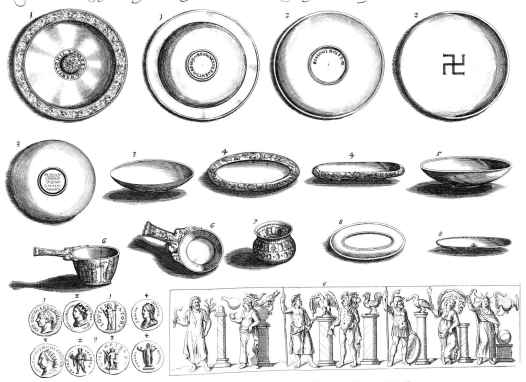

Abb. 224 Wettingen AG. Schatzfund mit Schalen aus Silber (z. T. mit Weiheinschriften). Vermutlich Kult- und Votivinventar eines Tempels.

Zu den typischen Spenden gehörten die kleinen Votivbeilchen und speziell eine Gruppe von Votiven aus dünnen Gold- oder Silberlamellen mit charakteristischen gefältelten Randzonen. Aber auch Gefässe für den Kultus und Statuetten wurden geweiht. Oft liessen Gläubige für die Erhörung ihres Gebetes auch an bereits früher gestifteten Statuetten zusätzliche Votive anbringen, indem sie z. B. ein Armband oder einen Halsreif aus Golddraht für die Statuette stifteten. Im Passheiligtum des Iupiter Poeninus, aber auch in anderen Tempeln, war es Sitte, die Erfüllung des Gelübdes nach Eintreffen des Erflehten mit einer kleinen Votivinschrift zu melden. Im Passheiligtum erfolgte das oft für eine glückliche Hin- und Rückreise (*pro itu et reditu*). Manche Weihungen geschahen auch aufgrund eines Traumgesichtes (*ex visu*) oder auf Befehl der Gottheit (*iussu dei*).[40] Wenn nicht alles trügt, besitzen wir in zwei Fällen Teile von in den Notzeiten

Abb 209
Abb 491
Abb 224

Taf 14b

Abb 350, 211, 212

242   Religion

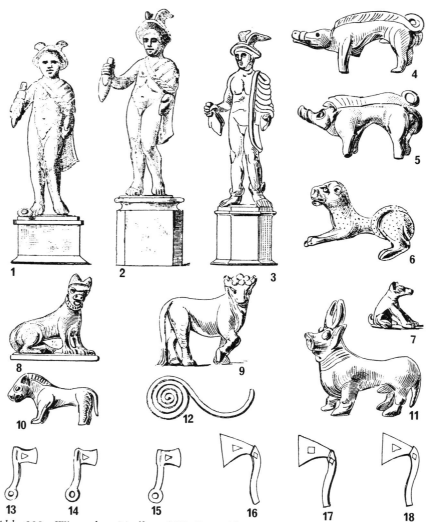

Abb. 225   Winterthur-Lindberg ZH. Ensemble von Statuetten und Votivbeilchen (Depotfund). Vermutlich Tempelinventar. 1–3 Merkurstatuetten, 4–11 Kleinvotive in Tierform, 12 Spirale aus Bronzedraht, 13–18 Votivbeilchen.

Abb 225
Abb 224
der Mitte des 3. Jahrhunderts n. Chr. versteckten Tempelschätzen. So möchten wir den Statuettenfund vom Lindberg über Oberwinterthur ZH und den Silberschatzfund von Wettingen AG erklären.[41] Aus Inschriften erfahren wir auch von grosszügigen Spenden zur Errichtung von Tempeln, u. a. für den der Maia in *Genava*/Genf, für den des Apollo und des Kaisers in *Salodurum*/Solothurn und

für den des Mars Caturix in *Aventicum*. Genaueres erfahren wir über eine Stiftung zur Wiederherstellung des Jupitertempels in *Minnodunum*/Moudon VD. Für die Durchführung dieser Arbeiten setzte Tiberius Pomponius ein Kapital von 1000 Denaren aus, mit dessen Zinsen, etwa 60 Denaren im Jahr, nicht nur die Wiederherstellungsarbeiten zu erfolgen hatten, sondern den Einwohnern von *Minnodunum* auch ein dreitägiges Festmahl auszurichten war. Auch Statuen von Göttern wurden gestiftet, wie die für Mercurius Augustus in *Eburodunum*/Yverdon, für die L. Silvanus Candidus auch im Namen seiner zwei Brüder testamentarisch 4000 Sesterzen aussetzte.[42]

Tempel wurden oft von den Vici durch Beschluss der Versammlung der Einwohner (*vicani*) errichtet, wie etwa der Jupitertempel in *Salodurum*/Solothurn, bisweilen auch durch Kultregionen, wie im Falle der schon erwähnten im Aaretal, oder aber durch Korporationen und Berufsgruppen, wie das für den Neptun-Tempel in *Lousonna*/Vidy b. Lausanne überliefert ist, den die Korporation der Schiffer auf dem *Lacus Lemannus* (Genfersee) stiftete. Manchmal bildeten sich offensichtlich auch Kultvereine, deren Mitglieder sich zu Beiträgen verpflichteten. Inschriften mit den Namen der Kontribuenten und den gestifteten Summen prangten dann im Heiligtum. Fragmente solcher Listen wurden im Heiligtum des Mars Caturix in Riaz FR gefunden. Die zahlreichen Bruchstücke von Kultstandarten aus Bronze aus dem Heiligtum auf dem Grossen St. Bernhard könnten in ähnliche Zusammenhänge gehören.[43]

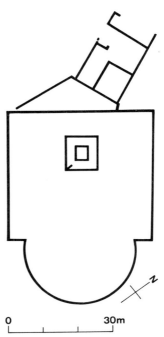

Abb. 226 Riehen-Pfaffenloh BS. Gallo-römische Tempelanlage, wohl mit Kulttheater in der Exedra der Umfassungsmauer.

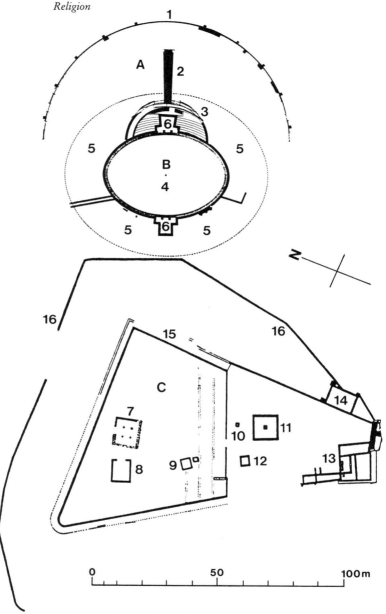

Abb. 227 Augusta Raurica/Augst. Tempelbezirk Schönbühl, Erste Bauphase in Verbindung mit dem ersten szenischen Theater und dem dieses ersetzenden Amphitheater. A Erstes szenisches Theater: 1 Aussenmauer, 2 Vomitorium, 3 Orchestra-Mauer. B Späteres Amphitheater: 4 Arena, 5 Cavea (Zuschauerräume), 6 Tierkäfige. C Gallo-römischer Tempelbezirk: 7–12 Gallo-römische Umgangstempel, 13, 14 Priester- und Versammlungsbauten, 15 innere Temenos-Mauer, 16 äussere Temenos-Mauer.

Abb. 228 Augusta Raurica/Augst. Luftbild des Sichelenplateaus mit Spuren der Fundamente des Tempelbezirkes Sichelen I. Monumentale Ausgestaltung durch Heiligtümer vom Reihentypus in einer zweiten Bauphase. Links die Senke mit der Cavea des Amphitheaters.

In den Tempelbezirken der grösseren Vici und der Kolonien strömte an den Festtagen eine grosse Zahl von Gläubigen zusammen. Wie sich die Kulte im einzelnen abgespielt haben, wissen wir nicht. Es scheinen aber dabei neben den Opferhandlungen auch eine Art kultischer Theateraufführungen stattgefunden zu haben. Erinnern wir uns dabei ganz allgemein daran, dass die Theatertradition der Antike aus dem Götterkult (im speziellen dem des Dionysos) herausgewachsen ist. So finden sich in Verbindung mit einigen Tempeln Theaterbauten, in denen man sog. Kulttheater zu erkennen hat, wie sie in Gallien sehr oft bei grösseren und kleineren Heiligtümern vorkommen. Die tatsächliche Verbindung von Theaterbau und Götterkult ist denn auch inschriftlich abgesichert.[44] In der »römischen Schweiz« gibt es solche Kulttheater beim Merkurtempel von Ursins VD und beim Tempel von Riehen bei Basel. Das grosse Theater im Vicus von Lenzburg AG dürfte aufgrund verschiedener baulicher Eigenheiten ebenfalls ein Kulttheater gewesen sein. Der zugehörige Tempelbezirk ist noch nicht aufgedeckt, lässt sich aber aus dem Luftbild in Umrissen erahnen. Man muss

Abb 226
Abb 395

Abb. 229 Augusta Raurica/Augst. Die freigelegten Fundamente des gallo-römischen Tempels Sichelen II.

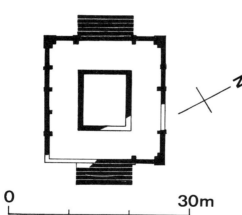

Abb. 230 Augusta Raurica/Augst. Grundriss des gallo-römischen Tempels Sichelen II.

ernsthaft erwägen, ob man nicht auch zwei monumentale Anlagen in *Aventicum* und *Augusta Raurica* in diese Zusammenhänge zu stellen hat. Die Verbindung von Cigognier-Tempel in *Aventicum* und von Schönbühltempel in *Augusta Raurica* mit den entsprechenden Theatern weist ganz in diese Richtung. In *Augusta Raurica* war ausserdem in einer ersten Bauphase das frühe szenische Theater des 1. Jahrhunderts n. Chr. und nachher das in einer nächsten Bauperiode über diesem errichtete Amphitheater mit einem Tempelbezirk von gallo-römischen Umgangstempeln kombiniert. Parallelen zu dieser Kombination finden sich in Gallien häufg.[45]

Nicht nur szenische Theater konnten somit zum Umfeld von Tempelbezirken gehören. Im Vicus Bern-Engehalbinsel stand der Kultbezirk der Regio O... ebenfalls in Verbindung mit einem kleinen Amphitheater. Es ist in diesem Zusammenhang nicht abwegig, auf die Lage des grossen Amphitheaters von *Augusta Raurica* hinzuweisen, das in unmittelbarer Nähe von drei Tempelbezirken gallo-römischen Charakters am Rande der bebauten Zone der Oberstadt der Koloniestadt errichtet worden war. Lagen etwa hier die Heiligtümer der peregrinen Einwohner (*incolae*) der Kolonie?[46]

Abb 70
Abb 339
Abb 228

Die »römische Schweiz« liegt gerade noch am Rande des Verbreitungsgebietes der sog. Jupitergigantensäulen. Es handelt sich dabei um einen Typus von Heiligtum, der u. a. oft im Bereich römischer Landgüter (*villae rusticae*) vorkam. Kernstück des Heiligtums ist eine freistehende Säule (meist mit geschupptem Schaft) über einer Basis, die mit Götterbildern geschmückt ist (sog. Vier- und

Abb 214
Abb 232

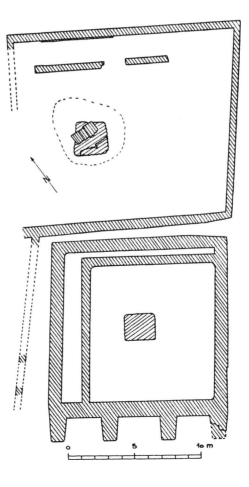

Abb. 231 Bubendorf BL, Furlenboden. Heiligtum mit Jupitergigantensäule. Grundriss der Anlage mit Säulenfundament.

Abb 231

Abb 233

Achtgöttersteine). Auf dem Kapitell der Säule, welches gerne mit Kopfprotomen, d. h. herausragenden Menschen- oder Götterköpfen, geschmückt ist, befindet sich eine Statuengruppe, die Jupiter als Wagenlenker beim Überfahren eines Giganten zeigt. In der hocherhobenen Rechten schwingt der Gott das aus Bronzeblech geformte Blitzbündel. Sinn des Kultes scheint die Überwindung widriger unterirdischer Mächte durch den Himmelsgott zu sein. Belege für diesen Kult finden sich in *Aventicum* und *Turicum*/Zürich. An beiden Orten sind Teile von für den Kult typischen Säulen gefunden worden. Am besten wird der Kult aber durch das Heiligtum von Bad Bubendorf-Furlenboden BL an der Strasse vom Oberen Hauenstein nach *Augusta Raurica* dokumentiert. In einem kleinen heiligen Bezirk fand sich das Fundament der Säule und – als glücklicher Fund – ein Bruchstück vom Blitzbündel des Jupiter. Schlug bei einem Gewitter ein Blitz in den Boden ein und konnte man die genaue Einschlagstelle ermitteln, so galt es, den göttlichen Blitz rituell zu beerdigen. Eine Inschrift aus Bernex GE wurde anlässlich eines solchen Vorgangs gesetzt: *Divum fulgur conditum* (ein göttlicher Blitz wurde beerdigt).[47]

Abb. 232 Aventicum/Avenches. Jupitergigantensäule. Rekonstruktionszeichnung aufgrund des Kapitells und einer Trommel der Schuppensäule.
Abb. 233 Bubendorf BL. Zwei Fragmente des Blitzbündels aus Bronze (ergänzt).

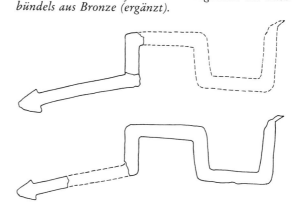

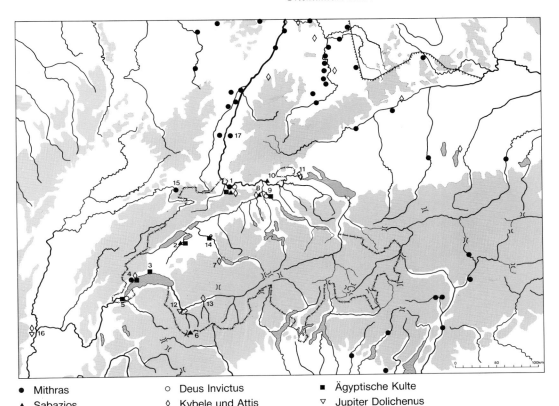

Abb. 234 Orientalische Kulte. 1 Augusta Raurica/Augst (BL), 2 Aventicum/Avenches (VD), 3 Lousonna/Lausanne-Vidy (VD), 4 Iulia Equestris/Nyon (VD), 5 Genava/Genf, 6 Summus Poeninus/Grosser St. Bernhard (VS), 7 Thun-Allmendingen BE, 8 Vindonissa/Windisch (AG), 9 Aquae Helveticae/Baden (AG), 10 Dangstetten [D], 11 Stein am Rhein (SH), 12 Forum Claudii/Martigny (VS), 13 Sion-Sitten (VS), 14 Bern-Engehalbinsel, 15 Epomanduodurum/Mandeure [F], 16 Lugudunum/Lyon [F], 17 Oedenburg-Biesheim [F] und Riegel [D].

Orientalische Kulte

Wer für seine Jenseitshoffnungen in den zunehmend zur blossen Formel gewordenen offiziellen und halboffiziellen Kulten keine genügende Befriedigung finden konnte, wandte sich einer der orientalischen Offenbarungsreligionen zu. Diese Kulte versprachen dem Gläubigen, der die ihm auferlegten Gebote und Riten getreulich befolgte, ein glückliches Leben im Jenseits und eine mystische Vereinigung mit der Gottheit zu einem Weiterleben über den Tod hinaus.[48] Nicht bei allen orientalischen Kulten ist der Weg, den sie aus ihren Ursprungsländern nahmen, genau zu verfolgen. Sicher ist, dass der Kult des *Iupiter Saba-*

250   Religion

zios aus Phrygien schon sehr früh von Auxiliareinheiten der Armee in unser Gebiet gebracht wurde. Im Legionslager von Dangstetten, dessen Belegung bekanntlich in den kurzen Zeitraum von etwa 14 – 9 v. Chr. fällt, fand sich eine der für diesen Kult typischen Votivgaben in Form einer Hand, bei der Zeige- und Mittelfinger zum Segensgestus erhoben sind. Dargestellt wird also die segnende Hand der Gottheit. Es ist anzunehmen, dass die kleine Bronzehand für ihren Besitzer, vermutlich einen Angehörigen einer orientalischen Hilfstruppe, die zusammen mit Abteilungen der 19. Legion in Dangstetten lag, Amulettcharakter hatte. Zwei weitere Sabaziushände sind in unserem Gebiet bekannt. Die eine wurde in *Aventicum* gefunden. Sie ist mit den typischen Attributen der Gottheit geschmückt, d. h. mit Schlangen, Kröten, Schildkröten, einem Widderkopf und dem Pinienzapfen. Ein zweites, etwas weniger reich verziertes Exemplar ist als Votivgabe ins Passheiligtum des Iupiter Poeninus gelangt. Zum Kult des Sabazios gehören ohne Zweifel auch die sog. Kult- oder Schlangenvasen. Es handelt sich um grosse, mischkrugartige Gefässe, an deren Henkeln sich Schlangen emporwinden. Auf den Wandungen sind Frösche und Eidechsen plastisch in Form von Tonapplikaten dargestellt. Das Vorkommen von Scherben solcher Kultvasen im Legionslager des 1. Jahrhunderts n. Chr. zeigt die Existenz des Kultes in *Vindonissa*. Auch in *Augusta Raurica* und in *Aventicum* ist der Kult durch den Fund solcher Schlangenvasen belegt.⁴⁹

Abb 237, 238
Abb 239
Abb 235, 236

Abb. 235 Vindonissa/Windisch. Schlangengefäss des Sabaziuskultes.
Abb. 236 Isérables VS. Schlangengefäss (als Graburne verwendet?).

Abb. 237/238 Aventicum/Avenches. Votivhand aus Bronze aus dem Sabaziuskult.
Abb. 239 Summus Poeninus/Grosser St. Bernhard, Passheiligtum. Votivhand aus Bronze aus dem Sabaziuskult.

Eher spärlich sind im Gebiet der Schweiz Zeugnisse für den Kult des iranischen Gottes *Mithras*. Von Bedeutung ist, dass Weihungen an *Sol Invictus* oder an den Deus Invictus mit grösster Wahrscheinlichkeit nicht den persischen Lichtgott Mithras betreffen. Sie sind eher Belege für den im 3. Jahrhundert immer mehr aufkommenden Sonnenkult, bei dem das strahlende Tagesgestirn als Sol Invictus (unbesiegter Sonnengott) die Rolle einer monotheistischen Gottheit übernahm. Solche Weihungen sind aus *Genava*/Genf und aus *Augusta Raurica* bekannt, von wo es eine Bronzetafel gibt, die die Stiftung einer Sonnenscheibe aus Messing an den Deus Invictus meldet.[50]

Abb 240

Sichere Denkmäler des Mysterienkultes des Mithras haben wir nur aus *Iulia Equestris*/Nyon und vermutlich aus *Augusta Raurica*. Aus Nyon stammen ein kleiner Altar mit einer Mithrasweihung und das Bruchstück einer Plastik, die aus einem Mithräum stammen dürfte. Es handelt sich um einen Löwen, der von einer Schlange umwunden wird. Aus dem Löwenfell ist eine Stelle ausgespart und darin ein Skorpion gezeichnet. Löwe ist aber der Name eines der sieben Einweihungsgrade in den Kult, und Schlange und Skorpion spielen in ihm ebenfalls eine grosse Rolle. Dieses Fragment und der Altar stammen aus dem Schutt der Kryptoportikus des Forums von *Iulia Equestris*, in die sie vermutlich sekundär hineingeworfen worden sind. Von einem eigentlichen mithräischen Kultlokal (*spaelaeum*) haben wir bis jetzt keinerlei Spuren.[51]

Abb 241, 242

Abb. 240 Augusta Raurica/Augst. Bronzetafel mit Inschrift. Weihung einer Sonnenscheibe aus Messing für den Deus Invictus.

Abb 243   Aus *Augusta Raurica* stammt höchstwahrscheinlich ein kleines Relief, auf dem die mythische Stiertötung durch Mithras, d. h. der eigentliche Erlösungsakt, dargestellt wird. Es gehört zu einer Gruppe von typischen kleinen Votivgaben aus den Mithrasheiligtümern. Die Darstellung gibt im kleinen das Kultbild wie-
Abb 234   der. Ein Blick auf die Verbreitungskarte des Mithraskultes zeigt, dass sich nicht allzuweit von *Augusta Raurica* die beiden Mithräen von Oedenburg-Biesheim (F) und Riegel (D) befinden. Beide liegen an einer wichtigen Militärstrasse zum Limes. Der Kult des Mithras war nämlich, wie die Verbreitungskarte zeigt, eng mit dem Militär verbunden. Die fast vollständige Abwesenheit der Truppe im 2. und im früheren 3. Jahrhundert ist der Grund für das spärliche Vorkommen dieses Kultes in unserem Gebiet.[52]

Dasselbe trifft in noch weit grösserem Masse für den Kult des *Iupiter Dolichenus* zu, der ganz eng mit der Armee verknüpft war. Es ist freilich nicht ausgeschlos-
Abb 244   sen, dass die Votivhand aus *Forum Claudii*/Martigny diesem Kult zuzuweisen ist. Die Art ihrer Ausgestaltung und die Fingerstellung sprechen dafür. *Forum Claudii* liegt eben an der grossen Militärstrasse aus Obergermanien über den Grossen St. Bernhard, auf der nachweislich ständig Militärpersonal mit amtlichen Aufträgen untgerwegs war.[53]

Während der Kult des Mithras nur Männern vorbehalten war und der des Iupiter Dolichenus zwar immerhin die Verehrung der *Iuno Regina* kannte, aber doch wohl auch eher Männersache war, zog der Kultus der kleinasiatischen Göttermutter *Kybele* und ihres Geliebten *Attis* vor allem auch die Frauen an. Belege für diesen oft ekstatischen Fruchtbarkeitskult mit der um ihren Liebling
Abb 246, 416   trauernden Göttermutter finden sich in *Iulia Equestris*/Nyon, in *Aquae Helve-*
Abb 245   *ticae*/Baden, in *Augusta Raurica*, *Vindonissa* und auch im Heiligtum von Thun-Allmendingen.[54]

Abb. 241 Iulia Equestris/Nyon. Kryptoportikus des Forums. Löwe aus Stein von Schlange umwunden mit Skorpion im Fell.

Abb. 242 Iulia Equestris/Nyon. Kryptoportikus des Forums. Skorpion im Fell der Löwenplastik.

Abb. 243 Augusta Raurica/Augst (?). Votivrelief aus dem Mithraskult. Akt der Stiertötung durch Mithras. Er wird flankiert von den Symbolen für Sonnenauf- und -untergang (Cautes und Cautopates). Unten Schlange und Löwe sowie (in den Ecken) zwei Windgötter.

Abb. 244 Forum Claudii/Martigny. Votivhand aus Bronze, vermutlich zum Dolichenuskult gehörig.

Abb. 245 Thun-Allmendingen BE, Tempelbezirk der Regio Lindensis. Köpfchen aus Stein. Attis (?).

Abb. 246 Iulia Equestris/Nyon. Hochrelief aus Stein. Der trauernde Attis.

Abb. 247 Lousonna/Lausanne-Vidy. Sistrum, Kult-Rassel aus dem Isiskult.

Sehr grossen Zulauf hatten schliesslich die ägyptischen Kulte. Im Zentrum stand bei ihnen die Verehrung der *Isis*. Hier ist in erster Linie der Isistempel zu erwähnen, der in *Aquae Helveticae*/Baden gestanden haben dürfte, dessen Stiftungsinschrift aber nach Wettingen AG verschleppt worden ist. Auch beim Isiskult handelt es sich um eine Auferstehungsreligion, sucht doch Isis, ihren von bösen Mächten entführten und getöteten Gemahl Osiris wieder zu beleben. Die Anhänger dieses Mysterienkultes kleideten sich in weisse Gewänder und umgaben sich gerne mit ägyptischen Kultobjekten. Dazu gehörten das *sistrum* (Kult-Rassel) und zwei Fragmente von Tonreliefs mit Hieroglyphen aus *Lousonna*/Vidy. Die Beliebtheit des ägyptischen Kultes zeigt sich auch in zahlreichen Statuetten der entsprechenden Gottheiten (*Isis, Osiris, Apis, Serapis*), die an den verschiedensten Orten gefunden worden sind.[55] Sieger im Wettstreit der Offenbarungsreligionen blieb schliesslich, nicht ohne staatliche Hilfe, das Christentum (Kapitel Spätantike).

Gräber und Bestattungssitten

Zu jeder menschlichen Siedlung gehören zwangsläufig auch die Gräber der verstorbenen Bewohner. Nach antiker Sitte lagen auch in der Schweiz zur Römerzeit die Gräber ausserhalb der Siedlungen an den Ausfallstrassen, wobei bei grösseren Orten auch mehrere Begräbnisstätten vorhanden sein konnten. Diese wiederum waren unter Umständen Ausdruck des herrschenden Sozialgefüges, indem an der einen Ausfallstrasse sich die Gräber der Vornehmen, d. h. der Oberschicht, aufreihten, während entlang einer anderen eher die Durchschnittsbevölkerung ihre letzte Ruhestätte fand. Sehr schön kommt diese Gliederung in der Umgebung des Legionslagers *Vindonissa* zum Ausdruck, wo sich entlang der Ausfallstrassen nach *Augusta Raurica* und nach *Aquae Helveticae*/ Baden AG eindeutig die Gräber der Offiziere und Unteroffiziere aufreihten, während längs der Ausfallstrasse gegen Westen, d. h. zum schweizerischen Mittelland hin, die Gräber der einfachen Soldaten gefunden wurden. In *Aventicum* war die Nekropole vor dem Westtor die Begräbnisstätte der Oberschicht. In ihr fanden die Dekurionen, die Duoviri und andere Magistrate sowie die Grosshändler und Bankiers, aber auch die Erzieherin eines Kaisers ihre letzte Ruhestätte. Mehrere grosse Mausoleen, die u. a. mit Grablöwen geschmückt waren, müssen das Bild dieses Friedhofes geprägt haben.[1]

Aus dem Gebiet der »römischen Schweiz« kennen wir bis jetzt kaum Friedhöfe, die zu Gutshöfen gehört haben. Die wenigen Anhaltspunkte reichen aber aus, um festzustellen, dass auch hier eine gewisse soziale Aufspaltung der Grabbereiche zu verzeichnen ist. So finden wir meist zwei Gräberzonen: Eine mit den bescheidenen Gräbern des Gesindes und der Landarbeiter liegt häufig seitlich ausserhalb der Umfassungsmauer des Gutshofes, und eine zweite, oft mit monumentalen Grabbauten in markanter Lage, findet sich hinter dem Herrenhaus (*pars urbana*) des Villenkomplexes. Zu den Friedhöfen der ersten Gruppe wird man die bei den Gutshöfen von Corroux JU und Wenslingen BL[2] zählen dürfen, zur zweiten Gruppe gehören vermutlich Grabbauten, die eigentlich Mausoleen darstellen, wie etwa das von Wavre NE oder das von Ardon VS.[3]

Abb 248, 249

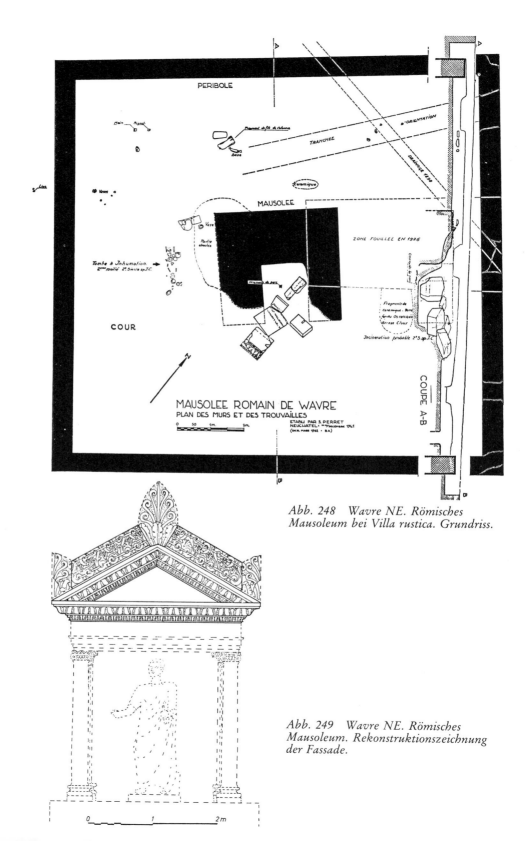

Abb. 248 Wavre NE. Römisches Mausoleum bei Villa rustica. Grundriss.

Abb. 249 Wavre NE. Römisches Mausoleum. Rekonstruktionszeichnung der Fassade.

Tafel 23 Trinkgläser des 4. Jh.: a Martigny. Insula 2. Boden eines Glases mit goldener Aufschrift CVM/VIVE/NTIO. Dm 50 mm.
b Chur. »Hof«. Glasbecher mit blauen Emailfarben-Auflagen. H. 104 mm.
c Avenches. Spätrömischer Friedhof. Glasbecher mit blauen Nuppen und eingravierten Inschriften. H. 120 bzw. 110 mm.

Tafel 24 Stein am Rhein. Kastell-Friedhof. Schale aus doppelschichtigem Glas, aus dessen purpurroten Überfangschicht eine »Venatio« (Tierhatz) mit zwei Jägern, einem Bär und einem Leopard sowie der Trinkspruch PIE ZHCAIC (Trinke, und Du mögest leben!) im Diatretverfahren herausgeschliffen sind. Dm 222 mm. 4. Jh.

Abb. 250 St-Maurice, Vorhalle des Klosters. Sarkophag der Nitonia Avitiana, einer Frau sentorischen Standes (clarissima femina). Die Inschrift erwähnt zwei Söhne und eine Tochter als Stifter der Grablege.

Zunächst soll von den verschiedenen Arten der Bestattung die Rede sein. Die Antike kennt prinzipiell zwei Bestattungsarten: Die Erdbestattung des Leichnams (Inhumation, Körpergrab) und die Verbrennung des Leichnams (Kremation). Bei der Körperbestattung wurde der Leichnam in die Erde gesenkt oder in einen Sarkophag gelegt, wobei dieser dann entweder in einem Mausoleum oder in einer Grabmemoria aufgestellt oder aber seinerseits wieder in die Erde gesenkt wurde. Sarkophagbestattungen sind vor allem aus dem Wallis und aus dem Tessin bekannt, wo diese Bestattungsart ganz besonders häufig vorgekommen zu sein scheint. Das zeigen die zahlreichen Sarkophage in Agno und in Pontegana bei Balerna. Wurde der Leichnam der Erde übergeben, so konnte der Tote vorher in einen Sarg gelegt werden. Die Holzsärge sind freilich in den meisten

Abb. 251 Agno TI. Spätrömischer Granitsarkophag.

Abb. 252 Balerna TI, Pontegana. In der Ruine des Burgturms vermauerte römische Sarkophage aus Granit.

Fällen vollständig zerfallen. Nur die eisernen Nägel zeigen jeweils bei der Ausgrabung an, dass der Tote in einem Holzsarg bestattet worden war. Dauerhafter waren Bleisärge. Diese sind wiederum vor allem aus dem Wallis bekannt, wo in Conthey einige Gräber mit solchen Särgen freigelegt werden konnten.[4] Es mag aber oft auch vorgekommen sein, dass der Leichnam ohne Sarg, nur in ein Tuch eingeschlagen, der Erde übergeben wurde. Bei der Leichenverbrennung stellten sich die Probleme vielschichtiger. Zunächst können wir zwei Arten des Vorganges erfassen. Entweder wurde der Tote auf einem Scheiterhaufen am Platze des

Abb 253

Abb. 253 Conthey VS. Sarkophag aus Blei.

Gräber und Bestattungssitten 259

Abb. 254 Vindonissa, Gräberfeld Alte Zürcherstrasse Brugg. Knochenschnitzereien mit dionysischen Motiven von einem Totenbett aus einem Bustumgrab.

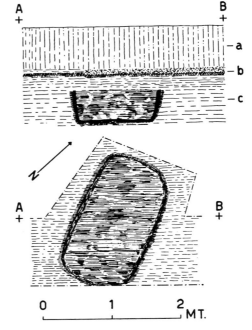

Abb. 255 Vindonissa, Gräberfeld Alte Zürcherstrasse Brugg. Bustumgrab. Schnitt und Aufsicht.

Abb 255 späteren Grabes verbrannt (sog. Bustum-Grab); oder aber auf einem speziellen Kremationsplatz (*ustrina*), der getrennt vom späteren Bestattungsplatz, z. B. am Rande des Friedhofes, gelegen sein konnte.⁵ Im ersten Falle (*bustum*) lassen sich meist deutliche Spuren der Kremation feststellen, da die Erde im Umkreis des Grabes gerötet ist. Der Vorgang bei dieser Art von Kremationsbestattung bestand nämlich darin, dass zunächst eine längliche Grube ausgehoben wurde, über der dann der Scheiterhaufen errichtet wurde. Auf diesem wurde der Tote *Abb 254* aufgebahrt, oft auf einem Prunkbett, wie dies in *Vindonissa* in mehreren Fällen beobachtet werden konnte. Solche Prunkbetten waren mit Knochenschnitzereien (oft mit Motiven aus dem Dionysoskult) reich verziert.⁶ Schliesslich wurde der Holzstoss angezündet und brannte nieder. Die Glut und mit ihr die verbrannten Knochen sanken in die Grube, deren Wände sich der starken Hitze wegen röteten. Folgt man der antiken Definition des Bustum-Grabes, so muss *Abb 271, 315* man auch die Art des Begräbnisses im monumentalen Rundgrab vor dem Osttor von *Augusta Raurica* hier einreihen. Deutlich war die Brandplatte sichtbar, auf der der Scheiterhaufen gebrannt hatte. In ihrer Mitte fand sich die eigentliche Grabgrube, in der die verbrannten Knochen geborgen worden waren. Man wird diese Variante des Bustum-Grabes am ehesten als Flächen-Bustum bezeichnen.⁷ Die Beigaben wurden bei den Bustum-Gräbern oft auf den Scheiterhaufen gestellt und verbrannten mit. Es kam freilich auch vor, dass nachträglich noch weitere Beigaben mit ins Grab gegeben, die Knochen ausgelesen und innerhalb der Brandgrube zu einem Häufchen gruppiert oder in einem Behälter aus vergänglichem Material gesammelt und niedergelegt wurden, bevor die erkaltete Glut und die Beigaben mit Erde überdeckt wurden. Dann erst war nämlich die Bestattung von Rechts wegen ein Grab, das als unverletzbar galt. Ein Bustum-Grab mit vollständiger Auslesung und Entfernung der Knochen kennen wir aus der Hafennekropole von *Aventicum*, die vom letzten Drittel des 1. Jahrhunderts n. Chr. an belegt wurde.⁸

Ähnlich stellen sich die Probleme bei der Kremation auf einer Ustrina. Im Normalfall wurde nämlich nach dem Niederbrennen entweder die Asche des Scheiterhaufens mit dem Leichenbrand zusammengekehrt, um in einer der nachher noch zu beschreibenden Formen an der eigentlichen Grabstelle niedergelegt zu werden. Oder aber es wurden auf der Ustrina die verbrannten Knochenreste sorgfältig aus dem Brandschutt ausgelesen und in irgend einem Behältnis geborgen, wobei die Asche des Scheiterhaufens weitgehend liegen blieb.

Dies führt zur Frage, wie denn der Leichenbrand im Grabe niedergelegt wurde. Die einfachste Art war, den Leichenbrand zusammmen mit den Knochenresten des Scheiterhaufens zusammenzukehren und in eine Grube zu schütten, in die auch etwaige Beigaben gestellt wurden. Solche Gräber nennt man Brandschüttgräber. Eine andere Methode bestand darin, die zuvor ausgelesenen und mit Wein gewaschenen Knochenreste in einen Behälter aus organischem Material

Gräber und Bestattungssitten   261

Abb. 256 Basel, Gräberfeld Äschenvorstadt, Urnengrab mit Leichenbrand und Beigaben.

Abb. 257 Vindonissa/Windisch. Urnengrab mit Glasurne in Kiste aus Leistenziegeln.

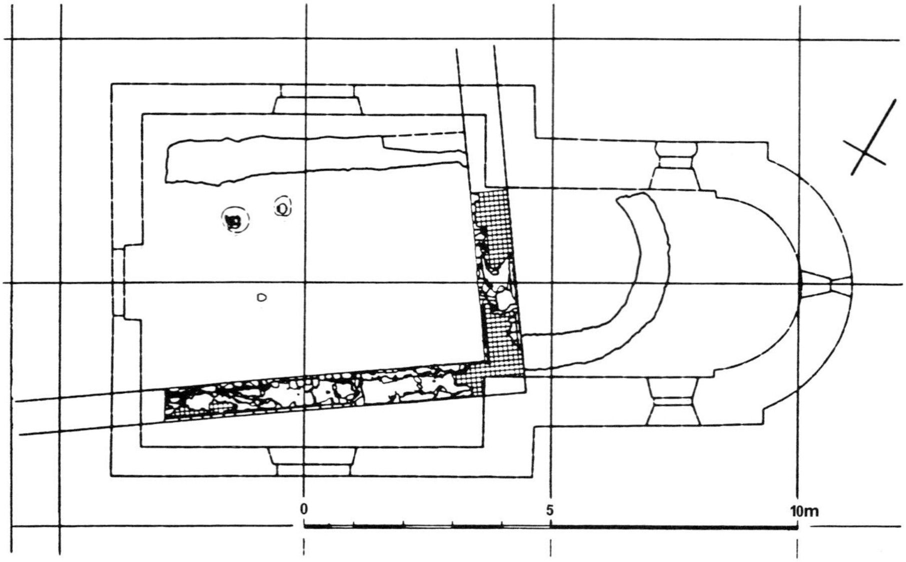

Abb. 258 Domdidier FR, Notre Dame de Compassion. Grundriss des ummauerten Gräberbezirks unter der heutigen Kirche.

Abb 256, 257 (Korb, Beutel) zu schütten und diesen, vielleicht zusammen mit Beigaben, in die Erde zu senken. Natürlich sind solche Behälter, wenn das Grab freigelegt wird, längst vergangen. Aus der Form und der Lage des Leichenbrandes kann manchmal der Rückschluss auf ein solches Behältnis gezogen werden. Eine weitere, häufige Form der Bergung des Leichenbrandes war eine Urne. Dazu wurden gerne grössere Tontöpfe aus der Gebrauchskeramik verwendet. Es gab keine

Abb. 259 Domdidier FR, Notre Dame de Compassion. Gläserner Rippentopf als Urne verwendet.

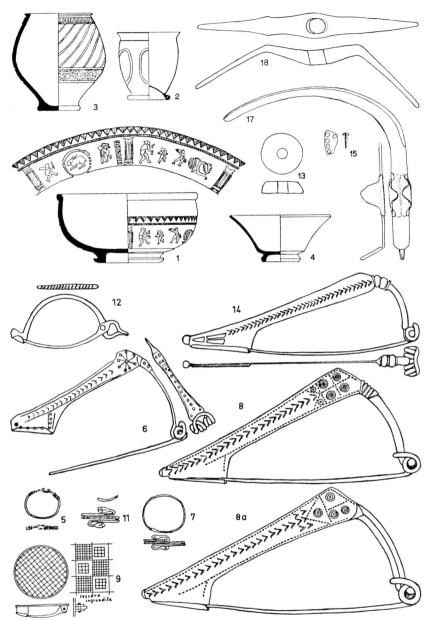

Abb. 260 Madrano TI, Gräberfeld, Grab 1. Beigaben: 1 Terra sigillata-Schüssel des Töpfers Cibisus, 2 Glasbecher, 3 Topf, 4 Terra sigillata-Tasse, 5 Fingerring, 6, 8, 8a Misoxerfibeln aus Bronze, 7, 11 Fingerringe, 9 Scheibenfibel, 12 Zangenfibel aus Bronze, 13 Spinnwirtel, 14 Misoxerfibel, 15 Fragment eines Zierbleches, 17 Sichel aus Bronze, 18 Spitzhaue aus Eisen.

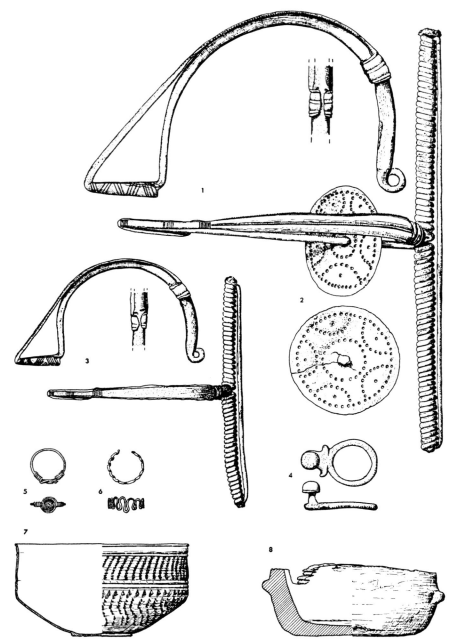

Abb. 261   Binn VS, Hofacker. Inventar eines Frauengrabes aus dem 1. Jh. n. Chr. 1–3 Armbrustfibeln mit verzierter Rückhaltescheibe, 4 Gürtelhaken, 5, 6 Fingerringe, 7 Dünnwandiges Schälchen, 8 Schälchen aus Lavez.

speziellen Graburnen, wie sie heute Verwendung finden. In besonderen Fällen konnte auch ein Glasgefäss als Urne dienen. Dies trifft für die beiden schönen Glasgefässe zu aus einem ummauerten Grabbezirk in Domdidier FR, der vermutlich zum Herrenhaus eines Gutshofes gehörte.⁹ Bisweilen kommen auch Behälter aus Blei als Urnen vor. Diesem Material wurden ja magische Kräfte zugeschrieben. Oder es diente eine Steinkiste mit Deckel als Ossuar. Ein solches wurde in Laupersdorf SO gefunden. Die beiden Sitten der Kremation und der Inhumation scheinen sich zeitlich abgelöst zu haben. Auf die Inhumationsgräber der vorrömischen, keltischen Periode folgten in der frühen Kaiserzeit die Kremationsgräber. Im späteren 2. Jahrhundert scheint man sich wieder der Inhumation zugewendet zu haben. Beobachtungen an den Gräberfeldern von Bern/Rossfeld und Unterseen BE scheinen dies zu bestätigen. Der Wechsel der Bestattungssitte erfolgte wohl nicht zuletzt unter dem Einfluss der orientalischen Offenbarungskulte und des Christentums, die immer mehr Anhänger fanden. Von dieser Abfolge sind zwei Ausnahmen zu verzeichnen. Im Alpenraum hielt sich die Sitte der Inhumation sehr hartnäckig. Beispiele aus dem Binn-, dem Lötschen- und dem oberen Tessintal belegen dies. Die Bevölkerung der Alpentäler hielt teilweise recht lange an den altüberlieferten Gewohnheiten

Abb 258, 259

Abb 260, 261

Abb. 262 Bern, Gräberfeld Rossfeld, Grab 50. Beigabenensemble bestehend aus Tellern, Platte, Bechern und Glasflaschen.

Abb. 263 Cadra TI, Gräberfeld, Grab 31. Reiches Kammergrab mit Beigabennische. Grundriss.

ihrer Vorfahren fest. Dies zeigt sich auch an den in den Gräbern gefundenen Zubehörteilen der Tracht, wie etwa den Fibeln und den Fussringen.[10] Bei der zweiten Ausnahme handelt es sich um die Gräber von Säuglingen und Kleinstkindern. Es war Sitte, diese nicht zu verbrennen, wenn die Zähne noch nicht durchgebrochen waren.[11]

Reiche Information gewinnen wir aus den Beigaben, die den Toten ins Grab mitgegeben wurden. Oft handelt es sich um ganze Geschirrsätze, wie etwa beim *Abb 262* reich ausgestatteten Grab Nr. 50 aus dem Friedhof Bern-Rossfeld oder bei Grab 36 aus der Hafennekropole von *Aventicum*. Eine eigentliche Vorratskammer mit mehreren Tablaren aus Granitplatten fügte man in Form einer Nische der *Abb 263–265* Grabgruft des Grabes Nr. 31 im Friedhof Minusio-Cadra TI an. 35 Ton- und Glasgefässe waren hier aufgestellt und sicher mit Speise und Trank gefüllt.[12] Manchmal wurde dem Toten auch sein Handwerksgerät mit ins Grab gegeben. *Abb 266* Das war der Fall beim Grab eines Schiffszimmermannes in der Hafennekropole *Abb 267* von *Aventicum*.[13] Oft finden sich unter den Beigaben kleine Statuetten aus weissem Ton. Hunde als Grabwächter, Hähne als Verkünder des Morgens eines neuen Lebens oder Figurinen der Venus, wohl als Symbol für ein Weiterleben, gehören zu den häufigsten Formen dieser typischen Grabbeigaben.[14] Auch Öl-

Gräber und Bestattungssitten 267

Abb. 264/265 Cadra TI Grab 31. Die Beigabennische während der Freilegung.

lämpchen tauchen oft unter den Beigaben auf. Verständlich, sollte der Tote doch Licht in der Finsternis haben.

Bei sorgfältiger Freilegung der Gräber lässt sich oft feststellen, dass nicht nur Geschirr, sondern auch die zugehörigen Speisen ins Grab gelegt wurden. Eier, Geflügel, Speckseiten und anderes mehr sollten offenbar als Wegzehrung auf der Reise ins Totenreich zur Verfügung stehen. In denselben Zusammenhang gehört auch das Beigeben von Münzen, sei es bei Körperbestattungen in den Mund oder in die Hand des Verstorbenen oder als Beigabe zum Leichenbrand bei den Kremationsgräbern. Es handelt sich dabei um den sog. Charonspfennig, den der Tote dem Fährmann, der ihn über den Unterweltfluss zu fahren hatte, geben musste. In diesem Zusammenhang sei erwähnt, dass es nichts Schlimmeres geben konnte als unbeerdigt zu bleiben. Tote, deren Leichnam nicht von Erde bedeckt wurden, durften nicht über den Unterweltfluss geführt werden. Sie waren zu einem ruhelosen Dasein als Gespenster verdammt.

Die Sitte, den Toten Geldstücke ins Grab zu geben, ist für den Ausgräber von grösster Wichtigkeit. Die beigegebenen Münzen können Hinweise auf die Zeit der Beisetzung geben, immer unter der Annahme, dass es sich nicht um Altstücke handelt, die eine lange Umlaufzeit hinter sich hatten.[15] Sie ermöglichen auch, die anderen Gegenstände im Grabe zu datieren, d. h. den Augenblick der Bergung in den Boden zu präzisieren. Dabei ist abermals nicht ausgeschlossen,

Abb. 266 Aventicum/Avenches, Hafennekropole. Grab 3 mit den Werkzeugen eines (Schiffs-) Zimmermanns als Beigabe.

Abb. 267 Tonstatuettchen als Grabbeigabe: (v. l. n. r.) Büste (Bern, Rossfeld), Ehepaar auf Kline (Locarno-Minusio), Ehepaar (Lenzburg), Venus (Bern, Rossfeld).

dass neben Gegenständen, die im Augenblick der Grablege neu bzw. ungebraucht waren, sich auch wiederum Altstücke befinden, vielleicht Gebrauchsgegenstände, die den Toten das ganze Leben hindurch begleitet hatten.

Gerne wüssten wir mehr über die Bräuche, die bei der Beisetzung und während der Trauerzeit herrschten. Hinweise auf Totenmahlzeiten am Grabe finden wir wohl in den zahlreichen Keramikfragmenten, die nicht verbrannt sind und die darum nicht zu Gefässen gehören können, die auf den Scheiterhaufen gestellt worden sind. Solche Fragmente finden sich oft verstreut um die Brandgräber und manchmal in kleinen Gruben abseits der Gräber am Rande der Bestattungsplätze. Offenbar hat man nach der Totenmahlzeit das Geschirr rituell zerschlagen. Sicherlich gehören auch die vielen Getreidekörner, die man auf der Brandplatte im schon erwähnten Rundgrab vor dem Osttor von *Augusta Raurica* gefunden hat, zu einem bestimmten Ritus.[16] *Abb 271 Abb 315*

Nach der Bestattung galt es, das Grab zu markieren, d. h. durch ein Mal jedermann anzuzeigen, dass hier ein Toter bestattet war, dessen Totenruhe auf keinen Fall gestört werden durfte. Diese Kennzeichnung konnte auf die veschiedenste Weise erfolgen. Es lässt sich eine ganze Musterkarte aufstellen. Sie reicht vom

Gräber und Bestattungssitten

Abb. 268 Aventicum/Avenches. Grabstein in Säulenform mit Inschriftfeld: D(is) Man(ibus)/D(ecimi) Iul(i)/Iuni(ani)/Iul(ia) Lit/ullin(a) ux(or) (Den Manen des Decimus Iulius Iunianus, Iulia Litullina, seine Gattin).

Abb. 269 Basel. Fragment eines monumentalen Grabsteins mit Büste des Verstorbenen in Nische. Aus der Mauer des spätrömischen Kastells Basilia.

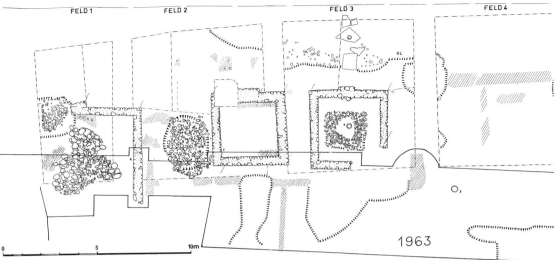

Abb. 270 Vindonissa/Windisch, Gräberfeld Alte Zürcherstrasse Brugg. Ummauerte Grabbezirke mit Brandgräbern.

Grab des Armen, das wohl nur durch einen Holzpfahl oder eine andere Markierung aus vergänglichem Material, allerhöchstens durch einen Feldstein gekennzeichnet war, bis hin zum Mausoleum, das prunkvoll den Reichtum und die Bedeutung des darin Beigesetzten zur Schau trug.

Der durchschnittliche Bewohner der römischen Siedlungen gab sich meist mit einem einfachen Grabstein zufrieden. Die Formen dieser Grabsteine sind aber keineswegs einheitlich. Neben säulenförmigen, wie etwa in *Aventicum* oder solchen in Form eines Obelisken, wie in *Forum Claudii*/Martigny[17], finden sich solche, die stark der heute gebräuchlichen Form ähneln. Sie konnten freilich von beachtlicher Grösse sein, wie etwa die Steine, die in zweiter Verwendung in der Mauer des spätrömischen Kastells *Basilia*/Basel vermauert waren. Eine andere Form ist der sog. Grabaltar. Wir kennen gute Exemplare aus *Turicum*/Zürich und aus *Acaunum*/St-Maurice VS,[18] was auf die weite Verbreitung dieses Typs hinweist. Eine spezielle Form von Grabstein findet sich vor allem in der Westschweiz, etwa ab dem Raum um Solothurn. Bei diesen Stücken ist auf einer Art Altarblock ein Obelisk aufgesetzt. Ein Exemplar aus Leuzigen SO, das diesem Typus angehört, dürfte aus dem Friedhof einer Villa rustica stammen. Andere Exemplare sind im Historischen Museum Solothurn im Schloss Blumenstein aufgestellt.[19] Oft finden sich eigentliche Grabplatten von nur geringer Dicke, die nicht frei als Grabstein aufgestellt waren. Wir kennen solche Platten aus *Augusta Raurica* und von anderen Fundplätzen.[20] Sie konnten z. B. an Grabumfriedungen, wie der bereits erwähnten aus Domdidier FR, angebracht gewesen sein.

Abb 268
Abb 269
Abb 272
Abb 258

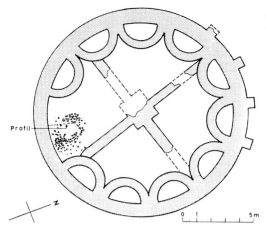
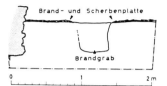

Abb. 271 Augusta Raurica/Augst. Kreismausoleum mit Flächenbustumgrab vor dem Osttor.

Abb 270

Abb 217, 271, 315

In *Vindonissa* reihten sich die monumentalen Gräber der Chargierten in der Form solcher ummauerter Grabbezirke in dichter Folge entlang der Ausfallstrasse nach Norden auf.[21]

Zum Vornehmsten gehörte es, in einem Tumulus-Grabe beigesetzt zu sein. Dieser Grabtyp schloss in unserem Gebiet wohl nicht an die längst erloschene Tradition der prähistorischen Grabhügel an, sondern an die der stadtrömischen Rundgräber, in denen die Vornehmen der späten Republik, der augusteischen Periode und bis in die Zeit Kaiser Hadrians ihre letzte Ruhe gefunden haben. Zu diesem Grabtypus gehört das schon erwähnte Kreismausoleum unmittelbar vor dem Osttor von *Augusta Raurica*. Seine monumentale Ausstattung mit den Entlastungsbögen und dem Mauersockel im Innern lassen auf einen hochaufragenden Grabhügel (*tumulus*) über einer kreisförmigen Mauerbasis (*krepìs*) schliessen. Der Tumulus dürfte von der Statue des im Grabe Bestatteten gekrönt gewesen sein. Gerne möchten wir wissen, wer der verdiente Bürger von *Augusta Raurica* war, der hier in der Mitte des 2. Jahrhunderts, vermutlich nach einem öffentlichen Grabgeleit (*funus publicum*), an so herausragender Stelle seine letzte Ruhe gefunden hat. Ein solches Funus publicum erhielt auch der angesehene C. Valerius Camillus in *Aventicum*, und zwar auf Beschluss der Stammesgemeinden der Helvetier und der Häduer.[22]

Die Grabsteine trugen meistens Inschriften, die ausser dem Namen des Verstorbenen, seine Abstammung und, im Falle von römischen Bürgern, auch die *tribus* (Bürgerabteilung) erwähnten. Weitere Angaben konnten die Ämter betreffen oder den Beruf, den der Verstorbene ausgeübt hatte. Bei Soldaten finden sich regelmässig die militärische Einteilung, die Herkunft sowie das Lebens- und das Dienstalter. Bei den meisten Grabsteinen treffen wir die Einleitungsformel

D(IS) M(ANIBUS) (den Totengöttern geweiht). Es ergibt sich daraus, dass Gräber eine *res sacra*, eine heilige, unverletzliche Sphäre waren. Seltener, aber in der Schweiz immerhin in Genf, Solothurn und an anderen Orten belegt, finden wir auf dem Grabstein die Darstellung einer *ascia* (Querbeil, Dechsel). Die Bedeutung dieses Symbols – es kann von der Formel *sub ascia dedicavit* (er hat unter der Queraxt geweiht) begleitet sein – ist trotz intensiver Forschung bis jetzt unklar geblieben. Es dürfte sich um einen rituellen Vorgang bei der Setzung des Grabsteins handeln, vergleichbar vielleicht den drei Hammerschlägen bei den Grundsteinlegungen in heutiger Zeit.[23] Die Grabsteine konnten mit reichem Bildschmuck versehen sein. Solche Exemplare sind bei uns selten. Es seien von ihnen erwähnt der schöne Grabstein eines Händlers aus *Augusta Raurica*, der Stein eines (Tuch)-Händlers aus *Vitudurum*/Oberwinterthur, das Bruchstück eines Soldatengrabsteines aus *Vindonissa* mit einer Bankettszene, das Bruchstück eines Grabsteins mit dem Porträt eines Ehepaars aus *Aventicum* und die Fragmente grosser, figürlich verzierter Grabdenkmäler, die aus der spätrömischen Mauer von *Basilia*/Basel geborgen wurden, ursprünglich aber wohl aus *Augusta Raurica* stammen. Gerade die letzten Stücke zeigen, dass wir auch in den Friedhöfen der »römischen Schweiz« Grabmonumente voraussetzen dür-

Abb 272

Abb 273

Abb 269

Abb. 272 Genava/Genf. Oberteil eines Grabsteins mit Darstellung einer Ascia (Querbeil, Dechsel).
Abb. 273 Vitudurum/Oberwinterthur. Grabstein eines Tuchhändlers.

274   Gräber und Bestattungssitten

fen, die durchaus an die Qualität der berühmten Grabdenkmäler aus dem Rheinland und dem Moselgebiet herankommen.²⁴

Etwas bescheidener geben sich jene Grabsteine, die wenigstens in ihrem Giebeldreieck die Büste des Verstorbenen, meist im Stile der einheimischen gallo-römischen Kunst, abbilden. Die Steine der Sevva aus Genf und der Ioincatia Nundina aus Basel sind typische Beispiele.²⁵ Bisweilen begnügte man sich auch mit symbolischen Darstellungen im Giebeldreieck und in den Zonen seitlich davon. So finden wir dort u. a. Rosetten, Halbmonde, Delphine oder auch Tauben zu beiden Seiten eines Doppelhenkelkruges dargestellt. Aus *Augusta Raurica* ist ein Stein zu erwähnen, in dessen Giebeldreieck ein geflügelter, unheilabwehrender Dämon kauert.²⁶ Ob wohl die beiden Speere im Giebeldreieck eines unlängst gefundenen Grabsteins aus Sion VS an die berühmten gallischen Speerkämpfer aus dem Alpenraum (die sog. Gaesaten) erinnern?²⁷ Der genannte Stein gehört zu einer Gruppe von sehr gut erhaltenen Grabsteinen, die bei Grabungen in der frühmittelalterlichen Friedhofskirche auf der Flur »Sous le Scex« freigelegt worden sind. Sie waren dort in zweiter Verwendung als Seitenwände von Grüften eingemauert worden und sind darum bemerkenswert gut erhalten.²⁸

Einer dieser Steine ist der eines Präfekten der 2. hispanischen Kohorte. Der Verstorbene ist in voller Lebensgrösse und in seiner ganzen Montur dargestellt. Auf einem weiteren Grabstein ist, wie bereits erwähnt, der Amtsstuhl (*bisellium*) ei-

Abb 192

Abb 475

Abb 274

Abb. 274 Sitten, Sous le Scex. Unterer Teil des Grabsteins eines Duovir iure dicundo (»Bürgermeister« der Civitas Vallensium) mit Darstellung des aufklappbaren Amtssessels (bisellium).

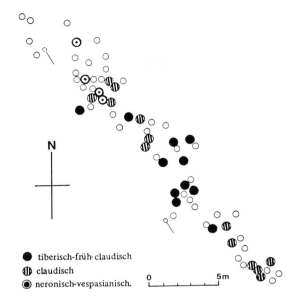

Abb. 275 Neuallschwil BL. Plan des Gräberfeldes mit horizontalstratigraphischer Markierung.

● tiberisch-früh-claudisch
◍ claudisch
⊙ neronisch-vespasianisch

nes ehemaligen *duovir* der *Civitas Vallensium* abgebildet. Beide Steine sind äusserst wertvolle Zeugnisse für die Geschichte des römischen Wallis. Sie zeigen einmal mehr, dass dieses Alpental in der Antike unter starkem Einfluss von Oberitalien gestanden hat, denn dort finden sich die nächsten vergleichbaren Darstellungen solcher Amtssessel.[29]

Zum Schluss sei noch eine interessante Möglichkeit erwähnt, mit der den Gräberfeldern Informationen entlockt werden können. Es handelt sich um die sog. Horizontalstratigraphie, die darin besteht, auf dem Plan des Gräberfeldes die Gräber nach ihrer Zeitstellung oder nach anderen Kriterien mit besonderen Symbolen zu markieren. Aus den sich so ergebenden Verteilungsbildern können unter Umständen Einblicke in die räumliche Entwicklung des Gräberfeldes, d. h. in sein Wachsen von einem Kerngebiet aus in mehrere oder nur in eine Richtung hin abgelesen werden. Dies lässt sich anhand der Gräberfelder von Allschwil BL und Courroux JU [30] sehr schön aufzeigen. Nicht immer freilich sind es Ausdehnungsrichtungen, die sich aus der Horizontalstratigraphie ablesen lassen. Beim Gräberfeld Bern-Rossfeld ergibt sich bei einer Kennzeichnung der Gräber nach verschiedenen Zeitstufen ein Verteilungsbild mit interessanten, schwerpunktartigen Konzentrationen von Gräbern aus allen Zeitperioden. Handelt es sich bei diesen Schwerpunkten etwa um die Gräber von Familiengruppen, um solche von Handwerkerkorporationen oder etwa gar um solche von Begräbnisvereinen, zu denen sich die Einwohner der Siedlungen bisweilen zusammenschlossen, um sich gegenseitig ein würdiges Begräbnis zu garantieren?[31]

Abb 275

Spätantike

Als Beginn der Spätantike wird man am ehesten das Jahr 293 ansehen können, als Kaiser Diokletian und der seit 286 zum Mitkaiser erhobene Maximian ihre Gardepräfekten Galerius und Constantius Chlorus adoptierten und sie zu Nachfolgern (*caesares*) ernannten. Dieses, Tetrarchie (Viererherrschaft) genannte System mit seinen zwei Augusti (den Oberkaisern) und den beiden Cäsaren (den Unterkaisern), die dereinst nach dem Rücktritt der Augusti aufsteigen und ihrerseits wieder neue Cäsaren ernennen sollten, nahm wieder Elemente aus der prosperierenden Periode des Adoptivkaisertums im 2. Jahrhundert auf und sollte die Kontinuität der Herrschaft gewährleisten. Den Usurpationen der Generäle hoffte man mit dieser Regelung ein Ende gemacht zu haben. Das Reich wurde in zwei Hälften geteilt; Diokletian übernahm den Osten, Maximian den Westen. Im Jahre 297 wurden die Provinzen neu gegliedert und zu zwölf grösseren Einheiten, den sog. Diözesen, zusammengefasst. Der grösste Teil der »römischen Schweiz« kam zur neugeschaffenen Provinz *Maxima Sequanorum*, die Teile der *Germania superior* und der *Belgica* umfasste, bis ins mittlere Elsass reichte und zur Diözese Gallien gehörte. Hauptstadt war *Vesontio*/Besançon (F).

Abb 278

Die rätische Provinz wurde etwas später in zwei Provinzen aufgespalten (*Raetia prima* und *secunda*), wobei die Grenze zwischen den beiden neuen Verwaltungsbezirken im rechten Winkel von der Donau weg zu den Alpen verlief. Die schweizerischen Gebiete wurden zur *Raetia prima* geschlagen. Über deren Hauptort herrscht Unklarheit (*Cambodunum*/Kempten [D] oder *Brigantium*/Bregenz [A]?). Beide rätischen Provinzen gehörten zusammen mit ganz Italien zur Diözese *Italia Annonaria*. Das Wallis blieb in der Provinz der *Alpes Graiae et Poeninae*. *Genava*/Genf kam zur Provinz *Viennensis* und damit zur Diözese *Septem Provinciae* (sieben Provinzen).[1]

Weitere staatliche Massnahmen griffen in das Wirtschaftsleben ein. Eine Münzreform (295) und ein Edikt über Maximalpreise (301) sollten der Inflation ein

Ende bereiten. So entstand ein Zwangsstaat, in dem die Bürger zu Untertanen (*subiecti*) wurden und das einzelne Individuum kaum mehr Rechte hatte, sondern vollumfänglich in staatliche Verpflichtungen eingespannt war (Bindung der Bauern an die Scholle, erbliche Bindung der Untertanen an Beruf und Heimatort, Zwangskorporationen der Handwerker zur Sicherung der Heeresversorgung, Ende der Selbstverwaltung der Städte, drückende Steuern und Dienstverpflichtungen).[2]

Nach den schweren Erschütterungen in den vorangegangenen vier Jahrzehnten des 3. Jahrhunderts mit ihren häufigen Herrscherwechseln, der Sezession des Gallischen Sonderreiches und den heftigen Alamanneneinfällen trat jetzt unter straffer Führung eine Periode der relativen Ruhe und vor allem der Neuorganisation ein. Zunächst galt es, die Reichsgrenzen neu zu sichern, da die Alamanneneinfälle alle dahingehenden Versuche unmöglich gemacht hatten.

Der Donau-Iller-Rheinlimes

Schon Gallienus hatte eine Rücknahme der Grenze auf die klassische Flusslinie des Rheines geplant. Wer der eigentliche Erfinder der neuen Grenzziehung ist, lässt sich nicht sicher ausmachen. War es etwa schon Kaiser Probus (276-282), der in Augsburg auf einer Inschrift als *restitutor provinciae* (Wiederhersteller der Provinz) gepriesen wird? Oder waren es Diokletian und Maximian, die 288/89 und 291 nachweislich Beratungen über das weitere Vorgehen abgehalten haben?

Der Plan zur neuen Verteidigungslinie war ebenso logisch wie klug. Sie stützte sich, soweit es immer möglich war, auf die Flussgrenzen. So bildete vom Schwarzen Meer bis zum Kastell *Phoebiana*/Faimingen (D) an der Einmündung des Illers die Donau die Grenze. Anschliessend folgte sie diesem rechten Seitenfluss bis zu jener Stelle bei *Cambodunum*/Kempten (D), wo die kürzeste Landbrücke nach *Brigantium*/Bregenz am Bodensee zu überwinden war. Vom Bodensee abwärts bildete der Rhein bis zu seiner Einmündung in die Nordsee die Reichsgrenze. Die neuere Forschung hat für diese spätrömische Grenzwehr den Ausdruck Donau-Iller-Rheinlimes geprägt.[3]

Abb 276

Der Ausbau des neuen spätrömischen Limes erfolgte in dem uns hier interessierenden Abschnitt offensichtlich etappenweise. Im bayrischen Alpenvorland hatte, wie erwähnt, bereits Kaiser Probus Anstrengungen unternommen – vor allem hinsichtlich der Abdichtung der Landbrücke zwischen den beiden Flusssystemen. Demgegenüber scheinen Bauaufgaben in jenen Zonen, die etwa im Schutze des Schwarzwaldes standen, zurückgestellt worden zu sein. Vielleicht waren dort noch Reste der von Gallienus und dann von den Kaisern des Sonderreiches unternommenen Sicherheitsvorkehrungen vorhanden, z. B. in *Basilia*/

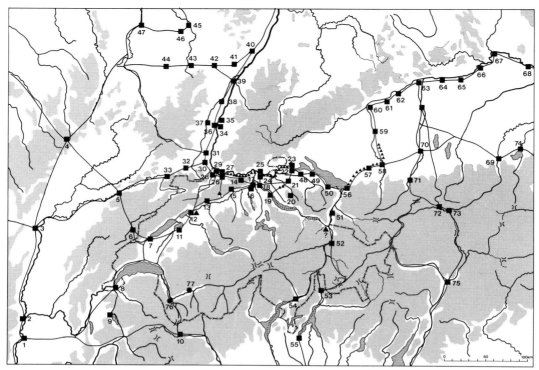

▲ Burgus ● unbewehrte (?) Siedlung
■ Kastell oder befestigte Stadt ▲▲ Burgi, Wachttürme

Abb. 276 Donau-Iller-Rhein-Limes im 4. Jh. n. Chr. 1 Vienna/Vienne [F], 2 Lugdunum/Lyon [F], 3 Cabillonum/Chalon-sur-Saône [F], 4 Andamatunnum/Langres [F], 5 Vesontio/Besançon [F], 6 Ariolica/Pontarlier [F], 7 Eburodunum/Yverdon (VD), 8 Genava/Genf, 9 Boutae/Annecy [F], 10 Augusta Praetoria/Aosta [I], 11 Aventicum/Avenches (VD), 12 Petinesca/Studen und Ägerten (BE), 13 Salodurum/Solothurn, 14 Frick (AG), 15 Olten (SO), 16 Altenburg (AG), 17 Vindonissa/Windisch (AG), 18 Aquae Helveticae/Baden (AG), 19 Turicum/Zürich, 20 Cambiodunum/Irgenhausen (ZH), 21 Vitudurum/Oberwinterthur (ZH), 22 Tasgaetium/Eschenz (SH), 23 Tasgaetium-Brückenkopf (SH), 24 Tenedo/Zurzach (AG), 25 Tenedo-Brückenkopf/Rheinheim [D], 26 Castrum Rauracense/Kaiseraugst (AG), 27 Castrum Rauracense-Brückenkopf/Herten [D], 28 Basel, 29 Basel-Brückenkopf/Kleinbasel (BS), 30 Cambes/Kembs [F], 31 Illzach bei Mühlhausen [F], 32 Larga/Largitzen [F], 33 Epomanduodurum/Mandeure [F], 34 Mons Brisiacus/Breisach [D], 35 Sponeck bei Jechtingen [D], 36 Oedenburg bei Biesheim [F], 37 Argentovaria/Horburg bei Colmar [F], 38 Hellelum/Ehl [F], 39 Argentoratum/Strassburg [F], 40 Saletio/Seltz [F], 41 Brocomagus/Brumath [F], 42 Tabernae/Zabern [F], 43 Sarrebourg [F], 44 Tarquimpol [F], 45 Saarbrücken [D], 46 Herapel [D], 47 Divodurum/Metz [F], 48 Ad Fines/Pfyn (TG), 49 Constantia/Konstanz [D], 50 Arbor Felix/Arbon (TG), Schaan (FL), 52 Curia/Chur (GR), 53 Clavenna/Chiavenna [I], 54 Bilitio/Bellinzona (TI), 55 Comum/Como [I], 56 Brigantium/Bregenz [A], 57 Vemania/Isny [D], 58 Cambodunum/Kempten [D], 59 Caelius Mons/Kellmünz [D], 60 Febiana/Faimingen [D], 61 Guntia/Günzburg [D], 62 Piniana/Bürgle-Gundremmingen [D], 63 Summontorium/Burghöfe [D], 64 Neuburg [D], 65 Vallatum/Manching [D], 66 Abusina/Eining [D], 67 Castra Regina/Regensburg [D], 68 Sorviodurum/Straubing [D], 69 Pons Aeni/Pfaffenhofen [D], 70 Abodiacum/Epfach-Lorenzberg [D], 71 Foetes/Füssen [D], 72 Teriola/Zirl [A], 73 Veldidena/Wilten [A], 74 Bedaium/Seebruck [D], 75 Bozen [I], 76 Forum Claudii/Martigny (VS), 77 Sedunum/Sitten (VS).

Basel-Münsterhügel, auf dem *Mons Brisiacus*/Breisach (D) und in der Unterstadt von *Augusta Raurica*? In der Zeit der Tetrarchie waren für den schweizerischen Limesabschnitt Maximianus als Augustus und für denjenigen in der Maxima Sequanorum im speziellen der Cäsar Constantius Chlorus verantwortlich. Inschriftlich ist für 294 der Bau von Kastellen in *Tasgaetium*/Burg bei Stein am Rhein SH und *Vitudurum*/Oberwinterthur ZH belegt. Die beiden Inschriften reden nicht von Kastellen, sondern von Ummauerung (*murus*). In Wirklichkeit wurde aber in *Vitudurum* nur ein kleiner Teil des Vicus ummauert. Wir begegnen hier dem Phänomen der Siedlungsreduktion, die sich aufgrund der stark dezimierten Bevölkerung ohnehin aufdrängte.[4]

Auf der Limesstrecke weiter nach Westen ist die Sachlage nicht so klar, da inschriftliche Datierungen von Kastellen fehlen. In diesem Abschnitt war der Cäsar Constantius Chlorus zuständig. Wir wissen, dass er sich seiner Aufgabe in diesem Raume erst nach 297 zuwenden konnte, da er vorher mit der Befriedung Britanniens vollauf beschäftigt war. Es wird ausdrücklich überliefert, dass er von dort zahlreiche Handwerker zum Wiederaufbau nach Gallien herübergenommen habe. Zudem standen neue Alamanneneinfälle bevor, die erst mit der Schlacht von *Vindonissa* im Jahre 302 endgültig gestoppt werden konnten.

So wird man kaum fehl gehen, wenn man die Ausbauarbeiten am Limes zwischen *Argentoratum*/Strassburg und der Aaremündung erst in den Beginn des 4. Jahrhunderts setzt, und sie mit den Namen des Constantius Chlorus und sei-

Abb. 277 Kaiseraugst, Liebrüti.
Ziegelstempel der legio I Martensium.

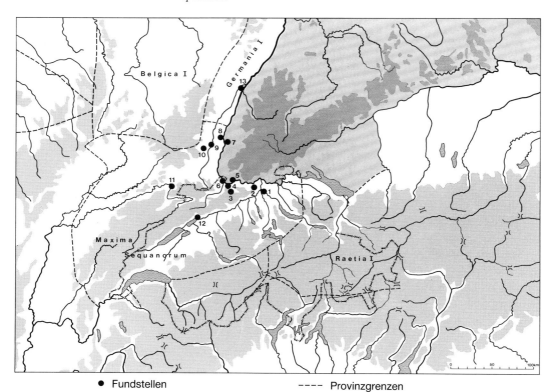

- Fundstellen   ---- Provinzgrenzen

Abb. 278 Die spätrömische Provinzeinteilung und die Fundstellen von gestempelten Ziegeln der legio I Martensium. 1 Vindonissa/Windisch (AG), 2 Frick (AG), 3 Castrum Rauracense/Kaiseraugst (BL), 4 Augst, Stadtgebiet der ehem. Koloniestadt (BL), 5 Brückenkopf Wyhlen [D], 6 Basel, 7 Mons Brisiacus/Breisach [D], 8 Oedenburg bei Biesheim [F], 9 Argentorvaria/Horburg bei Colmar [F], 10 Drei Exen bei Egisheim [F], 11 Epomanduodurum/Mandeure [F], 12 Biel-Mett (BE), 13 Argentoratum/Strassburg [F].

nes Sohnes Konstantin I. in Zusammenhang bringt. Damals erfolgte somit der Ausbau der nachweislich schon vorher in Ansätzen existierenden Befestigungen von *Mons Brisiacus*/Breisach (D), *Argentovaria*/Horburg im Elsass, Oedenburg bei Biesheim (F), *Basilia*/Basel und *Castrum Rauracense*/Kaiseraugst AG.[5]
In den Rahmen dieser Reorganisation gehört sicher auch die Aufstellung der neuen Hauslegion der Provinz Maxima Sequanorum, der *legio I Martensium* oder *Martiorum*. Dieser neuen Truppe, das zeigt die Verbreitung ihrer Ziegelstempel, war der Schutz der Provinz anvertraut. Sie unterzog sich dieser Aufgabe u. a. durch Posten an den Flusssystemen (Aare bei Biel-Mett BE und *Vindonissa*, Doubs bei Mandeure [F], Rhein bei Breisach [D] und Biesheim-Oeden-

Abb 276

burg [F]. Ihr Hauptquartier hatte die neu aufgestellte Legion im *Castrum Rau-*   Abb 277
racense, das über einem Sektor der Unterstadt des zum Teil in Trümmern liegenden alten Koloniehauptortes *Augusta Raurica* errichtet wurde. In diese Zone waren nach Ausweis der Münzfunde bereits im Jahre 260 durch Kaiser Gallienus Truppen in Garnison gelegt worden. Nach den Alamanneneinfällen von 254 scheint der Kaiser diese Massnahme im Sinne einer Umdisposition und eines rückwärtigen Auffanglimes im Hinblick auf eine notwendig werdende Räumung des obergermanisch-rätischen Limes geplant zu haben. Parallel dazu erfolgten ja auch die Wiederbefestigungsarbeiten in *Vindonissa*.[6]

Die spätrömischen Kastelle

Wir können beim heutigen Forschungsstand mit Sicherheit die Vermutung aussprechen, dass das gewaltige Festungswerk des *Castrum Rauracense* nicht in einem Guss entstanden ist. Zwei, wenn nicht drei Bau- oder Umbauetappen sind auf jeden Fall anzunehmen. Es scheinen sich bei genauer Beobachtung, in der Umfassungsmauer verschiedene Mauertechniken abzuzeichnen, und neuerdings wurden auch verschiedene, übereinanderliegende Fundierungen beobachtet. Sicher ist auch, dass die *legio I Martensium* schon in der ersten Hälfte des 4. Jahrhunderts in der Provinz stand. Den Beweis hierfür haben die Grabungen im Kastell *Mons Brisiacus*/Breisach (D) geliefert, wo Ziegel mit den Stempeln dieser Legion zusammen mit solchen der in Strassburg stationierten 8. Legion in einer Grube gefunden wurden. Diese lag eindeutig unter der Zerstörungs- und Planierungsschicht, die mit dem Brand des Kastells in der Folge der Ereignisse des Jahres 352 und der folgenden Neubauphase unter Valentinian zusammenhängt.[7]

Das *Castrum Rauracense* ist mit seinen 36 000 m² umbauter Fläche ein eindrück-   Abb 383
liches Beispiel spätrömischer Festungstechnik. Seine bis zu vier Meter starken Mauern ruhen an manchen Stellen auf Spoliensteinen, die aus der teilweise in Trümmern liegenden Koloniestadt herbeitransportiert worden sind. Wir wissen, dass um 300 in der Oberstadt mehrere Grossbauten, z. B. die Frauenthermen und die Mansio am Stadtrand, vermutlich zur Gewinnung von Steinmaterial, abgebrochen wurden. Vor der Kastellmauer lag ein Graben, der durch eine   Abb 384
breite Berme von dieser getrennt war. Diese Zone, in die man durch kleine Schlupfpforten gelangen konnte, diente als Sicherheit gegen das Heranführen von Belagerungsmaschinen. Mächtige, nach aussen vorspringende Türme ermöglichten einen guten Überblick und ein Bestreichen der Mauer mit Verteidigungswaffen.

Über die Gestaltung im Innern sind wir nur unvollständig orientiert, besonders auch hinsichtlich der verschiedenen Perioden der Innenbebauung. Es ist keineswegs sicher, dass das Castrum in allen Bauperioden drei Tore aufwies. Das Südtor war wahrscheinlich zeitweise vermauert oder gar nicht vorhanden. Wir hätten dann einen Kastelltypus mit einer Längsstrasse vor uns, wie wir ihn am Mittelrhein in *Baudobriga*/Boppard (D) kennen. Jenes, sich ebenfalls an den Rhein anlehnende Kastell weist auch sonst auffallende Ähnlichkeiten mit dem *Castrum Rauracense* auf.[8]

In der Nordwestzone des Kastells befand sich ein grosses Badegebäude, in der Südwestecke verschiedene Getreidespeicher (*horrea*). Ein Bauwerk in der Mitte der Südhälfte mit einer weiten Apsis und Höfen dürfte das Stabsgebäude (*principia*) von *Castrum Rauracense* gewesen sein. Auf die nach der Mitte des 4. Jahrhunderts eingebaute christliche Kirche werden wir noch zu sprechen kommen.[9]

Eine ähnliche Mehrperiodigkeit, wie wir sie für das *Castrum Rauracense* feststellen, kann für das spätrömische Castrum von *Genava*/Genf nachgewiesen werden. Dort folgte auf eine erste Befestigung des Stadthügels in Form einer Umwehrung, die sich auf eine doppelte Palisadenreihe stützte und die wohl in der zweiten Hälfte des 3. Jahrhunderts entstanden war, ein Ausbau mit einer massiven Steinmauer, für die massenweise Spoliensteine aus der zerstörten *Colonia Iulia Equestris*/Nyon VD per Schiff über den Genfersee hergeholt wurden. Nach der Mitte des 4. Jahrhunderts wurde im Kastell in einer Zone mit offiziellen Bauten die Residenz des Bischofs errichtet.[10]

Was die Datierung der übrigen spätrömischen Kastelle auf dem Gebiet der heutigen Schweiz anbetrifft, möchten wir uns äusserste Zurückhaltung auferlegen. Es hat sich nämlich gezeigt, dass mit typologischen Kriterien, wie etwa mit Turm- und Grundrissformen, ja sogar mit der Auswertung von Münzreihen, nur sehr vorsichtig operiert werden sollte. Solange nicht klare Befunde mit datierbaren Schichtanschlüssen an die Umfassungsmauern oder dendrochronologische Untersuchungen von Pfählungen unter den Wehrmauern vorliegen, wird kaum weiterzukommen sein.[11]

Da und dort sind immerhin vorsichtige Wahrscheinlichkeitsschlüsse erlaubt. Die Anlage des *Castrum Vindonissense*, das sich auf dem Sporn zwischen Aare und Reuss hinter drei mächtigen Abschnittsgräben und einer Wehrmauer verschanzt, die in ihrem Mittelabschnitt Reste der alten, unter Kaiser Gallienus wieder instand gesetzten Lagermauer, verwendet, dürfte erst nach dem Siege des Constantius Chlorus bei *Vindonissa* im Jahre 302 entstanden sein. Keine genügend aussagekräftigen Anhaltspunkte zur Datierung der Erbauungszeit haben wir bei den Kastellen von *Tenedo*/Zurzach-Kirchlibuck, *Curia*/Chur, *Arbor Felix*/Arbon TG, *Aventicum*/Avenches-Bois de Châtel und bei den spätrömischen Wehranlagen von *Aquae Helveticae*/Baden AG und *Petinesca*/Studen BE.

Abb 529 Neuere Analysen des Fundgutes sprechen beim Kastell Zürich-Lindenhof für eine Entstehung schon unter Konstantin I. oder seinen Söhnen. Das Kastell

Schaan dürfte aufgrund seiner Münzreihe in die Zeit Valentinians I. zu datieren sein. Für Irgenhausen wird wegen der, allerdings sehr kleinen Münzreihe neuerdings ebenfalls die konstantinische Zeit vorgeschlagen, und beim Kastell in *Tenedo*/Zurzach-Sidelen glauben wir in Anbetracht seiner Grundrissgestalt mit den zum Rhein hinunterführenden Flankenmauern, dass es sich um eine Anlage im Zusammenhang mit dem valentinianischen Brückenbau und der Errichtung des in seiner Struktur sehr ähnlichen rechtsrheinischen Vorwerkes handelt. Neue Grabungen haben im Kastell *Eburodunum*/Yverdon VD zur Freilegung des Osttores geführt. Leider war es aber nicht möglich, die Jahrringreihen der Pfähle unter dem Osttor in das System der datierbaren Jahrringabfolgen einzuordnen. Bei den Grabungen konnte aber aufgrund der Schichtanschlüsse, die durch Keramik und an die 40 Münzen datiert waren, die Erbauungszeit dieses durch seinen stark rhombisch verschobenen Grundriss auffallenden Kastells eindeutig in der zweiten Hälfte des 4. Jahrhunderts angesetzt werden. Dadurch wurden frühere Beobachtungen, die ebenfalls für eine valentinianische Gründung sprachen, bestätigt.[12]

Abb 429, 430

Abb 532

Abb 521, 522

Auch die Gruppe der sich glockenförmig an die Gewässer anlehnenden Kastelle, wie Altenburg bei Brugg AG, Olten SO, *Salodurum*/Solothurn, ist mangels präziser Aufschlüsse vorerst kaum näher datierbar. Für Altenburg wird aufgrund der Münzreihe eine Erbauung kurz nach 300 angenommen. Das würde zu den von uns in bezug auf das *Castrum Vindonissense* gemachten Überlegungen passen. Die genannten Kastelle könnten zusammen mit den ihnen typologisch verwandten, die sich an die Flussachse von Saône und Doubs anlehnen (Chalon-sur-Saône und Mandeure [beide F]), eine sowohl konstruktive als auch zeitliche Einheit bilden. Falls sich einmal weitere, sicher datierende Kriterien gewinnen liessen, würden wir erfahren, ob die logistische Massnahme, der ihr Bau ohne Zweifel entspringt, d. h. die Sicherung der Nachschubwege zum mittleren Abschnitt des Donau-Iller-Rheinlimes über die Flussachsen der Aare und des Saône-Doubs-Wasserweges, tatsächlich ein Werk der nachtetrarchischen Periode ist. Wir wissen aus anderen Abschnitten des Donau-Iller-Rheinlimes, dass sich auch entlang der rückwärtigen Nachschubachsen Kastelle aufreihten. Das war auch in unserem Gebiet so, nur lässt sich beim gegenwärtigen Forschungsstand noch nicht im einzelnen ausmachen, welche Anlagen aus der Entstehungszeit des Limes stammen und welche späteren Ausbauphasen zuzurechnen sind.[13]

Abb 351, 421, 478

Wie sah die Situation ausserhalb der Kastelle und festen Plätzen aus? Die grossen Koloniestädte *Iulia Equestris*, *Aventicum* und *Augusta Raurica* waren, wie wir bereits festgestellt haben, offensichtlich schwer beschädigt. *Iulia Equestris* diente als Steinbruch für die Castrummauer von *Genava*/Genf. Aus *Augusta Raurica* holte man Steinmaterial für den Bau der Mauern von *Basilia*/Basel und für das *Castrum Rauracense*. Der Bericht des Historikers Ammianus Marcellinus aus der zweiten Hälfte des 4. Jahrhunderts – er beruht vermutlich auf einem

284   *Spätantike*

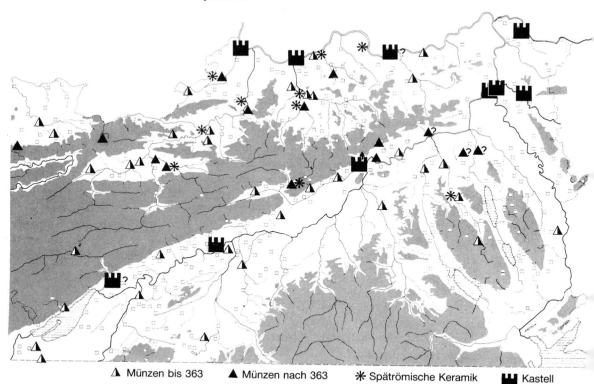

▲ Münzen bis 363 ▲ Münzen nach 363 ✳ Spätrömische Keramik ♜ Kastell

Abb. 279 Karte der Nordwestschweiz mit den Villae rusticae, die Funde aus dem 4. Jh. n. Chr. aufweisen.

persönlichen Augenschein – über das damalige Aussehen von *Aventicum* dürfte modellhaft sein: »Aventicum, eine zwar verlassene, aber einst nicht unbedeutende Stadt, wie die halbzerfallenen Gebäude bis heute bezeugen«.[14]

In den Koloniestädten war freilich nicht alles Leben erloschen. In *Aventicum* bestand im 4. Jahrhundert eine im Umfang reduzierte Stadtmauer, die unter Einbezug des Theaters die Kirchen St. Martin und St. Symphorien umschloss. In *Augusta Raurica* ist spätrömische Besiedlung auf dem durch Halsgraben und Wehrmauer abgetrennten Sporn von »Kastelen« nachzuweisen. Auch an seinem Fuss befindet sich eine Zone mit relativ dichter spätrömischer Besiedlung, und an weiteren Punkten innerhalb der Oberstadt, z. B. in der Insula 50, sind entsprechende Spuren nachzuweisen. Auch ein offener Vicus wie *Lousonna*/Vidy b. Lausanne VD war in der Spätantike keineswegs ausgestorben, wie neueste Grabungen gezeigt haben. Die Vici im schweizerischen Mittelland freilich waren, soweit sie nicht eine reduzierte Ummauerung erhalten hatten, wie etwa *Aquae Helveticae*/Baden oder *Vitudurum*/Oberwinterthur, weitgehend verlassen.[15]

Abb 357

Abb 517

Auf dem Lande war die Situation ähnlich. Die meisten Gutshöfe hatten schwer gelitten. Ihre Herrenhäuser waren geplündert und zerstört. Und doch ist auf den Landgütern nicht alles Leben erloschen. Gewiss mag die Anbaufläche drastisch zurückgegangen sein, aber in zunehmendem Masse zeigt die Aufarbeitung des Fundmaterials aus den Villae rusticae, dass in vielen auch im 4. Jahrhundert weitergearbeitet wurde. Eine von Max Martin zusammengestellte Karte der Gutshöfe, die Münzfunde aus dem 4. Jahrhundert aufzuweisen haben, spricht da eine deutliche Sprache. Dabei ist offenbar die Bewirtschaftung von einem der Nebengebäude aus, das vielleicht mehr schlecht als recht instand gesetzt worden war, betrieben worden. Im Falle der Villa rustica vom Görbelhof bei Rheinfelden AG haben wir sogar einen Gutshof vor uns, der gegen Ende des 3. Jahrhunderts neu angelegt wurde.[16]

Abb 279

Handel und Handwerk

Auch der Handel und die Herstellung von Waren kamen im 4. Jahrhundert erneut in Schwung. Es waren zwar nicht mehr dieselben Handelswege wie früher, da an den Grenzen des Reiches grosse Gebiete verlorengegangen waren. Auch neue Produktionszentren, die sich auf die Bedürfnisse der anders gruppierten Armee abstützten, entstanden. Eine grosse Bedeutung gewann so im 4. Jahrhundert die Produktion von gedrechselten Steingefässen aus Speckstein, die aus dem Alpenraum bis an den Donau-Iller-Rheinlimes geliefert und zu einem wichtigen Exportartikel wurden.[17]

Interessante Aufschlüsse über die Handelsbeziehungen geben die verschiedenen Gattungen der spätrömischen Keramik. Was die Produktion von Terra sigillata betrifft, so hatten nach 270 in Rheinzabern (D) gewisse Töpfer ihre Tätigkeit wieder aufgenommen und stellten bis in den Beginn des 4. Jahrhunderts Terra sigillata her. Später kamen neben Rheinzabern neue Produktionszentren auf, wobei sich auch die Verzierungstechnik und der Formenschatz der Gefässe änderten. Die Technik der Verzierung der Gefässwände mit einem Stempelrädchen, die im 2. und 3. Jahrhundert an der sog. Glanztonkeramik üblich gewesen war, wurde jetzt in die Sigillataproduktion übernommen (sog. Rädchensigillata). Der neue Produktionsschwerpunkt lag im Gebiet der Argonnen am Oberlauf der Maas. Seine Produkte verdrängten sukzessive die der Töpfereien von Rheinzabern. Die Rädchensigillata ist aber nicht die einzige spätrömische Sigillata, die im 4. Jahrhundert ins Gebiet der »römischen Schweiz« importiert wurde. Sowohl im rätischen Raum als auch in der Westschweiz finden sich zahlreiche Belege für die sog. Mittelmeersigillata. Sie unterscheidet sich von der früh- und mittelkaiserzeitlichen Terra sigillata Italiens und Galliens durch ihren hell-englischroten Ton und den gleichfarbigen, oft sehr dünnen Überzug. Auch

Abb 282

Taf 19a

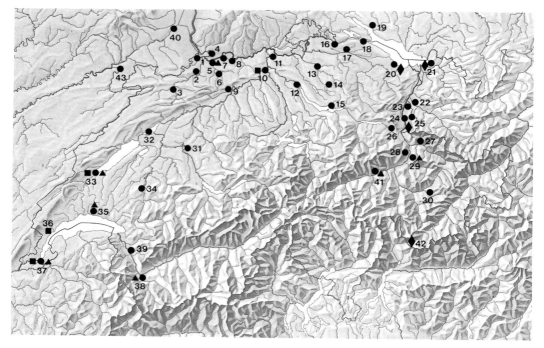

- ● Argonnensigillata
- ■ Mittelmeersigillata, westlicher Importweg
- ▲ Céramique paléochrétienne
- ◆ Mittelmeersigillata, östlicher Importweg

Abb. 280 Spätrömische Terra sigillata. 1 Basel, 2 Äsch (BL), 3 Courroux (JU), 4 Herten [D], 5 Castrum Rauracense/Kaiseraugst (AG), 6 Lausen (BL), 7 Rheinfelden-Görbelhof (AG), 8 Mumpf (AG), 9 Olten (SO), 10 Vindonissa/Windisch (AG), 11 Tenedo/Zurzach (AG), 12 Turicum/Zürich, 13 Vitudurum/Oberwinterthur (ZH), 14 Irgenhausen (ZH), 15 Kempraten (SG), 16 Tasgaetium/Eschenz (SH), 17 Ad Fines/Pfyn (TG), 18 Constantia/Konstanz [D], 19 Überlingen [D], 20 Arbor-Felix/Arbon (TG), 21 Brigantium/Bregenz [A], 22 Göfis [A], 23 Schaanwald [FL], 24 Schaan [FL], 25 Schaan-Krüppel [FL], 26 Berschis (SG), 27 Schiers (GR), 28 Höhle Tgilväderlis (GR), 29 Curia/Chur (GR), 30 Mon (GR), 31 Sinneringen (BE), 32 Petersinsel (BE), 33 Eburodunum/Yverdon (VD), 34 Pont-en-Ogoz (FR), 35 Lousonna/Vidy bei Lausanne (VD), 36 Iulia Equestris/Nyon (VD), 37 Genava/Genf, 38 Forum Claudii/Martigny (VS), 39 St-Triphon (VD), 40 Illzach [F], 41 Sagens-Schiedberg (GR), 42 Vicosoprano-Caslac (GR), 43 Epomanduodurum/Mandeure [F].

Abb. 282 Eburodunum/Yverdon VD. Keramik in der Technik der Terra sigillata aus grauem Ton mit grauem Tonschlicker-Überzug und Stempeldekor aus dem 5. Jh. n. Chr. (sog. Céramique paléochrétienne grise). ▷

Handel und Handwerk 287

Abb. 281 Basilia/Basel, Gräberfeld Äschenvorstadt. Henkeltöpfchen in der Machart der sog. Eifelkeramik.

der Formenschatz ist anders. Als Produktionsorte werden Nordafrika und weitere Zentren im Mittelmeerraum namhaft gemacht. Es lassen sich verschiedene Varianten ausmachen. Nach Rätien und vor allem ins Alpenrheintal wurde diese Keramikgattung über die Alpenpässe vom Hafen Aquileia aus bezogen. In der Westschweiz und bis ins *Castrum Rauracense* finden sich Mittelmeersigillaten, die vermutlich den Handelsweg das Rhonetal aufwärts genommen haben. Im Rhonetal selbst lagen auch die Produktionsstätten einer Glanztonkeramik, die der Argonnensigillata ähnelt, sich aber durch ihren Formenschatz von dieser unterscheidet.[18]

Abb 282

Einen Aufschwung nahm auch die Herstellung von Glasurkeramik. Diese Technik war in der mittleren Kaiserzeit im Donauraum heimisch und breitete sich im 4. Jahrhundert nach Westen aus. Dabei spielten vielleicht wandernde Töpfer

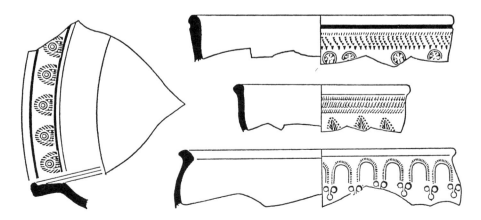

eine Rolle. Ein Zentrum der Herstellung solcher Keramik, die sich von ihren pannonischen Vorbildern kaum unterscheiden lässt, lag im 4. Jahrhundert in der Gegend von Mülhausen-Illzach (F) und exportierte an den Rheinlimes. Aus der Gegend von Poitiers (F) wurde eine Keramik importiert, deren Überzug mit einem Schwamm aufgetragen wurde. Im Bereich der Grobkeramik findet sich vor allem eine Gattung, die ursprünglich aus dem Gebiet der Eifel stammt, später aber auch in anderen Werkstätten hergestellt wurde. Vor allem im späteren 4. und 5. Jahrhundert wurden aus Zentren im südlichen und im mittleren Rhonetal verschiedene Varianten einer stempelverzierten, teils orangen, teils grauen Keramik importiert, der man wegen der im Typenschatz der Stempel vorkommenden christlichen Motive den Namen »Sigillée paléochrétienne« gegeben hat. Es handelt sich dabei um die letzten Vertreter der Gattung der Glanztonkeramik, einer Technik somit, die über Jahrhunderte hinweg die römische Feinkeramik dominiert hatte. Die Verbreitungskarte zeigt das Vorkommen dieser Keramik bis nach *Vindonissa*. Bis jetzt fehlt jeglicher Beleg nördlich des Jura. Ob es sich um eine Fundlücke handelt oder ob diese Keramik die Gebiete am aufgelassenen Limes nicht mehr erreichte, kann zur Zeit nicht entschieden werden.[19]

Abb 281

Abb 282

Abb 280

Constantius II. und die Alamannen

Der Schutzwall des Donau-Iller-Rheinlimes hat, wie die Fernhandelsbeziehungen aufzeigen, der *Maxima Sequanorum* und der *Raetia prima* fast ein halbes Jahrhundert lang eine relativ friedliche Entwicklung ermöglicht. Erst in der Mitte des 4. Jahrhunderts kam es zu einer Verkettung von verhängnisvollen Ereignissen, welche die mühsam wiederhergestellte Ruhe und Ordnung von Grund auf zerstörten. Am 18. Januar 350 rebellierte in *Augustodunum*/Autun (F) der General Flavius Magnus Magnentius gegen Constans, den unbeliebten und verhassten Kaiser der westlichen Reichshälfte. Dem Usurpator fiel ohne grosse Mühe die ganze Westhälfte des Reiches zu. Constans wurde auf der Flucht in Spanien ermordet. Zur Sicherung der Flanke schickte Magnentius im Sommer 350 eine Heereseinheit unter der Führung des Generals (*magister militum*) Marcellinus nach Nordafrika. Zu dieser Heeresgruppe scheinen auch Teile der *legio I Martensium* gehört zu haben, wie wir aus dem Grabstein eines in *Theveste*/Tebessa (Westalgerien) verstorbenen Soldaten dieser Einheit entnehmen können.[20]

Constantius II., der Kaiser der östlichen Reichshälfte, reagierte auf die Usurpation mit überlegter Umsicht. Zunächst schloss er mit den Persern Frieden, so dass er den Rücken zu Aktionen im Westen frei bekam. Er rückte dann mit seinem Heer durch den Balkan gegen Magnentius vor. Dieser zog seine Truppen zusammen, wobei er offensichtlich auch die Grenzen entblösste. Die Entschei-

Constantius II. und die Alamannen 289

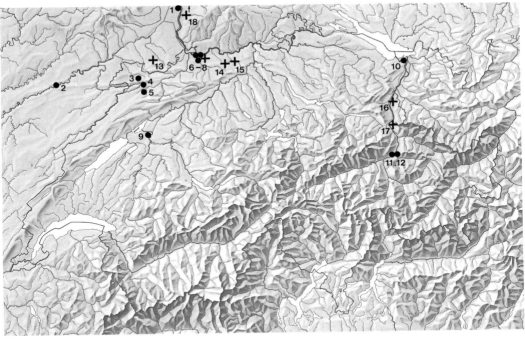

● Münzdepot + Zerstörung

*Abb. 283 Münzdepots und Zerstörungshorizonte aus den Jahren nach 350 n. Chr.
1 Rumersheim [F], 2 Bretigney [F], 3 Mont Terri-Cornol (JU), 4 Bassecourt (JU),
5 Undervelier (JU), 6–8 Castrum Rauracense/Kaiseraugst (BL), 9 Kallnach (BE),
10 Fussach-Birkenfeld bei Bregenz [A], 11 Curia/Chur-Pizokel (GR), 12 Curia/
Chur, Areal Dosch (GR), 13 Koestlach [F], 14 Frick (AG), 15 Wittnauer Horn (AG),
16 Schaan-Krüppel [FL], 17 Fläsch-Luzisteig (GR), 18 Mons Brisiacus/Breisach [D].*

dungsschlacht fand am 28. September 351 bei Mursa im Tale der Drau (Y) statt.
Magnentius konnte aus der Niederlage mit knapper Not entkommen, sein General Romulus kam ums Leben. Der Historiker Eutropius berichtet zu diesem
Ereignis: »In dieser Schlacht wurden riesige Heereskräfte des Römischen Reiches vernichtet, die viel zu Siegen in den Kämpfen gegen auswärtige Völker und
zur Sicherheit hätten beitragen können.« Magnentius zog sich zunächst nach
Aquileia und Mitte 352 nach Gallien zurück, wehrte sich aber immer noch erfolgreich. Constantius griff, um seinen Gegner zu schwächen, zu einer perfiden
und sich letztlich gegen die Römer wendenden Massnahme. Er entband die Alamannen von den Verpflichtungen aus alten Verträgen und forderte sie auf, in die
von Magnentius beherrschten Gebiete einzufallen; erobertes Land sollte ihnen
zur Bebauung überlassen werden. Die Alamannen liessen sich das nicht zweimal

290   Spätantike

sagen. Unter Führung der Brüder Vadomar und Gundomad, der beiden Gaukönige des Breisgaus, überschritten sie im Herbst 352 den Rhein und richteten in den von den Besatzungen weitgehend geräumten Kastellen und Städten ungeheure Verwüstungen an. *Argentoratum*/Strassburg, *Mons Brisiacus*/Breisach (D) und vermutlich auch das *Castrum Rauracense*/Kaiseraugst sind damals eingenommen und zerstört worden. In Breisach zeugt eine mächtige Brand- und Planierungsschicht von diesen Ereignissen. In Strassburg finden sich ebenfalls deutliche Spuren einer Zerstörung, die nach Aussage der Münzfunde Ende September oder Anfang Oktober 352 erfolgt sein muss. Auch im *Castrum Rauracense* sind mehrere Münzschätze vergraben worden, deren Endmünzen bei sorgfältiger Einordnung in die verschiedenen Emissionsphasen der Münzprägungen des Magnentius zeigen, dass auch dort die Katastrophe im gleichen Zeitpunkt eingetreten ist.[21]

Abb 283 Auch im weiteren Umfeld, d. h. bis ins Elsass, den Sundgau, das schweizerische Mittelland, ja bis ins Alpenrheintal hinein weisen zahlreiche Münzschätze und weitere, in denselben Zeitraum datierbare Zerstörungen auf den Weg hin, den die alamannische Invasion genommen hat. Der in eine ausweglose Situation geratene Magnentius verübte schliesslich in Lyon Selbstmord. Das ganze Reich war nun in den Händen von Constantius II. Die Alamannen freilich machten keinerlei Anstalten, sich wieder über die Reichsgrenzen zurückzuziehen. 354 rückte Constantius II. gegen sie vor und versuchte vergeblich, beim *Castrum*

Abb. 284 Kaiseraugst AG. Silberschatz. Achillesplatte. Im Mittelmedaillon: Achilles wird von Odysseus unter den Töchtern des Lykomedes entdeckt. Aussen: Geburt und Jugend des Achilles.

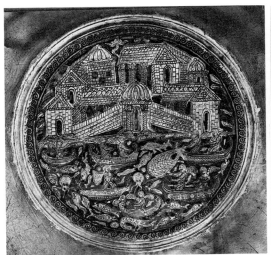 

Abb. 285 Kaiseraugst AG. Silberschatz. Die Seestadtplatte.

Rauracense den Rhein auf einer Schiffsbrücke zu überschreiten. Die anschliessend geplante Überquerung durch eine Furt, vermutlich die Felsbarriere des sog. »Gwild« oberhalb Rheinfelden AG, misslang, da im römischen Heere dienende Alamannen den Plan ihren Stammesgenossen verrieten. Schliesslich schickten die Alamannen eine Verhandlungsdelegation, und es kam zu einer Art Waffenstillstand. Bereits 355 erfolgten freilich neue Einfälle, offenbar von Brückenköpfen auf dem linken Rheinufer aus. Erst 357 gelang es dem Cäsar Iulianus in der Schlacht bei Strassburg, die Alamannen aus den linksrheinischen Gebieten zu vertreiben.[22]

In den Rahmen der geschilderten Ereignisse ist einer der reichsten Funde zu stellen, die je im Gebiet der »römischen Schweiz« gehoben worden sind: der Silberschatz von Kaiseraugst. Wir können an dieser Stelle auf eine ausführliche Beschreibung, die den Rahmen dieses Buches sprengen würde, verzichten, zumal der Schatzfund in mustergültiger Weise veröffentlicht worden ist. Das reiche silberne Tafelgeschirr dürfte im Besitze eines oder mehrerer hoher Offiziere aus der Umgebung des Magnentius gewesen sein. Die auf einzelnen Gegenständen des Schatzes eingeritzten Namen weisen auf den in der Schlacht von Mursa gefallenen General Romulus hin sowie auf Marcellinus, jenen hohen Offizier, der erst im Auftrage des Magnentius Nordafrika besetzte und später anlässlich einer Gesandtschaft in die Hände von Constantius II. fiel. Vielleicht kommen noch weitere Besitzer in Frage.[23]

Abb 284, 285
Taf 22
Abb 296

Spätantike

Abb. 286 Genava/Genf, Flussbett der Arve. Silberschale (Missorium) mit Darstellung Kaiser Valentinians III. (?), umgeben von seiner Leibwache.

Der Zeitpunkt der Vergrabung des Silberschatzes lässt sich durch die mit dem Schatz zusammen gefundenen Münzen, deren Emissionsdaten nicht über einen Zeitraum unmittelbar nach der Usurpation des Magnentius im Jahre 350 hinausgehen, nach der einen Seite hin abgrenzen. Von Bedeutung sind dabei vor allem
Abb 296 die mit einem Münzstempel des Magnentius gestempelten Silberbarren im Gewichte von je drei Pfund. Sie sind die spätesten im Schatzfunde enthaltenen Zahlungsmittel. Bei den Barren handelt es sich um Ehrengeschenke (*donativa*) des Magnentius an seine Truppen und vor allem auch an seine Offiziere anlässlich der Thronbesteigung. In einen ähnlichen Zusammenhang ist übrigens die
Abb 286 schöne Spendeschale Valentinians II. (oder III.?), die aus dem Bett der Arve bei *Genava*/Genf stammt, zu stellen.

Der Geldwert, der dem Gewicht der Kaiseraugster Silberbarren entspricht, zeigt, dass sie an einen hohen Offizier geschenkt wurden. Die Platten, Gefässe und weiteren Gegenstände des Silberschatzes sind ein eher zufällig zusammengetragenes Ensemble, das vielleicht teilweise aus dem Schatz des ermordeten Kaisers Constans stammt und von Magnentius ebenfalls an seine Kommandanten weitergeschenkt worden war. Wie dem auch sei; die oder der Besitzer hielt es für geraten, den sorgfältig in einer Kiste verpackten Schatz zu vergraben. Dies geschah entweder bereits im Sommer 350, als sie im *Castrum Rauracense* der Befehl zu einer militärischen oder diplomatischen Aktion erreichte, die sie in weit entfernte Gebiete führte, oder aber erst gleichzeitig mit dem Verstecken der anderen Schätze im Herbst 352, als die im *Castrum Rauracense* verbliebene rest-

liche Garnison vor den heranstürmenden Alamannen floh oder von diesen belagert und schliesslich vernichtet wurde.²⁴
Die Ereignisse des Jahres 352 sind eine einschneidende Zäsur in der Mitte des 4. Jahrhunderts. Die militärische Organisation des Rheinlimes war im Bereich der *Maxima Sequanorum* und der beiden germanischen Provinzen völlig zusammengebrochen, die Alamannen bis tief ins Hinterland Herren der Lage, die Städte entweder zerstört oder entvölkert. Das zeigt sich an der Wieder- oder Neubenützung von Fluchtburgen. Zu den damals neu angelegten gehört der Mont Châtel-Aruffens bei Montricher VD, dessen Münzreihe von 353 – 423 reicht.

Abb 519

Der 355 zum Cäsar ernannte und in den Westen entsandte Iulianus schildert die Zustände in Gallien, die er bei Übernahme seines Kommandos antraf, in deutlichen Worten: »Die Germanen siedelten um die Städte, die sie zerstört hatten; bei 45 Städten, nicht zu reden von kleineren Befestigungen, waren die Mauern zerstört; dies galt für eine Strecke von den Rheinquellen bis zur Nordsee; auf eine Tiefe von 45 km vom Rhein weg siedelten die Germanen und in einer dreimal so breiten Zone hatten sie ein Ödland zwischen sich und die Römer gelegt; manche Städte waren von ihren Bewohnern verlassen worden.« Noch drastischer ist die Schilderung des Schriftstellers Libanius, die in der Bemerkung gipfelt, es sei unklar, wem grösseres Leid widerfahren sei, den in der Heimat Verbliebenen, den Flüchtlingen oder den nach Germanien verschleppten Gefangenen. Diesen Originalberichten muss nichts zugefügt werden, man kann sie bedenkenlos auch für die Gebiete am Ober- und Hochrhein übernehmen.²⁵

Wiederaufbau des zerstörten Landes

Julian ist es gelungen, die Alamannen 357 in der oben erwähnten Schlacht von Strassburg entscheidend zu schlagen und ihren König Chnodomar zu fangen. Kurz zuvor hatte er auch Köln zurückerobert. In den folgenden beiden Jahren hat der tatkräftige junge Herrscher den Alamannen weiter zugesetzt, sie insbesondere gezwungen, ihre Gefangenen herauszugeben, wobei es zu Szenen kam, die ihre Parallelen in der neueren und neuesten Geschichte haben. Julian hat aber auch den Wiederaufbau der zerstörten Städte und die Wiederherstellung der geschleiften Mauern tatkräftig vorangetrieben. Er zwang die Barbaren zu Materiallieferungen und Dienstleistungen. In diesem Zusammenhang muss auch der Wiederaufbau des *Castrum Rauracense* erfolgt sein, da uns ausdrücklich berichtet wird, dass Julian im Jahre 360 die Limesstrecke bis zum *Castrum Rauracense*, welche die Barbaren zuvor als ihren eigenen Besitz betrachtet hatten, inspiziert habe und für deren Ausbau sorgte. Nach den geschilderten Zuständen kann es nicht verwundern, dass jegliche Kontinuität in der Besatzung des *Castrum Rau-*

racense abgerissen war, so dass niemand mehr um den verborgenen Silberschatz wusste und seine Bergung veranlasste. Es muss eine völlig neue Besatzungstruppe eingerückt sein. Vom *Castrum Rauracense* aus brach Julian, der von seinen Truppen während des Winteraufenthaltes in Paris zum Kaiser ausgerufen worden war, 361 zum Kampfe gegen seinen Vetter Constanius II. auf. Es muss damals also wiederhergestellt gewesen sein.[26]

Das von Julian begonnene Werk setzte sein zweiter Nachfolger, Valentinian I., tatkräftig fort. Er widmete sich mit Energie dem Ausbau des Donau-Iller-Rheinlimes, und es wird von ihm mit Recht berichtet, dass er »ein eifriger Bauherr beim Errichten von Kastellen und Türmen« gewesen sei. Zum Jahre 369 meldet der Historiker Ammianus Marcellinus, dass Valentinian den Limes von Rätien bis zur Rheinmündung in die Nordsee verstärkt habe, indem er Stadt- und Kastellmauern höher bauen, an zahlreichen Stellen Türme errichten und an manchen Stellen auch rechtsrheinische Befestigungen anlegen liess. In der Tat stehen wir, was die Bautätigkeit Valentinians anbetrifft, auf chronologisch gutem Boden. So liess der Kaiser offensichtlich zwischen *Basilia*/Basel und dem Bodensee eine dichte Kette von Türmen errichten. Diese *burgi* standen freilich oft an der Stelle von – zum Teil hölzernen – Vorgängerbauten aus der Zeit Konstantins I. Bei den Türmen von Etzgen AG und Koblenz-Kadelburger Laufen AG sind die Bauinschriften erhalten. Beide Texte melden übereinstimmend, dass der Bau im Jahre 371 erfolgte. Unter den Besatzungen der Burgi waren nach Ausweis der Funde auch germanische Söldner.[27]

Abb 443

Abb 436 Eine ganze Anzahl dieser Burgi sind durch eine spezielle Mauertechnik gekennzeichnet. Im Mauerwerk sind rostförmig angeordnete Balkenlagen eingeschlossen. Diese Technik ist für Bauten Valentinians besonders charakteristisch, und es ist nicht ausgeschlossen, dass sie auf eine Anordnung des Kaisers selbst zurückgeht. Wir wissen um seine aktive Mitwirkung beim Bau des rechtsrheinischen Brückenkopfes gegenüber dem Kastell *Alta Ripa*/Altrip (D) im heutigen Mannheim-Neckarau (D), der genau so konstruiert ist. Dieselbe Technik finden

Abb 334 wir auch beim gegenüber von *Basilia*/Basel gelegenen linksrheinischen *Quadriburgium* (Bau mit vier runden Ecktürmen), das sich damit automatisch in die eben umrissene valentinianische Baugruppe einreiht. Man wird somit ohne zu zögern, dieses Vorwerk mit dem im Jahre 374 durch Valentinian errichteten *munimentum prope Basiliam, quod accolae appellant Robur* (Befestigung bei Basel, welche die Anwohner Robur nennen) identifizieren. Man beachte, dass nach den Berichten des Ammianus Marcellinus auch hier, wie beim oben erwähnten Burgus gegenüber von *Alta Ripa*/Altrip (D), der Kaiser in höchsteigener Person auf dem Bauplatze weilte. In diesem Zusammenhang darf nicht unerwähnt bleiben, dass auch die Wehrmauer des Kastells Olten SO solche Balkenroste enthält. Darf dies als ein Hinweis auf seine Erbauung in valentinianischer Zeit gelten?[28]

Unter den Bauten des spätrömischen Hochrheinlimes sind schon immer zwei

grössere Werke aufgefallen (in Mumpf und Sisseln [beide AG]), die aus einem Abb 441, 442
Kernbau mit rechteckigem Grundriss und zwei apsidenförmigen Annexen bestehen. Sie wurden bisher als Magazinbauten gedeutet. Beide Bauwerke gehören aufgrund ihrer Mauerstruktur mit Holzdurchschuss in die Zeit Valentinians. Seit kurzem sind nun in Ägerten BE zwei weitere Bauten mit identischem Abb 301
Grundriss bekannt. Sie fügen sich in einen grösseren Komplex spätrömischer Wehranlagen ein, der in seiner vollen Bedeutung noch gar nicht richtig fassbar ist. Dazu gehören auch die spätrömische Toranlage von *Petinesca*/Studen BE Abb 483
und im weiteren Rahmen auch das noch zu besprechende Mausoleum eines Offiziers unter der Kirche von Biel-Mett BE. An diesem sich abzeichnenden spätrömischen Schwerpunkt war nach Ausweis der beim Mausoleum von Biel-Mett gefundenen Ziegel offenbar schon die *legio I Martensium* als Bauherrin beteiligt. Die beiden mächtigen Burgi von Ägerten standen in der Antike offenbar zu beiden Seiten des Laufes der Zihl. Der nördlichere, in der Flur Ägerten-Isle, wurde nach Ausweis dendrochronologischer Untersuchungen (er ruht auf einem Pfahlrost) im Jahre 369 erbaut, der südliche, in Ägerten-Bürglen (unter der heutigen Kirche), entstand ebenfalls nach Aussage dendrochronologischer Analysen im Jahre 368. Beide Burgi sind somit in den Rahmen der Ausbaumassnahmen Valentinians zu stellen. Bei beiden Burgi in Ägerten fanden sich im Mauerwerk die Spuren von eingelegten Balkenrosten, was, wie wir bereits gesehen haben, für valentinianische Bauten typisch ist. Durch ihre Zwillingsstellung zu beiden Seiten eines Flusses erweisen sich diese Burgi als Flankenschutz für eine Brücke oder eine Fähre. Die Deutung als Proviantmagazin wird man aufgeben und auch für die beiden typengleichen Burgi am Rhein eine andere Funktion postulieren müssen.[29]

Dass zu Valentinians Baumassnahmen in der Tat auch Brückenbauten gehörten, haben Untersuchungen an den Pfählen der beiden Rheinbrücken beim Kastell *Tenedo*/Zurzach gezeigt. Von den beiden Brücken steht die mit den Steinpfeilern auf Holzpfählen, die in den Jahren 368 und 374 gefällt worden sind. Dadurch werden aller Wahrscheinlichkeit nach auch das rechtsrheinische Brückenkopfkastell von Rheinheim (D) und das linksrheinische Kastell auf der Flur »Si- Abb 532
delen« in dieselbe Periode datiert. Sie sind nämlich ihrer ganzen Struktur und Lage nach die beiden die Brücke flankierenden Festungswerke.[30]

Am 17. November 375 starb Kaiser Valentinian an einem Schlaganfall. Nachfolger wurden seine jungen Söhne Gratian und Valentinian II. Sofort regten sich die äusseren Feinde des Reiches wieder. 378 kam es zu einer massiven Invasion der Alamannen ins Elsass, nachdem schon im Frühjahr desselben Jahres die lentiensischen (d. h. die im sog. Linzgau nördlich des Bodensees wohnhaften) Alamannen den zugefrorenen Hochrhein überschritten hatten. Gratians Feldherren bereiteten den Barbaren in einer Schlacht bei *Argentovaria*/Horburg im Elsass (in der Nähe von Colmar [F]) eine vernichtende Niederlage. Anschliessend wurde eine Strafexpedition in die rechtsrheinischen Gebiete unternommen, wobei der Kaiser auch am Kastell *Arbor Felix*/Arbon vorbeikam. Zum letzten Male stiess ein Kaiser von unserer Gegend aus ins Barbaricum vor.[31]

Neue Alamanneneinfälle

Unter Kaiser Theodosius (379 – 395) gab es Einfälle der Alamannen ins Alpenrheintal und nach Rätien. Wieder einmal spalteten sich die gallischen Provinzen ab, und der Usurpator Magnus Maximus beherrschte zeitweise fast den ganzen Westen des Reiches (383 – 388). Unter seiner Herrschaft wurde eine Neuordnung der gallischen Provinzen abgeschlossen, die sich in der Liste der *Notitia Galliarum* spiegelt. Aus ihr kann entnommen werden, dass seit dieser Reform nicht mehr *Augusta Raurica*, bzw. das *Castrum Rauracense*, Mittelpunkt des Gebietes der ehemaligen Colonia war, sondern *Basilia*/Basel, als Hauptort eines neuen Organismus, der *Civitas Basiliensium*. Kaiseraugst und *Vindonissa* werden als Castra bezeichnet, haben also vorwiegend militärische Aufgaben. Die Liste der Notitia Galliarum ist später zu vielfältigen Zwecken verwendet worden, u. a. zur Aufzeichnung der kirchlichen Organisation. Es kann aber kein Zweifel bestehen, dass es sich ursprünglich um ein ziviles Dokument handelte.[32]
Nach dem Tode des Theodosius zeichnete sich eine Änderung der Grenzpolitik ab. Um 394/95 verliess der kaiserliche Hof Trier, wo er fast während des ganzen 4. Jahrhunderts residiert hatte, und zog nach Italien. 395 wurde das Gesetz über die *hospitalitas*, d. h. über die Bedingungen, unter denen Barbaren im Reiche angesiedelt werden konnten, erlassen. Im gleichen Jahr schloss Stilicho, der für den schwachen Kaiser Honorius das Regiment führte, mit den Barbaren Verträge ab, in denen sie zum Schutze der Grenzen verpflichtet wurden. Nur so ist es zu erklären, dass sich keine riesige Barbareninvasion über die Rheingrenze ergoss, als Stilicho im Jahre 401 Garnisonen des Donau-Iller-Rheinlimes abzog, um sie in Italien gegen die Westgoten einzusetzen.[33]
Der Sturm trat dafür Ende 406 ein. Vandalen, Alanen, Sueben und Burgunder stiessen auf breiter Front durch die Pfalz und das untere Elsass ins Innere Galliens vor. Das schweizerische Gebiet scheint einigermassen ungeschoren davongekommen zu sein. Aber die Städte Mainz, Worms, Speyer und Strassburg wurden zerstört. Ihre Garnisonen sowie die der dazwischen liegenden Grenzabschnitte wurden vernichtet. Der Usurpator Constantinus III., der 407 – 411 Gallien beherrschte, sah sich ausserstande, wieder eine stabile Grenzwehr zu errichten. Man griff nun zu einer einschneidenden Massnahme. Die intakten Grenztruppen von Bingen an rheinabwärts und die offenbar ebenso unversehrten oberhalb Strassburgs wurden abgezogen und dem Bewegungsheere einverleibt. Dies bedeutete die Aufhebung der bisherigen Grenzorganisation in den

fraglichen Abschnitten und eine Abkehr vom linearen Verteidigungssystem. Durch Verträge wurden die Grenzabschnitte einzelnen Barbarenvölkern zur Verteidigung übertragen und das Bewegungsheer im Hinterland als mobile Reserve stationiert. Dass 413 den Burgundern Wohnsitze um Worms zugewiesen wurden, ist in den Rahmen dieser Politik zu stellen.[34]

Die geschilderten Verhältnisse und Abläufe lassen sich auch archäologisch einigermassen erfassen. In den Kastellfriedhöfen von *Castrum Rauracense*/ Kaiseraugst und *Castrum Vindonissense*/Windisch lassen sich Gräbergruppen fassen, die auf die Anwesenheit germanischer Föderaten im fraglichen Zeitraum hinweisen. Auch das Vorkommen von Goldmünzen, mit denen sich die Germanen zahlen liessen, weist in dieselbe Richtung. Die Emission von Goldmünzen ging auch nach 400 weiter. Zu einem nicht ganz genau bestimmbaren Zeitpunkt nach 395 hat der Zustrom neuer Bronze- und Kupfermünzen in die Grenzkastelle aufgehört. Schon in den letzten beiden Jahrzehnten des 4. Jahrhunderts war ohnehin nur noch in den Kastellstädten Geld im Umlauf. 406 stellten die gallischen Münzstätten in Arles, Lyon und Trier die Emission von Kupfergeld ein. Der Usurpator Constantinus III. prägte nur Goldmünzen (wohl für die Besoldung seiner germanischen Söldner). Die gallischen Münzstätten nahmen später sporadisch die Prägung von Kupfergeld wieder auf (Trier zwischen 425 und 430, bzw. 450; Lyon zwischen 413 und 423 und Arles zwischen 413 und 425). Die Prägungen der Kaiser Arcadius (383 – 408) und Honorius (393 – 423) zwischen den Jahren 394 und 408 lassen sich nicht näher aufgliedern, so dass bloss ein Aufhören des Zustroms von Kupfermünzen, irgendwann zwischen 395 und 408, feststellbar ist. Es liegt aber der Verdacht nahe, dass der effektive Zeitpunkt des Abbruchs mit der Einstellung der Soldzahlungen nach der Umorganisation im Jahre 406 in Verbindung zu bringen ist.[35]

Die Aufhebung der scharf gezogenen Grenzlinie äussert sich im frühen 5. Jahrhundert in einer Nivellierung des Fundgutes zu beiden Seiten des Rheines. Die Gebiete der Nordwestschweiz gehörten zwar nominell weiterhin zum Reiche, waren aber weitgehend isoliert, zumal die Besiedlungsdichte ausserhalb der Kastelle sehr dünn war. Nur in der Westschweiz etwa vom Raume Solothurn an und im Alpenraum (Wallis, Haupttäler Graubündens) war die Besiedlung dichter.[36]

Dass die zum Schutze der Grenzen angesiedelten Barbaren bisweilen unbotmässig wurden, zeigt die Geschichte der Burgunder. Ihren Ausdehnungsgelüsten machte Aëtius, der Reichsstatthalter unter Kaiser Valentinian III. (425 – 455), ein Ende. Er liess ihr Reich durch eine hunnische Söldnerschar vernichten. Als die Reste der Burgunder 443 durch denselben Aëtius nach dem Gesetz der »Hospitalitas« in der *Sapaudia*, d. h. in der Westschweiz und den angrenzenden Gebieten, angesiedelt wurden, war dies nur eine logische Weiterführung der neuen Grenzpolitik. Die Angesiedelten, mit denen die ansässigen Landeigentü-

Abb 288

mer ihren Besitz zu teilen hatten, sollten als Schutztruppe eine Art Sperriegel an der empfindlichen Einfallspforte zum Rhonetal und damit zum südlichen Gallien bilden.[37]

Rom verliert nach und nach die Provinzen nördlich der Alpen

455 starb Aëtius. Nach seinem Tode holten die Barbaren zu neuen Schlägen aus. Die Burgunder scheinen ihren Einflussbereich wesentlich erweitert zu haben. Franken und Alamannen drangen auf breiter Front in Gallien ein. »Aus dem Rhein trankest du, wilder Alamanne, am Ufer des Römers, und auf den Feldfluren zu beiden Seiten standest du, hier als Sieger, dort als Bürger«, so dichtete der gallische Senator Sidonius Apollinaris zum 1. Januar 456. Dieser Barbarensturm scheint am schweizerischen Mittelland einigermassen vorbeigegangen zu sein. 457 jedoch gelang es einer Alamannenschar, über einen der Bündnerpässe nach Oberitalien vorzustossen. Dass dabei das Alpenrheintal einmal mehr gelitten hat, dürfte klar sein. Wenn wir Sidonius Apollinaris glauben wollen, erfolgte der Einfall über den Grossen St.-Bernhard-Pass, und es gelang, die Eindringlinge bei Bellinzona TI zu stoppen und zu vernichten. Vielleicht handelte es sich aber nur um eine Nebenabteilung, die diesen Weg genommen hatte.[38]

[margin note: müsste heissen „San Bernardino-Pass"]

Fest steht, dass die Ereignisse nach 455 die militärische und politische Situation nachhaltig verändert haben. Rom verlor weitgehend die Gewalt über die Provinzen nördlich der Alpen. Was das Gebiet der »römischen Schweiz« anbetrifft, so war die Situation kurz nach der Mitte des 5. Jahrhunderts etwa die folgende: In der Westschweiz hatte sich im Raume zwischen Genf und Yverdon das Burgunderreich etabliert und in der Folge der Ereignisse von 455 weiter ausgedehnt. In seinem Schutze lebte die gallo-römische Bevölkerung, die *Romani*, ohne grosse Schwierigkeiten weiter, zumal die Burgunder ohnehin nur eine Minderheit waren, die einem raschen Akkulturationsprozess unterlag, d. h. sich vor allem in sprachlicher Hinsicht an die weiterhin im Lande siedelnden *Romani* anpasste.[39]

Auch im Wallis können wir ein ungestörtes Weiterleben der *Romani* annehmen, da dieses Gebiet zunächst von Barbareneinfällen vollständig verschont blieb. Erst der Einfall der Langobarden über den Grossen St. Bernhard im Jahre 574 unterbrach die kontinuierliche Entwicklung in diesem Gebiet. Damals wurde *Octodurus*/Martigny zerstört und der Bischof etablierte sich neu in *Sedunum*/Sion/Sitten, wo wir ihn im Jahre 584 bezeugt finden. Nicht so ungestört hatten sich die Verhältnisse in Rätien entwickelt, weil wiederholte Barbarendurchzüge für Unruhe sorgten. Das äussert sich in der Wiederbenützung von Fluchtburgen, die ursprünglich in der zweiten Hälfte des 3. Jahrhunderts angelegt und im 4. Jahrhundert weiterbenutzt worden waren (z. B. Carschlingg bei Castiel im

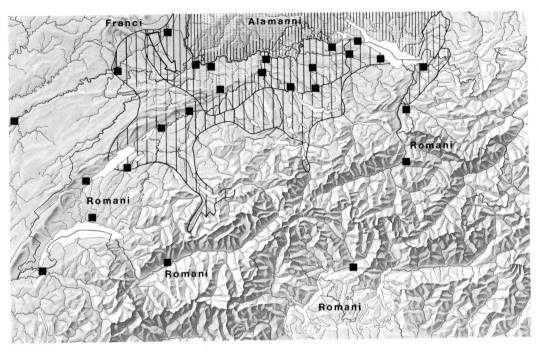

|||||| Siedlungsgebiete der Alamannen im 5. Jh. n. Chr.
| | | | Siedlungsgebiete der Alamannen im 6. Jh. n. Chr.
 | | | Siedlungsgebiete der Alamannen Ende 7. Jh. n. Chr.
■ Spätrömische Kastelle und feste Plätze
⇨ Einfluss der Franken

Abb. 287 Alamannisches Siedlungsgebiet, römische Kastelle und Siedlungszone mit romanischer Bevölkerung.

Schanfigg GR). Möglicherweise ist kurz vor der Jahrhundertmitte wegen der ständigen Barbareneinfälle der Amtssitz des Präses der Provinz *Raetia prima* zusammen mit dem Bischofsitz in den sicheren Alpenraum nach *Curia*/Chur zurückverlegt worden. Für 451 wird uns jedenfalls erstmals ein *episcopus ecclesiae Curiensis primae Raetiae* (Bischof der Kirche von Chur in der Raetia prima) genannt. Für die rätischen Gebiete lässt sich ein starker Einfluss von Süden her feststellen, wobei auch das archäologische Fundgut einen anderen Charakter als die entsprechenden Funde in der Westschweiz hat. Politisch manifestiert sich die Bindung an den Süden durch die zeitweilige Zugehörigkeit zum Ostgotenreich zwischen 493 und 536.[40]

Abb 356

Etwas anders waren die Verhältnisse im zentralen Mittelland und entlang der Rheingrenze. In den Kastellen lebte die alte gallo-römische Bevölkerung weiter. Das flache Land war vermutlich nur noch dünn besiedelt. Mit den Alamannen rechts des Rheines bestanden Beziehungen, die nicht unbedingt als feindlich zu bezeichnen sind. An manchen Stellen finden sich alamannische Gräberfelder, die ja das Vorhandensein von Siedlungen voraussetzen, genau gegenüber von den Kastellen. Solche Verhältnisse treffen wir in *Basilia*/Basel mit dem Gräberfeld von Kleinbasel/Schwarzwaldallee und gegenüber dem *Castrum Rauracense*/Kaiseraugst AG mit dem Gräberfeld von Herten (D) an. Besonders deutlich sind entsprechende Verhältnisse nördlich von Basel in der Breisgauer Bucht fassbar, wo sich auf dem Zähringer Burgberg bei Gundelfingen (in der Nähe von Freiburg/Brg. [D]) im späteren 4. und zu Beginn des 5. Jahrhunderts eine grosse alamannische Burg befand. In ihr dürften die beim spätrömischen Historiker Ammianus Marcellinus genannten Alamannenfürsten ihren Sitz gehabt haben. Die Tatsache, dass Alamannen gegenüber den römischen Kastellen siedelten, lässt sich am ehesten dadurch erklären, dass sie an diesen wichtigen Übergangspunkten durch Verträge mit dem Reich als *foederati* (Verbündete) angesiedelt waren und nach der Aufgabe der linearen Verteidigung zu Beginn des 5. Jahrhunderts Verteidigungs- und Schutzfunktionen übernommen hatten. Die Aufhebung der linearen Grenzverteidigung führte übrigens auch zu einer gewissen Nivellierung zwischen links- und rechtsrheinischem Gebiet. Das zeigt sich am greifbarsten anhand der Kleinfunde, die ab dem 5. Jahrhundert auf beiden Rheinseiten einen weitgehend identischen Charakter annehmen.[41]

Man wird sich auf jeden Fall von der Vorstellung freimachen müssen, dass nach 455 und speziell nach dem Ende des Weströmischen Reiches im Jahre 476 die Alamannen die Gebiete entlang des Rheines und das schweizerische Mittelland überflutet hätten. Davon kann, wie wir gesehen haben, keine Rede sein. Die alamannische Landnahme links des Rheines und besonders im schweizerischen Mittelland erfolgte erst vom frühen 6. Jahrhundert an und hatte weitgehend den Charakter einer langsamen Infiltration und Landnahme, wobei die Kastellstädte mit den darin weiter wohnenden *Romani* respektiert wurden. Was dann folgte, war ein langsamer Assimilations- und Durchdringungsprozess, an dessen Ende sich jene kulturelle und sprachliche Situation einstellte, die wir heute in der Schweiz vorfinden. Dabei scheint sich das Überleben und die Dominanz der *Romani* resp. der *Alamanni* nach einem subtilen, kaum näher fassbaren Schlüssel herausgebildet zu haben. Bis zu einem gewissen Schwellenwert der Präsenz von *Romani* und romanisierten Burgundern scheint die alte gallo-römische Kultur und Sprache weitergelebt zu haben, wobei auf der Ebene der Religion das Christentum gesiegt hatte. Wo dieser Schwellenwert romanischer Präsenz nicht erreicht wurde, gewannen die zunächst noch heidnischen Alamannen das Übergewicht. In ihnen gingen die »Romani« dann durch langsame Assimilation auf.

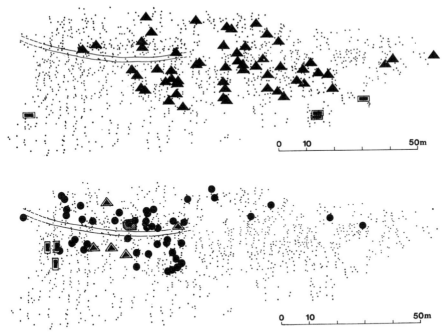

Abb. 288 Kaiseraugst, Gräberfeld. Zwei horizontalstratigraphische Plan-Auszüge. Oben: Verbreitung der Gräber mit spätrömischen Beigaben (Dreieck) und germanische Gräber des 4. und frühen 5. Jh. (Rechteck). Unten: Verbreitung der Gräber des 5. und 6. Jh. mit Münzobolus als alleiniger Beigabe (Punkt) und der Gräber des 6. Jh. mit silberner Haarnadel (Rechteck) oder eisernem Armring (Dreieck). Am Zugangsweg das Grabgebäude mit Apsis.

Hier war dann auch eine zweite Christianisierung nötig, die sich an bestimmten Punkten mit den übriggebliebenen Zellen der ersten verknüpfte.[42]
Der angedeutete Prozess lässt sich anhand der Bodenfunde nachvollziehen. Eine wertvolle Quelle bilden hier die Gräberfelder, allen voran die beiden zum *Castrum Raurecense*/Kaiseraugst gehörenden. Die Belegung des älteren der beiden (Gräberfeld Stalden) beginnt in der Zeit Konstantins I., d. h. ohne durchlaufende Tradition aus dem 3. Jahrhundert. Dieses Datum steht in Übereinstimmung mit der von uns oben postulierten Erbauung des Kastells in konstantinischer Zeit. Es handelt sich, was für die Spätantike typisch ist, praktisch ausschliesslich um Körperbestattungen. Viele sind mit Ziegeln gedeckt, und reiche

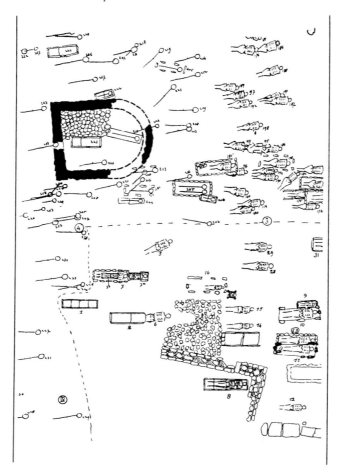

Abb. 289 Kaiseraugst AG. Plan des Gräberfeldes. Ausschnitt mit Grabbau (Memoria).

Abb 288

Beigaben an Keramik und Gläsern sind zu verzeichnen. Das zweite Gräberfeld, östlich des ersten gelegen und von diesem räumlich getrennt, beginnt um 350 n. Chr. In dieser Trennung spiegelt sich der oben geschilderte markante Einschnitt von 352 mit der vermuteten zeitweiligen Auflassung und Zerstörung des Kastells und einem offensichtlichen Wechsel der Garnison. Das östliche Gräberfeld wurde kontinuierlich bis um 700 n. Chr. weiterbenutzt. In ihm sind die Gräber in Reihen angeordnet und enthalten an Beigaben kaum noch Keramik, dafür viel Schmuck. Das Gräberfeld entwickelte sich von einem Kern aus, der die Gräber mit spätrömischen Beigaben umfasst. Randlich zu diesem Kern finden sich germanische Gräber aus dem späten 4. und frühen 5. Jahrhundert. Wir bemerkten schon oben, dass es sich vielleicht um Gräber germanischer Grenzsoldaten handelt, denen nach 406 die Verteidigung übertragen worden war. Die Gräber aus dem 5. und 6. Jahrhundert schliessen westlich an diesen Kern an. Vom 5. Jahrhundert an verschwindet die Sitte der Grabbeigaben, zuerst in den Männer-, dann auch in den Frauengräbern; höchstens eine Münze wird als sog. Charonspfennig in die Hand, und nicht mehr in den Mund, mitgegeben. Ob sich hier der Einfluss des Christentums niederschlägt? Im Zentrum dieser Gräbergruppe findet sich ein gemauertes Grabgebäude mit nach Osten gerichteter Apsis, wohl die Memoria einer angesehenen Persönlichkeit. In der Nähe dieser Memoria findet sich ein weiterer ummauerter Gräberbezirk von rechteckiger Form. Er erinnert stark an den ebenfalls rechteckigen Kernbau der grossen Friedhofskirche von »Sous le Scex« in *Sedunum*/Sitten.

Abb 289

Abb 474

Im 7. Jahrhundert erweiterte sich das Gräberfeld gegen Süden. Hier finden sich Gräber, die mit einer oder mehreren Deckplatten aus Stein ebenerdig abgedeckt waren. Diese Platten können Kreuzsymbole tragen. Auch Steinsarkophage kommen vor, eine Erscheinung, die zusammen mit den Deckplattengräbern in den zeitgleichen alamannischen Gräberfeldern völlig fehlt, sich aber im Süden, in den Alpentälern, im Rhonetal und in Italien häufig findet. Zu dieser Gräbergruppe gehören auch Grabinschriften, deren Texte uns auf sprachlicher Ebene das langsame Aufgehen der *Romani* in ihrer in immer stärkerem Masse germa-

Abb 290

Abb. 290 Kaiseraugst AG. Grabplatte mit Kreuzdarstellung.

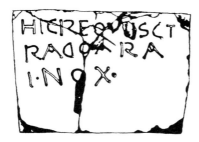

Abb. 291 Kaiseraugst AG. Gräberfeld. Grabstein der Radoara.

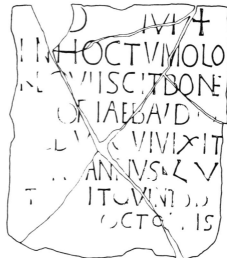

Abb. 292 Kaiseraugst AG. Gräberfeld. Grabplatte des Baudoaldus.

Abb 292, 291   nisch gewordenen Umwelt aufzeigen. Modellhaft sind hier die Grabsteine des Baudoaldus und der Radorara. Beide sind in etwas verderbtem, aber durchaus verständlichem Latein abgefasst. Der Baudoaldus-Stein trägt sogar noch die alte Formel *D(IS) M(ANIBVS)*, neben die freilich das christliche Kreuz gestellt ist. Man beachte aber die Namen der beiden Bestatteten. Sie sind bereits germanischen Ursprungs! Es handelt sich aber ohne Zweifel um christliche »Romani«.[43] Die Vermischung der beiden Kulturkreise lässt sich auch anhand der Tracht aufzeigen. Seit dem 6. Jahrhundert tauchen nämlich, offenbar nach fränkischem Vorbild, wieder in zunehmendem Masse Beigaben in den Gräbern auf. Dadurch werden die Unterschiede zwischen »Romani« und Alamannen trotz aller Angleichung wiederum deutlich fassbar. Keines der Kaiseraugster Gräber enthält z. B. eine vollständige Waffenausrüstung. Zwar sind die Waffen in ihrer Art mit den alamannischen identisch, stammen vielleicht sogar aus denselben Werkstätten, doch fehlen in den Gräbern der »Romani« durchweg Schild und Lanze. Ähnliches wird bei der Frauentracht fassbar. Die Romaninnen trugen ihren Gürtel sichtbar und darum auch reich verzierte Gürtelschnallen, die Alamanninnen hingegen, die ihren Gürtel verdeckt trugen, hatten nur schmucklose kleine Gürtelschnallen. Ähnliche Beobachtungen lassen sich am Gräberfeld des *Castrum Vindonissense* (Gräberfeld Windisch-Oberburg) gewinnen. Auch dort sind verschiedene Entwicklungs- und Belegungsstufen, Gräber germanischer Söldner sowie anhand einiger reich verzierter Architekturstücke eine Friedhofkapelle aus dem 6. Jahrhundert fassbar.[44]

Ähnliche Verhältnisse wie in den Gräberfeldern des *Castrum Rauracense* treffen wir in den beiden Friedhöfen beim Kastell *Basilia*/Basel an. Diese liegen entlang der Ausfallstrassen nach Norden und Süden. Während vom nördlichen Gräberfeld (Blumenrain, Totentanz) bisher erst wenige, dem 4. Jahrhundert zuweisbare Gräber bekannt sind, weist das südliche Gräberfeld (Äschenvorstadt, Elisabethenstrasse) ähnliche Gruppierungen und Entwicklungen wie die beim *Castrum Rauracense* auf. Unter den Gräbern aus der zweiten Hälfte des 4. Jahrhunderts sticht vor allem eines heraus, in dem ein höherer Offizier, vielleicht der damalige Kommandant des Kastells, begraben wurde. Die grosse vergoldete Armbrustfibel, die mit dem konstantinischen Christogramm und mit vier Portraitbüsten in Medaillons verziert ist, und ein prunkvoller Zeremonialgürtel mit kerbschnittverzierter Schnalle bezeugen den hohen militärischen Rang des Bestatteten. Ob er selbst Christ war, muss offen bleiben. Sicher erhielt er die Fibel von einem bereits christlich gewordenen Kaiser als Rangabzeichen verliehen.[45] Vermutlich ebenfalls um die Grablege eines Kastellkommandanten dürfte es sich beim Grabbau unter der Kirche Biel-Mett BE handeln. Auch dieser Tote trug eine vergoldete Zwiebelknopffibel als Abzeichen seines Ranges. Unter den Grabbeigaben sticht aber besonders das schöne Kelchglas mit dionysischen Motiven hervor. Es dürfte wohl aus einer ägyptischen Werkstatt stammen. Der Tote hatte vermutlich wichtige Funktionen im Bereich der von uns oben herausgearbeiteten spätrömischen Festungszone *Petinesca*/Studen, Ägerten-Bürglen und Ägerten-Isle (alle BE). Aus dem Grabbau scheint sich im 5. Jahrhundert

Abb 298

Abb 294

Abb. 293 Vindonissa/Windisch, Oberburg. Reliefsteine mit Flechtband und Rosetten. Vermutlich Bauteile einer Friedhofkirche.

Abb. 294 Biel-Mett BE. Grabbau (Memoria) unter der Kirche. Kelchglas mit Schliffdekor: Kentaur mit Thyrsosstab und Panther.

eine christliche Gedächtniskapelle (*memoria*) entwickelt zu haben. Ähnliche Verhältnisse müssen wir in *Salodurum*/Solothurn voraussetzen, dessen Gräberfeld einen ähnlichen Memorialbau aus dem 5. Jahrhundert enthält.[46]
Sicher einer bedeutenden Persönlichkeit aus dem Kastell zuzuweisen ist das sorgfältig ausgemauerte Grab im Kastellfriedhof von *Tasgaetium*/Burg b. Stein am Rhein SH, dem die wundervolle Schale aus Glas mit der Darstellung einer Taf 24 Tierhatz in der Arena (*venatio*) und der Inschrift in griechischer Sprache »ΠΙΕ ΖΗCΑΙC« (Trink und du sollst leben) zuzuweisen ist. Der Kastellfriedhof umfasst noch weitere Gräber mit schönen Gläsern als Beigaben. Auch bei den Kastellen *Ad Fines*/Pfyn TG und Olten SO sind die zugehörigen Friedhöfe bekannt.[47]
Neben den Kastellfriedhöfen finden sich da und dort spätrömische Gräberfelder, die zu ländlichen Siedlungen gehört haben müssen und uns deren Weiter- oder Wiederexistenz im 4. Jahrhundert dokumentieren. Hier sind die Friedhöfe von Courroux JU und Müntschemier FR, vor allem aber die von Avusy-Sézegnin GE und von Bonaduz GR zu erwähnen. Im Gräberfeld von Sézegnin finden sich zwei älteste Gruppen von Gräbern, die nord-süd-orientiert sind. Sie enthielten vor allem Gefässe in den Techniken der oben bereits vorgestellten Mittelmeersigillata und der Stempelkeramik (sog. »Paléochrétienne«). Diese

Gräber sind dem 4. und dem beginnenden 5. Jahrhundert zuzuschreiben und dokumentieren wahrscheinlich die Bestattungsplätze verschiedener Familien. Die weiteren Gräbergruppen, dem 5. bis 7. Jahrhundert zuzuweisen, waren von West nach Ost orientiert. Von Bedeutung ist eine mitten im Friedhof gelegene hölzerne Gedächtniskapelle (*memoria*), an die sich in einer ebenfalls hölzernen Umfriedung drei dadurch besonders hervorgehobene Gräber anschlossen. Von grösstem Interesse ist, dass sich anschliessend an das Gräberfeld die zugehörige Siedlung mit ihren Holzbauten aus dem späteren 4. und dem 5. Jahrhundert fassen liess. Damit wird klar dokumentiert, dass es im fraglichen Zeitraum im romanisch-burgundischen Gebiet der Westschweiz auch ausserhalb der Kastelle Siedlungen gab.[48]

Ausbreitung des Christentums

Die Frage nach den religiösen Verhältnissen im 4. Jahrhundert ist eng mit derjenigen nach dem Auftreten des Christentums im Bereiche der »römischen Schweiz« verknüpft. Zunächst ist festzuhalten, dass durch zahlreiche Funde belegt werden kann, dass im 4. Jahrhundert ganz allgemein eine erneute und verstärkte Zuwendung, vielleicht sogar eine eigentliche Zuflucht, zur religiösen Verehrung feststellbar ist. In manchen der von uns erwähnten gallo-römischen Heiligtümer laufen die Münzreihen bis weit ins 4. Jahrhundert weiter; ja, die Zahl der gespendeten Münzen verstärkt sich in der Spätantike sogar. Diese Erscheinung ist nicht nur auf die »römische Schweiz« beschränkt, sondern wird durch Beobachtungen in Nordgallien bestätigt, wo in der Spätantike ebenfalls an der Stelle spätlatènezeitlicher, also gallischer Heiligtümer und Opferplätze neue Heiligtümer vom Typ der gallo-römischen Umgangstempel errichtet wurden. Man wird diese Erscheinung mit dem Bedürfnis der Bevölkerung erklären können, in Zeiten der Not und der Bedrängnis durch den allmächtigen Staat Zuflucht und Zuspruch bei überirdischen Mächten zu suchen. Die heidnischen Kulte haben offensichtlich, besonders auch in den ländlichen Gebieten, während des ganzen 4. Jahrhunderts weiter geblüht, bis Kaiser Theodosius I. ihnen mit seinem Edikt vom 24. Februar 391 ein Ende zu machen versuchte. Wir dürfen aber als sicher annehmen, dass auf dem Lande, d. h. bei den »Pagani« (Leute draussen auf dem Lande, später dann = Heiden) noch relativ lange den »alten Göttern« geopfert wurde.[49]

Das Auftreten des Christentums wird man zunächst ebenfalls mit dem Bedürfnis der Bevölkerung nach Trost aus einer überirdischen Sphäre erklären können. Später freilich, von der Regierungszeit der Söhne Konstantins I. an, dürfte manche Konversion zum Christentum auch rein opportunistischen Charakter im Sinne des Arrivierens am christlich gewordenen Kaiserhofe gehabt haben.[50]

308   Spätantike

Abb. 295 Aventicum/Avenches. Gräberfeld vor dem Westtor. Grab eines Mädchens. Zwei Glasbecher mit christlichen Inschriften.

Das Christentum hat sich schon im Laufe des späteren 2. Jahrhunderts von *Massilia*/Marseille aus das Rhonetal aufwärts ausgebreitet. 177 n.Chr. kam es in Lyon zu einer Christenverfolgung mit öffentlichen Hinrichtungen im Amphitheater beim Altar für Roma und Augustus. Diese Ereignisse setzen die Existenz einer christlichen Gemeinde voraus. In diesem Sinne dürfte *Genava*/Genf eine wichtige Eingangspforte für den neuen Glauben ins Gebiet der »römischen Schweiz« gebildet haben. Für die *Vallis Poenina* (Wallis) und die Provinz *Raetia* dürfen wir ausserdem direkte Einflüsse von Italien her über die Alpenpässe postulieren.[51]

Die frühesten, archäologisch fassbaren Zeugnisse des Christentums in unserem Gebiet reichen freilich nicht über den Zeitpunkt des Toleranzediktes von 313 n. Chr. zurück. Interessanterweise handelt es sich zunächst nicht um eigentliche Kirchenbauten, sondern um Gräber, Grabmemorien, Kleinfunde und Inschriften. Als frühestes Zeugnis wird man das Grab eines Mädchens aus der Westtornekropole von *Aventicum* bezeichnen. Es dürfte in die erste Hälfte des 4. Jahrhunderts zu datieren sein und enthielt neben anderen Beigaben zwei Nuppengläser mit den Inschriften [PIIE] ZE[SAIS] (trink und du sollst leben) und *VIVAS IN DEO* (du sollst in Gott leben), die ohne Zweifel christlichen Charakter haben. Christliches Gedankengut äussert sich auch in dem Fragment eines vermutlich aus einer Werkstatt in Rom importierten Goldglasbecher mit der Inschrift *CVM VIVENTIO* ([Trinke im Gedenken] mit Viventius).[52]

Abb 295
Taf 23

Ausbreitung des Christentums 309

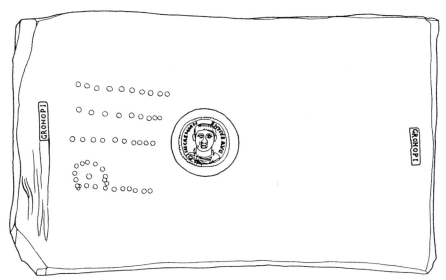

Abb. 296 Kaiseraugst AG. Silberschatz. Silberbarren im Gewicht von drei Pfund mit Münzstempelabschlag des Kaisers Magnentius.

Abb. 297 Kaiseraugst, Gräberfeld Stalden. Grabstein der Eusstata aus rötlichem Sandstein. Im Giebelfeld Darstellung eines Ankers.

Christliche Symbole finden sich auf mehreren Objekten aus dem Silberschatz von Kaiseraugst, u. a. auf den Zahnstochern und Ohrlöffelchen. Ob der Anker, *Abb 297* der das Giebeldreieck des Grabsteins der Eusstata aus dem spätrömischen Gräberfeld Kaiseraugst-Stalden ziert, wirklich als christliches Symbol aufzufassen ist, muss offen bleiben. Ein sicheres Zeugnis für das Christentum im Wallis ist *Abb 473* hingegen die auf das Jahr 377 datierte Inschrift des Provinzgouverneurs (*praes*es) Pontius Asclepiodotus in *Sedunum*/Sion/Sitten. Der Stein trägt das konstantinische Christogramm (Chi-Rho). Leider lässt sich nicht ausmachen, ob das in der Inschrift genannte »kaiserliche Gebäude« (*Augustae aedes*) eine Kirche oder ein sonstiges öffentliches Bauwerk war. Etwa zeitgleich oder nur wenig später ist das schon genannte Grab im Gräberfeld von *Basilia*/Basel-Äschenvorstadt zu *Abb 298* datieren. Die vergoldete Zwiebelknopffibel, die der dort Bestattete trug, ist ebenfalls mit dem konstantinischen Christogramm verziert.[53]

Eigentliche Kirchenbauten finden wir in den Kastellen erst gegen Ende des 4. oder dann im 5. Jahrhundert. War es etwa so, dass solche Bauten in den Kastellen erst nach 391, dem Datum der Erhebung des Christentums zur alleinigen Staatsreligion, errichtet werden konnten? Unter den kirchlichen Gebäuden, die schon in der zweiten Hälfte des 4. Jahrhunderts erbaut wurden, sind an erster *Abb 377* Stelle die von *Genava*/Genf zu nennen. Dort wurde im Kastell zwischen 350 und 370 über spätrömischen Verwaltungsbauten (*praetorium?*) eine einfache Kirche mit angebautem Baptisterium erstellt. An der Wende vom 4. zum 5. Jahrhundert wurde eine grosse Doppelkathedrale errichtet. Gleichzeitig wird um

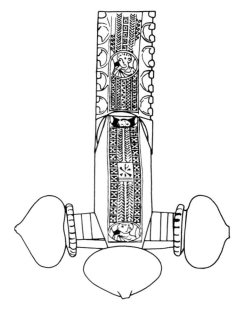

Abb. 298 Basilia/Basel, Gräberfeld Äschenvorstadt, Grab 379. Vergoldete Armbrustfibel mit Christogramm und Medaillonbüsten.

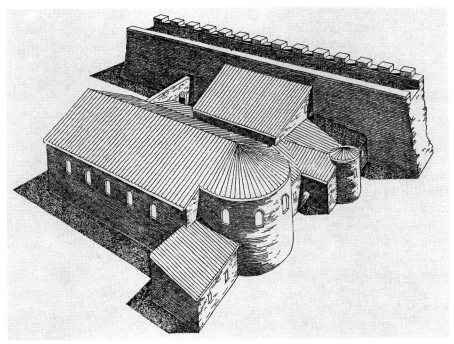

Abb. 299 Kaiseraugst. Frühchristliche Kastellkirche. Rekonstruktionszeichnung.

400 auch der erste Genfer Bischof -Isaak- namentlich genannt. Nachdem Genf von den Burgundern in Besitz genommen worden war, wurden die kirchlichen Anlagen erweitert. Von besonderem Interesse ist dabei ein Repräsentationssaal des Bischofs mit Mosaikboden und Kanalheizung. Es lässt sich aufzeigen, dass in diesen Bauten die antiken Bautraditionen ungebrochen weitergeführt wurden.[54]

In *Basilia*/Basel kann eine allenfalls in das unter dem Münster liegende Zentralgebäude des Kastells eingebaute frühchristliche Kirche der mittelalterlichen Kryptabauten wegen nicht mehr erfasst werden. Die Existenz einer Johanneskapelle neben dem Münster lässt aber vermuten, dass auch in Basel die Einheit von Kirche und Baptisterium in irgend einer Form vorhanden gewesen ist. Im *Castrum Rauracense* wurde gegen Ende des 4. Jahrhunderts über vorbestehenden Bauten eine Kirche mit grosser Chorapsis gebaut. In einer späteren Bauphase wurden seitlich der Apsis zwei Flügelräume errichtet. Zwischen der Kirche und der Kastellmauer dehnte sich ein heizbarer Gebäudekomplex aus, der in einer Nische ein kleines Bassin, wohl das Baptisterium, enthielt. Bemerkenswert ist in Kaiseraugst die ungebrochene Tradition der kirchlichen Bauten, erhebt sich doch über der spätrömischen Kastellkirche die heutige Dorfkirche St. Gallus. Auch im Kastell *Tenedo*/Zurzach AG ist die Kastellkirche mit ihrem Baptisterium freigelegt worden. Sie lehnt sich an die Umfassungsmauer an. Es handelt sich ebenfalls um einen Apsidensaal, der vermutlich zu Beginn des 5. Jahrhunderts errichtet worden ist. Das aus Ziegeln gemauerte und mit Wassermörtel bester antiker Bautradition ausgekleidete Taufbecken ist mehrfach verkleinert worden, was die lange Benützungsdauer der Anlage dokumentiert. Interessant ist, dass in Zurzach, anders als in Kaiseraugst, sich die christliche Kult-Tradition im Kastell nur durch eine mittelalterliche Kapelle, die nicht über der frühchristlichen Kirche errichtet wurde, manifestiert.

Auch in *Vindonissa*, wo die Dorfkirche von Windisch mitten im spätrömischen *Castrum Vindonissense* steht, haben Ausgrabungen gezeigt, dass der hochmittelalterliche Bau nicht über einem frühchristlichen Vorgänger errichtet wurde. Die Verhältnisse in Zurzach lehren uns, dass dieser irgendwo in der Nähe zu suchen sein dürfte. Nicht zur gesuchten Bischofskirche, sondern zu einer Grabmemoria müssen die schon erwähnten Architekturstücke aus dem Bereich des spätrömischen Friedhofs gehört haben. Anders wiederum sind die Verhältnisse im Kastell Schaan, wo die frühchristliche Kastellkirche sich vielleicht unter dem heutigen Kirchenbau befindet.[55]

Abb 358 Zahlreiche frühchristliche Bauten hat *Curia*/Chur aufzuweisen. Wir haben zwar bereits dargelegt, dass der Bischofssitz womöglich erst in der Mitte des 5. Jahrhunderts dorthin verlegt worden ist. Die früheste fassbare Anlage unter der heutigen Kathedrale, eine Saalkirche mit halbkreisförmiger Chorapsis und dem Ansatz eines Querhauses, könnte allenfalls in diese Zeit datiert werden. Der zugehörige Altar wird mit Asinio, dem 451 erstmals erwähnten Bischof, in Zusammenhang gebracht und wurde im Nachfolgebau aus dem späten 8. Jahrhundert wieder verwendet. Rund 200 Meter nördlich der Kathedrale befand sich
Abb 359 offenbar die Grablege der Churer Bischöfe, über der um 500 die Kirche St. Stephan errichtet wurde. Besonders interessant ist aber ein Kirchenbau im Zentrum
Abb 300 des Vicus am Fusse des spätrömischen Kastells. Hier wurde an zentraler Lage über jenem Denkmal aus vier Altären, das wir oben mit dem Kaiserkult in Verbindung brachten, da neben ihm vermauert das Fragment der Inschrift für L. Caesar gefunden wurde, ein Doppelsaal errichtet. Er wurde in einer späteren Bauphase durch den Einbau von Kanalheizungen in seiner Nutzung verbessert. Im ausgehenden 4. oder im beginnenden 5. Jahrhundert wurde eine halbrunde Priesterbank frei in den Raum gestellt. Wir haben hier jenen Typus von Saalkirche mit freier Priesterbank vor uns, wie er vor allem aus dem österreichischen Alpenraum (Provinz Noricum) und aus Oberitalien bekannt ist; Querbezüge, die uns in Rätien nicht wundern können! Der Bau könnte mit der für die spätrömische Periode in Chur bezeugten Kirche St. Peter identisch sein. Handelte es sich vielleicht um die Gemeindekirche, die sogar schon vor der Errichtung der

Abb. 300 Curia/Chur, Welschdörfli. 1 mansio (?), 2 Wohnhäuser, 3–5, 8 Wohn- und Gewerbebauten, 6 Saalkirche mit freistehender Priesterbank, 7 öffentliche Thermen, 9, 10 öffentliche Bauten.

Kathedrale und der Verlegung des Bistums in den schützenden Alpenraum bestand?[56]
Nicht ganz klar sind die Verhältnisse im Wallis, wo zuerst *Forum Claudii/Octodurus*/Martigny 381 mit Bischof Theodul (oder Theodor) als Bischofssitz belegt ist. Entsprechende Bauten könnten wahrscheinlich am ehesten im Bereiche der Pfarrkirche von Martigny-Bourg gefunden werden. Nicht genau fassbar ist der historische Kern der Legende um die sog. Thebäische Legion, die zur Zeit Kaiser Maximians bei *Acaunum*/St-Maurice den Märtyrertod erlitten haben soll. Eine eigentliche Thebäische Legion hat es nicht gegeben. Zwar war Theben (Luxor) in Oberägypten seit der Zeit Diokletians ein bedeutendes Legionslager, wo zwei Legionen in Garnison lagen. D. van Berchem konnte in einer minuziösen Untersuchung nachweisen, dass bereits die früheste schriftliche Überlieferung der Legende zahlreiche Widersprüche und Ungereimtheiten aufweist. Handelte es sich allenfalls um ein Truppendetachement, das früher einmal in Oberägypten gestanden hatte und in Maximians Armee bei seinem Zug gegen Konstantin I. über den Grossen St. Bernhard gekommen war? Hatte man allenfalls ein Mas-

sengrab entdeckt, das auf die von uns oben erwähnte Schlacht in der Klus von *Acaunum* im Jahre 260 zurückging? Sicher ist einerseits, dass gegenüber den bisherigen Rekonstruktionen der Bauentwicklung in St-Maurice grösste Skepsis angebracht ist, dass aber anderseits doch mit Sicherheit angenommen werden kann, dass im späteren 4. Jahrhundert, anknüpfend an römische Baustrukturen (*memoria*?), ein christliches Heiligtum entstand, welches der in Genf residierende Burgunderkönig Sigismund 515 durch einen grösseren Bau und ein Kloster ergänzte.⁵⁷

In *Sedunum*/Sion/Sitten wurde im 4./5. Jahrhundert auf dem Areal eines verlassenen römischen Bades unter der heutigen Kirche St-Théodule ein Friedhof eingerichtet, der mit der Zeit christlichen Charakter annahm, wobei ein stehengebliebener Teil des Bades vielleicht als Friedhofkapelle gedient hat. Von grosser Bedeutung ist die Entdeckung einer grossen Friedhofkirche in der Flur »Sous le Scex«. Es handelt sich in der frühesten Form um einen grossen Rechtecksaal, der später durch eine Vorhalle, ein Querschiff und hufeisenförmige Apsiden erweitert wurde. Östlich dieser Friedhofkirche kamen zwei sorgfältig gemauerte Grabmemorien zum Vorschein, die dem späten 4. oder dem 5. Jahrhundert zuzuweisen sind.⁵⁸

Abb 474

Leider verfügen wir für das Gebiet der »römischen Schweiz« nicht über eine schriftliche Quelle, wie sie die Lebensbeschreibung des hl. Severin durch Eugippus für die Provinzen an der Mittleren Donau (*Noricum ripense*) darstellt. Wir würden sonst sicher erfahren, wie im 5. und 6. Jahrhundert immer häufiger kirchliche Würdenträger als Bewahrer der römischen, nun christlich gewordenen Tradition auftraten und das überkommene Erbe zu bewahren trachteten, sei es, dass sie auf fast verlorenem Posten in einem der ehemaligen Grenzkastelle sassen, sei es dass sie in den romanischen Gebieten der Westschweiz oder Rätiens residierten.

Für die Wende vom 6. zum 7. Jahrhundert liegt uns dann freilich, wie ein plötzlich aufgestossenes Fenster, eine Gruppe schriftlicher Quellen vor, die wir an den Schluss unserer Betrachtungen stellen möchten, da sie es ermöglicht, den geschilderten Prozess des Auslaufens der antiken römischen Traditionen und deren Verschmelzen mit den neuen Elementen auf anschauliche Weise zusammenzufassen. Es handelt sich um die Lebensbeschreibungen der irischen Wandermönche, vorab des Columban und des Gallus. Diese machten sich um das Jahr 610 von ihrem Kloster Luxeuil aus auf, um den heidnischen Barbaren das Evangelium zu predigen. Der Weg führte sie sicher über *Basilia*/Basel und *Rauraci*/Kaiseraugst, wo wenig später Ragnachar, ein Schüler des Columban, als Bischof der Kirche beider Kastellorte bezeugt ist. Im weiteren zogen sie über *Turicum*/*Turegum*/Zürich und machten eine erste Station in *Ducones*/Thuggen am oberen Ende des Zürichsees. Aus den Quellen wird klar, dass die Einwohner dieses Ortes Heiden waren und in einem Tempel Götterbilder verehrten. Ob es sich um ins Heidentum zurückgefallene oder gar darin immer noch verharrende Gallo-Romanen, oder ob es sich um Alamannen handelte, was archäologisch nicht unmöglich ist, wird aus den Quellen nicht klar. Da Gallus das heidnische Heiligtum zerstörte, mussten die Missionare vor dem Volkszorne weichen. Höchst instruktiv ist die Fortsetzung der Geschichte. Als die Wandermönche zum Kastell *Arbor Felix/Arbona/*Arbon kamen, trafen sie dort auf eine christliche Gemeinde mit ihrem Priester namens Willimar. Hier fassen wir offensichtlich eine der christlichen Reliktgemeinden, die in den Kastellen der Rheinlinie überlebt hatten. Man beachte, dass der Priester bereits einen germanischen Eigennamen trägt. Hier findet, was wir oben zu den Grabsteinen aus dem Kastellfriedhof von Kaiseraugst ausführten, seine Bestätigung.[59]

Als sich Columban und Gallus samt ihren Gefährten über den See nach Bregenz fahren liessen, fanden sie das alte *Brigantium* weitgehend zerstört, aber noch bewohnt. Bei sorgfältiger Lektüre der Texte, immer mit den archäologischen Belegen im Auge, scheint sich zu ergeben, dass zweierlei Bevölkerungsgruppen in oder um die zerfallene Römerstadt siedelten. Einerseits Romanen, die offenbar in das Heidentum zurückgefallen waren oder das Christentum nur oberflächlich oder noch gar nicht angenommen hatten. Sie hatten die der hl. Aurelia geweihte christliche Kirche wieder in einen römischen Tempel zurückverwandelt. Anders können wir nämlich die Tatsache, dass dort drei vergoldete Götterstatuen aus Bronze (Kapitolinische Trias?) angebracht waren, nicht interpretieren. Andererseits siedelten offensichtlich auch Germanen in der Nähe, in der einen Quelle als »Svevi« bezeichnet, die die Götter auf ihre Weise verehrten, indem sie um eine Holzwanne mit Bier ein grosses Gelage veranstalteten. Wir gewinnen durch die Lebensbeschreibungen des Columban und Gallus somit eine plastische Illustration zum Nebeneinanderleben der beiden Bevölkerungsgruppen, zu deren langsamem Verschmelzen oder zum Aufgehen der einen in der anderen, je nach den vorliegenden Stärkeverhältnissen und der erhalten gebliebenen Verbindung zum Mutterland Italien.[60]

Zweiter Teil

Topographische Beschreibung der archäologischen
Fundstätten und Einzelfunde (ausserhalb der Museen)

von Walter Drack

Erläuterungen und Abkürzungen zum archäologischen Teil

▶ im Text = im Gelände sichtbare Bodendenkmäler

Die Kantone werden mit ihren Autokennzeichen genannt

Abb	Abbildung	AG	Aargau
Ao	Aufbewahrungsort	AI	Appenzell I.-Rh.
B	Breite	AR	Appenzell A.-Rh.
bes	besonders	BE	Bern
betr	betreffend	BL	Basel-Land
bzw	beziehungsweise	BS	Basel-Stadt
ca	zirka	FR	Fribourg, Freiburg
ders	derselbe	GE	Genève
dh	das heißt	GL	Glarus
Dm	Durchmesser	GR	Graubünden
ehem	ehemalig, ehemals	JU	Jura
Fo	Fundort	LU	Luzern
H	Höhe	NE	Neuchâtel
iÄ	im Äusseren	NW	Nidwalden
iL	im Lichten	OW	Obwalden
Jh	Jahrhundert	SG	St. Gallen
kath	katholisch	SH	Schaffhausen
Koord	Landeskarte des Bundesamtes für Landestopographie, Koordinatenangabe	SO	Solothurn
		SZ	Schwyz
		TG	Thurgau
L	Länge	TI	Ticino
lH	lichte Höhe	UR	Uri
Lit	Literatur	VD	Vaud
lt	laut	VS	Valais, Wallis
lW	lichte Weite	ZG	Zug
M	Museum	ZH	Zürich
ma	mittelalterlich		
N	Norden, nördlich	FL	Fürstentum Liechtenstein
nChr	nach Christi Geburt		
O	Osten, östlich		
og	obengenannt		
ref	reformiert		
röm	römisch		
S	Süden, südlich		
Str	Straße		
sog	sogenannt		
T	Tiefe		
ua	unter anderem		
usw	und so weiter		
uU	unter Umständen		
Verf	Verfasser		
vChr	vor Christi Geburt		
W	Westen, westlich		
WT	Wachtturm		
zB	zum Beispiel		
zT	zum Teil		
zZ	zur Zeit		

Ägerten BE

Zwei Festungsbauten
Abb 301

Bei Aushubarbeiten für eine Kanalisation in der Flur Isel W der Bahnlinie Bern–Biel im Winter 1983/84 und nach Abbruch einer Altliegenschaft 1985 kamen ausgedehnte Fundamentreste und Pfählungen von einem grösseren röm mit der Hauptachse N-S orientierten Bau zutage. Ähnliche Baureste wurden 1987 bei der Baugrunduntersuchung der Kirche auf der Flur Bürglen entdeckt.

Obgleich in beiden Fällen nur Teile der einstigen Anlagen untersucht werden konnten, zeigte sich, dass die Fundamente von zwei völlig gleichartigen Bauten stammen müssen: von je einem Mitteltrakt (B ca 23 m, L ca 50 m), dessen Schmalseiten je von einem Halbrundturm (Dm ca 15 m) und 5 m starken Mauern flankiert wurde. Die Fundamente waren auf eine starke Pfählung gestellt und durch einen horizontalen Balkenrost versteift.

Aufgrund dendrochronologischer Untersuchungen müssen diese Anlagen 368/69 errichtet worden sein.

Die Grundrisse entsprechen weitgehend denjenigen der – kleineren – von Festungsbauten → Mumpf und Sisseln AG, die mE als Flankenschutz der röm Brücke von → Stein AG/Bad Säckingen (BRD) im gleichen Zeitraum erstellt worden sein müssen. Die Festungsbauten von Ägerten standen rund 250 m auseinander – möglicherweise beidseits des Zihlflusses.

Lit: PJSuter, RZwahlen, Ägerten BE, Isel, 69. JbSGUF 1986, 253 f u frdl Mitt von H. Grütter, Bern

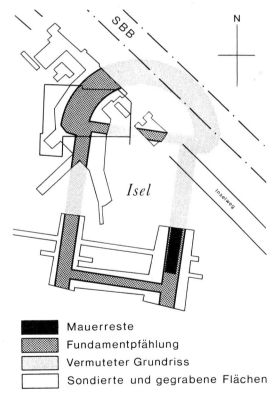

Abb. 301   Ägerten. Plan eines der beiden Festungsbauten.

Äschi SO

Gutshof-Ökonomiebau

In der Flur Dornacker SW von Äschi wurden im ausgehenden 19. Jh röm Funde gemacht, die 1940 zur Entdeckung eines Nebengebäudes führten. Über den Spuren eines Holzbaus wurde um 100 nChr ein Gebäude (L ca 27,5 m, B 22,2 m) erbaut. Es bestand aus einem Kernbau mit einem zentralen Innenhof (13,60 × 11,50 m iL) und einem portikusartigen Anbau auf der S-Seite. Ausser wenigen eisernen Türbeschlägen, einem Schlüssel und Nägeln sind ein silberner Anhänger in Form einer Lunula (Halbmond), vor allem aber viel Keramik zu erwähnen, die von der Mitte des 1. Jh bis um 200 reicht.

Lit: WFlückiger, Die römische Ausgrabung in Aeschi 1940, Vorber., Jb f. Soloth. Gesch. 14, 1941, 173 ff: JbSGU 32, 1940/41, 125 – RDegen 1970, 375

Agno TI

Zwei spätröm Sarkophagdeckel
Abb 251

Der eine der beiden ▶ Sarkophagdeckel aus Granit ist im Zentrum von Cassina als Waschtrog aufgestellt, der andere liegt im Bett des Fraccia-Baches.
Lit: WDrack, Agno, JbSGU 53, 1966/67, 162

Allmendingen → Thun BE

Alpnach OW

Pferdewechselstation (?)
Abb 302

Die in der Flur Uchtern rund 800 m S der Kirche Alpnach 1913 entdeckten röm Baureste wurden 1914/15 untersucht.
Die vier erfassten Baugrundrisse bilden ein Ruinenfeld von rund 62 × 60 m, dessen Hauptachse W-O orientiert ist. Das Hauptgebäude A (31 × 29,50 m) war nach O gerichtet und bestand aus einer Halle mit – wohl späteren – Raumeinbauten, einer talseitigen Portikus und zwei – möglicherweise ebenfalls später erstellten – Eckrisaliten. In verschiedenen Räumen fanden sich Mörtelböden und an zwei Stellen roter Wandverputz. Das Badegebäude B stand ca 24 m N des Haupthauses. Der im Endausbau 11,10 × 6,90 m grosse Bau hatte anfänglich nur drei Räume, wovon einer hypokaustiert war. Später erfolgte eine Erweiterung samt Einrichtung eines zweiten Hypokaustes.
Das Gebäude C (13,8 × 11,2 m), etwa 14 m O des Haupthauses und parallel zu diesem gestellt, war in einen Trakt mit Mittelkorridor und zwei Wohnräumen und in eine Portikus auf der dem Haupthaus zugekehrten W-Seite unterteilt. Der Bau D (6,50 × 4,80 m) scheint ein Keller gewesen zu sein.
Die Lage in einem steinübersäten Rüfengebiet und an der röm Strasse *Vindonissa*–Reusstal–Vierwaldstätter- bzw Alpnachersee über die Brünig-, Grimsel- und Albrunpässe in die Poebene lassen vermuten, dass diese Baureste von einer Pferdewechselstation (*mutatio*) stammen – ähnlich wie jene in → Innertkirchen BE, → Riom GR, → Zernez GR und → Zillis GR.
Gefunden wurden Schmuck, Eisenwerkzeuge und -geräte. Die Münzen und die Keramik – Gebrauchsware und Terra sigillata – lassen den Schluss zu, dass diese Station um die Mitte des 1. Jh gegründet wurde und im ausgehenden 3. Jh verlassen war.
Koord: 663100/198500
Lit: EScherer, Die römische Niederlassung in Alpnachdorf, MAGZ 27, 1916, 227 ff – JbSGU 7, 1914, 78 ff – ebda 8, 1915, 54 – ebda 19, 1927, 88 – RDegen 1970, 364 f

Altenburg → Brugg AG
Altreu → Selzach SO

Amden SG

Wachtturm Stralegg bei Betlis
Abb 303, 304

Der noch heute 6 m hohe Turm war Ferdinand Keller schon 1832 als »mittelalterliche Veste Stralegg« bekannt. 1937 und 1952 erfolgten Sondierungen. 1960 unternahm Rudolf Laur-Belart

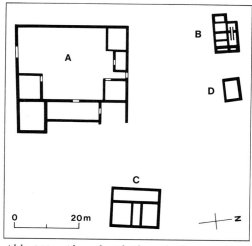

Abb. 302 Alpnach. Pferdewechselstation (?). A Haupthaus, B Badegebäude, C Nebengebäude, D Keller.

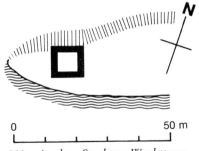

Abb. 303 Amden. Stralegg. Wachtturm.

eine Ausgrabung und eine zurückhaltende Konservierung.

▶ Die Ruine (10,4 × 10,4 m iÄ) steht auf dem nackten Fels einer grösseren Geländeterrasse rund 30 m über dem Walensee. Das Mauerwerk ist beidseits mit einigermassen winkelrecht zugerichteten Kalksteinen verblendet. Die Fundamentzone hat mehrere starke Absätze, genau im Verhältnis 10:30 cm (30 cm = 1 röm Fuss): innen dreimal 5, einmal 6, aussen dreimal 6, einmal 7, dh der Turm erweiterte sich nach oben. Im Innern findet sich etwa 1,10 m über dem obersten Fundamentabsatz das Auflager für den Holzboden. Im Bereich der einstigen Bodenbalken sind im Mauerwerk – innen und aussen – horizontale Schlitze, vermutlich von einem Holzrost bzw einer Holzversteifung. Die Mauern sind an der Basis 2,10, über dem Bodenabsatz 0,85 m breit. In der Mitte der N-Mauer befindet sich 80 cm über dem Bodenabsatz eine Lücke von einer hölzernen Fensterbank.

Von einer Umfassungsmauer ist nur ein kleiner Ansatz an der SW-Ecke erhalten geblieben.

Der Turm wurde zusammen mit jenen von → Filzbach und → Schänis im 2. Jahrzehnt vChr erbaut und war nur kurze Zeit besetzt.

Koord: 729520/221840

Lit: FKeller, Die röm Ansiedelungen der Ostschweiz, MAGZ 12, 1860, 328, Anm. 1 – RLaur-Belart, Strahlegg und Biberlikopf, zwei frühröm Wachtposten am Walensee, US 24, 1960, 51 ff – ALambert u EMeyer 1973, 64

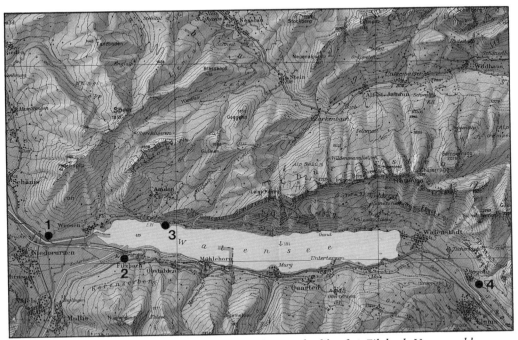

Abb. 304 Walensee. Frühröm Wachttürme. 1 Schänis-Biberlikopf, 2 Filzbach-Voremwald, 3 Amden-Stralegg, 4 Walenstadt-Berschis (?).

Amsoldingen BE

Zwei Grabsteine

Im Garten des Schlosses Amsoldingen stehen zwei wohl schon im Mittelalter aus Avenches herübertransportierte ▶ Altäre aus Jurakalk. Der eine Altar trägt eine Inschrift für *Matidia Pusinna* (HM 239), der andere für *Pompeia Hospita*.
Lit: GWalser (II) 1980, 119 bzw 120

Arbon TG

ARBOR FELIX
Abb 305

Im Gebiet von Arbon erreichte die röm Strasse Winterthur/*Vitudurum* – Pfyn/*Ad Fines* – Bregenz/*Brigantium* den Bodensee. Die Strasse und die günstige Hafenbucht bedingten die Gründung einer vicusähnlichen Siedlung sowie später den Bau des spätröm Kastells.
Von röm Funden wird schon früh berichtet. Genauere Beobachtungen erfolgten 1892, 1894, 1902, 1905–1907 und 1908, Ausgrabungen aber erst 1958–1962 sowie 1973 mit anschliessender Konservierung verschiedener Abschnitte der ▶ Kastellmauer, besonders bei der Galluskapelle. Der Name *Arbor Felix* ist durch verschiedene Quellen überliefert. Von rund 400 ab wurde *Arbona* gebräuchlich.
Die Siedlung des 1.–3. Jh ist erst sehr rudimentär bekannt. Der Kern muss sich zwischen 700 und 1700 m W des Schlosses bzw des einstigen Kastells befunden haben. Unklar ist, wovon die N-S-Mauer (L 70 m) entlang der Friedensstr W der Bahnlinie und eine zugehörige (?) S-Mauer mit Tor in der Rebenstr (B je 1,50–1,80 m) stammen. Vom »Bergli« im W ist ein grosser holzverschalter Wasserschacht bekannt. Von zahlreichen weiteren Fundstellen gibt es nur Kleinfunde, vor allem Münzen und Keramik des 1.–3. Jh.
Das Kastell stand auf der leicht überhöhten, seit dem Mittelalter mit Galluskapelle, Kirche und Schloss überbauten Halbinsel, möglicherweise an der Stelle einer früheren Militäranlage. Es dürfte unter Diokletian – wohl um 294 – erbaut worden sein. Seit den Ausgrabungen sind folgende Teile

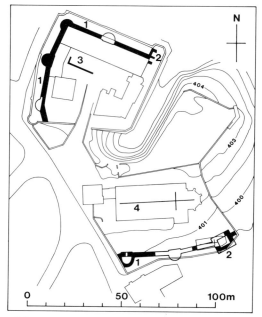

Abb. 305 Arbon/Arbor Felix. Kastell.
1 Kastellmauern, 2 Geschütztürme,
3 Kaserne (?), 4 Thermen (Hypokaustreste).

der Kastellummauerung bekannt: die NW-Ecke mit Dreiviertelrundturm und die anstossenden Abschnitte der N-Mauer mit einem Rechteckturm und wohl einem »Halbrundturm«, die W-Mauer mit einem ebensolchen (oder zwei?) sowie ein 60 m langes Stück der S-Mauer mit zwei verschieden grossen »Halbrundtürmen« und einem Rechteckturm (10 × 11 m). Die Kastellmauer war durchschnittlich 2,60 m stark. Von Innenbauten sind eine 18 m S der N- und etwa 7 m O der W-Mauer sich hinziehende Winkelmauer bekannt (Kaserne?).
Kastellbad. Im Juli 1986 stiess man bei einer Sondiergrabung im W-Teil der innerhalb des Kastells stehenden kath Kirche auf die W-Partie einer Hypokaustanlage mit quadratischen Backsteinpfeilerchen und einer W-wärts auskragenden rechteckigen Nische für eine Badewanne. Von dieser Wanne waren gute, mit rotem Mörtel ausgestrichene Überreste vorhanden. Sie sass über einem – wohl sekundär geschaffenen – Präfurnium, von dem aus seitliche Züge unter dem Wannenbecken

angeordnet waren, die in je acht im Querschnitt quadratische Wandziegel (*tubuli*) mündeten. (Frdl. Mitt. von J. Bürgi, Frauenfeld).
Nach der Notitia dignitatum war das Kastell Sitz der Kommandanten der Herkulischen Kohorte der Pannonier und einer Abteilung der Überwachungsflotille mit Hauptstützpunkt in *Confluentes* (Zusammenfluss von Aare und Rhein) oder Bregenz(?).
Nach Ausweis der Kleinfunde, insbesondere von Lavezsteingefäss- und Argonnen-Sigillata-Resten sowie der Münzen, muss das Kastell bis um 400 besetzt gewesen sein. Zwei Keramikfragmente bezeugen gar eine Weiternutzung im 7. Jh. Dies ist deswegen von besonderer Bedeutung, weil um 610 Columban und Gallus auf ihrer Missionsreise durch Alamannien in Arbona vom Priester Willimar gastfreundlich aufgenommen wurden, ehe sie nach Bregenz weiterzogen.
Ao: Arbon, TM Frauenfeld, Amt für Archäologie Kanton Thurgau, Frauenfeld
Lit: FKeller 1860, 314 ff – KKeller-Tarnuzzer u HReinerth, Urgeschichte des Thurgaus, Frauenfeld 1925, 219 ff – JbSGU 34, 1943, 58 – EVonbank, Arbor Felix. Zu den Ausgrabungen 1958-1962, US 28, 1964, 1 ff – ALambert u EMeyer 1973, 58

Ardon VS

Spätröm Grabbau

Im Bereich der Kirche St-Jean wurden seit dem frühen 19. Jh röm Funde beobachtet: auf der SW-Seite der Kirche sowohl Einzelobjekte als auch Gebäudereste mit ua einer Herdstelle, 1894 N davon, im Friedhof, zwei Altarfragmente mit ▶ Weiheinschriften an Jupiter bzw Merkur, heute im Gemeindehaus. Anlässlich der Kirchenrenovation von 1959 fand man NW der Kirche zahlreiche röm Ziegel, zwischen Pfarrhaus und Kantonsstr Baureste mit mehreren Räumen, davon einer hypokaustiert, und eine Hofmauer, im Baugrund des Kirchen-W-Teils aber die Fundamentreste eines Baus (49 × 5,2 m) mit einer zentralen Grabgrube (3 × 2,5 m) innerhalb eines starken Mauerkerns. Da dieses Gebäude im 5./6. Jh unter Anfügung einer Apsis (ca 3 × 3 m) zu einem kleinen Gotteshaus ausgebaut wurde, muss die ▶ Grabanlage spätestens im 4. oder 5. Jh entstanden sein. Die Fundamente wurden konserviert und sind zugänglich.
Ao: MA Sion
Lit: F-ODubuis, L'église Saint-Jean d'Ardon, ZAK 21, 1961, 113 ff – GWalser (III) 1980, 283 u 284

Augst BL

AUGUSTA RAURICA
Abb 11, 30, 37, 44, 46, 58, 61, 62, 64, 67, 68, 71, 72, 76, 79-81, 84, 86, 98, 101, 106, 107, 117, 124, 126-129, 132, 133, 135, 136, 148-157, 163, 174, 175, 177, 182, 188, 203, 227-230, 240, 243, 271, 306-316, Tafel 14

Die 44 vChr gegründete *Colonia Raurica* wurde unter Augustus im 2. Jahrzehnt vChr in *Colonia Paterna Pia Apollinaris Augusta Emerita Raurica* umbenannt und neu organisiert. Für die Wahl des Standortes der Koloniestadt im Gebiet der heuti-

Umseitig:
Abb. 306/307 Augst/Augusta Raurica. Übersichtsplan. Sichtbare Objekte: I Curia (Rathaus), Stützmauer der Basilika, II Theater, III Schönbühltempel, IV Tempel in der Grienmatt, V Amphitheater, VI Töpferöfen, VII Ziegelöfen, VIII Backofen in Taberne, IX Hypokaustanlage, X Stadtmauerreste, XI Abwasserkanal und Keller eines Hauses, XII Gewerbehaus mit Walkerei (Schmidmatt), XIII Römerhaus und Museum.
Nicht sichtbar: 1 Hölzerne Brücke mit Brückenkopf (über die Insel Gwerd), 2 steinerne Brücke (Ruinen im 16. Jh. noch sichtbar), 3 Hafen, 4 Aquädukt, 5 Stadtmauerteile, 6 W-Tor, 7 O-Tor, 8 Forum mit Basilika, 9 Haupttempel, 10 S-Forum mit Nebenforum, 11 Frauenthermen, 12 Zentralthermen, 13 gallo-röm Tempelbezirk Sichelen-Nord, 14 gallo-röm Tempelbezirk Sichelen-Süd, 15 Wohnquartier auf dem Kastelenplateau, 16 Paläste am westl. Stadtrand, 17 Mansio, 18 Kaufläden, 19 Handwerkerquartiere, 20 Töpfereien, 21 Rundbau eines grossen Denkmals, 22 Rundbau eines grossen Grabmals, 23 Befestigungsgraben des Kastelenplateaus im 3. Jh.

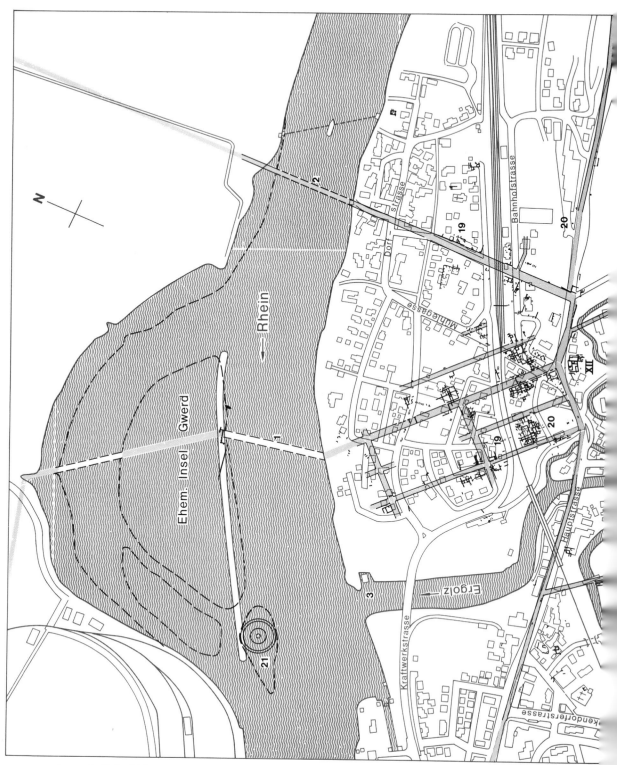

Legende Seite 323

gen Gemeinde Augst BL (mit der rheinnahen Unterstadt im Gemeindebann Kaiseraugst AG) waren die strategisch-verkehrsgeographische Lage und die Geländebeschaffenheit ausschlaggebend. Hier kam die S-N-Strasse vom Grossen St. Bernhard (→ Bourg-St-Pierre) her nach Durchquerung des Mittellandes und Überwindung des → Hauensteinpasses an den Rhein, um zum Mittel- und Niederrhein weiterzuziehen. Und hier führte die W-O-Strasse, aus Gallien kommend, S am Basler Rheinknie vorbei an die obere Donau und nach Rätien. Zudem lud die Landschaft förmlich zu Brückenschlag und Stadtgründung ein: im breiten und weniger tiefen Rhein lag als natürlicher Brückenträger die Insel Gwerd, und 600 m SO des Rheins weitete sich eine durch Ergolz und Fielenbach im SW bzw NO geschützte, rund 1000 m lange und – an der Basis im SO – 1200 m breite, nach NW sich verjüngende Geländeterrasse, der rheinwärts ein flacheres Gebiet mit Anlegestellen vorgelagert war.

Von *Augusta Raurica* waren an der Schwelle der Neuzeit oberflächlich sichtbar – abgesehen von der vom spätröm *Castrum Rauracense* stammenden »Heidenmauer« in → Kaiseraugst – die grosse ovale Geländemulde des Amphitheaters, der Forumtempel, die Curia-Stützmauern und die »Neun Türme«-Ruine des Theaters. Vor allem diese hochragenden und vielgestaltigen Mauerreste weckten das Interesse der sich auch mit der röm Vergangenheit beschäftigenden Humanisten – so Felix Fabri 1488/89 in »Descriptio Sueviae« und Beatus Rhenanus in »Rerum Germanicarum libri tres« von 1531. Sebastian Münster versuchte in der 1544 erschienenen Ausgabe seiner »Cosmographia«, die Aussenstützmauer des Theaters mit ihren halbrunden Entlastungs-Alveolen bildlich wiederzugeben. Johannes Stumpf ist dies in seiner »Chronik« von 1548 besser gelungen; er deutete die Anlage als »Römisch schlossz« und die Alveolen als »dampfflöcher«. Aegidius Tschudi (1505–1571) beschrieb Land und Volk der Rauraci und »Augusta Rauraca« (oder »Rauracorum«) in »Gallia comata« relativ kurz – unter Erwähnung der 1565 entdeckten, seit langem verschollenen Grabinschrift Howald-Meyer 366.

1582–1584 wurden bei den »Neun Türmen«, auf Kastelen und Schönbühl erste Ausgrabungen – die ersten wissenschaftlich motivierten archäologischen Untersuchungen diesseits der Alpen – durchgeführt, initiiert von Basilius Amerbach, Professor der Rechte. Ausgrabungsleiter war der Handelsmann und Ratsherr Andreas Ryff. 1588/89 vermass der Maler Hans Bock die ausgegrabenen Ruinen, bes des Theaters, das B. Amerbach als solches erkannte.

1577 beschrieb Christian Wurstisen ein langes Gewölbe bei Liestal als Teil einer Wasserleitung. In einer Karte, 1680 gez von Georg Friedrich Meyer, sind ausser den schon genannten »Rudera« auch noch solche auf der Rheininsel zu sehen: die Rundbau-Überreste. Eingehendere Darstellungen legten 1761 Johannes Daniel Schoepflin in »Alsatia illustrata« und Daniel Bruckner in seinem »Versuch einer Beschreibung ... der Landschaft Basel« (1748–1763) mit Illustrationen von Emanuel Büchel vor. In einer 1796 herausgegebenen Schrift vermerkte (vermutlich) Pierre Joseph Dunod erstmals den Tempel in der Grienmatt. Nachdem die Basler Obrigkeit von 1705 an mehr und mehr gegen Leute vorzugehen hatte, die die grossen und kleinen Quadersteine aus dem Blendmauerwerk bes an der Theaterruine für Bauzwecke ausbrachen, musste Aubert Parent jahrelang um die Genehmigung von Ausgrabungen auf Kastelen und in der Grienmatt kämpfen. 1796 wurde auf Kastelen ein Mosaikboden entdeckt, und 1797, 1801 und 1803 konnten in der Grienmatt die Baureste eines Tempels und einer Badeanlage freigelegt werden. Anschliessend setzten – nacheinander – zu Untersuchungen an den beiden Basler Papierfabrikanten E. Brenner-Ehinger und Johann Jakob Schmid sowie der Altphilologe Wilhelm Vischer, und zwar bes am Theater, am Schönbühltempel sowie an der Kastellmauer und in einem Gräberfeld bei Kaiseraugst. Obwohl sich die Historische und Antiquarische Gesellschaft zu Basel seit ihrer Gründung 1839 im besonderen auch der röm Baureste in Augst und Kaiseraugst angenommen hatte, begannen systematische Ausgrabungen erst 1878. Hier können selbstverständlich nur die wichtigsten der untersuchten Objekte angeführt werden: 1878–1879 Stützmauer von Curia (Rathaus) und Basilika bzw Hauptforum, 1884 (und 1906/07) Stadtmauerabschnitte, 1893–1903 Theater, 1907/08 Curia, 1917–1928 Tempelanla-

gen auf Schönbühl, 1921–1928 Südforum, 1923–1928 Hauptforum, 1937/38 Frauenthermen, 1939–1959 Insula 24, 1942–1944 Zentralthermen, 1947 Insula 23, 1959 Amphitheater (entdeckt), 1962/63 gallo-röm Tempelanlagen auf Sichelen, 1964 Mansio (Raststation) auf Kurzenbettli, 1968 Urnengräberreihen an der Rheinstrasse, 1983/84 Gewerbehaus in der Flur Schmidmatt.
▶ Konserviert wurden bislang: 1911 Amphorenkeller im Fielenried, 1923/24, 1927/28 und 1935 Stützmauern beim Hauptforum, 1893 und 1936–1943 Theater, 1940 Wohnhaus-Hypokaustanlage im Fielenried, 1954–1956 Tempelanlagen in der Grienmatt, 1954/55 Bau des Römermuseums, 1958 Schönbühltempel samt Stützmauer bei der NW-Ecke, 1960–1965 Curia (samt Raum im Untergeschoss), 1966 Backofen mit »Taberne« beim Museum, 1970 Töpferwerkstätte auf Steinler, 1978 Stadtmauer-O-Abschnitt, 1981–1986 Arenamauer sowie NW- und SO-Eingang des Amphitheaters, 1985/86 »Gewerbehaus« in der Flur Schmidmatt, Gem. Kaiseraugst.

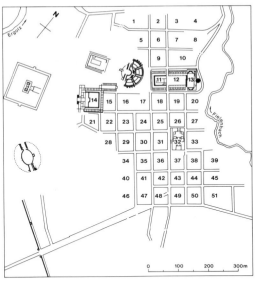

Abb. 308 Augst/Augusta Raurica. Die Wohnquartiere (insulae).

Zur Stadtanlage. Die von Augustus im Laufe der letzten zwei Jahrzehnte vChr gegründete Stadt wurde dank der topographischen Gegebenheiten S des Rheins bzw zwischen Ergolz und Fielenbach im Sinne röm Koloniestädte nach einem strengen geometrischen Schema gebaut. Die Längs- oder Hauptachse (*decumanus maximus*) kam in die Mitte der »Steinler«-Hochebene und senkrecht zum Rheinübergang zu liegen, während die Hauptquerachse (*cardo maximus*) nach R. Laur-Belart die Linie darstellt, die von W nach O durch den Jupitertempel, den Marktplatz und die Curia verlief. Der Schnittpunkt der beiden Hauptachsen lag demnach vor dem Jupitertempel, der Fixpunkt für die Vermessung aber wird auf der höchsten Kote 349.1 m üM (Koord 622100/263950) in der Verlängerung der Hauptlängsachse nach SO vermutet. Dieser Punkt war offensichtlich in der Mitte der S Basislinie der Stadtvermessung überhaupt. Parallel zu den Hauptachsen verliefen über die planen Geländeabschnitte von ca 600 × 400 m die sich rechtwinklig kreuzenden Nebenstrassen: fünf Längs- und zehn Querstrassen.
Etwa 400 m SO des Hauptforums bog der Decumanus maximus leicht nach S ab – bedingt durch den dort über eine Strecke von ca 600 m grossenteils oberirdisch gebauten Aquädukt, der seinen Anfang anscheinend im Tälchen 200 m W des oben erwähnten Messpunktes, dh innerhalb des Stadtgebietes beim vermuteten Wasserschloss nahm. Im W und O dieser Wasserleitung war die Überbauung auf die beiden von SW und O, dh vom Hauenstein (*Aventicum*) und vom Bözberg (*Vindonissa*) kommenden Fernstrassen eingespielt bzw auf die zwei diagonalen Abschnitte der Stadtumgrenzung (*pomerium*), wo später die ersten Partien der Stadtummauerung mit Toren erbaut wurden. Eine ähnliche Abweichung der Parzellierung vom Grundraster findet sich in der Unterstadt N des Fielenbaches, wo die Bebauung einerseits auf die Strassen zu den Rheinbrücken, andererseits auf die Fernstrasse nach Gallien ausgerichtet war.
Die Stadtmauer-Rudimente, W-Teil 350, ▶ O-Teil 480 m lang (zT konserviert), sind eindrückliche Zeugen der S-Abgrenzung der Stadtvermessung. Je nach SO verlängert, trafen sie auf die oben erwähnte Basislinie beim »Fixpunkt« 349.1.

Abb. 309 Augst/Augusta Raurica. Strassenbrunnen.

Beide Mauerzüge (B ca 1,85 m) weisen anstelle von Torresten nur je eine 20 m weite Lücke und einen 9 m breiten Strassenkörper auf. Indes finden sich an beiden Orten beidseits der Lücken zwei an die Aussenseite der Mauer angebaute Fundamente von Rundtürmen (Dm 6 m). Es müssen noch andere Türme geplant gewesen sein, da jeweils NW der Tore ein an die Innenseite der Mauer angefügtes Rundturmfundament (Dm 6,60 m) erhalten ist. Der Bau der Mauer dürfte um etwa 65/75 begonnen und – bald eingestellt worden sein.
Die Wasserversorgung von *Augusta Raurica* ist recht gut bekannt – die Zuleitungen und auch das Verteilernetz. Ein 40 cm weiter, überwölbter Kanal wurde 1964 »im Liner« auf dem O-Ufer des Fielenbaches entdeckt. Ein ▶ Schlammsammler dieser Leitung wurde enthoben und konserviert (Freilichtausstellung Nähe Curia). Die Hauptwasserleitung kam aus 6,5 km Entfernung wenig oberhalb von Liestal als unterirdischer, gemauerter und eingewölbter Kanal (180 × 90 cm iL). 1957 wurde ▶ ein Stück der Leitung zwischen Lausen und Liestal herausgeschnitten und am Fuss des Schönbühls aufgestellt. Das Wasser muss in das Wasserschloss, dann durch den Aquädukt zum Südende des Decumanus maximus geflossen sein, wo eine weitere Verteileranlage anzunehmen ist – zur Speisung der in die

Strassenkörper verlegten Druckwasserleitungen aus Holz- oder Bleiröhren.
In der Unterstadt fehlen Überreste solcher Installationen. Dort nutzte man das Grundwasser. Jedenfalls sind schon ca 50 Sodbrunnen bekannt. Das Abwasser floss entweder durch die Strassengräben oder durch gemauerte, mit Steinplatten überdeckte oder aber eingewölbte Kanäle.

Die Wohnquartiere (*insulae*) lagen N und S des Hauptforums innerhalb der fünf Längs- und zehn Querstrassen. Diese waren von Achse zu Achse gemessen 55 bzw 66 m auseinander sowie mit einem Schotterbett (B 6 m) und zwei Schlammgräben ausgerüstet. Rechnet man die vor den Hausbauten angelegten Laubengänge (Portiken) dazu, waren die Strassen 15 m breit und die Insulae, von Abweichungen im N- und S-Sektor abgesehen, durchschnittlich 40 × 51 m gross. Derzeit sind 50 solche Quartierinseln ausgemacht.
Zu den am besten bekannten Insulae gehören 23, 24, 28, 30, 31, 39. Die Insula 30 verdient besondere Beachtung. Dort kamen Überreste aus den frühesten Holzbauperioden der augusteischen Ära zutage. Es zeigte sich ausserdem, dass die bei der Stadtgründung vermessene Insula bis zuletzt erhalten blieb, auch während der verschiedenen, aufeinanderfolgenden vielgliedrigen »Steinperi-

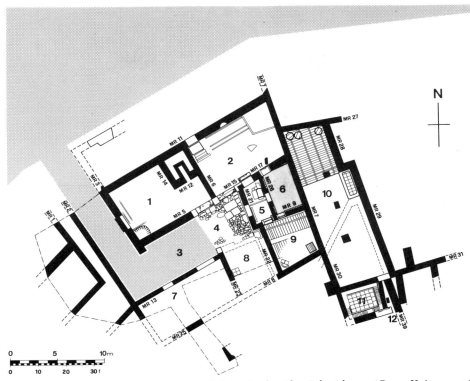

Abb. 310 Augst/Augusta Raurica, Gewerbehaus in der Flur Schmidmatt (Gem. Kaiseraugst).
1, 2, 10 Keller, 3 Zufahrt, 4 Innenhof, 5 Korridor, 6 Raum mit Hypokaust, 7 Remise (?),
8 Schlächterei (?), 9 Wohnraum, 11 Randkanalheizung, 12 Rampe.

oden« des 1. und 2. Jh, selbst noch beim Bau eines grosszügigen Gebäudes um etwa 200, umfassend einen Innenhof, einen grossen Speisesaal (*oecus*) mit dem bekannten Gladiatorenmosaikboden, ein Bad, Werkstätten, eine Wagenremise usw. Ähnliche Verhältnisse ergaben die meisten übrigen Insulae. Randquartiere, wie zB die Insulae 28 und 39, wurden offenbar im Laufe des 2. Jh von Leuten erworben, die sich palastähnliche, mit Peristylen, Mosaiken und Wandmalereien ausgestattete Wohnbauten leisten konnten.

In der Unterstadt hatten sich vor allem Gewerbetreibende aller Art niedergelassen: Schmiede, Bronzegiesser, Glasbläser, Beinschnitzer, Töpfer ua. Auch in der Oberstadt waren solche angesiedelt, auch Fleischer. Dort sind auch drei Töpfereien ausgemacht. Im Winkel zwischen den Strassensystemen der Ober- und der Unterstadt befand sich in der Flur Schmidmatt ein eigentliches ▶ Gewerbehaus (XII). Es umfasste in mehreren hallenartigen Räumen handwerkliche Betriebe, ua eine Tuchwalkerei und einen Dörrofen. Im Kern des Baukomplexes befand sich ein geheizter Raum, der bemerkenswert gut erhalten geblieben ist, da sein Hypokaustsystem vollständig intakt ist. Grössere Teile des Gewerbehauses konnten in einem Schutzbau konserviert werden und sind der Öffentlichkeit zugänglich.

Die öffentlichen Bauten. Das Hauptforum mit Basilika und Curia sowie Jupitertempel, die wichtigste öffentliche Bautengruppe, lag an der schmalsten Stelle der »Steinler«-Ebene bzw in der N-Hälfte der auf die beiden Hauptachsen streng ausgerichteten »Oberstadt«. Die Anlage war durch den SO-NW verlaufenden Decumanus maximus zweigeteilt: im NO-Teil folgten einander von SW nach NO das eigentliche Forum, die Basilika und die Curia, im SW-Teil stand der Jupitertempel.

Das Hauptforum (Marktplatz; 58 × 33 m), vom Decumanus maximus her auf der ganzen Breite zugänglich, auf der Gegenseite von der Basilika beherrscht, war auf den Längsseiten durch je eine Treppenmauer abgegrenzt, an deren Aussenseiten je zwölf Sockel angefügt waren, auf denen Säulen zweier Arkaden standen. Im Abstand von 6 m befanden sich dahinter je zwei in späteren Bauetappen erstellte Kammernreihen für Verkaufsläden und Magazine: in einer ersten Reihe je zehn grössere und in einer zweiten 13 bzw 11 kleinere. Den kleineren Räumen war je gegen die Querstrassen hin eine Portikus vorgesetzt.

Die Basilika (Gerichts- und Versammlungshalle) stand, wie erwähnt, auf der NO-Seite des Forums. Ein erster Bau (49 × 22 m) war im Innern in ein Hauptschiff und zwei Seitenschiffe gegliedert und auf den beiden Schmalseiten in je eine grosse Apsis ausgeweitet. Nach einem Brand – wohl um 140? – wurde ein Neubau errichtet, dessen Grundriss man gegenüber dem alten um 4 m nach NO verbreitert und nach NW und SO je um die Apsistiefen verlängert hat. Dieser 67 × 30 m grosse Hallenbau umfasste ein weites Hauptschiff, das durch zwei Längsarkaden von den beiden Seitenschiffen und durch je vier Säulen auf den Breitseiten von zwei schmalen Fronträumen abgegrenzt war. Viele Bruchstücke von Kapitellen und Gebälken zeugen von einer aufwendigen architektonischen Ausstattung. Sichtbar sind ▶ die grossen Stützmauern (I) für das Podium, auf dem die Basilika stand, und die Ausmündung eines Abwasserkanals, der den Forumsplatz entwässerte. ▶ Die Curia (Rathaus; I) war als Dreiviertel-Rundbau von etwa 16 m Dm auf der NO-Seite der Basilika, hoch über dem Fielenbach, turmartig auf ein durch acht Strebepfeiler gesichertes Fundament erbaut worden. Dieses war ursprünglich hohl. Nach einem Brand – wohl auch um 140? – hat man den Unterbau mit Brand-

Abb. 311 Augst/Augusta Raurica. Gewerbehaus in der Flur Schmidmatt (Gem. Kaiseraugst) während der Restaurierungsarbeiten.

Abb. 312 Augst/Augusta Raurica. Die Stützmauern der Basilikaterrasse mit der Curia in der Mitte der O-Front.

schutt aufgefüllt und den Ratssaal in Massivbauweise und ua mit Sitzstufen aus Kalksteinplatten neu gestaltet. Im Brandschutt fand man neben zahlreichen Bronzebruchstücken einen Fuss mit Gamaschen von einer überlebensgrossen Reiterstatue, die in der Basilika gestanden haben dürfte, sowie einen halbmeterlangen Bronzestreifen mit der eingelegten silbernen Inschrift C. CAECILIUS SEPTIMUS.
Ein ▶ Treppenhaus wurde offenbar im Zusammenhang mit den Neubauten von Curia und Basilika auf deren NW-Seite hochgeführt. Das Blendmauerwerk dieses Bauteils weist dreifache, je 1,10–1,20 m auseinander liegende horizontale Tonplattenbänder auf, während sich in den älteren, vor ca 140 erstellten Stützmauerteilen nur zweischichtige und 1,20–1,30 m übereinander liegende Tonplattenbänder finden. Die Curia mit ihren über 5 m hoch erhaltenen Mauern wurde konserviert, die Sitzstufen wieder hergestellt. Im Untergeschoss befindet sich jetzt eine Mosaikausstellung.
Der Haupt- oder Jupitertempel ist nur noch im Unterbau des Podiums von ca 26 × 15 m zu fassen. Dieses war ehedem mit grossen Kalksteinquadern verkleidet. Dank entsprechender Spuren in Restblöcken konnten für die Längsseiten acht und in der dem Decumanus maximus zugekehrten Hauptfront sechs Säulen errechnet werden. – Etwa 2,50 m vor der Tempeltreppe fand man Teile des aus Sandsteinquadern geschaffenen Fundamentes eines grösseren Altars und von dessen Marmorverblendung Bruchstücke von Platten, von einem Blattgesims und von einem Bas-Relief mit einem Jupiteradler. Danach entstand der Altar im frühen 2. Jh. Die auf Kalksteinplatten fragmentiert überlieferte Bauinschrift des Antoninus Pius (HM 335) datiert diesen, anstelle einer älteren Anlage aufgeführten Neubau ins Jahr 145.
Nachträglich wurde die Tempelanlage auf den Längsseiten und vor der SW-Front mit je einer Kammernreihe im Sinne einer Vergrösserung des Forums umstellt und durch eine an der W-Ecke ansetzende Kloake entwässert.

Theater und Schönbühltempel, W des Hauptforums und geschickt in eine Mulde bzw auf einen Hügel gebaut, bildeten eine weitere zusammenhängende, in sich geschlossene Baugruppe.

Abb. 313   Augst/Augusta Raurica. Schönbühltempel-Podium (im Vordergrund) und Theater von W.

▶ Das Theater (II) war anfänglich eine szenische Anlage (Dm 99,45 m bzw 336 röm Fuss). Wohl noch im 1. Jh wurde anstelle der Orchestra ein Amphitheater von 48,80 × 35,80 m Achsenlängen eingebaut und möglicherweise ein sog gallo-röm Arena-Theater geschaffen. Um 150 entstand das zweite szenische Theater. Es war im Grunde eine Wiederholung des ersten Baus – mit Orchestra (Sitzplatz der Honoratioren), Bühnenhaus (scaena) und Zuschauerraum (cavea). Die Orchestra (Dm 15,20 m) war ein hufeisenförmiger Platz innerhalb der Cavea. Die Scaena war unmittelbar vor die Caveaseiten gebaut, über zwei parallelen, seitlich eines Kanals geführten Fundamentmauern (B 3,50 m). Der Mittelteil in der Breite der Orchestra war offen – für den freien Durchblick auf den gegenüberstehenden, axial auf das Theater ausgerichteten Schönbühltempel. Für den Zuschauerraum war ein mächtiges halbrundes Mauer-»Skelett« geschaffen worden, bestehend aus Orchestra-Ummauerung (B 3,50 m), zwei rund 10 m auseinander liegenden Zwischenstützmauern und der zweifachen Peripheriemauer, die auf der Innenseite mit Entlastungs-Alveolen und bei den hohen Aussenpartien mit je vier Strebepfeilern verstärkt war. Innerhalb dieser Mauerzüge verliefen in gleichmässigen Abständen drei axiale, ca 2,50 m weite Vomitorien (tunnelartige, gewölbte Zugänge). Die ganze Cavea war mit Erde aufgefüllt. Die Stützmauern dienten als Fundamente für die Umgänge zu den drei Rängen, die mit Steinquadersitzen für 8000 Zuschauer architektonisch ausgestaltet waren. Seit der Konservierung finden in der Theaterruine Freilichtspiele statt.

▶ Der Schönbühltempel (III) entstand anscheinend zusammen mit dem zweiten szenischen Theater – anstelle eines gallo-röm Tempelbezirkes innerhalb einer sozusagen dreieckigen, doppelten Ummauerung. Der Tempel (ca 24 × 16 m) hatte in den Fronten neun bzw sechs Säulen. Er war auf ein über 3 m hohes Podium gestellt – inmitten eines, von einer doppelten Portikus eingesäumten, zum Theater hin geöffneten Hofes (56 × 36 m). Die NO-Ecke des äusseren Säulenganges ragte über das Gelände hinaus. Die dafür benötigte, mit Strebepfeilern ausgerüstete Stützmauer wurde für den Einbau von Verkaufsläden genutzt, vom Hof aber führte der Weg über eine grosse Plattform und eine Monumentaltreppe (B 18,50 m) zum Theatervorplatz hinunter. – Vom Schönbühl stammt die Weiheinschrift an Mercurius Augustus (HM 351). Restauriert wurde die jüngste Bauperiode mit Monumentaltreppe, Tempelpodium und Säulenzugängen.

Das Südforum mit Nebenforum. Dieses Bauensemble S des Schönbühltempels bestand aus zwei ungleich grossen, völlig verschiedenen und nur über Eck miteinander verbundenen, je in sich geschlossenen Anlagen: einer quadratischen (ca 80 × 80 m) und einer rechteckigen (ca 50 × 25 m). Die quadratische Anlage hatte einen 49 × 31 m grossen Binnenhof mit Peristyl, der auf drei Seiten in gleichen Abständen von je einer Kammernreihe umgeben war. Auf seiner SW-Seite stand ein vielräumiger Gebäudekomplex mit talseitiger Gartenterrassenarchitektur. In einem an die W-Ecke gebauten Raum mit drei Wandnischen wurde eine Bronzestatuette der Fortuna aus dem 3. Jh entdeckt. – Die kleinere, rechteckige Anlage wird als »Nebenforum« bezeichnet, weil beidseits eines langen Hofes je 11 gleich grosse Verkaufslokale standen. Diese »Ladenstrasse« mit reich gegliederten Eingangspartien diente gleichzeitig als repräsentative Verbindung vom Theater zum Südforum.

Die Frauenthermen, so genannt nach den zahlreichen beinernen Haarnadeln und Glasperlen von Halsketten, die im Hauptabwasserkanal gefunden wurden, sind offenbar um die Mitte des 1. Jh erbaut, im 2. Jh stark umgebaut, im 3. Jh partiell verändert und noch vor 300 abgebrochen worden. Sie standen SO des Theaters in der Insula 17 – mit dem Eingang im S-Teil – einer langen Reihe von Verkaufsläden entlang der W-Parallelstrasse zum Decumanus maximus. Der 65 × 50 m grosse Komplex war in der Mitte quergeteilt: In der SO-Hälfte fanden sich der Spielplatz (*palaestra*) und ein grosses Schwimmbassin, später ersetzt durch eine zweischiffige Halle. In der N-Hälfte reihten sich von NO nach SW die Hauptbaderäume auf: Kaltbad (*frigidarium*) mit grossem Schwimmbecken, Lauwarmbad (*tepidarium*), erwärmt durch zwei Präfurnien, und Warmbad (*calda-*

rium) mit insgesamt fünf durch zwei weitere Präfurnien beheizten Badenischen. Auf der NW-Seite, gegen das Theater hin, waren weitere Räume verschiedener Grösse, darunter ein fast quadratischer hypokaustierter Saal.

Die Zentralthermen wurden im letzten Viertel des 1. Jh an der Stelle von Wohnbauten in der Insula 32 direkt O des Decumanus maximus und rund 120 m S des Hauptforums errichtet. Im 2. Jh erfolgten grundlegende Umbauten und Erweiterungen nach NW und SO in die Insulae 26 und 37. So entstand in *Augusta Raurica* eine der grössten röm Thermenanlagen (96 × 48,5 m) im Gebiet der heutigen Schweiz. Aufgrund zahlreicher Sondierschnitte muss der endgültige Grundriss völlig symmetrisch gewesen sein. Wie bei den Frauenthermen lagen die Haupträume in einer Achse, hier aber in der Längsachse von S nach N: Frigidarium (mit grossem Schwimmbassin), Tepidarium, umfassend insgesamt sieben Räume, und Caldarium. Dieses war mit einem schwarzweissen Mosaikboden der Zeit um 125–150 und drei Schwimmbecken ausgestattet. Der mächtige ▶ Abwasserkanal der Thermen (XI) ist konserviert und begehbar gemacht. Ein ▶ Keller eines der beim Thermenbau aufgelassenen Wohnhäuser wurde ebenfalls konserviert und kann durch den Abwasserkanal erreicht werden.

Die »Heilbad«-Thermen und ein Nymphäum waren in der »Grienmatt« auf einer weiten Geländeterrasse in der Ergolzniederung W des Südforums im Zusammenhang mit einer imposanten Peristylanlage (132 × 125 m) errichtet worden. Die Thermen lagen NO ausserhalb des Peristylgevierts in einem trapezoid umschlossenen Nebenhof. Dessen S-Teil nahm grossenteils eine wohl gleichzeitig als Umkleideraum dienende Halle ein, und N davon waren die Baderäume schachbrettartig aneinander gereiht: Kaltbad (*frigidarium*), Lauwarmbad (*tepidarium*) und Warmbad (*caldarium*) im SW, drei weitere Räume N und NO anschliessend. Zwei derselben waren verschiedenartig beheizbar und hatten drei bzw vier seitliche Badenischen. Im NO-Raum hafteten 1915 noch Reste einer gelben, mit grünen und roten Trennstreifen versehenen Panneaumalerei an den Wänden, und auf dem Mörtelboden lag das eingestürzte, mit Heizröhren (*tubuli*) konstruierte Tonnengewölbe aus Mörtelbeton.

Wegen der besonders ausgestatteten NO-Räume und der inner- und ausserhalb des grossen Hofes entdeckten Inschriftsteine – eines Äskulapaltars (HM 345) und zweier Votivsteine an Apollo bzw Sucellus (HM 346 und 352) – wird diese Anlage für ein »Heilbad« gehalten.

▶ Das Nymphäum in der Grienmatt (IV) stand im Zentrum eines mit Säulen umstellten Hofes bzw innerhalb einer Ummauerung (ca 42,5 × 21,5 m). Das rund 31 × 10 m grosse Bauwerk war ein Doppelfassadenbau und dreiteilig: Ein mit Halbrundnischen gegliederter Mitteltrakt wurde von zwei mächtigen, säulengeschmückten und wohl zweistöckigen Baublöcken eingefasst. Von der aufwendigen Ausstattung zeugen ua die steinerne, 1,5 m hohe Statue eines Herkules, ein Bronzebeschlagensemble aus Krater und zwei Löwengriffen, Teile eines bronzenen Palmettenfrieses, die Fragmente einer reich ornamentierten Türeinfassung aus Marmor und ein Bronzebecken mit Darstellung der Wochengötter.

Zwei gallo-röm Tempelbezirke standen auf der weiten Flur Sichelen. Der Tempelbezirk NO des Amphitheaters ist erst zu einem kleinen Teil erforscht. Bekannt ist ein Umgangstempel mit Seitenlängen von ca 7 (Cella) bzw 14 m (Umgang). Hart NO davon stand ein kleinerer Rechteckbau und direkt W eine den eben beschriebenen Bauten in der Grienmatt zugekehrte Exedra-Anlage. Diese drei Gebäude standen im NW-Teil eines

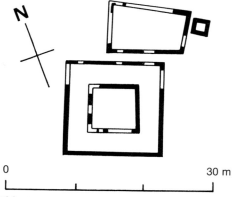

Abb. 314 Augst/Augusta Raurica. Gallo-röm Tempel auf dem Sichelen-Plateau.

wohl ummauerten heiligen Bezirks (100 × 70 m), in dem sich nach Luftaufnahmen mehrere Innenhöfe und Bauten befanden, darunter ein kapellenartiger Kleinbau. Gegen N schloss sich nach Ausweis der Luftaufnahmen ein langgezogener Bau mit Portikus und Kammern an, wohl ebenfalls ein Heiligtum.

Der Tempelbezirk SO des Amphitheaters umfasste einen abgewinkelten, ummauerten Hof, mehrere SW und O an die Hofmauer angebaute Häuser sowie zwei Umgangstempel, der eine im O-Teil des Hofes, der andere im Winkel der beiden Hofschenkel. Der Umgangstempel innerhalb des Hofes hatte eine stark gemauerte Cella von 10,30 × 9,20 m und einen durch Pfeilersockel verstärkten Umgang von 22 × 20,50 m. Dieser war mit einer Kryptoportikus »unterkellert«. Zum darüberliegenden Umgang führten hohe Treppen auf der NW- und SO-Seite. Im Innern der Cella fand sich eine wannenartige Vertiefung und vor der SO-Seite ein Altarfundament. Im Schutt des Umgangs lag der Torso einer Dianastatue aus Marmor. Der kleinere Tempel im SW-Winkel ausserhalb der Hofanlage hatte einen Umgang und eine Cella mit Seitenlängen von 13,80 bzw rund 7 m. Dieser ganze Tempelbezirk fiel 1964 dem Nationalstrassenbau zum Opfer.

▶ Das Amphitheater (V), wie erwähnt erst 1959 entdeckt, war nach Ausheben einer entsprechenden ovalen Grube in den NW-Hang der Sichelen-Geländeterrasse gebaut worden. Aufgrund des oberen Grubenrandes können die Aussenmasse der beiden Hauptachsen um ca 100 × 87 m geschätzt werden. Derzeit sind sichtbar: die 1–2 m hohe Arenamauer (18 × 33 m) mit je einem Eingang zu einem Tierkäfig (*carcer*) in der Mitte der Längsseiten sowie die beiden Haupteingänge (B 12 m) im NW und SO der Längsachse. Der NW-Eingang muss als imposante Toranlage ausgestaltet gewesen sein, wie die noch rund 8 m hohen und mit Verstärkungs-Alveolen versehenen Seitenmauern erkennen lassen.

Der Rundbau auf der Rheininsel Gwerd, dessen letzte Reste 1817 aberodiert wurden, hatte aus vier konzentrischen, runden Mauerringen von 65, 51, 35 und 8 m Dm bestanden. Die Erklärungsversuche reichen vom Siegesdenkmal über Monumentalgrab bis zum Heroon (Heiligtum eines Heros).

Abb. 315 Augst/Augusta Raurica. Die Fundamente eines monumentalen, ca. 15 m weiten Grabbaus vor dem O.-Tor.

Weitere grosse Gebäude. Ein Bauensemble in der Insula 7 auf dem O-Teil von Kastelen mass 59 × 51 m und bestand aus Wohnräumen sowie Stallungen und Wagenremisen, die um einen mit einem Peristyl ausgestatteten Hof (ca 28,50 × 17,50 m) gruppiert waren. Im Gegensatz zu ähnlichen, die Insulae 28 und 30 einnehmenden Gebäuden waren die Wohnräume offenbar sehr einfach gehalten. Leider fiel die ganze Anlage dem Kiesabbau zum Opfer.
Ein Absteigequartier (*mansio*) befand sich zwischen südlichster Insulae-Zeile, Decumanus maximus bzw dem zT oberirdisch geführten Aquädukt und der vom W-Tor herführenden »Hauenstein-Strasse«. Es war ein auf drei Seiten um einen 28 × 25 m grossen Hof gruppiertes Bauensemble von mindestens 70 × 55 m Ausdehnung – umfassend zahlreiche, ua heizbare Wohnkammern, Bäder, Ställe und Wagenremisen. Die Anlage wurde um 270 zerstört.

Eine Abschnittsbefestigung auf Kastelen. Um oder kurz nach 270 dürfte der vorgeschobene Plateauabschnitt Kastelen durch eine 3,50 bis 4 m starke Mauer und einen davor ausgehobenen Abschnitts- bzw Halsgraben (B 10 m, T 4 m) befestigt worden sein. (Im Grabenbereich entdeckte man 1884 ein Verwahrdepot, einen Bronzetopf mit 763 Münzen, die bis in die Zeit des Kaisers Postumus (258–267) reichen (sog. Bachofenscher Münzschatz).

Bestattungsplätze. Begräbnisstätten lagen an den Ausfallstrassen: An der Strasse nach Basel wurden bislang Gräber des 1.–3. Jh über eine Strecke von rund 800 m entdeckt, grossenteils Brand-, aber auch Körperbestattungen. Von dort stammen ua die Grabsteine eines *Blandus* und eines *Publius Aulius Memusus* (HM 357 bzw 355) sowie der eines Eisenhändlers. – Eine noch grössere Begräbnisstätte entwickelte sich vom 1. Jh an entlang der Strasse rheinaufwärts. Im 4.–7. Jh entstanden dort O des Fielenbaches gar – von W nach O fortschreitend – grössere Friedhöfe. – Dass auch vor dem O-Tor (der unvollendeten Stadtmauer) bestattet wurde, bezeugen Begräbnisse, die einige hundert Meter S der erwähnten späten Friedhöfe zutage kamen, sowie ganz bes die starken Fundamentreste eines offenbar recht hohen, runden Grabbaues (Dm 15,10 m) direkt O des O-Tors. – Auch vor dem W-Tor wurden Spuren von Gräbern ausgemacht.
Sehr viele wichtigste Einzelfunde liegen aus *Augusta Raurica* vor. Ausser den schon erwähnten

Beispielen und den Massen an Keramik- und Metallgegenständen sowie den über 10 000 Münzen seien hier vor allem die folgenden aufgeführt: das Viktoria-Relief auf einem gegen 4 m hohen Pfeiler aus Kalkstein, der Herkuleskopf aus Kalkstein von einem Überbrückungsbogen der (unvollendeten) Stadtmauer über den Fielenbach, das Kalksteinrelief mit Barbar und Waffen von einem Siegesdenkmal, ein korinthisches Kapitell aus Kalkstein mit zwei menschlichen Figuren, – eine Minerva-Büste aus Bronze, dann Bronzestatuetten, vor allem eine Viktoria auf Himmelsglobus mit Rundschild verziert mit Jupiterbüste, eine Venus mit antikem Goldschmuck, ein sitzender Merkur, ein tanzender Lar, die Büste eines jugendlichen Bacchus mit sonderlichem Kopfputz aus Rebstöcken und Pantherköpfen, zudem noch ein Dreifuss, – die Silberstatuetten einer Minerva und eines Herkules, – drei Inschriften (HM 336–338), – das »Dreifachschachbrett-Mosaik« aus der Insula 10 und viele Fragmente von Mosaikböden aus mehreren Räumen eines um 200 in den Insulae 41/47 errichteten Palastes, – von den Wandmalereien bes jene aus der Insula 8 mit ua tanzenden Putten und dem Rennwagen-Medaillon sowie die Reste von Architekturmalereien aus der Insula 28, – endlich vielfältige Keramik von einem Stapellager in Kaiseraugst-Schmidmatt oder die acht Bronzegefässe von einem Verwahrdepot in der Insula 42.

Römerhaus und Römermuseum. Viele der genannten Funde sind im ▶ Römerhaus und Römermuseum (XIII) Augst aufgestellt. Dieses ist in zwei Teile gegliedert. Das Römerhaus stellt eine Rekonstruktion eines Wohn- und Gewerbehauses dar, wie es in einer der Insulae der Oberstadt gestanden haben könnte. Man beachte vor allem die Bedachung mit Leistenziegeln und die Portikus mit den dahinter angeordneten Laden- und Betriebslokalen (Fleischsiederei). Im Innern folgt der Binnenhof (Peristyl) mit den darum gelagerten Wohn- und Schlafräumen und einem Badetrakt mit Hypokausten. Die Räume sind mit getreuen Nachbildungen röm Möbel (meist aufgrund von Reliefdarstellungen erarbeitet) ausgestattet. Originalfunde aus *Augusta Raurica* runden das Bild vom röm Leben ab. Das Römerhaus geht auf eine hochherzige Stiftung von Dr. René Clavel zurück.

Angebaut an das Römerhaus findet sich das Römermuseum, in dem in mehreren Sachgruppen die wichtigsten und schönsten Funde aus dem Stadtgebiet und aus dem → *Castrum Rauracense* präsentiert werden, und eine Steinhalle, in der die wichtigsten Inschriften aufbewahrt werden.

Ao: RM Augst; (HM Basel)

Lit: RLaur-Belart, Führer durch Augusta Raurica, Basel 1966 (m. ält. Lit) – MMartin, Bibliographie von Augst und Kaiseraugst 1911–1970, in: Beiträge und Bibliographie zur Augster For-

Abb. 316 Augst/Augusta Raurica. Backofen (VIII).

○ Keltisches Oppidum
● keltische Gräber (Siedlung)
⌂ keltisches Heiligtum
▣ römische Stadt
□ römischer Vicus
⋈ keltische bzw. römische Brücke
— keltischer Weg, später römische Strasse
⋈ römischer Entwässerungs-Kanaltunnel

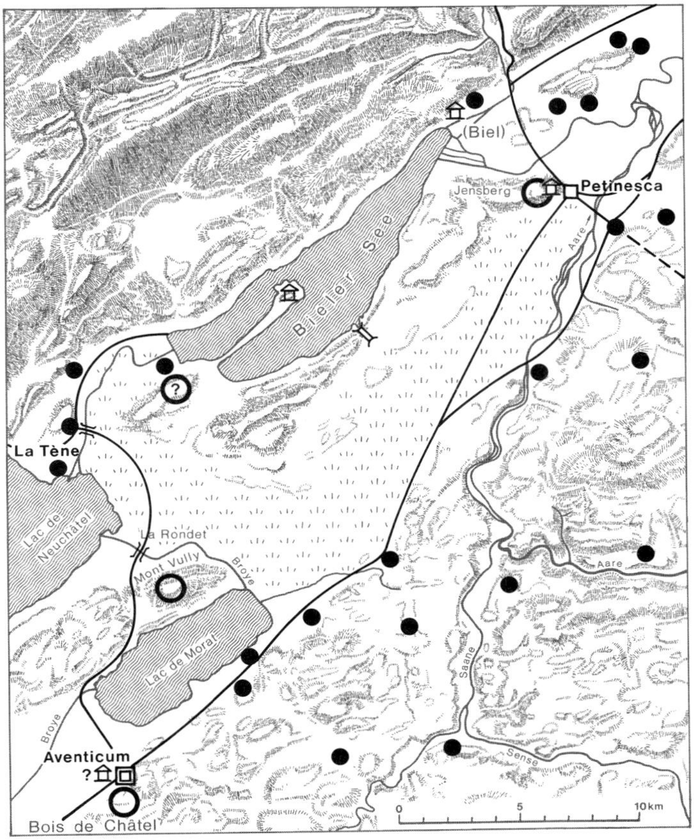

Abb. 317 Aventicum, die Hauptstadt der Helvetier, entstand an der Haupttransversalen durch das Schweizer Mittelland, am S-Rand eines am Ende des 1. Jh. v. Chr. dicht besiedelten Gebietes, in dem sich drei oder gar vier Oppida und mehrere »Heilige Bezirke« befanden.

schung, Basel 1975, 288–371 – ders, Zur Topographie und Stadtanlage von Augusta Rauricorum(sic!), AS 2, 1979, 172 ff (m. weit. Lit) – Jb aus Augst und Kaiseraugst, ab 1/1980 (m. je weiterer Lit.) – MMartin, Römermuseum und Römerhaus Augst, Augster Museumshefte 4, August 1987

Avenches VD

AVENTICUM

Abb 32, 35, 55, 57, 63, 65, 66, 77, 83, 109, 115, 116, 120, 131, 176, 178, 180, 183, 184, 195, 200–202, 216, 222, 232, 237/238, 266, 268, 295, 317–326, Tafel 2 b, 7 b, 12, 15, 23 c

Avenches liegt an der uralten Strasse zwischen Genfersee und Aaretal am S-Ufer des Murtensees, der über eine ebenso uralte Wasserstrasse mit den Jurarandseen und der Aare verbunden ist. Diese Seenregion war schon in urgeschichtlichen Zeiten dicht besiedelt, wovon die grossen Uferdörfer des Neolithikums und der Bronzezeit sowie die vielen Siedlungsreste und Gräberfelder der Eisenzeit zeugen. So ist verständlich, dass die Helvetier ihren Hauptort in dieser Gegend hatten – bis 58 vChr wohl auf dem Mont Vully zwischen Murten- und Neuenburgersee, nachher wohl auf dem Bois-de-Châtel S von Avenches. Vom frühkaiserzeitlichen *Aventicum* blieben über alle Jahrhunderte oberirdisch sichtbar erhalten: grosse Abschnitte der 5,6 km langen Stadtmauer mit der Ruine des O-Tores, die fast 13 m hohe »Storchensäule« (Cigognier), die ovale Eintiefung des Amphitheaters zwischen Museumsturm

Abb. 319 Avenches/Aventicum. Übersichtsplan. Sichtbare Objekte: I Stadtmauer, II O-Tor, III Turm »Tornallaz«, IV Tempelbezirk »Le Cigognier«, V Theater, VI Tempel »Grange-du-Dîme«, VII Amphitheater, VIII Thermen, IX Museum.
Nicht sichtbar: 1 W-Tor, 2 NW-Tor, 3 Schlupfpforte, 4 N-Tor, 5 Aquädukte, 6 Forum mit Basilika, 7 Thermen Insula 18, 8 Thermen Insula 19, 9 Scholae (?), 10 Paläste am Stadtrand, 11 Handwerkerquartiere, 12 frühmittelalterliche Kirche St-Martin.

und Stadt und der mächtige Ruinenhügel des Theaters, von der spätröm-frühchristlichen Stadt die Pfarrkirche zu St. Martin (abgebrochen 1658) und die St.-Symphorien-Kapelle. Während des Mittelalters müssen zudem offenbar immer wieder gewichtige röm Objekte entdeckt und sichergestellt worden sein, konnte doch Aegidius Tschudi von etwa 1530 an insgesamt 19 Inschriften dokumentieren. Ihm folgten Johannes Stumpf und Sebastian Münster, der den Cigognier in seiner 1544 erschienenen »Cosmographia« erwähnte. 1642 hielt Matthäus Merian d. Ä. die Säule mit dem Storchennest erstmals in einem Stich fest. 1760 veröffentlichte Samuel Schmidt in seinem »Recueil« zahlreiche Funde aus Avenches: Inschriften, Wandmalereien und Kleinbronzen. Solche Dinge zogen Schatzgräber und Liebhaber an, ua den englischen Lord Northampton. Dieser organisierte 1786 erste Ausgrabungen. Gleichzeitig nahm Erasmus Ritter von Bern an der Cigognier-Säule Messungen vor und veröffentlichte die Ergebnisse 1788 in einem »Mémoire abrégé«. 1804 entdeckte Aubert Parent in der Flur »En Perruet« noch zwei aufrecht stehende Säulen, die indes samt weiteren analogen Stücken und grossen Mauerresten 1810 zerstört wurden. Angesichts der zunehmenden privaten Sammel- und Bautätigkeit gründete der Gemeinderat von Avenches 1824 – ein für die damalige Schweiz einzigartiges kulturelles Ereignis – ein »Musée Vespasien« und zwar auf Anregung von F. R. de Dompierre, der als freiwilliger Konservator arbeitete. Er unternahm überdies 1830–1840 erste Sondierungen im Bereich des O-Tores, wo dann 1854–1856 weitere Arbeiten und Rekonstruktionsversuche erfolgten. Trotzdem wurde 1840–1842 und 1846/47 der Theaterhügel als Steinbruch genutzt. – Die Lage änderte sich erst, als die 1885 gegründete Gesellschaft Pro Aventico systematische Ausgrabungen sowie Freilegungen, verbunden mit Konservierungen, vorzunehmen begann: 1890 an der Theaterruine, 1897 am O-Tor, 1905–1907 an den Fundamenten des Tempels an der Stelle der abgebrochenen Grange-du-Dîme, der Zehntscheune, 1911 und 1918 am Amphitheater, 1918 im Bereich der Cigognier-Säule, 1935 an den an das O-Tor anstossenden Stadtmauerabschnitten, 1938–1940 an den kantonseigenen Bauresten der »Cigognier-Tempel«-Anlage sowie 1940–1943 im Arenabereich des Amphitheaters. Der Bauboom nach dem Zweiten Weltkrieg löste auch in Avenches Rettungsgrabungen und anderweitige Untersuchungen aus, gefolgt von Konservierungen und/oder Restaurierungen: 1953 die Forum-Thermen, von denen ein grosser Teil konserviert werden konnte, 1961 ein Wohnhaus in der Insula 18, von dessen Ausmalung zwei Wände und zwei Sockelpartien restauriert und ins Museum transferiert wurden, 1963/64 Teile des W-Tors und die Fundamente des »Grange-du-Dîme«-Tempels – samt Konservierung, 1972 Baureste eines grossen Tempels in der Insula 23 über einer Thermenanlage usw.

Zur Stadtanlage. Bei der Neuordnung der Verhältnisse in Gallien durch Augustus wurde das Gebiet der Helvetier zur *Civitas Helvetiorum*. Sie umfasste das schweizerische Mittelland zwischen Jura und Alpen bzw Genfersee und Bodensee. Als Hauptort für die Verwaltung und als kulturelles Zentrum wurde *Aventicum* bestimmt. Als Siedlungsgebiet wurde die Ebene NO des heutigen Stadthügels von Avenches mit einer Fläche von ca 900 × 700 m gewählt, als Grundlage für die Planung diente das klassische röm Schema mit rechtwinklig sich kreuzenden Strassen und für die Orientierung war die Längsachse des Broyetals bzw der Verlauf der Hauptstrasse ausschlaggebend. So waren die Hauptachsen der Stadt SO-NW (*decumanus maximus*) und SW-NO (*cardo maximus*) ausgerichtet. Die Strassentrassees bestanden aus einem durchschnittlich 5 m – bei den beiden Hauptstrassen 9,50 m – breiten Kieskoffer. Das Wasser lieferten mindestens sechs Aquädukte, von denen der grösste, die »Bonne Fontaine« in einem eingewölbten Kanal (bis 75 × 45 cm iL) ca 1500 minl Wasser über 17 km heranführte. Der Entsorgung dienten zahlreiche Abwasserkanäle ähnlicher Dimension, die meist unter den wichtigsten Strassen angelegt waren. Am 1300 m entfernten See wurde ein Hafen gebaut und durch Kanal und Strasse mit der Stadt verbunden. Diese wurde unter Kaiser Vespasian (69–79) zur Kolonie erhoben, mit vielen neuen öffentlichen Bauten und Anlagen bereichert und mit einer imposanten, von 73 Türmen überragten und durch zwei dreigliedrige

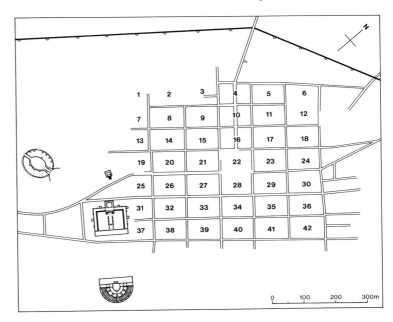

Abb. 318 Avenches/ Aventicum. Die Anordnung der Wohnquartiere (insulae).

Haupttore und mehrere Nebentore geöffneten Stadtmauer umgeben.

Die Wohnquartiere (insulae) innerhalb des straff organisierten Strassennetzes (rd 500 × 540 m = 1700 × 1800 röm Fuss) waren – im Gegensatz zu allen andern bekannten Insulae-Schemen röm Städte und Vici in der Schweiz – querrechteckig und durchschnittlich – von Strassenmitte zu Strassenmitte gemessen – 75 × 110 m (255 × 370 röm Fuss) gross. Im Zentrum der rechteckigen Stadtanlage befand sich auf der Fläche zweier benachbarter Insulae das Forum. SW ausserhalb des Insulae-Rechteckes fanden sich die andern grossen öffentlichen Anlagen: der »Cigognier-Tempel«-Bezirk und das damit verbundene Theater, das Amphitheater, weitere Tempel ua, während NO-wärts offensichtlich eine Gewerbezone anschloss. NW der »Insulae-Zone«, mit Blick über die Broye-Ebene und den Murtensee hinweg auf den Jura, entstanden im Laufe des späteren 1., 2. und 3. Jh aufwendigere Stadtrandvillen. Die von den Vermessern (*agrimensores*) bei der Stadtgründung abgesteckten Insulae wurden von Anfang an besiedelt und organisiert – ebenso die im N und NO und evtl auch im SO anschliessenden Gewerbezonen. Die ersten Bauten der Gründungszeit waren den SW-NO verlaufenden Strassen zugekehrte, dicht nebeneinander gestellte schmale Holzhäuser mit Fachwerkwänden oder solchen aus gestampftem Lehm (murs en pisé) oder luftgetrockneten Lehmziegeln. Von etwa 40 nChr an fand die röm Bautechnik mit Kalk und Stein recht schlagartig auch in *Aventicum* Eingang: Innerhalb weniger Jahre entstanden neue öffentliche Bauten und Anlagen sowie überall grössere private Gebäude und Gebäude-Ensembles, mehrere ältere Häuser zusammenfassend und ersetzend, teils um Innenhöfe gruppiert und offenbar durchgehend gegen die Strassen hin mit Portiken (Laubengängen) ausgestattet. Im Innern legte man überall Mörtel- und Terrazzoböden aller Art, und die Intérieurs wurden mehr und mehr mit vielfältigen Malereien und – von etwa 100 ab – auch mit Mosaiken geschmückt, bis die inneren Reichswirren und die Plünderungszüge der Alamannen im 3. Jh den wirtschaftlichen Ruin herbeiführten und damit einer technisch gut funktionierenden Zivilisation und blühenden Kultur den Boden entzogen.

Die am besten untersuchten Insulae mit Wohnbauten sind die Insulae 8, 10, 12 und 16 sowie 2 (S-Teil), 4 (SW-Teil) und 6 (O-Teil), während die Insulae 18 für Thermen, 22 und 28 für das Forum und 29 für die Forum-Thermen reserviert waren.

Die öffentlichen Bauten. Das Forum, in den Insulae 22 und 28, ist gefasst in einer Portikus und dahinter aufgereihten Verkaufsläden als NW-Abschluss sowie, SO davon, im »Podium« des Haupttempels im Zentrum eines Binnenhofes. Der Tempel und die ganze SO-Hälfte (in der Insula 28) sind noch nicht untersucht. Dagegen liegen aus dem Gebiet des Forums noch andere Zeugnisse vor: so Fragmente zweier überlebensgrosser Marmorstatuen aus tiberisch-claudischer Zeit, die einst beim NW-Eingang zum Forum aufgestellt waren, sowie Bruchstücke von Inschriften, die von verschiedenen Bauten im Forumsbereich berichten, vom Rathaus (*curia*) (HM 201), von einer Schola (Hallenbau) des Cluvius Macer (HM 200), von einer Schola für die Gilde der Schiffer auf Aare und Aramus (?) (HM 217) und von einer Schola der Otacilier.

Ein grosser röm Tempel stand NO des Forums im NW-Teil der Insula 23, erbaut über aufgelassenen Thermen. Die Cella (14,50 × 12,70 m) mit vorgelegter Freitreppe war auf ein Podium gestellt und umgeben von zwei grossen Räumen mit Portiken und »Vorhöfen«. Im W-Raum kamen in einem Grab die Reste eines Akrolithen (Statue aus Marmor und Holz) einer Minerva zum Vorschein.

▶ Die Forum-Thermen (VIII) nahmen die ganze Insula 29 ein und waren somit ca 105,50 × 71 m gross. Der aus Kaltbad (*frigidarium*), Lauwarmbad (*tepidarium*) und Warmbad (*caldarium*) bestehende Kern der Anlage war längsaxial-symmetrisch gegliedert. Die Hypokausten des Tepidariums und Caldariums waren je durch zwei Präfurnien beheizt, und im SW-Teil des Caldariums fanden sich Überreste eines bleiernen Boilers zu einem Heisswasserbecken (*testudo*). In den NW-Annexbauten müssen zwei grosse Schwimmbassins (*piscinae*) mit Seitenapsiden bestanden haben, und im SW-Teil der Insula lag offensichtlich eine Mehrzweckanlage für Spiel und Sport (*palaestra*). 1957 erfolgte die Konservierung der zentralen Teile samt provisorischer Überdachung. Weitere Thermen, vorerst nur sporadisch bekannt, fanden sich in den Insulae 18 und 19!

SW ausserhalb des Stadtrechtecks standen zT noch grössere Repräsentationsbauten: ▶ Der Umgangstempel »Grange-du-Dîme« (VI) lag SW der Thermen in der Insula 19. Die Anlage erhielt den Namen nach der einst auf ihrem Ruinenfeld erbauten grossen bernischen Zehntscheune. Der Tempel war quadratisch, zum Decumanus maximus diagonal orientiert und auf eine – talwärts durch ein breites, gemauertes Podium vergrösserte – Geländeterrasse gestellt. Die Cella mass

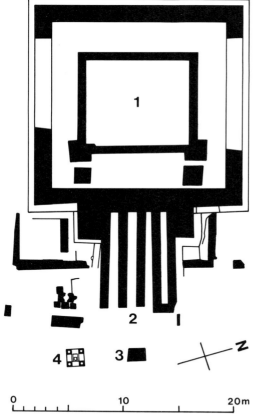

Abb. 320 Avenches/Aventicum. Gallo-röm Tempel »Grange-du-Dîme«. 1 Cella, 2 Freitreppe (Fundament), 3 Altar (-fundament), 4 Viersäulentempelchen.

Avenches – Tempel: Grange-du-Dîme, Cigognier

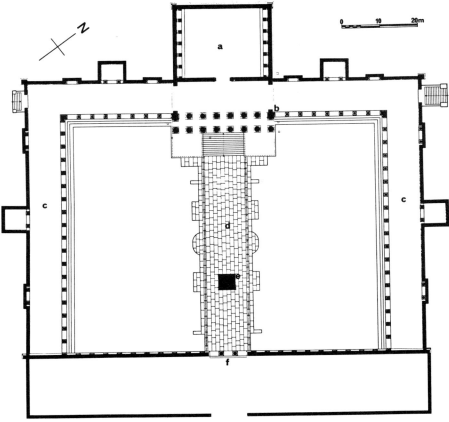

Abb. 321 Avenches/Aventicum. Grundriss der »Cigognier«-Tempelanlage. a Tempel-Cella, b »Cigognier«-Säule, c Kolonnaden, d Prozessionsstrasse, e Statuensockel, f Haupteingang.

10,80 × 9,40 m, die Umgangsmauer 20 × 19,80 m. Auf seitlich vor der Cellafront befindlichen quadratischen Fundamenten dürften Statuen plaziert gewesen sein. Jedenfalls zeugen von einer auch in bezug auf die Architektur reichen Ausstattung ein grosses korinthisches Kapitell mit Spuren der Inschrift LUGOVES, keltischen Schutzgöttinnen für Handel und Gewerbe, sowie mehrere üppig skulptierte Kalksteinplatten von der Mauerverkleidung und Teile von aufwendigen Gebälk-, Fries- und Giebelelementen. Die Baureste wurden 1964 konserviert. Ein quadratisches Viersäulen-Tempelchen mit 1,60 m Seitenlänge stand ca 4 m S vor der Freitreppe des Tempels.

▶ Die Tempelanlage des »Cigognier« (IV) umfasste, in symmetrischer Anordnung und auf die Orientierung der Stadt abgestimmt, einen röm Tempel und einen axial SO davor konstruierten, querrechteckigen Vorhof (106,80 × 76,65 m). Auf der SO-Seite schloss ihn eine Mauer ab, auf den beiden Schmalseiten und gegen NW war er von Portiken bzw Kolonnaden gesäumt sowie in der SO-NW-Mittelachse mit einer plattenbelegten Prozessionsstrasse (B 12 m) ausgestattet. Der Tempel stand in der Mitte der NW-Langseite auf einem recht hohen Podium, mit der querrechteckigen Cella (18,70 × 24,05 m) nach NW über die Hofmauer und mit der Vorhalle (pronaos) nach SO über die SW-NO-Kolonnade ausgreifend.

Abb. 322   Der »Cigognier«-Tempel. Luftaufnahme von S.

Von dort führte eine grosse Freitreppe zur Prozessionsstrasse hinunter. Die der O-Ecke der Vorhalle vor- und in die Flucht der NW-Portikus gestellte, mit einem korinthischen Kapitell geschmückte Säule (H 9,96 m) ist im Cigognier erhalten geblieben! Daraus erhellt die einstige Monumentalität des Tempels: die Firsthöhe von ca 20,60 m, die Breite von 18,70 m und die Ausstattung der vor die Tempelhalle gesetzten Portikus mit 16 Säulen. Diese überragten die links und rechts ansetzenden Kolonnadensäulen mit Blattkapitellen um rund 5 m, während der Gebälkdekor der Kolonnaden auf der Höhe desjenigen am Tempel sass. Aufgrund zahlreicher, in alle Winde zerstreuter Jurakalkstücke muss angenommen werden, dass die Hauptfassade des Tempels reiche Gebälk- und Frieszonen aufwies: die Aussenmauern der Portiken und des Tempels samt dessen NW-Giebel mit einem Fries von Greifen- und Meer-Ungeheuern und die Tempel- und Portikus-Pilasterecken mit adlerbesetzten Kapitellen reich geschmückt waren. – Das Tempelpodium und die gleich hohen Substruktionen der Portiken waren auf einen aus etwa 45 000 Eichenpfählen geschaffenen Rost gebaut. Davon konnte eine Anzahl dendrochronologisch untersucht werden. Das hieraus resultierte Fälldatum von 98 nChr lässt den Schluss zu, dass dieses grosse Heiligtum während der Regierungszeit Kaiser Trajans (98–117) errichtet wurde. Von der Anlage konnten die auf kantonalem Grund liegenden Baureste 1938/39 freigelegt und sogleich konserviert werden, während die Restaurierung des Hofgeländes mit Prozessionsstrasse und Portikuspodien 1986 erfolgte.

▶ Das Theater (V) lag rund 140 m SO des Cigogniertempels, auf dessen Hauptachse ausgerichtet und war entsprechend auch 106,80 m breit. Der Zuschauerraum (cavea) war eine künstliche halbrunde Erdmulde, gefasst von einer Umfassungs- und einer inneren Stützmauer sowie gefestigt von zwei konzentrischen, durch radial angelegte Mauern verstrebten Zwischenmauern. Durch fünf Vomitorien (gewölbte Tunnelgänge) gelangte man zu den vier Rängen. In der Mitte befand sich die hufeisenförmige, 20 m weite Or-

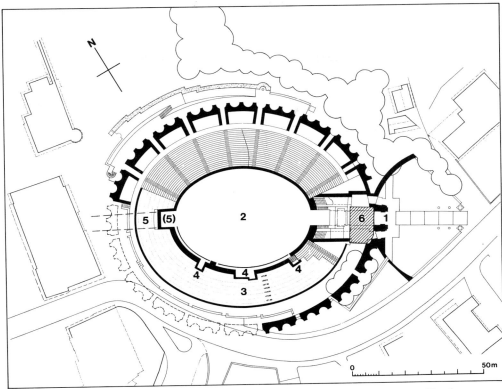

Abb. 323   Avenches/Aventicum. Das Amphitheater. 1 Haupteingang, 2 Arena, 3 Zuschauerraum, 4 Tierkäfige, 5 unterirdischer Zugang, 6 Museum. (Nach Konservierungsprojekt 1987).

chestra mit den Sitzen der Honoratioren. Zusammen mit dieser Anlage hatte die Bühne eine Tiefe von 25 m. Das Theater ist erst partiell untersucht und konserviert.

▶ Das Amphitheater (VII) lag am weitesten vom röm Stadtgebiet ab und war so in die O-Ausläufer des heutigen Altstadthügels gebaut, dass die S-Mauer von W nach O mehr und mehr aus dem Terrain wuchs, und das dreitorige, von zwei elliptischen Flügelmauern gefasste Hauptportal sich gegen den fast 200 m entfernten Cigognier-Tempel hin öffnete. In flavischer Zeit erbaut, erfuhr die Anlage im 2. Jh einen grundlegenden Umbau, indem die Böschungen der Zuschauertribünen erhöht und steiler angelegt, die 23 Ränge um 10 vermehrt und die 14 Vomitorien (Zugänge) durch 18 eingewölbte Durchgänge ersetzt wurden. Dabei blieb aber der Grundriss weitestgehend erhalten: so die Arenamauer mit dem grossen Tierkäfig (carcer) und zwei kleineren im S-Sektor, der Haupteingang auf der O-Seite mit den beiden seitlichen Treppenhäusern sowie die Aussenmauer, deren S-Teil durch eine mächtige Vormauerung mit je zwei Alveolen (Nischen) zwischen den Vomitorien verstärkt wurde. Mit diesen Baumaßnahmen veränderten sich die Abmessungen der beiden Hauptachsen der peripheren Ummauerung um 16 bzw 1,40 m auf 115 × 87 m. Die Anlage, wie erwähnt 1911 und 1918 teilweise konserviert und 1940–1943 weiter freigelegt, wird seit 1986 grundlegend restauriert.

Weitere öffentliche Bauten sind einstweilen erst durch Inschriften bekannt: so das wohl im Bereich des Forums gelegene Rathaus (curia) (HM

*Abb. 324 Avenches/Aventicum.
Das Amphitheater. Luftaufnahme von N.*

201), ein öffentlicher Versammlungsraum (*schola*) (HM 200), eine Schola der Schiffergilde der Aare- und Aramus-Schiffer, wohl ebenfalls beim Forum (HM 217) und eine (Ball-)Spielhalle (*sphaeristerium*) (HM 206).

Der Bau der Stadtmauer (I) mit den 73 Türmen und fünf Stadttoren. Mit dem Bau wurde unter Kaiser Vespasian begonnen, und zwar gemäss dendrochronologischen Untersuchungen von etwa 75/76 an. Die Gesamtlänge dieser Stadtmauer (B 2,40 m) beträgt wenig mehr als 5,5 km. Die Türme waren an die Innenseite der Mauer angebaut und hatten einen hufeisenförmigen Grundriss. ▶ Die Stadtmauerruine ist noch, abgesehen von den Abschnitten SW und NW unterhalb der Altstadt von Avenches, bis 4 m hoch erhalten und in der Gegend des O-Tores seit 1897/1935 auf eine Länge von ca 200 m restauriert. ▶ Der Turm »Tornallaz« (III) wurde in die Restaurierung einbezogen. ▶Das O-Tor (II) war – ohne die der Stadtmauer vorgesetzten zwei Türme – auf einer Grundfläche von 28 × 26 m errichtet worden: mit einem doppeltorigen Wagendurchlass in der Mitte, zwei seitlichen Fussgängerpassagen und je aussen Zugängen zu den Turmtreppen und zu den Wehrgängen. Vom W-Tor sind sozusagen nur die Fundamente eines der beiden an die Aussenseite der Stadtmauer angebauten Türme mit polygonaler Aussenmauerung erhalten geblieben, was darauf schliessen lässt, dass das W-Tor gleich konstruiert war wie das O-Tor. Die übrigen Tore dürften nur je einen Torbogen gehabt haben, wie die Untersuchung des NO-Tores 1920/21 ergab.

Die Kanal- und Hafenanlagen waren reine Zweckbauten. Von einem Tor im N-Abschnitt der Stadtmauer führte eine Fahrstrasse (B 7 m)

*Abb. 325 Avenches/Aventicum.
Die restaurierte Stadtmauer mit dem Turm »Tornallaz«.*

*Abb. 326 Avenches/
Aventicum. 1 Stadtmauer,
2 O-Tor, 3 W-Tor,
4 N-Tor, 5 NO-Tor,
6 Amphitheater,
7 »Grange-du-Dîme«-
Tempel, 8 »Cigognier«-
Tempelanlage, 9 Theater,
10 Forum, 11 Tempel
in der Insula 23,
12 Forum-Thermen,
A1–A6 Aquädukte.*

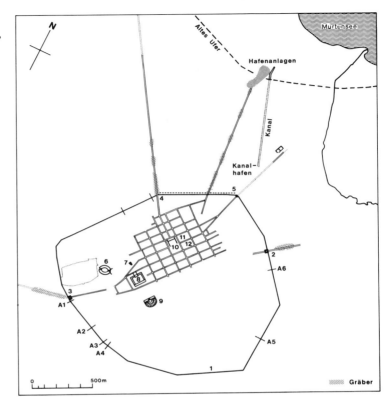

zum 1 km entfernten Hafen. Dieser lag in einer weiten Bucht des Murtensees. Darin wurde schon ums Jahr 8 vChr ein Quai (B 32–36 m, L ca 100 m) aus Kalksteinbrocken und Baumstämmen in den Murtensee getrieben. Ein aus der Gegend des N-Tores bis hart O des Hafens in gerader Linie erbauter und mit Dämmen gesicherter Kanal (B 6–7 m) wurde nach Versanden des ersten Hafens mit einem neuen Anlegeplatz versehen.
Bestattungsplätze sind bislang an vier Stellen entdeckt worden: entlang der Strasse zum Hafen sowie je an den Strassen vor dem NW-, O- und W-Tor. Hier fand man 1872 besonders reiche Gräber mit ua zwei Trinkgläsern aus der Mitte des 4. Jh, deren eines die Aufschrift *VIVAS IN DEO*, das andere den ebenfalls christlichen Zuruf *PIE ZESES* (Trinke und lebe!) trägt.
Zahlreiche wichtige Einzelobjekte wurden in *Aventicum* gefunden. Ausser den schon erwähnten Beispielen und den Massen an Keramik- und Metallgegenständen und den Hunderten von Münzen seien hier vor allem aufgeführt: Kalksteinrelief mit der röm Wölfin sowie Romulus und Remus, Büste der Julia (?) aus italischem Marmor (Original im Musée cantonal d'archéologie, Neuenburg), Kopftorso der Agrippina d. Ä.(?) aus lunensischem Marmor, Amorkopf aus italischem Marmor, grosse kannelierte, zweihenklige Ziervase aus Alabaster, – Bronzestatuetten einer Minerva und Viktoria, eines Bacchus, eines Merkur und eine Votivhand, wohl eine der schönsten ihrer Art; von den Inschriften auf Stein die an die Göttin *Aventia* (HM 207–209), für *Gaius Valerius Camillus* (HM 194), *Tiberius Claudius Maternus* (HM 206); von den Mosaiken das sog. Winde-Vielmustermosaik, das Jagdmosaik, das Heraklesmosaik und das 1974 entdeckte Mosaik mit reichem geometrischen Dekor; von

den Raummalereien die Wände aus dem »Roten Salon« in der Insula 18, die Kandelabermotive aus der Insula 1, beide 1. Jh, und die Deckenmalereien aus der Insula 7 (Anf. 3. Jh).

Das spätröm Kastell auf dem Bois de Châtel und der Bischofssitz. Infolge der nach der Mitte des 3. Jh einsetzenden Alamanneneinfälle hat die Stadt mehr und mehr Schaden genommen und sich entvölkert. Jedoch bezeugen spätröm Münzen aus dem Theater, dass dieses und auch das Amphitheater in Gefahrenzeiten als Refugien aufgesucht wurden. Um 360 war *Aventicum* lt Ammianus Marcellinus weitgehend zerfallen. Damals oder wenig später – wohl zur Zeit Valentinians I. (364–375) – muss auf dem S vor der Stadtmauer liegenden Bois de Châtel-Rücken ein Kastell erbaut worden sein. Nachgewiesen sind jedenfalls starke, rund 2 m breite Mauerreste, gegen SW eine 112 m lange Quermauer mit einer 6,50 m weiten, von zwei polygonalen Türmen flankierten Toranlage, auf der SO-Längsseite ein 182 m langes Stück einer bei der S-Ecke mit einem ebenfalls polygonalen Turm bewehrten Mauer. Auf den der Stadt zugekehrten Seiten fehlen Baureste, weil entweder völlig zerstört oder nie gebaut, so dass das Kastell evtl nie vollendet wurde. Die Anlage könnte schliesslich als Fluchtort für eine möglicherweise beim Amphitheater gelegene Notsiedlung gedient haben. Auf alle Fälle hat *Aventicum* als Ort nie zu existieren aufgehört, wie die Münzen des 4., 5. und 6. Jh sowie die beiden aus einem repräsentativen – kirchlichen? – Bau mit ua gelb bemalten Wänden unmittelbar W des Theaters stammenden Pilasterkapitelle aus Jurakalk, die im 4., noch eher im 5. Jh geschaffen worden sein müssen, bezeugen. Ausserdem bestand spätestens im 5. Jh in *Aventicum* – im Bereich der ehem Stadt oder, wie in → Chur, → Sitten und → *Vindonissa*, innerhalb des Kastells – ein kirchliches Zentrum, sind doch für das 6. Jh fünf Bischöfe belegt: 517 Salutaris, 535 Grammatius, 557 Gundes (?), 562 Martin (?) und 574 Marius. Dieser verlegte dann seinen Sitz zuerst nach *Vindonissa* (?), jedenfalls aber endgültig nach *Lousonna* (Lausanne).
Ao: MR, Avenches.
Lit: HBögli, Aventicum. Die Römerstadt und das Museum, AFS 20, 1984 (m. ausführl. Literaturverzeichnis). – DCastella, La nécropole du Port romain d'Avenches, Avenches 1987

Baden AG

AQUAE HELVETICAE
Abb 166, 327–330, Tafel 3b

Die kaum 10 km O von *Vindonissa*/Windisch, seit alters bekannten Thermalquellen müssen vom Legionslager *Vindonissa* aus sofort genutzt worden sein, zumal sich die von dort nach O führende Strasse kurz vor der Badener Klus zwischen Martinsberg und Lägern gabelte. Die Strasse nach *Turicum*/Zürich und zu den rätischen Pässen lief um den Schlossberg bzw Stein herum auf dem linken Ufer der Limmat weiter; die Strasse nach *Vitudurum*/Winterthur und *Brigantium*/Bregenz aber setzte bei den Thermalquellen über die Limmat, verlief durch eine aus dem Fels gehauene Passage zwischen Lägern und Limmat und führte dem S-Fuss der Lägern entlang nach O weiter.
Die Thermalquellen wurden auch in nachröm Zeit nicht vergessen. Dabei muss das eine oder andere röm Badebassin weiter oder wieder benützt worden sein, wie die auf einer Zeichnung der Zeit um 1820 sichtbare Opus reticulatum-Technik des 1840 eingegangenen und 1844/45 abgebrochenen Verenabades bezeugt. Den frühesten Bericht über röm Funde verdanken wir dem Zürcher Chorherrn Felix Hemmerli: 1420 habe man im Sammler der grossen Quelle unter dem »Heissen Stein« beim Stadhof marmorne Götterbilder und Münzen aus der Kaiserzeit gefunden. 1534 fand man in Unterwil/Gem Turgi einen Meilenstein der Zeit Trajans, dh von 99 (HM 392). (Ao: SLM Zürich)
Zur selben Zeit sah offenbar Aegidius Tschudi, 1528 erstmals in Baden, 1533–1536 Landvogt daselbst, die im 1504 erbauten Turm der Kirche St. Sebastian in → Wettingen eingemauerte Inschrift für einen Isistempel, wozu die Einwohner von *Aquae Helveticae* den Bauplatz geschenkt hatten. 1550 fand man bei der Dreikönigkapelle W des Bäderbezirks einen Altarstein mit einer Weihinschrift an Mithras; er kam 1564 nach Tettnang am Bodensee und ist verschollen. Am 22. August

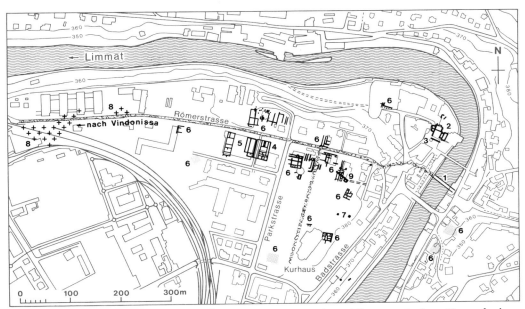

Abb. 327 Baden/Aquae Helveticae. Übersichtsplan. 1 Brücke, 2 Thermen, 3 ehem Verenabad, 4 Militärspital oder Arzthaus (?), 5 Wohn- und Gewerbebauten, 6 Vicusbauten, 7 Töpfereibezirk, 8 Urnengräber, 9 Reste einer Befestigungsmauer mit Turm.

1633 wurde in einem Wäldchen in der Flur Altenburg – ca 1 km N des Klosters Wettingen – ein Schatz gehoben, umfassend einen mit Silbermünzen der Zeit Konstantins d. Gr. (306–337) gefüllten Tontopf und acht reich dekorierte, verschiedenen Gottheiten geweihte Silbergefässe. Leider wurde dieser Schatzfund von den Tagsatzungsherren sofort aufgeteilt und offensichtlich eingeschmolzen. Bei der Zerstörung des Schlosses Stein 1712 zeigte sich ein als Spolie eingemauerter Weihestein mit einer Merkurinschrift. Weitere Einzelfunde kamen dann erst wieder von 1805 an zutage: eine Merkurstatuette (1805), am Staadhof Wandbelagplatten und Mosaiksteine (1815, 1850), ein Meilenstein von 275/76 (1851), mehrere Bronzefiguren (1871) und N der Ref. Kapelle Ecke Römer-/Parkstr ein grosses Steinrelief des Jupiter (1893). Schon bald folgten Sondierungen und Ausgrabungen: 1838 im Bereich der röm Brücke beim »Limmathof« mit Hebung einiger Pfähle, zT mit eisernen Schuhen, 1847 am Fuss des Martinsberges bzw NW-Ende des »Haselfeldes« Überreste eines röm Wohnhauses, 1863 anscheinend in der SW-Ecke des Kurparks und im »Haselfeld«, wo man ua auch Säulen fand, 1872 im NO-Teil des Kurparks im Bereich einer Töpferei mit mindestens zwei Öfen und darin gebrannter Keramik, im gleichen Jahr beim Bau des Kurhauses eine Wohnhausruine mit mindestens sieben – davon zwei hypokaustierten – Räumen, 1893, wo das grosse Jupiter-Relief herstammt, 1893–1897 W der oben erwähnten Kapelle innerhalb eines Gebäudekomplexes (ca 45 × 40 m), des sog »Militärspitals« oder Arzthauses, mit auffällig vielen Wandmalereiresten und einer grossen Menge medizinischer Instrumente, 1897 (und 1968), wo der Kandelaber lag, 1904 beim Bau des Motor Columbus in einer fünfräumigen Gebäuderuine. Auch rechts der Limmat wurden röm Baureste festgestellt: 1876 beim ehem Café Brunner nahe der Brücke, 1880 etwa 30 m S der Brücke, 1902 ca 350 m S derselben.

Gräber sind an den Ausfallstrassen bekannt geworden: 1855 und 1899 gegen 50 Urnengräber am Fuss des Martinsberges zur heutigen Römerstr hin, 1898 »unterhalb des Schartenfels« (N vom

Landvogteischloss) Reste von Urnengräbern, und 1967 im Baugrund der kath Pfarrkirche (an der Strasse nach *Turicum*) drei Urnengräber.

Der Vicus des 1.–3. Jh. Aufgrund dieser zahlreichen und vielfältigen Aufschlüsse war zu Beginn des 20. Jh der Vicus *Aquae Helveticae* im wesentlichen recht gut bekannt: der Standort der Brücke, die Lage der Thermalbäder, der Verlauf der beiden Hauptstrassen W-O und N-S – angezeigt einerseits durch die beiden W-O orientierten Gebäudezeilen (links und rechts der heutigen Römerstr) sowie eben durch die Brücke und die drei Friedhöfe, andererseits durch eine aufgrund der röm Baureste im Kurpark sich abzeichnende N-S-Achse (Richtung heutige Altstadt). Das besiedelte Gebiet war rund 550 m lang und 300 m breit. Die neueren Ausgrabungen bestätigten diese Ergebnisse und lieferten neue Anhaltspunkte in bezug auf den Raster des eigentlichen Vicus auf dem »Haselfeld«, die Baustrukturen dort wie auch im Bäderbezirk sowie hinsichtlich der Baugeschichte von *Aquae Helveticae*. 1910 und 1924 konnten bei Bauarbeiten an der Römerstrasse 22 bzw beim Hotel »Ochsen« nur Baureste als solche erkannt und Funde gehoben werden. Dann aber erarbeitete Albert Matter nach neuen Beobachtungen an diesen beiden Orten 1942 einen Gesamtplan. 1946 war es möglich, in der Baugrube für die Bauten Römerstr 10–12 Teile eines Wohnhauses, eines Nebengebäudes und vier Kellergruben zu untersuchen und dabei die schon im 19. Jh beobachtete Brandschicht der von Tacitus (hist. I 67) überlieferten Zerstörung im Dreikaiserjahr 69 nChr zu fassen. 1950/51 kamen bei den Vorarbeiten für das Kurtheater Teile von Wohn- und Werkräumen und auch wieder die Brandschicht von 69 zum Vorschein. 1955 konnte vor dem Bau des Theaterstudios NW des Kurtheaters die bei der röm W-O-Hauptachse ansetzende N-S-Strasse untersucht und festgestellt werden, dass die sie beidseits begleitenden Gebäude Strassenportiken aufgewiesen haben müssen. Zudem wurde erkannt, dass die Brandschicht von 69 von der Einäscherung von Holz- und Riegelbauten herrührt, und dass die dortigen, im ausgehenden 1. Jh errichteten Massivbauten gegen Ende des 2. Jh durch Gebäude einer 3. Periode ersetzt und diese dann offenbar einer neuen Zerstörungskatastrophe um 250 zum Opfer gefallen sind. Ähnliche Schlüsse lieferten 1977 die Untersuchung von Bauresten auf dem Areal des damals erbauten Hotels Du Parc, W des Grabungsareals von 1893, an der Römerstr 24. Danach entstand der Vicus gleich nach der Gründung des Legionslagers *Vindonissa* um 17 nChr – wie dieses in Holz- bzw Fachwerktechnik, wurde 69 eingeäschert, danach in Mauerbauweise neu

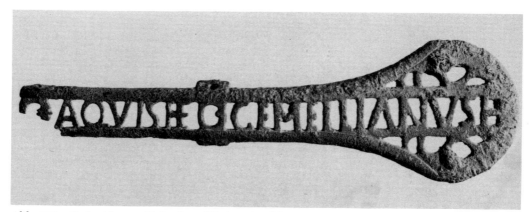

Abb. 328 Baden/Aquae Helveticae. Theken-Beschlag aus Bronze aus der Werkstatt des Gemellianus mit Beschriftung AQVIS HE(LVETICIS) GEMELLIANVS F(ECIT), gefunden im Lager Lauriacum/Enns (A).

*Abb. 329 Baden/Aquae Helveticae.
Meilenstein des Kaisers Tacitus mit Leugen-
zählung, gesetzt 275/76 n. Chr., 56 Leugen
von Aventicum (= 123,2 km), 1851 entdeckt.*

angelegt, im Laufe des 2. Jh mehr oder weniger
stark ausgebaut und erneuert und in der Mitte des
3. Jh zerstört.
Die Hauptblütezeit fiel ins ausgehende 1. und 2.
Jh. Davon legen die vielen und reichen Funde ein
beredtes Zeugnis ab sowie auch bestimmte Produkte aus Handwerksbetrieben. Bei den 1872
und 1941 festgestellten Töpferöfen lagen Terra sigillata-Teller eines *Reginus* und Reibschalen der
Töpfer *Gaius Valerius Albanus, Iulius Albanus*
und *Silvinus*, evtl noch eines *Aquitanus*(?). Eine
grössere Bronzegiesserei muss ein *Gemellianus*
betrieben haben. Seine Thekenbeschläge wurden
sehr weit verhandelt. Trotzdem kam bislang in
Baden erst ein Fragment 1896 im sog »Arzthaus«
zum Vorschein mit der verstümmelten Marke:
(GEM)ELLIANVS F(ECIT). Oft ist noch angefügt: *AQ(VIS) HELV(ETICIS)*, dh zu Baden im
Helvetierland. ▶ Vier Säulen aus Würenloser
Muschelsandstein, 1863(?) auf dem »Haselfeld«
gefunden, stehen als einzige sichtbare Zeugen des
röm Vicus beim Weiher im Kurpark.

Der Bäderbezirk. Wie oben erwähnt, und wie
F. Keller aufgrund eigener Beobachtung 1860
schrieb, war das Bassin des 1845 abgebrochenen
Verenabades in röm Opus reticulatum-Technik
konstruiert. Dass dies durchaus möglich war, belegen die 1967 und 1980 kaum 100 m NO davon
entdeckten drei röm Badebassins einer grösseren
Thermenanlage. Die beiden nach dem Abbruch
des Staadhofes 1967 freigelegten Bassins waren –
anscheinend einst um einen Hof gebaut – rechtwinklig aufeinander abgestimmt. In der Nähe des
Innenhofes könnte ein Nymphäum gestanden
haben, kamen doch in diesem Bereich die oben
erwähnten Altertümer und eine grosse Menge
von Mosaikwürfeln, dh von schwarzen und weissen Steinchen, besonders aber aus hellgrünem,
gelbem und blauem Glas zutage. Das grössere,
NW gelegene Bassin scheint in der Hauptachse des Hofes erbaut gewesen zu sein, das
kleinere, spätere schloss die Baugruppe gegen die
Limmat hin ab. Das Bassin I mass 14,80 × 11,00
m iL, ca 48 × 36 röm Fuss. Alle vier Seiten waren
mit Stufen ausgestattet, in der Mitte der O-Seite
fand sich eine Treppe, in der N-Seite ein kleines,
auskragendes Becken und innerhalb einer kleinen
Mittelapsis auf der W-Seite ▶ ein seither konser-
vierter altarähnlicher Steinblock mit zentralem
rundem Wassereinlauf. Das Bassin ruhte auf einer
starken Pfählung und einem Balkenrost, und sein
Inneres muss einst mit Steinplatten ausgelegt gewesen sein. Das kleinere Bassin II war mindestens
15 m lang und ca 7,10 m breit iL. Auf der S- und
O-Seite war je eine Stufe eingefügt, und der Boden mit Platten aus Würenloser Muschelsandstein belegt. Auch diese Anlage sass auf einer
Grundpfählung und einem Balkenrost auf. – 1980
konnte im Rahmen der Vorarbeiten für das Ther-
malfreibad ca 15 m N des Bassins I ein drittes untersucht werden. Von diesem Bassin III waren allerdings nur noch die etwa 9 m breite Schmalseite

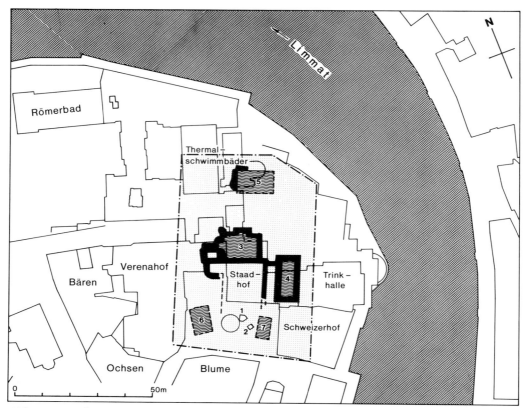

Abb. 330   Baden/Aquae Helveticae. Die Thermen. 1 Grosser »Heisser Stein«, grösste Quelle, schon in röm Zeit gefasst, 2 kleiner »Heisser Stein«, 3–5 röm Schwimmbassins: 3 Bassin I, 4 Bassin II, beide 1966/67 entdeckt, 5 Bassin III, 1980 entdeckt, 6 Verenabad, 1840 abgetragen, 7 »Freibad«, 1842 aufgelassen, · — · — · vermutliche Grenze des röm Bäderbezirks.

und der NW-Ansatz der N-Mauer sowie grosse Teile des aus leistenziegelgrossen Tonplatten bestehenden Bodenbelages zu finden. Zusammen mit diesem Bassin III hatte der bislang durch Ausgrabungen ausgemachte Thermenkomplex von *Aquae Helveticae* mindestens eine Grösse von etwa 55 × 37 m, rechnet man aber das Verenabad ua dazu, müssen diese Thermen die Anlagen zB von Badenweiler, Wiesbaden oder Bath um einiges übertroffen haben.

Anscheinend in der Mittelachse des vermuteten Innenhofes, 21 m S des Bassins I, liegt die runde, sodbrunnenartig aus Muschelsandsteinquadern erbaute Quellfassung des eingangs erwähnten »Heissen Steins«. 1967 musste der Schacht repariert werden. Bei der damit verbundenen archäologischen Untersuchung kamen wie 1420 schon röm Funde zum Vorschein, aber sehr viel mehr: zwei Kasserollen und zwei Griffe von solchen mit Weiheinschriften an Merkur sowie 294 Münzen, darunter um die 180 aus der Zeit zwischen 70 und 100 – wohl von einem Schatz – und 47, die einen Zeitraum von 260 bis ca 380 belegen. Diese spätröm Prägungen bezeugen einmal mehr, dass der Bäderbezirk von *Aquae Helveticae* die Alamannenstürme des 3. Jh überdauerte und – irgendwie gesichert – weiterbestand.

Eine Ummauerung im 4. Jh. Die Vermutung von

1967 wurde 1973 zur Gewissheit. Im Rahmen einer Rettungsgrabung an der Römerstr 11, ca 8 m O der röm N-S-Strasse, zeichnete sich inmitten von Gebäuderesten des 1.–3. Jh ein NW-SO ziehendes Fundament einer 3 m starken Mauer ab, die auf der Aussenseite einen halbrunden Vorsprung von 9 m Basislänge und 3,20 m Scheitelhöhe aufwies – wohl von einem vorgestellten Turm wie zB in → Brugg-Altenburg. Im Fundament waren mehrere Spolien eingemauert, bes eine Merkurstatue (H 1,34 m) aus Muschelsandstein. Daneben fand sich eine Bronzemünze des Constans von 341–346. In der Sammlung des Historischen Museums Baden liegen heute insgesamt 113 aus dem Bäderbezirk stammende Münzen des 4. Jh. So darf als erwiesen gelten, dass dieser Teil von *Aquae Helveticae* wohl zur Zeit Konstantins d. Gr. kurz nach 300 mit einer Mauer gesichert wurde. Diese muss dann offenbar im Mittelalter zugunsten des enger gezogenen neuen Mauergürtels abgetragen worden sein.
Ao: HM Baden

Lit: OMittler, Geschichte der Stadt Baden, Aarau 1962, 17 ff (m.ält.Lit) – MHartmann, Neue Grabungen in Baden-Aquae Helveticae 1973, JbGPV 1973, 45 ff – HWDoppler, Der römische Vicus Aquae Helveticae, Baden, AFS 8. 1976 (m.ält.Lit) – SFünfschilling, Röm Gläser aus Baden-Aquae Helveticae..., JbGPV 1985, 81 ff

Balerna TI
Spätröm Sarkophage
Abb 252

In der wohl frühmittelalterlichen Fundamentzone der Turmburgruine Pontegana sind mehrere ▶ spätröm Sarkophage aus Granit als Spolien eingebaut.
Lit: Kunstf. durch die Schweiz, Bd. 2, Zürich/Wabern 1976, 649

Ballaigues/Lignerolle VD
Strassenspuren

Die röm Strasse *Lousonna – Ariolica*/Pontarlier führte über *Urba*/Orbe und den O-Hang der Gorges d'Orbe hinauf. Die um 1900 entdeckten, aus dem Fels gehauenen Wegabschnitte mit je zwei eingetieften, ca 108–110 cm auseinander liegenden ▶ Rad- bzw Fahrrinnen finden sich etwa 500 NW von Ballaigues (Koord 520000/175950) und 1,5 km SW von Lignerolle (Koord 523550/176650).
Lit: AGrenier, Manuel d'Archéologie Gallo-romaine, VI, 2, Paris 1934, 373, 3 u 376, 1 – FMottas, De Claude à Constantin: 265 ans d'histoire routière en terre vaudoise, Perspectives (Lausanne) No 4, 1982, 1 ff – FMottas, De la plaine de l'Orbe en Franche-Comté: Voie romaine et chemin saunier, AS 9, 1986, 124 ff

Bardonnex GE
Grabinschrift

Seit dem 18. Jh ist in der Besitzung Micheli in Landecy die fragmentarische ▶ Grabinschrift für *Publius Decius Esunertus* (HM 124) eingemauert.
Lit: GWalser (I) 1979, 23

Abb. 331 Baden/Aquae Helveticae. Lampenständer aus Bronze mit Faunstatuette, gefunden 1897.

Basel BS

BASILIA
Abb 8–10, 16, 118, 181, 256, 269, 281, 298, 332–336, Tafel 3a, 18a

Im weiten Basler Becken fliesst der Rhein in grossem Bogen von O her aus der gebirgigen Zone von Tafeljura und S-Schwarzwald nach N in die Oberrheinische Tiefebene, und hier laufen seit alters weitreichende Verkehrswege rheinaufwärts und aus den gallischen Ländern zusammen, um sich nach O und S in viele Richtungen zu verästeln: an die obere Donau und an den Bodensee, zu den rätischen und Innerschweizer Pässen sowie über die Jurahöhen ins Mittelland zum Genfersee und zum Grossen St. Bernhard, nach Italien. Der werdende Strom und dessen Übergänge konnten einst – so auch in röm Zeit – vom Basler Münsterhügel aus kontrolliert werden.
Die Erforschung der Frühgeschichte Basels stand lange Zeit hinter den Forschungen in dem benachbarten → Augst BL/*Augusta Raurica* zurück. Nach Bekanntwerden der Grabinschrift des Munatius Plancus in Gaëta im 16. Jh entstand die Vorstellung von einer »Mutterstadt Augusta Raurica«, deren Gründer auch als Stadtgründer von Basel angesehen wurde. Johannes Stumpf behandelte in seiner Eidgenössischen Chronik von 1547/48 vor allem das bei Ammianus Marcellinus erwähnte »Munimentum Robur« (s. u.).
Beim Abbruch des sog Kohlischwibbogens an der Rittergasse 1784 hat man vermutlich das wenigstens noch teilweise vorhandene S-Tor des spätröm Kastells zerstört. Konkrete Zeugnisse der röm Vergangenheit der Stadt kamen erst bei Strassenkorrekturen und Hausabbrüchen im frühen 19. Jh zutage. Insbesondere wurden 1837, 1861, 1885, 1887 und 1895 ua Teile der spätröm Kastellmauer angeschnitten und dabei Grabsteine und andere Spolien entdeckt. In kürzeren Aufsätzen legten jeweils den Wissensstand über das röm Basel vor: Franz Dorothaeus Gerlach 1838, Wilhelm Vischer 1861 und 1867, Theophil Burckhardt-Biedermann 1895 und Felix Staehelin 1900 und 1922.
Dass der Basler Münsterhügel schon in frühröm Zeit besiedelt war, konnte Emil Vogt 1928 aufgrund zahlreicher an der Bäumleingasse 20 geborgener Keramikreste augusteischer und tiberischer Zeit nachweisen. 1944 entdeckte man dann bei einer Ausgrabung auf dem N Münsterplatz Siedlungsspuren jener Frühzeit sowie einen spätröm Sodbrunnen. 1958 konnte beim Schulhaus Zur Mücke ein spätröm Getreidespeicher (*horreum*) und 1960 unter dem sog Antistitium eine spätröm Badeanlage untersucht werden. 1971/72 war es möglich, an der Rittergasse Reste eines grossen Abschnittswalles, dh eines Murus Gallicus auszugraben. Die 1974 im Münster durchgeführten Untersuchungen erbrachten Strassenzüge sowie früh- und spätröm Bauten. Die 1973 erfolgte Aufdeckung eines spätröm Vorwerkes auf dem rechten Rheinufer rundete die Kenntnisse über die spätröm Befestigungen Basels ab.
Je anschliessend an die Entdeckungen wurden folgende Erhaltungsmassnahmen getroffen: Markierung des Sodbrunnens in der Münsterplatzpflästerung und von Teilen des Horreums im Hofpflaster des Schulhauses Zur Mücke, ebenda Konservierung eines Abschnittes der Befestigungsmauer und Aufstellung einiger der Mauer entnommener Spoliensteine sowie Konservierung und Zugänglichmachung eines frühen röm Kellers unter dem Münster-Hauptschiff und von Partien spätröm Innenbauten im Bereich der Münster-Aussenkrypta.

Das spätkeltische Oppidum auf dem Münsterhügel dürfte bald nach der Rückkehr der Rauriker von der Schlacht bei Bibracte (58 vChr) erbaut worden sein. Die Anlage umfasste das ganze Hügelplateau.

Die frühen röm Kastelle. Die Römer bemächtigten sich des Basler Münsterhügels in der Mitte des 2. Jahrzehnts vChr im Rahmen der Vorbereitung des sog Alpenfeldzuges und der anschliessenden Vorstösse in das rechtsrheinische Gebiet. Das im geräumten Oppidum angelegte Kastell ist durch Funde gut dokumentiert. Von seinen Innenbauten wurden Reste vor allem innerhalb des Münsters und in unmittelbarer Nähe entdeckt: Strassen- und Platzstrukturen, Speicherbauten, Kasernenbaracken uä. Die überbaute Fläche reichte vom einstigen Murus Gallicus bis zur Martinsgasse.

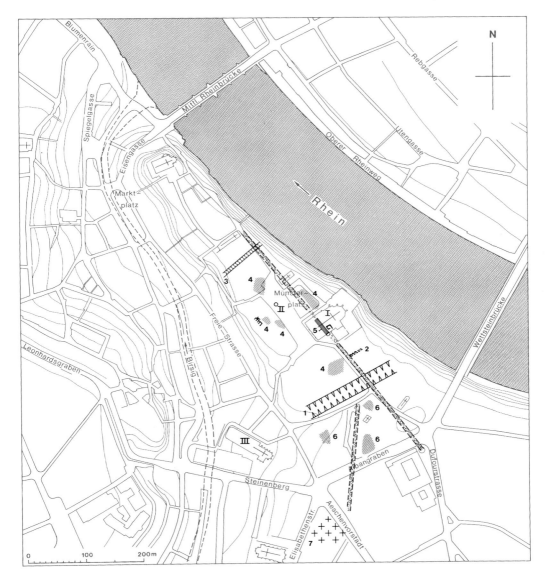

Abb. 332 Basel/Basilia im 1. Jh. n. Chr. Sichtbare Objekte: I Keller (unter bzw. im Münster), II Sodbrunnen (?), III Hist. Museum.
Nicht sichtbar: 1 Wohl weiter benützter keltischer Abschnittsgraben, 2 Spuren einer Kastellwehr, 3 neuer Abschnittsgraben im NW, 4 Reste von Bauten innerhalb des Kastells, 5 Magazinbau, 6 Reste von Bauten des Vicus, 7 Gräberfeld.

Mit dem vorübergehenden Abbruch der Operationen in rechtsrheinisches Gebiet – nach dem Tod des Drusus (9 vChr) – scheint das erste Kastell aufgegeben worden zu sein. Das vor der S-Front entstandene Kastelldorf lebte aber offenbar weiter.

Nach dem Übergang zur Defensive unter Tiberius und der Errichtung einer Kastellkette am Ober- und Hochrhein mit dem Legionslager *Vindonissa* als Angelpunkt gewann das Basler Rheinknie wieder an strategischer Bedeutung: So entstand hier um 17/20 nChr ein zweites Kastell. Seine N-Begrenzung wird durch den im Areal des Museums für Völkerkunde gefassten Spitzgraben umrissen, während auf der S-Seite die Grenzlinie wohl wieder durch den »Damm« des einstigen Murus Gallicus und den Graben bestimmt war. Auch das Lagerdorf blühte offenbar neu auf, wie zahlreiche in diese Zeit datierbare Abfallgruben bezeugen.

Der zum tiberischen Kastell gehörende Bestattungsplatz lag im Zwickel zwischen Elisabethenstr und Äschenvorstadt, dh an der Stelle des nachmaligen spätröm Friedhofes.

Der Vicus. Da die röm Armee bereits in frühclaudischer Zeit nach 40 nChr wieder auf das rechte Rheinufer übergriff – vor allem für eine direkte Wegverbindung zwischen Breisach (BRD) und den Kastellen an der oberen Donau – verlor der Platz Basel zusehends an militärischer Bedeutung.

Zerstörungsspuren im Lagerdorf könnten mit den Ereignissen des Dreikaiserjahres 69 in Zusammenhang gebracht werden.

In der nachfolgenden flavischen Ära, dh im letzten Viertel des 1. Jh muss der Münsterhügel, wie eine deutliche Abnahme des Fundaufkommens zeigt, vom Militär geräumt worden sein – unter Auflassung gewisser Bauten. Davon zeugt ein damals aufgegebener und mit Schutt gefüllter, gemauerter ▶ Keller im Bereich des späteren Münsters.

Das Lagerdorf S des Münsterhügels entwickelte sich N-wärts auf das frei gewordene Hügelplateau, vor allem aber entlang der Strasse nach *Augusta Raurica* zu einem eigentlichen Vicus. Wiederum aber lief der Fernverkehr an dieser Siedlung vorbei. Er benützte rheinabwärts die rechts-

Abb. 333 Basel/Basilia. Münster. Fundamentpfählung der Mauer eines spätröm Baus über einem frühröm Keller.

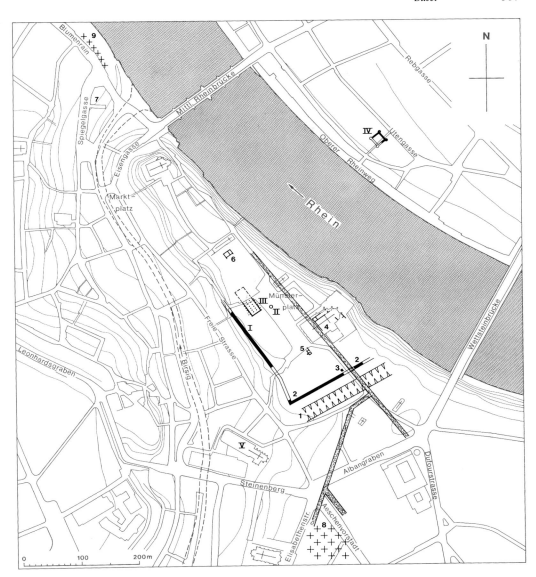

Abb. 334 Basel/Basilia in spätröm Zeit. Sichtbare Objekte: I Kastellmauer, II Horreum, III Sodbrunnen, IV Burgus, V Hist. Museum.
Nicht sichtbar: 1 Befestigungsgraben, 2 Kastellmauer, 3 Haupttor, 4 Stabsgebäude, 5 Thermen, 6 weitere Bauten im Kastell, 7 reiche Fundzone im Gebiet Spiegelgasse, 8 Gräberfeld Äschenvorstadt/Elisabethenstrasse, 9 Gräber am Blumenrain.

rheinische Strasse, nach Gallien hingegen die Strassenachse am Fusse der Sundgauhügel SW des Rheins. Der Vicus auf dem Münsterhügel lag somit buchstäblich »abseits der Heerstrasse«. Einzig der Schiffsverkehr auf dem Rhein muss dem Ort wegen der beiden Anlegestellen in der Gegend der Birsigmündung bzw des späteren Klosters St. Alban eine gewisse Bedeutung gegeben haben.

Der in der Peutingerschen Tafel und im Itinerarium Antonini zwischen *Augusta Raurica* und *Cambes*/Kembs (F) genannte Etappenort *Arialbinnum*, der nach den Distanzzahlen in der Basler Gegend zu lokalisieren wäre, wird neuerdings mit der an der erstgenannten Fernstrasse gelegenen röm Siedlung bei Weil am Rhein (Baden-Württemberg) identifiziert.

Das spätröm Castrum. Nach der Mitte des 3. Jh änderten sich die Verhältnisse schlagartig. Die Alamanneneinfälle liessen den leicht zu verteidigenden Münsterhügel wieder als strategisch interessant erscheinen. Auf dem »Damm« des längst verstürzten Murus Gallicus wurde eine ▶ Wehrmauer errichtet, in welche ▶ Spolien – Grabsteine und Architekturstücke zerstörter Bauten – vermauert wurden. Ein auf der Innenseite aufgeschütteter Erdwall verstärkte die Mauer und zeigt, dass diese Befestigung noch durchaus in der Bautradition später Limeskastelle zu sehen ist. Der alte Halsgraben des Oppidums wurde wieder ausgehoben und die Mauer entlang den Plateaurändern über Rhein und Birsig weitergezogen.

Die Erbauungszeit dieser Anlage ist nicht bekannt. In Betracht kommt am ehesten ein Termin kurz nach der Mitte des 3. Jh, zB im Gefolge der Bemühungen des Kaisers Gallienus (254–268), nach den Alamanneneinfällen von 254 am Rhein einen Auffang-Limes zu errichten. Dies ist umso wahrscheinlicher, als die Basler Münzenreihe nach einer längeren Unterbrechung mit den Prägungen Galliens wieder kräftig einsetzt.

Wie die Festung die Periode des gallischen Sonderreiches von 260 bis 273 – die betreffenden Kaiser sind durch zahlreiche Münzen dokumentiert – und die vielen Alamanneneinfälle der frühen 270er Jahre überstand, ist unklar.

Der Ausbau zum Castrum wurde sicher unter Kaiser Diokletian (284–305) im Rahmen des Do-

Abb. 335 Basel/Basilia. Münsterplatz. Lapidarium unter dem Schulhaus zur Mücke mit Fundamentresten der spätröm Kastellmauer und Grabsteinen, die darin als Spolien eingemauert waren.

Abb. 336 Basel/Basilia. Spätröm Gürtelgarnituren.

nau-Iller-Rhein-Limes-Projekts ins Auge gefasst. Da die Bauarbeiten im Abschnitt unterer Hochrhein/oberer Oberrhein anscheinend erst unter Konstantin d. Gr. (306–337) erfolgten, dürfte das Castrum von Basel wie diejenigen von → Kaiseraugst und Breisach (BRD) erst zu Anfang des 4. Jh seine endgültige Form erhalten haben. Jedenfalls weisen Ziegelstempel der *legio 1 Martiorum* bzw *Martensium* daraufhin, dass damals in Basel gebaut wurde.

Das spätröm Castrum scheint zum Typus der Kastelle mit mehr oder weniger freiem Innenraum gehört zu haben. Diese Freifläche ist offensichtlich im heutigen Münsterplatz erhalten geblieben. Spuren der castrumzeitlichen Innenbebauung finden sich denn auch fast ausschliesslich unter der mittelalterlichen, noch heute bestehenden Randbebauung: so von einem massiven ▶ Steinbau innerhalb des Münsters (*principia* und *praetorium*?), vom Kastellbad, von verschiedenen Gebäuden mit Hypokaustheizungen sowie vom bereits erwähnten ▶ Getreidespeicher (*horreum*) im Gebiet des Schulhauses Zur Mücke. Interessanterweise stand später an der Stelle dieses Horreums der bischöfliche »Schürhof« (Scheunenhof), was auf eine gewisse Tradition Spätantike/bischöfliche Herrschaft hinweisen dürfte. Der erwähnte ▶ Sodbrunnen endlich diente wohl zur Wasserbeschaffung des spätröm Castrums.

Wie weit neben dem Castrum auf dem Münsterhügel auch die Birsigtalniederung besiedelt war, ist noch unklar. Einstweilen sind nur Kleinfunde von dort bekannt. Zumindest aber dürfte doch die Wasserkraft des Birsig – zB für Mühlen – genutzt worden sein. In der Achse der Freiestr muss die röm Strasse von *Castrum Rauracense* nach *Argentoratum* (Strassburg) verlaufen sein. An der Stelle des Übergangs über die Birsig könnte nach Ausweis der im Gebiet des Spiegelhofes besonders zahlreichen spätröm Münzen ein Zoll- oder Militärposten bestanden haben.

374 errichtete Kaiser Valentinian I., wie Ammianus Marcellinus (30.3.1) berichtet, im Zuge des Ausbaus des Donau-Iller-Rhein-Limes ein von den Einwohnern »Robur« genanntes Festungswerk bei Basel – *prope Basiliam*.

Dies ist die älteste Erwähnung des Namens der Stadt Basel. (Wir halten es nicht für undenkbar, dass dieser Name schon dem keltischen Oppidum anhaftete, zumal der Ortsname *Basilia* in Gallien auch anderweitig nachgewiesen ist.)

Es liegt auf der Hand, das von Ammianus Marcellinus genannte Festungswerk, das *munimentum, quod accolae appellant Robur,* mit dem 1973 in Kleinbasel aufgedeckten Burgus vom Typus der »Quadriburgia« zu identifizieren. Der Bau war sicher älter als die mittelalterliche Gründungsstadt Kleinbasel (Anf 13. Jh), da er in deren Parzellenschema überhaupt nicht passt, vielmehr nach Ausweis der Gassenführung damals bereits abgebrochen gewesen sein muss. Seine Mauerstruktur mit den eingefügten Balkenrosten weist ihn klar in den Kontext der valentinianischen Burgus- und Kastellbautechnik (→ Rheinlimes, auch Olten). Die im Innern gefundenen Leistenziegel, die vom eingestürzten Dach stammen, sind nicht gestempelt.

Bestattungsplätze des spätröm Castrums sind an zwei Orten entlang der damaligen Ausfallstrassen nach N und S entdeckt worden. Derjenige N der Äschenvorstadt hat Grabfunde geliefert, die sich mit der militärischen Besatzung im Castrum in Beziehung bringen lassen (Militärgürtel, Zwiebelknopffibeln). Dabei finden wir Hinweise auf die beginnende Christianisierung der Kastellbewohner (Zwiebelknopffibel mit Christogramm). Das Gräberfeld liefert im übrigen den Beleg für eine Siedlungskontinuität bis ins 7. Jh, da auch die Gräber der christlichen, romanischen Restbevölkerung fassbar sind.

Zum spätröm Bischofssitz. In der zu Ende des 4. Jh abgefassten *Notitia Galliarum* wird Basel als *Civitas Basiliensium* aufgeführt. Damals dürfte das Castrum bereits jene Zentralfunktion gehabt haben, die zuvor der *Colonia Augusta Raurica* zugekommen war. Ob dies auch den Bischofssitz miteinschloss, ist unklar. Zu Beginn des 7. Jh wird Bischof Ragnachar als »*Augustanae et Basileae ecclesiae (praesul)*« bezeichnet. Hierin kommt noch ein Schwebezustand zum Ausdruck, der aber bald darauf zugunsten von Basel/ *Basilia* entschieden worden sein muss.
Ao: HM, Basel
Lit: RFellmann, Basel in römischer Zeit, Basel 1955 (m.ält.Lit) – ders, Das römische Basel, Fhr.dch.Hist.Museum Basel 2, 1981 – AFurger-Gunti, Die Ausgrabungen im Basler Münster I, Derendingen 1979 – LBerger, Archäol. Rundgang durch Basel, AFS 16, 1981

Baulmes VD

Weihealtar und zwei Säulen

Der 1871 in der Kirche beim Umbau der Kanzel entdeckte, 110 cm hohe ▶ Weihealtar mit der Inschrift der *Iulia Festilla* an Apollo steht heute im S-Eingang der Kirche. Im Innern der Kirche dienen ▶ zwei röm Säulen aus Jurakalk als Stützen des Abendmahltisches.
Lit: FStaehelin 1948, 143, 2 – MEgloff, L'Abri de la Cure et l'église (de Baulmes), US 33, 1969, 59 f

Bellikon AG

Gutshof
Abb 337

Im ehemaligen Heiggel-Wäldchen, heute Flur Heitlistein, 1300 m S der Kirche Bellikon, wurden 1934 röm Baureste entdeckt, die Vf 1941 mit zwölf polnischen Internierten untersuchte. Gemäss einer Kontrollgrabung 1984 ist die Ruine noch vorhanden.

Dieses Herrenhaus eines röm Gutshofes (*villa rustica*) stand auf halber Höhe des Heitersberges, 190 m über dem Reusstal. Es war nach SW orientiert – mit Rundblick vom Jura zu den Alpen. Im Endausbau mass der Bau rund 26 m in der Länge und 16,50 m in der Breite. Der Kernbau bestand aus einer Halle und einer talseitigen Portikus. In ihrem N-Teil fand sich ein Backherd (1,5 × 2,5 m), im S-Teil war ein Raum abgetrennt. In späteren Bauetappen entstanden auch im W-Teil der Halle – über Kellern – Wohnräume, und an die N-Wand des Hauses kam ein kleiner Anbau. Dieser wurde später durch ein in zwei Bauphasen erstelltes, dreiräumiges Bad mit Apsis ersetzt. Auf der S-Seite stand ein Brunnentrog aus Sandstein. In der Portikus und im grossen Raum im NW-Teil der Halle lagen zahlreiche Bruchstücke einer weissgrundigen, girlandendekorierten Wandmalerei. Im Badetrakt fanden sich kleine Reste von roten, mit Ziegelschrot durchsetzten Mörtelböden sowie letzte Tonplatten einer Hypokaustanlage. Zudem sind noch drei Mühlsteinfragmente einer Handmühle zu erwähnen.

Nach Ausweis der zahlreichen Keramikreste und

Abb. 337 Bellikon. Gutshof. Herrenhaus anlässlich der Ausgrabung 1941, von SO.

der Befunde wurde dieses Herrenhaus um die Mitte des 1. Jh erbaut und wohl schon vor 250 durch Brand zerstört.
Ao: HM Baden
Lit: WDrack, Die römische Villa rustica von Bellikon-Aargau, ZAK 5, 1943, 86 ff – ders 1950, 59

Bellinzona TI

BILITIO/BELLITIONA

müsste heissen: "San Bernardino-Pass"

Bellinzona ist der einzige Zugang zu den Alpenpässen Grosser St. Bernhard, Lukmanier und St. Gotthard sowie Greina und Nufenen. Weil aber diese Übergänge in röm Zeit noch nicht die Rolle wie im Mittelalter spielten, ist verständlich, dass röm Funde aus Bellinzona bis vor kurzem in geringer Zahl vorlagen. Ja, ausser einer kaum je deutbaren ▶ lat Inschrift auf einem Fels nahe der Kirche S. Biagio in Ravecchia gab es bislang nur einen röm Fund: den Unterteil eines Altars für Jupiter und Merkur aus Carasso. Anlässlich der archäologischen Untersuchungen des Castel Grande (auch Castello d'Uri) 1967 stiess man im Mittelteil des S-Flügels in einem »Schichtenprofil P 10 in Zone H« über dem natürlichen Sand auf eine teilweise fast meterdicke Kulturschicht mit zahlreichen röm Keramikresten der Zeit von ca 20 vChr bis 100 nChr – wohl Reste eines im Rahmen des Alpenfeldzuges 15 vChr errichteten Kastells – und darüber, durch eine schwache Humusschicht getrennt, auf eine Lage grauen Sands mit spätröm Keramikfragmenten des 4. Jh. Hart am Plateaurand fand man zudem eine Mauer (B ca 1,30 m) mit einem später zugemauerten Tor (B 1,50 m). Dieses auf eine Länge von 15 m gefasste Mauerstück muss ein Überbleibsel des spätröm, im 6. Jh von den Langobarden weiterbenützten Kastells *Bellitiona* sein.
Lit: WMeyer, Das Castel Grande in Bellinzona, Bericht über die Ausgrabungen und Bauuntersuchungen von 1967, Olten und Freiburg i. Br. 1976, 39 ff u 107 ff (m.ält.Lit).

Bennwil BL

Gutshof
Abb 338

Röm Baureste im Talkessel von Bennwil wurden erstmals 1927 festgestellt und dann erneut 1935 in der Flur Baumgarten, ca 100 m NW der Kirche, jenseits des Baches. Diese Entdeckung löste die

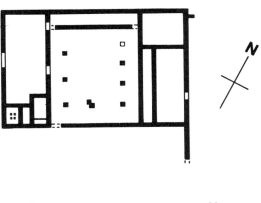

Abb. 338 Bennwil. Gutshof. Herrenhaus.

Ausgrabung des Herrenhauses im Winter 1936/37 aus. Es stand parallel zum nahe vorbeifliessenden Bach und war deshalb nach SO orientiert – mit Blick talaufwärts. (Das Haus entstand anstelle eines mit einem Innenhof ausgestatteten Vorgängers.) Der anfängliche Grundriss von 31 × 19,40 m ist offenbar nur im Innern in späteren Bauetappen modifiziert worden. Anfänglich waren eine zentrale Halle (ca 18 × 14 m) und zwei je etwa 7 m breite Seitenräume vorhanden. Die Halle muss überdeckt gewesen sein, wenngleich die Zugehörigkeit der sieben ausgemachten Unterlagen für Tragpfosten nicht unbestritten ist. Im NW-Teil der Halle fand sich eine Herdstelle. In späteren Bauphasen hat man den NO-Seitenraum unterteilt und dort einen Keller eingebaut sowie im S-Teil des SW-Seitenraumes ein kleines Bad eingerichtet, bestehend aus drei kleinen Räumen. Im ersten Raum waren noch Reste der Kaltwasserwanne samt Bleirohrauslauf erhalten. Der dritte Raum war hypokaustiert sowie mit einem weissgrundigen, mit einfachen Linien dekorierten Mosaikboden und mit einer ebenfalls einfachen, mit schwarzen und grünen Streifen gegliederten Panneaumalerei ausgestattet.
Von einem Nebengebäude ist nur die W-Ecke – rund 60 m S des Herrenhauses – bekannt und von der Hofummauerung ein Mauerstück. Aufgrund der Keramik muss der kleine Gutshof von Bennwil um 20 nChr gegründet worden sein. Das zugehörige »Herrenhaus« könnte nach italischer Art konzipiert gewesen sein: mit um einen Innenhof angelegten Wohnräumen. Anstelle dieses Erstbaues entstand dann wohl in der zweiten Hälfte des 1. Jh das beschriebene Gebäude, und danach erfolgte der weitere Ausbau der Hofanlage, die in der ersten Hälfte des 3. Jh aufgegeben wurde.
Lit: FLa Roche-Gauss, Römische Villa in Bennwil, 11. Tätigkeitsbericht d. Natf. Ges. Baselland 1936–1938, Liestal 1940, 128 ff – EEttlinger, Die Kleinfunde der römischen Villa von Bennwil, 16. Tätigkeitsber. d. Natf. Ges. Baselland 1946, Liestal 1948, 57 ff – WDrack 1950, 59 – VvGonzenbach 1961, 80 – RDegen 1970, 240 f

Beringen SH

Gutshof
Abb 339

Die seit alters bekannten röm Baureste im Lieblosental auf der Flur »Kalkofen« wurden 1884–1886 untersucht.
Die damals erfassten Baureste überziehen eine Fläche von rund 110 × 62 m, deren Hauptachse ziemlich genau N-S verläuft. Die Hof-Ummauerung ist weitgehend ausgemacht: in der mindestens 110 m langen W-Mauer, in Abschnitten der S- und O-Mauern sowie in zwei Stumpen einer Innenmauer, durch die der Hofbezirk (110 × 60 m) in etwa zwei gleich grosse Teile gegliedert gewesen sein muss. Die Ruinen des Herrenhauses und eines Nebengebäudes liegen im N-Teil.
Das Herrenhaus stand anscheinend in der Mitte des »Wohnhofes«, nach S orientiert – mit Blick talauswärts. Der Kernbau (21,5 × 15,5 m) umfasste eine Halle, einen Längsraum auf der N-Seite und drei Wohnräume entlang der W-Mauer sowie zwei Eckrisaliten, zwischen welchen eine – wohl aus Holz konstruierte – Portikus gelegen haben dürfte. Im mittleren der W-Räume fand sich eine Herdstelle. In einer späteren Bauphase wurde an den W-Risaliten ein kleines zweiräumiges, mit Hypokaust ausgerüstetes Bad angebaut. Die runde Steinsetzung an der Kernbau-W-

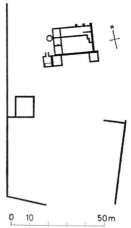

Abb. 339 Beringen. Gutshof.

Mauer könnte von einer Sickergrube oä herrühren; spätestens nach Errichtung des Bades muss eine Wasserleitung gebaut worden sein, von der im N-Teil der W-Hofmauer ein Stück erhalten geblieben ist. Die Ausstattung war wohl einfach, werden doch nur »Brocken bemalten Wandbestichs aus zwei Räumen« erwähnt.
Das Nebengebäude B (12 × 10 m) wurde als Ökonomiebau beschrieben, und das Gebäude C wurde bloss vermutet.
Aufgrund der Münzen und Keramiküberreste muss der Gutshof von der Mitte des 1. bis ins 3. Jh bestanden haben.
Lit: ASA 1885, 228 f – ebda 1886, 252, 331 ff – G Wanner, Die römischen Altertümer des Kantons Schaffhausen, Schaffhausen 1899, 31 ff – R Degen 1970, 367

Bern

Vicus auf der Engehalbinsel
Abb 70, 164, 262, 340–342

Bern liegt ungefähr in der Mitte des schweizerischen Mittellandes und am Eingang zum weit in die Alpen eingreifenden, fruchtbaren oberen Aaretal. Die Engehalbinsel ist der bis 4,5 km nach N vorstossende Zipfel der Gemeinde Bern, rund 3,5 km N der Altstadt.
Röm Einzelfunde wurden hier seit alters beobachtet. Um 1694 sollen noch röm Gebäuderuinen, teilweise mit Resten von Fenstereinfassungen, gestanden haben, und aus früherer Zeit und später wieder wird von Transporten behauener Steine von dort für Bauzwecke in der Stadt Bern berichtet. 1748 stiess man auf einen im nachhinein zerstörten Mosaikboden unterhalb des nachmaligen Pulverturms, und bei dessen Bau 1763 auf die Reste eines »Rundbaues«, des 1956 erkannten Amphitheaters. 1812 schrieb F. L. Haller von Königsfelden in »Helvetien unter den Römern«, II. Teil, einen ersten Überblick über die röm Fundstellen und Funde. Ab 1843 begann A. Jahn systematische Sondierungen, fasste die Ergebnisse 1850 in »Der Kanton Bern, deutschen Theils, antiquarisch und topographisch beschrieben« in einem grösseren Abschnitt zusammen und regte zu neuen Untersuchungen an. So wur-

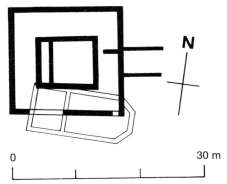

Abb. 340   Bern-Engehalbinsel. Grundriss von Tempel I.

den zwischen 1853 und 1858 ua die Gebäude A und B sowie das Badegebäude entdeckt, und zwischen 1878 und 1880 bzw 1908 – zusammen mit dem gallo-röm Tempel I – durchforscht. Eigentliche Ausgrabungen erfolgten indes erst ab 1919 bis 1939. Diese führten zur Entdeckung von 6 Gebäuden und des Tempels II sowie der drei Bauten S der Tiefenaubrücke. Im Rahmen dieser Arbeiten wurde 1937 das Badegebäude freigelegt und konserviert. Nach dem Zweiten Weltkrieg fanden laufend Rettungsgrabungen statt. In ihrem Gefolge konnte 1956 die Arena des Amphitheaters freigelegt und restauriert werden.
Die Gesamtanlage lässt sich aufgrund der bislang gefassten Befunde und Funde schon recht gut erkennen. Es muss sich um ein – wohl mehrzeiliges – Strassendorf gehandelt haben. Die Hauptstrasse, an verschiedenen Punkten einwandfrei festgestellt, verlief ungefähr in der Mitte der Halbinsel und fast in N-S-Richtung. Entlang dieser Achse waren – mindestens auf eine Länge von etwa 900 m – die meisten Bauten erstellt worden: in der S-Hälfte die öffentlichen Anlagen, im N die übrigen Häuser – offenbar in zwei Hauptzeilen. W und O derselben müssen weitere Bauten gestanden haben, wie bis je 200 m abseits liegende Fundstellen bezeugen. Die SO der Tiefenaubrücke zum Vorschein gekommenen Baureste aber dürften von einem Gutshof stammen.
Die öffentlichen Bauten lagen vornehmlich im S des Vicus. Bekannt sind einstweilen das Amphitheater und drei gallo-röm Umgangstempel.
▶ Das Amphitheater (I) ist nur noch in einer gut

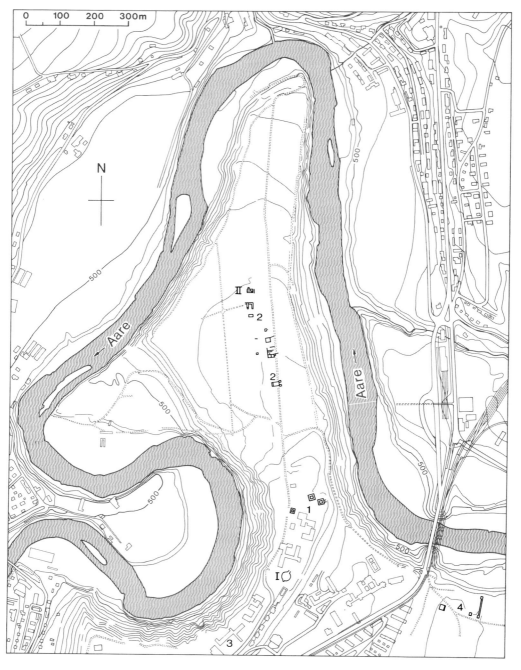

Abb. 341 Bern-Engehalbinsel. Sichtbare Objekte: I Amphitheater, II Badegebäude. Nicht sichtbar: 1 Gallo-röm Tempel-Bezirk, 2 Vicus-Gebäude, 3 Bestattungsplatz im Rossfeld, 4 Bauten eines Gutshofes.

Abb. 342 Bern-Engehalbinsel. Modell des Tempelbezirks im BHM Bern.

3 m tiefen Geländemulde und in der massiven Arenamauer fassbar. Diese hat einen breitovalen Grundriss von 27,55 × 25,30 m. Im NW war ein rampenförmiger Eingang (B 4,10 m) und im SW ein trapezförmiger Anbau, zur Arena hin 1,20 m offen, wohl von einem Tierkäfig (*carcer*).
Die drei Umgangstempel. Die Tempel I und II standen, auf die S-N-Richtung leicht nach NW abgedreht, über Eck ca 4 m weit auseinander und etwa 40 m O der Hauptstrasse. Der O-Tempel I, über dessen S-Teil die 1532 abgebrochene Ägidiuskapelle erbaut gewesen war, hatte einen rechteckigen Grundriss von ca 21,50 × 17,50 m (Umgang) bzw 10 × 8,80 m (Cella), die ihrerseits auf der W-Seite einen – wohl offenen – Korridor (B 1 m) und damit ein quadratisches Inneres aufwies. Die Hauptfront muss O- bzw aarewärts orientiert gewesen sein, fanden sich doch dort die Fundamente einer Freitreppe (B 5 m). Auch der W-Tempel II war rechteckig: 10,50 × 9,10 m (Cella) bzw 19,60 × 17,90 (Umgang). Der erst 1969 entdeckte Tempel III lag etwa 40 m SW der beiden andern und hatte eine quadratische Grundform, eine Cella mit 7,40 m Seitenlänge und einen Umgang von 14,40 × 13,50 m. Ausser einigen Kleinfunden kam hier das Brustfragment einer fast lebensgrossen Statue aus Tuff zum Vorschein.
▶ Das Badegebäude (II), weitab vom Amphiteater und den Tempeln am N-Ende des Vicus schon 1847 entdeckt, scheint ebenfalls ein für die Öffentlichkeit errichteter Bau gewesen zu sein.

Mit seinen Abmessungen von ca 20 × 11,50 m kam dieser Bau doch recht nahe an kleinere öffentliche Thermen wie in → Sitten und → Zürich heran. Jedenfalls übertrafen einzelne Räume bei weitem private Baderäume durch ihre Grösse. So waren der Umkleideraum und das Kaltbad je 8 × 5 m iL, das zugehörige Wasserbassin ca 3,30 m im Geviert und das Warmbad (*caldarium*) gar 11,50 × 5 m gross. Das Caldarium, durchgehend hypokaustiert, könnte überdies in eigentliches Warm- und Lauwarmbad (*tepidarium*) unterteilt gewesen sein. Ausserdem verlief auf der O-Seite des Baus eine freie Portikus parallel zur Hauptstrasse.
Die privaten Bauten (2) waren ebenfalls zur Hauptsache – zwischen Badegebäude im N und Tempelbezirk im S – auf eine Länge von ca 500 m beidseitig der Strasse erstellt. Acht verschieden grosse Gebäude konnten erfasst werden, alle wiesen Werkräume auf, darunter waren zwei Töpfereien – hier fand sich auffallend viel Keramik – mit insgesamt fünf Töpferöfen. Ein Haus hatte einen »Amphorenkeller«, im S-Teil eine Abwasserleitung und im W eine Portikus.
Der Sodbrunnen der einen Töpferei hatte eine Tiefe von 25 m und folgende Dm: zuoberst 2,80 m, bei 5 m etwa 1,60 und von 15 m abwärts noch 1,40 m. Zuunterst fanden sich Überreste einer Holzfassung und in der Auffüllung zahlreiche Kleinfunde, darunter in 20 m Tiefe ein goldener Siegelring mit Seepferd-Achatgemme sowie meh-

rere Tonlampen. – Weitere Bauten müssen das Strassenstück bis zum Heiligen Bezirk mit den drei Tempeln gesäumt haben. Aber auch SO, S und SW des Amphitheaters hatten sich Bauten befunden – Wohngebäude, wovon der 1748 entdeckte und zerstörte Mosaikboden zeugte, und Handwerksbetriebe, wie entsprechende Schlakkenreste und Ruinenteile, zB von einem »Schmelzofen«, erkennen liessen.

Bestattungsplätze (3), die hart S der »Bremgarten-Halbinsel« im »Rossfeld« vor allem 1900 und 1908 gefasst wurden, markieren das S-Ende des Vicus auf der Engehalbinsel und zugleich auch den weiteren Verlauf der röm Hauptstrasse Richtung Grosser Forst bzw *Aventicum*.

Zu den wichtigsten Funden zählen ein Weiheinschrift-Fragment eines *Otacilius Seccius, duumvir* von *Aventicum*, bruchstückweise entdeckt 1879 und 1969, die Hunderte von in den hiesigen Töpfereien hergestellten vielfältigen und ausgezeichneten Keramiken, zahlreiche Grabbeigaben, ua vier Muttergottheiten, ein Pferdchen usw. Die vor allem im Vicus sichergestellten Münzen setzen durchweg mit Augustus ein und enden auffälligerweise zwischen 165 und 211.

Eine grössere Baugruppe ausserhalb des Vicus (4), rund 500 m O des Amphitheaters, war wohl schon im frühen 1. Jh entstanden: ein quadratisches Gebäude von rund 17 m Seitenlänge, mit einem Herd in der NO-Ecke des Hauptraumes und einer Portikus in der O-Front, ein kleinerer, ebenfalls quadratischer Bau von ca 9,70 × 9,60 m Grösse sowie – als gegen O abschliessendes Architektur-Element – ein korridorartiger Baukörper (L 52,85 m, B 3,45 m), der im N und S von Risaliten begrenzt, und dessen O- bzw Rückwand bemalt war, eine repräsentative Portikusanlage also.

Ao: BHM Bern
Lit: JWiedmer, Die römischen Ueberreste aus der Engehalbinsel bei Bern, ASA 11, 1909, 9 ff (m.ält. Lit) – OTschumi, Urgeschichte des Kantons Bern, Bern/Stuttgart 1953, 192 ff (m.ält.Lit) – HMüller-Beck, Die Engehalbinsel bei Bern, ihre Topographie und... Denkmäler, SA aus JbBHMBern 1959/1960, Ausg. 1970 – ders, Die Erforschung der Engehalbinsel in Bern bis zum Jahre 1965, JbBHMBern 1963/1964, 375 ff – EEttlinger, Ein helvetisches Brandgrab von der Engehalbinsel in Bern, JbSGU 50, 1963 43 ff – EEttlinger/KRoth, Helvetische Reliefsigillaten und die Rolle der Werkstatt Bern-Enge, Bern 1979 – GWalser (II) 1980, 121 – RFellmann, Der Korridorbau im Thormannbodenwald auf der Engehalbinsel bei Bern, Jagen und Sammeln/ Festschr Hans-Georg Bandi, Bern 1985, 89 ff

Bernex GE

Gutshof
Abb 343

Vom 1946 in der Flur »En Saule« W von Bernex festgestellten Gutshof konnte Daniel Paunier 1968–1972 im Rahmen von Rettungsgrabungen den NW-Teil untersuchen.

Die erfassten Baureste bildeten den Wirtschaftsteil eines langaxialen, SO-NW orientierten Gutshofes, dessen Herrenhaus an der Stelle der alten Dorfkirche vermutet wird. Danach wäre die ummauerte Gutshofanlage gegen 230 m lang gewesen. Die Breite von 123 m ist durch die beiden NO- und SW-Längsmauerabschnitte gegeben. Die NW-Mauer war im Fundament noch ganz erhalten. In deren NO-Hälfte zeichnete sich ein

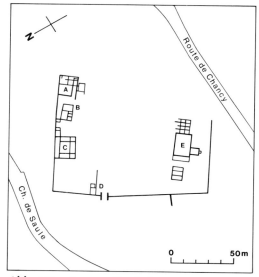

Abb. 343 Bernex. Gutshof.
A–E Nebengebäude.

Torbau mit 4,50 m weitem Durchgang zwischen 6 m langen Seitenmauern ab. O davon, an die NW-Mauer angebaut, stand ein Kleinbau. Weitere Bauensembles – A, B und C – waren an die NO-Längsmauer angelehnt, ein grösserer Gebäudekomplex E aber fand sich im Bereich der W-Ecke, mit der Längsachse parallel zur SW-Mauer, jedoch rund 15 m davon abgerückt. Das Herrenhaus muss sich, wie erwähnt, an exponierter Stelle befunden haben, wo die alte Kirche von Bernex über den Weinbergen um Confignon thront, mit einer prachtvollen Rundsicht nach S und O über die Genfer Landschaft.

Die derzeit bekannten Nebengebäude umfassen die drei Bauensembles A, B und C entlang der NO-Hofmauer, den Baukomplex E im Bereich der W-Ecke des Wirtschaftshofes sowie den Kleinbau D beim Tor. Das Bauensemble A – das Verwalterhaus? – muss in mehreren Etappen entstanden sein. Es umfasste schliesslich eine Halle mit zwei Herdstellen und einem Werkofen sowie einen Wohntrakt SO davon und wohl eine Winkelportikus auf den SW- und NW-Seiten.

Der Bau B bestand ursprünglich aus einer Halle und drei Nebenräumen. Im 4. Jh wurde auf der SO-Seite ein zweiräumiger Anbau angefügt.

Das Gebäude C (18 × 17 m) setzte sich aus einem zentralen Bauteil und aus vier diesen ringsum umgebenden portikusartigen Annexen zusammen. Aufgrund von Säulenspolien aus Jurakalk muss dieser Bau im 2. Jh entstanden sein. Möglicherweise war es ein Speicher (*horreum*).

Der Baukomplex E ist schrittweise entstanden: In einer ersten Phase scheint man den Saal (18 × 12 m) mit SW-Annex, dann die NW-Portikus und in der Spätzeit der Anbau mit gegen 10 kleinen Kammern errichtet zu haben. Der selbständige, dreiräumige Kleinbau muss gut ausgestattet gewesen sein.

Nach Ausweis der 72 Münzen, besonders aber der überaus reichen Keramikfunde muss der Gutshof in augusteischer Zeit gegründet und bis tief ins 5. Jh bewirtschaftet worden sein.

Ao: MAH Genf
Lit: DPaunier, L'établissement gallo-romain de Bernex, HA I/1970, 12 ff – ders, L'établissement gallo-romain de Bernex GE, JbSGU 56, 1971, 139 ff und 58, 1974, 129 ff – ders, La céramique gallo-romaine de Genève, Genf 1981, 112 ff

Bettwil AG

Säulenfragment

Im Dorf Bettwil standen ehemals an zwei Orten vier runde ▶ »Marksteine«, die um 1940 als röm Limitationssteine gedeutet wurden. Heute sind davon noch zwei Steine vorhanden; sie stehen seit 1980 in der SO-Ecke des Turnhallenareals. Das eine Exemplar ist aus Granit und misst 29 cm im Dm, das andere besteht aus Muschelsandstein, hat einen Dm von 35 cm und trägt die Jahrzahl 1683. Das zweite Objekt vor allem muss – trotz Jahrzahl – ein Säulenstück aus einem röm Herrenhaus der Umgebung sein – entweder vom »Murimooshau« N des Dorfes (→ Gem. Sarmenstorf AG) oder von der »Steinmüri« unmittelbar S der Ortschaft.

Lit: JbHist.Ver.Seetal 1943/44, 7 f – RBosch, Auf der Suche nach den ältesten Grenzsteinen, Der Schweizer Schüler 24, 1947 (3. Mai), 414 f

Biel BE → Péry BE

Bivio GR

Julierpass: Strassenspuren und Passheiligtum
Abb 344

Vom röm Fahrweg entdeckte A. Planta 1973/74 etwa 600 m W der Julierpasshöhe, bei Koord 775900/149350, an sieben Stellen in den Fels eingetiefte, durchschnittlich 107 cm auseinander liegende Rad- bzw Fahrrinnen. (Der Scheitel des Passes liegt auf 2284 m üM.) Die beidseits der Strasse stehenden ▶ Säulenreste stammen von ein und derselben Säule aus Lavezstein. Vom einstigen Passheiligtum wurden bei umfangreichen Sondierungen 1934–1939 rund 5 m W der Säulen und S der Strasse dürftige Reste eines 5 × 5 m grossen Mauerrechtecks gefunden. Dabei lagen profilierte Gesimsstücke, die von einem bescheidenen architektonischen Schmuck zeugen. Auch die beiden Säulenteile stammen von hier. Zwei Fragmente einer männlichen Statue und das Bruchstück einer Weiheinschrift an die Alpen (*Al[pibus] Re[gio] [Iulia]*) – beides aus demselben

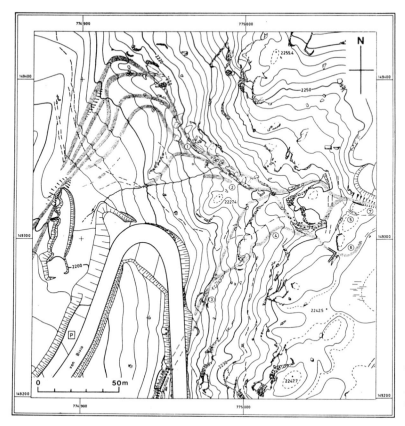

Abb. 344 Bivio. La Veduta. Strassenspuren am Julierpass. (s. Ziffern 1–4).

ortsfremden Gestein – scheinen die letzten Reste eines Säulenmonumentes (H ca 4 m) darzustellen. Von den zahlreichen Münzen von der Passhöhe sind 57 die Reststücke eines 1854 gehobenen, 200 Münzen umfassenden Weihe- oder Schatzfundes. Ausser zwei ostgriechischen der Spätlatènezeit setzt die Münzreihe mit Tiberius (14–37) ein und endet mit einem Stück des Gratian von 378/383. Eine Münze des Vandalen Geiserich (428–477) bezeugt die Passbenützung im 5. Jh.
Ao: RM Chur, SLM Zürich, Engadiner Mus. St. Moritz
Lit: APlanta, Die römische Julierroute, HA 7, 1976 (H.25), 20 – BOverbeck (u LPauli) 1982, 133 ff (m.ält.Lit) – APlanta, Fahr- und Saumwege im Passland Raetien, Terra Grischuna, SA August 1985, 34 – JRageth 1986, 48 ff u 98

Septimerpass: Strassenspuren und Schutzhaus(?)
Abb 345

Der 2310 m üM liegende Septimerpass ist die kürzeste Verbindung von Rätien nach Italien, jedoch – besonders auf der S-Seite – beschwerlicher als der Julier und stark lawinengefährdet. Den röm Fahrweg konnte A. Planta 1973 von der Passhöhe bis 150 m S der Bezirksgrenze ausmachen. Zudem entdeckte er beim Säscel an verschiedenen Stellen aus dem Fels gehauene Wegpartien und bei Koord 769175/141020 zwei eingetiefte, 107 cm auseinander liegende Rad- bzw Fahrrinnen.
Spuren einer »Behausung« wurden 1937 im Bereich des mittelalterlichen Hospizes festgestellt. Aus der betreffenden Fundschicht stammen ein

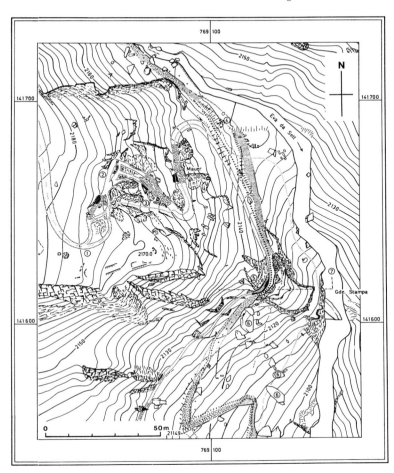

Abb. 345 Bivio. Säscel. Strassenspuren am Septimerpass. (s. Ziffern 1–7).

Denar des Jahres 48 vChr und vier Keramikfragmente: eines ACO-Bechers, einer arretinischen Terra sigillata-Tasse und zweier feintoniger Becher. Alle diese Funde stammen aus der Zeit der Eroberung der Alpen unter Augustus, um 15 vChr und danach. Bruchstücke von Gebrauchsware bezeugen andererseits eine Weiterbenützung der betreffenden »Behausung« auch im 2. und 3. Jh nChr.
Ao: Engadiner M St. Moritz
Lit: APlanta, Die römische Julierroute, HA 7, 1976 (H.25), 24 – BOverbeck (u. LPauli) 1982, 149 f (m.ält.Lit) – JRageth 1986, 48 ff u 98

Bösingen FR

Gutshof
Abb 346

Bei Erweiterung der Kirche St. Jakob d. Ä. 1906 wurden drei Säulen von 2 – 2,10 m Höhe entdeckt, eine aus Jurakalk, zwei aus Granit monolithisch gehauen, und 1951 stiess man bei Terrainarbeiten S der Kirche auf die untersten Elemente einer grösseren Hypokaustanlage. 1983 kamen bei Drainagearbeiten am Fuss der N Friedhof-Stützmauer grosse Partien der bemalten Decke

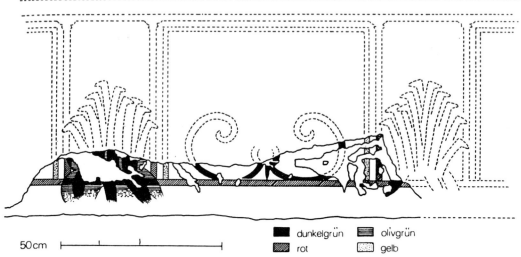

Abb. 346 Bösingen. Überreste der Sockelmalerei (nach E. Kühne und S. Menoud 1983).

wohl einer Kryptoportikus und Wandmalereireste aus höher gelegenen Räumen zum Vorschein.
▶ Die drei Säulen stehen an der S-Mauer der Kirche. Die Deckenmalerei wurde konserviert und wird im MAH in Fribourg aufbewahrt. Sie stammt aus dem frühen 3. Jh.
Lit: NPeissard, Carte archéologique du Canton de Fribourg, Fribourg 1941, 31 – JbSGU 41, 1951, 118 u Taf 12,2 – EKühne, SMenoud, Bösingen, Freiburger Archäologie/Archäol. Fundber. 1983, 34 ff

Bonaduz   GR

Spätröm Friedhofkapellen

Bonaduz liegt auf einer weiten Geländeterrasse im Winkel zwischen Vorder- und Hinterrhein an der Strasse Chur – Thusis – → Via Mala. Bei Ausgrabungen 1962/63 sowie 1966–1971 kamen in der NW-Ecke des spätröm-frühma Gräberfeldes auf Bot Valbeuna die Fundamente zweier nach N orientierter, ca 6 m auseinander liegender Kapellen (Memorien) zum Vorschein. Beide Bauten waren rechteckig und ohne Altar; sie hatten folgende Abmessungen: der O-Bau I 4,50 × 3,80 m, der W-Bau II 3,80 × 3,20 m. Im Bau I fand man drei W-O orientierte Gräber ohne Beigaben. Bau II war in einen Vorraum und eine Grabkammer (im N) unterteilt. Diese enthielt zuerst eine Bestattung, dann zwei, zuletzt insgesamt 36. Von den wenigen Trachtobjekten stammen die ältesten aus dem 4. und 5. Jh. Damals muss auch der Bau I errichtet worden sein, also zur gleichen Zeit wie die Doppelanlagen in → Chur-St. Stephan und → Schiers.
Ao: RM Chur
Lit: GSchneider-Schnekenburger, Churrätien im Frühmittelalter, München 1980, 17 ff, bes 22 ff und 110 ff (m.ält.Lit) – BOverbeck (u LPauli) 1982, 122 ff – JRageth 1986, 100

Bondo   GR

MURUS
Abb 347, 348

Die vom nach N vorspringenden Burghügel Castelmur gebildete natürliche Talsperre in der Mitte des Bergells zwischen Promontogno und Stampa, am Aufstieg zum → Julier- und Septimerpass, wurde schon in röm Zeit genutzt. Der

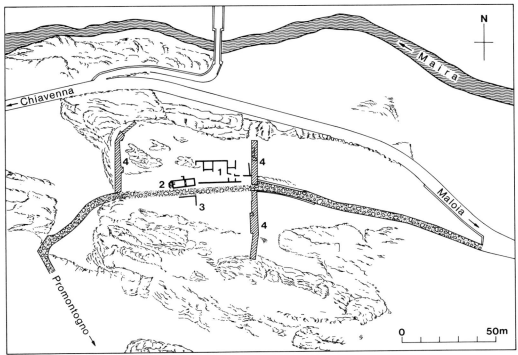

Abb. 347 Bondo. Strassenstation Murus. *1 Herberge (mansio) (?), 2 Badegebäude, 3 grösserer Bau, 4 mittelalterliche Sperrmauern (anstelle der röm).*

bis zum Bau der Poststrasse 1859 als Talstrasse dienende Fahrweg (B 2,70 m) muss damals entstanden sein. Er führte von Promontogno in mehreren Windungen auf das rund 1000 m NW unterhalb der Burg Castelmur gelegene Plateau (72 × 42 m) und hatte dort – seit dem Mittelalter – die beiden 3 m starken Mauern (auf dem W- und O-Rand der Hochfläche), besonders aber die Porta in der O-Mauer (Müraia) zu passieren.

Die aussergewöhnliche Stärke dieser mittelalterlichen Mauern bezeugt uE, dass diese auf eine spätröm Befestigungsmauer zurückgehen, nach der – so im Itinerarium Antonini – der Ort *Murus* genannt wurde.

Diese staatliche Strassenstation *Murus* war offensichtlich eine Rast- und Pferdewechselstelle *(mutatio)*, vielleicht auch ein Zollposten. Nach Aegidius Tschudis 1538 erschienener Schrift »Die vralt warhafftig Alpisch Rhetia« war der »Fleck zuo Mur« damals erst »zum teyl abgangen«. Gestützt auf diese Nachricht und röm Ziegelfunde wurden 1921, 1923, 1925, 1926 und 1928 auf dem Plateau Untersuchungen durchgeführt. Dabei fand man unter dem mittelalterlichen bzw neuzeitlichen Wegtrassee einen älteren, wohl röm Strassenkörper und N und S davon Fundamentreste von zum Fahrweg parallel gestellten röm Gebäuden. S der Strasse hatte ungefähr in der Mitte der Hochfläche ein grösserer Bau (3) mit ca 12 m langer Front gestanden. N der Strasse wurden verschiedenartige Bauten untersucht. Gegenüber Bau 3 kamen die Baureste eines zweiräumigen Badegebäudes (2; 13,5 × 5 m) mit rückseitigem Anbau (B 2 m) zutage. Der W-Raum (7,5 × 4 m iL) war hypokaustiert. Nach den 1926 noch im O-Teil vorhandenen Überresten muss der Boden aus grossen Gneisplatten und bei der O-Türschwelle gar aus kleineren weissen und schwarzen Marmorplatten bestanden haben. Im W war ein Präfurniumsanbau (B 1,5 m) erhalten,

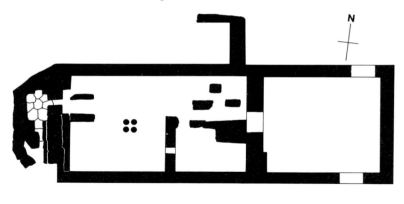

Abb. 348 Bondo. Strassenstation Murus. Badegebäude.

und das SO-Viertel des Hypokausts war durch zwei Mauerzüge abgetrennt, jedoch durch einen kleinen Kanal mit dem Haupt-Hypokaust verbunden. Als Pfeilerchen dienten zylindrische, aus runden Tonplatten aufgesetzte Säulchen. Während röm Ziegel (*tegulae* und *imbrices*) in grösserer Zahl vorlagen, waren Heizröhren (*tubuli*) eher selten. W des Badegebäudes konnten noch drei Kanalisationsgräben ausgemacht werden, und O davon legte man – entlang der Strasse – eine 23 m lange Stütz(?)mauer frei. Diese könnte zu einem Gebäude gehört haben, von dem Fundamentreste stammen, die auf einem kleinen Felsrücken weiter N gefunden worden waren. Wenn dies zutreffen würde, wäre dieser dritte Bau mindestens 23 × 12 m gross gewesen.
Ausser Ziegelresten kamen im Rahmen der Ausgrabungen nur ein harpunenartiges Eiseninstrumentchen, ein tönerner Spinnwirtel, ein winziges Fragment eines roten Tongefässes und über ein Dutzend Bruchstücke von Lavezgefässen, hauptsächlich von Kochtöpfen, zum Vorschein.
Besondere Erwähnung verdienen zwei kleine Weihealtärchen (H 16 bzw 11 cm), ebenfalls aus Lavezgestein, die offenbar im Bereich der Anlage 1939 und 1958 entdeckt wurden. Beide sind Weihungen an Mercurius Cissonius, das erste von einem *Camillus* (HM 28), das zweite wurde von einem *Valerius*, Freigelassener des *Germanus*, gestiftet.
Beim Durchgang »Porta« fand A. Planta 1972 Reste von in den Fels eingetieften, 107 bis 108 cm – von Mitte zu Mitte gemessen – auseinanderliegenden Rad- bzw Fahrrinnen. Im Sommer 1985 entdeckte man bei Bauarbeiten beim Pfarrhaus in Bondo frühröm Keramik, wie der Archäolog. Dienst Graubünden am 26. 11. 1985 freundlicherweise mitteilte.
Ao: RM Chur und Chiäsa Granda, Stampa
Lit: OSchulthess, Der Fleck zu Mur, ASA 24, 1926, 133 ff (m.ält.Lit) – MBertolone, Lombardia Romana, Mailand 1939, 350 ff – APlanta, Verkehrswege im alten Raetien, Bd. 2, Chur 1986 – JRageth 1986, 53 f u 79 ff

Bourg-St-Pierre VS

SUMMUS POENINUS
Abb 53, 211, 212, 239, 349, 350

Über den Grossen St.-Bernhard-Pass (2469 m üM) führte die kürzeste Verbindung von Rom nach Gallien und ins Rheinland. Die noch heute auf der kleinen Tempelkuppe W des Pass-Sees oberflächlich herumliegenden röm Ziegelfragmente sind nur noch ein kleiner Rest von der einstigen dichten Streuung derselben. Diese und die aus der antiken Literatur bekannte Bedeutung des *Summus Poeninus* haben Murith vom Bernhardiner-Hospiz zu ersten Sondierungen zwischen 1760 und 1764 angeregt. Die Arbeiten wurden

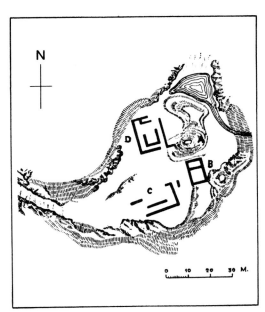

Abb. 349 Bourg-St-Pierre.
Grosser St. Bernhard. Bergheiligtum.
A Heiliger Fels, B Tempel, C, D Herberge
mit Pferdewechselstation.
(Auf italienischem Boden).

von anderen 1836, 1837 und 1871 weitergeführt. Systematische Ausgrabungen erfolgten erst 1890–1894. Sie erbrachten die Freilegung des Bergheiligtums, zweier weiterer Gebäude und einer Zugangsstrasse (L 50 m, B 2,7 m) von SW herauf. Das Bergheiligtum war eine Art röm Antentempel von 11,30 × 7,40 m Grundfläche. Er war Iupiter Poeninus geweiht.

Die Baureste der beiden Nebengebäude ermöglichten keine vollständigen Grundrisse mehr. Immerhin liess sich deren Grösse ungefähr erkennen. Danach muss der N-Bau ca 16 × 14 m, der S-Bau aber ca 25 × 12 m gross gewesen sein. Es dürfte sich um eine Herberge (mansio) und um eine Pferdewechselstelle (mutatio) gehandelt haben.

Innerhalb der Tempelruine und im ehemals O davon liegenden kleinen, inzwischen ausgetrockneten See haben die Ausgräber die meisten und wichtigsten Objekte sichergestellt, ua eine Votivhand und eine besonders gute Jupiterstatuette aus Bronze mit Weihinschrift auf dem Sockel, Statuetten des Jupiter, des Herkules (2), der Abundantia (2), des Mars, der Minerva, eines Löwen und eines Pferdes. Ausserdem wurden viele Fibeln und zahlreiche andere Bronzegegenstände geborgen, darunter vor allem 50 Votivplättchen mit Inschriften und eine grosse Menge gallischer, massaliothischer und röm Münzen des 1. Jh vChr bis ins 4. Jh nChr.

Ao: M im Hospiz; SLM Zürich; MA Sitten.
Lit: M-RSauter, Préhistoire du Valais, Sitten 1950, 72 ff (m.ält.Lit) – HBender, Drei römische Strassenstationen in der Schweiz: Grosser St. Bernhard – Augst – Windisch, AS 10, 1979 (37), 2 ff – GWalser, Römische Militärinschriften vom Grossen St. Bernhard, AS 1983, 15 ff (m.ält.Lit)

Wachthaus(?) und Wegspuren

Ein Wachthaus(?) dürfte rund 1,1 km NO des Hospizes bzw der Passhöhe des Grossen St. Bernhard, auf dem nördlichsten Ausläufer des vom Mont Mort nach N ziehenden Felsgrates auf Koord 580100/080325 gestanden haben. Die Stelle ist dicht mit röm Leisten- und Rundziegeln (*tegulae* und *imbrices*) übersät; von dort stammt vermutlich auch der heute bei der Kirche Bourg-St-Pierre aufgestellte ▶ Meilenstein.
Oberhalb und unterhalb dieses Platzes entdeckte A. Planta 1976 Reste von in den Fels gehauenen Stufenwegen.

Abb. 350 Bourg-St-Pierre.
Grosser St. Bernhard. Votivtäfelchen
mit Weihinschrift an Iupiter Poeninus.

Rund 3 km NNO des Hospizes bzw der Passhöhe gewahrte Planta überdies bei Koord 580300/080750 auf Kote 2000 m üM einen verwachsenen, wohl röm Weg, der unterhalb von »La Pierre« die Alpwiesen in fast S-N-Richtung durchzieht.
Lit: APlanta, Zum römischen Weg über den Grossen St. Bernhard, HA 10/1979 (H.37), 15 ff (vgl. auch M-RSauter, Préhistoire du Valais, Sion 1950, 72 f m.ält.Lit)

Bözberg → Effingen/Unterbözberg AG

Bregenz (Vorarlberg)

BRIGANTIUM

In der grossen SO-Bucht des Bodensees bzw im Engpass zwischen diesem und den Vorarlberger Voralpen entstand wohl kurz nach 15 vChr ein Holzkastell und zwischen 15 und 30 nChr ein Vicus mit Hafen. Der Kern des stadtähnlichen Vicus lag auf der ersten Talstufe, dem Ölrain, der Hafen ungefähr 1 km NO davon. Im Laufe des 3. Jh, besonders aber von etwa 294 an, setzte die Besiedlung auf der den Hafen dominierenden Kuppe mit der Oberstadt von Bregenz ein. Der Vicus entvölkerte sich gleichzeitig; um 350 dürfte er völlig verlassen gewesen sein. Über das Aussehen der Siedlung auf der Oberstadt ist man noch im Ungewissen. Da aber *Brigantium* in der *Notitia dignitatum* als Flottenstützpunkt erwähnt ist, muss Militär vorausgesetzt werden.
Lit: BOverbeck (u LPauli) 1982, 20 ff – HLieb, Die Bistümer der Raetia prima und secunda, Montfort 38, 1986, 121 ff

Brugg AG

Spätröm Kastell Altenburg
Abb 351

Am Aareknie rund 2 km W von *Vindonissa* bzw der Kreuzung der wichtigen Strassen *Aventicum* – *Tenedo* und *Augusta Raurica* – *Vitudurum*, über einer Felsbank als möglichem Aareübergang drängte sich ein Sicherungsposten geradezu auf. Die ▶ Kastellmauern dienten und dienen noch immer als Aussenteile von Wohnbauten. 1894 wurde bei Anlage eines Kanals die NW-, und 1920 beim Abbruch eines Bauernhauses die SW-Mauer abgebrochen. 1920 erfolgte eine erste und

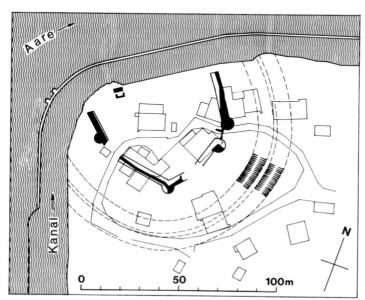

Abb. 351 Brugg-Altenburg. Spätröm Kastell.

1934 eine zweite Untersuchung, bei welcher Gelegenheit das SO-Tor und die davor liegenden Spitzgräben entdeckt wurden. Anschliessend hat man die Kastellmauer konserviert.
Das Kastell Altenburg wurde wohl unter Valentinian I. kurz vor 370 als kleinstes der drei Flusskastelle an der Aare (→ Olten, → Solothurn) mit glockenförmigem Grundriss erbaut. Die flussseitige NW-Mauer muss gerade geführt gewesen sein, die landseitigen Mauerabschnitte aber waren polygonal, fast halbrund angelegt, jedoch mit einem rechten Winkel bei der S-Ecke. Diese war mit einem halbrunden Turm von etwa 5 m Dm bewehrt. Am besten erhalten sind die beiden an der »Basismauer« ansetzenden Mauerteile. Sie sind im Durchschnitt rund 5 m stark und teilweise noch 7,50 m hoch. Beide Abschnitte enden je in einem Halbrundturm (Dm ca 5 m). Der O-Turm gehörte zur Zwillingsturm-Befestigung des dortigen Tores (B ca 5 m), dem möglicherweise beim W-Turm ein zweites gegenüberlag. Dann wären die »Schenkel« des »Rechten Winkels« beim S-Turm gleich lang. Vom Innern ist aus spätröm Zeit nichts bekannt. Das an die S-Mauer angebaute »Schlössli«, der längst umgebaute ehemalige Wohnsitz der im 9. und 10. Jh hier residierenden Grafen von Altenburg, der Vorfahren der Grafen von Habsburg, könnte anstelle eines spätröm Gebäudes errichtet worden sein. Auch Einzelfunde sind keine bekannt.
Lit: FKeller 1864, 150 – SHeuberger, ... In Altenburg, Castrum Vindonissense, ASA 20, 1922, 203 ff – RLaur-Belart, Altenburg, ASA 37, 1935, 174 f – HLehmann, Die römischen Kastelle bei Brugg ... und das Schlösschen in Altenburg ..., 104. Njbl. z. Besten d. Waisenhauses in Zürich f. 1941, bes S 7 ff – ALambert u EMeyer 1973, 32

Buchs ZH

Gutshof
Abb 352–355

Im Mühleberg, einem Teil des Rebgeländes auf einem S-Hang des Lägern-Gebietes N über dem Dorf, war man seit alters auf röm Reste gestossen. Nach der Entdeckung von Mosaiken erfolgte 1759 eine Ausgrabung eines Herrenhausteiles.

Wegen der starken Mauern entstand der Flurname Kastell. Kurz vor 1850 hat man erneut gegraben. 1958 wurde das Nebengebäude C entdeckt, und 1972 löste ein Strassenbau die Ausgrabungen von 1973 aus. Bei Häuserbauten entdeckte man 1977–1983 die Baureste bzw Spuren der Nebengebäude E–H. 1976 wurde die Kryptoportikus restauriert und konserviert.
Die Gutshofanlage liegt innerhalb eines N-S bzw senkrecht über den Mühleberg-Hang sich erstreckenden Gebietsstreifens (ca 140 × 380 m). Von der Ummauerung ist erst ein grösseres Stück der W-Mauer gefasst; die O-Mauer darf an bestimmter Stelle vermutet werden. Die Anlage war wahrscheinlich von einem Tempel oder Mausoleum (E?) überragt, wurden doch anf 19. Jh nach F. Keller hinter dem »Bruderhof« ua »Quaderstücke« und »Capitäle« entdeckt, wovon einige nach Zürich kamen.
Das Herrenhaus A stand in der oberen Hälfte des Hofgebietes, rund 90 m über dem Talboden, die Hauptfassade leicht nach SO abgedreht – mit Sicht über das Gebiet von Zürich zu den Glarner Alpen. Im Endausbau war das Gebäude 55 × 29

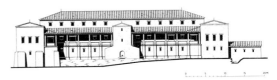

Abb. 352 Buchs. Gutshof. Herrenhaus. Rekonstruktion von A. Gerster.

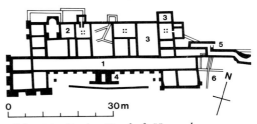

Abb. 353 Buchs. Gutshof. Herrenhaus. 1 Kryptoportikus, 2 Badetrakt, 3 Wohnräume mit Mosaikböden, 4 Wasserturm mit Wasserschloss, 5 Werkanbauten, 6 Abwasserkanäle.

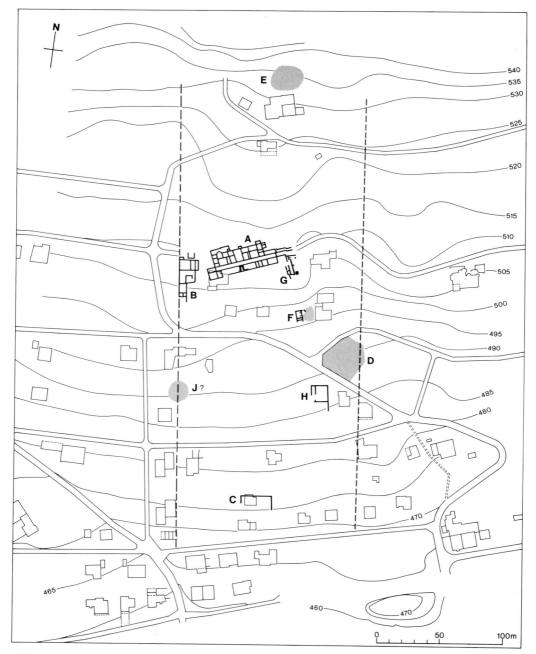

Abb. 354 Buchs. Gutshof. A Herrenhaus, B Wohn- und Ökonomiegebäude, C, F, H Wohngebäude, D, J Spuren von Gebäuden, E Tempel (?), G Badegebäude.

Abb. 355 Buchs. Gutshof. Herrenhaus. Panneaumalerei in der Kryptoportikus nach der Freilegung 1973.

m gross. Schon der 1. Steinbau hatte, weil anstelle eines eingestürzten Gebäudes errichtet, eine Länge von 55 m und umfasste einen 38 × 10 m grossen Wohntrakt sowie zwei Eckrisaliten und eine – zweigeschossige – Portikus. Die untere, die ▶ Kryptoportikus (1), hat man in der Folge mit einer weissgrundigen Panneaumalerei ausgestattet. Das Gebäude wurde in drei weiteren Bauetappen – vor allem im Wohntrakt – um- und ausgebaut: Im NW-Teil entstand eine Badeanlage (2), im NO-Teil ein mit Mosaiken und Hypokaust geschmücktes Raumensemble (3) und im Zentrum ein weiterer Hypokaustraum sowie ein durch eine Kanalheizung erwärmbares Zimmer. Vor die Mitte der Hauptfassade wurde eine Art Wasserturm (4), verbunden mit einem Nymphäum gebaut, von dessen Wasserbecken aus Granit ein Bruchstück zutage kam. Verschiedene Räume müssen aufgrund grosser Mengen von Überresten vollständig mit Boden-, Sockel- und Wandbelägen sowie Gesimselementen aus Juramarmor ausgestattet gewesen sein. Die Mosaiken sind nur in einem Kupferstich von 1759 dokumentiert (vgl VvGonzenbach 1961, 86 u Taf 27); von den Malereien sind noch grosse Teile der ▶ Ausmalung der Kryptoportikus (1) in situ erhalten und konserviert.

Das Nebengebäude B war, etwa 6 m W des Herrenhauses an die Hofmauer gebaut, ein in mehreren Bauetappen entstandenes Ensemble von einfachsten Wohn- und Wirtschaftsräumlichkeiten, Gebäude C ein wohl einräumiger Ökonomiebau. Die »Gebäude« D und E sind einstweilen bloss vermutet: D wegen einer sehr dichten Streuung von Leistenziegelfragmenten, E aufgrund der og Mitteilung von F. Keller. Gebäude F war nur noch in zwei Räumen und Ansätzen wohl einer talseitigen Portikus zu fassen. Der O-Teil des Gebäudes wurde durch einen Erdrutsch abgetragen. Gebäude G, ein mehrräumiges Badegebäude, wurde durch Rutschungen zerstört und durch Steinraub fast ganz abgetragen.

Das Gebäude H (13,5 × 13,5 m) war in den Fundamenten noch weitgehend erhalten und bestand aus Halle und W vorgestellter Portikus (B ca 2,20 m). Die S-wärts weiterführende Mauer könnte von einer Hofummauerung stammen.

Die Fundliste ist gross und vielfältig. Von der Bauausstattung des Herrenhauses sind ausser den schon erwähnten Elementen zu erwähnen: Bruchstücke von grossen Pfeilern und Gebälken aus Würenloser Muschelsandstein, Reste der 1759 freigelegten und in der Folge zerstörten Mosaikböden, Fragmente von Wandbelagsplatten aus einheimischem und aus dem Altmühltal W von Regensburg (!) antransportiertem Juramarmor, darunter Stücke mit Palmetten- und figürlichem Relief und mit Eierstabmotiven sowie Wandungsscherben von zwei diagonal kannelierten Ziervasen aus Carraramarmor. Aus dem Herrenhaus und den anderen Bauten konnten ausserdem Zubehörteile wie Türscharniere und Schlüssel, Werkzeuge, auch Pferdehufschuhe, Schmuck, viel Keramik, darunter Terra sigillata und zwei Tonlampen des ausgehenden 1. Jh sichergestellt werden.

Die Münzen reichen von rund 30 bis 388(!). Der Gutshof dürfte demnach um 30 gegründet worden sein. Als eines der ersten Gebäude entstand wohl der Vorgängerbau des Herrenhauses als kleine »Hallenvilla« mit Portikus, die offenbar im ausgehenden 1. Jh infolge eines Erdrutsches zusammenstürzte. Das alsdann etwas weiter hangwärts neu erbaute Herrenhaus scheint bis um 390 genutzt worden zu sein.

Ao: SLM Zürich
Lit: FKeller 1864, 87 ff – WDrack, Die römische Kryptoportikus von Buchs ZH und ihre Wandmalerei, AFS 7, 1976 (m. ält. Lit) – WDrack ua, Römische Wandmalerei aus der Schweiz (Ausstellungskatalog), Feldmeilen 1986, 39 f – PKessler, Buchs, JbSGU 69, 1986, 266

Bülach ZH

Alte Burg

Etwa 2,5 km NNW Bülach umfliesst die Glatt eine ca 50 m aufragende, halbinselartig nach W vorspringende Geländekuppe (Mangoldsburg). Sie ist auf der N-Seite durch ein Graben-Wall-Graben-System gesichert und war es offenbar auch auf der O-Seite, wo sich seit 1865 der Bahneinschnitt findet. Obwohl der längliche Hügel seit der Mitte des 19. Jh bekannt ist, waren nie Kleinfunde von dort gemeldet worden. 1986 wurden nun ca zwei Dutzend spätröm Münzen des 3. und 4. Jh, Bronzeobjekte, ua ein Satyranhänger und eine Schnalle, sowie Eisenwerkzeuge gefunden. Vermutlich stand auf der Kuppe ein hölzerner Turm zur Überwachung der O vorbeiführenden Verbindungsstrasse zwischen Rhein und *Turicum*/Zürich.

Ao: SLM Zürich
Lit: FKeller, Helvetische Denkmäler, MAGZ 16, 1869, 76 ff – JUtzinger, Die »Alte Burg« bei Bülach, ASA 1876, 684

Bussnang TG

Brückenpfähle

Bei Hochwasser wurden 1979 bei Koord 724280/268810 an die 25 Eichenpfähle in etwa 3 m Tiefe unter Terrain freigespült. Die Pfähle waren in drei zur Thur parallelen Reihen innerhalb einer Fläche von ca 6 × 3,50 m in den Grund gerammt, hatten demnach offensichtlich ein Brückenjoch gebildet. Sie wurden allesamt herausgerissen. Zwei der Pfähle wiesen kegelförmige Eisenschuhe auf. Die dendrochronologische Analyse ergab ein Fälldatum von 124 nChr. (Frdl Mitteilung von lic. phil. J. Bürgi, Frauenfeld).

Ao: Amt für Archäologie Kanton Thurgau, Frauenfeld

Carouge GE

Grabinschrift

Der im März 1805 an der Stelle der ehem Arvebrücke in Carouge entdeckte ▶ Grabaltar mit der

Inschrift für *Decimus Iulius Modestinus* ist in der Sakristei der Kirche Ste-Croix in Carouge aufgestellt.
Lit: GWalser (I) 1979, 24

Castelmur → Bondo   GR

Castiel   GR

Spätröm befestigte Fluchtburg
Abb 356

Castiel liegt etwa 6 km SO Chur auf rund 1200 m üM an der Strasse ins Schanfigg. Am W-Ende des Dorfes steht die Kirche – am O-Fuss des Carschlingg-Hügels.
Im Rahmen einer umfassenden Rettungsgrabung 1975–1977 wurden auf dem 80 × 20 bzw 30 m grossen, oben planen Hügel die Überreste einer spätröm Siedlungsanlage entdeckt. Sie war durch eine rundum auf die Hügelkante gestellte, etwa 80 cm breite Mauer und einen auf die leicht überhöhte O-Kuppe und rittlings der Mauer erbauten »Turm« geschützt. Dieser Wehrbau hatte gleich starkes Mauerwerk und einen trapezoiden Grundriss. In den N- und S-Randzonen konnten die Standorte und zT auch je die bergseitigen Mauern von über einem Dutzend Hausbauten gefasst werden. Ihr Grundriss war im Durchschnitt 4,50 × 5,50 m gross. In den meisten Häusern fanden sich mit Steinen gefasste und unterbaute Herdstellen. – Im 6. Jh wurde das Hügelplateau erneut befestigt. An Einzelobjekten konnten sichergestellt werden: Äxte, Hämmer, Meissel und eine Sichel sowie Gürtelschnallen, alles aus Eisen, Arm- und Fingerringe aus Bronze und viel Keramik: wenig Gebrauchsware, darun-

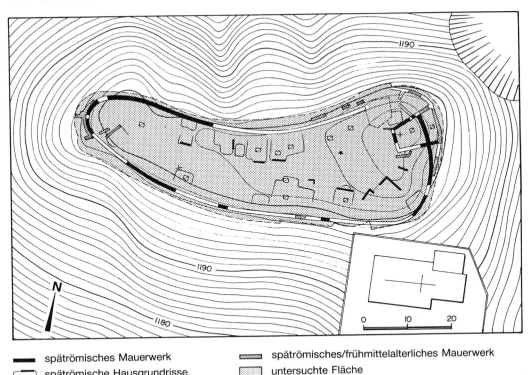

Abb. 356 Castiel. *Spätröm befestigte Fluchtburg.*

ter sog. Argonnensigillata und gelb- und grünglasierte Reibschalen, besonders aber Laveztöpfe. Von den fünf röm Münzen stammen zwei von 118 bis 161, drei von 260 bis 268.
Koord: 765000/189800
Ao: RM Chur
Lit: ChrZindel, Vorbemerkungen zur spätrömisch-frühmittelalterlichen Anlage von Castiel/Carschlingg, AS 2, 1979, 109 ff – UClavadetscher, Die Fluchtsiedlung von Castiel/Carschlingg, Terra Grischuna, SA August 1985, 26 ff (m.ält.Lit) – JRageth 1986, 84 ff

Chancy GE

Spätröm Kastell

Beim Rhonedurchbruch im Bois de Crévasses 1 km S von Chancy wurde offenbar in zwei Bauetappen – die zweite spätestens unter Valentinian I. (364–375) – auf der exponierten Terrasse Koord 421450/110650 anstelle eines Gutshofes ein Kastell errichtet. Leider erfolgten die von L. Blondel geleiteten Untersuchungen in den zwanziger Jahren mit unzureichenden Mitteln, so dass der von ihm 1929 veröffentlichte und 1961/62 auf Veranlassung von R. Laur-Belart neu gezeichnete Plan weitgehend auf Hypothesen beruht. Die Ruine ist noch vorhanden und kann daher jederzeit neu untersucht werden.
Ao: MAH Genf
Lit: LBlondel, La villa romaine et le castrum de Montagny-Chancy, Genava 7, 1929, 138 ff

Chavannes-le-Chêne VD

Steinbruch

Im Tälchen zwischen Chavannes und Arrisoules, in der Flur En Champ Lony, bei Koord 550040/182140, wurde 1943 ein röm Steinbruch mit begonnenen Abschrotungen von Mühlsteinen entdeckt und anschliessend sichtbar gehalten.
Lit: LBosset, Chavannes-le-Chêne VD. Une nécropole burgonde dans une ancienne carrière romaine. US 7, 1943, 35 ff – JbSGU 34, 1943, 71.

Cheseaux → Morrens VD

Chur GR

CURIA
Abb 300, 357–359, Tafel 8, 23b

Das weite Churer Becken des Alpenrheintals war seit alters deswegen von grosser Bedeutung, weil dort alle von N her nach S führenden Verkehrsachsen zusammenlaufen und von dort aus zu den verschiedenen Pässen weiterziehen. Zudem beginnt im Churer Kessel die wichtige längsalpine Route über Oberalp- und Furkapass ins Wallis und zum Genfersee. Diese einzigartige verkehrsgeographische Situation war ausschlaggebend für die Gründung des röm Verwaltungszentrums an einem offenbar schon bestehenden Ort *Curia*. Den Siedlungskern bildete eine wohl im Gefolge des Alpenfeldzuges von 15 vChr angelegte militärische Etappenstation – sei es im Gebiet Welschdörfli, sei es auf dem Hof.
Im 19. Jh kamen bereits im Welschdörfli und beim Landsitz zur Biene Funde und Baureste zutage. 1902 erfasste man in einer ersten eigentlichen Ausgrabung die Baureste der öffentlichen Thermen von *Curia*. 1935 fand man am N-Hang des Pizokels ein kugeliges Bronzegefäss mit 46 Münzen der Zeit von 337–351, und 1939 eine zweihenklige Silbertasse des 2. Jh, sehr viel Keramik und vier Münzen aus dem 1., 3. und 4. Jh (2). Die wichtigsten Aufschlüsse erbrachten aber erst die von 1962 bis 1974 wegen zahlreicher Neubauvorhaben durchgeführten Rettungsgrabungen.

Der Vicus (Abb 357). Der heute bekannte Plan des röm Vicus *Curia* ist ein relativ bescheidener Ausschnitt aus dem auf rund 1 km² aufgrund von entsprechenden Funden geschätzten Siedlungsgebiet. Die durch Ausgrabungen erschlossene Fläche ist rund 250 × 100 m gross. Die Siedlung scheint S der röm Talstrasse angelegt worden zu sein, deren Trassee 1963, 1967 und 1970 rund 600 m W der Gebäudegruppen 1–10 direkt N und in einer Distanz von etwa 100 m N der Kasernenstr festgestellt werden konnte – wo auch die im frühen 19. Jh entdeckten Baureste beim Landhaus zur Biene lokalisiert werden dürfen.

Während innerhalb des ausgegrabenen Ortsteils keine eindeutige W-O-Achse auszumachen ist, scheinen sich rechtwinklig zur Talstrasse verlaufende Querstrassen abzuzeichnen.
Anfänglich bestand die Siedlung offensichtlich aus Holzbauten. Von der Mitte des 1. Jh an wurden mehr und mehr Massivbauten aus Stein und Mörtel errichtet. Die meisten untersuchten Bauten stammen aus dem 2. Jh. Im 3. Jh scheint mehr um- als neugebaut worden zu sein.
Von den im 19. Jh entdeckten Gebäuderesten sind leider keine Grundrisse bekannt, und die 1902 gezeichneten Aufnahmen vermitteln nur ein sehr allgemeines Bild.
Ein wichtiger Gebäudekomplex (1) stand am O-Ende des Vicus, wo die röm Strasse nach Überquerung der Plessur die Siedlung erreichte und zum Aufstieg auf die Lenzerheide Richtung Julier ansetzte. Das Gebäude-Ensemble umfasste mehrere in verschiedenen Etappen entstandene Bauten. Im Zentrum befand sich ein mehrräumiges, zT ausgemaltes Bad (ca 15 × 8 m) mit 4–5 Räumen, mindestens drei davon hypokaustiert. Der O-Flügel (ca 33 × 20 m) war ebenfalls mehrräumig. Die Hauptfassade war wohl nach O, zur Julierstrasse (12) hin orientiert. Der W-Flügel bestand aus einer Halle und zwei Räumen im S. Lage, Größe und Anordnung dieser Baugruppe lassen auf eine Herberge (*mansio*) schliessen.
Im W-Teil des Vicus scheinen mehrere Bauten (7–10) um einen offenbar zT mit Mörtelbelag versehenen Platz (ca 30/35 × 50/60 m) gruppiert gewesen zu sein. Auf der W-Seite lagen erst die in den Randzonen erfassten Überreste einer recht regelmässig in grössere und kleinere Räume unterteilten Bauanlage (56 × 40 m; 9,10). Ihr O-Trakt war im Endausbau über 70 m lang! In spätröm Zeit wurde der ansehnliche Baukomplex durch Anbauten (8) nach SO hin erweitert. Wandmalereireste mit Rosettenmustern aus dem NW-Sektor bezeugen eine mindestens zT sorgfältige Ausstattung. Zweifellos stammten diese Baureste von einer grösseren Anlage der öffentlichen Verwaltung.
Eine Thermenanlage (7) stand auf der O-Seite des Platzes. Die diesem zugekehrte Hauptfassade war durch vier Apsiden monumental gegliedert, und der im Vollausbau 39 × 16 bzw 20 m grosse Baukörper umfasste gegen zehn Räume. Davon

wiesen vier Räume Hypokaustanlagen auf, ein weiterer hatte Kanalheizung. Das Frischwasser wurde in einer Tonröhrenleitung von SO her zugeführt. Etwa 25 m SO der Thermen müssen anfänglich, vielleicht im Zusammenhang mit dem Kaiserkult, vier Altäre gestanden haben, wie vier von W nach O im Abstand von je ca 1 m nebeneinander gestellte Sockel und ein daneben entdecktes Marmorfragment mit der Inschrift des *Lucius Caesar*, Sohn des Augustus, vermuten lassen. Diese Anlage wurde spätestens im 2. Jh durch einen – im Endausbau – fast quadratischen »Doppelsaalbau« (16 × 17 m; 6) ersetzt. Im 3. Jh erfolgte dort der Einbau von zwei Kanalheizungen, und wohl im ausgehenden 4. oder 5. Jh einer halbrunden Priesterbank(?), so daß HR. Sennhauser hier die für die spätröm Ära bezeugte Kirche St. Peter lokalisieren möchte. Der Anbau vor der SW-Ecke dürfte im Frühmittelalter entstanden sein.
Die nach O folgenden Gebäude (5–2) waren auffällig kleiner dimensioniert und alle in die gleiche Richtung orientiert: Die »Gruppe 5«, ein »Konglomerat« aus zwei verschieden orientierten, allmählich zusammengewachsenen Baukörpern, hatte im NW einen grossen hypokaustierten Raum. Gruppe 4 setzt sich aus Überresten von drei durch Dachwassergräben getrennten Hauseinheiten zusammen, deren S-Enden derzeit unzugänglich und deren N-Partien durch Industriebauten zerstört sind. Nach Ausweis einer Hypokaustheizung im Mittelbau (B 11 m) sowie mehrerer Herdstellen und Schlackennester wurde in diesen Häusern gewohnt und gewerkt. Die »Gruppe« 2/3 fällt durch ihre recht gleichmässige Organisation auf: Ursprünglich standen drei durch Dachwassergräben getrennte Einraumbauten nebeneinander. Während der mittlere so weiter verblieb, wurde der W-Bau (3) durch Installierung eines Hypokausts und Vorsetzen weiterer Räume auf der N-Seite und ▶ der O-Bau durch Anfügen eines zweiten Raumes im S und die Ausgestaltung mit Wandmalereien aus figürlichen Motiven komfortabler ausgestaltet.
Von einem gewissen Wohlstand in diesem Haus zeugen ausser Schmuckobjekten, verschiedenartigsten Keramik- und Glasresten sowie Werkzeugen, wie sie auch in anderen Bauruinen gefunden wurden, besonders zwei Bronzestatuetten von

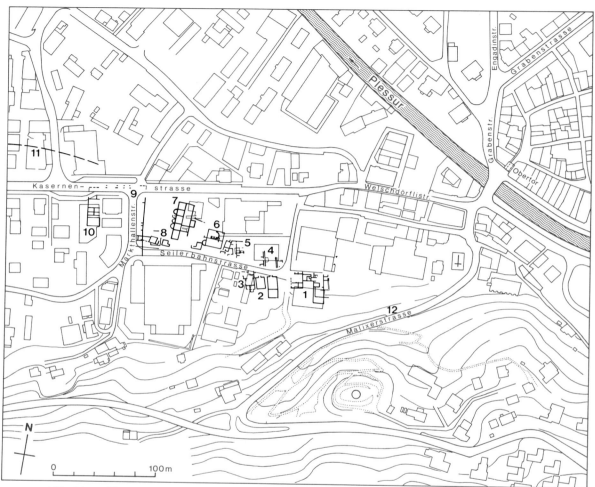

Abb. 357 Chur/Curia. Welschdörfli. Vicus. 1 Mansio (?), 2 Wohnhäuser (in Schutzbau), 3–5, 8 Wohn- und Gewerbebauten, 6, 9, 10 öffentliche Bauten, 7 öffentliche Thermen, 11 röm Strasse nach dem Julier.

Diana und Merkur. (Die beiden Bauten 2 sind in einem Schutzbau zugänglich.) Die Blütezeit des Vicus von *Curia* fiel ins ausgehende 1., 2. und frühe 3. Jh. In der zweiten Hälfte des 3. Jh trat infolge ständig neuer Kriege und Wirren an den Grenzen und im Innern des Reiches, besonders aber wegen der vielen Alamanneneinfälle eine Stagnation ein. Zur Zeit des Probus (275/276) scheint sich gar eine Katastrophe ereignet zu haben. Damals brach die Münzreihe im Welschdörfli ab und setzte sich erst im 4. Jh wieder fort.

Friedhöfe müssen entlang der Hauptausfallstrassen nach W und N angelegt gewesen sein. So sind Gräber NW der Thermen bzw S der röm Strasse entdeckt worden und – spätröm Grabreste im Bereich von St. Regula bzw an der Strasse nach N.

Das Kastell (Abb 358). Spätestens im 4. Jh muss angesichts der wachsenden Unsicherheit – wohl

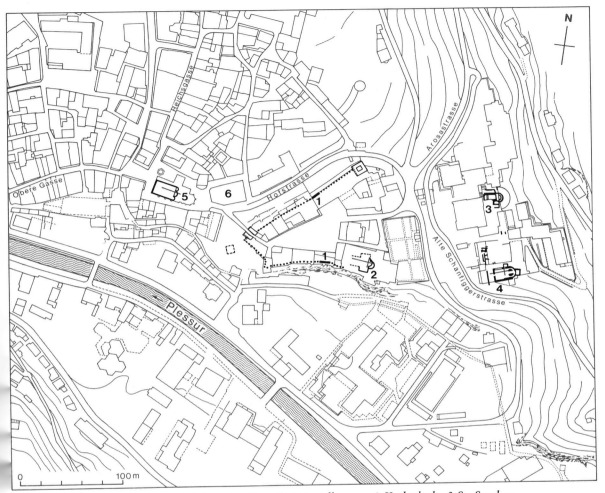

Abb. 358 Chur/Curia. Hof. Spätröm Kastell. 1 Kastellmauer, 2 Kathedrale, 3 St. Stephan, 4 St. Luzius, 5 St. Martin, 6 Rätisches Museum.

zur gleichen Zeit wie im nahen → Schaan FL unter Valentinian I. (364–375) – auf dem »Hof« ein Kastell (1) erbaut worden sein. Davon konnten bislang nur einige wenige Baureste N des Turmes der Kathedrale und im ehem Domschulhaus gefasst werden, und selbst spätröm Münzen sind einstweilen von dort noch unbekannt. Um so eindrücklicher sind die auf dem Hof und O davon entdeckten frühchristlichen Anlagen.
Fundamentreste einer ersten, spätröm (?) Saalkirche mit halbkreisförmiger Chorapsis und den S-Flügel eines Querhauses oder S-Annexes wurden 1921 im Baugrund der Kathedrale (2) entdeckt. Der zugehörige, mit Asinio, dem 451 ersterwähnten Bischof von Chur, in Zusammenhang gebrachte Altar ward in der Nachfolgekirche des dritten Viertels des 8. Jh wiederverwendet.
▶ Eine Grabkammer (3), die ebenfalls in spätröm Zeit zurückreicht, kam 1851 beim Bau der Kantonsschule, rund 200 m NO der Kathedrale, am

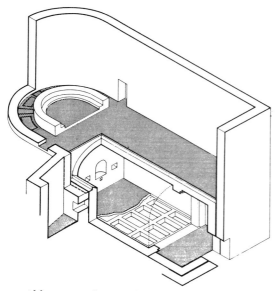

Abb. 359 Chur/Curia. St. Stephan. Grabkammer und Kirche mit Priesterbank (isometrische Rekonstruktion).

Standort der 1622 abgebrochenen Kirche St. Stephan, zutage, wurde jedoch erst 1955–1957 untersucht. Der eingetiefte, langrechteckige Raum war 7,15 × 4,55 m weit und 4,25 m hoch und tonnenüberwölbt. In der O-Wand sind zwei Lichtnischen beidseits einer Apsidiole (1,12 × 1,28 × 0,78 m), und unter dieser ist ein Reliquien-Stollen (T 0,68 m). Ein Bogen hatte vom Hauptraum einen kleineren W-Teil abgetrennt. Die Kammer war ehemals verputzt, weiss getüncht und poliert. Auf der Höhe des Tonnenansatzes zog sich ein in Kreise und Rauten gegliederter, Marmorinkrustationen imitierender Fries hin, während das Gewölbe mit einer Netzwerkmalerei aus Weinranken und Vögeln überzogen war. Die O-Wand zeigte links und rechts der Apsidiole grössere Figuren (Apostel?) und – an der Apsidiolenwand – Reste eines nachträglich eingebauten Mosaiks. – Im Boden der Hauptkammer fanden sich zehn planmässig angelegte, sarkophagähnlich gemauerte Grabzellen, im Vorraum nur drei nacheinander und unabhängig voneinander eingebaut. Dieses Hypogäum war offenbar die im 5. Jh geschaffene Grablege der Churer Bischöfe. ▶ Die Grabkammer ist seit 1957 konserviert und zugänglich. Um 500 entstand axial über dieser Gruft die Kirche St. Stephan, ein Apsidensaal mit seitlichen Annexen, wovon der talseitige bis auf das Bodenniveau der Grabkammer eingetieft wurde. Das Schiff ging ohne Einzug in die Apsis über. Der W-Abschluss fehlt. Parallel zu den Apsiswänden fand sich eine Mauer als Abschluss eines Podiums (Priesterbank?; B 1,20 m). Darum herum war ein feines Kieselstein-Mosaik verlegt, bestehend aus vier symmetrisch angeordneten Feldern, aber mit je verschiedenen Rapporten. Aus der Gesamtanlage stammen zahlreiche Architekturstücke, vor allem von einem figürlichen Relief und von Flechtbandmotiven.

Die Grabkammer war am N-Rand eines grösseren Friedhofes erbaut worden. Eine noch ältere derartige Anlage (4) muss sich etwa 100 m weiter S im Hang des Mittenberges oberhalb der Schanfiggerstrasse befunden haben. Über jener Gruft war dann die St.-Andreas-Kirche errichtet worden. In karolingischer Zeit hat man Gruft und Kirche durch den Neubau von St. Luzi mit der Ringkrypta zur Beisetzung der Gebeine des hl. Luzius ersetzt.

Ao: RM Chur, SLM Zürich
Lit: HRSennhauser, in: Vorromanische Kirchenbauten, München 1966–1971, 53 ff (m. ält. Lit) – CZindel, Ein altes Strassenstück bei Chur, Strasse u Verkehr 6/1971, 204 ff – WSulser u HClaussen, Sankt Stephan in Chur, Zürich 1978 – EEttlinger, Römerzeitliche Funde aus Graubünden, in: Rätisches Museum, Chur 1979, 60 ff – BOverbeck (u LPauli) 1982, 34 ff (m. ält. Lit) – HLieb, Die Bistümer der Raetia prima und secunda, Montfort 38, 1986, 121 ff – ASiegfried-Weiss ua, Archäologischer Beitrag zum Formationsprozess des frühmittelalterlichen Churrätiens, in: Geschichte und Kultur Churrätiens/Festschr P. Iso Müller OSB, Disentis 1986, 1 ff

Colombier NE

Gutshof
Abb 360

Im O-Hang des Schlosshügels wurden gegen Ende des 18. Jh bei Bauarbeiten röm Baureste entdeckt, doch kam es erst 1840–1842 zu einer

Ausgrabung und ▶ anschliessender Konservierung besterhaltener Mauerabschnitte. Nach weiteren zufälligen Entdeckungen erfolgte 1982 eine umfassende Untersuchung des Ruinenfeldes. Die heute bekannten Baureste überziehen eine Fläche von etwa 135 × 170 m – ohne die ca 15 bzw 160 m noch weiter im O liegenden Spuren von Nebengebäuden.
Das Hauptgebäude stand auf der nachmaligen Schlossterrasse – die Hauptfassade nach O, dh auf die Bucht von Colombier bzw den O-Teil des Neuenburgersees orientiert. Den Kernbau bildete ein ca 69 × 21 m grosser Trakt mit den Wohnräumen. Vor seiner W-Front zog sich eine Portikus hin, vor der Hauptfassade im O aber hatte man eine zweigeschossige Portikusanlage zwischen zwei vorspringende und seitlich auskragende Risaliten gebaut. Die untere, die Kryptoportikus, wies eine mit vier Säulen ausgestattete Arkade vor einem zweiläufigen Treppenaufgang auf. Später wurden die Risalite im Rahmen eines Terrassenbaus gegen die Mittelachse hin vergrössert, und auf der W-Seite entstanden – symmetrisch auf die Mittelachse bezogen – in mehreren Bauphasen zwei ca 22 m auseinander liegende Raumfluchten, die schlussendlich ein grosses zweiteiliges Peristyl umschlossen.
Im S-Flügel dieser Peristylanlage befand sich ein mehrräumiges Bad.

Ein noch grösseres Bad (22 × 17 m) entstand SO unterhalb des Hauptgebäudes als eigener Bau.
An Ausstattungsstücken liegen vor: Vier tuskische Säulen aus Marmor, leider nicht am alten Standort aufgestellt, ein Kapitell, eine Säulenbasis und ein muschelförmiges Becken aus Juramarmor, Fragmente von Wandplatten und Gesimsen aus gleichem Material sowie von Mosaiken und Wandmalereien.
Ao: MCA Neuchâtel
Lit: WWavre, Ruines romaines à Colombier, Musée Neuchâtelois 1905, 153 ff – ASA 1908, 173 – JbSGU 1, 1908, 90 – ebda 5, 1912, 168 – DVouga, Préhistoire du pays de Neuchâtel, Neuchâtel 1943, 158 ff – WDrack 1950, 66 – VvGonzenbach 1961, 94 f – RDegen 1970, 356 ff – PhRibaux u GDe Boe, La villa de Colombier. Fouilles récentes et nouvelle évaluation, AS 7, 1984, 2, 79 ff

Commugny VD

Palastartiges Herrenhaus
Tafel 1

Im Bereich von Kirche und Pfarrhaus sowie im O davon gelegenen Friedhof ausgedehnte Überreste eines palastartigen Herrenhauses, einer Villa urbana, von minimal 90 × 60 m Ausdehnung, leider erst bei gelegentlichen Bauarbeiten 1904, 1919, 1931/32, 1952–1956 und 1970–1972 gefasst. ▶ Mauerreste im Pfarrhauskeller sichtbar. Die derzeit bekannten Baureste lassen auf ein fast quadratisches Gebäude (ca 50 × 45 m) mit zwei Raumfluchten im W und O und einer Art Peristyl im Zentrum schliessen. Vor der W-Front – bergseits – lag eine gerade Portikus, vor der O-Seite – tal- bzw seewärts – muss sich zwischen zwei grossen, seitlich weit vorgezogenen Risaliten eine mit zwei zentralen Exedren ausgestattete, hufeisenförmige Portikus (oder ein Peristyl?) befunden haben. Von der Ausstattung zeugen vor allem Reste von schwarz-weissen Mosaiken des 2. Jh und zahlreiche Überreste von verschiedenen Wandmalereien.
In der talseitigen Portikus waren die Wände rotgrundig und durch weisse Farbbänder in rechteckige Panneaux gegliedert, die Exedrenpilaster

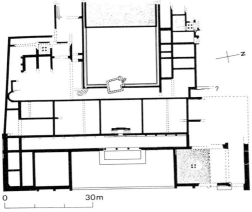

Abb. 360 *Colombier. Gutshof. Herrenhaus.*

aber durchgehend weiss. Der Sockel zeigte eine Marmorimitation aus kurzen weissen, roten und schwarzen Pinselstrichen. Aus Räumen des darüber liegenden Geschosses fanden sich zahlreiche Bruchstücke auf dem Portikusboden. Sie stammen von schwarz-, rot- und gelbgrundigen Wänden, die durch senkrechte, aus Blättern, Blüten und Früchten gebildete »Blumensäulen«, aber offenbar auch durch ägyptisierende Säulen gegliedert und mit Girlanden dekoriert waren. Diese Ausmalung zeigte alle Charakteristiken des dritten pompejanischen Stils der ersten Hälfte des 1. Jh nChr.

Das Herrenhaus von Commugny muss von 20/30 nChr an schrittweise erbaut und im Laufe des 4. Jh aufgegeben worden sein.

Ao: MCAH Lausanne

Lit: ASA 1904, 179 – Germania 1918, 38 – Revue hist. vaud. 1920, 216 f – JbSGU 23, 1931, 64 – ebda 28, 1936, 69 – ebda 30, 1938, 106 – Pro Alesia NS 18–20, 1936, 116 – WDrack 1950, 66 ff – VvGonzenbach 1961, 95 f – RDegen 1970, III, 433 – HChâtelain, La villa romaine de Commugny, HA 26, 7/1976, 39 ff

Concise VD

Steinbruch
Abb 162, 361

1909 entdeckte V.-H. Bourgeois 700 m NO der ehemaligen Kartause La Lance, auf der Flur La Raisse, zT noch auf die Flur Les Faverges übergreifend, bei Koord 547150/190250, einen röm Steinbruch mit Schrotgräben und Keillöcherreihen für grosse Blöcke usw. ▶ 1970 erfolgte eine grössere Freilegung der röm Abbauspuren.

Lit: V-HBourgeois, La carrière romaine de la Lance près Concise, ASA 11, 1909, 215 ff – ALambert u EMeyer 1973, 43 (m.ält.Lit)

Cressier NE

Zwei Weiheinschriften

Im Sitzungssaal des Gemeindehauses Cressier sind ▶ zwei Weihealtäre aus Jurakalk aufgestellt.

Abb. 361 Concise. Röm Steinbruch. Abbauspuren.

Der eine, 1828 in der Kirche St-Martin gefundene Altar wurde von einem *Titus Frontinius Genialis* an Mars gestiftet (HM 187), der andere, 1608 bei Neuenstadt BE entdeckte von einem *Titus Frontinius Hibernus* an Naria Nousantia (HM 188).

Lit: GWalser (II) 1980, 114 bzw 115

Crissier VD

Palastartiges Herrenhaus

Die seit 1813 immer wieder durch Zufallsfunde bei Ackerarbeiten bekannt gewordenen röm Baureste auf der Flur Montassé, 125 m über dem Genfersee, konnten in den Jahren 1980–1982 im Zuge von Rettungsgrabungen wenigstens noch in Teilen gefasst werden. Hierbei zeigte es sich, dass der seinerzeitige palastartige Bau eine Breite von 25 bzw 50 m und eine Länge von mindestens 100 m gehabt haben muss. Die Wohnräume waren in einem 15 m breiten Längstrakt aufgereiht. Vor der SW-Fassade zog sich eine lange, durchgehende Portikus hin, und beidseits der Front waren risalitartige Flügelbauten angesetzt – wovon allerdings nur noch der vor der SO-Ecke zu fassen war. Im Bereich dieser SO-Ecke fand sich zudem ein 1,60 m tiefer Keller (6,5 × 6,5 m), dessen Wände mit Molassesandsteinblöcken ausgefüttert waren. Bei der O-Ecke mündete eine Molassesandsteinen gebildete Treppe ein. In der dortigen NO-Mauer fanden sich negative Spuren eines hölzernen Türgerichtes, und im Zentrum des Kellers stand noch ein Molassesandsteinsockel für einen Tragpfosten.

Unter den Einzelfunden sind ausser Keramik besonders erwähnenswert eine Säule mit Basis aus Juramarmor und ein kleines Relief aus Molassesandstein, eine Muttergöttin darstellend.

Ao: MCAH Lausanne

Lit: DViollier 1927, 139 – RDegen 1970, 434 – CRapin, Villas romaines des environs de Lausanne, Etudes de Lettres, Université de Lausanne No. 1, 1982, 29 ff, bes 39 ff

Cuarnens VD

Gutshof

Bei landwirtschaftlichen Planierarbeiten 1974 kamen Baureste vom Herrenhaus eines Gutshofs zum Vorschein, doch konnte davon nur noch der W-Flügel mit den Baderäumen untersucht werden.

N von zwei rechtwinklig zueinander gelegenen langrechteckigen Räumen, wovon der längere als Portikus angesprochen wird, fand sich ein grösserer hypokaustierter und apsidial schliessender Raum. O der sog Portikus lag die Badeanlage, bestehend aus Umkleideraum/Kaltbad (*apodyterium/frigidarium*) mit Wasserbassin sowie den drei hypokaustierten Räumen: Lauwarmbad (*tepidarium*), Warmbad (*caldarium*) und Schwitzbad (*sudatorium*).

Im grossen Apsidenraum konnten zahlreiche weisse und graue Mosaiksteinchen sichergestellt werden. Im übrigen beschränken sich die Kleinfunde auf wenig zahlreiche Überreste von Terra sigillata, Terra sigillata-Imitation und Gebrauchsware. Danach wäre dieses Herrenhaus in den Jahren 45/50 nChr erbaut und um die Mitte des 3. Jh aufgelassen worden.

Lit: HFelka u FLoi Zedda, La villa gallo-romaine de Cuarnens, Etudes de Lettres, Université de Lausanne, no 1, 1982, 49 ff

Dagmersellen LU

Säule und Säulenbasis

Im Bereich der Höfe Lerchensand und Schattrüti NO von Dagmersellen sind seit dem frühen 19. Jh die Baureste eines Gutshof-Herrenhauses bekannt. 1837 erfolgten erste Grabungen, und 1906 unternahm das Schweiz. Landesmuseum Zürich Untersuchungen. Ausser Ziegel- und Keramikfragmenten, Münzen und einer Venus-Terrakotta kamen Säulenreste zutage.

Im Haus Vers. Nr. 194 auf Lerchensand sind ▶ die Hälften einer Säule als Ecksteine eingemauert, und im Garten des Hauses Vers. Nr. 285 an der Oberen Kirchfeldstrasse steht ▶ eine Säulenbasis.

Ao: SLM Zürich

Lit: MWandeler, Luzern Stadt und Land in römischer Zeit, Luzern 1968, 51 ff (m.ält.Lit) – RClerici, Die Venus von Dagmersellen, HA 15, 1984 (57–60), 139 ff

Develier JU

Gutshof

Auf Les Maichières NO des Dorfes wurden 1840 röm Baureste entdeckt und 1841–1844 unter Leitung von Auguste Quiquerez ausgegraben.

Die bislang ausgemachten Baureste liegen innerhalb eines sich in einer Breite von ca 250 m über eine Länge von minimal 550 m über den Berghang erstreckenden Rechtecks, so dass auf einen längsaxialen Gutshof geschlossen werden darf, zumal dessen W-Grenze offensichtlich in einem Stück Hofmauer gefasst ist.

Das Hauptgebäude lag zuoberst im Hang und war nach SO zum Delsberger Becken orientiert. Es bestand aus einem rechteckigen Kernbau (30,50 × 20 m) und zwei Annexen auf den Schmalseiten. Der Kernbau wies eine – wahrscheinlich später mit Wohnräumen ausgebaute – Halle und zwei Portiken auf: eine breitere bergseits und eine schmalere talwärts, die letztere links und rechts von den Annexen flankiert. Die breitere Portikus wies noch Reste von einer Ausmalung auf.

Das Badegebäude stand etwa 90 m S unterhalb des Herrenhauses an einem Bach. Es hatte mindestens sechs Räume. Davon war einer hypokaustiert und mit einer Halbrundnische für ein Labrum ausgestattet.
Von drei festgestellten Nebenbauten enthielt einer, ausser einem »Gussboden«, Mosaik- sowie Marmor- und Alabasterreste.
Ao: MJ Delémont
Lit: AQuiquerez, Notice hist. sur quelques Monuments de l'ancien évêché de Bâle, MAGZ, 2, 1844, 92 ff – WDrack 1950, 76 – RDegen 1970, 273 f – AGerster, Römische und merowingische Funde in Develier, HA 7/1976 (26), 30 ff

Dietikon ZH

Gutshof mit zwei Umgangstempeln
Abb 223, 362–364

Die an verschiedenen Orten im Gemeindebann Dietikon besonders seit 1846 beobachteten röm Baureste wurden bis 1983 als Teile eines Vicus gedeutet. Die 1984–1986 durchgeführten Rettungsgrabungen im Ortszentrum liessen dann erkennen, dass die Ruinen von einem grösseren Gutshof stammen. Möglicherweise gehörten dazu auch Bauten, von denen Mauerzüge im Gebiet »Basi« gefasst wurden, sowie wohl auch eine Ziegelei in der Flur Ziegelägerten.
Der engere Gutshofbezirk war eine SO-NW orientierte, längsaxiale, ummauerte Anlage von 210 m Breite und mindestens 600 m Länge. Das erst in Spuren gefasste Herrenhaus muss im SO gelegen haben, im Bereich der Urkirche. (O davon wurde beim Bahnhof ein Mosaikboden zerstört.) – Innerhalb des Wirtschaftshofes führten offensichtlich von zwei Toren aus zwei weit auseinander liegende, parallele Hauptwege zum Herrenhausbereich. Auf der Innenseite der beiden Längsmauern waren im Abstand von je ca 22 m kleinere Wohn-, Wirtschafts- und Werkgebäude (ca 10 × 10 m) aufgereiht. In den Wohnräumen fanden sich da und dort Herdstellen, in den Werkbauten Überreste von Dörr- und Räucheröfen; in einem Kleinbau gleich zwei im Innern und eine dritte Anlage ausserhalb. Im NW-

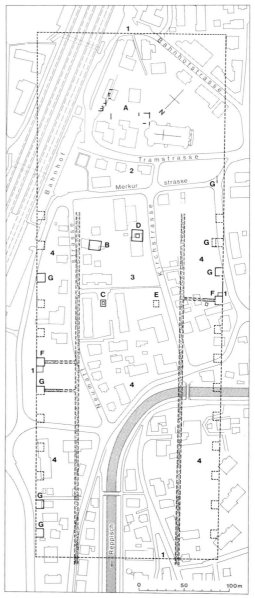

Abb. 362 Dietikon. Gutshof. 1 Äussere Hofmauer, 2 Herrenhaus-Anlage, 3 Tempelbezirk, 4 Wirtschaftshöfe. A Herrenhaus, B Nebengebäude, C gallo-röm Tempel I (1953), D gallo-röm Tempel II (1986), E vermuteter Tempel, F Wirtschaftsgebäude, G Wirtschafts- und Werkbauten.

Teil des Wirtschaftshofes scheint der kleine Reppischfluss genutzt worden zu sein.

Im SO-Hofteil standen zwei Umgangstempel. Der 1953 entdeckte Tempel I hatte 8,50 × 7,50 m Aussenmasse und eine 4 × 2,80 m grosse Cella. Drei Münzen und wenig Keramik stammen aus dem späten 1. bis Anf 3. Jh. Der 1986 untersuchte Tempel II war anfänglich ein Pfostenbau, bestehend aus einer Cella (3,80 × 3,60 m) und einem 9,10 × 8,80 m grossen Umgang, der später auf ca. 12,40 × 12 m vergrössert wurde. In der Cella war eine Opfergrube, die ausser Keramik 33 Münzen barg von der Mitte des 2. Jh bis ins 4. Jh, die meisten aus der Mitte des 3. Jh.

Lit: FKeller, Statistik, 93 f – KHeid, Die Römerzeit, Njbl Dietikon 1965, 13 f – WDrack, Dietikon: Kath. Kirche St. Agatha und Pfarrhaus, Röm Baureste, 8. Ber ZD 1975/76, 47 f – AZürcher, Dietikon, JbSGUF 69, 1986, 266 f

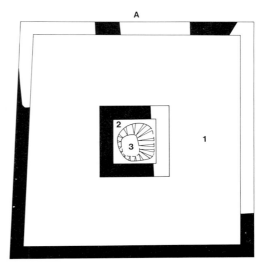

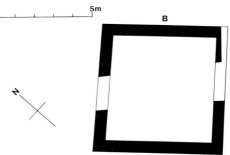

Abb. 364   Dietikon. Tempel II (2. Bauetappe). A Umgangstempel: 1 Umgang, 2 Cella, 3 Opfergrube. B Nebengebäude.

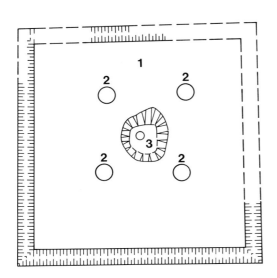

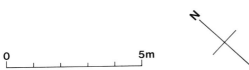

Abb. 363   Dietikon. Tempel II (1. Bauetappe). 1 Umgang, 2 Pfostenlöcher der Cellawand, 3 Opfergrube (?).

Dulliken   SO

Gutshof-Herrenhaus

Auf dem Wilberg in den Buchsäckern wurden schon im ausgehenden 19. Jh und 1903 wieder röm Baureste angegangen. Eugen Tatarinoff hat dann 1904/05 das Herrenhaus ausgegraben. Dieses Herrenhaus war im Endausbau ca. 56 × 29 m gross und nach N orientiert – mit Blick auf Aaretal und Jura. Der Kernbau bestand offensichtlich aus einer Halle (29 × 17,50 m), einem Wohntrakt (B 7 m) auf der O-Seite und einer

Portikus vor der N-Fassade. In späteren Bauphasen entstanden vor der NW-Ecke ein grosser Risalit und bei der NO-Ecke ein Badetrakt. Im Risalit waren zwei Räume hypokaustiert sowie mit Mosaiken und Wandmalereien ausgestattet. Auch im Badetrakt waren Hypokausten und Wandmalereien vorhanden. Während von den Mosaiken nur noch lose Würfelchen aus weissem Jurakalk zeugen, sind von den Malereien noch einige Fragmente aus verschiedenen Räumen vorhanden, die in die zweite Hälfte des 2. Jh zu datieren sind.
Nach den Münzen und den reichen Keramikfunden wurde die Anlage im frühen 1. Jh gegründet und um die Mitte des 3. Jh verlassen.
Ao: HM Olten
Lit: KMeisterhans, Aelteste Geschichte des Kantons Solothurn, Solothurn 1890, 64 – ASA 1903/04, 228 – ETatarinoff, Die I. u. II. Ausgrabungscampagne an der römischen Ansiedlung Wilburg bei Dulliken, Soloth.Tagblatt 1905 (Sa) – WDrack 1950, 77 f – VvGonzenbach 1961, 103 f – RDegen 1970, 381

Effingen/Unterbözberg   AG

Strassenspuren
Abb 365

Die röm Strasse *Augusta Raurica*/Augst – *Vindonissa* führte über den Bözberg und durch das Fricktal.
Im Jahre 1920 entdeckte R. Laur-Belart im Windisch(!)-Tal O oberhalb von Effingen bei Koord 651600/259650 ein ▶ Stück der aus dem Felsen herausgehauenen röm Strasse, das 1968 auf eine Länge von etwa 40 m freigelegt wurde und seither offen gehalten wird. Die bis 40 cm in den Fels eingetieften Rad- bzw Fahrrinnen liegen – von Mitte zu Mitte gemessen – 108–110 cm auseinander. Auch stufenartige Eintiefungen sind vorhanden. Bei Koord 650800/260250, rund 1 km O von Effingen, zweigte die Katzensteig-Strasse Richtung Aareübergang bei der Ruine Freudenau und von dort nach *Tenedo*/Zurzach ab. Auf der Höhe 592 (Rüti), rund 1,5 km W von Oberbözberg, wurden 1970 ebenfalls in den Fels eingetiefte, rund 110 cm auseinanderliegende Gleise festgestellt.

*Abb. 365   Effingen-Unterbözberg.
Aus dem Felsen gehauene Strasse.*

Lit: RLaur-Belart, Untersuchungen an der alten Bözbergstrasse, ASA 25, 1923, 13 ff – ders, Alte Strassen über den Bözberg, Brugger Njbl. 1971, 5 ff

Elgg   ZH

Mosaikfragment

Über der Haustüre des Ökonomiegebäudes Aadorferstr 5 ist ▶ das Fragment eines Mosaiks eingebaut, welches zu den im Schweiz. Landesmuseum in Zürich aufbewahrten Bruchstücken gehört, die 1833 im Gebiet O der Ref Kirche bei Bauarbeiten entdeckt worden waren.
Lit: VvGonzenbach 1961, 104 f (m.ält.Lit)

Entreroche → Orny/Eclépens   VD

Erschwil SO

Strassenspuren

Der Passwang muss seit alters ein wichtiger Übergang vom Birstal ins Mittelland gewesen sein. Deshalb ist es sehr wohl möglich, dass das um 1945 entdeckte Trassee eines Karrenweges mit in der Mitte stufenartigen Abarbeitungen und zwei seitlichen, ca 110 cm auseinanderliegenden Rad- bzw Fahrrinnen am S Hang der Titterten (Koord 609200/246150) in röm Zeit entstanden ist.
Lit: Jb.f.Solothurner Gesch, Bd 20, 1947, 96 ff – WReber, Zur Verkehrsgeographie und Geschichte der Pässe im östlichen Jura, Liestal 1970, 165 ff

Ersigen BE

Gutshof
Abb 366

Die auf dem Murrain rund 5 km NW von Burgdorf gelegenen, um 1900 innerhalb von Gebüschhecken zT noch halbmeterhohen Mauerzüge wurden 1939 als röm Baureste erkannt und im Rahmen der Vorarbeiten für den Nationalstrassenbau 1962 und 1963 untersucht.

Die damals noch vorhandenen Ruinen nahmen eine Fläche von etwa 60 × 110 m ein. Sie lagen auf der NW-Kuppe eines von SO nach NW leicht ansteigenden Moränenrückens (B ca 120 m, L 250 m) und waren entsprechend nach SO orientiert – mit Blick über den Wirtschaftshof zu den Berner Alpen.

Das grosse Herrenhaus A, im Endausbau ca 46,50 × 27 m gross, dürfte anfänglich ein einfacher Baukörper gewesen sein, umfassend einen ca 31 × 11,50 m grossen Quertrakt mit den Wohnräumen, eine gerade Portikus vor der NW-Front und eine hufeisenförmige, links und rechts von je einem Risalit flankierte, vor der SO-Hauptfassade. Der Bau wurde später um- und ausgebaut, insbesondere durch Anfügen von Seitenräumen und den Bau von grösseren Risaliten.

Das Badegebäude B entstand wahrscheinlich im Zusammenhang mit der Vergrösserung des Herrenhauses nach SW, ca 15 m von diesem entfernt. Der am Schluss rund 22 m lange, schmale Bau umfasste fünf in einer Flucht aufgereihte Räume, wovon der S-Raum in einer halbrunden Apsis schloss.

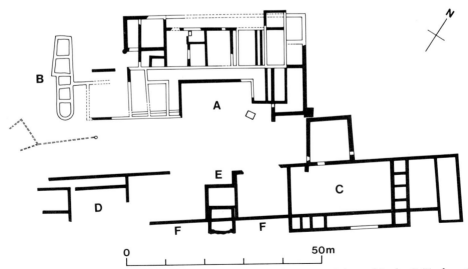

Abb. 366 Ersigen. Gutshof. A Herrenhaus, B Badegebäude, C, D Nebengebäude, E Torbau (?), F Trennmauer zwischen Villenbereich und Wirtschaftshof.

Ein Ökonomiebau von ca 12,50 m im Geviert stand O des O-Risaliten des Herrenhauses. Er musste – samt der »äusseren«, früheren Hofmauer – einer späteren Mauer und Neubauten weichen.

Der eine Neubau C wurde gleichzeitig mit einer näher ans Herrenhaus gerückten Hofmauer und an diese angelehnt errichtet. Er dürfte in zwei Bauphasen entstanden sein: Am Anfang war wohl ein einfacher Hallenbau mit Portikus, später durch portikusartige Annexe mit Wohnräumen erweitert. Das Haus war im Endausbau 17,50 × 31 m gross.

Der andere Neubau D war anscheinend ähnlich gross wie der erste und ebenfalls an die neue Hofmauer angelehnt, aber anders konzipiert.

Im Zuge mit der Errichtung der neuen Hofmauer scheinen je an deren SW- und NO-Ende bzw in die W- und N-Ecke des Wirtschaftshofes Ökonomiegebäude gestellt worden zu sein. Das in den Fundamenten am NO-Ende erhalten gebliebene war 17,50 × 6 m gross. Im Bereich zwischen diesen »Neubauten« muss die ältere Hofmauer (F) auch nach Errichtung der neuen beibehalten worden sein.

Die in der Mittelachse des Herrenhauses und gegen 20 m vor diesem aufgefundenen Baureste lassen auf zwei verschieden alte Toranlagen (E) schliessen: auf eine ältere, in die erste Hofmauer gebaute, und eine jüngere, zwischen den beiden Hofmauern errichtete. Ein Sodbrunnen kam ca 5 m S des Herrenhauses zutage. Er war 1,30 m weit und 7,80 m tief (unter röm Horizont) und ohne jede Wandsicherung: nur aus dem beinahe nagelfluhartig verfestigten Moränenmaterial herausgearbeiteter, zylindrischer Schacht.

Von der Ausstattung zeugten bloss Spuren einer Herdstelle im einen Raum bei der W-Ecke des Herrenhauses, Heizröhren- und Fensterglasfragmente aus der Nähe des Bades sowie geringste Wandmalereireste.

Die zahlreichen Kleinfunde, bronzene Schmuckstücke, eiserne Gegenstände, besonders aber die Keramik lassen den Schluss zu, dass der Gutshof auf dem Murrain kurz vor 50 nChr gegründet und bis an die Schwelle des 3. Jh genutzt wurde.

Lit: HGrütter u ABruckner, Der gallo-römische Gutshof auf dem Murain bei Ersigen, JbBHM Bern 45/46, 1965/66, 373 ff

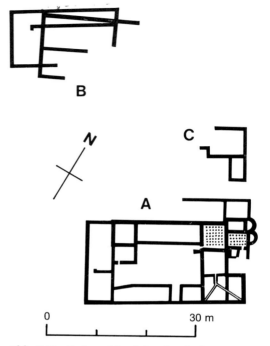

Abb. 367   Eschen. Nendeln. Gutshof. A Herrenhaus, B, C Nebengebäude.

Eschen   FL

Gutshof Nendeln
Abb 73, 367, 368

In Nendeln, in der Flur »Im Feld«, waren 1893–1896 Ausgrabungen durchgeführt worden. Obwohl ein Jahr danach veröffentlicht, geriet die Fundstelle in Vergessenheit, bis die röm Baureste 1973 bei Aushubarbeiten für einen Schulhausneubau neu angeschnitten wurden. Dies veranlasste Georg Malin zu Ausgrabungen vom Oktober 1973 bis Dezember 1974 und zur anschliessenden Konservierung. Die damals entdeckten Baureste lagen innerhalb eines Gebietes von ca 62 m Länge und 48 m Breite und stammten von einem Herrenhaus und zwei Nebengebäuden. Diese Bauten waren entlang einer SO-NW-Achse angelegt, die Nebengebäude eher im ebenen »Feld«, das Herrenhaus aber etwas überhöht

und die Hauptfassade nach NW orientiert – mit Blick über das Rheintal zum Alpstein-Gebirge hin.
▶ Das Herrenhaus A war im Endausbau 34,40 × 24,60 m gross. Offenbar anstelle eines älteren Holzbaues errichtet, bestand der Kernbau aus einer Halle (ca 8,30 × 12,50 m) mit einer Herdstelle und einer talseits vorgesetzten Portikus (B 3,50 m) sowie aus zwei seitlichen, portikusbreiten Raumzeilen und etwa gleich breiten Räumen im Hinterteil der Halle. In einer zweiten grösseren Bauetappe hat man auf der SW-Seite zwei grössere Räume angebaut. Im Rahmen einer dritten Bauphase entstanden dann der mehrräumige Badetrakt mit hypokaustiertem Warmbad (*caldarium*) und eine Gartenterrasse. In der Spätzeit wurde der Wohnraum in der O-Ecke erheblich vergrössert und mit einer Y-förmigen Kanalheizung ausgerüstet. An Ausstattungselementen konnten nur die erwähnten Heizanlagen sowie mehrere Mörtelböden gefasst werden. Der Läuferstein einer Handmühle war als Baustein verwendet worden.

Das Nebengebäude B, anfänglich ein Rechteckbau (22 × 12 m) mit Halle und talseitiger Portikus, wurde später durch einen ca 13,50 m breiten und wohl auch entsprechend längeren, in der Längsachse aufgeteilten Bau ersetzt. Es handelte sich zweifellos um einen hallenartigen Ökonomiebau.

Das Nebengebäude C war nur noch in zwei Räumen fassbar. Da der grössere Raum einen Mörtelboden aufwies, dürfte hier ein kleineres und einfacheres Wohngebäude gestanden haben.

Ausser diesem einen Mörtelboden kamen in den beiden Nebengebäuden keine Ausstattungsstücke zutage.

Die Liste der Kleinfunde aus der Gesamtanlage ist dagegen beträchtlich: Münzen, Schmuck und viel Keramik – sowohl Gebrauchsware als auch Terra sigillata. Diese Funde erlaubten nicht nur eine allgemeine Datierung, sondern auch Zeitstellungen der Herrenhaus-Bauetappen. Dieses Hauptgebäude jedenfalls muss danach um die Mitte des 2. Jh errichtet, dann erweitert, um 288 teilweise zerstört und hernach – wohl notdürftig eingerichtet – bis ins frühe 4. Jh weiterbenutzt worden sein.

Abb. 368   *Eschen. Nendeln. Gutshof. Die Ruine des Herrenhauses nach der Konservierung 1975.*

Lit: GMalin, Römerzeitlicher Gutshof Nendeln. Mit Beiträgen von WDoppler, WGraf und EEttlinger. Hg Hist.Verein f.d.Fürstentum Liechtenstein (Vaduz 1975)

Eschenz TG → Stein am Rhein SH

Ferpicloz FR

Gutshof
Abb 369, 370

Auf der einst zwischen zwei kleinen Seen liegenden Halbinsel »Le Lorenz« W von Le Mouret erfolgten 1865, 1917 und 1926 Ausgrabungen.
Die Gebäude des Gutshofes waren über die von W nach O streichende Moränenhalbinsel verteilt: an der breitesten Stelle im W stand das Herrenhaus, mit der Hauptfront nach W, zum Saanetal hin, und 13 m vor seiner NW-Ecke war ein Nebenhaus, und W desselben das Badegebäude. Je etwa 60 m NW und SW vom Nebenhaus entfernt müssen weitere Nebengebäude (D) vorhanden gewesen sein, und O des Herrenhaus-Standortes konnten über eine Strecke von rund 180 m hinweg Baureste von rund einem halben Dutzend grösserer und kleinerer Bauten festgestellt werden. Das so ausgemachte Gutshofgelände hatte eine Länge von rund 300 m und eine Breite zwischen 60 m (im O) und 90 m (im W).
Das Herrenhaus A war im Endausbau rund 46 × 37 m gross. Der Kern scheint ein Hallenbau mit Portikus auf der O-Seite gewesen zu sein. Im Rahmen mehrerer Erweiterungen entstanden allmählich – vor allem N der Halle – zusätzliche Wohnräume, vor der W-Fassade zwei Eckrisalite und dazwischen eine seitlich angewinkelte Portikus sowie eine zweite, gleich breite Portikus vor der O-Front und im Bereich der NO-Ecke ein grosser Raum mit grossem, halbrundem Herd (wohl Küche). Von dort zweigte O-wärts eine Gartenmauer ab – wohl zum Schutz gegen die N-Winde. – An Funden wurden Wandbelagsplattenreste aus Jurakalk, ein Säulenfragment sowie Keramik und einige Münzen von Augustus bis Domitian sowie eine des Licinius (307–324) geborgen.
Das Nebenhaus B W vor dem Hauptgebäude hatte denselben Grundriss, wie wir ihn für den Kernbau annehmen dürfen: bestehend aus einer Halle (ca 20 × 15 m) und einer auf der W-Seite vorgesetzten, etwa 3 m breiten Portikus.
Das Badegebäude C bildete einen recht kompli-

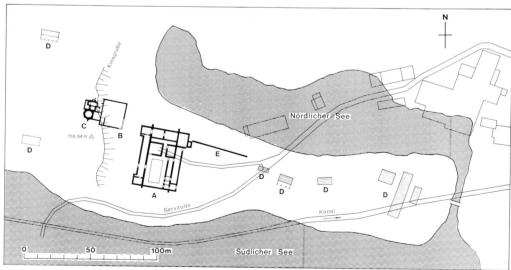

Abb. 369 Ferpicloz. Gutshof. A Herrenhaus, B Nebengebäude, C Badetrakt, D Nebengebäude (Spuren).

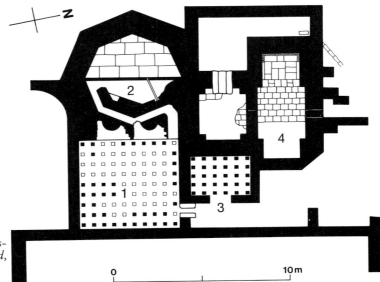

Abb. 370 Ferpicloz. Gutshof. Badegebäude. 1 Warmbad, 2 Warmwasserbassin, 3 Lauwarmbad, 4 Bad mit NW-Wasserbassin.

zierten, offenbar in mehreren Etappen erbauten, mindestens 16 × 14 m grossen Komplex mit ebenfalls mindestens sechs Räumen. Vier Räume waren hypokaustiert: drei kleinere im N-Teil sowie das Warmbad (*caldarium*). Vom Hypokaust des Caldariums aus führte ein Kanal warme Luft in einen oktogonalen, 5,50 m weiten und offenbar überwölbten Raum, in dessen W-Hälfte ein mit rotem Mörtelboden ausgestattetes Bassin eingebaut war. Für die Wasserzufuhr hatte eine Bleiröhrenleitung gedient, für die Entleerung ein Loch in der S-Mauer. Das NW-Warmwasserbassin hatte auf drei Seiten eine durchgehende Heizröhreninstallation. (Der Umkleideraum scheint nicht ausgegraben worden zu sein.)
Der Gutshof wurde offenbar um die Mitte des 1. Jh erbaut und bis ins 4. Jh bewirtschaftet.
Lit: JbSGU 18, 1926, 100 f – NPeissard, Carte archéologique du Canton de Fribourg, Fribourg 1941, 50 f – RDegen 1970, 324 f – Archiv Archäolog. Dienst Kt. Freiburg

Ferreyres → Romainmôtier   VD

Filzbach GL

Wachtturm Voremwald
Abb 304, 371, 372

Oswald Heer wies in seinem »Gemälde der Schweiz« 1846 auf die Wahrscheinlichkeit hin, dass aufgrund von röm Funden in »Forewald« ein röm Turm wie auf dem Biberlikopf gestanden habe. Gestützt hierauf suchte und entdeckte Fritz Legler-Staub 1955 talseits des Gehöftes H. Menzi in Voremwald eine mächtige Turmmauer und frührröm Keramik. R. Laur-Belart organisierte 1959 eine Ausgrabung und 1960 eine zurückhaltende Konservierung. ▶ Der Turm (13,70 × 12 m) war auf einem Fels 320 m über dem Walensee erbaut worden. Die Mauern hatten verschiedene Breiten: die talseitige 2,50 m, die übrigen drei Mauern je ca 1,30 m. An der talseitigen N-Mauer waren auf der Innenseite noch 5 Fundamentabsätze, auf der Aussenseite zwei erkennbar, alle im Verhältnis 10:30 cm oder 1/3:1 röm Fuss. Im Innern des Turmes, dh im Keller des Hauses Menzi, ist noch ein 30 cm dicker Boden aus einem Gemisch von Steinsplittern, Sand und Kalk – wie beim Bassin im Turm → Schänis-

Filzbach – Frauenkappelen

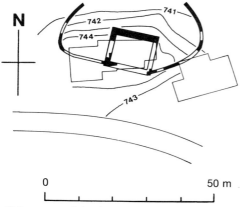

Abb. 371   Filzbach. Voremwald.
Röm Wachtturm.

Biberlikopf – also wohl auch von einem einstigen Wasserreservoir, vorhanden. Von den SO- und SW-Ecken des Turmes ab verliefen einst zwei Arme einer Hofmauer in je einem weiten Halbrundbogen hangabwärts bis zum Steilabsturz. Die beiden Mauern hatten eine Breite von 0,75 m, und der von ihnen umschlossene Hof mass in der Längsachse 40,50 m, in der Querachse incl Turm aber ca 22 m.

An Einzelfunden kamen Keramik (teilweise augusteisch) und drei eiserne Spitzen von Harpunen-Pila zutage.

Der Turm wurde zusammen mit jenen von → Amden-Stralegg und → Schänis-Biberlikopf im 2. Jahrzehnt vChr erbaut und war nur kurze Zeit besetzt.

Koord: 727450/220300

Lit: FLegler-Staub, RLaur-Belart, IGrüninger, Ein frührömischer Wachtposten auf dem Kerenzerberg bei Filzbach, US 24, 1960, 3 ff – ALambert u EMeyer 1973, 35 f

Frauenkappelen/Neuenegg   BE

Strassenspuren

Die röm Strasse von *Aventicum* zum Vicus Bern-Engehalbinsel folgte offensichtlich im Gebiet des Forsts einer idealen Geraden. Jedenfalls

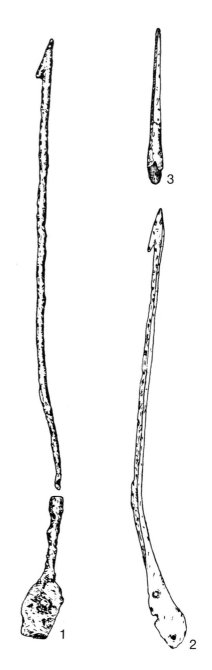

Abb. 372   Filzbach. Voremwald. 1 und 2 Spitzen von Harpunenpila, 3 Vierkantspitze.

entdeckte P. Sommer 1966 ein 3 km langes, schnurgerades Teilstück zwischen Koord 588050/196650 im W und 590950/197425 im O. Das Trassee tritt an flachen Stellen als Damm (H 0,10–0,30 m), an Hanglehnen aber mit einseitiger Böschung in Erscheinung. Eingehende Untersuchungen ergaben einen Strassenkoffer (B 3,50 m) aus mittelfeinem Kies auf lehmig-mergeliger Unterlage.
Lit: PSommer, Beiträge zur älteren Siedlungsgeschichte des Forstgebietes bei Bern, Bern 1970 (in gekürzt. Fassg. S. 5)

Freienbach SZ

Gallo-röm Umgangstempel
Abb 373

Von der Insel Ufenau waren schon im 19. Jh röm Ziegel und Kleinfunde, darunter eine Münze der Faustina d. J. (161–180) bekannt. Anlässlich der archäologischen Untersuchung 1958 in der ehem Pfarrkirche St. Peter und Paul kamen überraschend ▶ die Fundamentreste eines Umgangstempels zutage: einer Cella (7,30 × 7,30 m) und die Aussenmauer (17,90 × 17,90 m) einer allseitigen Portikus. Neben zahlreichen Ziegelbruchstücken und kleinen Keramikresten des 1. und früheren 2. Jh fallen vor allem Fragmente von ca 24 Tongefässen auf, die aus dem späten 2. und frühen 3. Jh stammen. Da keine Münzen vorliegen, muss aus diesem Keramikspektrum geschlossen werden, dass dieser Tempel nach der Mitte des 2. Jh erbaut bzw vor der Mitte des 3. aufgelassen wurde. Die Mauerzüge wurden oberflächlich markiert.
Ao: Staatsarchiv Schwyz
Lit: BFrei, Der galloromische Tempel auf der Ufenau im Zürichsee, Provincialia, Festschrift Rudolf Laur-Belart, Basel/Stuttgart 1968, 299 ff

Frenkendorf BL

Gallo-röm Umgangstempel

Von der 350 m das Ergolztal überragenden Schauenburger Fluh, Koord 617930/261000, kannte man schon 1754 »verschiedene röm Münzen«. 1961 erfolgte eine Ausgrabung und 1962 wurde die Ruine konserviert. Sie zeigt ▶ die Baureste einer Cella (ca 5,20 × 5,20 m) und eines quadratischen Umgangpodiums von 9 m Seitenlänge. Ausser Ziegel- und – spärlichen – Keramikfunden kamen insgesamt 114 Münzen aus dem Zeitraum von der Mitte des 1. Jh bis in die zweite Hälfte des 4. Jh (Magnus Maximus, gepr 385–387) zum Vorschein: acht aus dem 1./2. Jh, 40 aus dem 4. Jh – 66 Antoniniane der Kaiser Gallienus bis Maximian und Constantius I. (gepr vor 293/95) lagen innerhalb der Cella (vielleicht Reststücke eines vergrabenen Schatzes).
Ao: KMBL Liestal
Lit: TStrübin, Das gallo-römische Höhenheiligtum auf der Schauenburgerflue, HA 5, 1974 (H.18), 34 ff

Frick AG

Mansio(?) und spätröm Wachtturm(?)

Im Talkessel von Frick müssen von der röm Hauptstrasse *Augusta Raurica* – Bözberg – *Vindonissa* verschiedene Jurapasswege ins Aaretal abgezweigt sein, so zB über die Staffelegg, das Benkerjoch, die Salhöhe und die Schafmatt. Deshalb dürfen entsprechende röm Bauten in Frick vorausgesetzt werden.

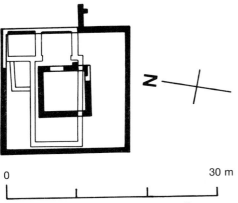

Abb. 373 *Freienbach. Ufenau. Gallo-röm Umgangstempel.*

Im O-Teil des Dorfes, rund 250 m NO des Kirchhügels, beim Hotel Engel und in dessen nächster Umgebung, entdeckte man 1843 sowie 1920 und 1940 weitläufige Mauerreste sowie zahlreiche röm Ziegel-, Keramik- und Metallfunde und 17 Münzen: neun des 1./2. Jh, acht der Zeit zwischen 222 und 353. Da recht viele Werkzeuge und Pferdegeschirrteile vorliegen, drängt sich die Annahme auf, dass an dieser wichtigen Verzweigungsstelle eine Herberge mit Pferdewechselstation (*mansio*) unterhalten wurde.

Bei der archäologischen Untersuchung der kath Kirche St. Peter und Paul 1974 entdeckte man im Baugrund ausser kärglichen Mauerresten 23 Münzen der Zeit zwischen 337 und 375 sowie Ziegelfragmente, vier davon mit Stempel der *legio I Martiorum*. Möglicherweise wurde in valentinianischer Zeit um 365/370 auf dem markanten Hügelsporn ein Wachtturm zur Sicherung der Hauptstrasse und der vielen Jurawege erbaut. Im frühen 4. Jh muss ein Strassenkastell ca 200 m N des Kirchhügels bestanden haben, wie ein 1986 N der Hauptstrasse entdeckter Spitzgraben mit einer zugehörigen Ecke und sehr viel Keramikfunde, ua Argonnensigillata und Mayenerware, belegen. (Frdl Mitt Aarg. Kantonsarchäologie).

Ao: HM Basel, VM Brugg, FM Rheinfelden
Lit: WVischer, Eine römische Niederlassung in Frick im Canton Aargau, Mitt.d.Ges.f.Vaterländ.Altertümer Basel, 4, 1852, 31 ff – JbSGU 12, 1919/20, 108 – ebda 32, 1940/41, 132 – MHartmann, Eine valentinianische Befestigung auf dem Kirchhügel von Frick (Aargau), Festschr.Walter Drack, Stäfa 1977, 104 ff

Gamprin FL

Spätröm befestigte Fluchtburg

Der Lutzengüetlekopf ist die höchste Erhebung im W-Teil des rund 8 km langen, das Alpenrheintal von Feldkirch nach SW quer durchziehenden Eschnerberges. Seine Kuppe liegt etwa 200 m über der Talsohle und bot einst eine weite Sicht talauf und -abwärts. Die Hochfläche (ca 60 × 35 m) ist fast allseits durch steile Hänge gesichert. Dort entdeckte man 1937 bei einer ersten Ausgrabung auf der NW- und SW-Seite Überreste einer Umfassungsmauer sowie von Gebäuden: einem kleineren quadratischen über dem SW-, einem grösseren, dreiräumigen, rechteckigen über dem NO-Abhang und wahrscheinlich von weiteren Bauten in der Mitte der SO-Längsseite. Die Anlage dürfte im späten 3. Jh entstanden sein. Von den Kleinfunden sind zwei Lanzenspitzen und Fibeln (2./3. u 3./4. Jh) sowie 102 Münzen der Zeit von 259/268 bis 308/310 erwähnenswert.

Ao: LM Vaduz
Lit: BOverbeck (u LPauli) 1982, 100 ff (m.ält.Lit)

Genf

GENAVA
Abb 89, 192, 272, 286, 374–379, Tafel 22

Die röm Siedlung *Genava*, anfänglich ein offener Vicus, ist aus dem Oppidum der Allobroger hervorgegangen, dh aus deren »äussersten Stadt« (Caesar) am O-Ende der *Colonia Viennensis* (Vienne). So entstand das röm *Genava* auf dem aus dem weiten Plateau zwischen See und Arve nach NW ausgreifenden Geländesporn zwischen Rhone-Auslauf und dem sumpfigen Arve-Mündungsgebiet, wo heute die Altstadt steht. Das topographische Zentrum von *Genava* bildete aber zweifellos die Rhoneinsel, die schon von Caesar für den Brückenschlag von 58 vChr genutzt wurde, und die seither als natürliches Widerlager für alle weiteren Brücken diente – und noch dient. Von den 19 Steinpfeilern, auf welche bis ins 18. Jh die immer wieder erneuerten Holzbrücken aufgesetzt wurden, stammten mit grösster Wahrscheinlichkeit die meisten aus röm Zeit. Sicher röm waren die Stadttore, die im 15. und 19. Jh abgebrochen wurden: um 1460 das NW-Tor an der Rue de la Tour-de-Boël und 1840 die »Arcade du Bourg-de-Four«, welche man beim Abbruch als das einstige SO-Tor der röm Stadt erkannte. Nachdem dann bis 1850 an die 33 röm Inschriften bekannt geworden waren, kamen im Rahmen der 1851 begonnenen Schleifung der mittelalterlichen und neuzeitlichen Stadtbefestigungen zahlreiche, als Spolien verwendete röm Architekturstücke, Inschriftensteine und Teile der röm Ummauerung zutage. So wurde 1868 ein Abschnitt dieser

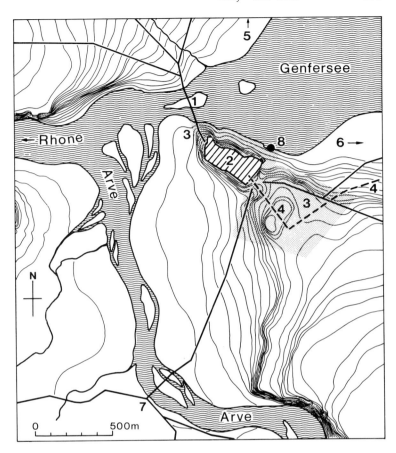

Abb. 374 Genf/Genava. 1. Jh vChr – 3. Jh nChr. Übersichtsplan. 1 Rhonebrücke(n), 2 ehem keltisches Oppidum, 3 röm Vicus, 4 Aquädukt, 5, 6 Villae urbanae: Sécheron (5), »La Grange« (6), 7 röm Strassenkreuz »Carouge«, 8 Hafen.

Umfassungsmauer im Hause Rue de l'Hôtel-de-Ville 6 entdeckt. Von da an folgte Entdeckung auf Entdeckung, so dass R. Montandon 1922 eine wohlfundierte Darstellung »Genève, des origines aux invasions barbares« vorlegen konnte. Ab 1923 betrieb L. Blondel eine aktive Forschung, seit 1976 erfolgen nun systematische Untersuchungen durch den kantonalen Archäologischen Dienst.

Der Vicus des späten 1. Jh vChr bis Mitte 3. Jh nChr. Wie oben erwähnt, entwickelte sich aus dem allobrogischen Oppidum und – anfänglich – auch innerhalb dieser gegen O und SO durch Wälle und Gräben gesicherten Siedlung der röm Vicus. Dieses, entlang der von der Rhonebrücke her von NW nach SO über das »Altstadt-Plateau« verlaufenden Hauptstrasse gewachsene Strassendorf vergrösserte sich bald gegen den See, die Hafenanlagen, besonders aber über die »Tranchées« hin. Hier entstand offenbar im Gegensatz zum Kerngebiet – in schachbrettartigem Rahmen – ein in Insulae gegliederter »Stadtteil«. Im eigentlichen Vicus-Gebiet wurden im Laufe der letzten Jahrzehnte an verschiedenen Stellen Überreste von auf Mauerfundamenten errichteten Fachwerkbauten ausgemacht.
Im eingeebneten ehem Graben-Wall-Bereich »Bourg-de-Four« befand sich anscheinend ein forumartiger Markt mit zentraler, von Boutiquen umgebener Halle und – beim »Vieux-Collège« – einer grossen, rechteckigen Markt-Basilika. Un-

weit NW davon wurden Architekturstücke freigelegt, welche die einen für Reste eines dort errichteten Bauwerkes, zB eines Ehrenbogens des Septimius Severus(?), andere für Fragmente von in Nyon abgebrochenen Bauten halten. – In der »Unterstadt« entdeckte man Spuren von Thermen. – Von weiteren öffentlichen Bauten zeugt der Grossteil der rund 50 Inschriften aller Art (HM 90–137), vor allem von Tempeln und Heiligtümern. Diese Bauten wurden zu Ehren der Stadtgöttin Genava, aber auch Jupiter, Apollo, Mars, Merkur, Neptun, Silvanus, dann Maia, der Matres Augustae und der Suleviae errichtet. Der Jupitertempel dürfte irgendwo im Zentrum gestanden haben, derjenige der Maia wird im Hafengebiet vermutet. Im 3. Jh kamen noch die Stätten der ebenfalls inschriftlich überlieferten orientalischen Kulte des Mithras (*Sol invictus*) und der Kybele hinzu.

Die technische Infrastruktur muss gut organisiert gewesen sein. Die wichtige Rhonebrücke wurde eingangs schon erwähnt. Eine weitere Brücke überspannte die Arve zum S davon gelegenen Strassenkreuz im Gebiet von Carouge, wo ein grösseres Gräberfeld entdeckt wurde. Der Haupthafen wurde bei verschiedenen Gelegenheiten im Bereich der Rue Verdaine SO der Rhoneinsel angeschnitten. Ein aus Pfählen und Steinquadern um 27 vChr errichteter Quai konnte 1987 in der Rue de Rive untersucht werden. Es müssen auch mehrere Wasserleitungen bestanden haben. Am besten ist der aus der Gegend von Annemasse hergeleitete Aquädukt – auf über 5 km Länge – nachgewiesen. Es ist ein gemauerter und eingewölbter Kanal von 80 × 55 cm iL.

An Handwerksbetrieben wurden Töpfereien, Schmieden gefasst – von Grossbauten aber wie Theater uä fehlt jede Spur. Die Zahl der Einzelfunde ist aussergewöhnlich gross. Von den Architekturstücken ist besonders ein Architrav/Fries-Fragment mit dem Kopf eines Jupiter-Ammon und der Aussparung für einen Metallbuchstaben V zu erwähnen. Von den über 80 Inschriftenmonumenten seien genannt: ein 242 × 122 × 40 cm grosser Steinblock mit der Ehreninschrift für einen *Titus Iulius Valerianus* (HM 95), ein Weihealtar an Silvanus zum Heil der »oberen Flösser« (HM 108), eine Ehreninschrift der Genfersee-Schiffer (HM 93), eine Grab-

Abb. 375 Genf/Genava. Fragment eines Architravfrieses aus Jurakalk mit Jupiter Ammon, eine der vielen für den Bau der Befestigungsmauer aus Nyon/Iulia Equestris herübergeholten Spolien. (Rekonstruktionszeichnung).

*Abb. 376 Genf/Genava. Spätröm Ära. Sichtbare Objekte: I Kathedrale St-Pierre, darunter Baureste der spätröm Bischofsresidenz, II St-Germain, darunter Baureste der spätröm Kirche, III La Madeleine, darunter Baureste der spätröm Kirche mit Sarkophagen. IV St-Gervais, darunter Baureste der spätröm-mittelalterlichen Friedhofkirche, V Museum.
Nicht sichtbar: 1 Alte Uferzone, 2 röm Brückenübergang, 3 röm Hafen, 4 Begrenzung des ehem Vicus, 5 spätröm Stadtmauer, 6 SO-Tor beim Bourg-de-Four, 7 vermutete O-Bastion, 8 spätröm Bischofsresidenz, 9 Wohnbauten, 10 Aquädukt.*

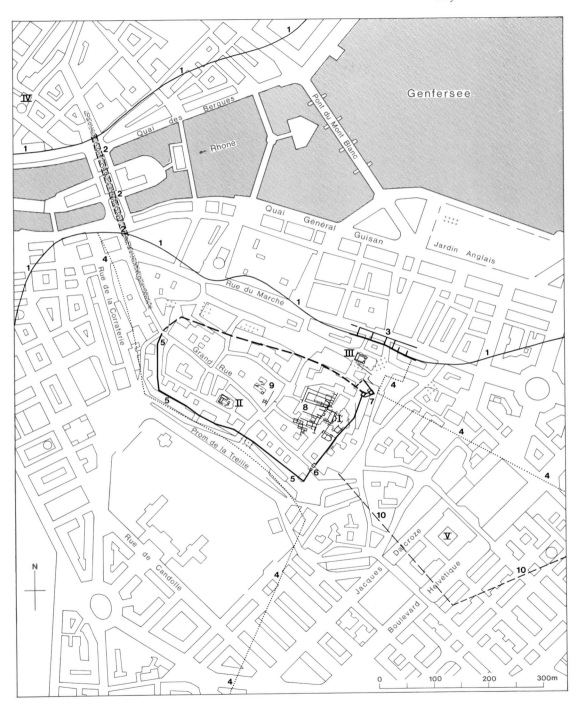

inschrift eines Vorstehers der Genfer Station für den Gallischen Zoll (HM 105) sowie weitere gut erhaltene Steinmonumente. Entsprechend umfangreich ist das angefallene Gut an Metallobjekten, Keramik und Münzen.

Die Umgebung von Genava war während des 1.–3. Jh recht dicht besiedelt. Es gab zahlreiche grössere und kleinere Gutshöfe und einige palastartige Landhäuser (*villae urbanae*). Zu den grössten dieser Art gehörte die Anlage im → Parc de la Grange, rund 1500 m NO des Altstadtplateaus, und jenseits des Sees, in einer Entfernung von ca 2000 m, entdeckte man im → Park Sécheron Reste eines nicht weniger grossen Landhaus-Komplexes.

Die spätröm befestigte Stadt. Die gegen etwa 300 geschaffene Ummauerung folgte offensichtlich den Rändern des oblong-trapezoiden Plateaus. Entsprechend der längsaxial den Vicus durchziehenden Hauptstrasse wurde je in der NW- und SO-Mauer ein Tor gebaut. Während das nicht näher lokalisierbare NW-Tor schon um 1460 abgebrochen worden war, konnte von dem 1840 zerstörten SO-Tor – »Arcade du Bourg-de-Four« genannt – der Grundriss ermittelt werden. Danach war das Tor 3 m weit und von zwei Türmen flankiert. Der N-Turm war um die 11 × 7,50 m, der S-Turm ca 5 × 4 m gross. Die anstossenden Mauerreste sind zwischen 2,50 und 2,70 m breit, im Fundament gar bis 3 m. Im Bereich der Place de la Taconnerie/Rue de l'Hôtel-de-Ville sind Mauerteile noch bis 4, ja 7 m hoch erhalten. Die O-Ecke des Plateaus muss mit einer Art Bastion ausgerüstet gewesen sein: Die NO- und SO-Mauern stiessen hier an einen markanten Eckturm (ca 8 × 6 m). Auf seiner O-Seite stand unterhalb ein turmartiges »Vorwerk« (9,50 × 9 m), das von einer Seite durch zwei Mauerzüge mit dem Eckturm verbunden war, und von dem auf der anderen Seite eine »Vormauerung« zur inneren NO-Mauer nach W weiterführte. Die beiden Tore lagen etwa 375 m voneinander entfernt, während die Entfernungen zwischen den – grossenteils noch unbekannten – Längsmauern auf der SO-Seite etwa 213 m (ohne Vorwerk) und im NW gegen 130 m betrugen. Hier kam 1985 eine nach NO abzweigende Mauer zum Vorschein,

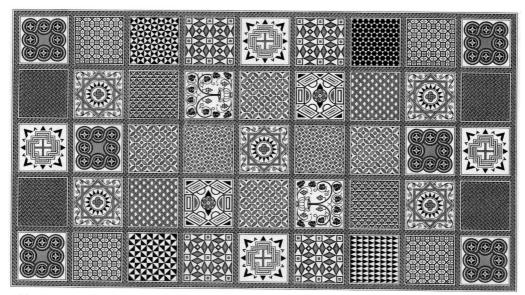

Abb. 377 Genf/Geneva. Bischofssitz im 4./5. Jh. Mosaikboden im Repräsentationsraum bzw. »Empfangssaal«. Rekonstruktionszeichnung.

Abb. 378 Genf/Genava. Bischofssitz im 4./5. Jh. 1 Spätröm Befestigungsmauer, 2 N-Kathedrale, 3 Baptisterium (I–III), 4 Hof, 5 S-Kathedrale, 6 »Empfangssaal«, 7 Bischofspalais, 8 Bischöfl. Privatkapelle (?), 9 Kathedrale des 6. Jh, 10/11 W-Fassade bzw Chor der Kathedrale St-Pierre.

die vermuten lässt, dass das Gelände zwischen der ummauerten Siedlung und der Rhone durch Flankenmauern gesichert war.
Von der Überbauung im Innern dieser »Stadtfestung« im 4. Jh sind erst wenige Baureste gefasst: so im Bereich Hôtel-de-Ville/Tour Baudet an die Kastellmauer anstossende Mauerzüge eines nicht deutbaren Gebäudekomplexes, bei der »Taconnerie« Fundamente, die möglicherweise von einem Fleischmarkt (*macellum*) stammen, im Gebiet des nachmaligen Bischofssitzes ein Mauerensemble (ca 150 × 150 m) wohl des Kommandantenpalastes (*praetorium*). Dieser muss zahlreiche grössere und kleinere, um einen ausgedehnten In-

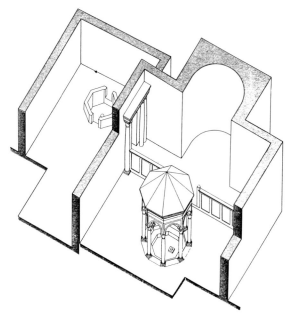

Abb. 379 Genf/Genava. Bischofssitz. Das 3. Baptisterium (isometrische Rekonstruktion von Ch. Bonnet).

nenhof gruppierte Räume umfasst haben, von denen zwei im N-Flügel mit Kanalheizungen ausgerüstet waren.

Der Bischofssitz. Innerhalb des eben erwähnten Prätoriums entstand von etwa 350 an schrittweise der erste Bischofssitz. Im Rahmen der 1976–1986 unter Leitung von Ch. Bonnet durchgeführten archäologischen Untersuchungen konnte die folgende Bauentwicklung erkannt werden: Die älteste Anlage war eine zwischen 350 und 370 errichtete einfache Kirche (L ca 28 m) mit offenbar halbrunder Apsis im O, an die auf der SO-Seite ein Baptisterium angebaut wurde. Gegen 400 – damals ist für Genf erstmals ein Bischof Isaak bezeugt – erfolgte die Errichtung eines kirchlichen Zentrums mit Doppelkathedrale. Das erste Baptisterium wurde abgebrochen, S der Kirche ein von Arkaden umsäumter Hof angelegt, O davon ein neues Baptisterium und S eine zweite Kirche – die S-Kirche – erstellt. Nachdem Genf 443 von den Burgundern in Besitz genommen und zur ersten Hauptstadt erkoren worden war, muss das Kirchenzentrum vergrössert und bereichert worden sein. Die N-Kirche wurde zu einer 42 m langen und 17 m breiten Kathedrale ausgebaut, die S-Kirche durch den Anbau zweier Säle beidseits des Chores erweitert und das Baptisterium abgeändert und durch den Einbau eines zweiten Taufbeckens, eines Mosaikbodens, von Wandbelägen aus Marmor und eines reich stuckierten Baldachins (*ciborium*) sowie durch eine festliche Ausmalung bereichert. In einer noch späteren Phase, aber immer noch vor 500, wurde dann der eigentliche Bischofssitz erweitert, indem an die S-Fassade der S-Kirche, jetzt Notre Dame genannt, ein Saal (ca 10 × 6 m) angebaut wurde. Es muss sich um einen Repräsentationsraum gehandelt haben, war er doch mit einer Kanalheizung und einem aufwendigen ▶ Mosaikboden aus 45 quadratischen, symmetrisch zusammengefügten, sehr polychromen Panneaux ausgestattet. Der Grossteil der bischöflichen Residenz entwickelte sich gleichzeitig gegen den SO-Abschnitt der Ringmauer hin: Bei der Ringmauer fanden sich mehrere Räume, davon einer mit Kanalheizung. Vermutlich handelte es sich bei dem Gebäude um das Bischofspalais. SW davon, im Baugrund der heutigen Kirche Notre Dame-la-Neuve, kamen die Fundamente einer Kapelle (ca 17 × 10 m), wohl der bischöflichen Privatkapelle, zutage.

An Einzelfunden konnten innerhalb dieses kirchlichen Zentrums und Bischofssitzes ausser Überresten des Baptisteriumsschmuckes sichergestellt werden: zahlreiche sarkophagähnliche Plattengräber und gegen zehn Grabinschriften des späten 5./frühen 6. Jh sowie eine grosse Menge verschiedenartigster Keramikfunde, darunter »Sigillée paléochrétienne« des 5./6. Jh sowie gegen 400 Münzen vom 1. Jh vChr bis ins 6. Jh, vor allem aber des 4./5. Jh.

▶ Im Soussol der Kathedrale St-Pierre konnten folgende Baureste konserviert und zugänglich gehalten werden: Teile der Doppelkathedrale mit dem letzten Baptisterium und Resten von dessen beiden Vorgängern sowie grosse Partien des grossen Mosaikbodens (9,50 × 5,50 m). Zudem sind dort teils in einem zentralen Schauraum, teils als Einzelobjekte verschiedene Architekturteile ausgestellt, so mehrere Säulen der Innenhofarkade sowie ein 89 cm hohes Akanthuskapitell und eine ca 3 m hohe Säulentrommel, die entweder aus

dem Kommandantenpalast oder aus der ersten Kirche stammen.
Ausser diesem Kirchenzentrum und Bischofspalais müssen im 5. Jh noch die nachstehenden, durch ältere Ausgrabungen zutage geförderten Kirchengebäude entstanden sein: Etwa 180 m W der Doppelkathedrale die ▶ Vorgängerkirche von St-Germain, woraus das im Musée d'Art et d'Histoire in Genf ausgestellte Kalkstein-Relief mit den Hirschen am Wasser stammt; ca 40 m N unterhalb der NO-Fortifikation eine mit Stuckreliefs dekorierte und mit vielen Sarkophagen ausgestattete Friedhofkapelle, ▶ die im Ausgrabungszustand im Soussol der Kirche La Madeleine konserviert ist, und ungefähr 400 m SO der spätröm Ummauerung die um 480 gestiftete Friedhofkirche St-Victor.
Im Bruderzwist zwischen den Burgunderkönigen Godegisel und Gundobad 500/501 wurde Genf und seine weltlichen und kirchlichen Residenzen teilweise zerstört, aber von Gundobad und – ab 515 – von seinem zum katholischen Glauben konvertierten Sohn Sigismund wieder aufgebaut. Dabei erhielt die N-Kirche der Doppelkathedrale einen grossen Apsischor, und nach einer Reduktion des Baptisteriums wurde O des bestehenden Kirchenzentrums und in dessen Mittelachse eine dritte Kathedralkirche gebaut: der Urbau der heutigen Kathedrale St-Pierre.
Ao: MAH Genf
Lit: WDéonna, Les arts à Genève..., Genava XX, 1942 – DPaunier, La céramique gallo-romaine de Genève, Genève/Paris 1981, 5 ff (Hist.Ueberblick) (m.ält.Lit) – J-LMaier, Genavae Augustae: Les inscriptions romaines..., Genf 1983 (m.ält.Lit) – ChBonnet, Saint-Pierre de Genève/Récentes découvertes archéologiques, AS 3, 1980, 174 ff – ders, Les origines du groupe épiscopal de Genève, Comptes rendus de l'Acad. des Insriptions et Belles-Lettres, Juli-Okt. 1981, Paris 1982, 414 ff – ders, Une nouvelle image de la Genève chrétienne d'après les témoignages archéologiques, in: Saint-Pierre, cathédrale de Genève, Ausst.-Kat. 1982, 11–53 – ders ua, Saint-Pierre, cathédrale de Genève, Genf 1983 – ders, La ville. Rive gauche: Tour-de-boël/Enceinte reduite, Genava 36, 1986, 52 ff

Parc de la Grange:
Palastartige Herrenhausanlage

Im Parc de la Grange wurden 1888 ausgedehnte röm Baureste entdeckt. 1919/20 erfolgten unter der Leitung von L. Blondel eine umfassende Ausgrabung und die Konservierung der Baureste des Hauptgebäudes.
Die ganze Anlage erstreckt sich über eine Fläche von ca 95 × 84 m und umfasst (von SO nach NW): ein Hauptgebäude, einen NW anschliessenden Erweiterungsflügel, einen »Nebenbau« und ein Badegebäude. Dieses Bauensemble dürfte nach Blondel in drei grossen Bauetappen entstanden sein – auf den nahen See hin orientiert.
▶ Das Hauptgebäude war eine breitrechteckige Baugruppe (40 × 30,50 m) mit einem Wohntrakt gegen den See hin und einem grossen Peristyl auf der Rückseite. Dieses bildete einen Hof (22 × 11,80 m), umgeben anfänglich von vier Säulenportiken, von denen später ein Teil zu Wohnräumen geschlossen wurde. Im Zentrum des Peristylhofes fand sich anscheinend ein Wasserbassin. Vor der NO-Schmalseite lag das mosaikbelegte Entrée. Der vor die Mitte der SO-Front des Peristyls angefügte, mit zwei Terrazzo-Signinum-Mosaikböden ausgestattete Raum (8,50 × 6 m) dürfte – entsprechend italischen Oecusanlagen – der zugehörige Hauptraum gewesen sein.
Der Wohntrakt lag auf der gegenüberliegenden NW-Längsseite des Peristyls um einen atriumartigen, mit dem Peristyl durch eine Arkade verbundenen Hof (ca 10,80 × 10 m) gruppiert. Mindestens drei Räume waren mit Mosaiken ausgelegt.
Der NW an das Hauptgebäude anschliessende »Erweiterungsflügel« bestand aus verschiedenartigen Räumen, darunter aus einem Hof, einem mit Stukkaturen ausgestatteten Raum und aus einer Art »Pergola«, wo sich ua Überreste von stucküberzogenen Backstein- bzw Tonplattenpfeilern fanden.
Der 1888 entdeckte sog Nebenbau ist nach Blondel in zwei Bauetappen entstanden. Hier fanden sich 1919/20 nur noch Fragmente von Heizröhren, Wandmalereien und Marmorplatten.
Im Badegebäude konnte man 1919/20 vier Kammern und einen grösseren, saalartigen Raum aus-

machen, der seeseits eine Portikus hatte. An Bauresten kamen zum Vorschein: Backsteine bzw Tonplatten von Hypokaustpfeilern, Heizröhrenfragmente und Marmorplatten. Der korridorartige, schmale Raum war nach Blondel ein Heizkanal (*praefurnium*).
Die Keramikfunde reichen von der Mitte des 1. Jh bis ins 4. Jh. Von den zahlreichen Wandmalereiresten gibt es im MAH Genf nur noch wenige.
Von den Mosaiken führt VvGonzenbach noch an: zwei Terrazzo-Signinum-Mosaiken aus dem Hauptgebäude-Wohntrakt, mit Rhombennetz, fünf weitere Terrazzomosaiken, die in situ im Bereich des Peristyls und dessen Hauptraum erhalten sind, und Überreste eines wahrscheinlichen Wandmosaiks aus Glaswürfelchen aus dem Badegebäude.
Ao: MAH Genf
Lit: LBlondel u GDarier, La villa romaine de la Grange, Genève, ASA 24, 1922, 70 ff (das ältere Lit) – JbSGU 12, 1919/20, 108 f – ebda 14, 1922, 74 f – ebda 17, 1925, 99 – ebda 20, 1928, 70 – ebda 32, 1940/41, 117 – Genava 1, 1923, 48 – ebda 19, 1941, 88 – ASA 31, 1929, 21 – WDrack 1950, 81 – VvGonzenbach 1961, 108 ff – RDegen 1970, 337 f – DPaunier, La céramique gallo-romaine de Genève, Genf 1981, 135 ff

Parc Sécheron: Badegebäude

In Sécheron wurde 1926 bei Aushubarbeiten für das Internationale Arbeitsamt eine grössere röm Ruine entdeckt, die L. Blondel ausgrub und als Badegebäude-Anbau eines Herrenhauses deutete.
Das wohl früher zerstörte Herrenhaus muss auf der NO-Seite gelegen haben und dürfte seewärts orientiert gewesen sein. Das Badegebäude (ca 14,20 × 10,50 m) umfasste mehrere Räume, wovon fünf mit Mosaikböden ausgestattet waren. Der grösste dieser fünf Räume war zudem hypokaustiert.
Die Keramik umfasst Stücke von der Mitte des 1. Jh nChr bis um 350. Von den zahlreichen Wandmalerei-Überresten und Mosaiken sind nur noch wenige Fragmente vorhanden. Außerdem wurden Wandsockel- und Bodenplatten sowie Gesimsstücke aus Juramarmor und aus Stuck gefunden.
Ao: MAH Genf
Lit: LBlondel, La villa romaine de Sécheron, Genava V, 1927, 34 ff – JbSGU 18, 1926, 95 – ebda 19, 1927, 91 – ASA 30, 1928, 211 – WDrack 1950, 80 – VvGonzenbach 1961, 111 f – RDegen 1970, 338 f – DPaunier, La céramique gallo-romaine de Genève, Genf 1981, 154 f

Glovelier JU

Strassenspuren

Die von der Pierre Pertuis her über → Tavannes-La Tanne und Les Rangiers ins Elsass führende Strasse lief offensichtlich über Glovelier. 1942 wurden im Gebiet Bone en Bez SW Glovelier fünf röm Münzen des 2. Jh gefunden, und im Rahmen einer sofort durchgeführten Sondierung entdeckte A. Rais daselbst ein altes Strassentrassee und darin in den Fels eingetiefte und ca 108–110 cm auseinanderliegende Rad- bzw Fahrrinnen.
Koord: 580400/240600
Ao: MJ, Delémont
Lit: FSchifferdecker et SSpitale, Cinq monnaies romaines à Glovelier/Bone en Bez, AS 10, 1987, 67 ff

Gorges de Covatanne → Ste-Croix VD

Grandval BE

Strassenspuren

Die von *Aventicum*/Avenches herkommende Strasse verzweigte sich etwa 100 m N der Pierre Pertuis in zwei Stränge: W-wärts Richtung Ajoie bzw Burgundische Pforte und O-wärts Richtung Birstal bzw *Augusta Raurica*.
1981 entdeckte E. Werthmüller, Bern, Teilstücke der die Birsschluchten bzw -klusen zwischen Moutier und Courrendlin umgehenden röm Strasse *Aventicum–Augusta Raurica* am Mont Raimeux bei den Koord 599150/238250 und evtl 599200/238500 und 599250/238950.

Bei allen Stellen ist das Trassee aus dem Fels gehauen und mit je zwei Rad- bzw Fahrrinnen versehen, die ca 108–110 cm auseinanderliegen.
Lit: Le Démocrate vom 1., 9. und 10. Okt 1981

Gravesano TI

Inschriftfragment

Eine 1559 als in der Kirche befindlich erwähnte, fragmentierte ▶ Inschrift wurde bei Renovationsarbeiten am Pfarrhaus 1980 wiederentdeckt und anschliessend in die Hofseite des Hauses eingemauert.
Lit: PDonati, Gravesano: Chiesa di S. Pietro, Iscrizione romana. JbSGUF 68, 1985, 249

Grenchen SO

Gutshof
Abb 380

Röm Baureste im Breitholz SW Grenchen waren seit Rodungsarbeiten im 19. Jh bekannt. 1911 fand eine Sondierung statt, und 1940/41 wurde das Herrenhaus des Gutshofes ausgegraben.
Die Anlage, im Endausbau ca 31 × 31 m, war leicht nach SO abgedreht – mit Blick auf das Aaretal und die fernen Alpen. Der Kernbau dürfte aus Halle, zwei seitlichen portikusartigen Annexen und einer Portikus vor der talseitigen Hauptfassade bestanden haben. In späteren Bauetappen wurde bergseits eine zweite Portikus vorgelegt und talseits vor den Annexen je ein Risalit errichtet, die man noch später zu starken quadratischen Ecktürmen ausbaute. Damals dürfte auch der risalitartig vorspringende, fast quadratische Raum über der W- bzw NW-Ecke entstanden sein.
An Ausstattungsobjekten fanden sich Heizröhrenfragmente, Stücke einer Bleirohrleitung und Fragmente von Wandbelagplatten aus Juramarmor und wenig Wandmalerei. Die Keramikfunde reichen von der Mitte des 1. bis ins ausgehende 3. Jh.
Ao: Ortsmuseum Grenchen
Lit: AJahn, Der Kanton Bern, deutschen Theils, antiquarisch-topographisch beschrieben..., Bern und Zürich 1850, 99 – ASA 1862, 49 – ebda 1888, 74 – ebda 1911, 133 – JbSGU 4, 1911, 181 f – ebda 11, 1918, 84 – ebda 12, 1919/20, 134 – ebda 32, 1940/41, 133 – US 1940, 72 f – WDrack 1950, 83 f – ders, Die Funde aus der römischen Villa rustica von Grenchen-Breitholz und ihre Datierung, Jb f Sol. Gesch 40, 1967, 445 ff – RDegen 1970, 386

Gretzenbach SO

Gutshof-Badegebäude

Röm Baureste im Friedhofgebiet NW der Kirche waren seit alters bekannt. 1912 erfolgte die Freilegung des ausserhalb der NW-Ecke des Friedhofes liegenden Teiles des Badegebäudes und 1975 im Rahmen der Friedhoferweiterung der gesamten Badeanlage samt deren Konservierung.
▶ Das Badegebäude scheint NW des Herrenhauses gestanden zu haben, dessen Überreste unter der Kirche zu vermuten sind. Der mit der Längsachse W-O orientierte Bau (ca 16,50 × 9,50 m) umfasste wohl fünf Räume. Davon waren das Lauwarmbad (*tepidarium*) und das Warmbad (*caldarium*) mit Hypokausten und das im W liegende Kaltbad-Badebassin (*frigidarium*) mit einer grossen halbrunden Apsis ausgestattet. Dieser Raum wies grosse Partien von Tonplattenbelägen auf dem Boden und an den Wänden auf und in der NO-Ecke noch zwei Stufen einer Treppe. Ausserdem wurden hier viele Fragmente einer Ausmalung gefunden, die jedoch die Musterung nicht erkennen liessen. Im Tepidarium und im Umkleideraum lagen zahlreiche Mosaiksteinchen

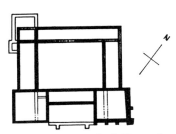

Abb. 380 Grenchen. Gutshof. Herrenhaus. M 1:1000.

und zwei kleine Fragmente eines Mosaikbodens, die ebenfalls keine Rekonstruktion erlauben. VvGonzenbach vermutet aufgrund der Tepidarium-Mosaikreste, der Malereifragmente und des mit einer Apsis geschlossenen Schwimmbassins, dass die Badeanlage ähnlich ausgebaut gewesen sein könnte wie jene von → Münsingen BE und → Hölstein BL aus dem ausgehenden 2./beginnenden 3. Jh.
Ao: BM Schönenwerd SO
Lit: FLHaller v. Königsfelden, Helvetien unter den Römern, II. Teil, Bern und Leipzig 1817, 463 – ASA 1912, 186 – ebda 1914, 187 ff – VvGonzenbach 1961, 113 f – RDegen 1970, 384

Grosser St. Bernhard → Bourg-St-Pierre VS
Grosses Moos → Muntelier FR –
Kallnach BE

Hägendorf SO

Gutshof

Die im Santel am S-Fuss des Jura etwa 1,5 km W Hägendorf befindlichen röm Baureste waren schon im 19. Jh bekannt und angegraben worden, so zB jene des Badegebäudes um ca 1900. 1933 und 1934 unternahm E. Tatarinoff Ausgrabungen, die zur Entdeckung eines Herrenhauses und eines Badegebäudes führten.
Das Herrenhaus war im Endausbau eine quadratische Anlage von 41,90 × 41,70 m Grösse und etwas nach SO orientiert – mit Blick über das Aaretal zu den fernen Alpen. Der Kernbau dürfte aus einer Halle, zwei portikusartigen, je 7,50 m breiten Seitenannexen und einer ebenso breiten talseitigen Portikus bestanden haben. Diese scheint aufgrund der vier ausgemachten Strebepfeiler und der bergseitigen, korridorartig in die Halle führenden Seitenmauer einer Treppenanlage, zweigeschossig gewesen zu sein, dh mit einer Kryptoportikus im Soussol. Vor dieselbe wurde offensichtlich später eine weitere Säulenhalle gebaut, in deren W-Teil man Wohnräume eingerichtet hat.
An den bergseitigen Wänden dieser Wohnräume, zT auch an den analogen Portikusmauern, hafteten noch Partien von Panneaumalereien und Sockelzonen mit Marmorimitationen und Riedgrasbüscheln. Ausser diesen Resten und zahlreichen kleinen Fragmenten von Ausmalungen konnten an Ausstattungsobjekten nur Bruchstücke von Wandbelagplatten aus Juramarmor geborgen werden.
Das Badegebäude befand sich ca 20 m NW des Herrenhauses. Es ist offenbar anstelle eines Ökonomiegebäudes errichtet und dreimal um- und ausgebaut worden. Das Badensemble hatte im Endausbau eine Länge von 15,50 und eine Breite von 12,50 m und umfasste 6–7 Räume, wovon das Tepidarium und das Caldarium hypokaustiert waren. Ausser den Hypokaustresten werden von der Ausstattung nur Wandmalereireste mit roten Streifen auf weissem Grund erwähnt. Die wenigen Münzen, vor allem aber die Keramiküberreste aus dem Herrenhaus und dem Badegebäude erlauben die Annahme, dass der Gutshof im Santel in der ersten Hälfte des 1. Jh gegründet und schon vor 250 aufgegeben wurde.
Ao: HM Olten
Lit: KMeisterhans, Aelteste Geschichte des Kantons Solothurn, Solothurn 1890, 64 – ETatarinoff, Soloth.Zeitung 1933, Nr.281/282 – JbfSol. Gesch 8, 1935, 263 f – ebda 9, 1936, 163 – ebda 11, 1938, 227 – JbSGU 25, 1933, 109 f – ebda 26, 1934, 52 – ebda 31, 1939, 94 – RDegen 1970, 387 f

Hauenstein SO → Läufelfingen BL

Herzogenbuchsee BE

Bodenmosaik

Die ref Kirche Herzogenbuchsee steht auf Ruinen eines grossen Gutshof-Herrenhauses. Seit 1728 wurden bei verschiedensten Bauarbeiten immer wieder Baureste, insbesondere aber Teile von Mosaikböden, gefasst. Von drei im 19. Jh entdeckten Mosaikböden mit mythologischen Darstellungen ist eine halbrunde Partie mit einer Tiger-Figur im BHM Bern konserviert. 1945 legte R. Wyss im Chor und O ausserhalb desselben zwei Flächen eines offensichtlich sehr grossen ▶ Mosaikbodens mit Blattrankenmotiven frei. Diese Mosaikbodenreste wurden anschliessend konserviert und zugänglich gemacht.

Lit: OTschumi, Urgeschichte des Kantons Bern, Bern und Stuttgart 1953, 237 (m.ält.Lit) – RWyss, Zwei Gymnasiasten graben einen römischen Mosaikboden aus, US 9, 1945, 74 ff – VvGonzenbach 1961, 115 ff

Hölstein BL

Gutshof
Abb 191, 196, 381

Im Jahre 1946 entdeckte der Grundeigentümer auf der Suche nach einer neuen Quelle auf der 30 m über dem Talboden gelegenen Flur Hinterbohl 800 m SO von Hölstein röm Baureste, die R. Fellmann in zwei Kampagnen 1947 und 1949 untersuchte.

Das Gebäudeensemble war parallel zum Hinterhang SO-NW orientiert – die Hauptfassade talwärts gerichtet.

Das Wohngebäude (L 32 m, B 19,50 m) war auf

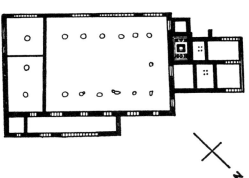

Abb. 381 Hölstein. Gutshof. Herrenhaus.
Oben: Rekonstruktionsversuch.
Unten: 2. Bauetappe mit dem Bad. M 1:750.

der talseitigen NO-Front durch eine Portikus (B 3 m, L 21 m) erweitert. Der Rechteckbau war ursprünglich eine Halle (29,50 × 17,50 m), deren Dachstuhl auf 18 Pfosten aufsass: auf zwei Längsreihen zu acht und auf je einem Pfosten in der Mitte der Stirnseiten. In einer zweiten Bauphase erfolgte im SO-Teil der Halle der Einbau von zwei mit roten, mit Ziegelschrot durchsetzten Mörtelböden ausgestatteten Räumen. Auch in die O-Partie der Portikus hat man einen kleinen Raum von rund 3 × 3 m eingebaut und mit einem Steinbett versehen.

In diesen Wohnräumen lagen die meisten Keramikscherben und eine Merkurstatuette aus Bronze, während im eigentlichen Hallenteil Pferdegeschirrteile und landwirtschaftliche Geräte zutage kamen. An Ausstattungsstücken konnten eine Türschwelle aus Kalkstein und ein eisernes Fenstergitter sichergestellt werden.

Das Badegebäude dürfte ein halbes Jahrhundert nach Errichtung des Wohngebäudes entstanden sein. Es wurde als Rechteckbau von rund 10 × 12,60 m längsaxial und symmetrisch an die NW-Seite angebaut. In diesem Baukörper waren von Anfang an acht Räume untergebracht: Raum 1, bergseitig leicht über die Aussenmauer auskragend, war mit einem Hypokaust ausgerüstet, der aber um 150 zugemauert und mit einem Mosaikboden überzogen wurde, der einfache geometrische Zeichnungen in einer Gliederung aus quadratischer Mittelfläche und breiten Seitenfeldern aufweist. Raum 2, SW-wärts Raum 1 ergänzend, enthielt das Kaltwasserbassin – unter einem Gewölbe. Die beiden Räume wurden noch später – wohl gegen 200 – ausgemalt: Raum 1 mit einem grosszügigen Netzwerk im Sinne eines Kreuzblütenrapports in Braun, Gelb und Grün auf weissem Grund, Raum 2 mit einer Wasserszenerie auf blaugrauem Fond. Raum 3 war ein kleiner Anbau. Die Räume 4, 5 und 7 hatten Hypokaustanlagen, die Räume 7 und 8 konnten nicht ganz untersucht werden.

Von der einstigen Ausstattung kamen ausser den Überresten der Hypokaustanlagen die schon erwähnten, verschiedenartigen Wandmalereien und der Mosaikboden zum Vorschein, welcher nach Augst übergeführt und dort konserviert wurde.

Nach Ausweis der Keramikfunde muss der Guts-

hof in Hinterbohl um die Mitte des 1. Jh gegründet und nach einer Feuersbrunst zwischen 260 und 270 nicht mehr aufgebaut worden sein.
Ao: KMBL Liestal
Lit: RFellmann, Die gallo-römische Villa rustica vom Hinterbohl bei Hölstein, Baselbieter Heimatbuch, V, 1950, 28 ff – VvGonzenbach 1961, 120 f – BKapossy, Römische Wandmalereien aus Münsingen und Hölstein, Bern 1966, 27 ff – RDegen 1970, 245 ff

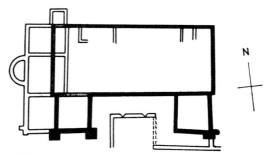

Abb. 382 Hüttwilen. Gutshof. Villa mit Halle und Eckrisaliten. Auf der W-Seite die Baderäume. M 1:750.

Hohenrain LU

Gutshof

Als im Sommer 1849 auf Hochweid oberhalb von Ottenhusen röm Baureste angegraben wurden, zog man Gustav von Bonstetten zu Rate. Dieser hat einen Kurzbericht und eine Planskizze der freigelegten Mauerzüge hinterlassen. Vf hat 1975 die Skizze als rudimentären Grundriss eines Herrenhauses gedeutet. Dieses Herrenhaus (ca 30 × 24 m) war nach den Fussmassangaben von Bonstettens nach W orientiert, dh mit Hauptsicht auf Baldegger- und Hallwilersee und nach S mit Blick zu den Alpen. Der Bau umfasste eine Halle mit je zwei in den beiden Schmalseiten angeordneten Räumen, zwei Eckrisalite und eine dazwischen bzw talseits der Halle gebaute Portikus, wohl Kryptoportikus. Hinter den Risaliten, bergseits, waren schmale »Gänge« – für Treppenanlagen aus Holz. Ausser Ziegelstücken, Terra sigillata, landwirtschaftlichen Geräten, wird die bekannte, 30,5 cm hohe bronzene Merkurstatuette erwähnt.
Dieses Herrenhaus muss zu einem grösseren Gutshof gehört haben, war doch noch 1959 ein großes Umgelände (L 300 m, B 200 m) mit röm Ziegelfragmenten übersät.
Ao: NM Luzern
Lit: GvBonstetten, Die Merkur-Statuette von Ottenhusen, Kt. Luzern, Der Geschichtsfreund 14, 1858, 100 ff – ASA 1870, 157 – FKeller 1864, 11 – RDegen 1970, 348 – WDrack, Das römische Herrenhaus von Ottenhusen in der Gem. Hohenrain LU, Festschr. Gottfried Boesch, Schwyz 1980, 113 ff

Hüttwilen TG

Gutshof
Abb 382

Um 1855 stiess man – nach F. Keller – SW des Schlosses Steinegg auf die Reste eines Gebäudes (ca 36 × 36 m) mit viel Keramik, Eisengeräten und einem weiblichen Kopf aus Sandstein. Weitere röm Baureste wurden nach 1860 und 1883 entdeckt, und 1918 stiess man SO des Schlosses auf zwei röm Brandgräber. Das Herrenhaus des Gutshofs, auf einer Geländeterrasse NO des Hofes Stutheien gelegen, wurde von K. Keller-Tarnuzzer entdeckt und 1928 ausgegraben und konserviert.
Dieses ▶ Gebäude war im Endausbau 42 m lang und ca 28 m breit und nach S orientiert – mit Blick auf die Alpen. Der Kernbau bestand aus einer Halle (28 × 13 m) mit S vorgesetzter, anfänglich wohl durchgehender Portikus. In einer späteren Bauetappe entstanden dann zwei vorgestellte Eckrisaliten und dazwischen eine hufeisenförmige Portikus, verbunden mit einer Terrassenmauer. In weiteren Ausbauphasen wurden auf der W-Seite Wohn- und Baderäume erstellt. Davon war der eine Raum mit einer weissgrundigen Panneaumalerei geschmückt, der grösste durch eine Apsis nach W ausgeweitet und der kleinste mit einem Hypokaust ausgestattet.
Aufgrund der Münzen, besonders aber der zahlreichen Keramik- und Gläserreste sowie einer Zwiebelknopffibel muss dieses Herrenhaus erst

um 180 erbaut und schon um 260 aufgelassen, im 4. Jh aber über eine kürzere Zeitspanne erneut genutzt worden sein.
Ao: TM Frauenfeld
Lit: FKeller, Die römischen Ansiedelungen in der Ostschweiz, MAGZ 15, 1864, 76 – ASA 4, 1883, 395 – JbSGU 11, 1918, 74 – ebda 14, 1922, 75 – ebda 20, 1928, 71 f – KKeller-Tarnuzzer u HReinerth, Urgeschichte des Thurgaus, Frauenfeld 1925, 247 f – WDrack 1950, 86 – RDegen 1970, 418 f – KRoth-Rubi ua, Die Villa von Stutheien/Hüttwilen TG, Basel 1986

Innertkirchen BE

Pferdewechselstation

Das Berner Oberland war in röm Zeit, wie verschiedene Funde bezeugen, von Thun her sowie zwischen Grimsel- und Brünigpass zumindest begangen. Ein Saumpfad muss aber auch über den Sustenpass ins Urner Reusstal bestanden haben. In Wiler, etwa 130 m über der Talsohle und 2 km O der Aare, am Aufgang zum Sustenpass, kamen 1965 bei Bauarbeiten am Gasthof »Tännler« zwei im rechten Winkel zueinander stehende Mauerzüge von 11 bzw 6 m Länge zutage. Da sie nur eine Breite von 45 cm aufwiesen, dürften diese Mauern als Unterbau einer Holzkonstruktion gedient haben. Andererseits bezeugen Heizröhrenfragmente das einstige Vorhandensein einer Hypokaustheizung innerhalb eines gemauerten Bauteils. Aufgrund einer Terra sigillata-Tellerscherbe muss das Gebäude im 2. Jh bestanden haben. Die Grösse und der Hypokaust vor allem lassen vermuten, dass diese Baureste von einer Pferdewechselstation (*mutatio*) stammen. Ähnliche Anlagen konnten bislang in → Alpnach OW, → Riom GR, → Zernez GR und → Zillis GR nachgewiesen werden.
Koord: 661800/173500
Lit: (HGrütter) JbBHMB 1965/66, 596 – JbSGU 54, 1968/69, 140

Irgenhausen → Pfäffikon ZH
Julierpass → Bivio GR
Julierstrasse → Silvaplana GR

Kaiseraugst AG

CASTRUM RAURACENSE
Abb 277, 284, 285, 288–292, 296, 297, 299, 310, 311, 383–386, Tafel 13, 18b, 19a, 21

Nach dem endgültigen Fall des obergermanisch-rätischen Limes 260 wurde in mehreren Etappen der Donau-Iller-Rhein-Limes erbaut. So entstanden am Hochrhein die Kastelle → *Tasgaetium*/Stein am Rhein, → *Tenedo*/Zurzach, wohl auch → *Sanctio?*/Stein AG/Bad Säckingen (Baden-Württemberg) sowie → *Basilia*/Basel.
Innerhalb der von Diokletian (284–305) neu geschaffenen Provinz *Maxima Sequanorum* wurde unter Konstantin d. Gr. (306–337) an der Rheinfront oberhalb und unterhalb von Basel die *legio I Martiorum* neu aufgestellt und dafür ein neues stark befestigtes Standlager geschaffen, das *Castrum Rauracense*. Für die Standortwahl im O-Teil der Unterstadt von *Augusta Raurica* entschied man sich wohl, weil dort vermutlich schon zZ von Kaiser Gallienus (254–268) Truppen einquartiert worden waren und weil dort anscheinend eine steinerne Rheinbrücke bestand.
Wie nur in späteren mittelalterlichen bzw. heutigen Städten erhielt sich auch in Kaiseraugst die Tradition von der röm Epoche bis ins Hochmittelalter ungebrochen. Dies bezeugen die noch heute bestehenden Teile der Castrum-Befestigung, die »Heidenmauer«, und die dritte über der frühchristlichen Kirche des 4. Jh errichtete, heutige Kirche zu St. Gallus. Trotzdem führte Kaiseraugst in bezug auf die Erforschung hinter der einstigen Stadt *Augusta Raurica* mit ihren imponierenderen Baudenkmälern ein Schattendasein. Eingehende Untersuchungen erfolgten erst seit 1887 – bes an der »Heidenmauer«. Die wichtigsten Ausgrabungen seien kurz festgehalten: 1905/06 (und 1968) W-Tor, 1909-1912 (und 1926) spätröm Friedhof, 1936/37 O-Mauer und »O-Tor«, 1957/58 Türme 4 und 9, 1959–1965 Horreum und Umgebung, 1960–1964 frühchristliche Kirche und Baptisterium mit Bad, 1968 Türme 13 und 15, 1975/76 Thermen. An Konservierungen erfolgten: 1951 und 1956 SW-Eckturm, 1963 »Heidenmauer«, 1963/64 frühchristliche Kirche, 1975/76 Thermen, 1979 Ziegelöfen auf Liebrüti.

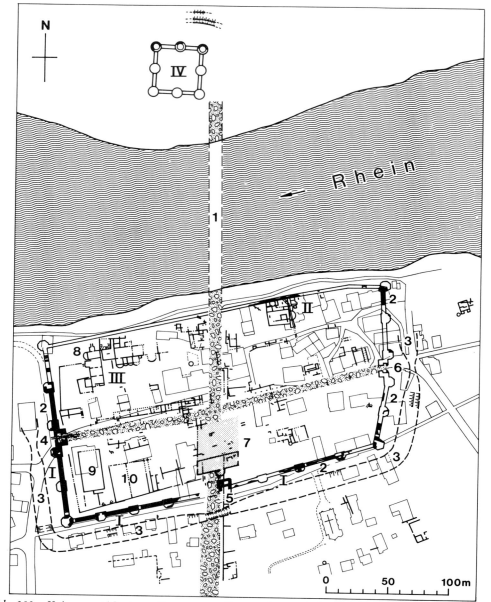

Abb. 383 Kaiseraugst/Castrum Rauracense. Gesamtplan. Sichtbare Objekte. I »Heidenmauer« (Teile der Kastellmauer), II Kastellmauer N und Reste der spätröm Kirche mit Baptisterium (unter christkath Galluskirche), III Reste der Thermen (unter Kindergarten), IV Turmreste auf N-Seite des Brückenkopfes mit Befestigungsgraben.
Nicht sichtbar: 1 Brücke, 2 Kastellmauer, 3 Befestigungsgraben, 4 W-Tor, 5 S-Tor, 6 O-Tor, 7 Stabsgebäude (?), 8 Thermen, 9 Horreum, 10 Gebäude mit zwei parallelen Sälen.

Die Befestigungsanlagen. Das Kastell wurde direkt über dem in röm Zeit ca 10 m hohen Rheinufer erbaut. Es hatte einen trapezoiden Grundriss von 284 m (im N) bzw 261 m (im S) Länge und einer durchschnittlichen Breite von etwa 160 m. Von der Ummauerung sind ein kleiner Rest der ▶ N-Mauer bei der frühchristlichen Kirche, Fundamentabschnitte der W- und O-Mauern und grosse Teile der ▶ S- und ▶ W-Mauern (»Heidenmauer«; I) erhalten. Die Mauern waren bei einer durchschnittlichen Stärke von 4 m mit grossen Quadern, grossteils Spolien, dh Bausteinen vor allem aus aufgelassenen öffentlichen Bauten von *Augusta Raurica*, fundamentiert, im Aufgehenden aus einem stark gemörtelten Füllwerk aus Kalkbruchsteinen konstruiert und mit recht gleichmässig zugehauenen, ebenfalls wiederverwendeten Kalksteinen verblendet. Zur Verteidigung dienten mächtige, ca 7 m breite und entsprechend tiefe und hohe Geschütztürme, die im Abstand von rund 20 m rittlings in die Mauer gebaut und auf der Aussenseite polygonal ausgeformt waren. Es dürften – incl der Rheinfront und der vier Ecktürme – 28–30 Türme bestanden haben. Von den vier anzunehmenden Toren ist das W-Tor untersucht: ein ca 2,30 m weiter Durchgang innerhalb eines etwa 16 m breiten und 6,50 m ins Kastellinnere zurückspringenden Torturmes. Im Abstand von rund 17 m war die Festung von einem Spitzgraben (B 10 m) umzogen.

Das Innere war durch zwei im Zentrum sich kreuzende Hauptstrassen in vier ungefähr gleich grosse Sektoren aufgeteilt. Die Längsstrasse verlief vom W- zum O-Tor, die Querstrasse vom S-Tor zum N-Tor bzw zur Rheinbrücke. Zumindest die W-Hälfte der W-O-Strasse war beidseits von Portiken begleitet.

Bauten innerhalb der Castrum-Mauer. Von der Überbauung im Innern ist erst relativ wenig bekannt. In der NW-Ecke des Kastells standen Thermen, offenbar an die N-Mauer angelehnt, von der W-Mauer rd 20 m abgerückt. ▶ Diese Thermen (III) müssen ein grösserer Gebäudekomplex (ca 50 × 42 m) von zwei rechtwinklig aneinander stossenden Baueinheiten gewesen sein. Der W-Flügel, von S nach N orientiert, umfasste vier linear aufgereihte Hauptbaderäume, wohl vom Kalt- bis zum Schwitzbad, drei davon hypokaustiert. Im offenbar jüngeren O-Flügel scheinen die Baderäume um einen grösseren In-

Abb. 384 Kaiseraugst/Castrum Rauracense. Sog Heidenmauer mit alten Bau- sowie Grab- und Altarsteinen als Spolien im Fundament.

nenraum gruppiert gewesen zu sein: Vier mit Apsiden ausgestattete Räume, davon drei mit Hypokaustanlagen, lagen S, weitere N davon. Ein grösserer quadratischer, mit einer Kanalheizung ausgerüsteter Saal dürfte innerhalb eines Verbindungstraktes errichtet worden sein.

Vom Stabsgebäude (*principia*) dürften die Fundamente einer ausgedehnten, mit Apsis und Innenhof ausgestatteten Anlage stammen, die N des S-Tors, dh auf der Mittelachse, zu einem noch nicht näher zu bestimmenden Zeitpunkt erbaut wurde.

▶ Eine frühchristl Kirchenanlage (II) ist anstelle eines im frühen 4. Jh errichteten Bauensembles O der Strasse zur Rheinbrücke und S der N-Mauer wohl um 350 entstanden. Die Kirche, ein Saalbau (ca 17,80 × 12,50 m), war im O durch eine grosse Chorapsis geschlossen, der später im N und S je ein langrechteckiger Raum angefügt wurde. Zwischen Kirche und Festungsmauer stand ein Einraum-Bau, O desselben eine mehrräumige Anlage. Diese umfasste einen hypokaustierten Mittelraum mit ebenso heizbarer Eckapsis und einen Nebenraum mit einem kleinen halbrunden Wasserbecken, wohl einem Taufbecken. Ein weiteres grösseres Gebäude muss an die O-Mauer angebaut gewesen sein, wie aus einer grösseren Kanalheizung mit Zentralkammer geschlossen werden darf.

Eine grosse, mehrteilige Gebäudegruppe, anscheinend von einer Hofmauer umgeben, befand sich in der SW-Ecke der Kastellmauer: SO des W-Tores stand ein Getreidespeicher (*horreum*; 34,50 × 17,50 m), S daran schloss ein Fachwerkbau an mit schmalem, korridorartigem Hypokaustraum und zwei grösseren Räumen mit Y-förmigen Kanalheizungen, und O davon lag ein Bau mit zwei grossen, aneinander gebauten Sälen von je 30 × 15 m.

Bauten ausserhalb der Castrum-Mauer. Die Rheinbrücke scheint ein Steinbau gewesen zu sein. Leider sind davon nicht einmal mehr Spuren vorhanden.

Der rechtsrheinische Brückenkopf (IV) war eine quadratische, mit acht vorspringenden Rundtürmen ausgerüstete Festung von 44,50 m Seitenlänge. Sie stand wie das Kastell direkt über dem Hochufer und der in Kaiseraugst zum Rhein hinab führenden Strasse gegenüber. Entdeckt 1886, untersucht 1933, wurde sie von M. Martin 1979 zur quadratischen Anlage ergänzt. Heute zeugen davon nur noch ▶ die Fundamente dreier Rundtürme.

Der für 346 belegte Bischof Justinian residierte wohl sicher in der Nähe der frühchristl Kirche. Dasselbe darf auch für dessen unbekannte Nachfolger angenommen werden, zumal auch der 615 im Amt stehende Ragnacher als Bischof dieses festen Ortes gilt.

Die Begräbnisplätze. Die Toten wurden rund 300 m SO des Castrums an der rheintalaufwärts führenden Strasse im 4. Jh entlang derselben in der Flur »Stalden«, vom späteren 4. bis ins 7. Jh etwa 100 m weiter O in einem grossen, um 700 rund 2000 Gräber umfassenden Friedhof beigesetzt. Die Gräber der Romanen des 4. und 5. Jh waren um ein kleines Gebäude mit Apsis (*memoria*) gruppiert und enthielten höchstens eine Bronzemünze (*obolus*) als Beigabe. Dank der im 6. und 7. Jh aufgekommenen Beigabensitte konnten spätere, O-wärts anschliessende Gräber ausserdem Franken und Alamannen zugewiesen werden. Aus diesem Friedhof stammen ua auch die Buntsandstein-Grabstele einer Christin *Eusstata*, die Buntsandstein-Grabplatte eines Christen *Baudoaldus* und zwei weitere Grabsteine mit dem christl Kreuz.

An wichtigsten Einzelobjekten aus der Castrum-Zeit sind ausser den erwähnten und ausser zT sehr interessanten Grabbeigaben sowie ausser den üblichen Münzen-, Keramik- und Metallfunden anzuführen: ein Eisenhelm mit Wangenklappen und Nackenschutz des 4. Jh, – ein reich ziselierter Silberteller des 4. Jh, – ein Depotfund mit mehr als 40 Bronzegefässen, wohl auch 4. Jh, – vor allem aber der berühmte Silberschatz aus der Zeit um 350/352, der neben stempelfrischem Silbergeld – 17 Medaillen, 168 Münzen und Halbmedaillen und drei Silberbarren – 70 Silbergegenstände eines höfischen Tisch-Services umfasst: vier verzierte und drei unverzierte Platten, sechs verschiedene Teller, Schüsseln, Plättchen, vier Trinkbecher, fünf Essstäbchen, eines mit Christogramm, 36 Löffel, eine Venusstatuette und einen Leuchter, alles einstmals Besitz wohl eines hochrangigen Offiziers oder Beamten des Kaisers Magnentius (350–353).

Ao: RM Augst
Lit: RLaur-Belart, Führer durch Augusta Raurica, Basel 1966 (m.ält.Lit) – MMartin, Bibliographie von Augst und Kaiseraugst 1911–1970, in: Beiträge und Bibliographie zur Augster Forschung, Basel 1975, 288–371 – ders, Römermuseum und Römerhaus Augst, Augst 1981 (m.weiterer Lit) – HACahn, AKaufmann-Heinimann ua, Der spätrömische Silberschatz von Kaiseraugst, Derendingen 1984

Flühweghalde: Gallo-röm Umgangstempel

Etwa 1700 m O des Forums von *Augusta Raurica*, Koord 623200/264850, ca 40 m über dem Talboden, finden sich auf einer nach W ausgreifenden Felsnase die Fundamentreste eines 1933 untersuchten Umgangstempels. Die Cella war 5,90 × 5,90 m bzw 20 × 20 röm Fuss gross. Sie war über den Steilabstürzen auf drei Seiten mit einem Umgang von 11 × 11 m umgeben, der auf der O-Seite in einen Vorhof (L 21 m, B 14 m) überging. Die Anlage war demnach insgesamt 32 m lang. Ausser Ziegeln wurden zahlreiche Fragmente von gegen 50 Ton- und Glasgefässen sowie von mehreren Figuren aus Kalk- und Sandstein vorgefunden. Nach den Keramik- und Glastypen wurde dieser Tempel im späten 2. Jh erbaut und bis ins dritte Viertel des 3. Jh genutzt. Die Steinplastik-Bruchstücke stammen von einer dreiviertellebensgrossen Statue mit Mauerkrone und Füllhorn (Genius oder Muttergottheit) sowie von einigen kleineren Figuren: einer sitzenden Venus(?), eines stehenden Kindes(?), eines Frauenköpfchens in einem Rundschild (*imago clipeata*) und von mehreren Statuenbasen.

Ao: RM Augst
Lit: ERiha, Der galloromische Tempel auf der Flühweghalde bei Augst, Augster Museumshefte 3, 1980

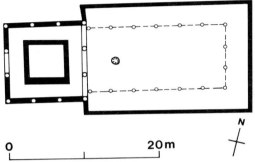

Abb. 385 Kaiseraugst/Augusta Raurica. Flühweghalde. Gallo-röm Umgangstempel.

Abb. 386 Kaiseraugst/Augusta Raurica. Röm »Gewerbehaus« in der Flur Schmidmatt. Überreste der Tuchwalkerei: im Vordergrund Trockenraum, dahinter grosser Arbeitssaal mit einem der brunnenartigen, gemauerten Bottiche.

Kempraten → Rapperswil SG
Kirchberg → Küttigen AG

Kloten ZH

Gutshof Aalbühl
Abb 387, 388

Auf dem Aalbühl, einer Schotterterrasse 2 km NW Kloten hatte man von jeher röm Funde entdeckt, daher auch der Flurname Schatzbuck. Nach der Entdeckung eines »Würfelbodens« 1724 erfolgte die Freilegung verschiedener Mosaikböden. 1837 wurden das Badegebäude und der N-Teil des Herrenhauses untersucht. Umfassende Ausgrabungen fanden 1969–1979 statt,

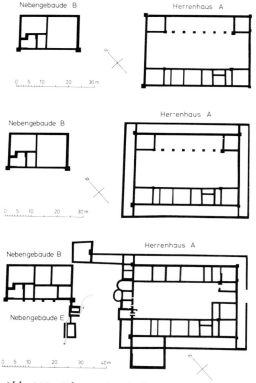

Abb. 387 Kloten. Gutshof. Herrenhaus A und Nebengebäude B (Bad), 1., 3. und 5. Bauetappe.

ausgelöst durch den Bau der Hochleitungstrasse Kloten–Bülach. Anschliessend konnten die Mauerzüge des Herrenhauses und des Badegebäudes konserviert werden.
Die heute bekannten Baureste erstrecken sich über ein Gebiet von rund 250 × 200 m. Aus der Lage der einstigen Bauten darf auf eine queraxiale Gutshofanlage geschlossen werden – mit einer NW-SO-Hauptachse, aber nach SW orientiert. Bekannt sind die Grundrisse des Herrenhauses, des Badegebäudes und zweier Kleinbauten sowie Teile eines grösseren Nebengebäudes und einer inneren, NO-SW verlaufenden Hofmauer.
▶ Das Herrenhaus A stand auf exponierter Stelle der erwähnten Schotterterrasse, rund 5 m über dem Talboden, mit Blick über das weite Ried zur fernen Lägern. Im Endausbau hatte der Baukörper einen Grundriss von 48,80 × 39,20 m. Der erste Kernbau war demgegenüber bloss 40,70 × 28,50 m gross: eine Rechteckanlage mit vier etwa gleich grossen quadratischen Räumen von rund 7,20 m Seitenlänge, wovon die beiden je am Ende der SW-Fassade liegenden durch einen geschlossenen Trakt mit Wohnräumen, die beiden je am Ende der rückseitigen NO-Front befindlichen mit einer ebenso breiten, offenen »Portikus-Halle« verbunden waren. Der rund 39 × 14 m grosse Innenraum war ein offener Hof mit Abwasserkanal. – Im Zuge von sieben weiteren Bauetappen erfolgten dann Erweiterungen sowie Um- und Ausbauten: ein Hallenanbau auf der NO-Seite, gleich breit wie die »Portikus-Halle«; Abbruch des Hallenanbaus und Erstellung von Portiken vor allen vier Frontseiten; Einrichtung eines Bades in der Mitte der NW-Portikus, Bau eines Risaliten vor der W-Ecke und zweier Räume im SO-Teil des Hofes; Erweiterung des Badetraktes durch apsidial geschlossenen und ovalen Raum und Errichtung einer Verbindungsportikus samt grossem Aufenthaltsraum zum selbständigen Badegebäude hin, Ausbau der »Portikus-Halle« zu zweitem Wohntrakt und Vergrösserung des Risaliten; Weiterausbau des Badetraktes unter Einbezug des NW-Teiles des Hofes und Ersatz des Risaliten durch einen Apsissaal samt Erstellung von Mosaikböden, Bau eines Risaliten vor der S-Ecke; portikusartiger Korridor im NO-Teil des Hofes, Anbauten am Apsissaal, Hypokaust in kleinem Raum im SO-

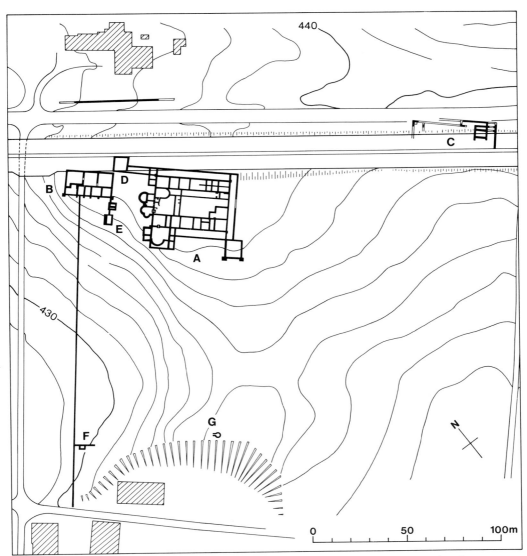

Abb. 388 Kloten. Gutshof. Letzte Bauetappe. A Herrenhaus, B Bad, C Nebengebäude, D Verbindungsportikus, E Kleinbauten, F Scheune (?), G Kalkofen.

Sektor des Hofes. – Die Ausstattung muss entsprechend aufwendig gewesen sein. Dies belegen ausser den vielen Mörtelböden und fünf Hypokaustanlagen vor allem Wandmalereien und die erwähnten Mosaiken, von denen allerdings nur noch das 1975 im Badetrakt entdeckte kleine Bruchstück übrig geblieben ist.

▶ Das Badegebäude B stand ca 20 m NW des Herrenhauses und hatte die gleiche Orientierung. Es war 23,20 × 14 m gross, wurde später um

2,40 m SO-wärts erweitert und im Innern um- und ausgebaut, so dass die Badeanlage sieben grössere und kleinere Räume hatte. Davon waren drei hypokaustiert, und vier hatten Mosaikböden. Von der weiteren Ausstattung zeugen ua auch Wandbelagplatten aus Juramarmor und Wandmalerei. Während hiervon nichts mehr vorliegt, sind von den Mosaiken noch Fragmente vorhanden.

Ein recht grosses Nebengebäude wurde etwa 95 m NO des Herrenhauses entdeckt. Der Bau hatte immerhin eine Länge von ca 45 m und war mindestens 20–25 m breit.

Zwei Kleinbauten E lagen direkt S des Badegebäudes. Über Wasserkanälen erstellt, dürften es Kühlhäuschen für Milch und Käse gewesen sein. Ein einräumiger Kleinbau F, 140 m SW des Herrenhauses am Rande des Riedes, war wahrscheinlich eine Art Feldscheune. Rd 150 m von ihr entfernt kam ein Kalkofen zutage. Von der Hofummauerung konnte bislang erst ein ca 140 m langes Mauerstück gefasst werden. Dieses setzte beim Badegebäude an und umzog die Feldscheune.

Ausser den schon erwähnten Bauausstattungsresten sind noch anzuführen: Scharniere aus Bronze und Eisen, Schlossriegel, Fragmente eines Fenstergitters aus Eisen, das Bruchstück eines dekorierten, bleiernen Wasserbeckens und ein Reiberhahn aus Bronze. Die 70 Münzen und die Keramikreste lassen den Schluss zu, dass die ersten Bauten kurz nach 50 nChr errichtet wurden, und der Gutshof bis ins frühe 4. Jh bestand.

Ao: SLM Zürich
Lit: FKeller, Die römischen Gebäude bei Kloten, MAGZ 1, 1841, 5 ff – FKeller 1864, 99 f – WDrack, Der Aalbühl bei Kloten, ein tatsächlicher »Schatzbuck«, NZZ 27.9.1970, Nr.448, 39

Konstanz (Baden-Württemberg)

(CONSTANTIA)

Der zu allen Zeiten wichtige Rheinübergang zwischen Bodensee und Untersee war ehedem vom flachen Moränenhügel beherrscht, auf dem das Münster steht. Dort dürfte aufgrund von Keramikfunden des 1. Jh in flavischer Zeit ein Kastell(?) gestanden haben. 1956 wurden erstmals anhand zahlreicher und typischer Keramikfunde des 3. und 4. Jh eindeutige Spuren des spätröm Kastells nachgewiesen. Zudem sind spätröm Bestattungsplätze vor allem unter dem Stephansplatz und beidseitig der Hussenstr nachgewiesen, in deren Verlauf der antike Zugang zum Kastell vermutet wird. Der Name *Constantia* erscheint erstmals auf einer röm Strassenkarte des 4./5. Jh. Ein Kastell wird indirekt auch dadurch belegt, dass der um 600 geschaffene alamannische Bischofssitz in Konstanz eine Befestigung voraussetzt.

Lit: (GFingerlin), Konstanz: Spätrömisches Kastell, in: »Die Römer in Baden-Württemberg, Stuttgart und Aalen ³1986, 374 ff

Küttigen AG

Gutshof
Abb 389

Von der Flur Lörachen S der Kirche von Kirchberg waren seit alters röm Überbleibsel, ua Reste eines Mosaiks und eines »Aquädukts«, bekannt. 1906 erfolgte die Ausgrabung des Hauptgebäudes eines Gutshofs.

Dieses Herrenhaus stand 140 m S der erwähnten Kirche im N-Teil der Lörachen-Flur, nach SO orientiert – mit Blick ins Aaretal. Das Gebäude war im Endausbau ca 50 × 14,50 bzw 30 m gross. Der Kernbau umfasste einen etwa 35 × 11 m grossen Trakt mit Wohnräumen, zwei Eckrisaliten und einer dazwischen liegenden Portikus mit

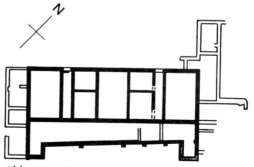

Abb. 389 Küttigen. Gutshof. Herrenhaus mit Baderäumen im NO. M 1:750.

zwei kurzen Seitenflügeln sowie höchst wahrscheinlich einer rückwärtigen Portikus vor der NW-Fassade. In späteren Bauetappen hat man im N der Hauptportikus Keller eingebaut, auf der SW-Seite einen Anbau mit drei Räumen erstellt und vor die NO-Front und N-Ecke ein mehrräumiges Bad gebaut. Fast sämtliche Räume waren mit Mörtelböden ausgestattet. Im Badetrakt war mindestens das Warmbad mit einem Hypokaust ausgerüstet. Mosaikbodenreste waren im S-Risalit, in einem der Baderäume und im Mittelraum des Wohntraktes vorhanden, doch sind nur drei kleine Fragmente verblieben. Ebenfalls im erwähnten Mittelraum wurden Reste einer weissgrundigen Ausmalung mit vegetabilen Motiven gefunden. Im Doppelraum des SW-Anbaues fanden sich zwei Herdanlagen, wohl von Koch- und Backherd. An weiteren Ausstattungsresten sind noch zu erwähnen: Fragmente einer 12eckigen Stuckverkleidung einer Säule und Gesimsfragmente aus Juramarmor. Aufgrund der Münzen und der Keramik muss dieses Herrenhaus im frühen 1. Jh erbaut und bis ans Ende des 4. Jh genutzt worden sein.

Ao: VM Brugg
Lit: FLHaller v. Königsfelden, Helvetien unter den Römern, II. Teil, Bern und Leipzig 1817, 429 f – FKeller 1864, 152 – AGessner, Die römischen Ruinen bei Kirchberg, ASA 10, 1908, 24 ff – WDrack 1950, 88 f – VvGonzenbach 1961, 127 f – RDegen 1970, 201

La Lance → Concise VD

Langenbruck BL

Strassenspuren
Abb 390

Die röm Strasse über den Oberen Hauenstein war eine Direktverbindung von *Augusta Raurica* an die mittlere Aare zwischen *Salodurum*/Solothurn und Olten.
Nach Th. Burckhardt-Biedermann ist in der Reisebeschreibung von Thomas Platter d. J. (1499–1582) von einem »in einem gehauwenen Felsen« verlaufenden Weg zwischen Önsingen und Balsthal SO die Rede. Nach eingehender Er-

Abb. 390 Langenbruck. Felsdurchschlag am Oberen Hauenstein (Krähegg/Chräiegg).

forschung der antiken Route durch K. Meisterhans legte 1899 der Verschönerungsverein Langenbruck am W-Hang des Kräheggberges bei Koord 624400/245000 einen fast 20 m langen Abschnitt des dort aus dem Felsen gehauenen röm Trassees mit zwei eingetieften Rad- bzw Fahrrinnen frei, die – an den Aussenrändern gemessen – 120 bis 130 cm auseinanderliegen. Besonders sumpfige Stellen, zB unmittelbar oberhalb von Langenbruck und am »Langen Stich« oberhalb von Waldenburg, waren mit bis 1,50 m langen, dicht nebeneinander gelegten Querhölzern passierbar gemacht worden. In den Hölzern wurden wie beim Felsausschnitt gleich weit auseinanderliegende Rad- bzw Fahrrinnen und in der Mitte zudem Tretspuren des Zugtieres – oder von hintereinander gespannten Zugtieren – beobachtet.
Lit: ThBurckhardt-Biedermann, Die Strasse über den oberen Hauenstein am Basler Jura, Basler Zs 1, 1902, 1 ff (m.ält.Lit) – ders, Holzschwellen am Weg über den oberen Hauenstein am Basler Jura, ASA 19, 1914, 119 ff

La Punt – Chamues-ch GR

Brückenpfähle mit Eisenschuhen

Anlässlich von Erneuerungsarbeiten am rechten Uferdamm des Inn, zwischen der heutigen Brücke und dem Ova Chamuera-Bach entdeckte Ch. Auer, ehemals Zuoz, 1963 drei Lärchenpfähle mit eisernen Pfahlschuhen, wie sie von röm Brücken bekannt geworden sind, ua bei Bex VD und Zurzach AG. ▶ Die drei Pfähle stehen heute, mit den Eisenspitzen nach oben, vor dem Haus »Mulin Suot« in Zuoz GR.

Läufelfingen BL

Strassenspuren
Abb 49

Das heute vom Homburger Bach in Läufelfingen durchflossene, aus dem Jurafels gehauene Strassentrassee hatte dem Verkehr bis zum Bau der Hauensteinstrasse in den Jahren 1827–1829 gedient. Während der Felsdurchschlag beim Rüteli in der Gemeinde Hauenstein SO (Koord 632900/247000) im Mittelalter entstanden ist, scheint das »Bachtrassee« in Läufelfingen bei Koord 631250/249600 auf röm Zeit zurückzugehen. Dahin weist insbesondere die Art der beiden rund 110 cm auseinanderliegenden Rad- bzw Fahrrinnen.
Lit: WReber, Zur Verkehrsgeographie und Geschichte der Pässe im östlichen Jura, Liestal 1970, 96 ff

Laufen BE

Gutshof
Abb 391

Auf der rund 1500 m SO von Laufen gelegenen Hügelkuppe Müschhag und auf deren NO-Hang entdeckte A. Gerster 1917 röm Baureste, die er 1933 mit Beratung von G. Bersu ausgrub.
Die beiden festgestellten Abschnitte der beiden Längsmauern der Gutshofummauerung liegen ca 135–140 m auseinander, und die in der SW-NO-Längsrichtung ausgemachten äussersten röm Elemente sind ca 265–270 m voneinander entfernt. Somit dürfte auch der Gutshof auf Müschhag eine längsaxiale Anlage gewesen sein.
Das Herrenhaus, anstelle eines Pfostenhauses von 10,50 × 10 m erbaut, war anfänglich ein rechteckiger Baukörper von ca 31 × 18 m mit einem 31 × 10,50 m grossen Quertrakt mit Wohnräumen, einer hufeisenförmigen Portikus und zwei je an deren Aussenseiten angefügten Risaliten. In späteren Bauetappen entstand vor der N-Ecke ein Badegebäude, wurden vor die SO-Mauer des Quertraktes kleine, vor den Ostrisalit grosse Wohnräume gebaut und diese mit dem ebenfalls erweiterten Badegebäude durch einen Mauerzug verbunden, so dass – zusammen mit der Portikus – ein fast quadratischer Hof entstand. Die auf diese Weise vergrösserte Anlage war nun – ohne die kleinen Anbauten und ohne Badegebäude – bei der bisherigen Breite von 31 m gegen 34 m lang bzw tief geworden. Offenbar wurde der Bau auch im Innern mehr und mehr ausgebaut, kamen doch im grossen Raum bei der W-Ecke zahlreiche Überreste einer Panneaumalerei antoninischer Zeit zutage. Das Badegebäude, aus einem Kleinbau im Zuge von 3 bis 4 Bauphasen entwickelt, war im Endausbau 16,50 × 12 m gross und umfasste neun Räume; davon waren zwei hypokaustiert.
Nebengebäude B (26,50 × 11,50 m), ca 110 m NNO des Herrenhauses und sozusagen in der Verlängerung von dessen Mittelachse, war anscheinend neben einem hölzernen Bau (10,50 × 10 m) errichtet worden, und zwar als Halle, die später auf der SW-Seite durch eine 6 m breite Portikus vergrössert wurde. Zwei weitere Nebenbauten sind erst festgestellt.
Ein Töpferofen konnte rund 30 m N des Nebengebäudes untersucht werden. Aus den zahlreichen Scherben der hier gebrannten Ware konnten etwa 700 Gefässe erschlossen werden, die sich auf mehrere Gattungen verteilen, welche im letzten Drittel des 1. Jh in Mode waren.
Ein Sodbrunnen (T 5,50 m), ca 30 m NW des Nebengebäudes und etwa 35 m W des Töpferofens, dürfte mit der Töpferei angelegt worden sein.
An Ausstattungsstücken liegen vor: Belagplatten und eine Säulentrommel aus Juramarmor, einige Wandmalereifragmente sowie Türbeschläge.
Aufgrund der reichen Keramikfunde, der 18

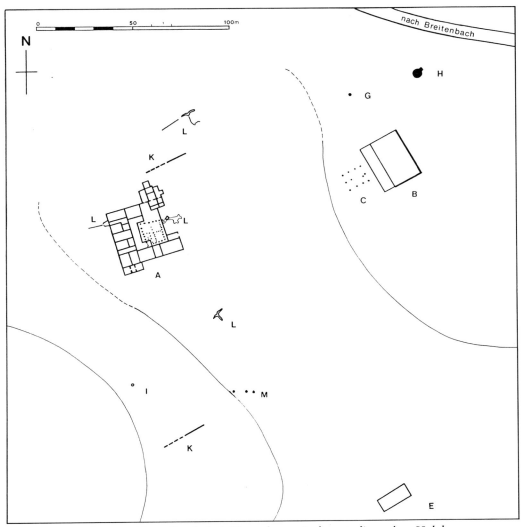

Abb. 391 Laufen-Müschhag. Gutshof. A Herrenhaus mit darunterliegendem Holzbau, B, E Nebengebäude, C Holzbau, G Sodbrunnen, H Töpferofen, I Eisenschmelze, K Reste der Umfassung, L Abwasserleitungen, Drainagen (alle röm?).

Münzen, aber auch der vielen bronzenen und eisernen Fundobjekte, darunter ein Hortfund von Wagenteilen, muss der Gutshof auf Müschhag im frühen 1. Jh gegründet, ab ca 50 mit Steinbauten erneuert und in der 1. Hälfte des 4. Jh aufgelassen worden sein.

Lit: A Gerster, Eine römische Villa in Laufen, ASA 1923, 1993 ff – W Drack 1950, 90 – R Degen 1970, 284 f – A Gerster, Der römische Gutshof im Müschhag bei Laufen, HA 9/1978 (33), 2 ff – St Martin-Kilcher, Die Funde aus dem römischen Gutshof von Laufen-Müschhag, Bern 1980

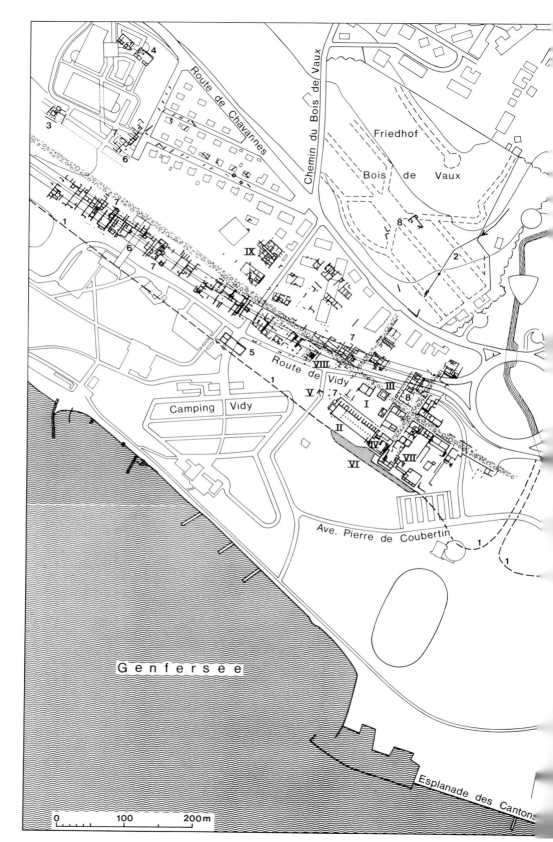

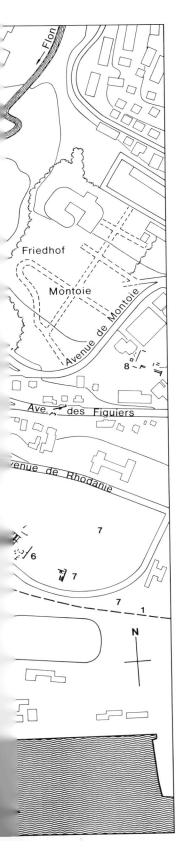

Lausanne VD

LOUSONNA oder *LEUSONNA*
Abb 88, 108, 169, 194, 218, 247, 392–394

Am nördlichsten Punkt des Genfersees (*Lacus Lemannus*), an einer für einen Hafen günstigen Bucht entstand in den letzten Jahrzehnten vChr zwischen der Wasserstrasse Rhone–Genfersee und den hier ansetzenden Landstrassen nach einerseits *Aventicum–Vindonissa/Augusta Raurica*–Rhein und andererseits *Urba–Ariolica/*Pontarlier–*Vesontium*/Besançon ein Umschlagplatz, der sich vor allem im 1. und 2. Jh nChr zu einem stadtähnlichen Vicus entwickelte. Röm Funde und Mauerreste wurden im Gebiet von Vidy schon im Mittelalter beobachtet bzw geborgen. Im 15. Jh erscheinen die Flurnamen »Murs de Vizi«, »Murailles«, »Murs vieux«. 1629 fand man die Bronzeapplike mit dem Opferstier und 1739 den Votivstein eines »Curator vikanorum Lousonnensium«, eines Kurators der Einwohner von Lausanne (HM 156). – Eigentliche Untersuchungen erfolgten ab 1896 vor allem bei öffentlichen Bauarbeiten innerhalb der Vicuszone, besonders auch 1921, 1922 und 1923. 1934/35 wurde ein Wohnhaus-Komplex ausgegraben und teilweise (im besonderen die »Chambre peinte« mit an den Wänden haftenden Panneaumalereien) ins 1936 eröffnete Musée de Vidy« einbezogen. Von 1935 bis 1939 hat man den Forumbereich ausgegraben und konserviert, 1971–1976 entstand hier die »Promenade archéologique de Vidy« samt röm Hafen. Bei Rettungsgrabungen wurden untersucht: 1960/61 im Bereich der Autobahn zwischen Museum und Forum Wohnhäuserreste mit einem Mosaikboden, 1962/63 im Gelände der »Expo 64« ein Wohnhaus O des

Abb. 392a Lausanne/Lousonna. Sichtbare Objekte: I Forum, II Basilika, III Haupttempel I, IV Heiligtum mit drei Kapellen, V Thermen, VI Hafen, VII Lagerhäuser, VIII Mosaikboden, IX Museum, darin Wohnraum mit Wandmalereien. Nicht sichtbar: 1 Altes Seeufer, 2 Aquädukt, 3 Gallo-röm Tempelbezirk, 4 Mansio (?), 5 Lagerhäuser (?), 6 Handwerkerquartiere, 7 Töpfereien, 8 Gutshöfe (?).

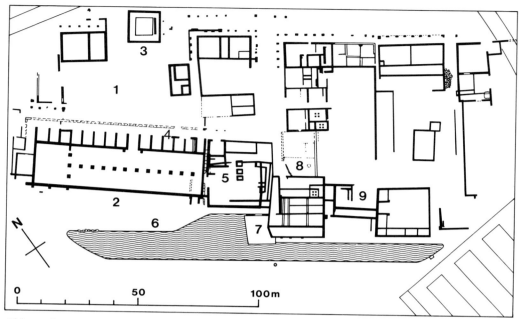

Abb. 392b   Lausanne/Lousonna. Vicus. Zentrum. 1 Forum, 2 Basilika, 3 Haupttempel, 4 Schola der Schiffer, 5 Heiligtum mit 3 Kapellen, 6 Hafenquai, 7 Hafenrampe, 8 Wohnbauten, 9 Lagerhäuser.

Flon, 1965/66 im SO-Teil des Vicus ein Töpfereibezirk, 1975/76 Wohnbauten im N-Teil des Vicus, 1975 Reste von Ateliers rund 1 km W des Forums, 1983 Baureste von Ateliers rund 900 m NW des Forums, 1984 zwei gleichartig gestaltete Gebäude ca 1,2 km NW des Forums, 1985 ein Tempelbezirk etwa 1,5 km W des Forums. Konserviert bzw restauriert werden konnten: 1935/36 die »Chambre peinte« und andere Bauteile im Museum, 1961 das Mosaik und die Plattenbeläge im Pavillon.

Der Vicus des 1.–4. Jh war im Endausbau der grösste Vicus (Ort ohne Stadtstatus) in der Schweiz. Die ersten Bauten hatten wohl am See gestanden, wo in der Folge die öffentlichen Bauten um ein Forum und mit Bezug auf die zwei sich kreuzenden Hauptstrassen – Cardo maximus und Decumanus maximus – errichtet wurden. Und entlang dieser Haupt- und weiterer Nebenstrassen entwickelte sich der Vicus nach W und O und bergwärts bis auf eine Länge von minimal 1,2 km und eine Breite von gegen 250 m. Ausser Hafen, Forum und Strassen sind nur wenige Elemente einer öffentlichen technischen Infrastruktur bekannt geworden. So wurde zB das Grundwasser genutzt, konnten doch bislang insgesamt über zwei Dutzend Sodbrunnen ausgemacht werden. Ein grösserer gemauerter Aquädukt wurde 1909 in der Vallée de la Jeunesse NO Vidy festgestellt.
▶ Der Hafen ist eine über 30 m breite und 10 m tiefe Anlegerampe innerhalb der langen, geraden, aus grossen Steinblöcken konstruierten Quaimauern. Diese müssen mindestens je etwa 300 m nach O und W angelegt gewesen sein. Der Wasserstand war in röm Zeit auf etwa 375 m üM, dh der röm Seespiegel lag um die 3 m über dem heutigen.

Ein O an die Basilika angefügter Hof mit ▶ Kleinbauten und ▶ drei Tempelchen (der Schiffer und Handelsleute) und ein ▶ grösseres mehrräumiges und mit Hypokaust ausgestattetes Gebäude umsäumten die Anlegerampe. Weiter

Abb. 393 Lausanne/ Lousonna. Weihestein an Neptun, gestiftet aufgrund eines Gelübdes von Titus Nontrius Vanatactus.

Abb. 394 Lausanne/ Lousonna. Vicus. Mosaikboden eines Hauses NW der Basilika, entdeckt 1961 und an Ort und Stelle konserviert.

O dieses Mehrzweckgebäudes und in dessen Längsachse stand gleicherweise hart am Quai ein
▶ Lagerhaus.
▶ Das Forum (ca 45 × 40 m), das Zentrum der Ortschaft, war zwischen Hafen und Decumanus maximus angelegt, darum gruppiert das religiöse und das politisch-wirtschaftliche Zentrum – Tempel und Basilika.
▶ Der Tempel stand so N des Forums, dass der Decumanus maximus von O und W auf ihn zulief. Der Bau war ein gallo-röm Umgangstempel mit quadratischer Cella von 7,70 m Seitenlänge und ca 2,50 m breitem, allseitigem Arkaden-Umgang. Der Eingang lag auf der O-Seite, und 3,50 m davor, ausserhalb des Umgangs, war ein Altar(?) aufgestellt. Zu Ehren welcher Gottheit ist unbekannt. In der SO-Ecke fand man eine Weihung an Mercurius Augustus. – Zum heiligen Bezirk gehörte zumindest noch ein Priesterhaus und eine sog Gigantomachie, wie entsprechende, O des Tempels entdeckte Relief-Fragmente bezeugen.
▶ Die Basilika hatte man auf der SW-Seite des Forum-Platzes erbaut. Der rund 85 m lange Bau muss diesen sowie SW-wärts die etwa 20 m entfernten Quai- bzw Seeuferanlagen beherrscht haben. Den Kern bildete eine Halle (69,50 × 17 m), die durch zwölf Pfeiler in zwei Schiffe und durch zwei weitere in einen kleineren W-Raum aufgeteilt war. Dieses Innere entspricht dem griech-röm Basilikentyp, wie ihn auch die erste Basilika in → Nyon aufgewiesen hatte. Dem Hallenbau waren auf der Forumseite links und rechts des Eingangs sechs bzw acht Kleinräume – Boutiquen, Büros – sowie eine durchgehende Portikus vorgestellt. Einer dieser Bauannexe gehörte den oben erwähnten Genferseeschiffern.
Weitere Bauten N und SO des Forums, aber auch SO-wärts entlang des Decumanus maximus,

dürften ebenfalls öffentlichen Charakter gehabt haben, doch ist dies nicht näher zu belegen.
Die Vicus-Thermen müssen – aufgrund 1937 gemachter Entdeckungen einer grossen Apsis und von Hypokaustanlagen – rund 20 m NW der Basilika und längsaxial zu dieser gestanden haben. Die Privathäuser waren, meist dicht gedrängt und oftmals nur durch eine Mauer voneinander getrennt, den Strassen entlang aufgereiht. Im Innern individuell in kleinere und grössere Räume gegliedert, hatten viele der Häuser nur strassenseits ein gemeinsames Merkmal: die vorgestellten Portiken oder Lauben. Entsprechend einfach muss die Ausstattung gewesen sein. Geheizt wurde mittels Herdstellen. Hypokausten und demzufolge auch Bäder, Mosaiken und Malereien gab es nicht – ausgenommen in »Stadtrandhäusern«, wovon die 1963 ins Museum einbezogene »Chambre peinte«, die 1962 O des Flon und 1985 ganz im W des Vicus entdeckten Hypokaustreste sowie auch das 1961 etwa 85 m NW des Forums konservierte ▶ Mosaik zeugen.
Handwerker-Ateliers fanden sich im SO-Bereich des Vicus, etwa 400 m vom Forum entfernt, in grösserer Zahl aber NW, weit ausserhalb der Wohnsiedlung, zwischen 900 und 1400 m vom Zentrum.
Ein Tempelbezirk, mit einem Umgangstempel, dessen Cella rund 8 × 8 m mass, und mit zwei Nebengebäuden samt rechteckiger Ummauerung kam 1985 etwa 100 m W der letzten röm Wohnbauten zum Vorschein. Ein ansehnlicher Gebäudekomplex aus zwei grösseren, gleichartigen Bauten, im 3. Jh N der Handwerker-Ateliers am rückwärtigen Geländehang errichtet, könnte ein Rasthaus (*mansio*) unweit der Strasse nach Genf gewesen sein. Im Abhang W und O der Vallée de la Jeunesse bzw des Flon-Baches hat man grössere, etwa 500 m auseinander liegende Mauerreste von Wohnbauten entdeckt – wohl von zwei Gutshöfen.
Zu den wichtigsten Fundobjekten zählen ausser den schon erwähnten sowie ausser den Keramik-, Münzen-, Schmuck-, Metallgeschirr- und Werkzeugfunden vor allem die Inschriften HM 158–163, die drei Bronzestatuetten Merkur, Sucellus und dreigehörnter Stier, einige Terrakotta-Figürchen, ua eine Epona und eine Muttergottheit sowie ein Silberlöffel mit Christogramm.

Vor allem aufgrund der Keramik und der Münzen nimmt D. Paunier an, dass der Vicus von Lousonna unter Gallienus (259–268) abgegangen ist, und man später nur noch den Tempel aufgesucht und einige Häuser weiter- oder wiedergenutzt hat.

Spätröm Refugium auf dem Kathedralhügel? Vor allem die 1971 und 1972 N der Kathedrale durchgeführten Ausgrabungen legten Überreste von handwerklichen Betrieben frei mit Argonnensigillata, »Sigillée paléochrétienne« und anderer später Keramik sowie einer Lampe vom afrikanischen Typ, Material, das vom ausgehenden 3. bis ins 5. Jh reicht. Für die Annahme eines Kastells fehlen – einstweilen – Mauerreste.
Im Laufe des 6. Jh erbauten die christlichen Einwohner von *Lousonna* auf der dominierenden Geländeterrasse zu Ehren des hl. Thyrsus eine Kirche, und 594 wurde Bischof Marius daselbst beigesetzt.
Ao: MCAH Lausanne, Musée Romain Vidy, Musée du Vieux-Lausanne und BHM Bern.
Lit: WStöckli, Les édifices antérieurs à la cathédrale actuelle, in: JCBiaudet ua, La Cathédrale de Lausanne, Bern 1975, 13 ff – GKaenel, Lousonna. La Promenade archéologique de Vidy. AFS 9, 1977 (m.ält.Lit) – DPaunier, La présence de Rome, in: JCBiaudet, Histoire de Lausanne, Lausanne/Toulouse 1983, 45 ff (m.ält.Lit) – MEgloff et KFarjon, Aux origines de Lausanne. Les vestiges préhistoriques et gallo-romains de la Cité, Lausanne 1983 – DPaunier ua, Le vicus gallo-romain de Lousonna-Vidy, vol. 1, Lausanne 1984 – ders ua, Le vicus gallo-romain de Lousonna-Vidy, Rapp. prélim. s. l. campagne de fouilles 1984, Lausanne 1987

Weiheinschrift

Der 1739 in Vidy entdeckte, später als Grabplatte verwendete Kalksteinblock mit der Weiheinschrift des *Publius Clodius Cornelius Primus* (HM 156) ist heute in der ▶ Salle des pas perdus im Rathaus zu Lausanne eingemauert.
Lit: GWalser (I) 1979, 51

Le Châtelard → Montreux VD

Lenk BE

Pferdewechselstation und/oder Passheiligtum(?)

Am W-Ufer des auf 2065 m üM liegenden Iffigsees entdeckte 1983 ein deutscher Feriengast bei Niederwasserstand röm Leisten- und Rundziegel (*tegulae* und *imbrices*). 1985 erfolgten Besichtigungen der Fundstelle durch den Archäologischen Dienst BE, die weitere Aufschlüsse ergaben – einerseits weitere Ziegelbruchstücke, andererseits aber auch Fundamentstrukturen auf eine Länge von ca 14 m, welche Unterbau-Überresten von Mörtelgussböden ähnlich sehen. Bei diesen Besichtigungen konnten auch O und SW des Iffigsees, am O-Hang von Stiereniffigen und gegen den Kaltwasserpass (Col des Eaux Froides) hin, alte Wegspuren ausgemacht werden, die mit diesem Vorläufer des mittelalterlichen Rawilpasses in Verbindung gebracht werden. Auf der Walliser Seite führte nach älteren Karten ein Weg über Serin und Ayent ins Tal. Die Baureste am und im Iffigsee könnten daher von einer Pferdewechselstation (*mutatio*) und/oder einem Passheiligtum stammen.

Lit: HGrütter, Der Rawilpass – mit antikem Vorgänger am Kaltwasserpass (Col des Eaux Froides)? [Zum Fund römischer Leisten- und Rundziegelfragmente am Westufer des Iffigsees (2065 m)]. Jb d. Geogr.Ges.von Bern, Bd.55, 1983–1985, 453 ff – HGrütter, Lenk: Iffigsee, JbSGU 69, 1986, 270

Lenzburg AG

Vicus
Abb 395, 396

Der Vicus von Lenzburg lag rund 3,5 km SO der Aare – an der Stelle, wo zwei einerseits von *Vindonissa* und andererseits von der röm Hauptverkehrsstrasse *Salodurum–Vindonissa* ausgehende Strassen zusammenliefen, und von wo deren Fortsetzung um den Schlossberg herumführte und seetalaufwärts der Brünig-, Grimsel-Albrunroute zustrebte. Die Fluren, in denen die röm Baureste festgestellt wurden, heissen Lindfeld und Lind(-Wald). Die Silbe Lind- erinnert an Lindberg bei Oberwinterthur, wo gallo-röm Statuetten, besonders aber an Lindenberg bei Kempten (Allgäu), wo die ausgedehnten Ruinenfelder der röm Stadt *Cambodunum* entdeckt wurden. Die früheste Nachricht über röm Funde aus Lenzburg datiert vom 10. Oktober 1552. Damals sandte der Prädikant Schuler eine in einem Acker zu Lenzburg gefundene röm Münze zur Ansicht nach Zürich. 1805 wurden röm Bauteile aus dem Lindfeld am Bleicherain vermauert. Um 1830 erfolgten »Nachgrabungen« in »Schwarzäckern« auf dem Lindfeld. 1870 kamen die beiden gallo-röm Bronzekannen mit den Panthergriffen zutage. Bei den Aushubarbeiten 1872/73 für die grosse Bahnschneise stiess man auf mehrere röm Gebäuderuinen und Sodbrunnen sowie zahlreiche Funde. 1933 und 1934 konnten erste Ausgrabungen im Lindfeld durchgeführt werden. 1946 kamen in dem 1934 im Lindwald entdeckten röm Friedhof neun weitere Gräber zum Vorschein, 1959 nochmals neun und 1973/74 gar über 50. Bei Aushubarbeiten für den Bauernhof Salm im W-Teil des Lindfeldes konnten 1950 in einer Notgrabung die Fundamente eines grösseren Bauensembles gefasst werden. 1963–1965 wurden im Rahmen des Nationalstrassenbaus N des Ausgrabungsfeldes von 1933/34 das Trassee einer röm W-O-Strasse, Teile von Bauten und – N davon – einer Hofummauerung untersucht. Das in diesem Zusammenhang 1964 entdeckte szenische Theater konnte in der Folge freigelegt und 1970–1972 konserviert werden.

Die beiden Strassen aus *Vindonissa* bzw der Gegend von Wildegg müssen O des Vicus zusammengelaufen sein und bildeten ab dort die von O nach W verlaufende Hauptstrasse, die 1933/34, besonders aber 1963/64 als ca 4 m breites Trassee mit einem 20 bis 30 cm starken Unterbau aus Rollkieseln, einer bis 30 cm dicken Oberflächenschicht aus Kies und einem Strassengraben auf der N-Seite ausgemacht wurde. Vor allem entlang dieser Strasse standen die Häuser, die meisten der bisher untersuchten auf der S-Seite.

Die Häuser scheinen – zumindest auf der S-Seite – recht tief gestaffelt gewesen zu sein. So lagen die 1872/73 beim Bahnbau gefassten Überreste von Längs- und Querbauten rund 50 m S der Strasse. Der dort noch nicht untersuchte »Zwischenstreifen« wurde 1933/34 rund 230 m weiter O angegangen. Damals konnten die Hauseinheiten 1–4 untersucht werden. Weitere fünf analoge Einheiten (5–7, 11 und 12) erfasste man 1963/64. Bei den Bauten 1–4 scheinen anfänglich Holz- bzw. Fachwerkhäuser gestanden zu haben. Diese müssen gegen die Mitte des 1. Jh durch Steinbauten ersetzt worden sein, welche offenbar schon 30 Jahre später eine Feuersbrunst zerstörte. Die neuen Gebäude entstanden hinter einer gemeinsamen, zur Strasse hin geöffneten Portikusarkade (B ca 3 m): Haus 1 mit einer 16,50 m breiten Fassade und einer Tiefe von minimal 21 bzw 29 m, Haus 4 mit einer gleichen Frontbreite und einer Tiefe von minimal 17 bzw 31 m, Haus 2 mit einer 33,50 m langen Strassenfassade und einer Tiefe von 19 m. Dieser Bau hatte einen recht symmetrisch gegliederten Kern mit zweiter Portikus auf der S-, einem Wohnraumtrakt auf der O- und einem zweiteiligen Ökonomieflügel auf der W-Seite. Haus 3 ist als ca 17 m tiefer Baukörper in eine 11 m weite Durchfahrt zwischen den Häusern 2 und 4 gestellt und firstgerecht in Wohntrakt (im O) und Wirtschaftsteil (im W) gegliedert worden. Ausser Ziegel- und Keramikfragmenten fanden sich in diesen Bauten mehrere Herdstellen aus Lehm- oder Ziegel-»Teppichen« sowie Türschwellen, Pfostensockel, Fachwerkunterzüge und Bodenbelagplatten, zudem in der S-Portikus des Hauses 2 noch zwei Säulenbasen aus Mägenwiler Muschelsandstein. Erwähnenswert sind ferner im Haus 2 entdeckte Bruchstücke von rotem Wandverputz und die in einem Raum des hofseitigen SO-Anbaus am Haus 4 gefasste kreuzförmige Kanalheizung.

Die W-wärts 1963/64 untersuchte Siedlungszone ergab fast ausschliesslich Grundrisse von ca 12 × 30 m grossen Bauten, die, mehr oder weniger nah aneinandergereiht, mit der Giebelseite zur Strasse gestellt und fast durchgehend firstrecht in Wohn- und Ökonomietrakt aufgeteilt, mit Innenhöfen versehen und durch Nebengebäude auf der S- bzw Rückseite erweitert waren. Wie zwischen den Häusern 1 und 2 fand sich auch zwischen 2 und 5 nur ein halbmeterbreiter Abstand – gross genug für eine Dachwasserrinne. Zwischen den Gebäuden 5 und 6 war dagegen eine bekieste Gasse (B 2,70 m) angelegt, und zwischen den Häusern 11 und 12 hat man eine 23 m breite Fläche wohl als Obstgarten erhalten. Die Häuser waren auffallend einfacher konstruiert als die Vierergruppe von 1933/34, und die Innenwände scheinen durchgehend in Fachwerktechnik ausgeführt gewesen zu sein – ebenso wohl die zwischen den Kernbauten und der Strasse befindlichen Vorbauten. Ein völliger Fachwerkbau war zudem Gebäude 7. In seinem S-Teil fanden sich noch ein aus Mägenwiler Quadern erbauter Backofen und eine aus Hypokaustplatten geschaffene Herdstelle. Eine Herdstelle aus Ziegeln lag im Haus 5. Das Gebäude 12 hatte auf der O-Seite eine Portikus, und der Hof (9) S des Gebäudes 7 war durch Kanälchen aus Rundziegeln (*imbrices*) entwässert worden.

Ein freier, bekiester Platz (B ca 19 m, L bis 50 m) kam N der Strasse bzw der 1963/64 untersuchten Bauten zutage. Er war im O und N durch die Häuser 13 und 14 begrenzt. Haus 14 muss ein hallenartiger Bau (24,50 × 11 m) gewesen sein. Haus 13 (L ca 20 m, B ca 12 m) wies auf der W- und S-Seite je eine Portikus auf, war in mehrere Räume aufgeteilt und hatte in der NW-Ecke einen Keller. Die gute Mauerung und die vielfältige Verwendung von Mägenwiler Muschelsandstein lassen ein öffentliches Gebäude vermuten. Ebenfalls N der Strasse, rund 200 m W des Platzes konnte 1950 ein weiteres Bauensemble wenigstens in Umrissen erfasst werden – im Rahmen der letzten auf Lenzburger Boden mit Bettelgeldern finanzierten Notgrabung. Das Hauptgebäude war ein ca 18 × 13 m grosser Hallenbau mit Portikus (B 3 bzw 2 m) vor der S- bzw strassenseitigen Front und einer rückwärtigen Wohnraumflucht (B ca 3,50 m) auf der N-Seite, in der Mitte wohl die Küche. Dort und im N-Teil der Halle bis je zu den NW- und NO-Ecken lagen die wichtigsten Bauausstattungsstücke: eine aus 13 Tonplatten hergerichtete Herdstelle, eine Schwelle aus Mägenwiler Muschelsandstein für eine zweiflügelige Türe, zwei verschieden grosse Mühlsteine gleichen Gesteins, eine Becherlampe ua. N-wärts dürfte noch ein Wirtschaftshof vorhanden gewesen sein, und weiter W – in rund 10 m Entfernung – fanden sich Reste weiterer Gebäude. Besonders dicht ist auch die Streuung von Siedlungsresten zwischen dem »Platz« und dem Theater und W davon. Diese Zone war anscheinend nach O und S durch eine – auf eine

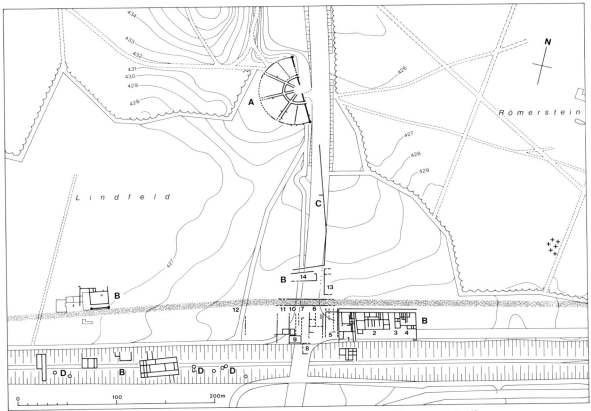

Abb. 395 Lenzburg. Vicus. A Theater, B Vicusbauten (1–14), C Hofmauer, D Sodbrunnen.

Länge von ca 165 m bereits gefasste – Hofmauer abgegrenzt.

Aufgrund der heute bekannten Baureste war der Vicus in der Hauptstrassenachse mindestens 400 m lang und in der N-S-Achse incl Theater mindestens 350 m breit.

▶ Das Theater wurde 1964 anlässlich der Bauarbeiten für den S-Zubringerast der Nationalstrasse N 1 am SO-Fuss des die Gegend dominierenden Boll-Hügels entdeckt, auf der Wasserscheide zwischen dem Lindfeld und dem Lind(-Wald). Die Anlage beschreibt ein Halbrund von 74 m Dm. Vorne in der Mitte lag der halbrunde Platz mit den Sitzen der Honoratioren (orchestra). Von dort aus führten drei radial angelegte Treppen zu den zwei durch einen Quergang geschiedenen Rängen. Die Bühnen-Frontmauer verläuft rund 8,5 m O des Orchestra-Mittelpunktes. Sie weicht um ca 29° von der geographischen N-Richtung ab, so dass die Mittelachse des Theaters auf den Sonnenaufgang am 21. Mai bzw 24. Juli orientiert ist. Zwischen Orchestraboden und dem Scheitelpunkt der Umfassungsmauer besteht trotz der Kleinheit der Anlage eine Höhendifferenz von rund 7 m.

Es müssen gegen 4000 Zuschauer Platz gefunden haben. Die Sitzreihen scheinen zumindest in den vorderen Rängen gemauert und mit Deckplatten aus Mägenwiler Muschelsandstein versehen gewesen zu sein. Reste derartiger Konstruktionen

Abb. 396 Lenzburg. Eine der beiden gleichartigen röm Bronzekannen, 1870 gefunden.

zen verringert sich von 235 an bis 305 ganz erheblich und weist nur drei – eindeutige – Münzen aus dem 4. Jh aus, eine davon des Valentinian I. (364–375).
Ao: Museum Burghalde, Lenzburg
Lit: RLaur-Belart, Römisches aus Lenzburg, Lenzburger Njbl.1935, 28 ff (m.ält.Lit) – PAmmann-Feer, Eine römische Siedlung bei Lenzburg (Aargau), ASA 38, 1936, 1 ff – WDrack, Die Ausgrabungen in Lenzburg-Lindfeld im Jahre 1950, Lenzburger Njbl.1952, 42 ff – WDehn, Zu den Lenzburger Kannen, Germania 42, 1964, 73 ff – Die Ausgrabungen in der römischen Siedlung auf dem Lindfeld bei Lenzburg 1963/64, JbGPV 1967, 63 ff – MHartmann, Der römische Vicus von Lenzburg, AFS 15, 1980 (m.Lit.-Verz.)

Leuzigen BE

Grabstein

Vor dem »Doktorhaus« in Leuzigen steht ein ▶ Grabstein, der, 1843 in den Ruinen eines röm Gutshofes in der Flur Thürner bei Leuzigen entdeckt, für *Tigellia Pusinna* gesetzt worden war.
Lit: GWalser (II) 1980, 127

Liestal BL

Gutshof Munzach
Abb 75, 397–399

Munzach war ein kleines Dorf NW Liestal, das erstmals in einer St. Galler Urkunde von 825 als Monciacum erscheint. Beim Abbruch der Kirche Munzach 1765 wurden röm Baureste beobachtet. Anlässlich der Neufassung der Munzachquelle 1950 stiess man auf die Fundamente der Kirche und eines röm Badegebäudes. Diese Entdeckung ermunterte zu weiteren Ausgrabungen 1952, 1954 und 1955 und zu Konservierungen eines Teils der Baureste 1961–1965. Im Jahre 1974 erfolgten die letzten Untersuchungen.
Die heute bekannten Überreste der umfangreichen Gutshofanlage liegen innerhalb eines langrechteckigen, von W nach O orientierten Gebietes von 320 × 160 m – mit Blick auf das rund

waren jedenfalls in der Nähe der Orchestra noch vorhanden. Besonders aufwendig waren die Frontseiten der zugleich als Stützkonstruktionen dienenden Mauerabschnitte bei der Bühne und bei den NW- und SO-Rängen gestaltet. Sie waren je durch Strebepfeiler und horizontale Abtreppungen gegliedert und offensichtlich mit Muschelsandsteinplatten abgedeckt.
Die in dem Gräberfeld rd 200 m SO des Theaters bzw NO des Vicus entdeckten Gräber waren ausser drei Körpergräbern alles Urnengräber, fast durchweg recht reiche, enthielten sie doch insgesamt gegen 20 Münzen von Augustus bis Hadrian (117–138), sehr viel Keramik, davon ein grosser Teil Terra sigillata, einige Glasgefässe, darunter einen Zirkusbecher, sowie eine Menge Terrakottafigürchen. Diese Gräberbeigaben spiegeln einen gewissen Wohlstand im Vicus zwischen ca 20 und 138 nChr. Leider fehlen einstweilen Gräber aus dem weiteren 2. und 3. Jh. Denn die Liste der im Vicus und Theater entdeckten 262 Mün-

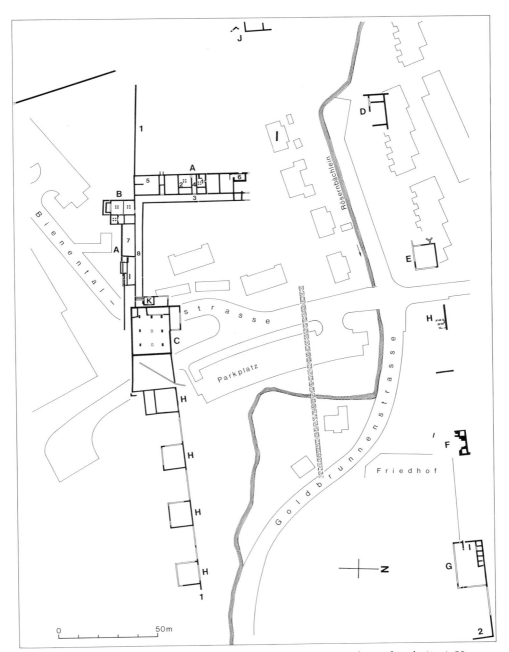

Abb. 397 Liestal. Munzach. Gutshof. 1 Hofmauer, 2 Hofmauer (oder Gebäude ?), A Herrenhaus, B Badegebäude, C Hallenbau, D, G Wohn- und Wirtschaftsgebäude, E Wohngebäude mit Kanalheizung, F Werkbau (?), H Wirtschaftsgebäude, J Quellheiligtum ?, K Amphorenkeller.

Abb. 398 Liestal. Munzach. Gutshof. Herrenhaus. Restauriertes Mosaikfragment aus dem 2. Jh.

30 m tiefer liegende Ergolztal. Der ummauerte Bereich war in einen Herrenhausbezirk (W-Teil) und einen Wirtschaftshof (O-Teil) gegliedert. Das Herrenhaus stand, an die S-Längsmauer gesetzt, im W-Drittel der Gesamtanlage. Die Hauptfassade war nach O, talaufwärts, gerichtet.
▶ Die sichtbar erhaltenen Baureste umschreiben ein Rechteck von rund 55 × 15 m und umfassen einen ca 11 m breiten Längstrakt mit den Wohnräumen, dem auf der O-Seite eine Portikus (B 3 m) vorgebaut war. Diese Gliederung muss schon beim Erstbau bestanden haben. Die Symmetrie des – ab Hofmauer gemessen – 45 m langen »S-Sektors« der Anlage drängt aber die Vermutung auf, dass dies der Kernbau des Herrenhauses war. Von dort aus erfolgten in späteren Bauetappen einerseits eine Verlängerung nach N und andererseits durch Schaffung eines grossen S-Flügels von der SO-Ecke weg: mittels Weiterziehen der Portikus entlang der Hofmauer sowie

durch Errichten eines Eckrisaliten (als Badetrakt?) und sukzessives Anfügen weiterer Räumlichkeiten an die »zweite Portikus«. Zum Vollausbau kam es offensichtlich nicht mehr; es blieb bei einer rudimentären »Winkelanlage« mit einer »Winkel«- anstatt einer hufeisenförmigen Portikus um einen entsprechenden Peristylhof. Dass aber eine entsprechende Anlage geplant war, bezeugen die Überreste einer aufwendigen Ausstattung. Im Haupttrakt waren drei Räume hypokaustiert, und zwei davon – die beiden grösseren – mit je einem Mosaikboden belegt: In Raum 1 lagen Reste einer Zentralkomposition mit grossem, einem Quadrat eingeschriebenem Kreis (darin Reste von zwei Pferdegespannen) und eines Kreuzblütenrapports in einem Rechteckfeld. In
▶ Raum 2 konnten kleinere und grössere Teile einer Zentralkomposition aus fünf mit Zweistrangenflechtbändern gefassten Kreisen an Ort und Stelle konserviert werden. In beiden Räumen fan-

den sich auch Fragmente von Wandplattenbelägen: in Raum 2 in der Sockelzone aus Jura- und an den Wänden aus farbigem Marmor, in Raum 1 nur aus Juramarmor. Ebenda entdeckte man auch viele profilierte Gesimsstücke aus Juramarmor und im Nachbarraum Fragmente von Wandmalerei. Innerhalb der Portikus 3 und des Korridors 4 fanden sich Mosaikböden zweier verschiedener Schachbrettrapporte. Davon konnte der ▶ Korridorboden in situ konserviert werden.

Von schwarzgrundigen Mosaikbelägen mit weissem Muster aus rechteckigen bis quadratischen Figuren waren im W-Teil der S-Portikus 8 noch zwei grössere Partien erhalten.

Im Raum 5 fanden sich eine cheminéeartige Herdstelle und ein Tischblock aus Juramarmor, und im Bauschutt des Kellers 6 kamen zahlreiche Kleinfunde, vor allem Keramikscherben, zum Vorschein und – eine 50 cm lange, mit Efeuranken reich reliefierte Brunnenröhre aus Juramarmor.

Der »Eckrisalit« (B) wies 4–5 Räume auf. Davon hatten drei Hypokaustanlagen, S des W-Raumes war ein Badebassin angebaut. Zu diesem Badetrakt dürfte auch der später O-wärts angebaute saalartige Raum 7 – als Palaestra – gehört haben. Das nächstfolgende Raumensemble ist nicht näher zu deuten. Der Hallenbau (C) am O-Ende der S-Portikus 8 muss aufgrund der nachgewiesenen Tragpfosten zweigeschossig gewesen sein. Das Gebäude wurde später im Innern unterteilt sowie durch Anfügen von je einer Portikus auf der N- und W-Seite und einer Ökonomiehalle auf der O-Seite vergrössert.

Weitere kleinere Ökonomiebauten (H) standen der ganzen weiter O-wärts ziehenden Hofmauer entlang. Davon hat man einen kleinen Hallenbau mit Portikus auf der S-Seite und drei Einraumbauten, wohl Ställe uä, ausmachen können.

Auch am N-Abschnitt der Hofummauerung liessen sich Bauten fassen. Im Gegensatz zur S-Zeile müssen in diesem talabwärts gerichteten Bereich eher kleinere Wohnbauten gestanden haben. Jedenfalls konnten entsprechende Baureste von insgesamt sechs Einheiten über eine Strecke von rund 290 m gefasst werden. Auf der Längsmittelachse des Wirtschaftshofes liess sich an drei Sondierstellen der Steinkörper eines durchgehenden Fahrweges feststellen.

Das eingangs erwähnte Badegebäude hatte ganz im W der Mittelachse, ca 70 m vom Herrenhaus entfernt, gestanden. Davon waren allerdings nur mehr geringe Baureste vorhanden, so eine halbrunde Mauer einer Quellfassung und Teile eines rechteckigen Badebassins. Innerhalb dieser Überbleibsel lagen drei Säulenstümpfe aus Jura-

Abb. 399 Liestal, Munzach. Gutshof. Herrenhaus. Detail des grossen Wohnraums mit Mosaik und Bodenheizung.

marmor und ein Hausaltärchen aus Hauptrogenstein – evtl von Quellheiligtum?
Ein Begräbnisplatz ist durch Grabsteine, darunter den für die Freigelassene *Prima* und ihre Schwester *Araurica* (HM 362) bezeugt.
Ausser den schon aufgezeigten Ausstattungsobjekten sind hier noch anzuführen: mehrere Säulenbasen und Kapitelle aus Juramarmor sowie eine Büste von einem Klappgestell, mehrere Statuetten und ein halbmetergrosser Delphin von einem Brunnen, alles aus Bronze.
Nach Ausweis der Münzen und der Keramik muss der Gutshof Munzach im frühen 1. Jh gegründet und gegen 350 aufgegeben worden sein.
Lit: TStrübin, Monciacum. Der römische Gutshof und das mittelalterliche Dorf Munzach bei Liestal. Bildbericht über die ... Ausgrabungen 1950–1955. SA aus Baselbieter Heimatblätter 1956 – JbSGU 44, 1954/55, 114 – VvGonzenbach 1961, 142 ff – JbSGUF 56, 1971, 220 – ebda 61, 1978, 201 – MJoos, Die römischen Mosaiken von Munzach, AS 8, 1985, 86 ff

Lignerolle → Ballaigues/Lignerolle VD

Lignières NE

Gutshof

In der Flur Ruz du Plâne oberhalb Lignières wurden bei Rodungsarbeiten um 1840 röm Baureste entdeckt, aber erst 1907 ausgegraben. Der damals freigelegte Bau (30 × 27 m), das Haupthaus eines Gutshofes, war nach S orientiert. Es umfasste – offensichtlich nach mehreren Bauphasen – eine grossenteils mit Wohnräumen ausgebaute ursprüngliche Halle, eine schmale Portikus auf der Bergseite und – vor der Hauptfront – eine breite Portikus, flankiert von zwei Risaliten. Es liegen nur wenig Wandmalerei- und Keramikfragmente des 1.–3. Jh und eine Münze der Julia Domna der Zeit um 200 im MCA Neuchâtel.
Lit: ASA 1907, 260 – DVouga, Préhistoire du pays de Neuchâtel, Neuchâtel 143, 158 ff – RDegen 1970, 360

Lindau ZH

Strassenspuren

Bei Koord 695400/257700 verläuft die »Steig« in fast N-S-Richtung als ca 400 m lange, durchschnittlich 2,50 bis 3 m breite und bis 5 m tief aus dem Terrain herausgearbeitete »Wegrinne«, die sehr an röm Strassentechnik erinnert und wohl der gesuchte Aufstieg der röm Strasse aus dem Talkessel von Winterthur auf das Plateau von Brütten bzw Winterberg-Breite gewesen sein dürfte.

Lostorf SO

Spätröm Refugium

Auf dem zerklüfteten Felskopf wurden 1936/37 und später ausser neolithischen Keramikscherben zahlreiche Leistenziegelfragmente, röm Beschläge aus Bronze sowie 35 Münzen entdeckt: ausser einem As des Commodus (180–192) alle aus der Zeit zwischen Gordian I. (232) und Galerius Maximianus (284–305). Daraus darf geschlossen werden, dass der Grosse Kastel im späteren 3. Jh als Zufluchtsort aufgesucht worden ist.
Ao: HM Olten
Lit: Jb f SolothGesch. 10, 1937, 240 – JbSGU 28, 1936, 71 f – CMatt, Der grosse Chastel bei Bad Lostorf, Arch. d. Kt. Solothurn 5, 1987

Lugano TI

Spätröm Sarkophag

N der Kathedrale steht innerhalb eines kleinen Hofes als archäologisches Denkmal ein wohl in der nächsten Umgebung entdeckter ▶ Sarkophag aus Granit.

Malojapass → Stampa GR

Martigny VS

OCTODURUS / FORUM CLAUDII VALLENSIUM
Abb 59, 60, 74, 111, 173, 244, 400–408, Tafel 23a

Martigny liegt rund 2,5 km S des Rhonekniess an einem Punkt, wo einst die Strassen aus dem Genferseegebiet bzw aus Gallien und vom oberen Wallis bzw aus Rätien sowie von Hochsavoyen, besonders aber vom → Grossen St. Bernhard bzw aus Italien zusammenliefen. Jedenfalls war Martigny ein wichtiger Etappenort an der kürzesten Verbindung zwischen Italien und Gallien.

In der ersten Hälfte des 16. Jh wurde der inschriftlich überlieferte röm Ort *Octodurus* bzw *Octodurum* aufgrund der dort verwahrten oder neu entdeckten röm Funde in Martigny lokalisiert. Johannes Stumpf beschrieb in seiner 1547/48 erschienenen Schweizer Chronik zwei in der Choraussenmauer der Pfarrkirche von Martigny eingemauerte Inschriften: eine seit langem verlorene zu Ehren von Gaius Caesar, dem einen Adoptivsohn des Kaisers Augustus (HM 40) und die Beschriftung eines Meilensteines Konstantins d. Gr., geschaffen zwischen 308 und 312 (HM 374). 1789 erwähnte Chrétien de Loges ein (bis 1974) in Martigny-Bourg in Privatbesitz befindliches grosses Kapitell und entzifferte die auf mehreren Meilensteinen eingemeisselten Buchstaben *F.CL.VALL* als Abkürzung für *Forum Claudii Vallensium*: Forum (Marktort) des Claudius im Wallis. Nach älteren Autoren müssen anfangs und Mitte des 19. Jh zahlreiche Entdeckungen gemacht worden sein, so ua eine Hypokaustanlage, ein »Columbarium« mit vielen Graburnen, eine mit kleinen Geröllsteinen der Drance gepflasterte, 21 Fuss breite Strasse, Gräber, ein gewölbter Abwasser(?)-Kanal, eine Inschrift, eine Wasserleitung (bergseits von Martigny-Bourg) sowie zahlreiche keltische, griechische, besonders aber röm Münzen aller Art. Im März 1874 entdeckte man bei Feldarbeiten SO der Pfarrkirche eine mit röm Ziegeln umschlossene Eintiefung, in der eine ganze bronzene Küchenausrüstung verwahrt war: Kochkessel, Kochtöpfe, Trinkschalen, Schüsseln, Krüge, eine Kasserolle, eine Pfanne usw. Der eigenartige Schatz kam noch im selben Jahr ins MAH in Genf. Von 1883 an erfolgten erste Ausgrabungen. Die erste Untersuchung führte zur Freilegung der Basilika, wo ua die Bruchstücke von drei Grossbronzen zutage kamen. Weitere Arbeiten wurden 1883, besonders aber 1897 und 1909–1912 im Bereich des Amphitheaters unternommen. Im Mai 1891 kamen W von Martigny-Ville am Fuss des Mont Ravoire in einem Weinberg sechs Urnengräber mit 61 Münzen von 14–54 nChr, gegen 30 Fibeln, ca 20 Tongefässe ua zutage. 1895–1898 hat man das S an die Basilika anschliessende Forum ausgegraben, 1901–1903 den zugehörigen Tempel und Teile der NO anschliessenden Insula 4. In den Jahren 1906–1910 mussten Rettungsgrabungen in den Insulae 4 und 5 durchgeführt werden – ebenso beim Bau der Martigny-Orsières-Bahn W des Amphitheaters, wo Teile einer Doppelportikus, dh des SO-Abschlusses des keltischen Tempel II-Hofes zutage kamen. Nach einer Grabung in der Insula 6, wo man 1936 eine Inschrift betr den Wiederaufbau einer »Fabrica« entdeckt hatte, wurden 1938 und 1939 je die NW-Partien der Insulae 6 und 7 untersucht. Von dort stammt die marmorne Venusstatuette, deren Kopf schon in der Antike fehlte. 1972 erfolgte die Gründung der Stiftung Pro Octoduro, und auf deren Initiative wurde 1974 ein ständiges Büro für die Ausgrabungen in Martigny geschaffen. Ausser den vielen seither unternommenen archäologischen Untersuchungen sind besonders erwähnenswert: die 1977 eröffnete »Promenade archéologique« im N-Bereich der Insula 2, der konservierte keltische Tempel II im 1978 erbauten Museum der Stiftung Pierre Gianadda sowie die 1988 zu beendende Restaurierung des Amphitheaters.

Die gallische Siedlung Octodurus. Der 57 vChr von Galba am N-Zugang zum Grossen St. Bernhard zur Überwinterung seiner 12. Legion vorgesehene Hauptort der Veragrer hiess nach Caesar (Bellum Gallicum III, 1–6) *Octodurus*, dh »beherrschender Ort«. Er lag im Tal, unweit der Ebene, und war durch den Fluss, die Drance, in zwei Teile aufgespalten. Diese keltische Siedlung wird am ehesten auf »Le Bourg-Vieux« W von Martigny-Bourg vermutet, konnte jedoch archäologisch noch nicht gefasst werden. Möglicherweise gehörten die 1891 am Fuss des Mont Ravoire auf dem linken Drance-Ufer entdeckten

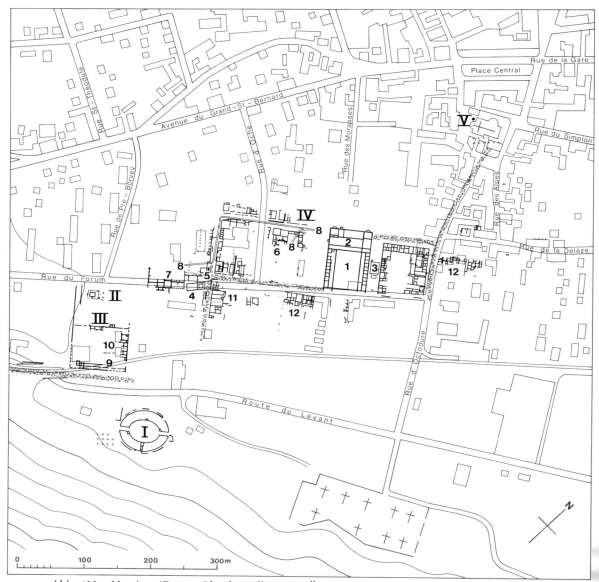

Abb. 400 Martigny/Forum Claudii Vallensium. Übersichtsplan. Sichtbare Objekte: I Amphitheater, II keltischer Tempel II und Museum, III sog Temenos-Thermen und Teile einer Umfassungsmauer im Park der Stiftung Pierre Gianadda, IV Archäologischer Park mit öffentlichen Latrinen und Caldarium der Thermen in der Insula 2, V Meilenstein Kaiser Konstantins d. Gr., gef. in Martigny W der Pfarrkirche. Nicht sichtbar: 1 Forum, 2 Basilika, 3 Haupttempel, 4 gallo-röm Tempel I, 5 Nymphäum, 6 Thermen in der Insula 2, 7 Thermen Rue du Forum, 8 eingewölbte Abwasserkanäle, 9 grosse Doppel-Portikusanlage, 10 Umschlagplatz mit Lagerhallen, 11 Gewerbehäuser, 12 Handwerkerquartiere.

Urnenbestattungen zu einem Begräbnisplatz der gallo-röm Nachfahren des Veragrer-Vicus. Diese gallo-röm Siedlung ist ja durch die Inschrift für Gaius Caesar aus dem Jahre 4 nChr bezeugt.

Der röm Marktort Forum Claudii Vallensium. Wie die bisherigen Ausgrabungen erkennen liessen, wurde der stadtähnliche röm Marktort in der Ebene von Martigny – so F. Wiblé 1986 – auf einem bis dahin nie überbauten, höchstens als Acker- und Weideland genutzten Gebiet im Jahre 47 nChr oder kurz vorher von Kaiser Claudius gegründet und deshalb *Forum Claudii Augusti* benannt, später abgeändert in *Forum Claudii Vallensium.* Im Itinerarium Antonini erscheint der alte, wohl in der Bevölkerung nie ganz aufgegebene Name *Octodurus,* ebenso in der Peutingerschen Tafel (4. Jh). Vom 5. Jh an scheint sich dann die Schreibweise *Octodurum* durchgesetzt zu haben. Die eigentliche Marktsiedlungsanlage war aufgrund der bisherigen Untersuchungen – abgesehen vom Amphitheater, den Hofanlagen mit der Doppelportikus und dem keltischen Tempel II, den »Thermen 1974« und dem gallo-röm Tempel I – ein geschlossenes Rechteck von rund 500 × 300 m mit rechtwinklig sich kreuzenden Strassen innerhalb von 80 × 70 m grossen Quartieren (*insulae*). Die vom *Mons Poeninus*/ Grossen St. Bernhard her einlaufende Strasse muss an der Doppelportikus bzw N vom Amphitheater vorbei zur S-Ecke des »Planungsrechtecks« und von dort zum Strassenkreuz N des gallo-röm Tempels I geführt gewesen sein, von wo die zentrale SW-NO-Längsstrasse ihren Ausgang nahm bzw die »Überlandstrasse« nach NW weiterzog.

Die bislang erfassten Strassen bestanden aus einem starken Kieskoffer. Plattenbeläge wurden jedenfalls erst an wenigen Stellen festgestellt, so SO des Forums und NO des gallo-röm Tempels I sowie über den Schächten der gewölbten Abwasserkanäle. Diese weisen eine ausgezeichnete Mauerung mit bis zu 120 × 80 cm grossem Querschnitt auf. Die 1907 am Fuss des Mont Chemin bei Martigny-Bourg entdeckte, vom Drancetal herführende Wasserleitung (40 × 30 cm iL) war dagegen mit Steinplatten gedeckt. Das Vorhandensein eines Kloakensystems zur Entwässerung vor allem der Thermen erlaubte auch die Erstel-

Abb. 401 Martigny/Forum Claudii Vallensium. Haupttempel. Grosses Kapitell.

lung ▶ einer öffentlichen, gedeckten Latrinenanlage, die innerhalb der »Promenade archéologique« konserviert ist. Bei der S-Ecke der Insula 1 wurden 1938, 1975 und 1979 Fragmente einer Inschrift sichergestellt, welche nach F. Wiblé und D. van Berchem vom Bau eines Aquäduktes und einer grossen Brunnenanlage (*nymphaeum*), berichtet, dh von Repräsentationsbauten, die auf Anordung Kaiser Valerians (253–260) erstellt worden sein müssen. An besagter Stelle waren 1936 mehrere Marmorblöcke gefunden worden, die einen Boden wie von einem grossen Becken gebildet hatten!

Dank der 1936 entdeckten Inschrift (HM 44) ist ein durch Brand zerstörtes und wiederaufgebautes Gebäude für Kunst(?)-Handwerk (*fabrica*) mit Portikusanlage, sechs Läden und einem hypokaustierten Hörsaal nachgewiesen – wohl im Bereich der Fundstelle in der W-Ecke der Insula 6.

Das Forum lag in der Stadtmitte, dh in der Insula 3 und im N der mittleren SW-NO-Längsstrasse. Die Baureste stammen von einer älteren Anlage von 84 × 65 m und einer jüngeren von 94 × 65 m Grundfläche. Auf den Längsseiten des Binnenhofes standen Verkaufsläden. Die Basilika beherrschte den NW des Forums. Der erste Bau war ein allseits mit Portiken umstellter, mit zwei seitlichen Apsiden und einer zentralen Exedra bereicherter Saal. Dieser wurde später vergrössert und zu einem Komplex (65 × 34 m) mit hofseitiger Portikus und fünf Nebenräumen ausgestaltet, wovon zwei risalitartige Annexe mit je einer Apsis waren.

Der Haupttempel thronte zwischen Forum und Insula 4 auf einem recht hohen Podium (19 × 13 m) mit Freitreppe gegen SO. Von dort stammt das oben erwähnte, 84 cm hohe Kompositkapitell mit Akanthusblatt- und Adlermotiven und Götterköpfen.

Die zwei Umgangstempel standen im W der Stadt: Der gallo-röm Tempel I, 7 × 6,50 bzw 12 × 11,30 m gross, war W der Insula 6. Er hatte einen 16 m langen Vorhof. – Der eigentliche keltische Tempel II lag rund 180 m SW der Insula 6 im NW-Teil eines ummauerten Hofes (L 100 m, B 85 m). Er war wie der Haupttempel auf ein grosses Podium (16 × 12,85 m) gestellt. Die Cella mass im Äusseren 8,10 × 7,10 m. Der Umgang muss aus Holz konstruiert gewesen sein. Unmittelbar NO des Podiums fand sich eine Weiheinschrift an Merkur und Fundamente eines Kleinbaues. Im SO-Teil der Hofanlage stand vermutlich ein Absteigequartier (*mansio*) mit Pferdewechselstation (*mutatio*) und Badeanlage. In diese Richtung weisen jedenfalls die Doppelportikus im SO gegen die vom Grossen St. Bernhard herankommende Strasse, der offenbar recht monumental und symmetrisch gestaltete Eingang im NO-Abschnitt der Ummauerung und die im NW, dh auf der Gegenseite der Portikus 1983 entdeckten sog »Temenos-Thermen«.

Abb. 402a, b Martigny/Forum Claudii Vallensium. Keltischer Tempel II. A Podium des Tempels, B Mauerrest der Cella, C Kleinbau, D Merkurstele, E Vorhof, F Portiken. Rechts: Blick auf die Ausgrabung.

Abb. 403 *Martigny/Forum Claudii Vallensium. Temenos-Thermen. Sockelmalerei in einem der Annexsäle, frühes 3. Jh.*

An öffentlichen Thermen sind ausser den eben angezeigten noch zwei weitere Anlagen entdeckt worden. Leider konnten überall nur Teile erfasst werden. Aufgrund der Abmessungen und von Details muss es sich bei allen drei Bädern um erhebliche Baukomplexe gehandelt haben.
Die »Thermen Rue de Forum« standen SW ausserhalb des eigentlichen »Stadtgebietes« – zwischen den beiden einheimischen Tempeln I und II. An der Stelle einer kleineren Anlage aus der Mitte des 1. Jh war gegen Ende des 1. Jh ein öffentliches Gebäude mit grosser Apsis errichtet worden. Im 2. Jh entstanden dann, W an den bestehenden Bau angefügt, die Thermen. Sie hatten einen Umfang von etwa 50 × 40 m und waren grosszügig konstruiert – mit bis fast meterbreiten Präfurnien, über 1,5 m hohen Hypokaust-Hohlräumen, einem 13 m langen Warmbad (*caldarium*) mit zwei grossen Becken (*piscinae*) usw. Im 3. Jh wurde die Anlage durch verschiedene Annexbauten vergrössert. Eine in nur wenigen Fragmenten gefundene Inschrift, wohl der Zeit Trajans (98–117), könnte sich auf die erste Anlage bezogen haben.
Der zweite Thermenkomplex wurde 1975 im NW-Sektor der Insula 2 beim Bau der Eislaufhalle entdeckt. Die erste Bauetappe konnte in die Mitte des 1. Jh datiert werden. Wohl unter Vespasian (69–79) erfolgte ein Umbau mit Vergrösserung und ein weiterer Ausbau zu Beginn des 2. Jh. So war ein Gebäudekomplex von mindestens 40 × 25 m bzw – incl Innenhof und Annexbauten – von gegen 50 m Länge entstanden. Von der einstigen Ausstattung legt die Ruine des grossen, mit Kalksteinplatten ausgelegten Warmbads (*caldarium*) beredtes Zeugnis ab. ▶ Die NW-Partien sind innerhalb der »Promenade archéologique« konserviert und teilweise zugänglich.
▶ Die »Temenos-Thermen«, so benannt, weil sie 1983 in dem »Temenos« bezeichneten Hof des keltischen Tempels II zutage kamen, konnten innerhalb eines etwa 12 m breiten Geländestreifens

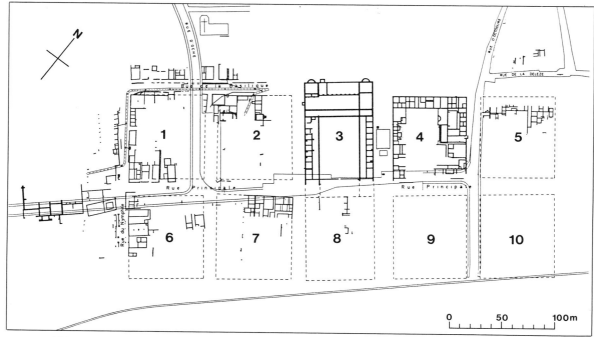

Abb. 404 Martigny/Forum Claudii Vallensium. Die Wohnquartiere (insulae).

gefasst werden. Da sich die Mauerreste über eine Länge von 52 m hinziehen und sich über 10 Räume abzeichneten, dürfte auch diese Thermenanlage ganz erhebliche Ausmasse gehabt haben. Offenbar im ausgehenden 1. Jh gegründet, muss sie im 2. Jh mehrere Ausbauetappen erlebt und zuletzt gar anf 3. Jh nochmals umgebaut worden sein. Von einer recht aufwendigen Ausstattung zeugen die Sockelzone einer Ausmalung in einem Annexsaal sowie die konservierten Bauteile: eine zum Warmbad (*caldarium*) gehörige Badewanne mit Kalksteinplattenbelag sowie zwei Badewannen – eine runde und eine rechteckige – beim Kaltbad (*frigidarium*).

Die in den Insulae stehenden Bauten waren meist private Wohn- und Geschäftshäuser sowie Werkstätten, abgesehen natürlich von den schon beschriebenen öffentlichen Anlagen. Die Siedlungsfelder (*insulae*) scheinen von Anfang an nach dem Plan der Agrimensoren bezogen worden zu sein. Im Gegensatz zu früher gegründeten Städten und Vici wurden offenbar die Aussenwände der Häuser sogleich in Stein aufgeführt, nur bei gewissen Innenkonstruktionen begnügte man sich mit Wänden aus Holz und Fachwerk uä. Die Häuser erfuhren viele Um- und Ausbauten oder wurden gar durch Neubauten ersetzt. Besonders intensiv war die Bautätigkeit im späten 1., während des 2. und in der 1. Hälfte des 3. Jh, flaute dann ab, und im 4. Jh scheinen gewisse Teile verlassen worden zu sein. In der Regel waren gegen die Strasse, vor allem gegen die SW-NO verlaufenden Hauptstrassen hin Läden eingebaut, dahinter fanden sich die Wohnräume und – oft um Höfe gruppiert – Werkstätten. Portiken, Laubengänge, gab es offenbar nur im Bereich der Insulae 1, 4, 6 und 7 je entlang der Hauptstrassen. Anfänglich durch schmale Dachwassergräben – zur Hauptsache in der Längsachse – getrennte Häuser wurden grossenteils im Lauf der Zeit zu grösseren Komplexen zusammengebaut und deren Ausstattung verbessert. Aber auch in anderen Häusern sind mehr und mehr Mörtelböden gegossen, die Herdstellen durch cheminéeartige Anlagen ersetzt, kleinere und grössere Bäder eingerichtet, Hypokausten oder – vor allem im 3. Jh – Kanalheizungen installiert worden. In der Insula 6 wurden in einem Hof Fenstergewände aus Schiefer mit Löchern für ein Eisengitter entdeckt, und in der N-Ecke der Insula 2 konnte ein aussergewöhnlich grosser ▶ Keller freigelegt, konserviert und von der »Promenade archéologique« her zugänglich gemacht werden. Flächenmässig sind am besten untersucht die Insulae 1 und 4, die Insulae 2 und 5–8 dagegen grossenteils nur je im NW-Bereich, während die Insulae 8–10 noch weitgehend unerforscht sind.

Die Ruine des ▶ Amphitheaters war dank der meterhoch über Terrain aufragenden Aussenmauer seit röm Zeit immer sichtbar. (Der Flurname »Vivier« bezeichnete lediglich ein zeitweilig im Gebiet entstandenes Biotop.) Im Jahre 1975 von der Schweiz. Eidgenossenschaft von 17(!) Eigentümern erworben, wurde die grosse Anlage von 1976–1988 untersucht, freigelegt, konserviert und der Öffentlichkeit zugänglich gemacht. Das Amphitheater ist oval; seine Hauptmasse betragen: bei der Aussenmauer 76 × 63,70 m und bei der Arenamauer 46,80 × 34,50 m. Die Arena war ca 4 m in den Boden eingetieft, der Aushub von ca 5500 m³ ist für die Aufschüttung der bei der Aussenmauer noch bis etwa 2 m über heuti-

Abb. 406 Martigny/Forum Claudii Vallensium. Amphitheater. Der Zugang (vomitorium) zur Honoratiorentribüne nach der Freilegung 1979. Der Hohlraum unter der Tribüne (im Vordergrund) war ein grosser Tierkäfig.

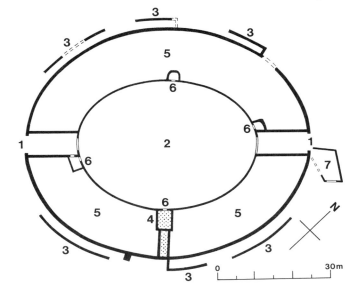

Abb. 405 Martigny/Forum Claudii Vallensium. Amphitheater. 1 Hauptzugänge, 2 Arena, 3 Zugangsrampen, 4 Tribüne für Honoratioren, 5 Zuschauerräume, 6 Tierkäfige, 7 Tierpferche.

gem Terrain anstehenden Böschung der Zuschauertribünen genutzt worden. Die Hauptachse war parallel zur Stadtanlage orientiert, die beiden Haupteingänge lagen also im SW und im NO. In der Mitte der SO-Hälfte befand sich die Ehrentribüne, ihr Zugang war ein gewölbter Durchgang (*vomitorium*).
An vier Stellen waren unter den Tribünen (*caveae*) Tierzwinger (*carceres*) eingebaut: der grösste unter der Ehrentribüne, ein kleinerer auf der gegenüberliegenden Seite, je zwei ebenfalls kleinere je neben den beiden Haupteingängen und ein fünfter ausserhalb der Umfassungsmauer. Von dort führte ein mit einer Holzwand gesicherter Gang innerhalb des NO-Haupteingangs in die Arena. Die Ränge konnten über sechs Aussenrampen erreicht werden; die im W, S und O waren doppelläufig. Da keine Überreste von steinernen Sitzstufen vorliegen, müssen hölzerne angenommen werden. Das Amphitheater dürfte bis 5000 Personen Platz geboten haben. Es scheint im letzten Drittel des 1. Jh erbaut und bis ins 4. Jh benützt worden zu sein.
An ein Dutzend Urnengräber ohne Münzen kamen W und S des Amphitheaters zutage. 1980 stiess man S der Pfarrkirche, dh ca 200 m N des Forums, auf Urnengräber mit Münzen aus der Gründungszeit des röm Marktortes sowie auf einen Grabstein für eine *Quinctia Maxima*.
Von den vielen Funden aus den Ruinenfeldern von Martigny wurden die wichtigsten bereits erwähnt: die Fragmente dreier überlebensgrosser Bronzefiguren und das 84 cm hohe Kompositkapitell aus dem Bereich des Forums bzw des daneben stehenden röm Tempels sowie die Inschriften von der »Fabrica« im W-Teil der Insula 6, von einem Nymphäum W der Insula 6 und auf einem Weihestein für Merkur beim einheimischen Tempel. 1974 wurde eine Inschrift entdeckt, die vom Wiederaufbau zerstörter Mauern berichtet. Ausser diesen Inschriften findet sich auf dem Boden eines Glastrinkbechers aus dem 4. Jh ein in goldenen Lettern aufgesetzter Spruch: *CUM/VIVE/ENTIO* (Trinke – mit dem Gedanken an – Viventius!). Die Keramik umfasst ein breites Spektrum von Tonwaren aller Art vom frühen 1. bis an die Schwelle des 4. Jh, darunter beste Terra sigillata. Bei den Metallobjekten überwiegen Hausgeräte und Schmuck aus Bronze, insbesondere schöne

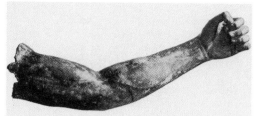
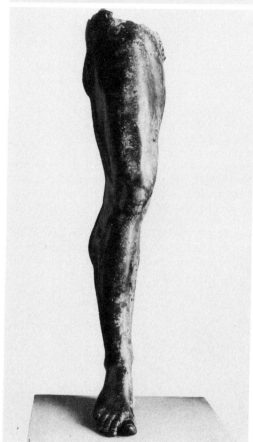

Abb. 407 Martigny/Forum Claudii Vallensium. Basilika. Fragmente von überlebensgrossen Bronzestatuen.

Fibeln bzw Broschen des 1.–3. Jh. Gross ist die Zahl der Münzen, besonders eindrücklich jene aus dem einheimischen Tempel II. Dort konnten insgesamt 971 keltische und röm Bronze- und Sil-

Abb. 408 Martigny/Forum Claudii Vallensium. Dreihörniger Stierkopf aus Bronze.

berstücke sichergestellt werden, und zwar vom 2. Jh vChr bis gegen 400 nChr. Schliesslich sei wegen ihres singulären Charakters auf eine Gliederpuppe aus Bein hingewiesen.
Ao: Museum der Stiftung Pierre Gianadda, Martigny, und MA Sitten
Lit: FWiblé, Fouilles gallo-romaines de Martigny ... en 1981 usw (jährlich), in: Annales valaisannes 1982 usw (jährlich) – ders, Forum Claudii Vallensium (Das römische Martigny), Antike Welt 14, 1983, 2, 1 ff – ders, Le Musée archéologique, in: CCeballos u.FWiblé, La Fondation Pierre Gianadda, Martigny 1983, 197 ff – ders u. AGeiser, Monnaies du site de Martigny, AS 1983, 68 ff – FWiblé, Considérations sur l'urbanisme de Forum Claudii Vallensium, Annales valaisannes 1985, 135 ff – ders, Forum Claudii Vallensium/La ville romaine de Martigny, AFS 17, 1986 (m.ält. Lit)

Massongex VS

TARNAIAE
Abb 43, 409

Die vom Grossen St. Bernhard (*Mons Poeninus*) her kommende grosse röm Heer- und Handelsstrasse, die von Italien nach Gallien und an den Rhein führte, überbrückte die Rhone bei Massongex Richtung *Lousonna*/Lausanne. Von Massongex aus zweigte eine Nebenstrasse nach *Genava*/Genf ab. In überzeugender Weise hat D. van Berchem nachgewiesen, dass der in antiken Quellen überlieferte Ort *Tarnaiae* zwischen *Octodurus*/Martigny und *Pennelocus*/Villeneuve in Massongex zu lokalisieren ist – 3 km N der Zollstation *Acaunum* → St-Maurice.
Seit alters war eine Inschrift aus Massongex in St-Maurice bekannt, eine Weihung eines *Virius* an den Schutzgott des Ortes (HM 57). Eine andere, 1931 bei Tiefbauarbeiten im inneren Ortsbereich aufgefundene Inschrift (HM 58) bezeugt für den Ort einen Tempel zu Ehren des Jupiter, nach D. van Berchem des keltischen Gottes Jupiter-Taranis, woraus er den Ortsnamen *Tar(a)naiae* ableiten möchte. (Die Inschrift findet sich im MA Sitten.)
Ausser diesen Inschriften liegen aus Massongex seit dem 19. Jh viele röm Einzelfunde vor. Bei der Neugestaltung des Dorfplatzes vor der Kirche 1953/54 entdeckte man die Baureste anscheinend der öffentlichen Thermen. Das Gebäude (18,50 × 15,15 m) war mit der Hauptachse fast S-N orientiert und stand 75 m von der Rhone entfernt. Die Anlage umfasste drei grosse Räume: in der N-Hälfte ein hypokaustiertes Warmbad (*caldarium*) mit zwei Seitenräumen, von denen der O-Annex später durch eine grosse Apsis mit zentralem Wasserbecken (*labrum*) ersetzt wurde; die S-Hälfte war zweigeteilt – in Kaltbad (*frigidarium*) und Umkleideraum (*apodyterium*) mit Übungshalle (*palaestra*). In diesem letzten Raum fand sich ▶ das weissgrundige Mosaik mit zwei sich gegenüberstehenden Faustkämpfern, datiert in den Anfang des 3. Jh. (Das Mosaik wurde konserviert und ist im Café »Le Caveau Romain« ausgestellt.) 1976 kamen beim Kiesausbaggern auf dem rechten Rhoneufer wenig unterhalb der alten Eisenbrücke von 1873 mehrere Tannenholzpfähle (ca 18 × 18 cm) zutage, welche mit typisch röm Eisenspitzen ausgerüstet sind. Ausserdem fanden sich im selben Bereich mehrere zugehauene Kalksteinblöcke. Die besterhaltenen messen 170 × 106 × 33 cm bzw 176 × 60 × 40 cm bzw 126 × 54 × 42 cm. Die Pfähle stammen zweifellos vom Pfahlrost eines der aus Steinblöcken erbauten Pfeiler der röm Brücke. ▶ Zwei

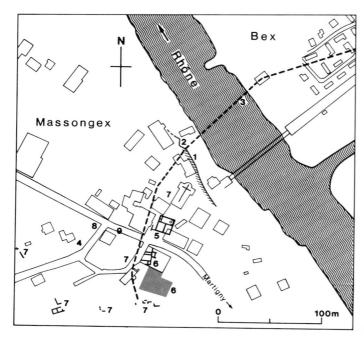

Abb. 409 Massongex/Tarnaiae. Übersichtsplan. 1 Altes Rhoneufer, 2 röm Brückenwiderlager, 3 Pfähle der röm Brücke, 4 Jupiteraltar, 5 Thermen, 6 Wohn-, Werk- und Landwirtschaftsgebäude, 7 weitere Baureste, 8 Aquädukt (?), 9 Steinblöcke von einem Denkmal (?).

Pfähle wurden konserviert. Diese Pfahl- und Steinfunde bezeugen klar, dass die röm Brücke bei *Tarnaiae* eine Steinkonstruktion war, zu welcher auch Widerlager beim Schützenhaus von Massongex auf dem linken Rhoneufer gehört haben müssen, die anlässlich des Baus der Eisenbrücke und der Quaianlagen 1873 verschüttet wurden.
Die Inschrift zu Ehren des Jupiter(-Taranis), die Thermen- und Brückenreste sind offensichtlich eindrückliche Zeugen dafür, dass *Tarnaiae* in Massongex zu lokalisieren ist, dass *Tarnaiae* das Zentrum des keltischen Volksstammes der Nantuaten war und sich in röm Zeit daselbst eine Herbergsstation (*mansio*) befand. 1985 und 1986 wurden bei Rettungsgrabungen im W und SW des Ortskernes röm Baureste angeschnitten und 1987 S der Thermen ein grösseres Quartier mit röm Wohn-, Werk- und Landwirtschaftsbauten untersucht.
Tarnaiae muss 260 zerstört worden sein, als Alamannen versuchten, ins Wallis einzudringen und bei dieser Gelegenheit vor der Klus von St-Maurice geschlagen wurden.

Ao: MA Sitten
Lit: DvBerchem, Le culte de Jupiter en Suisse, II: Le sanctuaire de Tarnaiae, Rev.hist.vaudoise 52, 1955, 127 ff und 161 ff (m.ält.Lit) – LBlondel, Les Thermes romains de Tarnaiae-Massongex, Vallesia 10, 1955, 17 ff – JbSGU 45, 1956, 48 ff – (DWeidmann), Bex – Pont romain sur le Rhône, Chronique des fouilles archéologiques 1980, Rev.hist.vaudoise 1981, 167 ff – JbSGU 65, 1982, 191 f – FWiblé, Massongex. Un nouveau site de référence: Tarnaiae. AS 10, 1987, 133 f

Mendrisio TI

Grabinschrift

Auf der N-Seite der Turmruine ist ein ▶ Grabsteinfragment mit der Inschrift für *Publius Valerius Dromon* (HM 26) eingemauert.
Lit: GWalser, Römische Inschriften in der Schweiz, III, Bern 1980, 300

Mettmenstetten ZH

Gutshof

Die von F. Keller angezeigte »etwa 10 Minuten NW von Unter-Mettmenstetten« gelegene Ruine wurde 1976 bei einem Erkundungsflug neu entdeckt und 1977 mittels geoelektrischer Widerstandsmessungen genau lokalisiert. Die Mauerreste des Gutshofs stammen von einem Hallenbau (44 × 39 m) mit hufeisenförmiger Portikus und zwei Eckrisaliten sowie einem Badegebäude (13 × 11,50 m) mit Apsis. Das Ruinenfeld ist geschützt.
Lit: FKeller 1864, 105 – WDrack, Mettmenstetten: Mauerägerten, 8. Ber ZD 1975/76, 135 f

Minusio TI

Weiheinschrift

In einer Nische in der N-Mauer der Kirche S. Quirico ist ein kleiner ▶ Granitblock mit einer Weiheinschrift an Merkur (HM 23) eingebaut.
Lit: GWalser, Römische Inschriften in der Schweiz, III, Bern 1980, 304

Mollis GL

Gallo-röm Umgangstempel Hüttenbösch

Um 1840 schritt F. Keller aufgrund von Hinweisen auf röm Ziegelreste die kleine, flache Insel Hüttenbösch in der Seeaue 400 m SO von Weesen ab und gewahrte neben Gemäuer den »Rest eines in gleichem Niveau mit dem Seespiegel befindlichen Estrichbodens«. Nach einer Sondierung im Jahre 1961, erfolgte 1962 eine Untersuchung. Sie liess erkennen, dass an dieser Stelle innerhalb eines aus den frühröm Wachttürmen → Amden-Stralegg, → Filzbach-Voremwald und → Schänis-Biberlikopf gebildeten Dreiecks im ausgehenden 1./beginnenden 2. Jh ein Umgangstempel entstanden war. Die Fundamentplatte (13,50 × 12 m) – offenbar für Cella und Umgang – lag auf einer starken Pfählung. Der Tempel war anscheinend nach dem längsten Tag orientiert. Die Kleinfunde beschränkten sich, abgesehen von Leisten- und Rundziegelfragmenten sowie zwei schon im 19. Jh entdeckten Münzen des Trajan und Hadrian (98–138), auf einen Terra sigillata-Teller des 2. und einen Lavezbecher des 4. Jh. Leider liess sich die Fundamentplatte nicht konservieren.
Ao: Mus.d.Landes Glarus, Näfels GL
Lit: FKeller 1864,.73 – RLaur-Belart, Hüttenböschen: Ein galloromischer Vierecktempel am unteren Ende des Walensees, 60. Jb d.Hist.Ver. d.Kt.Glarus 1963, 5 ff – JbSGUF 53, 1966/67, 145 ff

Montreux VD

Gutshof

Im Weiler Baugy kamen bei Bauarbeiten 1802, 1877 und 1905/06 Überreste verschiedener Gebäude eines Gutshofs – zumindest des Herrenhauses und Badegebäudes – zutage.
Aus einer mitten im Weiler entdeckten Badeanlage mit Hypokausteinrichtung stammen ein Mosaikboden und Fragmente eines zweiten sowie Wandmalereireste. Die Mosaiken sind in die Zeit zwischen 200 und 250 datiert.
Die wenigen erhaltenen Malereifragmente sind mit Blätterzweigen und Vogelmotiven auf weissem Grund geschmückt.
Ao: MCAH Lausanne, Musée du Vieux-Montreux, Montreux
Lit: ASA 1877, 765 f – ebda 1910, 9 f – DViollier 1927, 111 f – WDrack 1950, 58 – VvGonzenbach 1961, 89 ff u Taf 41 u 42 – RDegen 1970, 430

Montricher VD

Spätröm Refugium

In den Jahren 1967–1973 entdeckte man auf der S-Kuppe Aruffens des Mont Châtel ausser prähistorischer auch spätröm Keramik des 4. Jh, darunter sog »Sigillée paléochrétienne«, sowie 181 röm Münzen, davon drei des 1. Jh, 176 aus der Zeit zwischen 353 und 423.
Koord: 517100/163550

Ao: MCAH Lausanne
Lit: Rev. hist. vaudoise 79, 1971, 186 – P-LPelet, Fer, charbon, acier dans le Pays de Vaud, Bull. hist. vaudoise 49, 1973, 25 u 114 f – CMartin, Trésors et trouvailles monétaires racontent l'histoire du Pays de Vaud, Bull. hist. vaudoise 50, 1974, 35 ...

Strassenspuren

Auf der W- und SW-Abdachung des 1679 m hohen Mont Tendre entdeckte man 1984 einen auf rd 3 km sich gut abzeichnenden, durchschnittlich 1,20 m breiten Weg als Übergang vom Mittelland ins Tal des Lac de Joux. Auf dem Col du Sorcier finden sich bei Koord 512300/160100 ▶ Reste von zwei 100–120 cm auseinanderliegende, in den Fels eingetiefte Rad- bzw Fahrrinnen. Römisch?
Lit: Bericht von J.-P. Guignard vom 13. Febr. 1984: Vestiges d'une ancienne voie carrossable, franchissant la Crête du Mont Tendre, à l'altitude de 1560 m

Morens FR

Grabinschrift

Ein in nächster Umgebung der Kirche in einer röm Gutshofruine gefundener ▶ Steinblock aus Jurakalk ist seit alters in der SO-Ecke der Sakristei eingemauert. Er trägt eine fragmentierte Inschrift für die Tochter des *Maturius Caratilius* (HM 185).
Lit: GWalser (II) 1980, 145

Morrens VD

Gutshof

In den Fluren Le Buy (Gem Morrens) sowie Cologny und Montagny (Gem Cheseaux) wurden zwischen 1878 und 1893 bei landwirtschaftlichen Arbeiten die Reste mehrerer Gebäude beobachtet, jedoch nur in einem skizzenhaften Plan festgehalten.
Vom Herrenhaus eines Gutshofs, vermutlich einem rechteckigen Kernbau, sind anscheinend zwei grosse O-Räume, ein Korridor und eine Portikus ausgemacht.
In der offenbar vom Badegebäude stammenden Ruine hat man Hypokausten festgestellt, einen Mosaikboden gehoben und in einem Bassin eine Bleiröhre und einen Sperrhahn gefunden. Die zahlreichen Keramikfunde reichen vom frühen 1. bis ins frühe 3. Jh. Von Ausstattungsstücken seien erwähnt: Fragmente von Juramarmorplatten, von einem Wasserbecken aus Juramarmor und von je zwei Säulen und Kapitellen aus Jurakalk. Die wenigen Reste von Malereien stammen von pompejanischrot, ockergelb und grün grundierten Wänden sowie von Sockelzonen mit Riedgrasbüschel-Motiven, wohl Mitte 2. Jh. Von drei erwähnten Mosaikböden ist einer erhalten. Er weist in quadratischer Fläche einen weiss auf schwarz gezeichneten diagonalen Kreuzblütenrapport mit orthogonalen Zwischenquadraten und ein quadratisches, reich gegliedertes und buntfarbiges Mittelfeld auf. VvGonzenbach datiert diesen Boden zwischen 175 und 225.
Ao: MCAH u Maison Mon Repos, Lausanne
Lit: ASA 1892, 154 f – DViollier 1927, 237 – WDrack 1950, 64 f – VvGonzenbach 1961, 92 ff u Taf 26 – RDegen 1970, 444 – DWeidmann, Revue hist. vaudoise 1982, 176

Môtier FR

Grabsteinfragment

Der Unterteil eines wohl im ausgehenden Mittelalter aus Avenches nach Faoug VD verschleppten und dort 1631 aufgefundenen ▶ Grabsteins mit der Inschrift für *Valeria Secca* (HM 216) dient als Sockel für den Tragpfeiler im Keller des Hauses Biolley in Môtier.
Lit: GWalser (II) 1980, 248

Moudon VD

Altar mit Weiheinschrift

Der im Juli 1732 in den Fundamenten eines Hauses bei der Broyebrücke entdeckte ▶ Altar mit

der Weiheinschrift des *Quintus Aelius Aunus* (HM 179) steht in der Vorhalle des Rathauses.
Lit: GWalser(I) 1979, 70

Münchenwiler   BE

Ehreninschrift

Ein 1955 im Keller des Schlosses Münchenwiler bei Aushubarbeiten entdecktes Fragment einer ▶ Inschrift zu Ehren der *Colonia . . . Helvetiorum Foederata* (Avenches) findet sich heute unter der Treppe der rückseitigen Terrasse.
Lit: GWalser(I) 1979, 112

Münchwilen   AG

Wasserleitung

Im Jahre 1925 kamen in der Kiesgrube »Rorenmatt« haufenweise röm Ziegel, wohl von einem Ziegellager, und eine Wasserleitung zum Vorschein. Die Wasserleitung war offenbar aus hierfür gebrannten Tonplatten konstruiert: je abgewinkelte auf den Seiten und je plane als Sohlen- bzw Deckplatten, längs bzw quer verlegt. Die Leitung (ca 24 × 42 cm iL) ist im Gebiet SW der Bahnlinie bei Koord 639550/265350 noch weitgehend erhalten. Die Anlage muss den 1963/64 im Sisslerfeld bei Koord 640100/266200 ausgegrabenen Gutshof gespeist haben.
Lit: JbSGU 17, 1925, 93 – AGerster, Ein römisches Ziegellager bei Münchwilen AG, HA 7, 1976 (28), 112 ff – H-RWiedemer, Römer und Alemannen in der Gegend des Sisselnfeldes, Roche (Zeitung) 1965, 16 ff

Muntelier   FR – Kallnach   BE

Strassenspuren

Die röm Strasse *Aventicum – Petinesca*/Studen BE führte dem S-Ufer des Murtensees entlang über Muntelier und durch das Grosse Moos nach Kallnach, von wo zwei Äste W und O der Aare weiterliefen. Zwischen Muntelier und Kallnach war der Strassenkörper als gradliniger, ca 8 m breiter und bis 80 cm hoher Kiesschotterdamm im Grossen Moos erkenntlich und als solcher auf alten Karten eingetragen. Beim Bahnbau 1876 nutzten die Ingenieure diesen Damm als willkommenen Unterbau für die Gleisanlage, wie H. Schwab 1981 bei Koord 577920/199680 feststellen konnte.
Lit: HSchwab, Galmiz, Scheitern, in: Archäolog. Fundbericht 1980–1982, Freiburg/Schweiz 1984, 64 f

Munzach → Liestal

Muralto   TI

Vicus und Umschlagplatz
Abb 410–412, Tafel 4f, 6b

Muralto liegt am N-Ende des Lago Maggiore (*Lacus Verbanus*) in einer durch das Maggia-Delta geschützten Bucht und am Ausgangspunkt von Strassen zu den Alpenpässen – Grosser St. Bernhard, Lukmanier und St. Gotthard sowie Nufenen, Albrun usw.
Röm Einzelfunde, vor allem aber Gräber wurden in Muralto seit alters entdeckt, jedoch erst seit etwa 1850 registriert, so ua 1874 beim Bau des Hotels Grande Albergo NW des Bahnhofes Locarno. Seither hat man mehrere hundert Gräber des 1. bis 4. und 5. Jh untersucht, die einzeln oder gruppenweise oder gar in kleineren oder grösseren Friedhöfen innerhalb eines weiten Bogens zwischen den Gemeindegrenzbächen Ramogna im W und Rabissale im O, ja noch darüber hinaus zum Vorschein kamen. Die Mehrzahl der Gräber lag nämlich innerhalb eines wohl einer alten Strasse folgenden, 3 km langen Bandes zwischen den Kirchen Santa Maria delle Grazie in Minusio und S. Giovanni Batt. in Solduno.
Innerhalb einer an den See bzw den einstigen Hafen anstossenden Fläche von ca 170 m Breite und 200 m Länge – abgesehen von Bauresten, die am Fuss des Berges und 50 m W des Bahnhofareals entdeckt wurden – konnten in neuerer und neuester Zeit zahlreiche Gebäudereste erfasst werden: 1874 beim Bau des Bahnhofes, 1936 N davon, im Areal Piatti Handwerker-Wohnungen und -Ate-

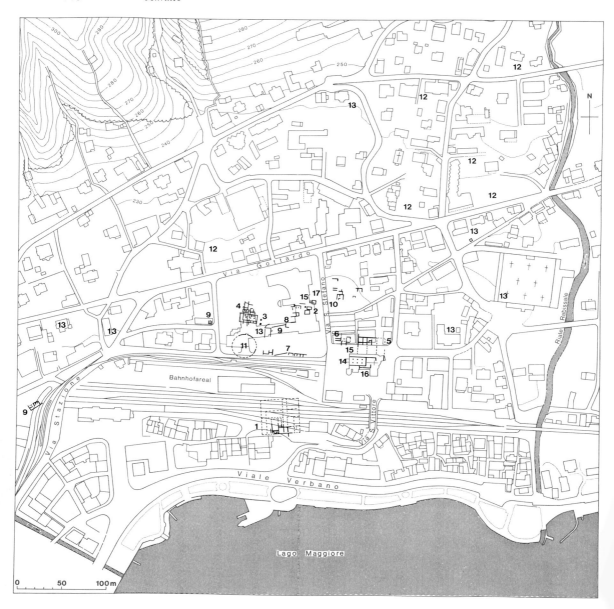

Abb. 410   Muralto. Vicus. 1 Grosser Bau mit Badeanlage am See: Verwaltungsgebäude oder Palast (?), 2 Tempelbezirk mit zwei Tempelchen, 3 Werk- und Verkaufshalle, 4 Thermen, 5 Mansio (?), 6–8 Wohnbauten, 9 Werkstätten, 10 Mühle, 11 amphitheaterähnliche Anlage für Pferdetraining (?), 12 Nekropolen, 13 Gräber und Gräbergruppen, 14 frühmittelalterliche Kirche, 15 frühmittelalterliche Gräber (oder Friedhof?), 16 Kirche San Vittore, 17 ehem Kirche San Stefano.

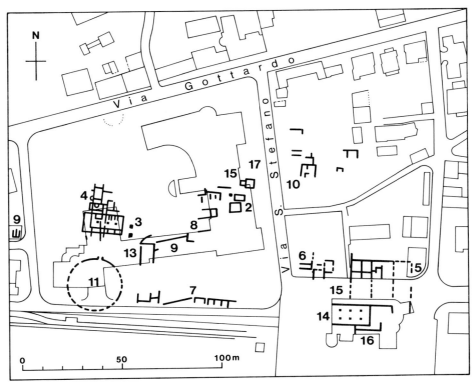

Abb. 411   Muralto. Ausschnitt aus Abb. 410.

liers sowie 60 m N der Kirche S. Vittore im Areal Fischer eine Mühle(?), 1947 S des Bahnhofareals im »Seegarten«-Areal ein grösserer Badetrakt und zwischen 1977 und 1980 NO des Bahnhofareals im Baugrund der Kirche S.Vittore (und N davon) Reste eines Wohnkomplexes, wovon Teile für eine erste Kirche genutzt worden waren. 1982–1985 erfolgten umfassende Ausgrabungen im weitläufigen Gelände des neu erbauten Park-Hotels, direkt W von S. Vittore.

Der 1947 gefasste Badetrakt (ca 18 × 13 m) war eine mehrräumige Anlage des 2. Jh mit zwei hypokaustierten Räumen – Lauwarm- und Warmbad (*tepidarium* und *caldarium*) sowie mit Warmbadwanne in einer Apsis und Marmorplatten-Wandbelägen im Kaltbad (*frigidarium*) sowie mit Wasserzuleitung und Kanalisationen. Dieses Bad war Teil eines grossen Baukomplexes – wohl einer Herberge (*mansio*). Ein weiteres Bauensemble mit vielen Räumen konnte im Baugrund von S. Vittore und N davon zwischen 1977 und 1980 sowie 1985 untersucht werden. Auch dieser Grossbau dürfte ein öffentliches Gebäude gewesen sein, wurde doch im 5. Jh in seinen Ruinen bestattet sowie im N-Teil eine Memoria(-Kapelle) und im S-Teil eine erste Kirche errichtet. In der grossen Gebäudegruppe, ausgegraben 1982/83 im Park-Hotel-Gelände – im Bereich der 1911 abgebrochenen Kirche S. Stefano und 40 m W davon – gelang es P. Donati, 10 Bauphasen herauszuschälen. Davon sei festgehalten, dass die ältesten Bauten auf beiden Plätzen je um 6 × 4 m gross waren sowie mit Tonerde gefestigte Steinmauern und anscheinend Strohdächer hatten. Während sich im O-Sektor offenbar nur relativ wenig änderte, gestaltete sich der W-Teil schritt-

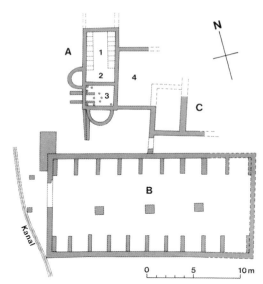

Abb. 412 Muralto. Thermen sowie Werk- und Verkaufshalle. A Thermen: 1 Umkleideraum (?), 2 Kaltbad, 3 Warmbad, 4 Hof (?). B Werk- und Verkaufshalle, C öffentliche Bauten (?).

weise und relativ rasch um: im N entstanden grössere Wohnbauten, im S in Etappen eine immer umfänglichere, zweischiffige, am Ende ca 35 × 18 m grosse Werkhalle mit vielen seitlichen Boutiquen von Glasbläsern, Bronzegiessern usw. Ein mindestens dreiräumiges Badegebäude (ca 14 × 6 m) wurde im Zusammenhang mit der Fertigstellung der Werkhalle bergseits errichtet. Diese Thermenanlage umfasste einen Auskleideraum (*apodyterium*) mit zwei Sitzreihen den Seitenwänden entlang, ein Kaltbad (*frigidarium*) mit Badewanne in der Apsis und ein hypokaustiertes Warmbad (*caldarium*) mit Wanne.
Zur selben Zeit wurde offenbar auch im O-Sektor gebaut. An der Stelle von Wohnbauten im NO entstand ein quadratischer Tempel (*fanum*) mit zentraler Opfergrube, S davon müssen grössere Wohnbauten erstellt worden sein.
Im 5./6. Jh wurde im Ruinenfeld ein Friedhof eingerichtet und im 6./7. Jh eine Friedhofskirche errichtet – S. Stefano. Die zwischen diesen Gebäudegruppen 1984 und 1985 untersuchten Baureste stammten von Wohnhäusern: die NW der Kirche S. Vittore von einem grösseren, zusammenhängenden Bau, die 50 m W von S. Vittore von Reihenhäusern sowie Werk- und wohl auch Ökonomiebauten.
Die eigenartige, rundlich-polygonale Anlage (Dm ca 200 m) ganz im W der Siedlung weist bergseits eine etwa 1,50 m weite Öffnung mit Treppenstufen auf. Leider waren nur noch die untersten Fundamentpartien der Polygonalmauer erhalten, und diese zudem grossenteils in spärlichen Resten. Die Anlage erinnert irgendwie an die kleine, rundlich-ovale Arena im Vicus → Bern-Engehalbinsel.
Gräber des 4., bes aber des 5. Jh kamen in grosser Zahl vor allem innerhalb der Bauruinen N und NW von S. Vittore und ausserdem im Bereich der wohl schon im 4. Jh daselbst erbauten, oben erwähnten Memoria zum Vorschein. Darunter fanden sich einige sarkophagähnlich mit Steinplatten umstellte und überdeckte Bestattungen. Die unter S. Vittore gefasste erste Kirche, eine dreischiffige Pfeilerbasilika (ca 20 × 11 m) ist anscheinend erst nach 500 entstanden. Sie wurde in einer zweiten Bauphase nach O verlängert und nach S verbreitert, in einer dritten Bauetappe nochmals nach O vergrössert und schliesslich um 1100 durch die heutige Stiftskirche ersetzt.
Vor allem in den Gräbern kamen zahlreiche und vielfältige Keramik-, insbesondere aber Glasgefässe zum Vorschein. Unter der frühen Keramik fallen drei Aco-Becher auf. Die rund 100 Stück umfassende Münzreihe bricht mit Valentinian I. (364–375) und Valens (gest. 378) ab.
Ao: MC Locarno u Monumenti storici, Bellinzona
Lit: MBertolone, Lombardia Romana, Mailand 1939, 307 ff (m.ält.Lit) – ACrivelli, Atlante preistorico e storico della Svizzera italiana, Bellinzona 1943, 84 ff – PDonati, Muralto – Park Hotel, AS 6, 1983, 120 ff (m.ält.Lit) – ders, Muralto Tl. Vico romano, AS 10, 1987, 131 f

Grabinschrift

▶ Fragmentierte Inschrift für *Albanus* und *Ammuneis* von einem Grabstein aus weissem Kalkstein (HM 32) ist seit dem 16. Jh über dem S-Portal der Kirche eingemauert.
Lit: GWalser, Römische Inschriften in der Schweiz, III, Bern 1980, 297

Murten FR

Grabstein

Der wohl aus Avenches verschleppte, im 16. Jh in der Kirche St. Mauritius eingemauerte, fragmentierte Grabstein aus Jurakalk mit der Inschrift für *Titus Nigrius Saturninus* (HM 232) steht heute im Heimatmuseum in Murten.
Lit: GWalser(I) 1979, 101

Neftenbach ZH

Gutshof, Wasserleitung
Abb 40

Die zum 1780 ausgegrabenen Gutshof in der Steinmüri O von Neftenbach führende Wasserleitung wurde seit 1933 bei Bauarbeiten schon mehrmals angeschnitten, so 1951, 1959, 1960, 1961 in der Gem Neftenbach und letztmals 1969 in Winterthur-Wülflingen bei Koord 693450/263725. Diese letzte Fundstelle liegt rund 1,5 km SO des Gutshofes. Die Leitung besteht aus einem gemauerten Kanal von 20 × 20 cm iL, ist mit Sandsteinplatten überdeckt und hat ein Gefälle von 4,5‰. Da die Leitung bei der Fundstelle von 1969 eine Flickung aufwies, wurde das betreffende Stück ausgebaut und ins SLM Zürich gebracht.
Wie die seit 1986 notwendig gewordenen Rettungsgrabungen allmählich erkennen lassen, handelte es sich bei dem Gutshof offenbar um eine längsaxiale, SO-NW-orientierte Hofanlage, die in eine schmälere *pars urbana* mit dem Herrenhaus und in eine breitere *pars rustica* aufgeteilt war. Dem etwas erhöht in den Berghang gebauten Herrenhaus waren anscheinend zwei je links und rechts an die beiden Höfe trennende Innenmauer gelehnte grössere Bauten vorgestellt.
Ein Stück der ▶ Wasserleitung kann in der Garage des Hauses Rötelstr 16 in Neftenbach besichtigt werden.
Ao: SLM Zürich
Lit: WDrack, Zur Wasserbeschaffung für römische Einzelsiedlungen, gezeigt an schweizerischen Beispielen, Provincialia, Festschrift für Rudolf Laur-Belart, Basel/Stuttgart 1968, 258 ff – ders, Winterthur/Wülflingen, Haltenrebenstrasse, 6. Ber ZD 1968/69, 163 f – Dokumentation: Kant. Denkmalpflege (Kantonsarchäologie) Zürich

Nendeln → Eschen FL

Niedergösgen SO

Gutshof

Aufgrund röm Funde, die im Bühlacker-Gebiet NO der Schlosskirche beim Wasserleitungsbau in der Strasse nach Schönegg zutage kamen, wurden 1906 und 1907 die Baureste eines grösseren Badegebäudes von einem Gutshof entdeckt.
Der nach NO orientierte, etwa 15 m über der Talsohle errichtete Bau (L 15,50 m, B 8,50 m) wurde durch den Anbau eines Kaltwasser-Badebassins bei der W-Ecke um 3,50 m verlängert. Abgesehen von diesem Erweiterungselement umfasste das Gebäude fünf Räume. Davon waren das Lauwarmbad (*tepidarium*) und das Warmbad (*caldarium*) hypokaustiert und mit Mosaikböden ausgestattet. Auch im Kaltbad (*frigidarium*) lag ein Mosaik. Von diesem sind Einzelsteinchen und eine Ecke erhalten: Teil einer »in Quadrate eingeschriebenen Zentralkomposition mit Mittelkreis, vier im Scheitel tangierenden Halbkreisen und mit Viertelskreisen in den Ecken« (VvGonzenbach). Eine ähnliche Zeichnung – und ebenfalls nur »schwarz auf weiss« – müssen auch die anderen Mosaiken aufgewiesen haben. – Wandmalereireste im Kaltbad deuten darauf hin, dass dieses mit einer Wasserszenerie ausgemalt gewesen ist wie Münsingen BE und → Hölstein BL aus dem ausgehenden 2./beginnenden 3. Jh.
Nach den zwei Münzen, einem Thekenbeschlag des Gemellianus und der Keramik, besonders aber aufgrund der einfachen Mosaikzeichnungen aus der ersten Hälfte des 2. Jh und der späten Kaltbadausmalung muss das Badegebäude um 100 erbaut, im ausgehenden 2. Jh erweitert und kurz vor 250 aufgelassen worden sein.
Ao: BM Schönenwerd
Lit: ETatarinoff, Das römische Gebäude bei Niedergösgen, ASA 1908, 111 ff u 213 ff – JbSGU 1, 1908, 91 – WDrack 1950, 100 f – VvGonzenbach 1961, 150 ff – RDegen 1970, 396 f

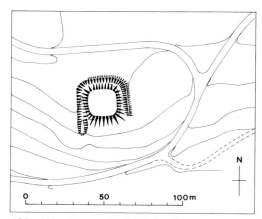

Abb. 413 *Nürensdorf. Birchwil. Untere Heidenburg.*

Nürensdorf ZH

Spätröm Wachttürme
Abb 413

Die zwei »Heidenburgen« bei Birchwil waren seit alters bekannt. Keller hat sie 1869 erstmals als Ruinen röm Anlagen gewürdigt. Eine Ausgrabung erfolgte bisher nur 1937 im Bereich der unteren »Burg« unter Aufsicht von Emil Vogt. Münchmühlberg hiess um 1850 der Hügel O von Birchwil, auf dessen Kuppe und 300 m SW davon im Engelrain sich auf einem kleinen Geländevorsprung Reste von Gräben und Wällen zweier spätröm (hölzerner) Wachttürme finden.
Die untere Heidenburg eine quadratische, an den Rändern leicht erhöhte Innenfläche von 16 × 16 m, ist auf drei Seiten – von einem einst 7 m breiten und 1,70 m tiefen Spitzgraben umzogen. In der Mitte der Innenfläche wurden die Spuren eines quadratischen Holzturmes (3 × 3 m) festgestellt und die Erhöhungen entlang den Rändern als Rudimente eines »Erdholzwerkes« erkannt. Die Anlage war incl Graben 30 × 30 m bzw 100 × 100 röm Fuss gross. Die 1937 gehobenen Funde liessen auf eine röm Anlage schliessen, liessen aber keine genauere Datierung zu.
Die obere Heidenburg hat eine gleich grosse Innenfläche wie die untere, doch sind die Ecken stark gerundet. Der Graben ist allseits vorhanden, ist aber gerundet und ringsum von einem Wall (B ca 7 m) umgeben. Rundung und Vorwall dürften in karolingischer Zeit entstanden sein, als ein Grossgrundbesitzer die Ruinenstätte zu einer Motte mit Holzburg ausbaute. Im Bereich der Innenfläche wurde 1966 die Randscherbe eines Topfes der sog Eifelkeramik des 4. Jh entdeckt. Aufgrund dieser Topfscherbe muss es sich bei den »Heidenburgen« um Überreste von zwei Wachtturmanlagen des 4. Jh handeln, die zur Sicherung der hier vorbeiführenden Strasse *Vindonissa*/Windisch – *Vitudurum*/Winterthur erbaut worden waren.
Koord: 691200/257160 Obere Heidenburg; 690980/256920 Untere Heidenburg
Lit: FKeller, Helvetische Denkmäler, MAGZ 16, 1869, 75 f(obere H.) bzw 86(untere H.) – JbSGU 30, 1938, 118 – WDrack, Die beiden Heidenburgen bei Birchwil, NZZ 17. 12. 1967

Nyon VD

NOVIODUNUM/IULIA EQUESTRIS
Abb 241, 242, 246, 414–417

An der engsten Stelle zwischen Jura und Genfersee, am W-Ende des Schweizer Mittellandes und des Genfersee-Hauptbeckens sowie SO vor dem westlichsten Juraübergang entstand auf einem den Seespiegel um rund 30 m überragenden Kiesplateau der Vorort der von Caesar 45 vChr gegründeten *Colonia Iulia Equestris*, wohl der julischen Reiterveteranen-Kolonie.
Im hochburgundischen Reich des 10. Jh wurde das Gebiet der ehem Colonia Equestris zur Grafschaft »Comté des Equestres« mit der »Hauptstadt« Nyon. Dieser Name erscheint urkundlich aber erst 1122 als Nividunum. Auch die spätere mittelalterliche Stadt entwickelte sich aus und auf den röm Bauruinen. Um 1850 waren bereits vier in Nyon entdeckte Inschriftsteine bekannt (HM 138–141), eine mit der Nennung der *Civitas Equestris*. In zwei weiteren Inschriften (HM 142

Abb. 414 *Nyon/Iulia Equestris. Übersichtsplan. 1 Tempel, 2 Forum, 3 Basilika, 4 Portikus, 5 Thermen, 6 Wohnbauten, 7 palastartige Wohnhäuser.*

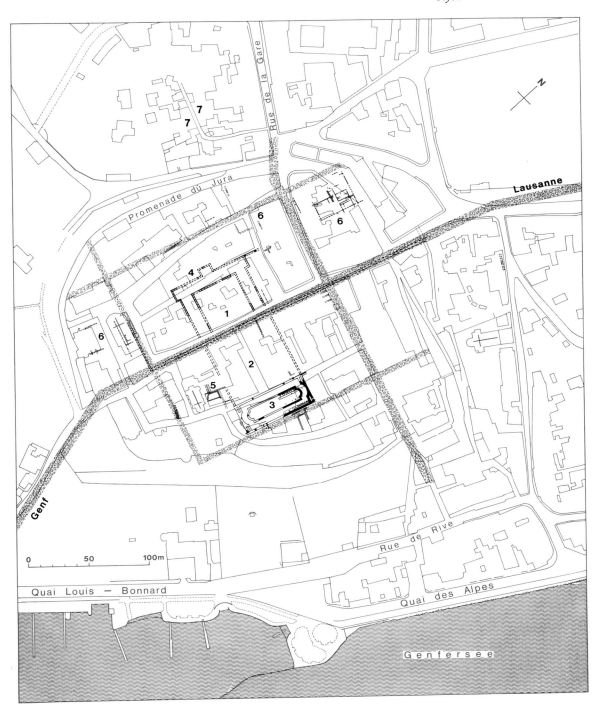

Abb. 415 Nyon/Iulia Equestris. Basilika. Rekonstruktion in nat. Gr. auf der Wand des Nachbarhauses. Im Vordergrund die freigelegten Fundamente (Gemälde von F. Holzer).

u 145) ist die *Colonia (Iulia) Equestris* aufgeführt. 1865 entdeckte man an der Rue Delafléchère Architektur-Trümmer vom Forum, und 1876 erforschte man erstmals den Aquädukt aus der Gegend von Divonne. (▶ Davon wurde 1978 im Park auf »Mangette« ein Stück konserviert.) – Später wurden sehr viele Keramikfunde gemacht. Untersuchungen setzten aber erst seit 1932 ein. Damals stiess man an der Grand'Rue auf das »Artemis«- bzw »Meerthiasos«-Mosaik und 1946 an der Rue du Marché auf ein geometrisches Mosaik, 1934 bei der Porte Ste-Marie auf die Fundation eines röm Tores(?) oder Triumphbogens(?). 1940–1946 konnten erstmals zwischen Rue Delaflèchère und Grand'Rue erste Elemente der W-Teile des Forums mit einer grossen Kryptoportikus, 1958 Ansätze eines Grossbaues(?), 1962 Bauereste von Thermen gefasst werden. 1974 wurden die Bauereste der Basilika ausgegraben. Seit 1978 finden fast alljährlich Rettungsgrabungen wegen Bauarbeiten statt: 1978–1980 konnten so an der Rue de la Gare in der N-Ecke des Plateaus die Insulae-Gliederung der röm Stadt und die Bauabfolgen vom ausgehenden 1. JhvChr bis ins späte 3., ja noch 4. JhnChr geklärt werden. ▶ Konserviert wurde 1974–1979 die N-Hälfte der Fundationen der zweiten Basilika, wobei man deren Baugrund ausgeräumt, mit einer Betondecke überzogen und zum Musée romain von Nyon eingerichtet hat.

Die röm Stadt war straff organisiert: Die Hauptachse ergab sich offenbar aus dem Verlauf der Strasse *Genava–Lousonna–Aventicum*. So überzog der Cardo maximus fast in S-N-Richtung ungefähr in der Mitte das Plateau, während der senkrecht dazu verlaufende Decumanus maximus die Mittelachse durch den Haupttempel, das Forum und die Basilika darstellte. Decumanus und Cardo bildeten also das Rückgrat des Stadtplanes, dh für die rechtwinklig sich kreuzenden Strassen und die dazwischen liegenden Wohnquartiere (*insulae*). Auch die übrige technische Infrastruktur war vorhanden: Das Wasser wurde in einem unterirdischen Aquädukt (90 × 90 cm iL) über 11,5 km Länge aus der Gegend von Divonne herangeführt. Für die Abwässer bestand ein ausgeklügeltes Netz von Kanälen verschiedener Grösse bis zu den Hauptkloaken in den Strassen. Selbstverständlich muss auch ein Hafen vorhanden gewesen sein, doch ist er noch nicht nachgewiesen.

Das Zentrum der Stadt war das Forum mit Haupttempel und Basilika.

Das *Forum* (2) umfasste eine Fläche von insgesamt rund 200 × 100 röm Fuss bzw 59,2 × 29,6 m und war begrenzt im N und S durch je eine Strasse, im W durch den Cardo maximus mit der Hauptkloake und im O durch die Basilika. Die Anlage war mit einer Kolonnade (H ca 11 m) eingesäumt. In der Mitte des N-Flügels kam 1932 das Artemis-Mosaik zutage.

Der *Haupttempel* (1) ist in grösseren Teilen der zugehörigen Säulenanlage von 125 × 120 röm Fuss bzw. 37 × 35 m möglicherweise in der N/O-Partie des Podiums gefasst. Von der das Heiligtum auf drei Seiten einst umziehenden ▶ Kolonnade mit Kompositsäulen ist seit 1958 eine Gruppe auf der Promenade des Vieilles Murailles aufgestellt.

Eine riesige Kryptoportikus (B 8 bzw 14 m), deren Boden rund 5 m unter Terrain liegt, umzog die Tempelanlage und weitete sich in der Mitte der W-Seite (4).

Die *Basilika* (3) muss in flavischer Zeit, dh nach 70 anstelle einer älteren erbaut worden sein, welche denselben Grundriss des griech-röm Basilikentyps aufgewiesen hatte wie jene von → Lausanne-Vidy. Die zweite Basilika hatte eine recht-

Abb. 416 Nyon/Iulia Equestris. *Musée romain unter der Basilika: Mosaiken und Attis-Figur.*

eckige Grundfläche von 200 × 80 röm Fuss bzw 59 × 23 m. Das Innere war durch zwei auf mächtige Fundamentmauern gestellte Säulenreihen in drei Schiffe gegliedert, wovon das mittlere im N und S je in einer Apsis auslief.

Die Thermen (5) konnten 1962 aufgrund einer grossen Kanalisation und eines ebenso grossen Bassins direkt S des Forums lokalisiert werden. Die Insulae-Gliederung ist erst skizzenhaft zu erkennen. So wurden 1978 in der NW-Ecke des Plateaus Teile zweier Insulae untersucht – mit Fundschichten des ausgehenden 1. JhvChr und des beginnenden 1. JhnChr, des weiteren 1. und 2./3. JhnChr sowie spätröm Zeit usw.

Eine Ummauerung wird vermutet, ist aber noch nicht nachgewiesen. Das Fundament bei der Porte Ste-Marie beim S-Aufstieg der Strasse *Genava-Lousonna-Aventicum* auf das Plateau könnte allerdings von einem Tor stammen.

Ateliers von Handwerkern sind hauptsächlich aufgrund von Keramikfunden entlang der röm Strasse nach *Ariolica*/Pontarlier nachgewiesen.

Friedhöfe müssen nach Ausweis der bislang entdeckten Gräber angelegt gewesen sein etwa 200 N der Stadt und im Gebiet »En Clémenty« S der Stadt, je an röm Strassen. Land- bzw Herrenhäuser wurden in einem Umkreis zwischen etwa 200 und 600 m vom Forum entdeckt, in Mafroi, Muraz und Morache. – Nach der Mitte des 3. Jh ist die Stadt zerstört worden. Dies bezeugen nicht zuletzt zahlreiche Architekturstücke vom Forum, welche im 3. und 4. Jh per Schiff nach *Genava*/Genf transportiert und dort beim Bau der Festungsmauer verwendet wurden.

Ausser diesen und den schon weiter oben aufgeführten Architektur- und Inschriftenresten sind an wichtigsten Einzelobjekten aus Nyon noch zu erwähnen: ein Mosaik mit Quadratmustern, ein weiteres Mosaikfragment, eine bei Bauarbeiten 1978 entdeckte Inschrift des 3. Jh, Fragmente von Plastiken aus Jurakalk bzw Marmor (Jupiterkopf, Amor, Doppelherme, Baumstrunk), zahlreiche Amphoren und Terra sigillata-Gefässreste des ausgehenden 1. JhvChr und des 1.–3. JhnChr sowie graue, sog »Sigillée paléochrétienne« des 5. Jh.

Als Relikte der Forum-Kolonnade gelten Stücke von 7 m hohen kannelierten Säulen, korinthische Kapitele (H 0,9 m), Bruchstücke von zugehöri-

Abb. 417 Nyon/Iulia Equestris. Jupiterkopf aus Juramarmor.

gen Architrav-, Fries- und Gesimspartien. – Weitere Architekturfragmente entdeckte D. Weidmann als Spolien in mehreren mittelalterlichen Kirchen des Genferseebeckens, so zB in Nyon selber, in der Kathedrale von Lausanne sowie in den Kirchen von Aubonne, Cheseaux-Bonmont, Commugny, Hermance, Lutry, Versoix, Villeneuve.

Ao: MAH Nyon (Soussol der Basilika) sowie MAH Genf und MCAH Lausanne
Lit: EPelichet, L'aqueduc romain de Nyon, US VI, 1942, 68 ff – ders, Contribution à l'étude de l'occupation du sol de la Colonia Iulia Equestris, Beiträge zur Kulturgeschichte/Festschr Reinhold Bosch, Aarau 1947, 117(m.ält.Lit) – KKraft, Die Rolle der Colonia Iulia Equestris und die römische Auxiliar-Rekrutierung, JbRGZM 4, 1957, 81 ff – RFrei-Stolba, Colonia Equestris, Staatsrechtliche Betrachtungen zum Gründungsdatum,

Historia 23, 1974, 439 ff(m.ält.Lit) – In AS 1, 1978: DWeidmann, La ville romaine de Nyon, 75 ff – GKaenel et ATuor, Les basiliques romaines de Nyon et Vidy, 78 ff – FMottas, Un nouveau notable de la Colonie Equestre, 134 ff – DPaunier ua, Nyon: Basilique et Musée romains, Nyon 1979(m.ält.Lit) – DPaunier, La céramique gallo-romaine de Genève, Genève/Paris 1981 – PhBridel, Le nouveau plan archéologique de Nyon, AS 5, 1982, 179 ff – FChriste et JMorel, Un quartier romain de Nyon: Fouilles de Bel-Air 1978–1980, Etudes des Lettres 1, 1982, 105 ff – JbSGU 66, 1983, 286 ff

Herrenhaus

Auf der Flur La Muraz NO von Nyon wurden in den Jahren (vor)1720, 1845, 1852, (vor)1878 und 1908 ausgedehnte Baureste eines offenbar grösseren, vielleicht sogar palastartigen Herrenhauses angeschnitten. Von vier hier entdeckten Mosaikböden sind je ein Fragment von zweien erhalten: von dem 1845 freigelegten schwarzweissen Mosaik mit diagonal laufendem Bandkreuz-Geflechtrapport und abwechselnden Reihen von Kreisen und Quadraten und von einem 1908 angegrabenen, ebenfalls schwarz-weissen Terrazzo-Signinum-Mosaik. Dieses datierte VvGonzenbach ins 1. Jh, das erstere in die Jahre 175–200 nChr.
Ao: MAH Nyon
Lit: ASA 1859, 29 – DViollier 1927, 252 – VvGonzenbach 1961, 158 ff – RDegen 1970, 445

Oberbözberg → Effingen/Unterbözberg AG

Oberentfelden AG

Gutshof
Abb 418

Im Oberfeld und gegen Engstel (Eistel) SO von Oberentfelden bezeugten Flurnamen wie Maueräcker und »Steini Mur« seit alters röm Baureste. 1915 wurde nachweislich erstmals gegraben. Ausgrabungen wurden 1936–1938 (Wirtschaftshof), 1951 (Herrenhaus) und 1958 (Badegebäude) durchgeführt.

Die Gutshofanlage war fast O-W orientiert, beginnend in der Flur Büntlis am Abhang des Gibel und ins Oberfeld auslaufend. Im Endausbau beanspruchten die Bauten eine Fläche von etwa 480 × 160 m, davon der ummauerte Wirtschaftshof 340 × 160 m. Auf der Innenseite der Längsmauern wurden je neun angebaute Häuser festgestellt. In der Mitte der W-Mauer stand ein starker Torturm. Von dort verlief offensichtlich ein Fahrweg als Mittelachse in Richtung eines am O-Ende des Wirtschaftshofes – innerhalb eines Peristyls – stehenden Nymphäums mit Exedra.
Das Herrenhaus stand rund 100 m O der Peristylanlage, ca 8 m über dem Wirtschaftshof und diesem gegenüber leicht nach NW abgedreht – mit Blick auf den Jura. Der Baukomplex war 48 bzw 55 m lang und 17 bzw 30 m breit bzw tief. Der Kernbau (43 × 11,50 m) umfasste einen Wohntrakt und, bergseits, eine Portikus und zwei Risaliten. Vor der Hauptfassade dürfte eine zweite Portikus bestanden haben, sicher aber dehnte sich eine Terrasse (ca 42 × 12 m) zwischen zwei grossen risalitartigen Treppenhausbauten aus. Sämtliche Wohnräume waren mit Mörtelböden ausgestattet, und ein Grossteil der Wände muss mit Juramarmorplatten überzogen gewesen sein. Von der weiteren Ausstattung zeugt im übrigen nur das Basisfragment einer Säule aus Jurakalk. – Im Zuge einer späteren Bauphase wurde – unter Einbezug des O-Risaliten und des angrenzenden Wohnraumes – ein mehrräumiger, mit Hypokausten ausgerüsteter Badetrakt geschaffen – samt Wasserzu- und -ableitungskanälen.
Das selbständige Badegebäude kam im Laufe des 2. Jh dazu. Es wurde rund 17 m S des Herrenhauses so errichtet, dass die beiden NW-Fassaden in eine Linie zu liegen kamen. Der Erstbau hatte eine Grundfläche von 14 × 12,70 m und – ohne Heizraum (*praefurnium*) – fünf Räume. In späteren Bauphasen wurde die Anlage auf 19 × 20 m vor allem durch ein apsidial geschlossenes Badebassin erweitert und durch Korridoranlagen mit dem Herrenhaus verbunden. Lauwarmbad (*tepidarium*) und Warmbad (*caldarium*) waren hypokaustiert. Von einer guten Ausstattung zeugen Reste von Wandmalereien und Bruchstücke von Wandbelagplatten aus Juramarmor.
Die den Längsmauern entlang errichteten Gebäude waren im W-Teil fast durchweg gleichar-

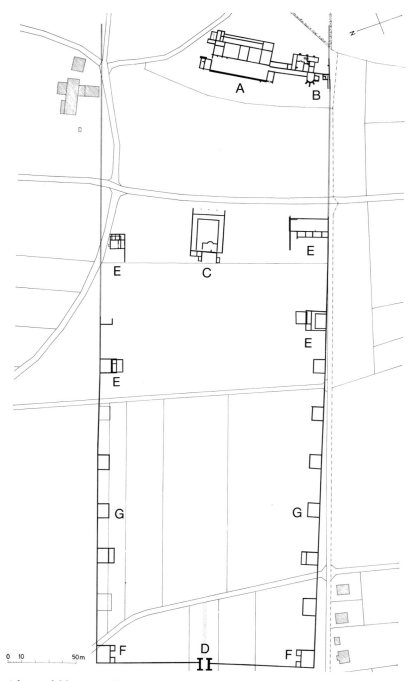

Abb. 418 Oberentfelden. Gutshof. A Herrenhaus, B Badegebäude, C Brunnenanlage (Nymphäum mit Exedra) innerhalb eines Peristyls, D Torturm, E grössere Wohnhäuser, F Wohn- und Werkgebäude, G kleinere Wirtschaftsbauten.

tige, kleine, einräumige, in vier Fällen durch kleine Lauben etwas bereicherte Ökonomiebauten, im O-Teil aber verschiedenartige und grössere und kleinere, mit Wohnräumen ausgestattete Gebäude. Jedenfalls fanden sich überall Herdstellen. Im grössten dieser Häuser kam ein Bronzekessel zutage, in dem zwei mit Weissmetall überzogene Bronzeteller und eine gleichartige Tasse sowie ein Stechbeitel, ein Löffelbohrer, ein Meissel und eine Schere lagen. Vermutlich war der Bronzekessel im 3. Jh versteckt worden.
Aus den Münzen und der Keramik zu schliessen, muss dieser Gutshof im frühen 1. Jh gegründet, im 3. Jh teilweise zerstört, trotzdem aber bis gegen die Mitte des 4. Jh genutzt worden sein.
Ao: VM Brugg
Lit: FKeller 1864, 152 – JbSGU 8, 1915, 66 – ebda 29, 1937, 91 – ebda 30, 1938, 36 ff – PAmmann-Feer, Eine römische Siedlung bei Ober-Entfelden, Argovia 48, 1936, 139 ff – RLaur-Belart, Der römische Gutshof von Oberentfelden im Aargau, US 16, 1952, 9 ff – EGersbach, Die Badeanlage des römischen Gutshofes von Oberentfelden im Aargau, US 22, 1958, 33 ff – RDegen 1970, 225 ff

Oberer Hauenstein BL → Langenbruck BL

Oberlunkhofen AG

Gutshof
Abb 419

Die Ruinen im Schalchmatthau 1700 m O von Oberlunkhofen waren seit alters als »Reste einer Burg« bekannt. Nach verschiedenen Neufunden erfolgte eine grössere Ausgrabung 1897–1900. 1979–1981 wurde der Badetrakt konserviert.
Ausser dem Herrenhaus sind noch zwei Nebengebäude bekannt: unweit S der SW-Ecke des Herrenhauses ein 13,20 × 10 m grosser, einräumiger Bau und etwa 120 m S des Herrenhauses im zur Gem Jonen gehörigen Eichbühlwald ein weiterer, einstweilen bloss lokalisierter.
Das Herrenhaus stand am S-Rand einer grösseren Geländeterrasse, rund 130 m über dem Reusstal, leicht nach SW orientiert, mit Blick auf die Alpen. Im Endausbau hatte der Bau eine Grundfläche von rund 20 × 11,50 m. Der Kernbau dürfte den

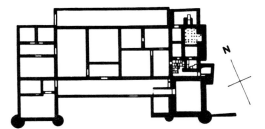

Abb. 419 Oberlunkhofen. Gutshof. Herrenhaus mit Badetrakt. M 1:750.

etwa 12 × 5,50 m grossen Wohntrakt und je eine Portikus auf der Rück- und Vorderseite sowie wahrscheinlich zwei kleine Eckrisaliten umfasst haben. In späteren Bauetappen wurden je seitwärts des Wohntrakts Anbauten W für weitere Wohnräume und O wahrscheinlich für eine einfache Badeanlage sowie die grossen Eckrisaliten erstellt. Im Zuge einer noch späteren Bauphase muss dann der grosse Badetrakt entstanden sein. In den meisten Wohnräumen wurden Lehmestrich- oder Mörtelböden festgestellt; in sieben lagen zahlreiche Bruchstücke von meistens weissgrundierten und mit verschiedenen Streifenmustern überzogenen Wänden. Der NO-Wohnraum und ein kleines Zimmer im W-Risalit waren hypokaustiert, im NW-Raum fand sich eine cheminéeartige Herdstelle.
▶ Der Badetrakt hatte gegen sieben Räume, davon drei mit Hypokausten. Erhalten ist auch das Kaltwasserbassin. Doch fehlte jede Spur von Mosaikböden, während bekanntlich im nur rd 2,5 km entfernten Herrenhaus-Badegebäude von Unterlunkhofen zwei schöne derartige Böden sichergestellt werden konnten: ein Mosaik mit Seestier und anderen Seetieren und eines mit der sog Zeltdachrosette innerhalb einer reichen geometrischen Musterung.
Nach den Münzen und Keramikresten muss der Gutshof von Oberlunkhofen von der Mitte des 1. bis um die Mitte des 3. Jh bestanden haben. Der wichtigste Kleinfund ist zweifellos ein 13 cm hoher Bacchustorso aus Bronze im SLM Zürich.
Ao: VM Brugg
Lit: SMeier, Die römische Anlage im Schalchmatthau, Gem. Ober-Lunkhofen, ASA 2, 1900, 246 ff – WDrack 1950, 102 – RDegen 1970, 206 ff

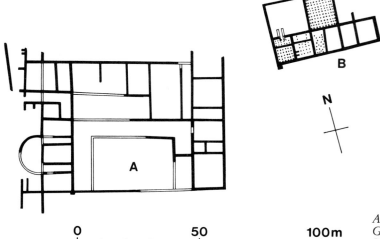

Abb. 420 Oberweningen. Gutshof. A Herrenhaus, B Badegebäude.

Oberweningen ZH

Gutshof
Abb 127, 197, 420

In der Flur Heinimürler (von Heidenmürli), einem Teil des Rebberggeländes am S-Hang des Egg-Berges N über dem Dorf, stiess man immer wieder auf röm Funde. Um 1850 wurde oberhalb der Reben eine Wasserleitung und 1857 im Rebgelände ein Hypokaust entdeckt. Ein weiterer Hypokaust mit Mosaik kam 1889 zutage. Im Zuge einer Ausgrabung 1913/14 wurden ein grosser Teil des Herrenhauses und das Badegebäude eines Gutshofs freigelegt.

Das Herrenhaus stand am SW-Rand einer kleinen Terrasse, etwa 70 m über dem Talboden, nach SSW orientiert – mit Blick ins Wehntal. Im Endausbau hatte das Gebäude eine Länge von 43 m und eine Breite bzw Tiefe von mindestens 35 m. Der Kernbau scheint aus einem Wohntrakt (ca 26 × 13 m) und einer talseits vorgestellten, beidseits abgewinkelten Portikus bestanden zu haben. Im Zuge späterer Bauetappen müssen dann seitliche Annexe mit weiteren Wohnräumen sowie zwei diesen vorgesetzte Eckrisaliten entstanden sein. Wahrscheinlich wurde dabei die Portikus hufeisenförmig erweitert. Im Rahmen einer noch späteren Änderung und Vergrösserung des W-Flügels scheint dort ein kleines Bad eingerichtet und S davon eine Stützmauer uä erbaut worden zu sein. Von der Ausstattung war offensichtlich nicht mehr viel vorhanden. Um so wichtiger sind die im einen Raum im O-Annex verbliebenen Reste eines polychromen Mosaikbodens mit orthogonalem Rhombensternrapport der Zeit 157–200. In seinem oktogonalen Mittelfeld zwei Hunde und die Inschriften CIXA VICIT (Cicha hat gesiegt) und ATTILLUS FECIT (Attillus hat's gemacht). Im Raum N des Mosaiks fanden sich grössere Wandmalereireste, darunter solche, die sich zu einem Architekturmotiv zusammenfügen liessen.

Das Badegebäude, rd 10 m O der NO-Ecke des Herrenhauses, war ein dreimal umgebauter bzw erweiterter Mehrzweckbau von ca 22 × 14 m Grösse mit wohl acht Räumen. Vier Hypokausten konnten vom grossen NW-Raum aus geheizt werden, wo zudem noch ein runder Backofen stand. Das Kaltbad (*frigidarium*) hatte einen Boden aus Leistenziegeln und eine Wanne aus Ton- und Juramarmorplatten. Im NO-Raum hafteten teilweise noch zwei übereinanderliegende Sokkelmalereien an der Wand. Auch profilierte Gesimsfragmente aus Stuck liegen von dort vor. An weiteren Ausstattungsstücken sind noch zu

erwähnen: eine Säule mit Kapitell und zwei Bruchstücke von Halbsäulen aus Jurakalk.
Ao: SLM Zürich
Lit: FKeller 1864, 114 – ASA 1889, 194 f u 230 f – JbSGU 6, 1913, 129 – ebda 7, 1914, 94 – RDegen 1970, 482 ff

Oberwinterthur → Winterthur ZH

Olten SO

Vicus und spätröm Kastell
Abb 421

Auf halbem Weg zwischen *Salodurum*/Solothurn und Vindonissa, in der Gegend der heutigen Holzbrücke in Olten muss die röm Strasse *Aventicum–Vindonissa* die Aare überquert haben. So ist verständlich, dass schon im frühen 1. JhnChr auf dem Plateau über dem linken Aareufer eine Siedlung entstand, die sich zu einem grösseren Vicus entwickelte und im späten 4. Jh durch eine starke Festung ersetzt wurde.
Die Forschungsgeschichte setzte sozusagen mit einem 1778 erfolgten Hinweis auf die beiden Inschriftensteine (HM 255/256) ein, die man dann 1798 beim Abbruch des unteren Tores sicherstellte. Zwischen 1802 und 1819 wurden verschiedene Abschnitte der W- und N-Kastellmauer entdeckt und 1863 erstmals verzeichnet. Trotzdem erfolgten noch 1902 und 1904 grössere Abbrüche derselben beim »Rittersaal« bzw »Halbmond«. Wichtige Einzelfunde wurden geborgen: 1878 beim Restaurant »Olten-Hammer« (ua eine Zwiebelknopffibel) und 1888 an der Römerstr (ua eine eiserne Schnellwaage). 1907 stiess man an der Basler Str auf eine mächtige Brandschicht des 2. Jh und 1909 am Aarequai 300 m N des Kastells auf Gräber eines spätröm Friedhofs. 1925 war das Gebiet des Vicus weitgehend bekannt. 1935 kam rund 1,2 km W des Kastells ein Schatzfund mit 1100 Münzen der Zeit zwischen 193 und 275 zutage. Neue Aufschlüsse zum Vicus ergaben sich: 1962 und 1978 aufgrund von Bauresten von Häusern (ua mit Hypokausten) an der Römerstr und 1968 anhand einer mächtigen Kulturschicht im Bereich der N-Kastellmauer mit Keramik des 2. Jahrzehnts nChr. – 1985/86 erfolgten eingehende Untersuchungen an der Kastellmauer.

Der Vicus des 1.–3. Jh muss seinen Kern im Gebiet der heutigen Altstadt, dh im Bereich der röm Brücke gehabt und sich in der Folge nach N bis zur Frohburgstr und nach W, dh gegen das Gebiet »Hammer« hin, entwickelt haben. Im 2. Jh dürfte das überbaute Gebiet 500 × 300 m gross gewesen sein. Wie die vor allem an der Basler Str ausgemachten Baureste bezeugen, müssen die Häuser – entsprechend der W-O zur Brücke hin verlaufenden Hauptstrasse – innerhalb eines rechtwinkligen Rasters erstellt und gut, ua mit Hypokausten und Malereien, ausgestattet gewesen sein. Die frühesten Funde datieren aus dem 2. Jahrzehnt nChr, um 275 muss ein Einbruch erfolgt sein. Der zugehörige Friedhof dürfte aufgrund des 1984 im »Hammermätteli« entdeckten Urnengrabes des 1. Jh am W-Rand des Vicus gelegen haben.
Die wichtigsten Fundstücke wurden bereits oben erwähnt. Für die Datierung der Siedlung sind ausser vielen Münzen besonders vielfältige Keramikfunde von Bedeutung.
Die nächsten Gutshöfe fanden sich 800 m W und 1000 m NW des Vicus-Zentrums im »Feigel« bzw. »Grund«, O der Aare in 2,5 km Entfernung auf »Wilberg«, Gem Dulliken.

Das Kastell, offenbar unter Valentinian I. kurz vor 370 im S-Drittel des damals wohl grossenteils zerstörten Vicus erbaut, ist erst sporadisch erschlossen: durch die N- und W-Segmente der rundlichen Ummauerung, einige rd 300 m N des Kastells entdeckte Gräber des ausgehenden 4./frühen 5. Jh, zwei, 80 m W vom Kastell gefundene Goldmünzen Valentinians I. (364–375) und Valentinians III. (425–455) und die oben erwähnte Zwiebelknopffibel. Für den Verlauf der S- und O-Abschnitte der Kastellmauer wird die dortige mittelalterliche Stadtmauer zugrunde gelegt. Das Kastell dürfte aber wie diejenigen von → Solothurn und → Brugg-Altenburg »glockenförmig« gewesen sein und flussseits eine gerade Frontmauer gehabt haben. Zumindest das S-Segment der Mauer wurde offenbar von Aare und Dünnern unterspült und wegerodiert. Die fassbaren Überreste der Ummauerung haben eine durchschnittliche Stärke von 3,40 bis 3,50 m, liegen zT bis 2 m unter Terrain, während sie im

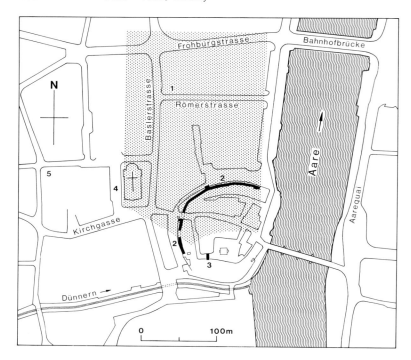

*Abb. 421 Olten.
Vicus und Kastell.
1 Reste des Vicus,
2 Kastellmauer,
3 spätröm Mauerrest,
4 spätröm Gräber,
5 Historisches
Museum.*

Haus Hauptgasse 31 noch bis 6 m hoch aufragen. Am Klosterplatz 5 konnten Spuren von einem Balkenrost und im Haus Marktgasse 41 gar Balkenreste festgestellt werden. Von einer Turmbewehrung könnte ein aus dem NW-Mauersegment vorspringender, rechteckiger Fundamentklotz zeugen. Der SW-NO-Durchmesser beträgt etwa 150 m. Dass das Kastell nach Abzug der regulären Besatzung unter Honorius(394–408) auch noch im späteren 5. Jh zT gehalten wurde, darf aus der Goldmünze Valentinians III. und den spätesten röm Gräbern geschlossen werden. Der Ort bestand auch im Frühmittelalter weiter, kam er doch im 11. Jh an das Bistum Basel und von da an die Grafen von Frohburg, welche die Mauern um 1200 zum Bau ihrer Stadt «Oltun» nutzten.
Ao: HM Olten
Lit: MvArx, Die Urgeschichte der Stadt Olten, Solothurn 1909, 41 ff – EHaefliger, Das römische Olten, Festschr. Eugen Tatarinoff, Solothurn 1938, 26 ff – JbSGUF 17, 1925, 74 ff – ebda 49, 1962, 82 f – ebda 51, 1964, 118 – ebda 56, 1971, 221 f – ebda 58, 1974/75, 189 – ebda 62, 1979, 150 – ebda 68, 1985, 257 – ALambert u EMeyer 1973, 51

Gutshof

Auf halber Höhe des Bannwaldes NW von Olten kamen um 1917 in der auf drei Seiten von Wald umschlossenen Flur »Grund« röm Baureste zum Vorschein. Doch erst die Ausgrabungen von 1955 und 1957 liessen sie als Überbleibsel von zwei verschieden grossen röm Bauten erkennen.
Das Hauptgebäude (ca 20 × 18 m) war nach SO orientiert mit einer prächtigen Rundsicht ins Aaretal. Der fast quadratische Kernbau bestand aus Halle und talseitiger Portikus. Die Halle (18,60 × 12,30 m) war zweifellos von Anfang an zumindest durch Holzwände aufgeteilt, die Portikus aber wurde erst im nachhinein in einen grossen Mittelraum und zwei quadratische Seitenräume gegliedert. Endlich wurde an die SW-Seite

der Halle ein portikusartiger Anbau (B ca 4 m) angefügt.
Der ca 12 m S des Hauptgebäudes errichtete Nebenbau, eine Halle (ca 13,50 × 10,30 m), war fundlos. Im Hauptgebäude konnten ausser Scharnieren, Schlösserteilen und Schlüsseln von Kastentruhen, Pferdegeschirrteilen, wie Kummetaufsatz, Schelle, Scheibenknopf, und viel Keramik eine Venus-Terrakottafigur und eine bronzene Viktoria-Statuette, beide fragmentiert, sichergestellt werden.
Die Keramik lässt darauf schliessen, dass der kleine Gutshof auf »Grund« um die Mitte des 1. Jh angelegt und um bzw nach der Mitte des 3. Jh aufgegeben wurde.
Ao: HM Olten
Lit: RDegen, Eine römische Villa rustica bei Olten, US 21, 1957, 36 ff – ders 1970, 400

Orbe VD

Gutshof Boscéaz
Abb 422, 423, Tafel 17, 18 b

Die Ruinenstätte Boscéaz muss seit alters bekannt gewesen sein. Aber sichere Nachrichten von Entdeckungen sind erst seit dem 18. Jh bekannt: 1736 und 1749 ist von Mosaiken die Rede. Im Jahre 1841 wurden beim Bau der Kantonsstrasse das Pastoral- und das Würfelmosaik entdeckt und durch einen Schutzbau gesichert. 1845 gruben Gustave de Bonstetten und Albert Jahn das Triton- und das Labyrinthmosaik aus. 1862 wurde das Planetengötter-Mosaik gefunden und durch einen Bau geschützt. 1895/96 untersuchte Albert Naef einen Abwasserkanal und Baureste mit einer Halbrundmauer im Innern. Die 1923

Abb. 422 Orbe. Boscéaz. Gelände mit dem Mitteltrakt der Herrenhausanlage. Zu sehen sind drei der vier Schutzbauten und im Getreidefeld sich abzeichnende Mauerzüge. Flugaufnahme aus NW.

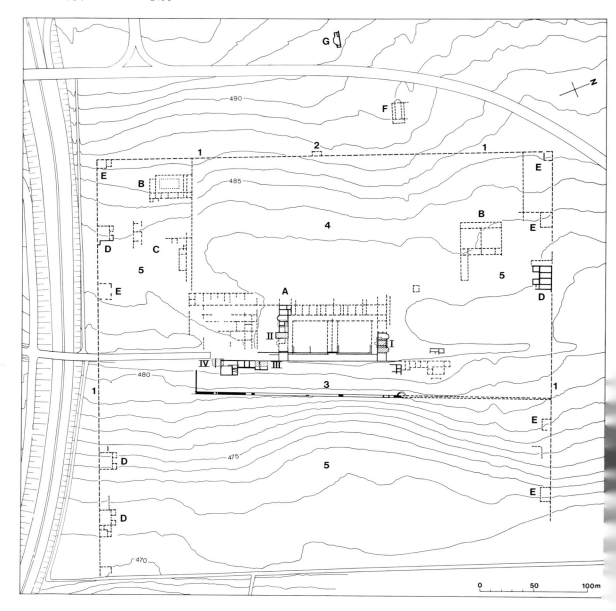

Abb. 423 Orbe. Boscéaz. Gutshof. Sichtbare Objekte: I–IV Schutzbauten mit Mosaiken. Nicht sichtbar: A Herrenhaus, B grössere Nebengebäude, C, D kleinere Nebengebäude, E Ökonomiebauten, F Badegebäude (?), G Wasseranlage (?). 1 Äussere Hofmauer, 2 W-Tor, 3 Terrassenmauer, 4 Herrenhaushof (pars urbana), 5 Wirtschaftshof (pars rustica). Gestrichelte Linien durch Luftaufnahmen erschlossen.

gegründete Association Pro Urba liess 1925 das Mosaik 7 und 1930 das Labyrinthmosaik freilegen, Schutzbauten darüber errichten und zwischen 1932 und 1957 mehrere Nebengebäude N, S und W der Mosaikschutzbauten untersuchen. Eine Planübersicht gewann erst Denis Weidmann aufgrund einer intensiven Durchsicht der einschlägigen Planarchive und anhand zahlreicher seit 1976 selbst angefertigter Luftaufnahmen. Dank dieser Arbeit liegen heute einwandfreie Pläne vor – vor allem von grossen Partien des Herrenhauses, verschiedener Nebengebäude innerhalb, aber auch ausserhalb der Ummauerung. 1987 wurde die Portikus des Herrenhauses untersucht.

Die Umfassungsmauern umzogen danach einen ziemlich genau W-O orientierten, rechteckigen Hof von 420 m Breite und gegen 380 m Tiefe, der sich über den Talhang hinunter zieht.

Das Herrenhaus A, eine offenbar etwa 200 m lange, dreiteilige Palastanlage mit grosser Frontportikus und zwei risalitartig vorspringenden Seitengebäuden, stand hoch über dem Talboden – mit Blick auf die Alpen. Der Kernbau war anscheinend ein über 50 m breiter Längstrakt mit zahlreichen grösseren und kleineren Sälen und Wohnräumen, von deren Luxus noch die ▶ acht an Ort und Stelle konservierten Mosaiken zeugen. Etwa 25 m vor der Gebäudefassade zieht sich eine rund 400 m lange Stützmauer hin, die offenbar mit Exedren usw ausgestattet war.

Ein grösseres Nebengebäude (45 × 25 m), ein Hallenhaus mit Portiken, stand 90 m W des Herrenhauses.

Ein weiteres derartiges Hallenhaus mit mehrseitigen Portiken kam 1984 etwa 100 m N des Herrenhauses, ca 50 m innerhalb der Hofummauerung zum Vorschein.

Weitere Nebenbauten sind entlang und innerhalb der beiden Längsmauern ausgegraben bzw festgestellt worden: drei N und fünf S des Herrenhauses.

In den Schutzbauten sind folgende ▶ Mosaiken ausgestellt:
Im Schutzbau I: Mosaik 1 (Schachbrettrapport, 1925), Mosaik 2 (Kreuzblütenrapport von 200–225, 1925), Mosaik 3 (Bandkreuzgeflechtrapport, 1925),
im Schutzbau II: Mosaik 4 (Triton-Theseusmosaik von 200–225, 1845), Mosaik 5 (Labyrinthmosaik von 200–225, 1846),
im Schutzbau III: Mosaik 6 (Pastoralmosaik von 200–225, 1841), Mosaik 7 (Würfelrapportmosaik von nach 200, 1841),
im Schutzbau IV: Mosaik 8 (Wochengöttermosaik von 200–225, 1862).

An weiteren Ausstattungsobjekten sind noch zu erwähnen: Juramarmorplatten und -leisten, Säulen-Fragmente aus Juramarmor, darunter kannelierte Schaftreste und Kapitelle.

Die Keramikfunde reichen von der Mitte des 1. bis ins 4. Jh.

Ao: MCAH Lausanne, Orbe-Boscéaz, BHM Bern.
Lit: DViollier 1927, 266 ff (mit älterer Lit) – VvGonzenbach 1961, 173 ff – RDegen 1970, 446 – ALambert u EMeyer 1973, 51 f – DWeidmann, L'établissement romain d'Orbe/Boscéaz, AS 2/1978, 84 ff – FFrancillon u DWeidmann, Photographie aérienne et archéologie vaudoise, AS 6/1981, 2 ff

Ormalingen BL

Gutshof
Abb 424

Von röm, jedenfalls voralamannischen Bauresten auf »Buchs« und »Walhausen« unmittelbar N von Ormalingen berichteten seit alters aufs beredteste die Flurnamen, kommt doch »Buchs«

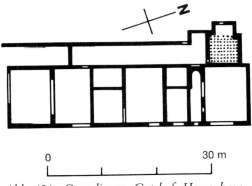

Abb. 424 Ormalingen. Gutshof. Herrenhaus.

vom lateinischen *buxus* (Buchsbaum) und bedeutet die Vorsilbe Wal- soviel wie welsch, romanisch, römisch. Seit ungefähr 1850 wurde man zudem auf grosse Ziegel und Gemäuer aufmerksam. 1906/07 erfolgte die Ausgrabung der Bpreste des Herrenhauses von einem Gutshof.
Das Gebäude (45 × 15,50 m) stand, mit der Längsachse SSW-NNO orientiert, auf einer Hangkante. Der Kernbau umfasste einen ca 45 × 11,5 m grossen Längstrakt mit den Wohnräumen und einer 3,60 m weiten Portikus an der talabwärts gerichteten Hauptfront. In einer späteren Bauetappe erbaute man am N-Ende der Portikus, wohl anstelle eines kleinen Risaliten, einen Badetrakt. Der grösste Raum (5 × 5 m iL) war hypokaustiert, im S anschliessenden hafteten an drei Wänden noch grosse Partien von 42 bzw 62 cm hohen weissgrundigen Sockelmalereien, die durch lilabraune, von hellgrünen Linien begleitete Streifen in je drei Felder aufgeteilt waren. Ebenfalls weissgrundig müssen die darüber liegenden Wände gewesen sein, von denen zahlreiche, mit dreiblättrigen, blauen Palmetten, vierfarbigen Kreisen und grünen Blättchenreihen und Girlanden(?) dekorierte Fragmente zeugen. In den Räumen des Wohntraktes fanden sich überall Bruchstücke von weiss, rot, schwarz und hellblau grundierten Wänden usw. Mit Ausnahme von vier Räumen waren überall Mörtelböden auszumachen – in den Bade(?)-Räumen, mit Ziegelschrot vermischte, rote. In einem Korridor lag eine Steinpflasterung. Im Bereich mehrerer Türen fand man Fragmente von Belagplatten aus Juramarmor, und an zwei Stellen lagen noch die Türschwellen aus Kalkstein. Keilförmig zugehauene Tuffsteine stammen offensichtlich von halbrunden Tür- und Fensterstürzen. Die Kleinfunde beschränkten sich zufolge der Ausgrabungstechnik auf wenige Keramikfragmente des 2. Jh.
Lit: FLa Roche, Römische Villa in Ormalingen, Basler Zs f. Gesch. u Altertumskde. 9, 1910, 77 ff – WDrack 1950, 106 f – RDegen 1970, 255

Orny/Eclépens VD

Strassenspuren(?) und Meilenstein

Beim Bau des Entreroche-Kanals 1640 entdeckte man bei ca Koord 531600/167900 und 532500/168300 den heute im Musée cantonal d'Archéologie et d'Histoire in Lausanne stehenden Meilenstein aus der Zeit Hadrians (117–138) mit einer Inschrift (HM 388), den letzten Zeugen der einst durch diese Enge verlaufenden röm Strasse *Lousonna–Urba*/Orbe.
Lit: DViollier, Carte archéologique du Canton de Vaud, Lausanne 1927, 159 u. 271 – P-LPelet, A propos du milliaire d'Entreroche, Mélanges Charles Gilliard, Lausanne 1944, 57 ff – Canal d'Entreroches. Créer une voie navigable de la mer du Nord à la Mediterrannée au XVIIe siècle, Lausanne 1987

Osterfingen SH

Gutshof
Abb 425

Unmittelbar hinter dem Gasthaus »Bad« wurden im Abhang 1934 bei Bauarbeiten röm Mauern entdeckt und anschliessend ausgegraben. Es handelte sich um Überreste eines ▶ Gutshof-Herrenhauses. Sie wurden teilweise konserviert. Dieses Herrenhaus stand etwa 10 m über dem Talboden, nach W orientiert – mit Blick in den Unterklettgau. Das Gebäude war im Endausbau ca 50 × 30 m gross. Der Kernbau bestand aus einer Halle (22,50 × 15 m), zwei symmetrischen Eckrisaliten und einer »unterkellerten« Portikus, einer Kryptoportikus. Diese Anlage wurde durch

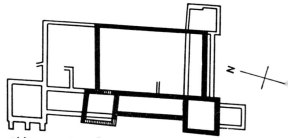

Abb. 425 Osterfingen. Gutshof. Herrenhaus. M 1:750.

Brand zerstört. Nach Planierung des Geländes entstand – unter Wiederverwendung gewisser Mauerfundamente – ein besonders nach N stark erweiterter Neubau von 35 m Länge und ca 19 m Breite mit entsprechend vergrösserter Kryptoportikus und grossem NW-Risaliten. Später wurden an den SW-Risaliten und an die SO-Ecke je ein einräumiger Anbau angefügt. In den SW-Räumen fanden sich Mörtelböden, im SW-Risaliten zudem Reste einer Hypokaustanlage und von Wandmalereien. Zahlreiche Malereibruchstücke lagen im SW-Teil der Halle. – Auch der zweite Bau muss einer Brandkatastrophe zum Opfer gefallen sein. Unter der betreffenden Brandschicht entdeckte man im portikusartigen S-Raum einen Münzschatz mit Schlussmünze des Maximinus Thrax von 236.

Die Liste der Kleinfunde umfasst vor allem Schmuck, eiserne Werkzeuge, ein Pilum, Fragmente von weiteren Pilen.

Aufgrund der Münzen und der zahlreichen Keramikreste muss dieses Herrenhaus um die Mitte des 1. Jh erbaut und nach 236 zerstört worden sein.

Ao: MA Schaffhausen

Lit: Schaffhauser Beitr.z.vaterl.Gesch. 14, 1937, 1 ff – JbSGU 26, 1934, 61 – ebda 28, 1936, 73 – WDrack 1961, 107 – RDegen 1970, 369

Paspels GR

Ehem bewehrte Kirche St. Lorenz

Der hoch über die Hinterrhein-Ebene hochragende Kirchhügel St. Lorenz war ehem mit einer meterbreiten Mauer umzogen, wie 1933 durchgeführte Sondierungen ergaben. Anlässlich der mit einer Restaurierung verbundenen Ausgrabung wurden 1957 mehrere geosteste, »aus dem Fels gehauene, mit Platten abgedeckte« Gräber entdeckt. Zudem fanden sich bei der NO-Ecke ausserhalb der Kirche in einem Gebeinehaufen ein Zinnkreuz des 6. Jh, das wohl aus dem langobardischen Kreis stammt, sowie im Sepulcrum des Altars ua verschiedene Seidenstoffreste des 6.–8. Jh, besonders aber ein silbernes Reliquienkästchen des 5./6. Jh.

Ao: Domschatz in der Kathedrale, Chur.

Lit: JbSGU 32, 1940/41, 168 – WFVolbach, Silber-, Zinn- und Holzgegenstände aus der Kirche St. Lorenz bei Paspels, ZAK 23, 1963/64, 75 ff – RSchnyder, Kunst und Kunsthandwerk, UFAS Bd.VI: Das Frühmittelalter, Basel 1979, 176 f

Passwang → Erschwil SO

Payerne VD

Zwei Weiheinschriften

In der Kapelle St-Michel über dem Narthex der Abbatiale werden ua die beiden folgenden Inschriftsteine aufbewahrt: ein seit dem 16. Jh aus Payerne bekanntes Unterteil eines Altars mit der Weiheinschrift des *Decimus Appius Augustus* (HM 183) und eine fragmentierte Weiheinschrift des *Publius Graccius Paternus* (HM 184), die 1919 im Baugrund der Abbatiale entdeckt wurde.

Lit: GWalser (I) 1979, 93 bzw 113

Péry BE

Strassenspuren

Abb 426–428

Die Strasse *Petinesca – Augusta Raurica* muss über den O-Hang der Taubenlochschlucht bei Biel BE geführt haben.

N über dem Weiler Frinvillier (Gem Biel) findet sich bei Koord 585950/224350 in der dort glatthauenen Felswand eine 85 × 70 × 40 cm grosse Rundbogennische, in der wahrscheinlich in röm Zeit eine Marsstatuette, im Mittelalter aber vermutlich ein Bild des hl. Martin stand. Darüber ist eine horizontale, 151 cm lange Rille eingegraben: das sog »Martinsklafter«, ein altes Längenmass von fünf Schuh. 1918 entdeckte man bei Strassenarbeiten in der Schüssschlucht, rund 80 m unterhalb der Nischenwand und ca 50 m flussaufwärts in dem beim Bau der neuen Strasse durch die Taubenlochschlucht 1854 dort hinunter geworfenen Ausbruchschutt, eine 23 × 50 × 13 cm grosse Kalksteinplatte mit der Weiheinschrift an Mars (HM 243). In den Jahren 1977/80 fand A. Gerster bei der Untersuchung der alten Strasse vor der

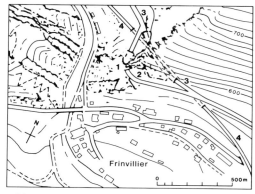

Abb. 426 Péry. Strassenspuren. 1 sog. Römerweg, 2 alte Landstrasse, 3 moderne Autostrasse, 4 Eisenbahn.

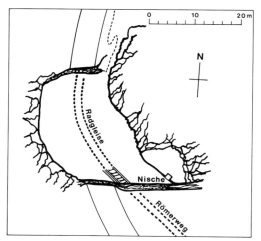

Abb. 427 Péry. Strassenspuren. Aufsicht.

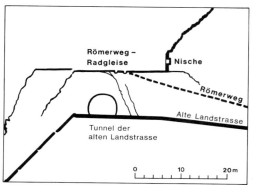

Nischenwand zwei eingetiefte, rund 100–110 cm auseinanderliegende Rad- bzw Fahrrinnen.
Ao: Museum Schwab, Biel
Lit: JbSGU 11, 1918, 70 f – Howald-Meyer Nr. 243 – GWalser II, 1980, Nr. 128 – AGerster, La toise de Saint Martin, commune de Péry, Actes Soc.jurassienne d'émulation, 1982, 53 ff

Petinesca → Studen BE

Pfäffikon ZH
(CAMBIODUNUM)
Vicus und spatröm Kastell Irgenhausen
Abb 429, 430

Auf halbem Weg zwischen *Vitudurum*/Winterthur und oberem Zürichsee entstand am O-Ufer des Pfäffikersees in Kempten (Gem Wetzikon) an der hier vorbeiführenden »Rätischen Strasse« eine vicusähnliche Siedlung, die im 4. Jh vom 2,5 km entfernten Kastell (bei Irgenhausen, Gem Pfäffikon) abgelöst wurde. Der Name Kempten, um 812 Camputana oder Campitona, geht sicher auf *Cambodunum* oder *Cambiodunum* zurück. Im Frühmittelalter gehörte Irgenhausen zur »Kemptener Mark«, so dass der Name wohl auch auf das Kastell überging. In Kempten kamen röm Funde und Baureste besonders um die Mitte des 19. Jh bei Hausbauten zutage, so 1854 und 1855/56. Auf dem Kastellhügel erfolgten Sondierungen seit dem frühen 19. Jh. Als Gefahr auf Abbruch bestand, kaufte die Antiquarische Gesellschaft Zürich 1898 die Hügelkuppe und liess die Kastellruine etappenweise bis 1908 untersuchen und konservieren. Weitere Erhaltungsarbeiten erfolgten 1946/47, 1953 sowie 1972 und 1979.
Die Siedlung des 1.–3. Jh in Kempten muss im Bereich O des dortigen grossen Strassenkreuzes in der Dorfmitte gelegen haben. Von den im 19. Jh entdeckten Bauresten gibt es leider nur Beschreibungen. Danach waren die Häuser mit Mörtelböden, Hypokaustheizungen und Wandmalereien ausgestattet. Von einem 1963 entdeckten Gebäude (22 × 15 m) waren nur noch die untersten Fundamentreste erhalten. – Die wenigen

◁ *Abb. 428 Péry. Strassenspuren. Querschnitt.*

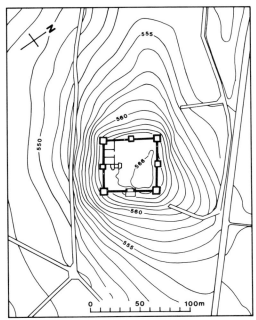

Abb. 429 Pfäffikon. Irgenhausen. Spätröm Kastell.

Abb. 430 Pfäffikon. Irgenhausen. Spätröm Kastell von S.

erhaltenen Funde, besonders Keramik, stammen aus dem 1.–3. Jh.

Rund um den Pfäffikersee existierten damals verschiedene Gutshöfe. Einer lag im Gebiet S Irgenhausen, sein Herrenhaus stand auf dem S-Hang des Kastellhügels (im Kastell noch der Keller zu sehen).

▶ *Das Kastell* bei Irgenhausen muss aufgrund seiner Bauart wie die nächstverwandten Kastelle von → Schaan und → Zürich in valentinianischer Zeit, dh wohl kurz vor 370, errichtet worden sein. Es hatte einen nahezu quadratischen Grundriss mit Seitenlängen – an den äusseren Turmecken gemessen – zwischen 60,60 und 61,80 m. Die vier Ecktürme waren 8 × 8 m gross, die je in der Mitte der NO-, NW- und SW-Mauer stehenden 6 × 6 m. In der SO-Mauer erhob sich der Torturm von 10,50 m Breite und 8,50 m Tiefe sowie mit 5 m weitem Eingang. Ausser diesem Tor gab es noch drei Nebeneingänge in der SW-, NW- und NO-Mauer und in jedem Kastellmauerabschnitt je ca 20 cm breite Schlitze. Die Kastellmauer ist durchschnittlich 1,90 m stark. Im Innern sind an Bauten ausgemacht: in der W-Ecke ein dreiräumiger Bau (rd 24,50 × 10 m), vor seiner O-Ecke ein dreiräumiges Badegebäude(?) mit zwei Apsiden (ca 11 × 8 m).

Von den zahlreichen Funden stammen wohl der Grossteil der Keramik und die Münzen des 2. und 3. Jh, ja bis 305 aus dem Gutshof-Herrenhaus, nur die Stücke Valentinians I. (364–375) und Valens' (364–378) sowie die Lavezsteingefässe, eine Zwiebelknopffibel und wenige Sigillaten aus der Kastellzeit, dem späten 4. Jh.
Ao: SLM Zürich und Museen Wetzikon und Pfäffikon
Lit: OSchulthess, Das römische Kastell Irgenhausen. MAGZ 27, 1911 – WUnverzagt, Einzelfunde aus dem spätrömischen Kastell bei Irgenhausen, ASA 18, 1916, 257 ff – WDrack, Wetzikon: Kempten, Tösstalstrasse 20: Ruine eines römischen Gebäudes, 3. Ber. ZD 1962/63, 102 f – EMeyer, Das römische Kastell Irgenhausen, AFS 2, 1969 – ALambert u EMeyer 1973, 40

Pfyn TG

AD FINES
Abb 431

Die heutige Kantonsstrasse verläuft in Pfyn offensichtlich auf der röm Strasse *Vitudurum*/Winterthur–*Arbor Felix*/Arbon–*Brigantium*/Bregenz. Dieser Hauptstrassenzug und die hier beginnenden Verzweigungen nach *Tasgaetium*/Eschenz und Konstanz gaben den Ausschlag für die Gründung einer frühen, vicusähnlichen Siedlung und den Bau des spätröm Kastells.
In Pfyn sind in verschiedenen Häusern recht viele Abschnitte der Kastellmauer erhalten geblieben. Diese erregten schon früh das Interesse der Historiker. Meldungen über Einzelfunde und Entdeckungen von Bauresten erfolgten besonders 1850, 1862, 1873 sowie dann 1923, 1935 und 1973. Gezielte Untersuchungen und Ausgrabungen wurden 1976, 1979/80 und 1981/82 durchgeführt, verbunden mit der Konservierung grösserer Partien der Kastellmauer NW und N der Kirche.
Die Siedlung des 1.–3. Jh ist, abgesehen von Bauresten zweier je vom Dorfkern 1 km entfernter röm Gutshöfe, erst durch Münzen und andere Kleinfunde sowie durch im O-Teil des Dorfes entdeckte Gräber des 2./3. Jh nachgewiesen.
Das Kastell stand auf dem 300 m SO des Dorfes O-W verlaufenden Moränenhügel, rund 40 m

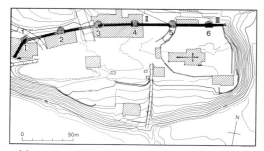

Abb. 431 Pfyn/Ad Fines. Spätröm Kastell. I–III sichtbare Teile der Ummauerung, 1– 6 Türme.

über der Thur. Es dürfte an der Stelle einer frühen Militärstation unter Diokletian – wohl um 294 – erbaut worden sein. Davon ist derzeit die ▶ N-Mauer in grösseren Abschnitten auf einer Länge von 215 m samt den Fundamentüberresten von sechs »Halbrundtürmen« gefasst. Diese hatten offensichtlich recht genau je 30 m bzw 102 röm Fuss auseinandergestanden. Die Mauer ist 2,20–2,50 m stark und an einigen Stellen noch gegen 5 m hoch erhalten. Die W-, O- und S-Mauern sind dagegen offensichtlich völlig aberodiert oder abgetragen. Auf der schmalen W-Seite vermutet man den Toreingang und davor einen Verteidigungsgraben. Das Kastell war vermutlich ca 220 m lang sowie, im Mittel, ca 68 m breit und damit das grösste seiner Art in der NO-Schweiz. – Im Innern konnten im Baugrund direkt S ausserhalb der Kirche Mauerreste (möglicherweise des Stabsgebäudes), W des Turmes V Spuren zweier schopfartiger, an die Kastellmauer angebauter Holzgebäude von 6,40 × 2,50 bzw 9 × 4 m Grösse gefasst werden. In diesem Bereich fanden sich auch mehrere Abfallgruben mit einer grossen Menge von Bauelementen (Scharniere, Schlösser, Schlüssel, Nägel), besonders aber von verschiedenartigsten Kleinfunden: sehr viel Keramik, Gläserreste, Schmuck- und Ausrüstungsgegenstände aus Metall, darunter je zwei Sporen aus Eisen und Bronze, aber auch auffallend viele Nadeln aus Bein, Werkzeuge aus Eisen usw – an Waffen nur eiserne Fussangeln.
Die Reihe der 1976 vorgefundenen 224 Münzen beginnt mit Claudius II. (268–270) und schliesst mit Honorius (394–408), mit Massierungen bis um 350 und unter Valentinian I. (364–375). Un-

ter den früher entdeckten Münzen sind auch solche von Valentinian III. (426–455). Daraus erhellt, dass die Besatzung unter Honorius im Rahmen des Rückzuges des Feldheeres nach Italien möglicherweise eine Art Grenzschutz zurückgelassen hat. Nach Ausweis der beim Hof Adelberg ca 500 m NO des Kastells 1929 an der nach Arbon führenden röm Strasse untersuchten spätröm Gräber muss im 4./5. Jh auch eine stärkere Zivilbevölkerung im Bereich des Kastells gelebt haben.
Ao: TM Frauenfeld
Lit: FKeller 1860, 291 – KKeller-Tarnuzzer u. HReinerth, Urgeschichte des Thurgaus, Frauenfeld 1925, 250 ff – JbSGU 18, 1926, 77 – ebda 21, 1929, 95 – ALambert u. EMeyer 1973, 52 f – JBürgi, Pfyn – Ad Fines, AS 6, 1983, 146 ff

Pierre Pertuis → Tavannes BE

Porrentruy JU

Gallo-röm Umgangstempel
Abb 432

Am 13. Juli 1983 entdeckte J.-F. Nussbaumer aus der Luft in der Flur »En solier« unmittelbar N des Friedhofs von Pruntrut die deutlichen Spuren eines quadratischen Umgangstempels. Aufgrund der Flugaufnahme konnten folgende Abmessungen festgestellt werden: für die Cella Seitenlängen von 8,50 m, für den Umgang solche von 15,50 m. (Freundl. Mitteilung des Archäolog. Dienstes des Kantons Jura).

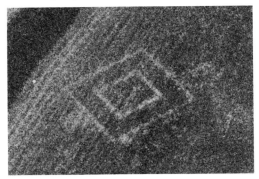

Abb. 432   Porrentruy. Gallo-röm Umgangstempel. Luftaufnahme 1983.

Lit: FSchifferdecker, Porrentruy: En Solier, JbSGU 69, 1986, 276 f – ders, Le fanum de Porrentruy AS 10, 1987, 70 ff

Posieux FR

Spätröm(?) Befestigung

Auf dem ursprünglich für die Hallstattsiedlung »Châtillon-sur-Glâne« bei Koord 576200/ 181350 erbauten, rund 190 m langen und bis 8 m hohen Abschnittswall finden sich die Reste einer meterbreiten Mauer. Diese wurde 1853–1858 für den Bau der Glânebrücke genutzt. Anlässlich eines Wegebaues 1862 entdeckte man auf der SO-Seite des Walls röm Architekturstücke aus Jurakalk, die aus dieser Mauer stammen müssen: eine Säulenbasis sowie Fragmente von Kompositkapitellen und Friesen mit Waffendarstellungen. Diese Spolien aus Hauterive-Kalk wurden zweifellos aus *Aventicum*/Avenches geholt, zT vom Tempel »Grange-du-Dîme«.
Leider fehlen einstweilen, trotz den Untersuchungen von 1974/75, Kleinfunde für eine genauere Datierung dieser Befestigungsmauer.
Ao: Archäolog. Dienst, Fribourg
Lit: HSchwab, Un oppidum de l'époque de Hallstatt près de Fribourg en Suisse, Mitt'bl.SGU 7, 1976 (25/26), 2 ff – DRamseyer, Châtillon-sur-Glâne FR, un habitat de hauteur du Hallstatt final . . ., JbSGU 66, 1983, 162 ff – vgl. auch MVerzàr, Aventicum II: Un temple du culte impérial, Lausanne 1978, Taf. 21,2

Promontogno → Bondo GR

Pruntrut → Porrentruy

Pully VD

Palastartiges Herrenhaus
Abb 433, Tafel 2 a

Im Zentrum von Pully, unter der Kirche St-Germain, dem Prieuré und O davon wurden 1921 bei Bauarbeiten in der Kirche, 1941 beim Bau eines Luftschutzkellers nahe der Hauptstrasse sowie bei Kanalisationsarbeiten 1953 und 1963 Baureste eines grösseren röm Gebäudes bekannt, doch zu-

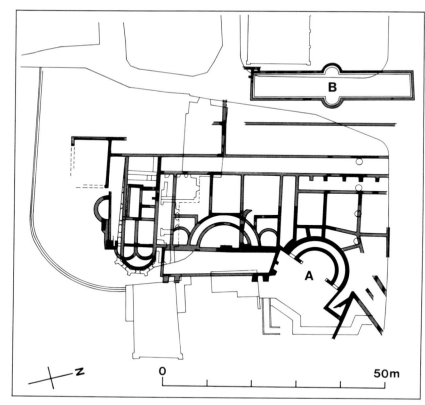

Abb. 433
Pully. Gutshof.
A Herrenhaus,
B Wasserbecken.
Auf der Halbrundwand bei A befinden sich die Malereien.

sammenhanglos. Als 1971 der Bau einer öffentlichen Tiefgarage unter der Place du Prieuré geplant war, unternahm D. Weidmann 1972–1978 umfassende Untersuchungen, die mit der Konservierung der einen Kryptoportikus mit der grossen ausgemalten Exedra abgeschlossen wurde.
Der Palast von Pully war auf einen Moränenhügel rund 53 m hoch über dem Genfersee mit Blick auf die Dents du Midi gebaut worden. Nach dem gegenwärtigen Stand der Untersuchungen ist erst die Südhälfte einer wahrscheinlich sehr ausgedehnten Palastanlage bekannt. In diesem S-Flügel waren die Wohnräume innerhalb eines langgezogenen und etwa 20 m breiten Traktes sozusagen in einer Flucht aufgereiht. Vor der W-Front zog sich eine lange Portikus hin, im S an einen risalitartigen Querflügel mit Baderäumen anstossend. In einer späteren Phase dürfte an die SW-Ecke ein

Risalit angebaut worden sein. In einer Entfernung von ca 11,50 m lag in der Mitte vor der W-Fassade und parallel dazu ein mit Jurakalkplatten ausgefüttertes 35 × 5 m grosses und ca 1 m tiefes Wasserbecken (B), mit zwei gegenständigen Apsiden in der Mitte der Längsmauern.
Eine besonders reiche architektonische Gliederung muss die über einer hohen Geländestufe erbaute O-Fassade aufgewiesen haben. Dem heute bekannten S-Arm jedenfalls war eine zweigeschossige Portikus vorgesetzt, und der untere Teil, die Kryptoportikus also, lief in der Mitte der Rückwand in eine weite, seitlich durch halbrunde Stützmauern gesicherte Exedra hinein.
Das Zentrum der O-Fassade – der ganzen Palastanlage – muss einst die analoge, als rückseitige Ausweitung einer grossen Kryptoportikus wirkende ▶ Exedra A gebildet haben. Sie ist zum S-Arm um 45° abgedreht, so dass der noch unbe-

kannte »N-Arm« des Palastes sehr wahrscheinlich als NO-Flügel weiterlief.
Die Schauwand dieser zweiten grossen Exedra war mit einer reichen Malerei dekoriert. Davon ist noch ▶ die ca 130 cm hohe Sockelzone erhalten, und zwar die ganze 16,60 m weite Wandfläche als bunte Marmor-Imitation überziehend und durch vier perspektivisch gezeichnete Pilastersockel gegliedert. In den Zwischenräumen finden sich vier oblonge Bildfelder von 225 bis 268 cm Länge und 22 bis 24 cm Höhe. Sie zeigen Zirkus- bzw Rennwagendarstellungen. Diese Sockelmalerei ist zweifellos der, ausser den wenigen an der Wand haftengebliebenen Bildflecken, aus 50 000–80 000 Fragmenten zusammengesetzte Rest eines riesigen Wandbildes im Sinne des 4. pompejanischen Stils, ausgeführt wahrscheinlich von einem italischen Meister im dritten Viertel des 1. Jh.
Die aus Tonplatten konstruierten Pfeiler, welche die Fassade vor der Kryptoportikus trugen, waren verputzt und mit Marmor- und Inkrustations-Imitationsmalereien dekoriert. Von einem im Obergeschoss befindlichen Mosaik mit geometrischer Ornamentierung konnten einige Partien restauriert werden.
Lit: DWeidmann, La villa romaine du Prieuré à Pully, AS 2/1978, 87 ff – WDrack 1980, 11 ff – JbSGU 66, 1983, 294 ff – WDrack ua, Römische Wandmalerei aus der Schweiz (Ausstellungskatalog), Feldmeilen 1986, 20

Rapperswil BE

Weiheinschrift

Eine im 18. Jh in Rapperswil BE entdeckte Statuenbasis mit Fusslöchern für ein Standbild und mit der Weiheinschrift an Mercurius Augustus ist in der Stützmauer hinter dem alten Pfarrhaus in Rapperswil eingemauert.
Lit: GWalser (II) 1980, 122

Rapperswil SG

Vicus Kempraten
Abb 434

Der Vicus Kempraten – der Ortsname ist frühmittelalterlich als 741 Centoprato, 835 Kentibruto, 863 Centiprata überliefert – lag an einer weiten, tiefen Bucht am SO-Ende des Zürichsees, rund 1000 m N des Burg- und Kirchhügels von Rapperswil. Dort liefen einerseits die Land- bzw Wasserstrasse aus *Turicum*/Zürich und andererseits die »Rätische Strasse« aus *Vitudurum*/Winterthur ein, und von dort wurde der Lastenverkehr Richtung *Curia*/Chur und die Bündner Pässe durch die Treidler (*duccones*) zum Walensee bewerkstelligt.
Der heute im Hist. Museum Rapperswil aufgestellte Altarstein mit der Inschrift des *Gaius Octavius Provincialis* und des *Gaius Ulagius Viscus*(?) (HM 263) war einst beim Eingang der 1480–1490 erneuerten Kirche Jona als Weihwasserbecken gestanden, wo ihn Aegidius Tschudi um 1530 sah. Im Winter 1689/90 wurde im »Gubel«, rund 1 km NW der Bucht, ein Münzschatz aus der Zeit des Kaisers Quintillus (270) entdeckt. Im 19. und frühen 20. Jh beobachtete man da und dort röm Ziegelfragmente. Doch erst 1941, als bei Kanalisationsarbeiten eine röm Abfallgrube zum Vorschein kam, wurde erkannt, dass in Kempraten eine röm Siedlung bestanden hatte. Die 1942 im Gebiet S der Kapelle St. Ursula durchgeführten Sondierungen führten schliesslich zur Entdeckung eines grösseren röm Wohnhauses, 1943 und 1944 stiess man auf weitere röm Gebäude.
Der Vicus ist weder im Grundriss noch im Umriss genauer bekannt. Die bislang gefassten Baureste liegen in einem Gebiet von 400 m Länge und 200 m Breite. Der röm Hafen ist noch unbekannt. Die röm Hauptstrasse muss grossteils unter der von SO nach NW verlaufenden Kreuzstr liegen. Im Bereich der im Frühmittelalter entstandenen Kapelle dürften die beiden eingangs erwähnten Strassen aus *Turicum*/Zürich und *Vitudurum*/Winterthur eingelaufen sein. Entlang dieser beiden Stränge, besonders aber rittlings der Hauptstrasse waren einst die Häuser erstellt. Vor allem die W der Kreuzstr untersuchten Baureste ergaben recht gute Aufschlüsse. Danach standen die

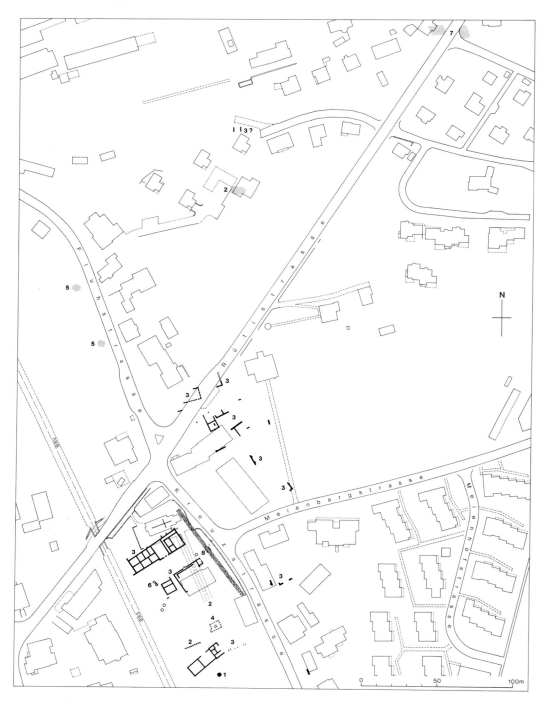

meisten Gebäude senkrecht, dh mit der Schmalseite zur Strasse und anscheinend rund um die Hausbreite voneinander entfernt. Der grösste Bau, 1943 direkt S der Kapelle entdeckt, mass ca 38 × 13 bzw 11 m. Der breitere O-Teil umfasste offensichtlich den eigentlichen Wohntrakt mit zwei Portiken nach N und W, dh zu einem Hof hin, der schmalere W-Teil scheint der Wirtschaftstrakt gewesen zu sein. Ausser vielen Ziegel- und Keramikscherben und drei Münzen kam in diesem Gebäude die Basis einer kleineren Säule zutage. – Ca 13 m weiter S konnten 1944 zwei weitere Bauten in den Fundamenten gefasst werden: im O, gegen die Strasse hin, ein Wohnhaus (18 × 15 m) mit einer grossen Halle(?), zwei verschieden breiten Portiken auf der N- und W-Seite, möglicherweise einem Risaliten an der NO-Ecke und einer Hypokaustanlage mit Sandsteinsäulen; im W ein Gebäude (8,50 × 8 m) mit zwei Räumen – im kleineren eine Türschwelle aus Sandstein, im grösseren ein Mörtelboden und darauf zwei Herdstellen. – 1942 wurde ein ca 26 × 9 bzw 8 m grosses Haus untersucht, dessen Baureste rund 80 m S der Kapelle und 30 m W der Strasse zum Vorschein gekommen waren. Trotzdem es sich offenbar um ein recht abseits gelegenes Haus gehandelt haben muss, zeigte sich auch hier eine ähnliche Konzeption wie bei den anderen Bauten: im O lag ein mehrräumiger Wohntrakt mit Resten von »bemaltem Wandverputz« und einer Herdstelle, in der Mitte eine Halle oder ein Hof(?) und im W ein grosser Ökonomieteil. Seine S-Ecke wurde an Ort und Stelle konserviert. Im Gebiet O dieses Gebäudes wurden 1974 Mauerzüge grösserer Bauten und hart NO davon gar eine ca 6 × 5 m grosse Hypokaustanlage mit Sandsteinpfeilerchen festgestellt. Zudem entdeckte F. Rimensberger 9 m S des Hauses von 1942 den Oberteil eines röm Weihealtars. Dieses Fundstück, die Grösse des Hypokausts und die erwähnten Mauerzüge lassen vermuten, dass in diesem Bereich öffentliche Bauten gestanden sind.
Weitere Wohnhäuser mit rückwärtigen Wirtschaftstrakten befanden sich O der Hauptstrasse.

Leider konnte man auch dort erst röm Mauerzüge, ua wie von Portikusanlagen, feststellen. Diese lassen immerhin auf mindestens sechs Baueinheiten schliessen. Weitere Baureste wurden 1987 untersucht.
Rund 220 m NO der Kapelle und 50 m W der Rütistr kamen bei Aushubarbeiten für Neubauten röm Keramikfragmente, Eisenschlacken bzw Überbleibsel von Holzbauten zum Vorschein, wohl die Reste von Handwerksbetrieben, ua von einer Schmiede.
Ein Töpferofen, 1944 W des Kleinbaues entdeckt, hatte einen Dm von 1,10 m und einen rund 1 m langen Heizkanal. Sowohl im Ofen als auch im Schürloch lagen Reste von in diesem Ofen gebrannten Keramik: von flachen Tellern, roten und schwarzen Wandknickschüsseln, verschiedenen Topfarten und Näpfen, alles Formen der Zeit zwischen 50 und 100. Der Ofen ist im Museum konserviert.
Ein Gräberfeld wurde 1943 beim Ausbau der Rütistr rund 400 m NW der Kapelle angeschnitten. Von den vielen Urnengräbern konnten 24 näher datiert werden: drei vor und um 50, 15 aus der 2. Hälfte des 1. und sechs aus der 1. Hälfte des 2. Jh. Ausser recht vielfältiger Keramik enthielten die Bestattungen drei glasierte Parfumfläschchen, ein wenig Glas, darunter ein Pinienzapfengebilde, sowie drei Terrakottafigürchen – ein Hund und zwei Vögel.
Die ca 50 bisher in Kempraten sichergestellten röm Münzen reichen, samt dem eingangs erwähnten Münzenfund von 270, vom 1. bis anfangs 4. Jh. Das übrige Fundgut - incl die Beigaben der Gräber – zeugt nicht von einem gehobeneren Lebensstandard. Der Vicus war als Umschlagplatz wohl in erster Linie von Gewerbetreibenden, Handwerkern und Schiffern besiedelt gewesen. Nach Ausweis des eingangs erwähnten Weihealtars, eines weiteren, seit dem 19. Jh verschollenen und des 1974 gefundenen Oberteils eines Altares stand in diesem Vicus ein Tempel, wohl ein Umgangstempel wie auf der nahen → Ufenau.
Ao: HM Rapperswil

◁ *Abb. 434 Rapperswil. Vicus Kempraten. 1 Altaroberteil. 2 Reste von Holzbauten, 3 Wohn- und Wirtschaftsgebäude, 4 Hypokaustanlage von einem Badegebäude, 5 Spuren von weiteren Bauten, 6 Töpferofen, 7 Urnengräber, 8 röm Strasse.*

Rheinfelden – Rheinlimes

Abb. 435   Rheinlimes. 1–52 Nachgewiesene Wachttürme, A–Z erhaltene Überreste von Wachttürmen.

Lit: E Halter, Kempraten bei Rapperswil, US 7, 1943, 85 ff – M Bär-Brockmann, Kempraten, US 6, 1942, 76 ff – dies, Kempraten 1944, US 8, 1944, 79 ff

Lit: W Drack, Zur Wasserbeschaffung für römische Einzelsiedlungen..., Provincialia/Festschrift f. Rudolf Laur-Belart, Basel/Stuttgart 1968, 258

Rheinfelden   AG

Wasserleitung

Die zum 1961 ausgegrabenen und anschliessend zerstörten Gutshof N vom Görbelhof führende Wasserleitung ist am Fuss des Tannenkopfes zB bei Koord 624125/265550 noch erhalten. Es ist ein gemauerter Kanal von 35 × 35 cm iL, mit feinem Ziegelmörtel ausgestrichen und mit Kalksteinplatten überdeckt.

Rheinlimes

Abb 276, 435–455

Unter Rheinlimes verstehen wir den Abschnitt des spätröm Donau-Iller-Rhein-Limes zwischen Basel und Stein am Rhein. Dieser bestand im Endausbau aus den Kastellen Basel, Kaiseraugst, Zurzach und Stein am Rhein sowie aus zahlreichen, zwischen dieselben gestellten Wachttürmen (*burgi*).

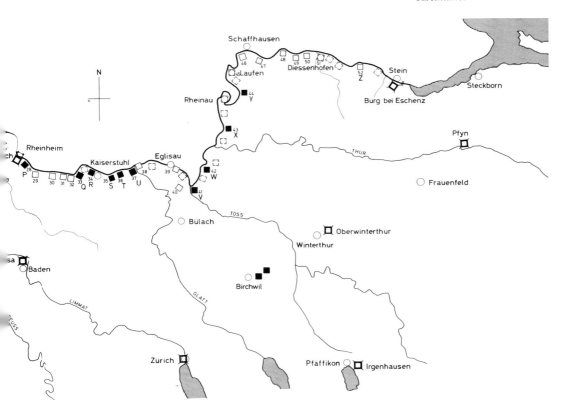

Derartige Türme oder »Warten« kannte F. Keller 1860 drei, 1871 aber bereits 26. Eine systematische Erforschung des Rheinlimes betrieb aber erst die 1896 auf Anregung von Theodor Mommsen gegründete Kommission für röm Forschungen. Heute sind insgesamt 52 Wachttürme entweder in Form von Bauresten oder aufgrund von Spuren ausgemacht, 20 davon sind konserviert. Die meisten Türme hatten einen quadratischen, da und dort mehr oder weniger rautenförmig verschobenen Grundriss. Eine kleine Anzahl war rechteckig. Die meisten Grundrisse waren zwischen 7 × 7 m (WT 28) und 12 × 11,80 m (WT 41) gross. Nur zwei Objekte hatten erheblich grössere Abmessungen: WT 9 17,50 × 17,50 m und WT 20 17,90 × 17,60 m. Diese Aussenmasse kommen den Grössen der Kernbauten bei den sog »Magazinen« oder »Kleinkastellen« von Mumpf »Burg« (WT 12) und Sisseln (WT 14) mit je 26 × 17,50 m sehr nahe. Alle diese Anlagen waren durch Spitzgräben gesichert. Bei den WT 12 und 14 sowie bei den WT 2, 7, 9 und – als einzigem O der Aare – bei WT 27 wurden in den Fundamenten Reste von Holzrosten bzw Balkenversteifungen festgestellt. Als Baumaterial diente Gestein aus der Umgebung, für die Mauerverblendung sowie für Tür- und Fensterzwände zwischen Basel und Laufenburg weitgehend Jurakalk, von Laufenburg an rheinaufwärts aber fast ausschliesslich Tuff- bzw Sandstein. Wo noch erkennbar, lagen die Eingänge rheinwärts und nur bei wenigen Fällen seitlich, so bei WT 2, 4 und 33.

Von den Inneneinrichtungen ist nur wenig übrig

geblieben. Bei WT 2 bezeugten Tonplattenreste einen entsprechenden Bodenbelag. Bei WT 9 fand man vier im Quadrat gleichmässig verteilte, gemauerte Sockel und in den WT 41 und 43 je einen zentralen analogen Unterbau für die Tragkonstruktion der darüber liegenden Böden. Beim WT 20 diente eine Innenmauer als Trenn- und Tragelement. Weitere Baufunde sind Türschwellen und – in sehr viel geringerer Zahl – Bruchstücke von Tür- und Fenstergewänden sowie Treppenstufen. Für die Bedachung scheinen offenbar weitgehend alte Ziegel verwendet worden zu sein.

Auch die Kleinfunde sind wenig zahlreich. Die Wachttürme scheinen befehlsmässig geräumt und zT von der Besatzung selber zerstört worden zu sein. Jedenfalls fehlen Waffen vollständig. (Die zwei eisernen Pfeilspitzen aus WT 43 könnten Feindgeschosse sein.) An Uniformstücken liegen Gürtelbeschläge vor aus WT 38, 41 und 43, Zwiebelknopffibeln aber nur zwei aus WT 20. Die in den Wachttürmen vorgefundenen Keramikscherben stammen von Kochtöpfen. Aus WT 43 stammen ein Topffragment aus Lavez und Halbfertigfabrikate für Kämme, die von handwerklicher Betätigung von Wachtsoldaten zeugen.

Die Strecke des spätröm Rheinlimes zwischen Basel und Stein am Rhein wurde vom Verf vor kurzem neu bearbeitet und in der Reihe der Archäologischen Führer der Schweiz als Heft 13 veröffentlicht unter dem Titel »Die spätrömische Grenzwehr am Hochrhein«. Darin sind alle Wachttürme ausführlich beschrieben und alle Abschnitte reichlich mit Literaturangaben versehen.

An verschiedenen Stellen waren schon im frühen 4. Jh hölzerne WT errichtet worden. Die hier behandelten, zumindest im Erdgeschoss aus Massivmauerwerk bestehenden WT entstanden, wie die beiden Inschriften der WT 19 und 27 belegen, zur Zeit Valentinians I. (364–375) um 371.

In der vorliegenden Darstellung sind, von wenigen Ausnahmen abgesehen, nur die numerierten Wachttürme aufgeführt, und zwar die zerstörten unter Angabe des Flur- oder Objektnamens, die konservierten mit ausführlichem Text, jedoch ohne Literaturhinweise.

Die Koordinatenangaben beziehen sich auf die Karten des Bundesamtes für Landestopographie.

Basel, BASILIA → S. 354

Birsfelden BL
WT 1 Sternenfeld
Beim Bau des Au-Hafens zerstört.

Muttenz BL
WT 2 Au-Hard
Abb 436

Nach der Entdeckung und ersten Freilegung 1751 fanden weitere Ausgrabungen statt, so 1891, 1921 und 1975. Im Anschluss an die letzte Untersuchung wurden die ▶ Turmmauern konserviert. Der Grundriss (8,40 × 8,40 m) ist leicht rhombisch. In jeder Mauer (B ca 1,60 m) fanden sich Spuren eines Holzrostes aus je drei Längsbalken von ca 15 × 18 cm Dicke und Tonplattenreste vom Bodenbelag. Die Türe lag in der flussaufwärts orientierten S-Mauer. Wall und Graben wurden bislang noch nicht entdeckt.

Von den Funden sind erwähnenswert Quader mit Klammerlöchern, Gewändesteine von Lichtöffnungen und eine aus einem Sandstein geschaffene Fensterluke. Zudem liegt eine Münze des Gallienus vor.

Ob ein 90 m N entdecktes röm Gebäude zum WT gehörte, ist fraglich.

Zwei WT wurden zwischen den Fluren Rheinlehne und Gallezen vermutet.

Abb. 436 Muttenz. Au-Hard. Wachtturm. Rekonstruktionsversuch des Balkenrostes während der Ausgrabung 1975.

Rheinlimes: Rheinfelden, Möhlin

Kaiseraugst, CASTRUM RAURACENSE
→ S. 411

Rheinfelden AG
WT 3 Rheininsel Stein/Burgstell
Um 1000 beim Burgenbau zerstört.

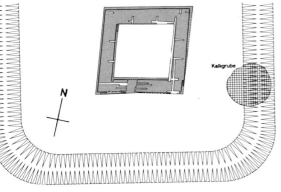

Abb. 437 Muttenz. Pferrichgraben. Wachtturm mit Graben.

WT 4 »Pferrichgraben«
Abb 437

Der ▶ Turm wurde 1900 von S. Burkart entdeckt, untersucht, 1938 ausgegraben und konserviert. Aus den beiden Fundmünzen der Julia Domna und des Constans zu schliessen, muss auf diesem Platz im 3. bzw frühen 4. Jh ein wohl hölzerner WT gestanden haben.
Der Grundriss (11 × 12 m) ist leicht rhombisch. Die Mauerbreite beträgt durchschnittlich 2,10 bzw 1,80 m. Unterhalb des Fundamentabsatzes zeigten sich in allen Mauern meist runde Aussparungen von Holzverfestigungen aus Längs- und Querbalken. In der S-Mauer ist die Öffnung des Eingangs (ca 1,85 m) erhalten. In der NO-Ecke fand sich eine Feuerstelle. Der Graben (B 4 m, T 2 m) konnte etwa 10 m vom Turm entfernt gefasst werden. Im O-Abschnitt des Grabens lag eine nachröm Kalkbrennstelle.
Die Fundliste umfasst behauene Sandsteinquader und Tuffsteine, teils kubische, teils keilförmige, eine Säulenbasis-Spolie aus Kalkstein, Tonplattenreste, Leisten- und Rundziegel sowie Eifel-Keramik und die beiden og Münzen.
Koord: 668350/269410

WT 5 Heimenholz
In den Rhein gestürzt.

Möhlin AG
WT 6 Riburg »Bürkli« (Bürgli)
Abb 438

S. Burkart beschrieb die Anlage als erster 1903/04 und K. Stehlin untersuchte sie 1919. 1941 wurde die ▶ Toranlage ausgegraben und konserviert. Mit »Riburg« (Rhein-Burg) wurde offensichtlich anfänglich die grosse Erdbefestigung mit Wällen und Gräben samt den späteren Mauerbauten, mit »Bürkli« oder »Bürgli« aber die Ruine des einst auf dem höchsten Punkt, auf dem NW-Sporn der Hochfläche stehenden röm WT bezeichnet.
Vom WT fand sich 1919 nur noch eine Art Negativabdruck der SW-Mauer der längst vorher in den Rhein gestürzten Ruine. Die Erdbefestigung, das Refugium, hatte einen trapezförmigen

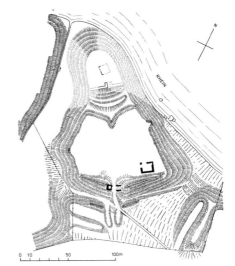

Abb. 438 Möhlin. Riburg »Bürkli«. Gesamtplan. Auf dem N Sporn ursprünglich spätröm Wachtturm, dann frühmittelalterliche Burg (?), S davon grosse Vorburg. Rekonstruierte Partien beim N Sporn flau schraffiert. (Nach E. Gersbach 1966.)

Grundriss und war spornwärts durch einen Halsgraben, auf der dem Möhliner Feld zugekehrten Breitseite aber durch eine grosse Graben/Wall-Anlage gesichert. In der O-Ecke der Refugiumsfläche stand ein rechteckiger Bau von 10,07 × 7,90 m iL, und links und rechts des den Wall in der Mitte durchschneidenden Hohlweges sind noch die Reste der beiden Seitentürme eines Torbaus erhalten, dessen Aussenfront einst fast 16 m lang war! Im Mauerwerk sitzen da und dort Kalk- und Sandsteinquader-Spolien. Leider fehlen aber weitere gute Anhaltspunkte für eine genauere Datierung. Die Ansichten schwanken zwischen mittlerem 3. Jh, der Zeit der ersten Alamanneneinfälle, der frühma Ära des 8./9. Jh und dem durch die Ungarneinfälle unruhigen 10. Jh.
Koord: 630040/270150

WT 7 Fahrgraben
Abb 439

Der Turm wurde um 1900 von S. Burkart entdeckt. 1919 hat man die ▶ Ruine untersucht und 1950 konserviert. Erhalten sind noch die S- und O-Mauern (B ca 1,80 bzw 1,50 m), die übrigen wurden vom Rhein unterspült und stürzten ab. Aus dem Innenmass der S-Mauer von 5,90 m zu schliessen, betrugen die Aussenmasse des Turmes einst ca 9,50 × 9,50 m. In den Fundamenten hatten sich Aussparungen eines Holzrostes aus je einem Längs- und mehreren Querbalken erhalten. Der Graben konnte nicht gefunden werden. An Funden liegen nur zwei Keramikfragmente vor.
Koord: 632700/270800

WT 8 Untere Wehren
Nicht konserviert.

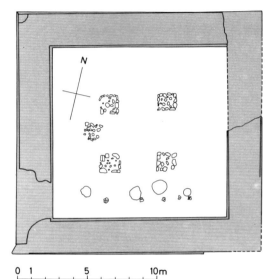

Abb. 440 Wallbach. Stelli. Wachtturm mit Pfeilerfundamenten im Innern.

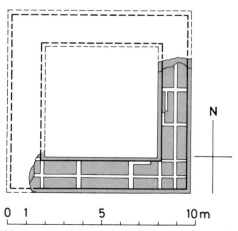

Abb. 439 Möhlin. Fahrgraben. Grundriss des Wachtturms mit Spuren des Balkenrostes.

Wallbach AG
WT 9 Stelli
Abb 440

Die von F. Keller 1871 angezeigte ▶ Turmruine wurde 1913 untersucht, 1949/50 freigelegt und konserviert. Keramikreste des 2. und 3. Jh belegen, dass an dieser Stelle im 3. Jh wahrscheinlich ein hölzerner WT gestanden hatte.
Der sehr grosse Turm hatte Aussenmasse von 17,50 × 17,50 m, und die Mauern sind ca 2,50 bzw 2,20 m breit, ja zT ragen die Vorfundamente bis 25 cm vor. Im aufgehenden Mauerwerk aller Mauern zeichneten sich – zT innerhalb einer bis 80 cm hohen Zone – Aussparungen von Holzver-

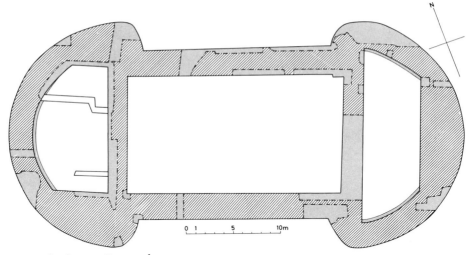

Abb. 441 Mumpf. »Burg«. Festungsbau.

festigungen aus je vier parallelen Längsbalken ab. Im Innern des Turmes fanden sich vier im Quadrat angeordnete Pfeiler- oder Pfostensockel von je 1 m Seitenlänge, entlang der N- und S-Mauer lagen je drei Herdstellen. Der Eingang muss sich in der rheinseitigen O-Mauer befunden haben, da dort ein Sandsteinfragment mit Riegelloch zutage kam. Auf zwei Seiten, je etwa 6 – 7 m vom Turm entfernt, konnte der – nur noch – etwa 1 m tiefe und 2,50 m breite Graben festgestellt werden. An Funden liegen vor ein Sandsteinquader mit Fensterluke, recht viel Eifelkeramik und Fragmente von fünf Lavezsteintöpfen.
Koord: 635230/269265

WT 10 Unter der Halde
Wurde kurz nach dem Zweiten Weltkrieg zerstört.

WT 11 Wallbach
Im Keller des Hauses Vers-Nr. 22 die Innenseite der W-Mauer erhalten.

Mumpf AG
WT 12 Festungsbau »Burg«
Abb 441, 442

Der Flurname »Burg« bezeugt, dass die im Baugrund des Hotels »Anker« und des W davon stehenden Bauernhauses sowie im Zwischengelände befindliche grosse Ruine seit alters bekannt war. Eine eingehende Untersuchung fand erst 1913 statt.
Aufgrund der Entdeckung von Fundamentresten einer Umfassungsmauer und eines Badegebäudes darf angenommen werden, dass in dieser Gegend zuerst ein röm Gutshof bestanden hatte. An dessen Stelle wurde wohl zZ Valentinians I. eine bes Festungsart errichtet. Der rechteckige Bau (17,50 × 26 m) war von zwei, vor die Schmalseiten gesetzten, innen halbrunden, aussen aber polygonalen, risalitartigen Türmen von 11,75 m Radius flankiert. Diese Anbauten waren unterkellert. An der Fundamentsohle, offenbar der Längsmauern, wurden Aussparungen von Längsbalken eines Holzrostes beobachtet. ▶ Sichtbar sind ein Mauerstück an der Strasse NW des Hotels »Anker«, die W-Mauer des einstigen Hauptbaus im Bauernhauskeller. Etwa 19 m von der

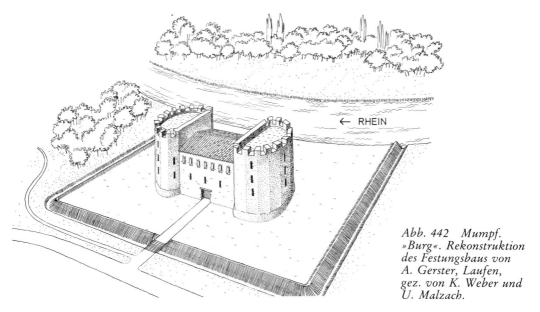

Abb. 442 Mumpf. »Burg«. Rekonstruktion des Festungsbaus von A. Gerster, Laufen, gez. von K. Weber und U. Malzach.

Ruine entfernt wurde ein Spitzgraben (T ca 1,70 m, B 5 – 7 m) entdeckt.
Die Fundliste umfasst Eifelkeramik und neun Münzen: drei des Gratian, vier des Magnus Maximus und zwei des Gratian oder des Magnus Maximus.
Fundamente eines analogen Grossbaus kamen auch in → Sisseln zutage. Deshalb dürfte es sich bei diesen Anlagen eher um Kleinkastelle für die Sicherung des Rheinüberganges bei der Säckinger Insel denn um blosse »Magazine« für die Truppenversorgung handeln.
Koord: 636200/266360

Stein AG/Säckingen (Baden-Württemberg) SANCTIO(?)

Stein war in röm Zeit ein Knotenpunkt, wo sich die Strasse aus → *Augusta Raurica* – später → *Castrum Rauracense* – gabelte, einerseits rheinaufwärts und andererseits Richtung *Vindonissa*. Zudem waren in Stein – wie bei Kaiseraugst und Rheinfelden – die natürlichen Voraussetzungen für einen Brückenschlag gegeben, besonders durch die grosse Insel, auf der von 600 ab das Kloster, in karolingischer Zeit die Pfalz und im Mittelalter die Stadt Bad Säckingen entstanden. (Die Zusammengehörigkeit von Rheininsel und linker Uferzone spiegelt sich m. E. im ehem Stadtgerichtsbezirk wider. – Der rechte Rheinarm wurde übrigens erst von 1830 an allmählich zugeschüttet.)
Die vieldiskutierte Stelle bei Ammianus Marcellinus, gest um 400, *prope oppidum Sanctionem* (beim Kastell *Sanctio* ...) scheint sich eben doch auf Säckingen zu beziehen. Jedenfalls muss dieser Rheinübergang in Stein und auf der Insel, dh auf Säckinger Boden, durch Befestigungen geschützt gewesen sein. Deren markante Überreste sind im Laufe des Mittelalters durch die Überbauung zerstört bzw von den Wassern des Rheins unterspült und von den Fluten hinweggeschwemmt worden. So ist ja ua eine riesige Überschwemmung für 1343 bezeugt. Ähnlich wie in Rheinfelden, besonders aber in Stein am Rhein, erinnern an diese antiken Befestigungen nur noch der Ortsname Stein und die Ruinen der als Flankenschutz errichteten befestigten »Magazinbauten« in Mumpf und Sisseln.
Zweifellos lag der röm Übergang im Bereich der historischen Brücke. Dort muss das eigentliche »Fort« gestanden haben, während im Bereich des Dorfes Stein an der Strassengabelung ein starker

Turm genügt haben dürfte. Diese Annahme ist um so berechtigter, als zum linksrheinischen Brückenkopf F. Keller 1871, 246 festhält: »Im Dorfe Stein ... Trümmer eines Gebäudes ..., das man für römisch und den Rest eines Wachtthurmes hält.«
Funde: Antike Steinquader-Spolien mit Bogenansatz, die beim Abbruch der Brückenpfeiler 1962 zutage kamen (seither in der Uferverbauung zwischen ehem Friedhof und Rheinbrücke abgelagert) und 2 spätröm Säulenkapitelle aus Solothurner Jurakalk von der Rheinbrückstr (vom Standort der Pfalz) im Museum Säckingen.

WT 13 Salmenwaage/»Nase«
In den Rhein gestürzt.

Sisseln AG
WT 14 Festungsbau

F. Keller hatte 1871 angenommen, es handle sich bei der Ruine W der Kirche Sisseln um einen quadratischen WT. Die Ausgrabung von 1915 erbrachte aber überraschenderweise die Mauerreste einer in bezug auf Grösse und Grundriss mit dem Festungsbau »Burg« in → Mumpf genau übereinstimmende Anlagen. Im Mauerwerk waren ebenfalls Spuren von Holzverfestigungen aus Längs- und Querbalken vorhanden. Nach dem Graben wurde umsonst gesucht. Die Ruine wurde leider 1972 einer Überbauung geopfert.
Koord: 641800/267240

Kaisten AG
WT 15 Kaisterbach
Zerstört.

Laufenburg AG
WT 16 Schlossberg
Durch mittelalterlichen Burgbau zerstört.

Sulz AG
WT (16 A) Rheinsulz

Während der Drucklegung dieses Buches wurde am 1. Dez 1987 bei Beginn der Bauarbeiten für die Unterführung der Staatsstr 150 m W des Bahnhofes Sulz bzw hart O des Sulzerbaches ein bisher völlig unbekannter WT (14,20 × 14,20 m) ent-

deckt und anschliessend punktuell untersucht. Die NW-Eckpartie muss schon früh unterspült und zerstört worden sein. Das Mauerwerk ist 2,50–2,70 m breit und bergseits bis 1 m hoch erhalten. Über dem Fundament finden sich Spuren eines ehem Balkenrostes. Die WT-Ruine soll konserviert werden. (Freundl Mitt Aargauische Kantonsarchäologie).
Koord: 648950/267520

Etzgen AG
WT 17 Sandrüti
Zerstört.

WT 18 Hauensteiner Fähre
Zerstört.

WT 19 Rote Waag
Abb 443

Zerstört.
Bauinschrift 1892 entdeckt. Sie lautet:
[S]alvis d(ominis) n(ostris) / Valentiniano / [Va]lente et Gratiano / [per(petuis)]tr(iumphatoribus) senp(er) Aug(ustis) burgum / [in...]iaco confine leg(io) octa(va) / [.....]anensium fecit sub cur(a) / [.....]ri p(rae)p(ositi) consu(libus) d(omino) n(ostro) Gratiano II / [et Fl(avio) P]robo v(iro) c(larissimo).   (= 371)

Abb. 443 Etzgen. Rote Waag. Bauinschrift von 371.

Während der glücklichen Regierung unserer Herren Valentinianus, Valens und Gratianus, der siegreichen, immer erlauchten Kaiser, hat die 8. gratianensische Legion die Warte an der ... Grenze erbaut unter Leitung des Kommandeurs ... im Konsulatsjahr unseres Herrn Gratianus zum zweitenmal und Flavius Probus, Exzellenz (HM 340).

Schwaderloch AG
WT 20 Unteres Bürgli
Abb 444

Der nach dem Flurnamen seit alters für eine mittelalterliche Burgruine gehaltene WT wurde 1905/06 und 1914 untersucht. Im Zuge der Grenzbesetzung während des Zweiten Weltkrieges wurde 1939/40 auch dieser exponierte Punkt befestigt, nach Kriegsende 1945 aber wieder von den Einbauten befreit und mit zugeführtem Erdmaterial überdeckt. ▶ Sichtbar ist heute vom Mauerwerk nur die SW-Ecke. Eine Konservierung ist beabsichtigt.
Aufgrund der Ausgrabungsbefunde, besonders aber der recht zahlreichen Bruchstücke von Terra sigillata und von Gebrauchskeramik des späten 1. und des 2. Jh hatte an dieser Stelle wohl im 2. Jh ein hölzerner WT (17,60 × 17,90 m) gestanden. Die Mauern sind in der Fundamentzone 2,40–2,80, darüber 2,20–2,50 m breit. In der Mitte der NW-Mauer der Eingang (B 1,80 m). Das Innere ist durch eine Mauer (B 0,70–1 m) in zwei gleich grosse Räume aufgeteilt. Darin lagen zwei durch eine Schuttmasse getrennte Brandschichten. In der unteren Schicht fanden sich die

Abb. 445 Schwaderloch. Oberes Bürgli. Kochtopf aus grauem Ton aus dem 4. Jh.

og Keramikfragmente, in der oberen solche des späten 4. Jh sowie zwei bronzene Zwiebelknopffibeln und drei Münzen von Valentinian I., Gratian und Valentinian I. oder Gratian.
Koord: 652700/270530

WT 21 Oberes Bürgli
Abb 445

Die nach F. Keller auf dem – alten – Rheinufer stehende Turmruine wurde 1913 erstmals und 1977 umfassend ausgegraben und anschliessend ▶ konserviert.
Aus dem Vorhandensein eines älteren Horizontes mit 24 Münzen des frühen 4. Jh kann geschlossen werden, dass damals an dieser Stelle ein wohl hölzerner Turm gestanden haben muss.
Die Turmruine misst im Äusseren 7,50 × 7,50 m, und die Mauerreste sind – in den Fundamenten – 1,20–1,50 m, im Aufgehenden 1,25–1,30 m breit. In der Mitte der N-Mauer ist die Türöffnung (B 1 bzw 1,40 m) erhalten. Innerhalb der im Innern ausgemachten Schichten konnten besonders zwei durch eine von Lehmbrocken mit Rutenabdrücken durchsetzte Planierungsmasse getrennte Kulturhorizonte ausgemacht werden: der oben erwähnte, ältere oder untere, mit Eifelkeramik und Lavezsteinbechern sowie den 24 Münzen des frühen 4. Jh, und ein oberer Horizont mit wenig

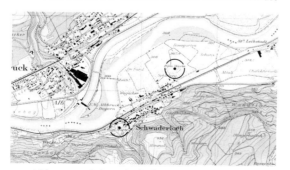

Abb. 444 Schwaderloch. Unteres Bürgli (links unten), Oberes Bürgli (rechts oben).

Keramik und sechs Münzen: Valentinian I. (1), Gratian (1) und vier nicht näher bestimmbare. Innerhalb dieser oberen Schicht fand sich in der Raummitte zudem noch eine Feuerstelle. Etwa 7 m vom Turm entfernt entdeckte man 1914 ein »Palisadengräbchen«, einen mit Humus angefüllten und an den Rändern mit »Kieselwacken« besetzten »Einschnitt« im ursprünglichen Boden.
Koord: 653420/271320

Leibstadt AG
WT 22 Schloss Bernau
Zerstört.

Full-Reuenthal AG
WT 23 Jüppe
Nicht konserviert.

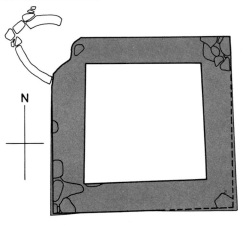

Abb. 446 *Full-Reuenthal. Jüppe. Wachtturm mit nachröm Kalkofen.*

Leuggern AG
WT 23 Im Sand-Felsenau
Abb 446

Die Turmruine wurde von J. Villiger 1914 entdeckt und untersucht. Eine Konservierung ist in Aussicht genommen. Das Turmviereck (7,90 × 8,20 m) ist leicht rhombisch. Die Mauerstärke beträgt in der Fundamentzone 1,45–1,55 und darüber 1,20–1,30 m. Im Innern war der Sandboden mit einer kräftigen Brandschicht bedeckt. Aufgrund einer Lücke im Mauerwerk muss der Eingang in der Mitte der rheinseitigen O-Mauer gewesen sein. Ein Graben wurde nicht gefunden. Ein paar Leistenziegelreste sind die einzigen Fundstücke.
Koord: 658840/273650

Koblenz AG
WT 25 Frittelhölzli
Zerstört.

WT 26 Rütenen
Nicht konserviert.

WT 27 Kleiner Laufen:
SUMMA RAPIDA
Abb 447, 448

Eine erste Ausgrabung erfolgte 1896. 1906 entdeckte man bei einer Sondierung die Bauinschrift, und 1932 fand eine zweite Untersuchung statt. ▶ 1935 wurde der Turm konserviert. Die Mauern des seit der Instandstellung 2 m hohen WT (7,80 × 8,10 m) haben in der Fundamentpartie eine durchschnittliche Breite von 1,80–2 m und im Aufgehenden von 1,50–1,60 m. Der Eingang (B 1,35 bzw 1,15 m) liegt in der rheinseitigen N-Mauer. In der aus zwei verschiedenen Kalksteinplatten bestehenden Türschwelle zeichnen sich Türanschlag und Achspfanne ab. W und O des Turmes konnte in einer Entfernung von ca 8 m je ein Graben (B ca 2 m, T 1,10 m) festgestellt werden.

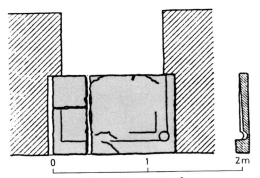

Abb. 447 *Koblenz. Kleiner Laufen. Türschwelle.*

Abb. 448 Koblenz. Kleiner Laufen. SUMMA RAPIDA. Bauinschrift von 371.

Ausser der erwähnten Bauinschrift kamen 1906 profilierte Sandsteinquader-Spolien und Leistenziegelstücke zutage.
Die Inschrift mit dem Namen des Turmes lautet:
Salvi[s d(ominis) n(ostris)] / Valent[iniano] / Valente e[t Gratiano] / per(petuis) tr(iumphatoribus) senp(er) [Aug(ustis) in] / summa rapida [burgum] / fecit sub cur(a) [..........] consul(ibus) d(omino) n(ostro) Gratian[o II et Fl(avio) Probo v(iro) c(larissimo)]. (= 371)
Während der glücklichen Regierung unserer Herren Valentinianus, Valens und Gratianus, dauernder Sieger, immer erlauchter Kaiser hat an der oberen Stromschnelle diese Warte ..... erbaut unter Leitung des ..... Im Konsulatsjahr unseres Herrn Gratianus zum zweitenmal und Flavius Probus, Exzellenz (HM 339).
Koord: 661350/274050

Zurzach AG, TENEDO → S. 572

WT 28 Oberfeld
Nicht konserviert.

Rekingen AG
WT 29 Schlössliacker
1876 durch Bahnbau zerstört.

Mellikon AG
WT 30 In der Hub / Rheinzelg
Zerstört.

Rümikon AG
WT 31 Tägerbach
Zerstört.

WT 32 Rümikon
Zerstört.

WT 33 Sandgraben
Abb 449

F. Keller meldete 1871, dass die Turmruine »einen 10 Fuss hohen, von dichtem Gebüsch bedeckten Mauerstock« bildete. Der ▶ Turm wurde 1907, 1922 und 1942 untersucht. Gleichzeitig erfolgte die Unterschutzstellung und 1947 die Konservierung. Das leicht rhombische Mauerviereck (7,75 × 7,90 m) hat eine Mauerbreite von ca 1,50 m. Im Innern sind die Fundamente teilweise brandgerötet. Unter dem Bauschutt lagen »verbrannte Lehmstücke mit Schindelabdrücken von einem Ofen«. Die Türöffnung (B ca 1 m) war in der Mitte der rheinseitigen NW-Mauer. Ein Graben konnte nicht ausgemacht werden.
An Kleinfunden liegen vor: ein Ziegelbruchstück

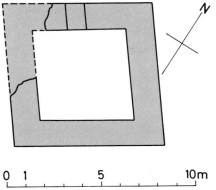

Abb. 449 Rümikon. Sandgraben. Wachtturm.

mit dem Stempel L·XXI·SCVI der 21. Legion von *Vindonissa*, sicher von einem Ziegel in zweiter Verwendung, sowie ein Fragment von einem Topf der Eifelkeramik.
Koord: 671680/269480

Fisibach AG
WT 34 Bleiche
Nicht konserviert.

Weiach ZH
WT 35 Leebern
Nicht konservierbar.

WT 36 Hardwald
Abb 450

Der von F. Keller lt seinem Bericht von 1871 im Jahre 1866 entdeckte WT wurde 1907 oberflächlich freigelegt. Genauere Vermessungen 1922 galten mehr der Umgebung als dem WT selber. 1969 wurde daher eine Ausgrabung der Graben-Wall-Anlage durchgeführt und ▶ das noch vorhandene Mauerwerk konserviert.
Die Fundamentreste waren 1969 nur noch 4–5 Steinlagen hoch erhalten und im Bereich der S- und O-Mauer teilweise seitlich stark ausgebrochen. W der NO-Ecke fand sich auf einer Länge von etwa 2,50 m eine Steinlage des aufgehenden Mauerwerkes. Danach waren die Fundamente im Mittel 1,50 m und die aufgehenden Mauern etwa 1,20 m breit. Die Aussenmasse des Fundamentge-

Rheinlimes: Weiach, Glattfelden

viertes betragen 7,50 × 7,50 m. Vom einstigen Eingang fand sich keine Spur.
Die Graben-Wall-Anlage, zumal der Graben, zeichnet sich im Gelände noch recht gut ab, und aufgrund von Sondierungen konnte der Graben (B 1,40–1,50 m, T ca 1 m) im Plan festgehalten werden. Er war vom WT auf der W- und O-Seite rund 4 m und S davon um 3,60 m entfernt.
Koord: 676450/269400

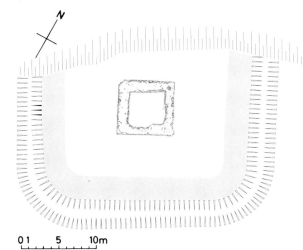

Abb. 450 Weiach. Hardwald. Gesamtplan mit Wallzone und Graben (aufgrund der Spuren im Gelände).

Glattfelden ZH
WT 37 Zweidlen-Schlossbuck
Abb 451

Wie F. Keller 1864 festhielt, war damals auf der Anhöhe W der Glatt »eine künstliche, theilweise mit Gebüsch bewachsene Erhöhung« zu bemerken, »in welcher die Grundmauern eines röm Gebäudes verborgen liegen. An dieser Stelle wurden Ziegel, Topfscherben, Knochen, Pfeilspitzen, Kupfermünzen hervorgegraben. Der Ort heisst Schlossbuck.« Trotz dieser Fundumstände wurde um 1900 auf diesem Platz ein kleines Wohnhaus erstellt. Als man dasselbe im Zuge einer Ausbauetappe des Kraftwerkes Eglisau abbrach, kamen die röm Fundamente zutage. Sie

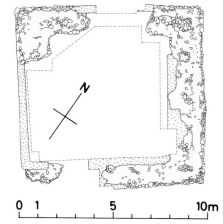

Abb. 451   Glattfelden. Zweidlen-Schlossbuck. Wachtturm.

konnten im Rahmen einer Untersuchung als Überreste eines WT identifiziert werden, wurden aber wieder mit Erde überdeckt. 1967 hat man die
▶ Fundamentreste freigelegt und konserviert. Bei diesen neuerlichen Arbeiten zeigte es sich, dass die röm Mauern beim Bau des Wohnhauses grossenteils ab- und ausgebrochen worden waren. Erhalten blieben nur Fundamentpartien der NO-Mauer, von Teilen der SO-Mauer sowie der W-Ecke. Danach hatte der einstige WT (ca 10 × 10 m) etwa 1,75 m breite Mauern. Eingang und Graben sind unbekannt. Kleinfunde kamen keine mehr zum Vorschein.
Koord: 677700/269700

WT 38 Rheinsfelden-Schlossbuck
Zerstört 1917 durch Kraftwerkbau.

Eglisau   ZH
WT 39 Eglisau (Schlossplatz)
Wohl beim Bau des Burgturms im 11. Jh zerstört.

WT 40 Rhinsberg. Burg
Zerstört.

Freienstein-Teufen   ZH
WT 41 Tössegg-Schlössliacker
Abb 452

Gestützt auf den Flurnamen »Schlössliacker« hielt H. Zeller-Werdmüller 1887 die Ruine für eine abgegangene »Burg reichenauischer oder habsburg-laufenburgischer Dienstleute«. 1923

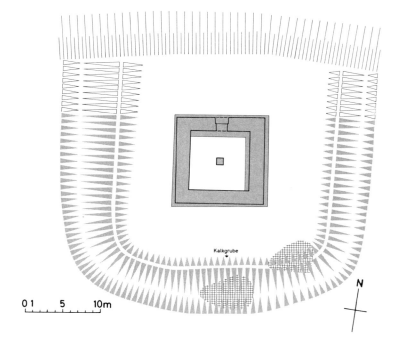

Abb. 452   Freienstein-Teufen. Tössegg-Schlössliacker. Gesamtplan mit Wall und Graben.

untersuchte Th. Wehrli die Mauerreste und erkannte sie als Überbleibsel eines röm WT. 1956 fand eine Sondierung statt. ▶ 1980 erfolgten eine Ausgrabung und die Konservierung.
Das Mauergeviert besteht aus einer breiten Fundamentierung und Teilen des etwas frei daraufgesetzten aufgehenden Mauerwerks. Dieses war durchgehend mit Tuffsteinquadern verblendet. Das Fundament hat Aussenmasse von 12,60 × 12,40 m und eine durchschnittliche Mauerbreite von 2,30–3 m. Der Turm mass im Äusseren rund 11,80 × 12 m, und die Mauerbreite beträgt im Aufgehenden überall ca 2 m. Auf der Aussenseite der S-Mauer (bei der SO-Ecke) und der W-Mauer (bei der NW-Ecke) fanden sich 1923 im Fundamentbereich Reste von Spundwandverschalungen in Form von bis 1 m unter Fundamentfuss reichenden, dicht nebeneinander eingeschlagenen Pfählen und von horizontal übereinander verlegten 10–20 cm dicken und 3 m langen Rundhölzern. In der Mitte der N-Mauer liegt noch der Rest einer Türschwelle (81 × 157 cm) aus Muschelsandstein. Im Zentrum des Innenraumes steht ein gemauerter Pfeiler- oder Pfostensockel von 1 × 1 × 0,50 m Grösse, darum herum lag – 10 cm unter Schwellenhöhe – ein Rest des antiken Gehniveaus aus gelbem Sand. Ausserhalb des Turmes konnten – auf der O-Seite vor allem – Pfostenlöcher und andere Spuren von Holzbauten und – besonders auf der W-Seite – Überreste von Stein-Werkplätzen beobachtet werden. Der zwischen 1,50 (im O u S) und 2 m (im W) breite Graben (T 1,20 m) konnte im W, S und O je 10 m vom Turm entfernt gefasst und unter Rekonstruktion des Walles wieder ausgehoben werden. In der Mitte des S Grabenabschnittes lagen ansehnliche Reste einer nachröm Kalkbrennstelle. Während 1923 ausser nicht näher beschriebenen Eisenteilen und ebenso unklaren »ganz wenigen Ziegelbruchstücken« nur ein Mahlstein aus Granit gefunden wurde, kamen 1980 zum Vorschein: ein Scharnier, ein Kloben und ein Nagel aus Eisen, ein propellerförmiger Riemenbeschlag, ein kerbschnittverziertes Fragment einer bronzenen Schwertscheide sowie Münzen des Augustus oder Tiberius (1), von Konstantin d. Gr. (1), des Valentinian I. (2) sowie je eine des Gratian, Theodosius und Arcadius.
Koord: 684180/267270

Berg am Irchel ZH
WT 42 Ebersberg
Nicht konserviert.

Rheinau ZH
WT 43 Köpferplatz-Strickboden
Abb 453–455

Die Ruine mit dem Namen »Köpferplatz« war in Rheinau offenbar seit alters bekannt. Auf Veranlassung von F. Keller erfolgte um 1840 eine Freilegung durch das Kloster Rheinau. 1908 fand eine Untersuchung statt und 1953 wurde der ▶ WT ausgegraben und konserviert.
Die Turmruine (9,90 × 9,90 m) hatte im Fundamentbereich Mauerbreiten um 2 m, im Aufgehenden ca 1,70 m. Der Eingang (B 1,40 bzw 1,60 m) lag in der rheinseitigen W-Mauer. Die Schwelle aus Tuffstein zeigt einen Anschlag und eine Achspfanne. In einem noch erhaltenen Leibungsstein ist das Zapfloch erhalten. Im Innern steht im Zentrum ein gemauerter Sockel (1,10 ×

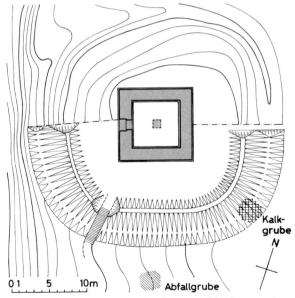

Abb. 453 Rheinau. Köpferplatz-Strickboden. Gesamtplan mit Wall und Graben. Untere Hälfte mit rekonstruiertem Wall-Graben-System. (Nach H. Isler, Winterthur.)

Abb. 454 Rheinau. Köpferplatz-Strickboden. Spielstein (rechts oben) und Stücke der Kammfabrikation aus Hirschhorn (nach E. Vogt 1968).

Abb. 455 Rheinau. Köpferplatz-Strickboden. Gürtelschnalle und -beschlag sowie bolzenartige Spitzen aus Eisen.

1,30 m) für einen Pfeiler oder Pfosten. Darum herum lag unter einer Brandschicht gerötete Erde, wohl der alte Gehhorizont. Das aufgehende Mauerwerk war mit gesägten Tuffsteinquadern (ca 25 × 35 cm) verblendet. Ausserhalb des Turmes wurden einige Pfostenlöcher festgestellt.
Der Graben konnte auf allen vier Seiten ca 8,50 m vom Turm entfernt festgestellt werden. E. Vogt liess indes nur die S-Hälfte der Wall-Graben-Anlage freilegen und rekonstruieren. Der Graben ist dort durchschnittlich 4 m breit und 1,30 m tief, der aus dem Aushub aufgeschüttete Wall entsprechend gross. Im SO-Sektor des Grabens lag eine nachröm Kalkbrennstelle.
In einer Abfallgrube auf der S-Seite ausserhalb des Grabens kamen Fragmente von Eifelware und germanischer Keramik, ein Lavezsteintöpfchen, eine bronzene Gürtelschnalle und das Fragment einer eisernen Schöpfkelle zutage; aus dem Hofbereich des Turmes stammen Fragmente von Leistenziegeln, fertigen und angefangenen Werkstücken für Kammfabrikation aus Hirschhorn, ein Spielstein aus Bein, zwei eiserne Pfeilspitzen; aus dem W Grabenabschnitt ein bronzener, propellerförmiger, kerbschnittverzierter Gürtelbeschlag sowie eine Münze des Magnus Maximus.
Koord: 687750/274750

WT 44 Mannhausen
Nicht konserviert.

J. Heierli vermutete einen WT auf »Steinmürli« NO Dachsen.

Laufen-Uhwiesen ZH
WT 45 Schloss Laufen
Wohl beim Bau der ersten Burganlage zerstört.

Feuerthalen ZH
WT 46 Allenwinden
Zerstört.

WT 47 Schützenhalde
Zerstört.

Unterschlatt TG
WT 48 Schaarenwiese
Vor 1914 zerstört.

Diessenhofen TG
WT 49 Langriet/Galgenholz
Zerstört.

WT 50 Ratihard
Zerstört.

WT 51 Diessenhofen
Vermutet.

Rheinklingen TG
WT 52 Rheinklingen »Burstel«
Durch Bunkerbau zerstört.

Stein am Rhein SH, TASGAETIUM
→ S. 514

Riaz FR

Gallo-röm Umgangstempel
Abb 456

Der schon 1853 bzw 1878 in Umrissen bekannte ▶ Umgangstempel 600 m NO von Riaz bei Koord 571275/166400 konnte 1974 im Rahmen der Vorarbeiten für die Nationalstrasse RN 12 ausgegraben und anschliessend um 18 m nach W verschoben und konserviert werden. Das Bauwerk zeigte zwei Bauetappen: die Spuren einer ersten, hölzernen Anlage und die Bauteste eines gleich grossen und gleich gearteten, aber in Massivbauweise ausgeführten Tempels. Die Hauptachse war leicht nach SO orientiert, wo auch der Eingang lag. Die Aussenmasse zeigen folgende Werte: Cella 7,30 × 7,30 m (bei stark verbreiterter Rück- bzw W-Mauer), Umgangsmauer 15,40 × 14,30 m. Vor dem Eingang fand sich eine Freitreppe (B 3,60 m, L 2,50 m). Der Umgang muss mit zwei verschieden grossen tuskischen Säulentypen aus Jurakalk ausgestattet gewesen sein: im Bereich des Eingangs mit ca 2,75 m, rückseitig mit ca 2,40 m hohen. Das Innere der Cella war offenbar recht bunt ausgemalt. Von zahlreichen Votivinschriften liegen kleine und kleinste Fragmente aus Jurakalkstein vor. Ausserdem fanden sich drei Votivbeilchen, sechs Glöckchen, Bruchstücke von Bronzestatuen sowie 65 Münzen von Augustus bis Probus (276–282). Der Tempel scheint ein Raub der Flammen geworden zu sein.
Ao: Kant.Archäolog.Dienst, Fribourg
Lit: P-A Vauthey, Riaz/Tronche-Bélon: Le Sanctuaire gallo-romain, Fribourg 1985 (m. ält. Lit)

Riom-Parsonz GR

Pferdewechselstation
Abb 457, 458, Tafel 7 a

Nach der Entdeckung von röm Funden 1973 W der Burg und von röm Bauresten 1974 bei der Strassenerweiterung O unterhalb von Riom wurden auf der Flur Cadra umfassende Ausgrabungen durchgeführt: 1974/75 unterhalb und 1980–1983 oberhalb der Strasse. – Der einstige röm Fahrweg muss unterhalb der röm Anlage auf die Höhe von Salouf/Salux geführt haben.
Die bei den Ausgrabungen entdeckten Überreste fanden sich in einem Gebiet von rund 65 × 55 m und umfassten vor allem Überbleibsel eines Hauptgebäudes, eines Badegebäudes mit Annex, eines »Backhäuschens« und von Holzbauten sowie – unter und unterhalb der Strasse gelegen – eines Nebengebäude-Ensembles.
Das Hauptgebäude A (30 × 19 m) stand sozusagen in der Mitte und umfasste eine Art zentralen Hof (?), dessen N-Teil überdacht war, einen Wohntrakt W davon, eine talseitige, ins Terrain

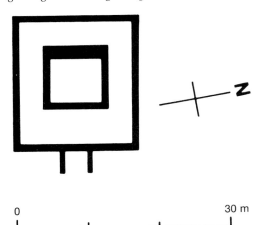

Abb. 456 Riaz. Gallo-röm Umgangstempel.

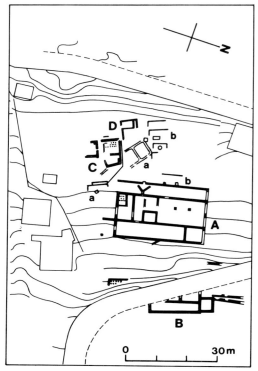

eingeschnittene Portikus, dh wohl Kryptoportikus, sowie einen ungefähr gleich breiten und gleich langen Trakt als eine Art höher gelegenes »Hinterhaus«. Die Kryptoportikus war mit Wand- und Deckenmalereien der zweiten Hälfte des 1. und 2. Jh geschmückt. Der Raum in der SW-Ecke des Haupttraktes war hypokaustiert, und die W-Hälfte des »Hinterhauses« erhielt in einer späteren Bauphase eine Y-förmige Kanalheizung.

Das Nebengebäude-Ensemble B (34 × 12 m) unterhalb des Herrenhauses bestand aus einer Halle und einer talseitigen Portikus. Die Halle wurde später unterteilt und ein Wohnraum im SW mit einem Hypokaust ausgestattet. Auf der N-Seite entstanden verschiedene Anbauten.

Das Badegebäude C hatte offensichtlich mehrere Räume, doch konnte nur noch der Raum mit dem Hypokaust (4,30 × 4,70 m) eindeutig gefasst werden. Hier lagen auch zahlreiche weissgrundige Wandmalereireste mit mehrfarbigen, vegetabilen Ornamenten. Auf der Berg- und O-Seite war das Gebäude von grossen Wasserrinnen umzogen.

Das »Backhäuschen« D, NW oberhalb des Badegebäudes, wies im Innern eine ofenartige Konstruktion auf, und in späterem Mauerwerk fanden sich Mahlsteine.

Von mehreren Holzbauten im weiten Bereich W

Abb. 457 Riom-Parsonz. Pferdewechselstation. A Hauptgebäude, B, C Nebengebäude, D Backhaus, a frühere röm Holzbautenreste, b frühmittelalterliche Gebäudereste.

Abb. 458 Riom-Parsonz. Hauptgebäude. Rekonstruktion einer Kreismotiv-Dekoration von Wandmalereien auf rotem Grund. (Zeichnung R. Hessel, Wald).

oberhalb des Hauptgebäudes zeugten zahlreiche Pfostenlöcher.
Auffallend zahl- und variantenreich sind die Kleinfunde, liegen doch ausser einem Türschloss und mehreren Schlüsseln verschiedenste Schmuckobjekte, interessante Werkzeuge, Spielsteine und Münzen sowie sehr viele Überreste von Laveztöpfen und Gebrauchskeramiken, aber auch von Terra sigillata von der Mitte des 1.–4. Jh vor.
Die Anlage von Riom muss offensichtlich eine wichtige Pferdewechselstation (*mutatio*) an der vielbegangenen Julierroute gewesen sein, wo wahrscheinlich für die Überwindung des steilen Wegabschnittes zwischen Salux und Tiefencastel zusätzliche Knechte und Pferde bzw Maultiere bereitgehalten wurden.
Ähnliche Anlagen wurden in → Alpnach OW, → Innertkirchen BE, → Zernez GR und → Zillis GR entdeckt.
Ao: RM Chur
Lit: JRageth, Römische und prähistorische Funde von Riom, Bündner Monatsblatt 3/4, 1979, 1 ff – ders, Die römische Siedlung von Riom (Oberhalbstein, GR), AS 2, 1982, 137 ff – ders, Die römischen Schmiedegruben von Riom GR, AS 4, 1982, 202 ff – JbSGU 64, 1981, 248 ff – ebda 65, 1982, 205 ff – ebda 66, 1983, 296 ff – ebda 67, 1984, 223 ff

Riva S. Vitale   TI

Baptisterium
Abb 459

Das zwischen Kirche S. Vitale und Pfarrhaus, aber auf älterem, tieferem Terrain stehende Baptisterium von Riva S. Vitale ist das älteste noch erhaltene kirchliche Gebäude der Schweiz. Im 5. Jh errichtet, wurde es allerdings in der Folge so stark um- und verbaut, dass es nach 1850 recht eigentlich wiederentdeckt werden musste. 1919–1926 erfolgten archäologische Untersuchungen und ▶ 1953–1955 umfassende Restaurierungen.
Das seither wieder freistehende kubische Gebäude hat eine Seitenlänge von 8,30 m, ist 7,60 m hoch und hat als oberen Abschluss einen oktogonalen Tambour mit leicht steigendem Zeltdach.

Leider fehlt – wohl seit karolingischer Zeit? – der portikoartige Umgang (*ambitus, deambulatorium*) von 23 m Seitenlänge. Das Innere ist wie der Tambouraufbau oktogonal – mit Konchen in den vier Eckpartien und mit – in den vier Längsmauern – drei Türen und einer O-Apsis aus karolingischer Zeit. Ursprünglich war hier ein kleiner, halbrunder apsisartiger Nischenannex mit Priestersitz. Im Zentrum des Raumes fand sich ein oktogonales, zweistufiges, 65 cm tiefes Taufbassin von 2,05 bzw 1,60 m Dm. Auf diese Anlage wurde wohl im 6./7. Jh ein grosses, rundes Taufbecken von 2,20 m Dm und ca 70 cm Tiefe gesetzt. Der ursprüngliche Opus sectile-Boden aus weissen und schwarzen Marmorplättchen konnte teilweise wiederhergestellt werden.
Lit: SSteinmann-Brodtbeck, Das Baptisterium von Riva S. Vitale, ZAK 4, 1941, 4 ff (m. ält. Lit) – GBorella, Il battistero di Riva San Vitale, Lugano 1976 (m.weit.Lit)

Abb. 459   Riva San Vitale. Baptisterium.

Grabinschrift

Die 1886 beim Baptisterium in Riva S. Vitale entdeckte Grabplatte aus weissem Kalkstein mit der Inschrift des *Caius Romatius* (HM 22) ist im Innern der benachbarten Casa del Arciprete eingemauert.
Lit: GWalser, (III), 1980, 302

Romainmôtier VD

Spätröm-frühchristliches Kloster

Romainmôtier liegt heute abgelegen in einer Talsenke, ca 16 km SW des Neuenburgersees, an der einstigen röm Hauptstrasse *Lousonna*/Lausanne – *Ariolica*/Pontarlier, ungefähr auf halber Strecke. Dort entstand nach einem Bericht Gregors von Tours um die Mitte des 5. Jh ein Kloster, möglicherweise das erste Kloster auf dem Gebiet der heutigen Schweiz. Während der Restaurierung der S der Klosterkirche gelegenen »Maison des moines« wurden 1971/72 Strukturen von Klosterbauten entdeckt, die ins 5. Jh zurückreichen müssen.
Lit: ANaef, Les phases constructives de l'église de Romainmôtier, ASA VII, 1905/06, 210 – HRSennhauser, in: Vorromanische Kirchenbauten, München 1966–1971, 286 ff

Eisenschmelzöfen

Nach ersten Entdeckungen von röm Schlackenhalden um 1860 im Bachbett der Venoge bei Lussery VD und bald darauf auch in Ferreyres VD erfolgten 1959/60 im Wald von Prins-Bois (I) (Gem Juriens VD) und vor allem 1963–1968 in den Fluren Bossena (Gem Ferreyeres) und Prins-Bois (II) (Gem Juriens) sowie besonders im Wald von Bellaires (Gem Romainmôtier) Ausgrabungen. Insgesamt konnten 23 Öfen untersucht und 1969 zwei davon in Bellaires konserviert werden.
▶ Die beiden Öfen bilden ein 4 × 2 × 1 m grosses Mauerwerk aus grossen Kieseln, die mit Lehmerde verfestigt und im Innern mit römischen Ziegelfragmenten ergänzt sind. Die Schmelztiegel haben eine Weite von 86 × 50 bzw 70 × 50 cm, die Düsen sind noch vorhanden.

Dieser Zwillingsofen ist indes aufgrund von 14C-Ergebnissen ins 6. Jh zu datieren. Ältere, insbesondere spätröm Öfen sind nachweisbar leider schon im Frühmittelalter grossenteils abgetragen worden.
Lit: P-LPelet, Fer, charbon, acier dans le Pays de Vaud, Bd. I: Les sources archéologiques (Bibl.hist.vaudoise Bd.49), Lausanne 1973 – ALambert u EMeyer 1973, 34 f (unter Ferreyres)

Rovio TI

Inschrift und spätröm Sarkophag-Deckel

▶ Votivinschrift des *Crescens*, Sohn des *Ocelio* (HM 22). Sie ist als Ecksteinspolie an der Casa Conza, 1891 daselbst entdeckt, eingebaut. Spätröm Sarkophag-Deckel aus Granit dienen bei sechs Brunnen im Dorf als Waschtröge.
Lit: GWalser (III) 1980, 303 – Kunstf.dch.die Schweiz, Bd.2, Zürich/Wabern 1976, 623

Rohr AG
Abb 48

Strassenspuren

Die röm Strasse *Aventicum*/Avenches–*Vindonissa*/Windisch verlief von Olten abwärts rechts der Aare.
Im Waldgebiet Rütenen und Eiholz O von Rohr war um 1890 zwischen Punkt 376 und der Kiesgrube im Aufeld ein etwa 1300 m langer, schnurgerader, ca 7 m breiter und bis 90 cm hoher ▶ Damm zu sehen. Davon ist noch ein 350 m langes Stück im Eiwald erhalten. Wie eine Untersuchung 1940 bei Koord 650250/250750 ergab, besteht der Damm aus zehn übereinander liegenden, verschieden starken Kiesschüttungen mit je einer hart gefahrenen, planen Oberfläche.
Lit: AGessner, Die »Römerstrasse« bei Rohr, Kanton Aargau, ASA 1899, 122 ff – RBosch, Soldaten erforschen eine römische Strasse, US 4, 1940, 42 ff

Rüti bei Büren BE

Wasserleitung

Auf dem Buchsifeld O des Dorfes wurden schon 1750 Mosaikböden ausgegraben. Um 1800 kam wieder ein solcher Boden zutage; 1819 stiess man auf eine tuskische Säule aus Jurakalk. Zweifellos liegen dort noch immer Baureste eines grösseren Gutshofes. Die zugehörige Wasserleitung, bereits im frühen 19. Jh im O-Teil des Dorfes entdeckt, bestand aus Jurakalk-Känneln. Davon waren bis 1938 im ehem Haus Rytz im Unterdorf 14 Stück als sichtbare Spolien vermauert. Einer der Kännel wurde damals dem BHM Bern geschenkt. Er ist 170 cm lang und hat eine 12 cm tiefe und 14 cm breite Rinne. – Diese Wasserleitung aus Jurakalkkänneln ist die einzige ihrer Art in der Schweiz.
Lit: OTschumi, Urgeschichte des Kantons Bern, Bern/Stuttgart 1953, 335 – JbSGU 11, 1918, 77 – ebda 30, 1938, 113

Rupperswil → Rohr AG

Ste-Croix VD

Strassenspuren

Die röm Strasse *Eburodunum*/Yverdon–*Ariolica*/Pontarlier zwängte sich durch die Schlucht der Gorges de Covatanne hinauf. 1906 entdeckte V.-H. Bourgeois bei Koord 531700/185100 auf eine Länge von ca 100 m Reste einer aus dem Fels gehauenen Strasse und darin 10 bis 30 cm eingetiefte, 108–110 cm auseinanderliegende Rad- bzw Fahrrinnen. ▶ Beim besterhaltenen Abschnitt findet sich eine Art Ausweichgleis, und etwas talwärts ist hangseits ein drittes Gleis von einer älteren, 50 bis 100 cm höher gelegenen Strasse erhalten.
Lit: V-HBourgeois, La voie romaine des Gorges de Covatannaz sur Yverdon, ASA 25, 1923, 185 ff – FMottas, De la plaine de l'Orbe en Franche-Comté: Voie romaine et chemin saunier, AS 9, 1986, 124 ff

Ste-Croix/Vuiteboeuf VD

Strassenspuren

Die röm Strasse *Eburodunum*/Yverdon–*Ariolica*/Pontarlier führte O der Gorges de Covatanne von Vuiteboeuf nach Ste-Croix und über den Col des Etroits. 1906 entdeckte V.-H. Bourgeois bei Koord 531700/185050 über eine grössere Strecke ein Strassentrassee mit bis 30 cm eingetieften, 108–110 cm auseinanderliegenden Rad- bzw Fahrrinnen. In den achtziger Jahren stellte F. Mottas hangabwärts noch weitere derartige Strassenabschnitte fest, darunter einige »Ausweichstellen« mit mehreren »Gleisen« oder Abschnitte mit stufenartigen Eintiefungen zwischen den Radrinnen. Er konnte auch nachweisen, dass diese Trasse, nur von Zweiräderkarren befahren, noch 1712 und 1745/47 ausgebessert und erst nach 1760 durch eine neue Fahrstrasse ersetzt wurde.
Lit: V-HBourgeois, La voie romaine des Gorges de Covatannaz sur Yverdon, ASA 25, 1923, 185 ff – FMottas, De la plaine de l'Orbe en Franche-Comté: Voie romaine et chemin saunier, AS 9, 1986, 124 ff

St-Maurice VS

ACAUNUS/ACAUNUM
Abb 41, 250, 460, 461

Wo die röm Strasse, von *Octodurus* bzw *Forum Claudii Vallensium*/Martigny herkommend, den Engpass von St-Maurice erreichte, und wo sie, nach Traversierung dieses Engpasses in die weite Genferseelandschaft weiterzog, hat die röm Provinzverwaltung die Station *Acaunus* für die Erhebung des gallischen Zolles eingerichtet.
Die Zollstation Acaunus. Seit alters wurden innerhalb und ausserhalb der Abtei St-Maurice röm Baureste und Einzelfunde wie Ziegel uä entdeckt, so auch um 1900 in der Grand'Rue und auf der Place Parvis. Bei einer Kontrollgrabung 1974 konnten im Baugrund der N von der Klosterkirche stehenden Maison Panisset mindestens sechs eindeutig röm Mauerzüge gefasst werden. Eine Deutung war nicht möglich. (Die darüber erstell-

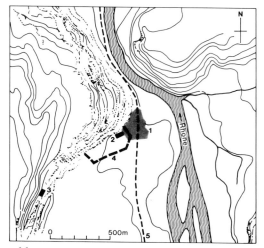

Abb. 460 *St-Maurice/Acaunum. Gesamtplan.*
1 Röm Vicus, 2 erste Kirche, 3 Notre Dame du Scex, 4 spätröm Kirchenbezirk, 5 röm Strasse.

sere und ein Kloster zu Ehren des hl. Mauritius – St-Maurice – ersetzte.

Ausser den erwähnten Inschriften werden im Klostermuseum St-Maurice noch vier Meilensteine oder Bruchstücke von solchen aus St-Maurice oder der nächsten Umgebung aufbewahrt: einer des Carus (282–283) und drei des Konstantin d. Gr. (306–337). ▶ Der unter Carus aufgestellte Stein dient als Säule eines gekoppelten Fensters am Glockenturm der Klosterkirche.

Lit: DvBerchem, Le culte de Jupiter en Suisse. II: Le sanctuaire de Tarnaiae, Rev.hist.vaudoise 52, 1944, 161 ff – LBlondel, Les basiliques d'Agaune. Etude archéologique, Vallesia 3, 1948, 9 ff – M-RSauter, Préhistoire du Valais, Sion 1950, 127 ff (m. ält. Lit) – ders, Plan et inventaire des tombes des basiliques d'Agaune, Vallesia, 21, 1966, 29 ff – HRSennhauser, in: Vorromanische Kirchenbauten, München 1966–1971, 297 ff (m. ält. Lit) – GWalser (III) 1980, 316

ten Memorien [Grabanlagen] waren um 500 entstanden, und die dabei aufgefundene Grabplatte des Mönches *Rusticus* liess sich ins 6. Jh datieren).
Das beim O-Eingang zu den sog »Katakomben« befindliche Portal besteht aus röm Elementen.
Eindrückliche Zeugen der Zollstation sind zweifellos die 26 in St-Maurice aufgefundenen bzw die 18 dort noch erhaltenen Inschriftsteine, davon zwei Altäre. Den einen Altar liess *Montanus*, ein Beamter der Station des gallischen Zolls in *Acaunus* aufstellen (HM 54), und ein Einnehmer dieser Zollstation setzte seiner Tochter *Acaunensia*(!) einen Grabstein (HM 55).

Der spätröm Wallfahrtsort Acaunum. Als Stätte des unter Maximian I. (285–305) erfolgten Martyriums der Thebäischen Legion wurde *Acaunus* schon im 4. Jh Wallfahrtsort – von da ab *Acaunum* geschrieben. Das Grab des Kommandanten Mauritius scheint bald in eine Nischengrabanlage ausgestaltet worden zu sein. O davon wurde dann offenbar im späten 4. Jh – nach der Überlieferung auf Geheiss des 381 nachgewiesenen Bischofs Theodul oder Theodor von Martigny – eine erste Kirche erbaut, welche der in Genf residierende Burgunderkönig Sigismund 515 durch eine grös-

Abb. 461 *St-Maurice/Acaunum. Weihung an Merkur mit dem Namen des Vicus Acaunum.*

St-Prey VD

Spätröm Mausoleum

Nachdem schon 1910/11 im Baugrund der Kirche röm Mauerwerk entdeckt worden war, wurden bei der Restaurierung 1976–1979 erneut Ausgrabungen unternommen. Sie führten zur Freilegung eines ca 12,50 bis 12 × 10,50 m grossen, in mehreren Etappen, wohl vom 3. bis 6. Jh entstandenen Baukomplexes. Sein SO-Raum (6,80 × 4,12 m iL), dem später auf der O-Seite eine gestelzte Apsis angefügt wurde, muss schon im 3./4. Jh ein Mausoleum gewesen sein. Jedenfalls war in der NO-Ecke eine aus starken Kalkquadern gefügte Grabkammer eingebaut. ▶ Die Baureste sind konserviert und zugänglich.
Lit: PEggenberger, Saint-Prex, Revue hist.vaudoise 1981, 181 ff – Saint-Prex 1234–1984, Ouvrage édité ... à l'occasion du 750e anniversaire de la fondation du bourg, St-Prex 1984, 21 ff

St-Saphorin VD

Spätröm Grabkammer(?)
Abb 462

Anlässlich der archäologischen Untersuchungen von 1969 kamen im Baugrund der Kirche St-Saphorin die Baureste eines röm Gebäudes des 1./2. Jh von 11,75 m Breite und unbekannter Länge zutage. ▶ Davon ist innerhalb der Kirche ein hangseitiger Raum (10,50 × 6,25 m) mit später – wohl im 4./5. Jh – eingebauter Grabkammer und im 6.(?) Jh auf der Ostseite angefügter Apsis konserviert.
In der Kirche stehen ein stark fragmentierter Altar mit der Weihinschrift des *Lucius Flavius Potitianus* an die Fortuna Redux, gefunden 1818/19 sowie der Meilenstein des Kaisers Claudius von 47 nChr (HM 377).
Lit: Noch unveröffentlicht. Frdl. Mitt. von P. Eggenberger, La Tour-de-Peilz VD – GWalser (III) 1980, 268 (m. ält. Lit)

Abb. 462 St-Saphorin. Kirche. Meilenstein des Kaisers Claudius von 47 nChr.

Sargans SG

Gutshof
Abb 463

In der Flur Malerva am O-Fuss des Gonzen war 1864/65 das Badegebäude eines Gutshofs ausgegraben und 1904 durch einen Stall überbaut worden. 1920 kamen die Reste zweier Nebengebäude und eines Ziegelofens zutage. Im Zuge des Strassenausbaus konnte dann 1967/68 B. Frei das Herrenhaus untersuchen und anschliessend Teile davon konservieren.
Die derzeit bekannten Gutshof-Überreste verteilten sich einst über eine Fläche von rund 100 m Breite und 120 m Tiefe. Die Anlage war nach SO orientiert. Die Nebenbauten standen in der Ebene, das Herrenhaus ca 3 m höher auf einer Geländeterrasse – mit Blick rheintalaufwärts.

Das Herrenhaus A war im Endausbau 68 m lang und wohl gegen 28 m breit. Die Überreste – vor allem des mittleren Teiles – waren durch Strassen- und Wege- sowie durch Wasserleitungsbauten schon früh sehr stark beeinträchtigt worden. Aufgrund des gefassten Mauerwerkes muss der Kernbau aus einer Halle (26,50 × 19 m) und einer talseits vorgestellten Portikus bestanden haben. In späteren Bauphasen entstanden zwei Eckrisaliten, wurde die Halle teilweise unterteilt, erfolgte auf der NO-Seite ein ▶ Anbau mit zwei Räumen, davon einer mit Hypokaust, und hat man – in knappem Abstand? – einen grösseren SW-Flügel mit mehreren Räumen errichtet. Auch hier war ein Raum hypokaustiert; im N-Raum dieses Anbaus fand sich eine Herdstelle. Sowohl hier wie auch im NO-Anbau waren Mörtelböden und viele Reste von verschiedenfarbig grundierter Wandmalerei vorhanden. Sonst aber fehlte es an Ausstattungsobjekten. Im Schutzbau sind die beiden konservierten Räume des NO-Anbaus zugänglich gemacht.

Das Badegebäude B, offenbar in 2–3 Bauphasen entstanden, war im Endausbau ca 11 × 8 m gross und umfasste vier Haupträume, drei davon mit Hypokausten, und vier angebaute bzw auskragende Nebenräume, davon zwei in Form von tiefen Apsiden.

Zwei Nebenbauten C ca 25 m O des Herrenhauses sind nur sehr rudimentär erfasst worden. Es dürfte sich dabei um eine landwirtschaftliche Halle und ein Ökonomiegebäude mit Wohnräumen gehandelt haben.

Ein Ziegelofen hatte rund 110 m NO des Herrenhauses gelegen; er musste 1968 dem Strassenbau weichen. Die Heizkammer (2,70 × 2,70 m iL) war noch rund 120 cm hoch erhalten. Beidseits eines zentralen Heizkanals waren je fünf schräg aufsteigende Züge angeordnet. – Zwei weitere Ziegelöfen wurden ca 500 m SW des Herrenhauses entdeckt.

Ausser wenigen Schmuckobjekten sind 12 Münzen, einige Eisenobjekte, darunter ein Pilum(?), sowie recht viele Überreste von Gebrauchskeramik und Terra sigillata erwähnenswert. Danach dürfte dieser Gutshof im ausgehenden 1. Jh angelegt und bei einem Alamannensturm um 270 oder 288 – wohl grossenteils – zerstört und hernach bis über 350 hinaus wohl nur noch rudimentär genutzt worden sein.

Lit: PImmler, Bericht über die Ausgrabungen im Gute Malerva bei Sargans, Mitt.z.vaterländ. Gesch. St. Gallen 1864, III, 202 – Jb Hist.Mus. St.Gallen 1919/20, 24 ff – Heimatbl.a.d.Sarganserland 1936, Nr. 3/4, 9 – BFrei, Der römische Gutshof von Sargans, AFS 3, 1971 – JGrüninger, Sargans, JbSGUF 68, 1985, 260

Sarmenstorf AG

Gutshof
Abb 464

Die seit dem frühen 19. Jh bekannten röm Baureste im Murimooshau, ca 1,5 km SO der Kirche Sarmenstorf, wurden nachweislich erstmals 1859 untersucht. Sondierungen erfolgten 1895 und 1917/18. Als man 1925 beim Herrenhaus Mauern für den Wegebau ausbrach, wurde eine Ausgrabung durchgeführt und anschliessend ▶ die verbliebene Ruine konserviert.

Die 1859 angeschnittenen vier Bauten dürften Nebengebäude eines queraxial den W-Hang des Lindenberg-Ausläufers überziehenden, nach W orientierten Gutshofes gewesen sein. Der einzige vertrauenswürdige Grundriss stammt offensichtlich von einem grösseren Hallenbau mit einem portikusartigen Annex auf der S-Seite.

Das Herrenhaus, wohl in der Mitte der Gutshof-

Abb. 463 Sargans. Gutshof. A Herrenhaus, B Badegebäude, C Neben- und Wirtschaftsgebäude.

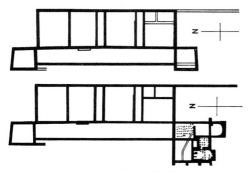

Abb. 464 Sarmenstorf. Gutshof. Herrenhaus.
Oben 1. Bauphase, unten letzte Bauphase mit
Badetrakt. M 1:1000.

anlage, stand rund 220 m über dem Seetal und 240 m über dem Bünztal mit einzigartiger Rundsicht auf Jura, N Mittelland und Ostschweizer Alpen. Die Hauptfassade war nach W gerichtet und im Endausbau rund 58 × 15 bzw – mit Badetrakt – 21 m gross. Der Kernbau umfasste einen 11 × 37 oder gar 46 m grossen Wohntrakt sowie – vor der W-Fassade – eine Portikus (B 4 m), im N und S je an einen Eckrisaliten anstossend, wovon der S der späteren Badeanlage weichen musste. In den meisten Wohnräumen waren noch grössere und kleinere Partien von Mörtelböden vorhanden, im Zentrum des Mittelraumes zwischen den beiden Korridoren fand sich eine Herdstelle.
Der Badetrakt, in einer späteren Bauphase im SW-Bereich des Herrenhauses erbaut, war am besten dokumentiert. Er zählte gegen fünf Räume: einer mit Heizraum (*praefurnium*), drei mit Hypokausten und das Kaltbad (*frigidarium*) mit apsidial geschlossenem Kaltwasserbassin und Abwasserleitung.
Vor allem der Badetrakt muss gut ausgestattet gewesen sein, kamen doch wohl ausser den eindrücklichen Überresten von Mörtelböden und Hypokaustanlagen Mosaikreste, Fragmente von bemaltem Wandverputz und Bruchstücke von Wandbelagplatten aus Juramarmor zutage.
Die Keramikreste und andere Kleinfunde lassen vermuten, dass diese Anlage um die Mitte des 1. Jh erbaut, im 2. Jh durch das Bad erweitert und noch vor 200 durch Brand zerstört worden ist.
Ao: Schulsammlung Sarmenstorf

Lit: FKeller 1864, 132 f – JbSGU 10, 1917, 74 – ebda 19, 1927, 98 ff – RBosch, Die römische Villa im Murimooshau, ASA 32, 1930, 15 ff – RDegen 1970, 229 f

Schaan FL

Spätrömisches Kastell
Abb 465

Schaan liegt an der röm Heerstrasse *Curia*/Chur–*Brigantium*/Bregenz ungefähr in der Mitte. Den Bau des Kastells an dieser Stelle mögen der Standort auf einem mächtigen Schuttkegel, die von hier aus gewährleistete Fernsicht nach S bis zur Luzisteig und in den Talkessel von Sargans, nach N bis in den Raum Feldkirch, sowie der günstige Rheinübergang mitbestimmt haben. Möglicherweise hatte schon in frühröm Zeit hier ein – wohl hölzernes – Kastell gestanden, wie eine Münze des Augustus und die beiden 1887 oberhalb des Dorfes entdeckten Legionärshelme nahelegen. Teile der Kastellmauern wurden anfangs 19. Jh bekannt, erneut und eindrücklich aber beim Wiederaufbau der 1849 im Kastellbereich niedergebrannten Häuser. 1893 erfolgte eine Sondierung; eine eigentliche Ausgrabung konnte indes erst 1956/57 durchgeführt werden, verbunden mit einer umfassenden Konservierung. Das Kastell wurde schon früh abgetragen, und zwar die talseitige W-Hälfte vollständig. In der O-Hälfte waren die Baureste bergwärts am eindrücklichsten. Aufgrund des dortigen Befundes hatte die Festung einst einen nahezu quadratischen Grundriss von 60,50 × 59 bzw. 57,50 m, je an den äusseren Turmecken gemessen. Die vier Ecken waren je mit einem quadratischen Turm (4) von 7,90 m Seitenlänge bewehrt. Ein weiterer derartiger Turm stand in der Mitte der S-Front (3); gegenüber, in der Mitte der N-Mauer aber fand sich der ▶ Torturm (2) mit dem Eingang (B 2,90 m) ins Kastell. Im Innern – der O-Hälfte – konnten verschiedenartigste Bauten gefasst werden: im Bereich der NO-Ecke ein Badegebäude (6; ca 5 × 12 m) mit drei Räumen, davon zwei hypokaustiert, sowie mit Wasserkanal und Abwasserkanalisation, W davon Mauerzüge von Kasernen, im SO-Sektor eine stärkere Mauer wohl eines grossen

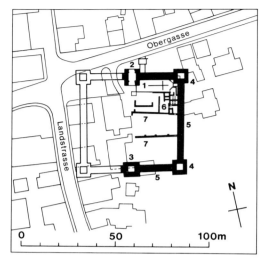

Abb. 465 Schaan. Spätröm Kastell. 1 Kapelle St. Peter, 2 N-Tor, 3, 4 Türme, 5 Mauer, 6 Kastellbad, 7 Speicher.

Speichers (7; *horreum*). Von acht Herdstellen wurde eine als Backofenrest gedeutet.
Die Zahl der Kleinfunde ist beträchtlich: Kerbschnittverzierte Gürtelbeschläge aus Bronze, Kämme aus Bein, Spinnwirtel, Fragmente von Lavezsteingefässen, Gebrauchskeramik und Terra sigillata, diverse Gegenstände und Werkzeuge aus Blei, Eisen und Bronze sowie neun Münzen zwischen 337 und 408.
Diese Funde würden allein schon die Erbauung des Kastells in die Zeit Valentinians I., dh um 367/369 datieren. Dazu kommt aber noch, dass das oberhalb von Schaan gelegene Refugium damals verlassen wurde. Das Kastell hat man auch im 5. Jh weitergenutzt.
Die erste Kirche muss in jener Zeit zwischen NO-Turm und Torturm, dh an der Stelle der heutigen St.-Peter-Kirche (1) gestanden haben, wie ein rundes Taufbecken (lW 1,10 m, T noch 40 cm) in einem rechteckigen Baptisterium bezeugen.
Ao: LM Vaduz, Vorarlberger LM Bregenz, SLM Zürich.
Lit: FKeller 1864, 69 ff – DBeck, Das Kastell Schaan, Jb Hist. Ver. f. d. Fürstentum Liechtenstein 57, 1957, 233 ff – GMalin, Das Gebiet Liechtensteins unter römischer Herrschaft, ebda 58, 1958, 5 ff – EEttlinger, Die Kleinfunde aus dem spätrömischen Kastell Schaan, ebda 59, 1959, 229 ff – H-JKellner, Die Kleinfunde aus der spätrömischen Höhensiedlung »Auf Krüppel« bei Schaan, ebda 64, 1964, 57 ff – DBeck, Das spätrömische Kastell und die St.-Peters-Kirche in Schaan, Jb SGUF 49, 1962, 29 ff

Spätröm befestigte Fluchtburg
Abb 466

Rund 2 km O von Schaan erhebt sich im W-Hanggebiet der Dreischwesternkette ein Felssporn »Auf Krüppel« auf 821 m üM. Die flache Kuppe (ca 60 × 30 cm) war bis zum Zweiten Weltkrieg ein beliebtes Ausflugsziel mit weiter Aussicht über das Rheintal.
Nach ersten Entdeckungen 1960 erfolgten 1961–1963 abschnittsweise Ausgrabungen. Sie förderten überraschenderweise Baureste von einer auf den Plateaurand gestellten, meterdicken Umfassungsmauer und von zwei fast quadratischen Gebäuden zutage. Bau 1 (9,50 × 7 m) mit Mörtelboden und Herdstellen hatte nahe am SO-Rand, ein Bau 2 (ca 6 × 5 m) – möglicherweise ein mauerunterbauter Holzturm – auf einem NW-, dh rheinwärts ausgreifenden Vorsprung gestanden. Ausserdem konnten, abgesehen von reichem prähistorischem Siedlungsgut, sehr viele spätröm Keramikreste und gegen 145 Münzen, datierend von 270–275 und von 330/335–354, diese wohl ein Schatzfund, sichergestellt werden. Danach

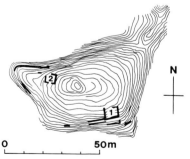

Abb. 466 Schaan. Spätröm befestigte Fluchtburg. 1 Bau 1, 2 Bau 2.

wurde die Krüppelhöhe um 270 erstmals und nach 350 zum zweiten Mal aufgesucht. Um 370 entstand dann im Tal das feste Kastell Schaan, das in Notzeiten auch der Zivilbevölkerung Schutz bot.
Ao: LM Vaduz
Lit: DBeck, Der prähistorische und spätrömische Siedlungsplatz »Auf Krüppel« ob Schaan, JbHist. Ver. Fürstentum Liechtenstein 64, 1964, 7 ff – HJKellner, Die Kleinfunde aus der spätrömischen Höhensiedlung »Auf Krüppel« bei Schaan, ebda, 57 ff – BOverbeck (u LPauli) 1982, 110 ff

Schänis SG

Wachtturm Biberlikopf
Abb 304, 467

Von F. Keller schon 1832 »als Überbleibsel eines röm Wachtthurmes« erkannt und 1853 erstmals untersucht, wurde die Ruine im Ersten Weltkrieg mit einer Schiessscharten-Konstruktion aus Beton überdeckt. R. Laur-Belart veranlasste 1960 eine Sondierung, 1961 eine Ausgrabung und 1962 eine Konservierung.
▶ Der Turm stand rund 140 m über der Talsohle auf dem »Biberlikopf« genannten Nagelfluhvorsprung des Schäniser Berges. Er war mit der NO-Mauer in die Mitte und Flucht des NO-Astes einer fast quadratischen Ummauerung (ca 24,50 × 20,50 m) gestellt. Die Aussenmasse des quadratischen Turmgevierts betragen etwa 9 × 9 m. Die noch gegen 1,70 m hoch erhaltenen Mauern sind an der Basis bis 2,40 m breit. Sie waren mit zugehauenen und vielfach – besonders in den Eckpartien – noch mit dem Spitzeisen flächig-sauber gearbeiteten Kalk- und Nagelfluhsteinen verblendet. In der Fundamentzone konnten noch 5 Absätze im Verhältnis 10:30 cm (1 röm Fuss = 30 cm) festgestellt werden. Im Innern war in die S-Ecke ein Wasserbecken mit dicken Futtermauern und einer Winkelmauer gegen das Rauminnere aus einem Gemisch aus Steinsplittern, Sand und Kalk eingebaut. In der W-Ecke ist das runde, 4 cm weite Abflussloch noch erhalten. Das Bassin muss in einem kellerartigen Raum verschlossen gewesen sein.
Die Liste der Einzelfunde umfasst einige Scher-

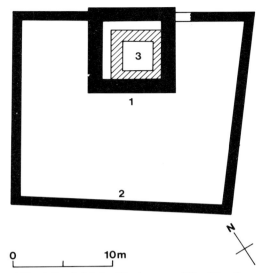

Abb. 467 Schänis. Wachtturm Biberlikopf. 1 Turm, 2 Umfassungsmauer, 3 Wassersammler.

ben von Terra sigillata und von Aco-Bechern augusteischer Zeit, von Amphoren sowie Reste von Wurflanzen (*pila*) und zudem ein bronzenes Schabeisen (*strigilis*). Der Turm wurde, zusammen mit denen von → Amden-Stralegg und → Filzbach-Voremwald, im 2. Jahrzehnt vChr erbaut und war nur kurze Zeit besetzt.
Koord: 723700/221500
Lit: FKeller, Die röm Ansiedelungen der Ostschweiz, MAGZ 12, 1860, 327 – RLaur-Belart, Der frührom Wachtposten auf dem Biberlikopf, US 26, 1962, 35 ff – ALambert u EMeyer 1973, 30

Schiers GR

Spätröm Siedlungsreste und zwei Kirchengebäude

Schiers liegt etwa 9 km O von Landquart bzw des Rheins, an der Strasse einerseits zum Flüelapass und Inntal, anderseits zum Schlappiner Pass ins Vorarlberg.
Bei der Untersuchung eines frühma Gräberfeldes 1955–1960 in der Flur Pfrundgut entdeckte man

Keramik und Münzen des 4. Jh, die letzten beiden von 378/388, sowie die Fundamentreste zweier verschieden genau nach O orientierter, ca 4 m auseinanderliegender Kirchengebäude. Während Keramik und Münzen eine spätröm Siedlung bezeugen, müssen die kirchlichen Bauten eine Art Memorien gewesen sein wie jene in → Bonaduz und → Chur-St. Stephan.

Bau I war eine Saalkirche (ca 4 × 3,60 m) mit gestelzter Apsis und freistehendem Altar sowie mit einem kleinen Grabanbau auf der N-Seite. Der S Bau II, früher errichtet, war eine Rechteckanlage mit an die O-Mauer gestelltem Altar, einer kleinen Grabgrube in der SO-Ecke und einem grossen Vorraum oder Vorhof, in dem ca 15 Bestattungen lagen. Da die ältesten Gräber ins 6. Jh datiert werden, dürften die beiden Gebäude spätestens um 500 entstanden sein.
Am Fuss des Berghangs N der kirchlichen Bauten kam 1985 in der Flur Chrea eine Räucherkammer (2,60 × 2,50 m iL) mit einfachem Heizkanal zutage. Dabei lagen Lavez- und Terra sigillata-Scherben des späten 2. Jh und ein frühmittelalterlicher Kamm aus Bein.
Ao: RM Chur
Lit: HPSennhauser, in: Vorromanische Kirchenbauten, München 1966–1971, 304 f (m. ält. Lit) – GSchneider-Schnekenburger, Churrätien im Mittelalter, München 1980, 66 ff u 110 ff – BOverbeck (u LPauli) 1982, 147 ff – J. Rageth, Schiers, AS 9, 1986, 22 – ders, JbSGUF 69, 1986, 277

Schleinikon   ZH

Gutshof. Portikus-Säulen

Der auf der N-Abdachung der Lägern zwischen Schleinikon und Dachsleren gelegene Gutshof war schon zu Beginn des 19. Jh gut bekannt. Und schon 1834 wurden dort nach F. Keller (1864) »sieben aus Juramarmor gearbeitete Säulen samt einigen Architravstücken aufgedeckt.« Die Säulen stehen heute zT im SLM Zürich, wohin auch eine 1979 bei einem Bauernhaus zu Dachsleren entdeckte Säulentrommel gelangte, zT im Hist. Museum Baden, ▶ zwei stehen seit 1984 an der Römerstrasse in Baden.

Lit: WDrack, Schleinikon, Dachsleren. Grosszelg, Römischer Gutshof. 10. BerZD 1979–1982, 219 ff

Schleitheim   SH

IULIOMAGUS
Abb 468–470

Die röm Strasse von *Tenedo*/Zurzach nach *Brigobannis*/Hüfingen (Baden-Württemberg) bzw in den obersten Donauraum führte – unter Umgehung des von Überschwemmungen heimgesuchten Wutachtales – über den Klettgau, die Siblingerhöhe nach *Iuliomagus*/Schleitheim, und von dort über Beggingen-Zollhaus an die Donau.
Obgleich in Schleitheim spätkeltische und augusteische Funde fehlen, deutet der Name *Iuliomagus* auf eine frühe röm Neugründung. Nachdem im frühen 19. Jh erste röm Streufunde aus Schleitheim bekannt geworden waren, machte die Diskussion um die 1851 erstmals veröffentlichte Grabinschrift für *Gaius Iulius Spinther* (HM 332) Römisch-Schleitheim in der Fachwelt schlagartig bekannt. 1860–1871 sowie 1885–1898 erfolgten Ausgrabungen sowie 1902, 1911, 1922 und 1944 kleinere Untersuchungen. 1974/75 konnten die Thermen freigelegt und 1976 konserviert werden. Die Gesamtanlage des Ortes ist aufgrund der bisher gewonnenen Resultate schon recht gut erkennbar. *Iuliomagus* muss im Kern ein rittlings der von der Siblingerhöhe herkommenden und alsdann von SO nach NW gradlinig verlaufenden Strasse erbauter Vicus gewesen sein, gegen W begrenzt durch den Zwerenbach. Jenseits des Baches, in der Flur »Hinter Mauern«, sind innerhalb einer bis 500 m breiten Zone Überreste verschiedener grösserer Bauanlagen bekannt geworden. Die entlang der röm Hauptstrasse mehr oder weniger gut gefassten Bauten standen innerhalb eines ca 600 m langen und etwas über 100 m breiten Streifens: ganz im N, auf der O-Seite der Strasse offenbar Wohn- und Werkbauten; SW davon und jenseits der röm Strasse wohl Ökonomie- und Handwerkeranlagen. Etwa 80 m S derselben scheinen Grundrisse von Fachwerkbauten und von Handwerksbetrieben beidseits der Strasse gestanden zu haben, wurden doch O ua ein

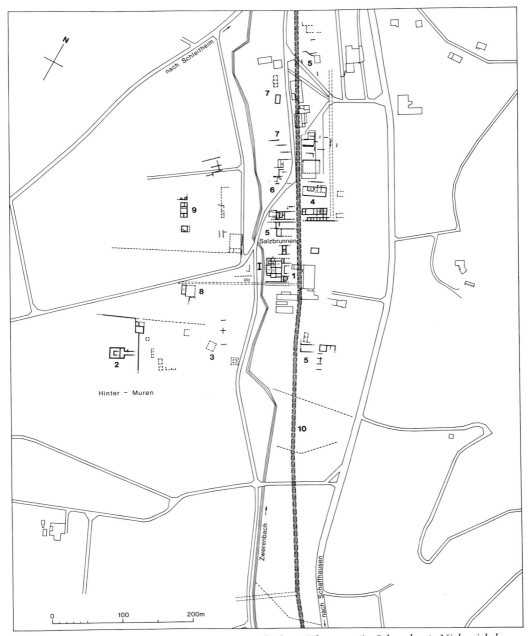

Abb. 468 Schleitheim/Iuliomagus. Sichtbares Objekt: I Thermen (in Schutzbau). Nicht sichtbar: 1 Palästra (Gymnastikanlage), 2 Gallo-röm Haupttempel, 3 Gallo-röm Umgangstempel, 4 Wohnbauten, zT mit Hypokaust, 5 Wohn- und Werkbauten, zT in Fachwerk, 6 Töpferei, 7 Ökonomiebauten, 8 Grösseres Gebäude mit Hypokaust, 9 Gutshof (?) mit Herrenhaus (?) und Nebenbauten, 10 Röm Strasse.

Mühlstein und Werkzeuge, W der Strasse ua ein fast 1 m mächtiges Tonlager einer Töpferei sowie Reste einer Wasser- und Abwasserleitung samt Bassin gefunden. Auch die ca 40 m S davon am Bach gelegenen Ruinen enthielten ein auffallend grosses Tonlager, so dass auch dort eine Töpferei betrieben worden sein dürfte. Die bis 40 m langen, schmalen Bauten auf der O-Seite der röm Hauptstrasse müssen ein Wohngebäude mit Hypokaustheizung(!) und eine Art Werkhalle mit verschieden grossen Arbeits- und eventuell Verkaufsboutiquen gewesen sein. Von ähnlichen Anlagen dürften die S anschliessenden, W und O der Strasse sowie auch die ganz im SO-Bereich entdeckten Ruinen stammen.

▶ Die Thermen sind die bisher einzige, wirklich gut ausgegrabene Bauanlage von *Iuliomagus*. In der zweiten Hälfte des 1. Jh entstanden und von Anfang an mit einem Schwitzbad ausgestattet, wurde der eigentliche Badetrakt im Rahmen von zwei grossen Etappen bis um 130 zu einem ca 23 × 22 m grossen Baukörper ausgebaut, umfassend einen grossen Heizraum in der NW-Ecke mit zwei Präfurnien für die Erwärmung von je einem Warmbad (*caldarium*) und Lauwarmbad (*tepidarium*) sowie ein Kaltbad (*frigidarium*) mit

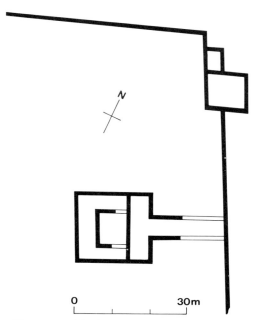

Abb. 470 Schleitheim/Iuliomagus. Der gallo-röm Haupttempel.

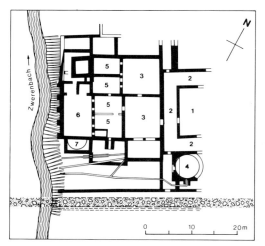

Abb. 469 Schleitheim/Iuliomagus. Vicus-Thermen. 1 Innenhof, 2 Portiken, 3 Umkleideräume, 4 Schwitzbad (laconicum), 5 Warmbaderäume (caldarium, ?) 6 Lauwarmbad (tepidarium, ?) 7 Kaltwasserbecken.

Bassin. Im S (und N) waren die Thermen ummauert, im O aber öffneten sie sich auf eine grosse, offenbar symmetrisch konzipierte Palaestra- bzw Gymnastikanlage mit Portiken sowie Umkleide- und Erholungsräumen. Die Thermen waren sowohl bau- wie installationstechnisch gut durchgearbeitet. Das bezeugen die Bogenkonstruktionen der Warmluftdurchlässe und Bruchstücke einer reich dekorierten Bleiwanne. Nach der Mitte des 2. Jh erfolgten in zwei weiteren Bauetappen sukzessive Verkleinerungen der Anlage, und gegen 240/250 brechen sowohl die Keramik- wie auch die Münzreihe ab.

Tempel und andere (öffentliche?) Bauten lagen W des Zwerenbaches und waren vom Vicus her augenscheinlich über eine S der Thermen vorbeiführende Nebenstrasse (B 2,50 m) erreichbar. Diese lief dort ungefähr in die Mittelachse eines von zwei gleich orientierten, parallelen Mauern geschaffenen Hofes, dessen Zentrum offenbar ein Gebäude mit einem 12 × 4,80 m grossen Hypokaust gebildet hatte. S dieser Hofanlage wurden in einem weiteren ummauerten Bezirk Überreste von mehreren Bauten und zweier Umgangstempel 1860 und 1871 ausgegraben bzw 1976 durch Flugbildprospektion festgestellt. Der im Jahre 1976 entdeckte kleine Umgangstempel und andere Kleinbauten NW und W davon können einstweilen nicht näher umschrieben werden. Der grosse Tempel, seit 1860/71 bekannt, war auf eine Geländeterrasse gebaut, talseitig durch eine Mauer gestützt. Seine Aussenmasse betrugen ca 21 × 16,50 m. Die dem Vicus zugekehrte O-Fassade war recht aufwendig: Eine ca 7 m breite Freitreppe führte zu einer Art Pronaos-Portikus hinauf. Das N in die Stützmauer gestellte mehrräumige Gebäude könnte ein Priesterhaus gewesen sein.

Ausser den schon erwähnten wichtigeren baulichen und anderen Fundgegenständen aus dem Vicus und dem Gebiet W des Zwerenbachs sind noch die im benachbarten, badischen Wutöschingen entdeckten Fragmente einer in mehrere Stücke zersägten Bronzetafel, deren Inschrift ua einen Angehörigen der 11. Legion von *Vindonissa* nennt (HM 333), und die aussergewöhnlich reichen keramischen Funde aus dem 1. und 2. Jh zu erwähnen. Aus dem 3. Jh stammt nur noch wenig Keramik. Ein ähnliches Bild zeigt sich in der Münzreihe (aus den Thermen und dem Areal Gehren): den 31 Stück des 1. Jh stehen acht des 2. und gar nur zwei des frühen 3. Jh gegenüber. Der Vicus *Iuliomagus* muss im ausgehenden 2./frühen 3. Jh weitgehend verlassen und mit dem Fall des Limes 259/60 vollständig aufgelassen worden sein.

Ao: Sammlung Schleitheim und MA Schaffhausen
Lit: GWanner, Die römischen Altertümer des Kantons Schaffhausen, Schaffhausen 1899, 4 f, bes aber 10 ff (m. Spinther-Inschr.) – HUrner-Astholz, Die römerzeitliche Keramik von Schleitheim-Iuliomagus, Schaffhauser Beitr.z.vaterl.Gesch. 23, 1946, 5 ff (m. allen Ausgr.-Daten auf Plan 2) – JBürgi ua, Iuliomagus – römisch Schleitheim. Die öffentlichen Thermen, AFS 11, 1979 (m.ält.Lit) – JBürgi u.RHoppe, Schleitheim-Iuliomagus. Die römischen Thermen, Basel 1985 – WUGuyan, Iuliomagus, in: Turicum-Vitudurum-Iuliomagus. Drei Vici in der Ostschweiz. Festschr Otto Coninx, Zürich 1985, 235 ff (m. weit. Lit)

Gutshof
Abb 471

Als in der Flur Vorholz rund 1700 m NO der Kirche Schleitheim auf der N-Abdachung des Rüetisberges röm Baureste bei Wegebauten angeschnitten wurden, erfolgten 1860, 1868, 1870, 1892 und 1898 grössere Untersuchungen des Herrenhauses eines Gutshofs. Die Anlage stand rund 50 m über dem Talboden, nach N orientiert und, soweit gefasst, eine Fläche von rund 95 m Breite und 75 m Tiefe überziehend.

Das Herrenhaus fand sich an oberster Stelle in der Mitte des Bauensembles – mit Blick nach N auf die SO-Ausläufer des Schwarzwaldes. Es hatte im Endausbau eine Ausdehnung von ca 65 × 29 m. Der Kernbau umfasste eine Halle (39 × 17 m), die offensichtlich sukzessive mit Wohnräumen ausgestattet wurde, sowie aus einer talseitigen Portikus und einem NW-Eckrisaliten. An diesen Bau wurde später S ein Badetrakt (B ca 6 m, L 48 m) angefügt, der rund 12 m über die W-Fassade auskragte. Im NW-Wohnraumbereich war ein Raum hypokaustiert, ein weiterer und ein Querkorridor mit Mosaikböden und Wandmalerei ausgestattet. Im Badetrakt fanden sich in zwei Räumen Hypokausten, in einem dritten eine Winkeltreppe und in zwei weiteren eine Wasserzuleitung. Im einen hypokaustierten Raum lag ein Mosaik. Mörtelböden wurden in vielen anderen Räumen festgestellt.

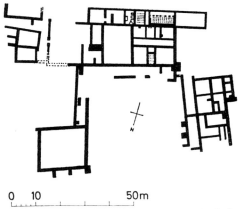

Abb. 471 Schleitheim/Iuliomagus. Vorholz. Gutshof. Herrenhaus.

In einer spätesten Bauetappe wurde offensichtlich die Portikus hufeisenförmig erweitert, anscheinend zu zT schon bestehenden Nebengebäuden hin. Diese »Flügelbauten« wie auch das Raum- oder Bauensemble O des Herrenhauses wurden aber seinerzeit nur sondiert.

An Ausstattungsstücken werden ausser den erwähnten Einbauelementen und »bunten« Wandmalereien auch Wandbelagplatten aus Juramarmor erwähnt. Von den Malereien ist nichts mehr, von den Mosaiken sind noch drei grössere Fragmente vorhanden – mit Randornamenten, die in die Zeit zwischen 150 und 175 datiert werden. Des weiteren liegen noch vor ein tuskisches Kapitell und ein Säulenstumpf (wohl von einem Tisch). Nach den Münzen und den Keramikresten muss die Anlage von der Mitte des 1. bis in die zweite Hälfte des 3. Jh bestanden haben.
Ao: MA Schaffhausen
Lit: GWanner, Die römischen Altertümer des Kantons Schaffhausen, Schaffhausen 1899, 21 ff – VvGonzenbach 1961, 211 ff – RDegen 1970, 370 f

Schongau LU

Mauerreste eines Gutshofs

Bei den archäologischen Untersuchungen der spätgotisch-barocken Kirche Schongau 1951 kamen unter dem Mauerwerk der einstigen romanischen Kirche Mörtelboden- und mehrere Mauerreste zutage, die vom ▶ Herrenhaus eines röm Gutshofes stammen. Diese Baureste wurden konserviert und zugänglich gemacht.
Lit: Kdm.Kt. Luzern, Bd. VI, Basel 1963, 272 f

Seeb → Winkel ZH

Selzach SO

Spätröm Kastell Altreu(?)

Das in der Literatur immer wieder erwähnte Kastell wurde bislang nicht untersucht, ist daher nicht sicher nachgewiesen. Die von R.Laur-Belart zuletzt beschriebene Topographie dürfte von dem im 13. Jh von den Grafen von Neuenburg gegründeten, 1280/85 »Altrua« bzw »Altrüwa« genannten und 1375 zerstörten Städtchen Altreu stammen.
Lit: Geogr.Lex.d.Schweiz 1, 1902, 69 – HBLS 1, 1921, 301 – RLaur-Belart, Reste römischer Landvermessung in den Kantonen Baselland und Solothurn: e) Altreu, Festschr. Eugen Tatarinoff, Solothurn 1938, 58 ff (m. ält. Lit) – PHofer, Die Stadtgründungen des Mittelalters zwischen Genfersee und Rhein, Flugbild der Schweizer Stadt, Bern 1963, 85 ff, bes. 94 ff

Septimerpass → Bivio GR

Siders VS

Zwei Grabsteine mit Inschrift

Im Bernhardinerinnenkloster in Géronde wurden ▶ zwei als Spolien verwendete röm Grabsteine entdeckt: der eine 1953 in einer Aussenmauer, der andere 1965 in einer Innenhofmauer, beide heute in der Kirche aufgestellt. Der erste Stein ist 2 m hoch und mit einem ornamentierten Tympanon und einer Inschrift für *Caius Cominius* geschmückt, der zweite, 150 cm hoch, zeigt die Form eines Grabaltars und die Inschrift für *Vinelia Modesta*, eine Dame aus Senatorengeschlecht, aus der Zeit nach 200.
Lit: GWalser (III) 1980, 290 und 291 (mit je ält. Lit)

Silvaplana GR

Strassenspuren

Am linken Talhang über dem Silsersee ist der röm Fahrweg bis ins Juliertal durchgehend erkennbar. Im Berghang »Fratta«, rund 1 km SW des Ortszentrums von Silvaplana, bei Koord 780200/147570, entdeckte A. Planta 1970 zwei in den Fels eingetiefte, 107 cm auseinanderliegende Rad- bzw Fahrrinnen, wie er sie früher ua auf dem → Julier- und → Septimerpass gefunden hatte.
Lit: APlanta, Die römische Julierroute, HA 7, 1976 (25), 21

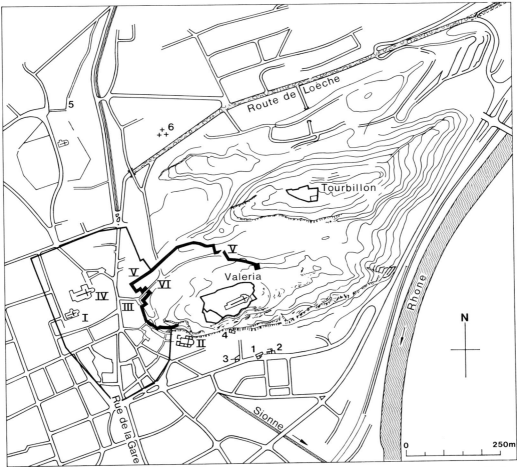

Abb. 472 Sitten. Übersichtsplan. Sichtbare Objekte: I Thermen unter St-Théodule, II Friedhofkirche des 5./6. Jh., III röm Inschriften im Rathaus, IV Kathedrale, V erste mittelalterliche Ummauerung, VI Museen.
Nicht sichtbar: 1 Badetrakt eines röm Wohnhauses, 2, 3 spätröm Baureste, 4 zwei Memorien, 5 röm Baureste, 6 röm Gräber.

Sitten VS

Hauptort der Civitas der Seduner
Abb 274, 472–476

Sitten liegt ungefähr in der Mitte des Wallis, am W-Fuss des Felsmassivs mit den beiden Kuppen Valère und Tourbillon, die weite Teile des Tales beherrschen.

Obgleich der Name Sion/Sitten zweifellos von den einst hier ansässigen keltischen Sedunern stammt, ist der keltische bzw röm Ortsname nicht überliefert (*Sedunum?*).
Die röm Vergangenheit kommt in Sitten besonders zum Ausdruck in der ▶ Inschrift des Praeses *Pontius Asclepiodotus* von 377 mit dem Christusmonogramm (HM 46). Sie kam zu Beginn des 18. Jh aus Sittener Privatbesitz ins Rathaus. Ein

im Mittelalter aus der Umgebung von *Aventicum* nach Sitten verschleppter ▶ Meilenstein (HM 396) und ▶ zwei Inschriften (HM 37 und 65) wurden kurz vor 1854 aus der Kathedrale ins Rathaus transferiert. Auch der 1831 in der alten Krypta der Kathedrale entdeckte Grabstein für *Marcus Floreius* (HM 51) befindet sich ebenfalls dort. Im 19. Jh wurden in der Stadt ua röm Gräber beobachtet, so zu Beginn des Jh beim Theater, kurz vor und nach 1890 aber auch weiter vom Stadtzentrum entfernt auf Montorge und Mont. Baureste wurden erst seit dem Zweiten Weltkrieg bekannt: 1957 ein Badetrakt eines Wohnhauses in der Flur »Sous le Scex« am S-Fuss des Valère-Hügels, und 1960–1964 grössere Teile von Thermen im Baugrund der Kirche St-Théodule. Im April 1984 kamen bei vorsorglichen Sondierungen wegen eines Bauvorhabens, ebenfalls im Bereich »Sous le Scex«, ausser prähistorischen und spätlatènezeitlichen Siedlungsfunden die Fundamente einer grösseren frühmittelalterlichen Friedhofkirche samt zugehörigen Gräbern zum Vorschein.

Der erwähnte Badetrakt war zweifellos der SW-Teil eines Wohnhauses. Innerhalb einer Grundfläche von ca 12,30 × 9 m konnten noch vier Räume gefasst werden: der Umkleideraum mit Kaltwasserbassin (*frigidarium*), das hypokaustierte Warmbad (*caldarium*) und ein vierter, wohl eine Art Dienstraum. An Funden wurden geborgen: das Fragment einer Säule, ein profilierter Marmorsockel, Kalksteinsäulchen sowie ein Topf aus Stein und eine Reibschale des 2. Jh.
▶ *Die Thermen* (I) unter St-Théodule übertrafen diesen Badetrakt an Grösse bei weitem, konnten doch innerhalb einer Grundfläche von ca 22,50 × 20 m mindestens sieben Räume ausgemacht werden (von O nach W): ein Umkleideraum, wohl mit Palaestra verbunden, ein Kaltbad (*frigidarium*) mit Wasserbassin sowie drei hypokaustierte Räume, je einer davon ein Lauwarmbad (*tepidarium*) und ein Warmbad (*caldarium*). Dieser Raum war mit einem Mosaikboden ausgestattet, von dem noch kleine Bruchstücke vorlagen. – Nach Zerstörung dieser Thermenanlage (im 4. Jh?) wurde auf dem geebneten Platz ein

Abb. 473   Sitten. Asclepiodotus-Inschrift von 377 im Rathaus.

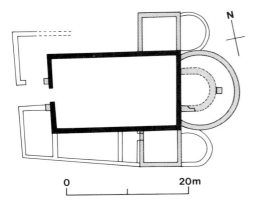

Eine Memoria, ein rechteckiger, 2,60 m breiter Grabbau mit einem Frauengrab des 4./5. Jh, konnte 1985 etwa 250 m O der Friedhofkirche untersucht werden. (Noch weiter SO hatte die weiter oben erwähnte, zu einem Wohnhaus gehörige Badeanlage des 2. Jh gestanden.)

■ Friedhofkirche aus dem 5. – 6. Jh.
▨ erste Anbauten
□ letzte Anbauten

Abb. 474 Sitten. Sous le Scex. Friedhofkirche.

Friedhof angelegt und eine Kirche erbaut. Ihr Chor stand im O-Bereich des im ausgehenden 15. Jh errichteten gotischen Chorbaus, ihr W-Teil über dem einstigen röm Caldarium. Möglicherweise war dieser W-Teil anfänglich eine Art Memoria (Gedächtniskapelle) inmitten des Friedhofs.

▶ *Die frühmittelalterliche Friedhofkirche* (II) in der Flur »Sous le Scex« hatte sich aus einem spätröm Kernbau, einer 20 × 11,50 m grossen Saalkirche entwickelt. Später wurden in Etappen zuerst eine leicht gestelzte O-Apsis, dann zwei Seiten-Annexe, ein Narthex und drei hufeisenförmige Apsiden usw angefügt. Innerhalb und ausserhalb der »Urkirche« kamen sehr viele Bestattungen in sarkophagähnlichen Einfassungen, in eigentlichen Sarkophagen oder in einfachen Grabgruben zum Vorschein. Sie waren mit Grabplatten oder älteren, wiederverwendeten Grabsteinen eingefasst oder überdeckt. Dazu gehören besonders drei Grabsteine mit Inschriften, darunter eine Grabstele für *Lucius Sentius Secundus*, einen ehem Ädilen und Duumvir, sowie der ca 1,5 t schwere Grabstein des *Titus Exomnius Mansuetus*, eines Präfekten der 2. Kohorte der Hispanier.

Abb. 475 Sitten. Grabstein von Titus Exomnius Mansuetus, Präfekt der 2. Kohorte der Hispanier.

Abb. 476 Sitten. Sous le Scex. Memoria (Grabbau) 1985. Im Grab (rechts) zwei Bestattungen mit Beinkamm, N-Grab (links) nur noch geringe Skelettreste.

Die Kleinfunde aus den kirchlichen Anlagen und Gräbern sind nicht sehr zahlreich. Immerhin konnte aber dem Grab in der Memoria von 1985 ein Beinkamm der Zeit zwischen etwa 350 und 500 entnommen werden, und aus anderen Gräbern der spätröm Ära stammen sechs Glasperlen eines Colliers, Fragmente von Keramik- und Lavezgefässen und fünf Münzen der Kaiser Gallienus (259–268) sowie Maximinus oder Maxentius (305–313), Konstantin d. Gr. (324–337) und Konstantin II. (324–337).
Ao: MA Sitten
Lit: M-RSauter, Préhistoire du Valais, Sion 1950, 144 ff (m. ält. Lit) – ders, Préhistoire du Valais, 2ème suppl., Sion 1960, 276 f – F-ODubuis, Archéologie, Tradition et Légendes, Helvetia antiqua, Festschr. Emil Vogt, Zürich 1966, 317 ff – F-ODubuis, WRuppen, Die St. Theodulskirche, Sion 1981 – F-ODubuis, La découverte d'une église préromane à Sion, Sous-le-Scex, AS 7, 1984, 139 ff – H-JLehner, Sion, Sous-le-Scex: L'église funéraire du haut moyen âge, Sedunum nostrum, Bull. 36, 1985 – ders, JbSGUF 69, 1986, 289 f

Solothurn

SALODURUM
Abb 477, 478

Wo die Strasse *Aventicum*/Avenches–*Vindonissa*/Windisch, der unsicheren Emme ausweichend, auf das linke Aareufer übersetzte, wo zudem gute Schiffsanlegeplätze vorhanden waren, bildete sich schon früh eine Siedlung und in der Folge ein grösserer Vicus. Im späten 4. Jh entstand dann ein Kastell.
Um 435 erwähnte der Bischof Salvius von Martigny/Sitten Solothurn als feste Burg. Die Erinnerung an die röm Vergangenheit ist in Solothurn insbesondere durch die Verehrung der mit der Thebäischen Legion in Verbindung gebrachten Märtyrer Urs und Viktor lebendig geblieben. Seit dem 16. Jh wurden immer wieder röm Altertümer entdeckt: 1519 in der alten St. Ursen-Kirche drei Sarkophage, ua einer der *Flavia Severina*; 1580 W von Solothurn eine fragmentierte Venus-Statue aus Carrara-Marmor; 1762/63 beim Ab-

Abb. 477 Solothurn/Salodurum. Fragmentierte Fassadeninschrift des Jupitertempels, als Spolie in der spätröm Kastellmauer verwendet.

bruch der St. Ursen-Kirche bzw beim Neubau der Kathedrale ausser röm Bauresten, Münzen und zwei weiteren Sarkophagen insgesamt acht als Bausteine verwendete Inschriftensteine (ua HM 250–252) und zwei Meilensteine von 213 und 202/211 (HM 391); 1857 beim Bau der Eisenbahnbrücke ein Votivbeilchen an Jupiter; 1870 in der Propstei eine Satyrmaske; 1874 an der Hauptgasse Bau- und Hypokaustenreste; 1878 beim Bau der oberen Aarebrücke eine Merkurstatuette. Von 1887 an, besonders gründlich aber 1939, wurde der Verlauf der Kastell-Ummauerung abgeklärt und im Plan festgehalten. Eigentliche Ausgrabungen erfolgten 1946 auf dem Friedhofplatz, 1963 und 1964 an der Hauptgasse 17 und 18, 1960–1962 beim »Roten Turm«, 1966/67 in der Kapelle St. Peter, 1964 an der Hauptgasse 14, 1981–1984 bei den Vigier-Häusern und im September 1986 bei einem Hausabbruch einige Meter O des S-Tores des Kastells an einem grösseren, noch bis 3,50 m hoch erhaltenen Stück der S Kastellmauer.

Der Vicus des 1.–3. Jh. Der röm Vicus entstand kurz vor oder nach Christi Geburt. Er muss im 2./3. Jh etwa so gross wie die Altstadt gewesen sein, dh ca 500 × 350 m. Die Anlage ist aber noch weitgehend unbekannt. Von Bauten liegen erst einige Reste vor: einerseits von SW-NO orientierten, dh von Häusern, die wohl rittlings einer von der Aare her aufwärts führenden Strasse erstellt waren, andererseits von W-O aufgereihten Gebäulichkeiten in einer höher gelegenen Zone, wo auch die öffentlichen Bauten vermutet werden dürfen.
Aufgrund der 1946 in Sondierschnitten erfassten Befunde müssen anfänglich Holzbauten bestanden haben. Auf diese Periode folgten dort spätestens ab 100 drei weitere mit Massivbauten – abgelöst um 370 durch das Kastell.

Der Vicus muss recht bedeutend gewesen sein. Sein Name ist ausser in antiken Quellen auf zwei Inschriften überliefert: auf der Epona-Inschrift aus dem Haus Schaalgasse 15 (HM 245) und auf dem 1946 auf dem Friedhofplatz entdeckten, als Baustein einer spätröm Mauer verwendeten Fragment der Fassadeninschrift des Jupitertempels. Ausser diesem Haupttempel ist noch ein Apollo-Augustus-Heiligtum bezeugt (HM 246). Aber auch die Vielzahl der Inschriften an sich ist beeindruckend: Von insgesamt 15 sind noch 13 erhalten, davon die erwähnten zwei Bau- sowie zwei Weihe- und fünf Grabinschriften.

Von Gewerbe zeugen Überreste eines »Schmelzofens« O des Scheitelmauersegments der Kastellmauer, eines Töpferofens im N-Teil der Altstadt (1950) und von zwei Ziegelöfen S des Hauptbahnhofes (1966).

Von öffentlichen Infrastrukturanlagen ist erst eine Uferverbauung im Bereich der Vigier-Häuser nachgewiesen. Von Wasserleitungen oder Abwasserkanälen ist noch nichts bekannt. Auch der Standort der röm Brücke kann erst vermutet werden. Dasselbe gilt für die Strassen. Ein Friedhof lag wohl auf der O-Seite des Vicus an der Strasse nach Olten.

Die nächstgelegenen Gutshöfe befanden sich SO in rund 1100 m Entfernung in Zuchwil, bzw etwa 2500 m entfernt in Biberist-Spitalhof sowie 2200 m im W des Vicus im Gebiet Franziskanerhof.

Neben den Inschriftdokumenten wurden auch mehrere Architekturstücke gefunden: Säulenfragmente, Gebälkstücke, eine Art Pfeifenblatt-Kapitell usw, ausserdem vor allem Gebrauchske-

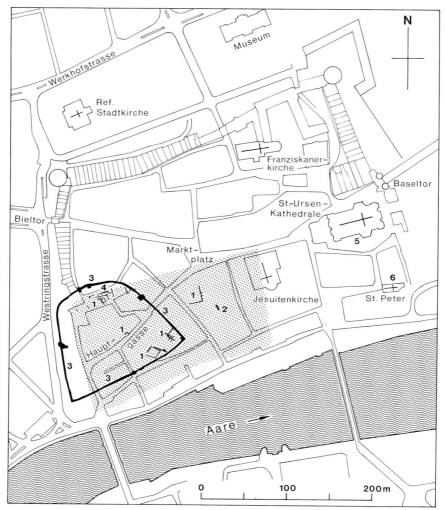

Abb. 478 Solothurn/Salodurum. 1 Baureste des Vicus, 2 Areal Vigierhäuser, 3 Kastellmauer, 4 spätröm Baureste, 5 spätröm Gräber, 6 Memoria unter der Kapelle St. Peter.

ramik und Terra sigillata des 1. und 2., kaum aber des 3. Jh.

Das spätröm Kastell. Vor allem aufgrund der Befunde von 1946 auf dem Friedhofplatz muss das Kastell zur Zeit Valentinians I. (364–375), dh kurz vor 370 erbaut worden sein.

Die Ummauerung ist vor allem dank der Aufnahmen von 1939 gut bekannt: Ausgehend vom 1887 entdeckten Abschnitt des Scheitelmauersegmentes fand man die Schenkelmauern, unter der mittelalterlichen Stadtmauer entlang der Westringstr bis zur 1909 abgebrochenen SW-Ecke und in den Häusern O des Gerechtigkeitsbrunnens bis zum 1964 gefassten SO-Turm. Auch die aareseitige Basismauer ist einwandfrei ausgemacht. Diese war 152 m lang, und die Distanz von hier bis zum Scheitel betrug 117 m.

Die Kastellmauer war offenbar fast durchgehend

3,20 m breit. An manchen Stellen reicht die Mauer in Kellern 3 m, N des SO-Turm gar 4 m unter Terrain. Unweit davon ragt ein Mauerabschnitt über Terrain 9 m hoch auf. Der SO-Turm scheint einen quadratischen Grundriss von ca 5 × 5 m gehabt zu haben. In ähnlichem Rahmen müssen die in den beiden Schenkelmauern eingezeichneten Türme konstruiert gewesen sein. An Toren werden drei vermutet: im Scheitel des glockenförmigen Grundrisses ein N-Tor, in der O-Mauer ein O-Tor und in der Mitte der Basismauer zur Aare hin ein S-Tor. Von Innenbauten ist erst die 1946 gefasste »Spolienmauer« am N-Rand des Friedhofplatzes bekannt, in welcher ua das 2,45 m lange Bruchstück der Jupitertempel-Inschrift verbaut war.

▶ Konservierte Abschnitte der Kastellmauer sind an folgenden Stellen sichtbar: W-Mauer, in der Nähe des Durchgangs von der Westringstr zum Friedhofplatz, – S-Mauer, an der Löwengasse (Haus Bregger & Cie. und Schweiz. Kreditanstalt, hier in der Garage und im Treppenaufgang ein Mauerquerschnitt und die Innenseite der Kastellmauer), – SO-Eckturm, von der Hauptgasse her zur Innenseite des Eckturmes (Zugang durch das Spielwarengeschäft Hirsig).

Der spätröm Friedhof dürfte in der Gegend St.-Ursen-Kathedrale – aufgrund der dort entdeckten Sarkophage – und bei der Kapelle St. Peter wegen der hier gefassten Memoria (-Kapelle) (6 × 5 m) des 5. Jh gelegen haben.

Diese frühchristliche Anlage und die vielen im Gebiet der St.-Ursen-Kathedrale entdeckten Sarkophage sowie der eingangs erwähnte Bericht des Bischofs Salvius um 435 bezeugen, dass das Kastell auch nach dem Abzug der regulären Besatzung unter Kaiser Honorius (394–408) weiterbestand.

An Kleinfunden liegen aus dieser Zeit ausser einer Reibschale mit grün glasierter Innenseite und einer Tonlampe »afrikanischen Typs« vor allem Münzen vor. Von den insgesamt 41 spätröm Prägungen stammen 36 aus dem Zeitraum von 364 bis 394. Damit wird auch von dieser Seite die Annahme unterbaut, das Kastell Salodurum sei zZ Valentinian I. errichtet worden.

Ao: Kantonsarchäologie Solothurn und HM Olten

Lit: KMeisterhans, Aelteste Geschichte des Kantons Solothurn . . ., Solothurn 1890 – JHeierli, Die archäologische Karte des Kantons Solothurn, Solothurn 1905, 68 ff (m. ält. Lit) – ETatarinoff-Eggenschwiler, Planaufnahme des Castrums Solothurn im Jahre 1939, Jb. f. Sol. Gesch. 13, 1940, 143 ff – WDrack, Die archäologischen Untersuchungen auf dem Friedhofplatz in Solothurn 1946, Jb. f. Sol. Gesch. 21, 1948, 5 ff – JbSGU 56, 1971, 227 ff – GLoertscher, Altstadt Solothurn, Schweiz. Kunstfhr., 2. Aufl. 1975, bes. 29 f – KRoth-Rubi, Die Gebrauchskeramik von der Fundstelle Solothurn-Kreditanstalt, Jb. f. Sol. Gesch. 48, 1975, 241 ff – HSpycher, Das Ausgrabungsprojekt Vigier-Häuser in Solothurn, AS 5, 1982, 132 ff – MBoss, Die Venus von Bellach, Archäologie d.Kt.Solothurn 3, 1983, 9 ff – JbSGU 68, 1985, 260 f

Sonvico   TI

Grabplatte

Im Rahmen der archäologischen Untersuchungen der Kirche S. Martino oberhalb Sonvico entdeckte man im Oktober 1986 einen frühma Altar. Dieser bestand aus einer wiederverwendeten röm Grabplatte als Unterlage für eine kleine, ebenfalls als Spolie verwendete Säule, auf der eine Altarmensa lag. Die Inschrift der stark zerdrückten Grabplatte ist noch nicht ganz geklärt.
(Frdl. Mitt. Prof. P. Donati, Bellinzona)

Splügen   GR

ADULAS? (CUNUS AUREUS?)

Der geographische Name *Adulas* erscheint als Bezeichnung eines nördlichsten oder östlichsten Punktes in Beschreibungen der NW-Grenze Italiens bei Strabo und Ptolemaeus (HM 44, 48 bzw 98, 102, 104, 108, 110). Nach F. Staehelin 1948, 112 »entspricht der Name Adulas dem Gotthardmassiv im weitesten Sinne«, nach 1975 vertretener Ansicht Ernst Meyers aber dem Splügenpass. Der in der Peutingerschen Tafel aufgeführte Name *Cunu aureu* (*Cunus aureus*, »goldhaltiger

Felsvorsprung«?) könnte die Passhöhe selber bezeichnet haben.
Der Pass ist noch nicht abschliessend archäologisch erforscht, wie Armon Planta, Sent GR, am 11. August 1986, drei Tage vor seinem Tod, freundlicherweise mitteilte. Verschiedene, mit Steinplatten ausgelegte Wegabschnitte und Felsabarbeitungen sind jedenfalls sicher neuzeitlich. Die Fahrstrasse wurde zudem erst in den Jahren 1818–1823 gebaut.
Lit: Geogr. Lex. d. Schweiz, Bd.V, 1908, 657 ff – FStaehelin 1948, 384 f (m. weit. Lit) – Howald-Meyer, 118 – MBertolone, Lombardia romana, Mailand 1939, 370 (m. ält. Lit) – JRageth 1986, 55 ff

Stabio TI

Gutshof

Auf der S-Seite der Kirche S. Pietro di Stabio kamen anlässlich der Ausgrabung von 1937 die Fundamentreste einer mindestens 120 × 90 m grossen Gutshofanlage zum Vorschein: im N ein minimal 90 m langer, queraxialer Komplex von Wohn- und Ökonomiegebäuden und S davon ein etwa 80 × 50 m grosser, längsaxialer Hof mit einem Nebengebäude an der W- und einem zentralen(?) Tor in der S-Mauer.
Lit: CSimonett, Costruzioni romane recentemente scavate nel Mendrisiotto (Ticino), Munera. Racolta di scritti in onore di Antonio Giussani, Como 1944, 183 f (m. ält. Lit)

Grabstein und Weihealtar

Der früher in der Kirche S. Pietro di Stabio eingemauerte Grabstein für *Caius Virius Verus* und seine Kinder (HM 21) steht heute im Gemeindehaus, während der bei Ligornetto entdeckte grosse ▶ Weihealtar an Merkur (HM 24) vor dem Gemeindehaus Aufstellung gefunden hat.
Lit: GWalser (III) 1980, 296 bzw 294

Stallikon ZH

Üetliberg:
Wachtposten und spätröm Refugium

Die archäologische Erforschung des Üetlibergs wurde 1836 durch Bauern ausgelöst, die F. Keller um Abklärung von Mauerzügen baten, welche den Ackerbau behinderten. 1874 entdeckten Arbeiter beim Bau der Bahn-Bergstation Latène A-Gräber, und seit 1979 führt die Stiftung für die Erforschung des Üetlibergs alljährlich Ausgrabungen durch, zuletzt 1985/86 auf dem Uto-Kulm. Die dabei gemachten Befunde und Funde lassen ua auch auf eine Oppidum-Siedlung im 1. Jh vChr schliessen.
Nach Ausweis der frühesten röm Münzen und Terra sigillata-Funde muss der Üetliberg im Rahmen des Alpenfeldzuges von 15 vChr für Beobachtungs- und Sicherungszwecke genutzt worden sein. Davon zeugen verschiedene Pfostengruben und Gräbchen von Pfostenreihen am N-Rand des Uto-Kulm-Plateaus – über dem mächtigen Graben, der für den keltischen Fürstensitz des 5. Jh ausgehoben worden war. Ein Hals- bzw Quergraben von bis 2 m Tiefe und ca 6,50 m Breite muss im Zuge der Ereignisse von 69 nChr zur Verteidigung eines Wachtpostens auf der O-»Nase« des Kulm-Plateaus ausgehoben worden sein.
ZT teppichartig dicht liegende Abraummassen von röm Leistenziegel- und Tubulus- bzw Heizröhrenfragmenten über den erwähnten Löchern und Gräbchen dürften von Unterkünften aus »Tubuliwänden« und mit Ziegelbedachungen des 2. und frühen 3. Jh stammen.
Gegen 250, besonders aber zwischen 260 und 270 muss die Bergkuppe bei Alamanneneinfällen als Zufluchtsort aufgesucht worden sein, wie insgesamt 36 Münzen der Zeit von 250 bis 300 bezeugen. Es liegen ausserdem von dort noch 9 Münzen des 4. Jh sowie die Imitation einer Prägung Theodosius' II. (ca. 413–423) vor.
Ao: SLM, Zürich
Lit: FKeller, Nachgrabungen auf dem Üetliberg, MAGZ I, 1839 – ders, 1860, 329 f – EMeyer, Zürich in römischer Zeit, in: Zürich von der Urzeit zum Mittelalter, Zürich 1971, 105 ff (m. ält. Lit) – WDrack, Die Erforschung der Ur- und Frühgeschichte, in: Der Üetliberg, Zürich 1986, 109 ff

Abb. 479 Stampa. Maloja. Röm Strassenspuren. Rampe mit 30% Steigung.

Stampa   GR

Strassenspuren
Abb 479

Im W-Abstieg vom 1790 m üM gelegenen Malojaübergang, im Magölin, Koord 273000/141250, entdeckte A. Planta 1972 eine ca 8 m lange, aus dem Fels gehauene Strasse, darin zwei 107 cm auseinanderliegende Rad- bzw Fahrrinnen und dazwischen 14 entsprechend herausgearbeitete Stufen sowie in einem längeren, talseitigen, kniehohen Felsabsatz sechs herausgebohrte, rechteckige Löcher. Auch NO der Passhöhe, rund 2,7 km entfernt und einige Meter über dem NW-Ufer des Silsersees, bei Koord 775000/141000 fand Planta Reste zweier aus dem Fels gehauenen, 107 cm auseinanderliegenden Rad- bzw Fahrrinnen.
Lit: APlanta, Zum Römerweg zwischen Maloja und Sils, HA 10, 1979, (38), 37 ff

Masso avello (Wannengrab)

Bei Palü zwischen Strasse und Maira findet sich auf Koord 765135/134460 ein sehr schönes Beispiel der eigenartigen Massi avelli, aus anstehenden Felsen gehauene, sarkophagähnliche »Wannengräber« spätröm Zeit. Innerhalb einer rechteckigen, wenig erhöhten Fläche von 2,30 × 1,15 m als Auflager für den Deckel eine ca 195 × 80 × 60 cm grosse Eintiefung mit halbrunden Schmalseiten und einem kleinen, kissenartigen Auflager für den Kopf im W.
Lit: Kdm. Kt. Graubünden, Bd. V, Basel 1943, 445 f (m. ält. Lit)

Stein am Rhein   SH

TASGAETIUM (oder TASGETIUM)
Abb 114, 207, 480–483, Tafel 24

Der günstige Rheinübergang bei Eschenz TG und der diesen und das untere Ende des Untersees beherrschende Moränenhügel »Auf Burg« sowie die durch diesen und die davor liegende Insel Werd geschützte Hafenbucht von Eschenz luden förmlich zum Bau von militärischen und zivilen Anlagen ein.
Auf »Burg« waren ansehnliche Reste des Kastells erhalten geblieben. Anfang 16. Jh wurden in der Kirche zwei Bodenplatten als Teile einer röm Inschrift – der von Mommsen um 1850 identifizierten Kastell-Bauinschrift – erkannt und ausgebaut, und 1741 entdeckte man im Friedhof den Rhenusaltar. Untersuchungen erfolgten seit 1908, zuletzt 1980–1982 und 1987. ▶ Konserviert wurden 1900–1911, 1936/37 und 1981/82 vor allem die SW-Mauer mit dem Tor sowie der S-Turm mit einem Teil der SO-Mauer.
In Eschenz wurden 1733 etwa 50 Pfähle der röm Brücke herausgerissen, und 1756 Quadersteine des Widerlagers abgebaut. Entdeckungen von Bauresten und wichtigen Einzelfunden: seit 1852–1875 das Badegebäude, 1876 der Töpferofen, 1913 und 1920 Brand- und Körpergräber, 1977 galloömische Holzfigur.
Der rechtsrheinische Brückenkopf konnte 1986 bei Kanalisationsarbeiten in den Fundamentresten einer ca 4 m breiten Mauer gefasst werden, auf welche die N-Mauer der Klosterkirche St. Georgen teilweise gebaut worden war.
Im Dezember 1986 wurden drei »Pfahlansammlungen« NO der Insel Werd untersucht. Die beiden O, parallel zueinander liegenden Felder waren etwa 6 m breit und umfassten vier bzw noch

zwei querverlaufende Reihen à fünf Pfähle. Nach den dendrochronologischen Untersuchungen muss die betr Brücke 82 nChr erbaut worden sein.
Ein wohl hölzernes Kastell der frühen Kaiserzeit dürfte aufgrund der vielen frühröm Funde im betreffenden Bereich auf der SW oberhalb der röm Brücke gelegenen Terrasse zu suchen sein.
Der Vicus des 1.–3. Jh ist durch viele Fundstellen in einem Gebiet von ca 800 m Länge und ca 350 m Breite nachgewiesen – mit Kern in Untereschenz, dh auf und beidseits der dortigen Bächlibach-Halbinsel. In deren NW-Ufer finden sich letzte Reste des Widerlagers der einst über die Insel Werd hinweg den Rhein traversierenden Brücke, auf deren O-Seite aber kamen starke Pfahlstellungen einer Schiffsanlegestelle sowie – W und SO davon – eindrückliche Überbleibsel von Keramik-Magazinen und -Verkaufsläden zutage. SW der röm Brücke bzw des heutigen Steges entdeckte man die Baureste zweier Häuser und – in 100 m Entfernung – eines Badegebäudes (21 × 13 m) mit sechs Räumen, wovon vier hypokaustiert waren. Im Bauschutt lagen viele Funde, ua medizinische Geräte, ein Sandsteinfragment mit der Bauinschrift des Badegebäudes und der Oberteil eines Fortuna-Altars, ebenfalls aus Sandstein. Etwa 500 m W wurden Spuren einer Töpferei und in der Nähe gar ein Töpferofen augusteischer Zeit ausgemacht. Weitere röm Fundkomplexe sind auf »Höfen« und bis 500 m SO des vermuteten röm Hafens festgestellt. Aus der Lage der erwähnten Baureste zu schliessen, hatte sich der Vicus *Tasgaetium* entlang einer parallel zum Ufer verlaufenden Strasse entwickelt. Aufgrund der reichen Keramikfunde setzte die Siedlung im frühen 1. Jh ein und erlebte im ausgehenden 1. und 2. Jh eine Blütezeit.
Die Bauinschrift betrifft die Wiederherstellung des im 3. Jh (?) verfallenen Badegebäudes (HM 368), der Fortuna-Altar dürfte unweit davon gestanden haben (HM 369). Dass auch die keltische Religion in *Tasgaetium* weiterlebte, beweist die 1977 in einem röm hölzernen Abwasserkanal rund 150 m W des Badegebäudes entdeckte Holzstatue eines keltischen Kapuzenmannes.
Die 1913 und 1920 im W-Teil von Eschenz entdeckten Brand- und Körpergräber markieren offensichtlich den Verlauf der röm Strasse von der Brücke und vom Hafen her auf den Talboden. Die aus den Gräbern stammenden Fundobjekte reichen vom 1. bis ins 4. Jh.
Das Kastell auf Burg wurde nach der Bauinschrift (HM 370) in der Zeit Diokletians (285–305) erbaut – möglicherweise an der Stelle öffentlicher Bauten, aus denen der Rhenusaltar stammen könnte. Die Festung hatte einen nahezu quadratischen, leicht rhombischen Grundriss von rund 91 × 88 m. Die vier Ecken waren je mit einem Dreiviertel-»Rundturm« bewehrt. Dazwischen standen auf der NW- und SO-Seite je zwei »Halbrundtürme«, in ▶ der SW-Mauer vier, wovon die mittleren beiden als Seitentürme des Eingangstores dienten. In der Mitte der NW- und SO-Mauern war je eine Art Schlupfpforte. (Die NO-Mauer ist grossenteils abgestürzt.) Die Mauerstärke variiert stark: die Frontmauer ist 3,10 m, die SO-Mauer 2,70 m und die rheinseitige Mauer 1,75 m breit. Die einst wohl über dem Tor pran-

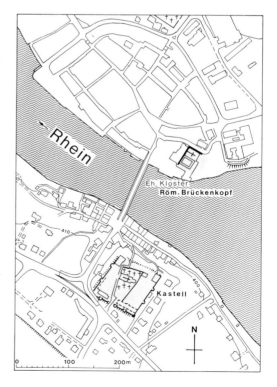

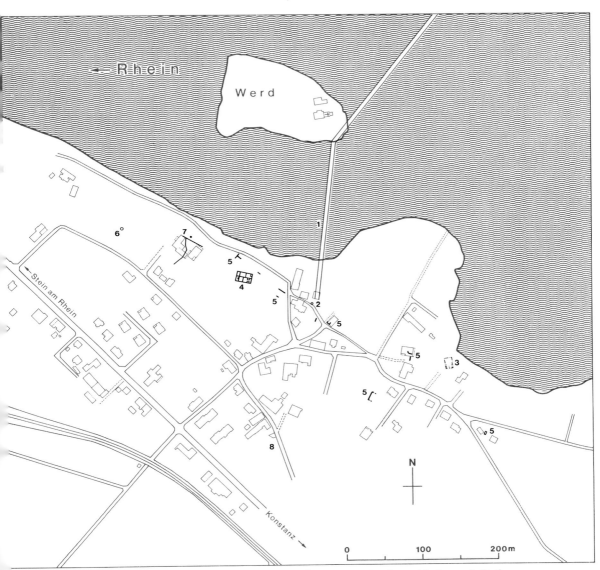

Abb. 481 Eschenz TG/Tasgaetium. Vicus. 1 Brückenreste, 2 Brückenwiderlager, 3 Hafen, 4 Badegebäude, 5 Baureste, 6 Töpferofen, 7 Fundstelle der 1977 entdeckten gallo-röm Holzfigur und Wasserkanäle, 8 reiches Frauengrab des 7. Jh. mit Hypokaustfragment mit eingeritztem Vers aus Vergils Aeneis.

◁ Abb. 480 Stein am Rhein/Tasgaetium. Gesamtplan mit linksrheinischem Kastell und Mauerresten des rechtsrheinischen Brückenkopfes.

Abb. 482 Stein am Rhein/Tasgaetium. Burg. Spätröm Kastell. Bauinschrift von 294.

gende Bauinschrift hatte einen fast gleichen Wortlaut wie die von → Oberwinterthur. Wie dort war auch hier der rätische Statthalter Aurelius Proculus Bauleiter. – Von den Bauten im Innern ist erst wenig bekannt: Im Zentrum, am Ende der Zugangsstrasse, finden sich Mauern wohl des Stabsgebäudes (?), S davor die Reste ei-

nes Langbaus, und im Bereich der O-Ecke ein starker Mauerzug und weitere Baureste möglicherweise eines Speichers (*horreum*). Überreste von kasernenartigen Bauten kamen bei Rettungsgrabungen im Herbst 1987 parallel zur W-Kastellmauer zutage: Reste von Fachwerkwänden, Pfostenstellungen, Holzböden, Herdstellen sowie viele Kleinfunde des 4. Jh, wie Münzen, Bruchstücke von Argonnen-Sigillata, grauer Gebrauchsware und von Lavezgefässen.

Der Friedhof wurde 1969 rd 250 m SW des Kastells vor dem Eingangstor entdeckt. Insgesamt sind rd ein Dutzend Körpergräber mit Beigaben des 4. Jh ausgemacht worden. Die wichtigsten Stücke sind: eine Glasschale in Überfangtechnik mit Jagddarstellung, eine Kugelschliffschale aus Glas, zwei Glaskannen mit Schlangenfadendekor, ein bronzener stabartiger Gürtelbeschlag usw.

Eine Kirche des 5. Jh und Baureste von Nachfolgebauten wurden 1976/77 innerhalb der Fundamente des zentralen Kastellgebäudes entdeckt. Der Grundriss war nicht eindeutig auszumachen: entweder ein Rechteckbau von 8,60 × 5 m oder mit halbrunder Apsis. In der zweiten Anlage, einem Saalbau mit eingezogener Apsis, kamen an die 20 Kinder- und einige Erwachsenengräber zutage. Ein Kindergrab enthielt sieben Beigaben, darunter ein oberitalischer Stengelbecher des 7. Jh. Die reiche Ausstattung erinnert an das 1829 in Untereschenz entdeckte Tuffsteinplattengrab mit zwei Toten und reichem Trachtzubehör: goldener Fingerring mit Emaildekor, silbervergoldeter Haarpfeil, silberne Gürtelzunge ua. Das Kastell wurde nach dem Abzug der Römer weiter genutzt, und in Eschenz entstand eine alamannische Siedlung, die im 9. Jh Aschinza hiess.

Ao: Rosgartenmuseum Konstanz und TM Frauenfeld
Lit: FKeller 1860, 274 ff – KKeller-Tarnuzzer u. HRheinerth, Urgeschichte des Thurgaus, Frauenfeld 1925, 230 ff – HUrner-Astholz, Die römerzeitliche Keramik von Eschenz-Tasgaetium, Thurg. Beitr. z. vaterl. Gesch. Heft 78, 1942 – FStaehelin 1948, 184 f u 622 – ALambert u EMeyer 1973, 63 – WUGuyan, Stein am Rhein ... HA 22/23, 1975, 38 ff – JBürgi, Das spätrömische Gräberfeld von Burg/Stein am Rhein, Ausgrabung 1974, ebda, 78 ff – HUrner-

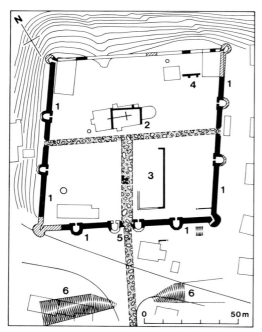

Abb. 483 Stein am Rhein/Tasgaetium. Burg. Spätröm Kastell. 1 Kastellmauer mit Türmen, 2 Stabsgebäude (principia, ?) 3 Kaserne (?), 4 Getreidespeicher, 5 S-Tor, 6 Befestigungsgraben.

Astholz, Die römische Jagdschale und eine Kugelschliffschale von Stein am Rhein, Schaffhauser Beitr. z. vaterl. Gesch. Heft 51, 1974, 7 ff – JBürgi, eine römische Holzstatue aus Eschenz TG, AS 1, 1978, 14 ff – JbSGU 62, 1979, 151 f – Schaffhauser Beitr. z. vaterl. Gesch. Heft 61, 1984, 304 ff und 315 ff – ders, Römische Brücken im Kanton Thurgau, AS 10, 1987, 16 ff – KBänteli, BRuckstuhl, Der Brückenkopf des Kastells »Auf Burg« von Stein am Rhein SH, AS 10, 1987, 23 ff

Studen BE

PETINESCA
Abb 215, 484–486

Der Verkehr zwischen *Aventicum*/Avenches und *Vindonissa*/Windisch wickelte sich auf und entlang der Aare ab. SO vor der Taubenlochschlucht, im Schutze des Jensberges, setzte die Strasse an, die durch die Pierre Pertuis (→ Tavannes) nach *Augusta Raurica*/Augst führte. So drängte sich am O-Fuss des Jensberges eine Siedlung auf. Baureste derselben wurden schon früh bekannt, und schon 1656 identifizierte J. B. Plantin diese röm Örtlichkeit in seinem Werk »Helvetia antiqua et nova« mit der aus antiken Quellen bekannten »Station« *Petinesca*. Nachdem seit dem ausgehenden 18. Jh besonders viele Entdeckungen gemacht worden waren, setzte die Berner Regierung 1830 selber zu Ausgrabungen an, brach sie aber bald wieder ab. Von 1898–1904 unternahm die Gesellschaft Pro Petinesca systematische Untersuchungen. ▶ Konserviert wurden die wichtigsten Mauerzüge 1938/39. Seit 1973 werden von Fall zu Fall Rettungsgrabungen durchgeführt. Die derzeit bekannten Baureste stammen von einem grösseren Gebäudekomplex und andern Hausbauten des 1.–3. Jh und von einer spätröm Toranlage, die später anscheinend in eine Art Strassenkastell einbezogen wurde.

Mansio und/oder Mutatio sowie Vicus des 1.–3. Jh. Baureste des 1.–3. Jh wurden entlang der röm Strasse(n) auf eine Länge von rund 100 m festgestellt: im Gebiet der späteren Toranlage Mauerreste sowie O der Strasse Überreste einzelner Wohnhäuser und W der Strasse die Ruinen eines grossen Gebäudekomplexes. Dieser im W durch starke Stützmauern gesicherte Bautenkomplex umfasste Reste mehrerer, nacheinander entstandener sowie an- und ineinander gefügter Gebäude mit Wohn- und Werkräumen von insgesamt 60 × 50 m Ausdehnung. In vielen Räumen fanden sich Herdstellen, und in dem strassenseits mit einer Portikus versehenen Annex gar Spuren einer Backeinrichtung. In der SO-Ecke des Bauensembles kamen Hypokaustreste eines fünfräumigen Badetraktes zutage. NW der Baugruppe fand man im Abhang ein System von Wasserstollen von ca 60–80 × 150 cm im Querschnitt und ausserdem – eingangs zum NW-Bau – einen grossen Wassersammler, einen Tunnel-Kanal und ein hölzernes Schlämmbecken von ca 90 × 90 ×(noch) 30 cm Grösse. Für die Entwässerung und die Abwässer diente ein in der W-O-Mittelachse zur Aare hin aus Jurakalksteinen erbauter Kanal von etwa 50 cm Weite. Gewisse Räume scheinen gut ausgestattet gewesen zu sein: Im Bereich N des Bades fand man ua »Marmorgesimse« und im äussersten NW-Eckraum den Rest eines Tonplattenbodens neben einem grösseren, mit Gneisplatten umstellten Herd.
Die Fundliste umfasst zahlreiche Münzen von ca 14 bis ca 285, viel Keramik, Schmuck, Toilettenutensilien, Schlüssel, Werkzeuge sowie einen figürlich verzierten Deichselbeschlag und einen Wasser-Mischhahn, beide aus Bronze.
Die Vielfalt der Funde und die Grösse der Gebäude sowie die Vielzahl und die Verschiedenartigkeit der Räume lassen vermuten, dass dieser grosse Gebäudekomplex eine Herberge (*mansio*) oder eine Pferdewechselstation (*mutatio*) – oder evt beides zusammen war. Die übrigen Wohnbauten O der Strasse und im Gebiet der nachmaligen Toranlage dürften wohl eine Art kleinen Vicus gebildet haben.

Toranlage des 3. Jh und kleines Strassenkastell (III) des 4. Jh. Die Toranlage stellte in erster Linie einen Torbau am wichtigen Aareübergang dar, bestehend aus einem quadratischen Turm mit ca 13 m Seitenlänge und einem 3,60 m weiten Tordurchgang.
Später, wohl im 4. Jh, hat man die Toranlage in ein kleines Strassenkastell mit 3 m dicken Mauern einbezogen. 1917 bemerkte man etwa 150 m N der Toranlage in einer neuen Kiesgrube die Reste eines abgerutschten Töpferofens

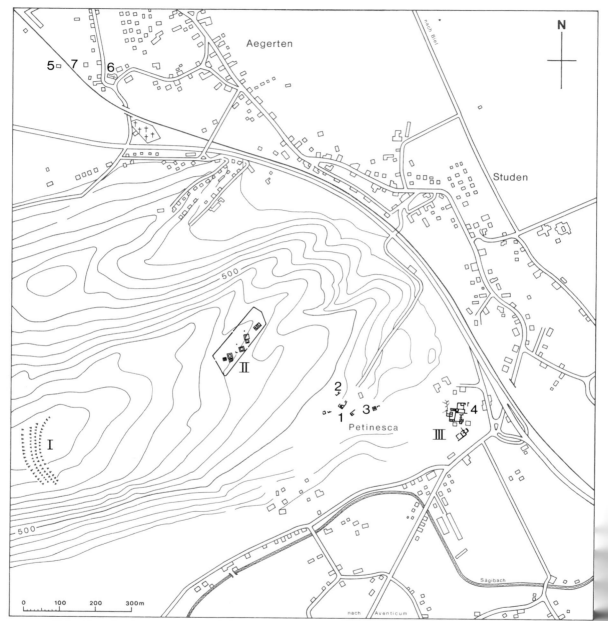

Abb. 484 Studen/Petinesca. Sichtbare Objekte: I Wall- und Grabenanlage des keltischen Oppidums im Studenwald, II Gallo-röm Tempelbezirk auf Gumpboden, III Spätröm Toranlage und Kastellreste. Nicht sichtbar: 1 Gebäudereste auf Ried (1830), 2 Gebäudereste auf Ried (1841), 3 Tempelreste auf Ried (1964), 4 Vicus Petinesca, 5 Spätröm Festungsbau in der Flur Isel (Insel), Gem. Ägerten, 6 Spätröm Festungsbau unter der Kirche Ägerten, 7 Röm Töpferei.

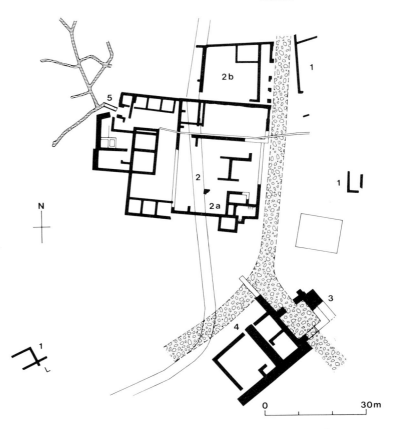

Abb. 485 Studen/Petinesca.
1 Baureste des Vicus,
2 Mansio/Mutatio,
2a Bad, 2b Werkbau,
3 spätröm Toranlage,
4 spätröm Strassenkastell, 5 Wassersammler.

Abb. 486 Studen/Petinesca. Bronzener Wasserhahn. Mischbatterie für kaltes und warmes Wasser, gefunden im Bad.

und dabei Scherben »von etwa 30 Gefässen verschiedener Form, Grösse und Farbe«.
Von den Funden sind erwähnenswert Werkzeuge, Lanzenspitzen und eine Münze des Gratian (367–383).

Ao: BHM Bern
Lit: E.Lanz-Bloesch, Die Ausgrabungen am Jensberg 1898–1904, ASA 8, 1906, 23 ff u 113 ff – H-MvKaenel, Archäologische Wanderung über den Jäissberg bei Biel (Petinesca), Beilage AS 1, 1978 – ders, Das Seeland in römischer Zeit (um 20 vChr – 476 nChr) in: H-MvKaenel ua, Das Seeland in ur- und frühgeschichtlicher Zeit, SA aus Jb Geograph.Ges.Bern, 53, 1977–79, Liebefeld/Bern 1980 (m. ält. Lit) – ASA 19, 1917, 219 – JbSGU 10, 1917, 73

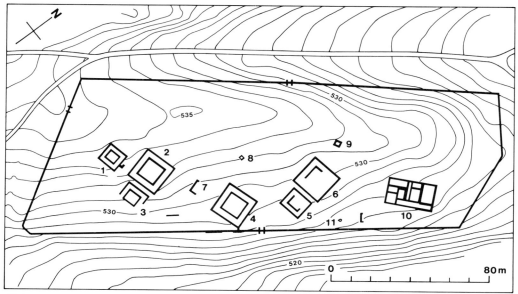

Abb. 487 Studen/Petinesca. Tempelbezirk Gumpboden. 1–3 W-Gruppe, 4–6 O-Gruppe der Umgangstempel, 7–9 Kapellen ?, 10 Priesterhaus ?, 11 Zisterne.

Tempelbezirke
Abb 215, 487, 488

Etwa 700 bzw 200 m NW der Toranlage befanden sich auf zwei verschieden hoch gelegenen Geländeterrassen auf dem O-Hang des Jensberges ein grösserer und ein kleinerer Tempelbezirk. Dieser wurde schon 1830 und 1841 angegraben, jener 1844 und 1872.

▶ Die grössere, ca 100 m über der Toranlage auf dem Gumpboden erbaute Anlage ist – zumindest in den Grundmauern – sozusagen vollständig erhalten geblieben. Der heilige Bezirk war ein langrechteckiger, SW-NO orientierter, ummauerter Hof (190 × 70 m) mit parallel verschobenen Schmalseiten. Die NO-Mauer umzog zudem einen kleinen Geländesporn in einem weiten, flachen Winkel.

Der Hof war durch drei Tore zugänglich: durch ein grösseres Haupttor in der SW-Mauer, nahe der W-Ecke, und durch zwei je in die Mitte der beiden Längsmauern gesetzte schmälere. Während die NW-Hälfte des Hofes unüberbaut war,

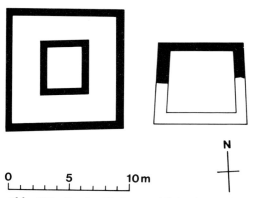

Abb. 488 Studen/Petinesca. Kleine Tempelanlage. Ried. Umgangstempel.

standen in der SO-Hälfte – zur Hofanlage diagonal gestellt und in zwei Gruppen aufgeteilt – je drei gallo-röm Rechteck- oder Umgangstempel, der größte 15,5 × 15,20 m (Umgang) bzw 9,60 × 9,30 m (Cella), der kleinste 9,70 × 9,10 m (Umgang) bzw 5,60 × 4,80 m (Cella), sowie – zwischen diesen Tempelgruppen und NW davon

– drei kleine, verschieden grosse, quadratisch-einräumige »Kapellen«. O davon, bei der SO-Mauer, findet sich eine Zisterne (T 4 m). Im Bereich der O-Ecke der Ummauerung aber stand ein rechteckiges, zweistöckiges Priesterhaus(?). Sämtliche Baureste hat man konserviert und die westlichste Tempelruine mit einem Schutzdach versehen.
Die Fundliste umfasst interessanterweise, abgesehen von den wenigen Bauelementen und den vielen Ziegelresten, nur Kleinfunde, wohl grossenteils Weihegaben: Glöcklein, Löffelchen, Zierbleche usw, vor allem aber Münzen sowie Fibeln des 1.–4. Jh.
Die kleinere Tempelgruppe (3), ca 50 m über der Toranlage auf »Ried« erbaut, umfasste bei der Ausgrabung von 1964 nur noch einen gallo-röm Viereck- oder Umgangstempel, 10,50 × 9,70 m (Umgang) bzw 4,70 × 4 m (Cella), und – 2,80 m O davon – den N-Teil eines kleineren, wohl einräumigen, rechteckigen oder quadratischen Baus. Seine meterbreiten N-S-Mauern lassen eine Überwölbung vermuten. Auffallend war auch die ovale, 2 × 1 m grosse flache Grube im Zentrum, in welcher ein kleines bronzenes Tierfigürchen lag.
An Funden kamen ausser Keramik-, Glas-, Metallresten und Knochen vier Münzen der Zeit zwischen 119 und 184 zutage.
Ao: BHM Bern
Lit: OTschumi, Die Ausgrabungen von Petinesca 1937–39, JbBHMB 19, 1940, 94 ff – JbSGU 30, 1938, 103 ff – HGrütter, Ein zweiter Tempelbezirk in Studen, Petinesca, bei Biel, US 28, 1964, 25 ff

Stürmenkopf → Wahlen BE
Stutheien → Hüttwilen TG

Suhr AG

Gallo-röm Umgangstempel

Bei den archäologischen Untersuchungen 1956 in der Ref Kirche Suhr wurde im Mauerwerk des vorromanischen Gotteshauses ein als Spolie wiederverwendetes röm Säulenkapitell aus Jurakalk gefunden, welches seither in der dortigen Sakristei aufbewahrt wird.
Beim Weitergraben stellte man damals auch fest, dass der Chor jener ersten Kirche auf ein nach röm Art geschaffenes quadratisches Mauerfundament (6 × 6 m iL, 8 × 8 m iÄ) aufgesetzt worden war, und man entdeckte ausserdem in den fundamentnahen Erdmassen viele Bruchstücke von röm Ziegeln zT mit Stempel der 21. bzw 11. Legion von *Vindonissa* sowie Fragmente von Juramarmorplatten und »bemaltem röm Wandverputz«. Während diese Befunde und Funde von einer gut ausgestatteten Cella eines Tempels wie in → Riaz FR stammen müssen, ist das tuskische Kapitell wie jenes zB in → Oberwinterthur anscheinend der letzte Zeuge eines aufwendigen, mit steinernen Säulen ausgerüsteten Umgangs (*ambitus*). All dies lässt vermuten, dass in röm Zeit auf dem die weite Talebene dominierenden Kirchhügel von Suhr ein gallo-röm Umgangstempel stand, der von weither, ua von den röm Gutshöfen bei Buchs AG, Gränichen und → Oberentfelden aus gesehen werden konnte. Der Standort erinnert an den hoch gelegenen, einst auf einem massiven Mauerpodium stehenden Tempel von → Ursins VD, bes aber auch an den im 19. Jh durch Säulen- und Kapitellfunde nachgewiesenen oberhalb des röm Gutshofes von → Buchs ZH.
Lit: RBosch, Ergebnisse der Ausgrabungen in der Kirche Suhr (1956). Argovia 72 (Festschr Otto Mittler) 1960, 11 ff.

Tannay VD

Gutshof

Bei Rodungsarbeiten zur Erweiterung der Ackerflur kamen 1943 Mauerreste zum Vorschein, die in der Folge untersucht werden konnten.
Der offensichtlich in die N-Ecke einer grossen Hofummauerung gestellte Bau (27,30 × 15,60 m) gehörte wohl zu einem Gutshof und dürfte in drei Bauetappen entstanden sein. Anfänglich war anscheinend ein einfacher Hallenbau mit Portikus auf der SW-Längsseite. Dann müssen Halle und Portikus durch Innenmauern unterteilt worden sein. Schliesslich hat man auf der SO-Seite einen dreiräumigen Anbau angefügt. Bemerkenswert

ist die kreuzförmige Aufteilung der Halle, wodurch vier gleichartige »Eckräume« entstanden.
Lit: JbSGU 34, 1943, 44 f – RDegen 1970, 454

Tavannes BE

Strassenspuren

Die von *Aventicum*/Avenches herkommende Strasse verzweigte sich etwa 100 m N der Pierre Pertuis in zwei Stränge: O-wärts Richtung Birstal bzw *Augusta Raurica*/Augst und W-wärts Richtung Ajoie bzw Burgundische Pforte.
Im Jahre 1967 entdeckte L. Moosbrugger, Riehen, Abschnitte des W-Stranges W von Tavannes im Malvaux-Tälchen, vor allem aber im Aufstieg auf das Plateau von La Tanne (= Strasse, Weg) Richtung Tramelan bei Koord 578900/230080. Die Strasse ist aus dem Fels gehauen und weist in der Mitte stufenartige Eintiefungen und seitwärts zwei ca 108–110 cm auseinanderliegende Rad- bzw Fahrrinnen auf.
Lit: RMoosbrugger-Leu, Ein unbekanntes Stück Römerstrasse im Jura, Provincialia, Festschrift R. Laur-Belart, Basel-Stuttgart 1968, 406 ff

Strassentunnel
Abb 489

Für die röm Strasse *Petinesca*/Studen BE – *Augusta Raurica*/Augst wurde gemäss der auf der N-Seite in den Fels gehauenen Inschrift des *Marcus Dunius Paternus* (HM 244) nach 200 nChr das direkt S oberhalb Tavannes gelegene natürliche ▶ Felsentor offenbar erheblich erweitert. In der Folge erhielt die Öffnung den Namen *Petra pertusa*, Pierre pertuis, durchstossener Fels.
Lit: RMoosbrugger-Leu, Ein unbekanntes Stück Römerstrasse im Jura, Provincialia, Festschrift R. Laur-Belart, Basel 1968, 406 ff (m. ält. Lit)

Abb. 489 Tavannes. Pierre Pertuis. Strassentunnel, darüber Inschrift.

Tegna TI

Befestigung und Höhenheiligtum

Castello heisst der mächtige, zwischen den Flüssen Melezza und Maggia liegende Felskopf, der das unterste Maggiatal und das weite Delta um rund 300 m überragt.

Nach der Entdeckung von bronzezeitlichen und einigen röm Keramikscherben und von Mauerwerk auf der obersten Bergkuppe 1938, wurden 1941–1945 vier Ausgrabungskampagnen durchgeführt, verbunden mit der Konservierung der Ruine des Hauptgebäudes. (Leider seit 1964 wieder stark zerstört.)

Die rund 160 × 400 m grosse Bergkuppe war durch eine dem unregelmässigen Gelände folgende Umfassungsmauer von ca 2,50–4 m Breite und mindestens vier entsprechend starke, rechteckige Türme befestigt.

▶ Das Hauptgebäude stand auf einer Geländeterrasse im W-Teil des ummauerten Gebietes. Es war ein auf die S-N-Achse ausgerichteter Baukörper, der aus drei ineinandergefügten Mauerquadraten bestand. Das äusserste Mauerquadrat hat eine Seitenlänge von 22,50 m, das zweite eine solche von 13 m, und das dritte, innerste von 9 m. Die drei Quadratmauern waren durch eine NW-SO verlaufende, im Mittelquadrat unterbrochene Diagonalmauer verbunden. Diese ist zudem das wichtigste Indiz für die Deutung der Anlage als Tempel, kommen doch derartige Diagonalmauerzüge bei gallo-röm Vierecktempeln vor.

Das innerste Quadrat ist ein 7,50 × 7,50 m weiter, kellerartiger, einst mit rotem, feinem »Ziegelmörtel« (*opus signinum*) ausgestrichener und mit zwei parallelen Tonnengewölben versehener Raum. Die beiden Gewölbe ruhten auf einer aus drei Rundbogen bestehenden Arkadenmauer und hatten eine Scheitelhöhe von ca 4 m. Es dürfte sich bei diesem Keller um eine Zisterne gehandelt haben. Die Zisterne war mit einer vierseitigen Portikus (B ca 1,80 m) umgeben. – Das Gebäude hatte zwei Eingänge (B ca 1,80–2,40 m) im O und W, hier in eine etwa 4,50 m breite »Eingangshalle« mündend. Dieser Zugang scheint zudem durch eine auskragende Mauer gegen den N-Wind geschützt gewesen zu sein. Die grossen, wohl als Pultdächer für das Einfangen des Meteorwassers konstruierten Dachflächen waren mit röm Ziegeln (*tegulae* und *imbrices*) gedeckt, von denen zahlreiche Fragmente vorgefunden wurden. Ausser wenigen kleinen, nicht sehr charakteristischen röm Keramik- und Lavezstein-Gefässscherben kam nur eine Münze des Constans I. (333–350) zum Vorschein.

Ao: MC Locarno
Lit: AGerster, Castello di Tegna, ZAK 26, 1969, 117 ff

Tesserete TI

Spätröm Sarkophag

Im Hof N der Chorapsis der Kirche S. Stefano ist ein ▶ spätröm vollständiger, aber leerer Sarkophag aus Granit aufgestellt.

Therwil BL

Limitationsstein(?)

Beim Gemeindegrenzstein zwischen Therwil und Oberwil BL auf der NW-Abdachung des Hinterbergs auf Koord 609150/261650 scheint es sich um einen röm ▶ Limitationsstein zu handeln. (GWalser denkt an einen anepigraphischen Meilenstein, vgl. Liste der Meilensteine).

Lit: RLaur-Belart, Reste römischer Landvermessung in den Kantonen Baselland und Solothurn, Festschrift Eugen Tatarinoff, Solothurn 1938, 41 ff

Thun BE

Tempelbezirk Allmendingen
Abb 96, 185, 219–221, 245, 490, 491

Der Tempelbezirk von Allmendingen lag an einem uralten Weg aus der Gegend von Bern ins Berner Oberland und zu den Alpenübergängen, rd 2,5 km W des Thunersees, inmitten der *Regio Lindensis*.

Nachdem verschiedene Male bei Ackerarbeiten

Abb. 490 Thun-Allmendingen. Altar der Regio Lindensis für die Götter der Alpen.

zwei Statuenköpfe und Architekturornamente sowie inschriftenverzierte Votivbeilchen (HM 235) zum Vorschein gekommen waren, wurden 1824/25 erste Ausgrabungen veranstaltet. Als man 1926 einen Altar mit Inschrift (HM 234), wiederum durch den Pflug, dem Boden entrissen hatte, erfolgte eine Notgrabung, in deren Gefolge eine Marmorstatuette und mehrere Kleinfunde geborgen wurden. Erst aufgrund von durch den Nationalstrassenbau ausgelösten Sondierungen, welche die Grösse der Fundstätte erahnen liessen, wurde 1967 eine umfassende Ausgrabung durchgeführt.
Der Tempelbezirk war ungefähr 90 × 70 m gross und SW-NO orientiert. Von der einstigen Umfassungsmauer sind ein Teil der N-Strecke und der polygonale O-Abschnitt bekannt.
Von der Tempelanlage an sich konnten bislang gefasst werden: die Fundamente von sechs grösseren und kleineren, rechteckigen, einräumigen Tempeln sowie eines rechteckigen Priesterhauses(?) und die Spuren von hölzernen Nebenbauten, Buden, Verkaufsständen und dgl. Im grössten Tempel kam 1926 der Altar mit der Weiheinschrift der *Regio Lindensis* an die Alpen(-Götter) zum Vorschein, in zwei kleineren aber entdeckte man einen weiteren Altar bzw Statuetten und andere Weihegegenstände.
Ausser den schon erwähnten Fundgegenständen sind noch anzuführen: Bruchstücke einer lebensgrossen Statue, ein weibliches Bronzeköpfchen, ein Granitbecken, Flachreliefs aus Jurakalk, goldene Votivbleche, ein Glöckchen aus Bronze, zwei flache, reich ornamentierte Zinntellerchen, sieben Tonfigürchen, Terra sigillata-Gefässe sowie an die 1200 Münzen von Augustus bis Konstantin d. Gr., dh vom 1.–4. Jh.
Ao: HM Thun und BHM Bern
Lit: OTschumi, Urgeschichte des Kantons Bern, Bern und Stuttgart 1953, 369 f (m. ält. Lit) – HGrütter, Einzigartige Weihegaben aus dem gallo-römischen Tempelbezirk von Thun-Allmendingen, HA 7, 1976 (27/28), 102 ff

Abb. 491 Thun-Allmendingen. Votivgaben, Gold.

Tiefencastel GR

Spätröm befestigte Fluchtburg

Der allseits steil abfallende Kirchhügel St. Stephan beherrscht die von der Albula und der Julia umflossene Halbinsel von Tiefencastel und die Strasse *Curia*/Chur – Lenzerheide – Tinizong (*Tinnetio*)–Julier, die hier in röm Zeit die Albula überquerte.
Bei Planierungsarbeiten 1936 auf der NO-Hälfte des Hügelplateaus kamen Überreste von röm Mauerwerk und spätröm Keramikfragmente des 4. Jh zum Vorschein, außerdem die letzten der auf dem Kirchhügel und in der nächsten Umgebung aufgefundenen sechs röm Münzen aus dem späten 3. Jh (238/288) bzw aus der Mitte des 4. Jh. Dass die Anlage auf dem Kirchhügel nicht bloss eine Fluchtburg gewesen sein konnte, bezeugt die im Juni 1987 jenseits des Strassen-Einschnitts auf »Cumpogna«, rund 250 m SO des Kirchhügels, entdeckte Begräbnisstätte, in der eine gemauerte, 2,40 × 1,60 m iL grosse und ca 90 cm tiefe Grabkammer, eine Memoria, zutage kam. Darin fanden sich um die 15 geostete Skelette von Erwachsenen und auch Kindern. Das einzige Schmuckobjekt, ein Bronze-Ohrring mit Polyeder-Stöpselverschluss, dürfte aus dem 4. Jh stammen. (Frdl. Mitt. von Dr. J. Rageth, Chur)
Ao: RM Chur.
Lit: JbSGU 19, 1927, 104 f – ebda 28, 1936, 74 u 76 – BOverbeck (u LPauli) 1982, 154 ff (m. ält. Lit)

Toos TG

Spätröm befestigtes Refugium

Im Hinterland des Bodensees ist erst eine spätröm Fluchtburg bekannt: hart S der Thur, halbwegs zwischen *Ad Fines*/Pfyn und *Arbor Felix*/Arbon TG.
Östlich der Häusergruppe Waldi, auf dem auch »Burgstock« genannten, durch einen frühbronzezeitlichen Abschnittswall gesicherten Hügelsporn wurden 1971/72 und 1974/75 ausser einer frühbronzezeitlichen Siedlung auch Überreste eines grösseren röm Rechteckbaus entdeckt. Davon zeugten Bruchstücke eines 80 cm dicken Mauerwerks und zahlreiche viereckige Pfostengruben sowie – ausser wenigen röm Gefässscherben – neun Münzen. Abgesehen von einem Sesterz des Mark Aurel von 164–169 liegen ausschliesslich Stücke der zweiten Hälfte des 3. Jh vor.
Koord: 726150/265100
Ao: FM Frauenfeld
Lit: ZBürgi, Die prähistorische Besiedlung von Toos-Waldi, AS 5, 1982, 82 ff

Trimbach SO

Spätröm Refugium und Wachtposten

Die Ruine Frohburg liegt rund 3 km NW des Bahnhofes Olten. Anlässlich der Ausgrabungen von 1973–1977 wurden im Zentrum der Anlage röm Mauerreste sowie zahlreiche Keramikfragmente und Münzen aus etwa dem letzten Drittel des 3. Jh bis gegen 350 entdeckt. Die Funde lassen vermuten, dass diese dominierende Bergkuppe in damaligen Gefahrenzeiten nicht nur als Zufluchtsort, sondern auch zur Überwachung des Passüberganges diente.
Koord: 634350/248400
Ao: HM, Olten
Lit: WMeyer, Die Burgruine Frohburg bei Trimbach, in: (Katalog zur Ausstellung) Archäologie der Schweiz – gestern, heute, morgen, Solothurn 1983, 17 ff

Trins GR

Spätröm Fluchtburg(?) mit Kirche
Abb 492

Der Felskopf Hohentrins ragt beim Engpass von Porclis rund 200 m hoch über die Strasse Trin nach Flims auf und beherrscht weithin das Vorderrheingebiet.
Im Rahmen der Ausgrabung von 1936 kamen in der Burgruine (80 × 50 m) auch die Überreste der urkundlich bezeugten Kirche des hl. Pankratius (Sogn Parcazi) zum Vorschein: ein Saalbau (ca 10 × 7 m) mit gestelzter Apsis, freistehendem

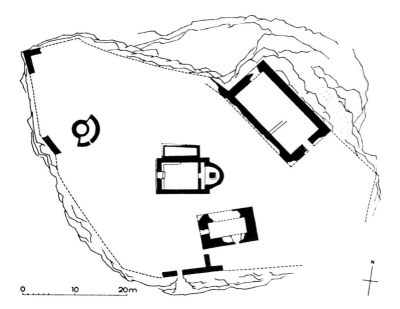

Abb. 492 Trins. Hohentrins. (Crap Sogn Parcazi). Auf dem Plateau nachgewiesene spätröm, früh- und hochmittelalterliche Gebäude.

Altar und Chorschranke. Auf der N-Seite dieser ins 6./7. Jh datierten Kirche findet sich ein etwa 2 m breiter, mit rotem Mörtel ausgestrichener Annex. Bei diesem Bauteil könnte es sich um den Rest eines Baptisteriums zu einem älteren, wohl im 5. Jh innerhalb einer befestigten Fluchtburg errichteten Kirchlein handeln.
Lit: HRSennhauser, in: Vorromanische Kirchenbauten, München 1966–1971, ... (m. ält. Lit) – OPClavadetscher, WMeyer, Das Burgenbuch von Graubünden, Zürich und Schwäbisch Hall 1984, 186 ff

Tschugg BE

Gutshof

Auf den Fluren »Dürriräbe« und »Steiacher« am SO-Hang des Jolimont bzw unterhalb des Schlosses Tschugg waren seit alters röm Baureste bekannt und schon von Albert Jahn 1850 vermerkt worden. Nachdem trotz dieser archivalischen Meldung im besagten Ruinengelände ohne Voruntersuchungen Neubauten entstanden waren, konnte endlich 1977 Hand angelegt und ein sehr interessantes Badegebäude ausgemacht werden.
Die Anlage war nach SW orientiert. Die SO-Begrenzung konnte man nicht erfassen. Der untersuchte Grundriss war 14 m breit und mindestens 18,50 m lang. Es liessen sich fünf Bauetappen zwischen 40 nChr und 190/200 feststellen. Der wichtigste Bauteil war ein runder Raum in der N-Ecke im Sinne eines Schwitzbades (*laconicum*), der aber anscheinend als Umkleideraum oder Nymphäum verwendet wurde. In der 4. Bauetappe bestanden ausser den Werkräumen im NW-Anbau neun Räume. Davon waren drei hypokaustiert. Zudem war ein Raum mit einem Opus spicatum-Boden ausgestattet, und in zwei weiteren Räumen lagen mehrere hundert Fragmente von Mosaiken, von denen eines rekonstruiert werden konnte. Es war zweiteilig: in einem quadratischen Feld war ein in 32 Segmente aufgeteiltes Kreisornament mit halbierten schwarzweissen Schuppen eingezeichnet, im benachbarten Rechteck ein reicher Diagonalrapport

aus Rechtecken und Quadraten. Die zahlreichen Keramikfunde reichen von ca 40/50 bis um 200.
Ao: BHM Bern
Lit: AJahn, Der Kanton Bern, deutschen Theils, antiquarisch-topographisch beschrieben..., Bern und Zürich 1850, 19 – RDegen 1970, 303 – HMvKaenel u MPfanner, Tschugg – Römischer Gutshof, Grabung 1977, Bern 1980

Ütendorf BE

Gutshof
Abb 493

Die schon von Albert Jahn 1850 beschriebenen Baureste auf dem »Heidebüel« sind erst teilweise erschlossen: 1901 erfolgte eine Sondierung im Herrenhaus-Bereich, 1929 und 1930 hat man nacheinander einen Nebenbau und das Badegebäude untersucht. Bei einer Nachgrabung im Rahmen des Nationalstrassenbaus konnten dann 1971 die Fundamentreste erneut freigelegt und genauer eingemessen werden.
Vom Herrenhaus wurden erst einige Elemente der SO-Fassade erfasst, die auf den SO-Rand des »Heidbühl«-Hügels gebaut war – mit Blick auf Aaretal und Alpen. Zwei ca 36 m lange, parallele, ca 4,50 m auseinanderliegende Mauerzüge dürften von einer Kryptoportikus stammen, waren doch Teile »durch einen gut erhaltenen, anscheinend bemalten Verputz abgeglättet«. In einem höher liegenden Raum NW davon fand sich ein Hypokaust.
Das Badegebäude lag etwa 30 m O unterhalb der Herrenhausruine. Offenbar in mehreren Bauetappen entstanden, war das Gebäude im Endausbau mindestens 32 m lang und ca 10 m breit und umfasste an die zehn Räume. Davon waren zwei Räume mit Hypokausten ausgerüstet: ein rechteckiger, ca 2,40 × 7,20 m grosser und durch eine Halbrundapsis erweiterter, und ein runder mit 6,40 m Durchmesser, wohl ein Schwitzbad (*laconicum*).
Der Nebenbau von 1929 muss ein kleineres Wohnhaus gewesen sein. Aus dem Plan zu schliessen, muss anfänglich ein quadratischer Kernbau von rund 16 m Seitenlänge mit Halle und Portikus bestanden haben, dem später seitlich zwei risalitartige Annexe angebaut wurden. An Ausstattungsstücken sind nur Wandmale-

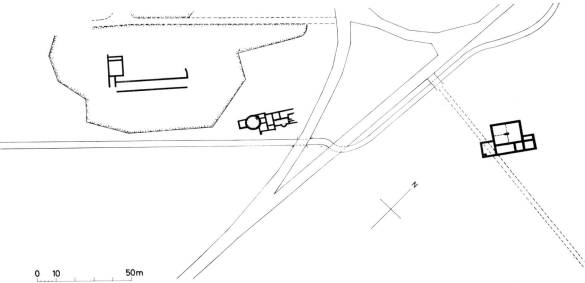

Abb. 493 Ütendorf. Gutshof. Herrenhaus (Reste), Mitte Badegebäude, rechts Nebengebäude.

reien in der Kryptoportikus und Heizröhren aus dem Herrenhausbereich und dem Badegebäude erwähnt.

Die wenigen Kleinfunde, vor allem die Keramiküberreste, lassen darauf schliessen, dass der Gutshof auf dem »Heidebüel« und SO davon vom ausgehenden 1. bis ins Ende des 3. Jh bestanden hat.

Lit: AJahn, Der Kanton Bern, deutschen Theils, antiquarisch-topographisch beschrieben..., Bern und Zürich 1850, 420 – PHofer, Römische Anlagen bei Uetendorf und Uttigen, ASA 1915, 19 ff – JbSGU 21, 1929, 98 f – ebda 22, 1930, 86 ff

Üetliberg → Stallikon ZH
Ufenau → Freienbach SZ
Unterbözberg → Effingen/Unterbözberg AG

Ursins VD

Gallo-röm Umgangstempel
Abb 190, 217, 494, 495

Ursins liegt 645 m üM, ca 5 km SO von Yverdon – mit Sicht auf den Neuenburgersee. Seit alters wurden dort röm Altertümer entdeckt. 1835 und 1837 fand man ua zwei Bronzestatuetten, die eine Merkur, die andere einen Ziegenbock darstellend und mit einer Weiheinschrift an Merkur (CIL XIII 5047). G. de Bonstetten notierte 1874 zahlreiche Mauerreste und einige Münzen von Augustus bis Julian II. (361–363).

Bei einer Teilrestaurierung 1908 kamen weitere röm Objekte zum Vorschein: ▶ ein Altar, ▶ das Fragment einer Inschrift (CIL XIII 5049) und ▶ eine Grabstele mit Inschrift (CIL XIII 5048). Sie wurden an der W-Mauer der Kirche angebracht. Ausserdem stiess man damals auf die Fundamente eines gallo-röm Umgangstempels, dh der Cella- und des Umgang-Podiums. Diese Mauerreste wurden 1948 konserviert.

▶ Die Mauern des Podiums für den einstigen Umgang (*ambitus*) sind auf der N- und W-Seite durch stark vorspringende und mit dicken und gut profilierten Abdeckplatten versehene Strebepfeiler verstärkt und – bei der NW-Ecke – 2,50 m hoch. Die Podiumsfläche misst 22 × 19 m und die Cella 10,30 × 8,40 m. Das röm Mauerwerk ist durchweg 1,20–1,30 m stark, nur die O-Mauer des Podiums ca 1,80 m breit. Möglicherweise fand sich dort einst eine grosse Freitreppe. Die Cella war durch eine etwa 80 cm weite Türe in der N-Mauer zugänglich.

Das Schiff der Kirche St-Nicolas sitzt mit den Aussenmauern so genau auf dem Mauerwerk, dass die Aussenfluchten der Kirche mit denen der Cella genau übereinstimmen. Dies setzt voraus, dass die Tempelfundamente beim Bau der Kirche völlig freigelegt gewesen sein müssen.

Die heutige Kirche datiert in das 15. Jh. Ihr Kern muss aber weit ins 1. Jahrtausend zurückreichen, schenkte doch Bischof Amadeus die Kirche Ursins 1154 dem Kapitel in Lausanne.

Nach Aussage eines 1980 wiederentdeckten Planes aus dem Anfang des 19. Jh wurden um 1800 N und O der Kirche ausgedehnte Fundamentreste von grösseren, zum Tempel gehörenden Umgebungsbauten freigelegt und wohl grossenteils abgetragen, darunter zweifellos Baureste eines Kult- oder Amphitheaters.

Ao: MCAH Lausanne und Museum Yverdon
Lit: GdeBonstetten, Carte archéologique du Canton de Vaud, Toulon 1874, 40 – HBLS, Bd. 7, Neuenburg 1934, 173 – ARapin, Ursins. L'église Saint-Nicolas, US 33, 1969, 73 ff – DWeidmann, Ursins, JbSGUF 66, 1983, 306

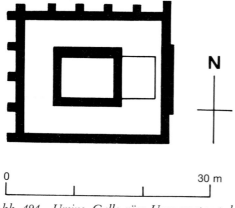

Abb. 494   Ursins. Gallo-röm Umgangstempel.

Abb. 495 Ursins. Umgangstempel. Strebepfeiler auf der N-Seite des Podiums.

Vandoeuvres GE

Weihealtar

Ein 1860 in Pomy bei Yverdon VD entdeckter, 121 cm hoher Altar aus Jurakalk mit einer Weiheinschrift (HM 165) steht heute in der Besitzung Fol in Chougny, Gem Vandoeuvres.
Lit: GWalser (I) 1979, 60

Versoix GE

Wasserleitung

Der 1924 entdeckte röm Aquädukt bei Ecogia wurde 1962 erneut bei Koord 501000/127470 durchschnitten. Es handelt sich um einen gemauerten, eingewölbten Kanal von rund 150 × 60 cm iL. Er dürfte einen grösseren Gutshof mit Wasser versorgt haben.
Lit: M-RSauter, Versoix, Ecogia: Aqueduc, Genava 12, 1964, 10 ff

Viamala → Zillis-Reischen GR

Vicques JU

Gutshof
Abb 496, 497

In der Flur Charlefaux unmittelbar S des W-Randes von Vicques hatte Auguste Quiquerez 1844–1846 Teile des Herrenhauses, zweier NO und NW davor liegender Nebenbauten, eines weiter NO befindlichen Nebengebäudes und von Hofmauern ausgegraben und wieder zugedeckt. In den Jahren 1935–1938 führte dann A. Gerster umfassende Ausgrabungen durch und wertete die Resultate anschliessend vor allem auch mittels Rekonstruktionszeichnungen aus.
Der Gutshof war eine längsaxiale, S-N orientierte Anlage von ca 225 m Breite und einer Länge von minimal 375 m. Derzeit sind bekannt: das Herrenhaus A, das Badegebäude B, Teile von Bauten

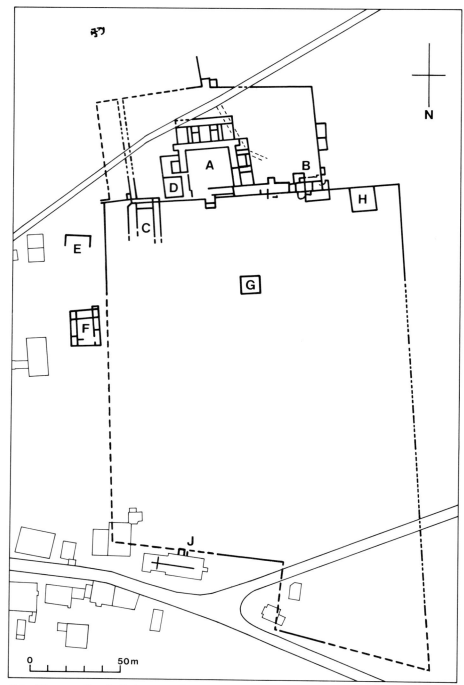

Abb. 496 Vicques. Gutshof. A Herrenhaus, B Badegebäude, C–F, H Nebengebäude, G Tempel ?, J Toranlage.

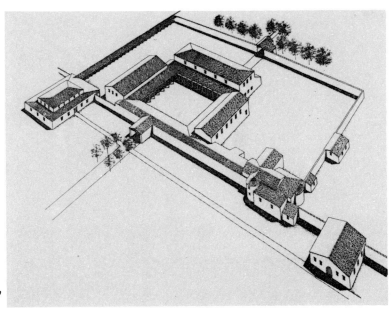

Abb. 497 Vicques. Gutshof (Rekonstruktionsversuch von A. Gerster).

C–E, ein Ökonomiegebäude F, Spuren von Bauten G und H sowie Mauerabschnitte der Ummauerungen des Herrenhauses und des Wirtschaftshofes.
Die Hofummauerung um das Herrenhaus wies je S und N ein vorspringendes Tor auf.
▶ Das Herrenhaus A hatte einen 17,50 × 32 m grossen Kernbau, bestehend aus einem langrechteckigen Trakt für die zT symmetrisch angeordneten Wohnräume, einer geraden Portikus auf der S- bzw Bergseite und einer vor die Hauptfront gesetzten, 12 m nach N ausgreifenden hufeisenförmigen Portikus mit je einem kleinen, seitlich angebauten Risalit. Später wurden diese Risalite abgetragen, die Portikusarme verlängert und um den so entstandenen peristylartigen quadratischen Hof grosse Flügeltrakte erbaut. In einer weiteren Bauetappe entstand entlang der Trennmauer zwischen Villen- und Wirtschaftshof eine Art »Portikus-Korridor« als Verbindung zum Badegebäude B.
Das Badegebäude B hatte sich im Rahmen von drei Ausbauphasen aus einer anfänglich wohl dreiräumigen, in die NW-Ecke des Herrenhaus-Hofes gestellten Unterkunft zu einem ca 23 × 16,50 m grossen Bau mit neun Räumen entwickelt. Zwei Räume waren hypokaustiert; in einem Raum fanden sich Reste eines Mosaiks aus blauem Glas. In einem weiteren Raum war der Boden mit Juramarmorplatten ausgelegt.
Gebäude C hat man nicht vollständig untersucht und die Bauten D, E, G und H nur sondiert.
Gebäude F (ca 20 × 17 m) umfasste eine Halle und mehrere Räume in vier die Halle allseits umgebenden, portikusartigen Annexen. Im N-Annex lag eine Herdstelle.
Ein röm Ziegelofen kam ca 60 m SO des Herrenhauses zum Vorschein. Die Keramikfunde reichen vom frühen 1. bis an die Schwelle des 4. Jh.
An Ausstattungsstücken liegen vor: eine Säulenbasis und ein tuskisches Kapitell aus Juramarmor.
Lit: AQuiquerez, Le Mont-Terrible, Porrentruy 1862, 197 ff – JbSGU 28, 1936, 76 ff – ebda 29, 1937, 97 f ff – ebda 30, 1938, 116 ff – VvGonzenbach 1961, 222 f – RDegen 1970, 307 f – AGerster, Die gallo-römische Villenanlage von Vicques, Porrentruy 1983

Vidy → Lausanne VD

Villigen AG

Spätröm Wachtturm

Die von J. Heierli zu Ende des 19. Jh auf der Mandacher Egg vermutete Wachtturm-Ruine wurde 1930 entdeckt und ausgegraben. Es waren allerdings nur die untersten Steinschichten von drei Mauern erhalten, die N-Mauer hatte man längst für einen Feldweg abgetragen. Aus dem Vorhandenen zu schliessen, hatte der Turm einen quadratischen Grundriss von ca 4 m äusserer Seitenlänge und nur 60 cm breite Mauern. Es handelte sich demnach nicht um einen eigentlichen Wachtturm, sondern um eine Art Signalposten oder Relaisstation zwischen dem → Rheinlimes und dem *Castrum Vindonissense*/Windisch. Die Fundliste ist überraschend gross. Ausser Leisten- und Rundziegeln und einer schlecht erhaltenen Fibel umfasst sie 30 Bronzemünzen aus dem 2.–4. Jh.
Koord: 656900/254980
Lit: RLaur-Belart, JbGPV 1929/30, 2 – JbSGU 22, 1930, 91 – WDrack 1980, 29

Voremwald → Filzbach

Vuippens FR

Gutshof
Abb 498

In der Flur La Palaz wurden im Rahmen der Prospektion vor dem Nationalstrassenbau 1974 ausgedehnte röm Baureste entdeckt, die in den Jahren 1975 und 1976 sowie 1978 untersucht werden konnten.
Ausser den Fundamenten des Herrenhauses und des Badegebäudes eines Gutshofes kamen zwei röm Kalkbrennöfen zum Vorschein.
Das Herrenhaus (34,40 × 26,40 m) war auf die Freiburger Alpen hin orientiert. Das Gebäude umfasste schon von Anfang an eine Halle, entlang der SW-Front einen portikusartigen, dreiräumigen Wohntrakt sowie im Bereich der Hauptfassade den Portikus und zwei Eckrisalite – einen kleineren vor der O- und einen grösseren vor der S-Ecke. Portikus und Risalite wurden in einer

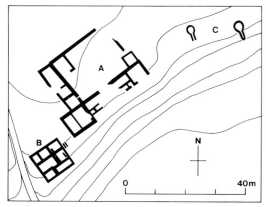

Abb. 498 Vuippens. A Herrenhaus, B Badegebäude, C röm Kalköfen.

zweiten Bauetappe vergrössert und je rückseits der Risalite ein quadratischer Raum mit Hypokaustheizungsanlagen eingebaut.
Etwa 4,50 m SW der S-Ecke des Herrenhauses stand in der gleichen Flucht, aber um ca 6 m vor diese vorspringend, ein quadratischer Bau mit 11,80 m Seitenlänge. Die Anlage hatte sieben Räume, wovon der mittlere der drei auf der NW-Seite mit einem Hypokaust ausgestattet war. Es handelte sich hier zweifellos um das Badegebäude.
Auf der O-Seite des Hauptgebäudes befanden sich zwei Kalköfen. An Funden liegen besonders Keramik und vier Münzen vor. Nach Ausweis der einen und des Grossteils der Keramik können diese Gebäude frühestens um die Mitte des 1. Jh nChr errichtet worden sein. Aufgrund der andern drei Münzen zwischen 265 und 273 muss der Gutshof kurz vor 300 abgegangen sein.
Ao: Archäolog. Dienst Kt. Freiburg
Lit: HSpycher, Die römische Villa von Vuippens/La Palaz, Mitteilungsbl. SGUF 25/26, 1976, 55 ff – HSchwab, N 12 und Archäologie: Archäolog. Untersuchungen auf der N 12 im Kt. Freiburg 1981, 28 ff

Vuiteboeuf → Ste-Croix/Vuiteboeuf VD

Vully-le-Haut FR

Militärbrücke
Abb 51, 158

Eine röm Strasse muss von *Aventicum*/Avenches über den NW-Rücken des Mont Vully und durch das Grosse Moos Richtung Gampelen/Bielersee und die → Pierre Pertuis geführt haben. Seit 1860 wusste man von einer Brückenpfählung und röm Funden bei Rondet. Anlässlich der Ausgrabungen von 1963/64 konnten dann bei Koord 571384/202400 294 auf sechs verschieden grosse, durchschnittlich 7,60 m breite Brückenjoche verteilte Eichenpfähle festgestellt werden. Sie waren 30–60 cm dick, vier-, sechs- und achtkantig behauen, bis 4 m lang und kräftig zugespitzt. Die verschieden grossen Pfahlgruppen der Joche hatten einen rechteckigen Grundriss und waren mit Steinpackungen verfestigt. Ähnliche Konstruktionen weisen auch die beiden rd 84 m auseinander liegenden Widerlager auf. Von der Brücke selber fanden sich nur noch ein Bohlenbrett (B 0,40 m, L 3,80 m) und ein Seitenbalken mit fünf rechteckigen Nuten für die Bretterverzapfung. Der Grossteil der Jochanlagen fiel dem Kanalbau im Rahmen der Zweiten Juragewässerkorrektion zum Opfer; nur der linksufrige bzw SW-Brückenkopf steckt noch im Boden. Gross ist die Zahl der Kleinfunde: vielfältigste Keramik- und Glasreste, Schmuck, Waffen – ua ein Dolch und eine verzierte Scheide – Werkzeuge, Pferdezeug, sowie 70 Münzen des 1.–3. Jh. Die Brücke muss um Christi Geburt erbaut, um 50 nChr verstärkt und bis gegen 300 benützt worden sein.
Ao: MAH Fribourg
Lit: HSchwab, Die Vergangenheit des Seelandes in neuem Licht. (Archäolog. Entdeckungen u. Ausgrabungen bei der 2. Juragewässerkorrektion) Freiburg/Schweiz 1973, 85 ff u 160

Wahlen BE

Gutshof
Abb 499

Auf der Flur Kilchstetten SW von Wahlen entdeckte A. Quiquerez um 1850 röm Baureste und

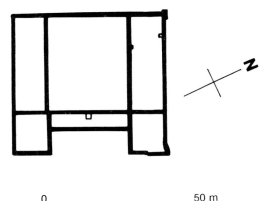

Abb. 499 Wahlen. Kilchstetten. Gutshof. Herrenhaus.

untersuchte sie. Doch erst A. Gerster hat 1927/28 eine eigentliche Ausgrabung durchgeführt. Aufgrund der 1927/28 festgestellten Mauerreste muss der ummauerte Hof ca. 150 × 120 m gross und längsaxial gewesen sein. Das Herrenhaus stand am oberen Ende des am Abhang bis zu dessen Fuss erbauten Gutshofes, die Hauptfront nach SO orientiert. Das fast quadratische Gebäude (ca 24 × 24 m) bestand aus einer Halle mit vorgelegter Portikus und zwei seitlichen portikusartigen Räumen mit vorgesetzten Risaliten. Es handelte sich also um eine sehr typische Rechteckvilla mit Halle, in Seitenportiken eingerichteten Wohnräumen, einer Hauptportikus und vorkragenden Eckrisaliten. Da sich keine Baufugen fanden, muss dieses Gebäude in einem einzigen Arbeitsgang errichtet worden sein. Nur im O-Risalit hatte schon Quiquerez zwei durch eine Brandschicht getrennte Mörtelböden konstatiert. Im betreffenden, kellerartig eingetieften Raum fanden sich auch rotgrundierte Wandverputzstücke aus dem einst darüber liegenden Wohnraum. Die Keramikfunde reichen vom ausgehenden 1. bis ins späte 2. Jh.
Lit: AQuiquerez, Le Mont-Terrible, Porrentruy 1862, 227 f – JbSGU 19, 1927, 105 f – WDrack 1950, 121 – RDegen 1970, 311

Spätröm Wachtturm Stürmenkopf

Nach einer ersten Erwähnung 1840 und Sondierungen in den Jahren 1861 und 1919 erfolgten 1929 und 1931 unter A. Gerster eine umfassende Ausgrabung und eine Konservierung.
▶ Auf der NW-Kuppe des auf zwei Seiten durch eine meterstarke Mauer gesicherten, etwa 75 × 50 m grossen »Stürmenkopfes« ist noch ein ca 3 m hohes Mauergeviert eines rechteckigen Turmes (8,10 × 6,25 m) vorhanden. Das Mauerwerk ist auf drei Seiten 1,72–1,80 m, auf der vierten 2,35 m stark. Der Eingang lag auf der SW-Seite. Innerhalb des Turmes wurden ua Fragmente einer Terra sigillata und einer Reibschale sowie eine Münze des Aurelian gefunden.
Koord: 604370/248800
Lit: AGerster, Spätröm Befestigung auf dem Stürmenkopf, US 32, 1968, 17 ff

Walenstadt SG

Berschis: Frühröm Wachtturm (?) und spätröm Refugium Georgenberg
Abb 304

Der 158 m hohe Felskopf mit der St.-Georgs-Kapelle über Berschis beherrscht das Seetal vom Walensee bis in die Gegend von Sargans. Die Felskuppe wurde seit etwa 1860 immer wieder angegangen, aber bislang nie untersucht. 1938 fand nur eine grössere Sondierung statt.
Auffallend ist der quadratische Grundriss, den Schiff und N-Annex der Kapelle bilden, hat er doch Seitenlängen von rund 11,50 m. Dieses Mass erinnert sehr an die Abmessungen der drei am W-Ende des Walensees entdeckten augusteischen Türme von → Amden-Stralegg, → Filzbach-Voremwald und → Schänis-Biberlikopf.
In spätröm Zeit diente der Georgenberg als Refugium. Abgesehen von drei Prägungen des 1. und 2. Jh fallen vier Münzen des 3. Jh, besonders aber Keramik des 4. Jh und fünf Münzen der Zeit von 341 bis 360 ins Gewicht.
Ao: HM St. Gallen
Lit: BOverbeck (u LPauli) 1982, 77 ff (m. ält. Lit)

Wettingen AG

Isistempel-Inschrift
Abb 224, 500

Die wahrscheinlich im Bereich des alten Dorfes im Mittelalter entdeckte, von einem Isistempel stammende Inschrift des *Lucius Annusius Magianus* (HM 258) war schon am 1504 erbauten Turm der 1894 abgebrochenen Kirche eingemauert und entsprechend wieder im Turm der 1895 einge-

Abb. 500 Wettingen. Inschrift des Isistempels.

weihten Kirche St. Sebastian eingesetzt. Aufgrund einer 1944 vom Vf gemachten Anregung wurde ▶ der Inschriftstein um 1950 in die Vorhalle der Kirche versetzt.
Lit: BFricker, Geschichte der Stadt und Bäder zu Baden, Aarau 1880, 18 f

Wetzikon → Pfäffikon ZH

Wiedlisbach   BE

Gutshof

Die 1571 erstmals erwähnten, 1876 registrierten röm Baureste eines röm Gutshofs auf dem Niderfeld 500 m SO vonWiedlisbach wurden damals angegangen, 1913 sondiert und 1982 ausgegraben.
Das Herrenhaus war leicht nach SO orientiert – mit Blick auf Aaretal und Alpen. Es hatte einen annähernd quadratischen Grundriss (32,50 × 28 m), eine fast quadratische Halle von 18 × 15 m iL, wurde umschlossen von einer schmaleren Portikus auf der NW-Seite und einer breiteren vor der SO-Hauptfassade, die links und rechts von Risaliten flankiert war, sowie von zwei seitlichen, portikusartigen Annexen mit Wohnräumen. Von der Innenkonstruktion fanden sich ausser den Trennmauern für die Raumteilungen in der Halle sieben Pfostenlöcher, welche die Ausgräber als Spuren einer »Teilbedachung des Hofes« deuteten.
Das Badegebäude, etwa 11 m von der W- bzw SW-Ecke des Herrenhauses entfernt, war 12 × 9 m gross. (Die Ruine liegt seit Jahren unter Gewächshäusern.) In diesem kleinen, mehrräumigen Bau wurden Heizröhrenfragmente entdeckt, so dass auf eine Badeanlage geschlossen werden darf.
Von der W- bzw SW-Ecke des Herrenhauses zweigte eine Mauer in NW-Richtung ab. Sie dürfte das Teilstück einer Hofummauerung oder von einer Stützmauer einer Terrassierung (?) gewesen sein. An baulichen Ausstattungsstücken sind nur Heizröhren – auch im Herrenhausbereich – sowie der Läuferstein einer Handmühle erwähnt.
Aufgrund der Kleinfunde, vor allem der sechs Münzen und der Keramikscherben hat der Gutshof im Niderfeld von der ersten Hälfte des 2. bis in die zweite Hälfte des 3. Jh bestanden.
Lit: ETatarinoff, JbSGU 6, 1913, 134 – HGrütter, Vier Jahre archäolog. Betreuung des Nationalstrassenbaus im Kanton Bern, JbBHM Bern 1963/64, 481 ff – RDegen 1970, 314 – HSchuler u WEStöckli, Die römische Villa auf dem Niderfeld in Wiedlisbach, Jb.d.Oberaargaus 1984, 197 ff

Windisch   AG

VINDONISSA
Abb 13, 14, 17, 19–26, 29, 33, 69, 99, 103, 112, 113, 116, 119, 121, 122, 125, 139, 140, 144, 159–161, 165, 193, 204, 208, 235, 254, 255, 257, 270, 293, 501–510, Tafel 5

Die innerhalb des Zusammenflusses von Aare und Reuss die Auen überragende Schotterterrasse von Windisch liegt im Schnittpunkt zweier uralter Fernverkehrswege – von der Rhone an die obere Donau bzw vom Oberrhein zu den Bündner Pässen; zudem ist es möglich, vom NO-Sporn des allseits steil abfallenden Hochplateaus aus sowohl Aare, Reuss und Limmat als auch den Aaredurchbruch, das »schweizerische Wassertor«, zu überwachen. »Und«, schreibt R. Laur-Belart 1935, S. 1, »ein zweites kam hinzu: Wie ein mächtiges Bollwerk liegt die Jurakette vor dem fruchtbaren Mittelland, und wo sie niedriger wird, legt sich schützend der Wassergraben des Rheins davor. Es war eine von Natur geschaffene Festung gegen das in unbekannter Ferne sich verlierende Germanien im Norden.«
Die erste Kunde von röm Überresten bei Windisch findet sich in der sog Königsfelder Chronik um 1440: Beim Bau des Klosters seien in Mosaikboden und »heidnische Münzen« gefunden worden, und Bruder Nicolaus von Bischofszell habe eine alte Wasserleitung entdeckt und für die Konventanlagen genutzt. 1489 beschrieb Heinrich Gundelfinger die Vicani-Inschrift (HM 265). Um 1530 ergänzte der Brugger Stadtschreiber Sigmund Fry seine Ortschronik durch historische Ereignisse um »Vindenissa«, die »stat mit starken vestinen«, und erwähnt dabei »Ober-

burg«, »Berlis grüb« (Amphitheater), »Alta Burg« (Altenburg), »ouch gestein mit bildern u. geschriften«. Um 1533/36 kannte Aegidius Tschudi fünf röm Inschriften in Windisch, Brugg und Altenburg. Im späten 16./frühen 17. Jh kamen ca ein halbes Dutzend dazu. 1752 entdeckte man beim Abholzen von Gesträuch die Fundamente des N-Tores des Lagers. Eigentliche Forschungen betrieb erst der ab 1766 in Königsfelden aufgewachsene und 1792–1798 als Hofschreiber amtierende Franz Ludwig Haller. Er begann schon mit 15 Jahren Münzen ua zu sammeln, führte auch Grabungen durch und legte mehrere Berichte vor, besonders in »Helvetien unter den Römern« (1811/12). Von der Gründung der Antiquarischen Gesellschaft Zürich 1832 an beschäftigte sich Ferdinand Keller auch mit *Vindonissa*: 1836 fand man in Brugg ein Bleisarg-Kindergrab, 1837 auf der Breite Ziegel mit Kohortenstempeln und den Grabstein des *Iulius Maximus* (HM 279), 1842 ein Stück der Pomponius-Inschrift in Altenburg (HM 271), 1843 röm Pilasterreste in Brugg, 1851 Abschnitte der Wasserleitung und (in Altenburg) zwei weitere Inschriften (HM 285/286), 1852 in Windisch den Altarstein der Kreuzweggöttinnen (HM 306), 1855 beim Eisenbahnbau an der Reuss zahlreiche Gräber und dabei Inschriften, ua des *Lucilius, Vegelo Rufus* und *Tettius* (HM 280, 287, 283), in den folgenden Jahren Münztöpfe in Windisch und Hausen, 1872 bei der Anstalt Königsfelden die Jupitertempel-Inschrift des *Asclepiades* (HM 266), 1891 an der Aaraustr in Brugg mehrere Urnengräber mit vielen Funden und weitere Gräber 1893, 1894 und 1895 an verschiedenen Orten in Brugg. Die stete Häufung der Entdeckungen regte Jakob Heierli zur Gründung der Antiquarischen Gesellschaft von Brugg an. Kaum gegründet, musste sie gegen die Ausgräber-Gruppe Otto Hauser, J. und H. Messikommer vorgehen, dh sie vor allem an einer rigorosen Freilegung der Amphitheater-Ruine hindern. Der Kauf derselben 1898 durch die Schweiz. Eidgenossenschaft bedeutete zugleich den Beginn der wissenschaftlichen Erforschung Vindonissas. Angesichts dieser bestimmten grossen Aufgabe änderte die Gesellschaft 1906 ihren Namen in Gesellschaft Pro Vindonissa. Ihre erste wichtigste Arbeit war die Fortsetzung der 1897 begonnenen Freilegung und

▶ Konservierung des Amphitheaters. Ebenfalls freigelegt und ▶ konserviert wurden: 1905 das N-Tor am N-Rand und 1910 der Bühlturm am NO-Rand des Plateaus, 1919 das W-Tor ca 80 m SW der ehem Klosterkirche, 1967 ein Teilstück der oben erwähnten »Hausener Wasserleitung« im Keller des Altersheimes Ecke Zürcher/Lindenhofstr und 1969 und 1972 Baureste der Vicus-Thermen im Friedhof von Windisch.

Die anderen röm Überreste wurden entdeckt:

a) innerhalb des Lagerareals: 1904 Teil der N-Lagermauer und erste Überreste von Kasernen, 1906 Getreidemagazin, 1908 N-S-Strasse, 1911 NW-Ecke und 1913/1924 SW-Ecke der Lagerummauerung, 1916 Teil der S-Mauer, 1922 das S-Tor, 1925 Principia-Teile, 1929/30 Thermen der 21. sowie 1934/35 der 13. Legion, 1935/36 Militärspital, 1937 Offiziersbaracken und Kasernen sowie 1938/39 Kasernen und Arsenal, 1955 Tribunenhäuser, 1956 Stabsgebäude, 1959/60 Magazinbau der 11. Legion, 1961/62 Pfeilerbau und Kasernen an der W-Mauer, 1967 und 1969/70 Teil der O-Mauer mit einem Turm, 1967/68 und 1971/72 Legatenpalast.

b) ausserhalb des Lagerareals: 1902 Forum, 1903, 1940 Schutthügel N des N-Tores, 1906 Kalkofen in der Klosterzelg, 1910 (1974) Wehrgraben des helvetischen Oppidums, 1911 röm Strasse Lager-Aareübergang in Brugg, 1912 gallo-röm Tempel O des Lagers, 1934 und 1967–1970 Festungsmauer und drei Gräben des spätröm *Castrum Vindonissense*, 1962 gallo-röm Tempel S des Lagers, 1946, 1963 und 1971 über 200 röm Gräber, zT mit Resten von Grabbauten, an der röm W-Strasse in Brugg, 1964 Badegebäude im Baugrund der ref Kirche Windisch, 1970 und 1980 Kasernenbauten mit Werkanlagen SW der grossen Thermen, 1975/76 spätröm Gräberfeld in Oberburg.

c) Wohnbautenreste des Vicus (in Unterwindisch): 1898, 1912, 1919/20, 1958, bes aber 1978.

Das helvetische Oppidum war auf dem O-Sporn des Plateaus angelegt und gegen W durch ein Befestigungswerk aus Graben und Wall gesichert worden. Der Graben (B 20 m, T 6 m) verlief vom NO- zum SO-Hang, schwang leicht nach W aus und grenzte ein Gebiet von ca 250 m Länge und 300 m Breite ab. Darin lag die Siedlung *Vindo-*

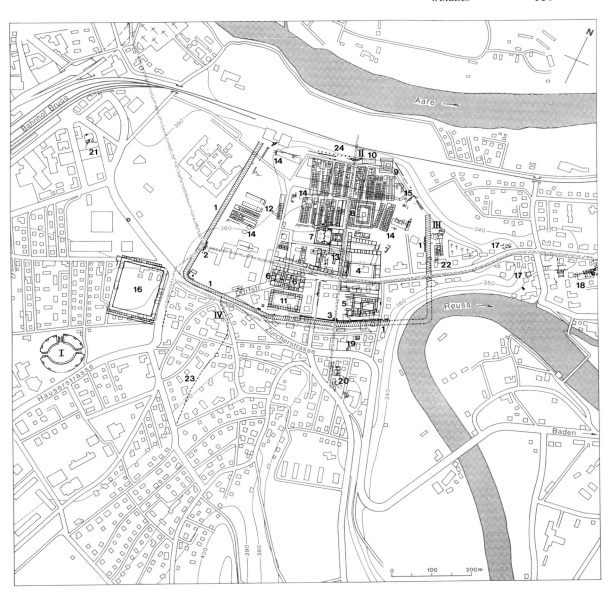

*Abb. 501 Windisch/Vindonissa. Legionslager und Vicus Ende des 1. Jh. Sichtbare Objekte:
I Amphitheater, II N-Tor, III Vicus(?)-Thermen, IV Wasserleitung.
Nicht sichtbar: 1 Lagerumwallung, 2 W-Tor (im 3. Jh. durch Neubau ersetzt), 3 S-Tor, 4 Stabsgebäude (principia), 5 Palast des Legionskommandanten (praetorium), 6 Häuser der Militärtribunen, 7 Thermen, 8 Militärspital (valetudinarium), 9 Arsenal, 10 Getreidemagazin (horreum), 11 Magazinbau mit Binnenhof, 12 Saalbau an der W-Mauer, 13 Mars-Tempel, 14 Kasernen-Baracken, 15 Stallungen (?), 16 Forum, 17 Tempel, 18 Vicus (O-Teil), 19 Tempel, 20 Vicus (S-Teil), 21 Lagerdorf (canabae), 22 Rasthaus (mansio), 23 Wasserleitung vom Birrfeld, 24 Schutthügel.*

nissa, von der ausser dem Graben erst Kleinfunde wie Keramik und Münzen bekannt sind. Diese sind allgemein ins 1. Jh vChr, grossenteils aber in seine 2. Hälfte zu datieren.

Ein erster röm Militärstützpunkt muss 15 vChr an der Stelle der helvetischen Siedlung im Rahmen des Alpenfeldzuges unter Kaiser Augustus errichtet worden sein. Auch davon liegen einstweilen nur keramische Funde vor.

Das Legionslager des 1. Jh. Zeit der 13. Legion. Das Lager *Vindonissa* wurde nach dem heutigen Forschungsstand um 16/17 nChr gegründet und von der 13. Legion in Lehm-Fachwerk-Konstruktion errichtet. Diese Legion hat keine gestempelten Ziegel hinterlassen, und es liegen von ihr – ausser den literarischen Zeugnissen und Bauresten – auch sonst nur wenige schriftliche Belege vor: zwei Legionärgrabsteine – des Centurio *Allius* (HM 273) und des Veteranen *Certus* (in Zurzach, Obere Kirche – HM 330) – sowie ein Schreibtäfelchen, adressiert an Soldat *Quintus Maius* (HM 316).

Vom Lager der 13. Legion ist folgendes bekannt: Es war, im O an den Keltengraben angelehnt und im N 100 m vom N-Rand des Plateaus entfernt, innerhalb einer ungefähr quadratischen Fläche von rd 360 × 350 m erbaut und in einer späteren Bauetappe nach N und W vergrössert worden. Die Befestigung bestand aus einer starken Graben-Wall-Anlage. Die Gräben, Spitzgräben, waren um 4 m breit und 2 m tief. Vom N-Tor der Erweiterungsphase sind die Löcher der Tragpfosten bekannt. Ähnliche Spuren konnten auch vom Militärspital gefasst werden. Von den übrigen Lagerbauten kennt man einstweilen ausser Kasernen vor allem den Grundriss des Magazinbaues (ca 80 × 48 m) mit Innenhof. – Im Jahre 45 oder 46 zog die 13. Legion ab.

Zeit der 21. Legion (45/46–69). Die 21. Legion wurde unter Claudius nach *Vindonissa* beordert. Sie ist dort mehrfach bezeugt: durch zwei Inschriften von 47 nChr, wohl von Torbauten im Bereich des O-Tores (HM 269), durch zwei weitere betr Ausbau und Fertigstellung von Lagerbauten (HM 270/71), durch einen silbernen Fingerring aus Baden mit Reiterwidmung (HM 276), drei Grabsteine (HM 274–276) und durch eine Weiheinschrift (HM 271) sowie durch zahlreiche gestempelte Ziegel. Dank solcher Stempel sind für die Zeit der 21. Legion in *Vindonissa* vier Auxiliarkohorten nachgewiesen (HM 400–404).

Das Lager erhielt durch die 21. Legion den definitiven trapezoid-siebeneckigen Grundriss (23 ha) mit den Hauptachsen W-O (*via principalis*, L ca 560 m, B bis 6 m) und N-S (*via decumana/praetoria*, L ca 420 m, B ca 4 m) sowie eine massive Befestigung, steinerne Hauptgebäude und Kasernen mit gemauerten Fundamenten.

Befestigt war die Anlage mit einer ca 3–3,5 m starken Lagermauer, die aus zwei Wangenmauern und einem Erdkern bestand. Davor lag ein 14 m tiefes Erdwerk aus einer Berme (B 1,30 m) und zwei je 2 m tiefen und 7,80 bzw 4,80 m breiten Gräben. Mehrere innen an die Mauer angebaute Türme verschiedener Grösse und Art sowie vier Tore ergänzten die Umwehrung. Hiervon ist das O-Tor noch unbekannt, ebenso das erste W-Tor, an dessen Stelle wohl 260 unter Gallienus eine neue grosse Toranlage entstand. Zwei Türme (7 × 6,30 m) flankierten das N-Tor (B 3 m). Das S-Tor hatte denselben Grundriss, jedoch drei Durchgänge: ein Haupttor (B 3,70 m) und zwei seitliche Fussgänger-Passagen. Die Kasernen waren vor allem in der N-Hälfte des Lagerareals und in N-S-Richtung aufgereiht sowie innerhalb einer je etwa 150 m breiten Zone hinter W- und N-Mauer. Die Kasernenbauten (90 × 20 m) waren je in einen Mannschafts- und Unteroffizierstrakt unterteilt. In diesen Kopfteilen wurden Überreste von cheminéeartigen Herdstellen, Baderäumen, Wandmalereien und Mosaikböden gefunden.

Speicher (*horreum*) und Arsenal standen im NO-Winkel des Lagers, das Lagerspital (*valetudinarium*) lag SO von N-Tor und Strasse. Das Horreum war ein 33,80 × 10,80 m grosser, auf starke Sockel gestellter Holzbau, das Arsenal ein aus Tuffstein und Holz errichtetes mehrteiliges Gebäude mit zwei seitlichen Doppelhallen, einer Vorhalle mit Portikus und einem innerhalb eines Innenhofes erstellten »Cella«-Bau. In dessen Bereich wurden zahlreiche Pfeilspitzen, Rüstungsreste und kleine Votivaltärchen gefunden.

Das Valetudinarium, wie die vorangehenden Gebäude über früheren Fachwerkbauresten errichtet, hatte in der 4. und letzten Ausbauphase eine Ausdehnung von rund 70 × 63,80 m und bestand

Abb. 502 Windisch/Vindonissa, Blick vom N-Tor des Lagers nach N ins Aaretal und die Klus von Siggenthal. Im Hintergrund der Schwarzwald.

aus zwei um einen rechteckigen Hof angeordneten Kammertrakten mit Korridor. Der Magazinbau muss von der 11. Legion erbaut worden sein. Die Hauptgebäude waren im Zentrum des Lagers um die Hauptstrassen-Kreuzung herum gruppiert:
Das Stabsgebäude (*principia*), das sich über eine Fläche von rd 117 × 90 m erstreckte, stand O der Hauptstrassen-Kreuzung, so dass der Hauptplatz sowie die darum herum aufgereihten Bauten mit dem Lagermittelpunkt (*groma*) im N Mittelbereich auf der N-Seite, die zugehörige Basilika aber auf der S-Seite der Hauptstrasse (*via principalis*) lagen. Deren W- und O-Durchlässe waren feste Toranlagen. Auf der S-Seite der Basilika fanden sich das Lagerheiligtum (*aedes principiorum*) und Amtslokale. Der Legatenpalast (*praetorium*) schloss S an. Er bildete ein durch eine starke, mit Strebepfeilern ausgerüstete Mauer umgebenes Geviert (B 54 m, L 120 m). Innerhalb der Ummauerung waren die Bauten um zwei Höfe gruppiert.

Die Tribunenhäuser – von den vier konnten bisher nur zwei vollständig ausgegraben werden – standen W der Ausfallstrasse (*via praetoria*) bzw S angelehnt an die Hauptstrasse (*via principalis*). Sie hatten die Form von Peristylhäusern, dh die Wohnräume waren um je einen Innenhof gruppiert. Entlang der Via principalis waren die Verkaufsläden (*tabernae*) aufgereiht.
Der grosse Magazinbau (ca 81 × 48 m) S der Tribunenhäuser bestand aus vier um einen weiten Innenhof errichteten Kammerreihen (B ca 7 m). Tribunenhäuser und Magazinbau werden der 11. Legion zugeschrieben.
Die Thermen wurden von der 21. Legion W der hinteren Lagerstrasse (*via decumana*) erbaut, während die Anlage der 13. Legion O dieser Strasse gestanden hatte. Der neue Thermenkomplex lag innerhalb eines Mauerrechtecks (72 × 43 m), an dessen SO-Hälfte die 11. Legion eine *Basilica thermarum* errichtete. Der Eingang lag im O an der Strasse. Die Räume waren längsaxial von O nach W aufgereiht: Kaltbad (*frigidarium*) mit Umkleideraum (*apodyterium*), Lauwarmbad (*te-*

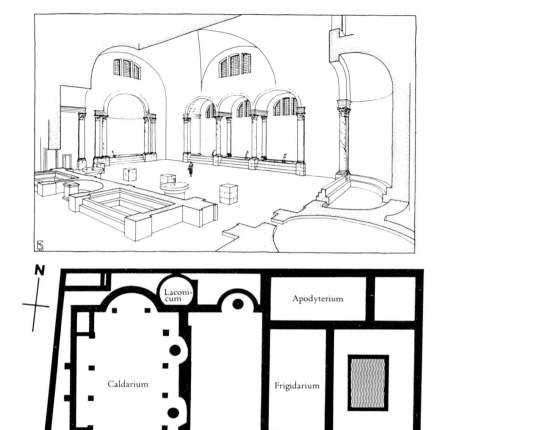

Abb. 503 Windisch/ Vindonissa. Thermen der 21. Legion. Grundriss und Rekonstruktion von D. Krenker (Plan nach M. Hartmann 1986).

pidarium) mit zwei runden Wasserbecken (*labra*), Warmbad (*caldarium*) mit zwei Labra, zwei hypokaustierten Schwitzbädern (*laconica*) und zwei Schwimmbecken (*piscinae*) in Apsiden. Aus den Thermen stammen ein Labrum- und ein Pilasterkapitellfragment aus Jurakalk sowie Mosaik- und Malereireste.
Ein Antentempel des Mars (ca 11,50 × 6 m) stand rund 21 m S der Basilica thermarum in einem kleinen, ummauerten Bezirk.

Zeit der 11. Legion (70–101). Nach den im Rahmen des Dreikaiserjahres 69 von Soldaten der 21. Legion in der Region *Vindonissa/Aquae Helveticae* ausgelösten Wirren verlegte Kaiser Vespasian im Jahre 70 die 11. Legion nach Vindonissa. Diese 101 an die Donaufront kommandierte Legion ist in Vindonissa besonders gut dokumentiert. In erster Linie liegen grosse und kleine Inschriften vor: das Fragment einer Domitianinschrift von 84/85 (HM 291); 17 Grabsteine von Soldaten, da-

Abb. 504 Windisch/Vindonissa. Oberburg. Röm Wasserleitung.

von 13 aus *Vindonissa* und Umgebung (HM 277–289) sowie drei aus Zurzach (HM 329–331) und der verlorene Spinther-Stein aus Schleitheim (HM 332); sechs Weiheinschriften (HM 296–299, 305 und 307), darunter besonders die 1912 gefundene an Apollo (HM 298); zahlreiche Ziegelstempel mit immer erhabenen Lettern; mehrere lederne Objekte von Rüstungen mit gestanztem und Töpfereierzeugnisse mit gestempeltem Vermerk der 11. Legion. – Innerhalb der Bauten können sicher der 11. Legion zugewiesen werden: die S der Thermen der 21. Legion erbaute Basilica thermarum, die Tribunenhäuser, der Magazinbau S davon sowie gewisse Kasernen.

Lagerdorf, Forum und Amphitheater. Das Lagerdorf (*canabae*) befand sich vor dem W-Tor, beidseitig, bes aber S der Ausfallstrasse, die sich am W-Rand des Lagers gabelte – einerseits nach *Augusta Raurica*, andererseits nach *Aventicum*. Die wohl wie in anderen Canabae langgezogenen Häuser scheinen senkrecht zur Strasse gestanden zu sein. Jedenfalls lassen die 1911 etwa 150 m W des Punktes 355 (Zürcherstr) entdeckten, S-N orientierten zwei Keller mit je einem korridorartigen N-Zugang sowie eine O davon liegende, wohl von einem weiteren »Kellerhals« stammende Mauer und die Baureste eines »dritten«, gleich gerichteten, aber N der Strasse gelegenen Hauses entsprechende Schlüsse zu. Ein damals im Keller »II« gefundenes Inschrift-Fragment scheint einen Text aufzuweisen, in dem offenbar von den Canabae die Rede ist.

Das Forum lag S der Canabae, unmittelbar W der SW-Ecke des Lagers. Es war die grösste Anlage von *Vindonissa*: ein N-S orientiertes, ummauertes Rechteck von 138 × 122 m Ausdehnung, mit je einer Kammerreihe im N und S, einem allseits umziehenden Gang (B 7,10 m) und einem 138 × 122 m weiten Innenhof, der von einem gemauerten, 40 cm breiten Abwasserkanal umzogen war.

▶ Das Amphitheater war 330 m SW des Lagers bzw 100 m SW vom Forum im freien Gelände durch die 13. Legion in Holzkonstruktion und, nach einer Brandkatastrophe um 50, durch die 21. mit starkem, gemauertem Unterbau neu errichtet worden. Das Bauwerk hatte einen elliptischen Grundriss, drei konzentrische Mauern – eine Aussen- und eine Innen- und die Arenamauer – und drei Eingänge: je einen auf der W- und O-Seite und den Haupteingang auf der N Breitseite. Die Hauptachsen massen bei der Aussenmauer 112 × 98, bei der Innenmauer 68 × 55 und bei der Arenamauer 64 × 51 m. Die Seiteneingänge, flankiert von je zwei Kammern, führten direkt in die Arena. Der Haupteingang hatte drei 2,50 m weite, durch zwei Kammern getrennte Korridore, die arenawärts geschlossen waren. Die beiden Kammern und wohl auch die Seitengänge dürften Treppen enthalten haben. Der um die Arena führende Gang war 2 m weit. Alle drei Eingänge hatten halbrunde Vorplätze, dh sie waren als 17 m weite Exedren ausgebildet. Die Zuschauertribünen mit gegen 10 000 Sitzplätzen waren grossenteils aus Holz konstruiert. Das Amphitheater muss im 2. Jh weitgehend verlassen, von 260 an und besonders im 4. Jh aber wieder neu benützt worden sein.

Übungslager werden in Oberburg vermutet, wo

Abb. 505   Windisch/Vindonissa. Amphitheater. Luftaufnahme von N.

im Bereich des spätröm Gräberfeldes O der Lindenhofstr bzw rund 230 m SW des S-Tores ein W-O verlaufender Spitzgraben angeschnitten wurde, der etwa 45 m O der Strasse nach N umbiegt.

Der Vicus. Die zivile Siedlung *Vindonissa* hat sich im 1. Jh O und S des Lagers entwickelt, vor dem O-Tor beiderseits der Strasse zum Reussübergang bzw Richtung *Turicum*/Zürich und *Vitudurum*/Oberwinterthur und vor dem S-Tor entlang der Fortsetzung der Via praetoria.

Vor dem O-Tor konnten bislang die folgenden Bauten gefasst werden: Zwei quadratische Tempel standen im Hang zwischen Plateau und mittlerer Talterrasse. Der 1908 entdeckte Tempel (8,80 m iL) hatte talseits eine Portikus; in dem 1912 untersuchten, rd 3,50 × 4 m iL messenden, fand man vor der nischengeschmückten N-Mauer zwei Altäre mit Inschriften an die Nymphen bzw an Apollo (HM 305 bzw 298).
Zwei Badeanlagen auf dem Plateau hatten völlig verschiedenen Charakter: Die im Baugrund der Ref. Kirche gefundene kleinere muss Teil eines

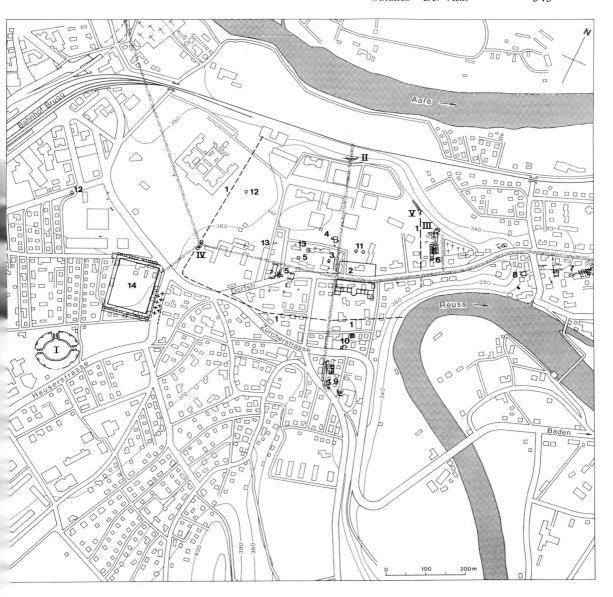

Abb. 506 Windisch/Vindonissa. Im 2./3. Jh. Sichtbare Objekte: I Amphitheater, II N-Tor (1. Jh.), III Vicus (?)–Thermen beim Rasthaus, IV W-Tor (3. Jh.), V Bühlturm (3. Jh.). Nicht sichtbar: 1 Ehem Lagerumwallung, 2 Forum und Basilika, 3 Marstempel, 4 Thermen (Reste der Legionsthermen), 5 Wohnbauten (in ehem Tribunenhäusern), 6 Rasthaus (mansio), 7 Vicus, 8 Tempel, 9 Vicus, 10 Gallo-röm Tempel, 11 Töpferöfen, 12 Kalköfen, 13 Sickerschächte, 14 Forum.

Abb. 507 Windisch/ Vindonissa. Stirnziegel mit Barbarenkopf zwischen Siegespalme und -kranz. Beischrift: L(EGIO) XI C(LAUDIA) P(IA) F(IDELIS).

Wohnhauses gewesen sein, während es sich bei dem 100 m NW davon ausgegrabenen, mindestens 20 × 20 m grossen und mit zahlreichen Räumen ausgestatteten Komplex wohl um einen öffentlichen Bau gehandelt haben muss: ▶ die Vicus-Thermen.
Die Wohnhausüberreste auf der mittleren Talterrasse unterhalb des Steilhangs stammten von kleineren und grösseren Gebäuden mit zT recht aufwendigen, der Reusslandschaft zugekehrten Architekturelementen wie zB einer Exedra. Auch Malerei- und Stuckreste liegen vor.
Vor dem S-Tor kamen einstweilen erst wenige Baureste zutage: Der gallo-röm Umgangstempel 70 m SO vor dem S-Tor hatte eine 6 × 6 m grosse Cella und einen 10 × 10 m messenden Umgang. Unter den Häuserresten fällt der Grundriss einer »Hallenvilla« mit der Strasse zugekehrter Portikus auf.
Nach dem Abzug der 11. Legion im Jahre 101 nahmen offensichtlich zivile Siedler von bestimmten Bereichen innerhalb des Lagers Besitz. Entsprechende Zeugnisse liegen besonders vor entlang der Via principalis und im Gebiet der Principia, auf deren Grundfläche ein grösserer öffentlicher Bau mit ansehnlicher Mittelapsis (Forum?) errichtet wurde.
Das 1854 in Altenburg als Spolie gefundene Inschrift-Fragment (HM 294) berichtet, dass (Kaiser Gallienus und sein Sohn Saloninus) »die Mauer (von *Vindonissa*?) im Jahre 260 wiederherstellen liessen . . .« Ausser dieser Inschrift, Münzen und andern Kleinfunden werden dieser Zeit zugeordnet: das W-Tor, der sog Bühlturm und grössere Abschnitte der S-Mauer.
▶ Das W-Tor war eine zwischen zwei Rund- bzw Sechzehneck(?)-Türme von 7,70 × 7,80 m eingebaute Anlage (7 × 3 m) mit drei Durchgängen: einem mittleren (B 3,70 m) und zwei seitlichen (B je 1,50 m).
▶ Der Bühlturm (10 × 6 m), an der Stelle errichtet, wo die Lagerummauerung vom NO-Plateau-

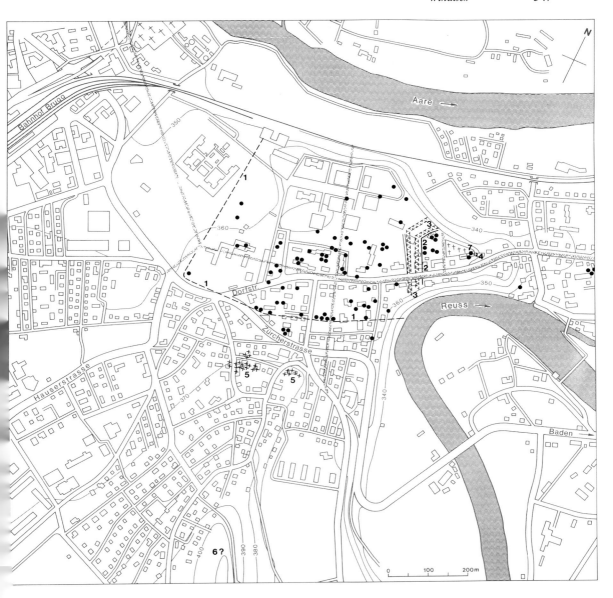

Abb. 508 Windisch/Vindonissa. In spätröm Zeit. 1 Ehem Lagerumwallung, 2 Wehrmauer, 3 Wehrgräben, 4 Gebäuderest mit Hypokaust, 5 Friedhof (belegt vom frühen 4. Jh. bis um 700), 6 Martinskirche (?), 7 Bauinschrift der von Bischof Ursinus in der um 600 errichteten Martinskirche (in der Sakristei der Ref Kirche Windisch) – Einzelne Punkte: Einzelfunde.

Abb. 509 Windisch/Vindonissa. Spätröm Münze mit der Inschrift Vindonisse fitur (Vorder- und Rückseite).

rand nach S abbog, war mit einem Keller ausgestattet, den man durch eine Schlupfpforte erreichte, und barg in der SW-Pforte als Schwellenflickung ein spätröm Architekturstück. Die in die S-Lagermauer eingebauten Türme waren je rd 6 × 5 m gross. Der Vicus muss um 260 stark geschrumpft, aber aufgrund der Funde weiter besiedelt gewesen sein.

Das Castrum Vindonissense. In der Notitia Galliarum, einem kurz vor 400 entstandenen Provinzialverzeichnis der zivilen Verwaltung, wird für die Provinz Maxima Sequanorum unter den Hauptorten auch das *Castrum Vindonissense* aufgeführt. Dieser befestigte Ort wird heute auf dem Plateausporn lokalisiert, wo die Streuung spätröm Münzen des 4. Jh von Konstantin d. Gr. (306–337) ab besonders dicht ist. Überdies sind dort folgende, 1899 bzw 1934 entdeckte, jedoch erst 1969 eingehender untersuchte Befestigungswerke der Spätzeit nachgewiesen: eine Schildmauer und ein davor gelegtes, in weitem Bogen nach W ausholendes Grabenhindernis. Die »Schildmauer« bestand aus dem durch mindestens einen Turm verstärkten Mittelteil der im 3. Jh neu erbauten Lager-O-Mauer und aus offenbar zwei schief daran angefügten »Schenkelmauern« von 3 m Breite, von denen allerdings erst der NO-Arm nachgewiesen ist. Das Grabenhindernis umfasste drei parallel gezogene, hintereinander liegende Wehrgräben von insgesamt 46 bis 48 m Breite.

Siedlungsreste des 4. Jh kamen, abgesehen von Münzstreufunden und von Gräbern, bisher nur in der oberen Einfüllschicht eines Kellers des 2./3. Jh S der Thermen bzw W des Marstempels, dh sozusagen mitten im Lagergebiet, zum Vorschein, enthaltend: 162 Münzen, davon 136 der ersten Hälfte des 4. Jh und zwei des Honorius (395–423), diversen Schmuck, ua eine Zwiebelknopffibel und 20 Ziernadeln aus Bein, sowie sehr viel Keramik, ua Scherben von mind 90 verschiedenen Argonnen-Sigillata-Gefässen usw. Also muss sich offenbar im 4. Jh auch in Teilen des Lagers Militär aufgehalten haben.

Ein Réduit bzw Refugium »Oberburg«(?). Eine Art Réduit oder Refugium ähnlich demjenigen auf Bois-de-Châtel bei Avenches VD lassen der Name des südlichsten Ortsteils von Windisch, Oberburg, die je etwa 900 m S des Lagers 1975/1979 O der Lindenhof- bzw 1949 W der Mülligerstr entdeckten spätröm bzw frühmittelalterlichen Gräberfelder sowie mehrere 1958 in Oberburg entdeckte, ins 5.–7. Jh datierbare Architekturstücke vermuten. Zu diesen ist wohl auch der mit Kerbschnittdekor versehene, im sog Schwarzen Turm zu Brugg als Spolie eingebaute Bogenstein zu zählen. Da die im Baugrund der Ref. Kirche Windisch gewähnte spätantik-frühmittelalterliche Kirche 1964 nicht gefunden wurde, verdichtet sich die Annahme, die im 6. Jh bezeugten Vindonissenser Bischöfe Bubulcus und Grammatius hätten auf Oberburg residiert, und die besagten Architekturstücke stammten von der wohl ebenfalls dort zu lokalisierenden Martinskirche, welche gemäss der ▶ an der Ref. Kirche zu Windisch eingemauerten Inschrift unter Bischof Ursinus um 600 (?) von Detibaldus und Linculfus erbaut worden ist. Dass der Ort im 6. und 7. Jh auch sonst eine gewisse Bedeutung gehabt haben muss, dokumentieren ausser Grabfunden besonders auch je eine Münze der Kaiser Justinian (527–565), Heraclius (619/20) und Constans II. (647–659), ein in Annemasse (Savoyen) gefundener Goldtriens, eine Goldmünze der Zeit um 600, die gemäss Umschrift *Vindonisse fitur*, in Vindonissa hergestellt wurde, sowie ein feuervergoldetes Bronzebeschlag mit dem Bild eines Tänzers (7. Jh).

Von den zahlreichen Werkplätzen, zu welchen im besonderen die grossenteils weit entfernt liegenden Ziegeleien der 21. und 11. Legion zB bei Hunzenschwil/Rupperswil AG oder die Stein-

Abb. 510   Windisch. Castrum Vindonissense. Sog. Sigillée paléochrétienne. 3/4 nat. Gr. 5. Jh.

brüche von Mägenwil und Würenlos AG zu zählen sind, seien nur folgende erwähnt: zwei mit Tonklötzchen in sauberem Opus reticulatum erbaute Kalköfen (1906 Klosterzelg, 1981 im Lager, NO des W-Tors), ein kleiner, töpferofenähnlich gestalteter, 11 cm weiter Schmelzofen (1980 entdeckt S der Thermen) usw.

Die Hauptwasserleitung, von der oben an zwei Stellen die Rede ist, beginnt SW von Hausen am O-Fuss des Wülpelsberges. Es ist ein unterirdischer, anfänglich ca 80 × 35 cm weiter, unten in Trockenmauerwerk, oben in Mörtelguss, von Hausen ab als gemauerter Kännel (ca 55 × 35 cm iL) konstruierter, mit Muschelsandsteinplatten bedeckter und mit Kontrollschächten versehener Kanal. Bis zur Brunnenstube in Oberburg hat er eine Länge von 2000 m und ein Gefälle von 6‰, auf der rd 300 m langen Strecke bis zur SW-Ecke des Lagers aber eine Höhendifferenz von 7 m. (Dieser Aquädukt speist noch heute den Springbrunnen vor der Psychiatrischen Klinik.) – Ein älterer Kanal ist S und O von Hausen in Abschnitten bekannt.

Der Schutthügel, ein riesiger Abfallhaufen im N-Hang des Plateaus, während 60–70 Jahren im 1. Jh von O nach W angeschüttet, verwahrt Tausende und Abertausende Keramikscherben und Metallfragmente, auch von hölzernen und ledernen Gegenständen, davon viele mit inschriftlichen Belegen.

Bestattungsplätze mit Urnengräbern (1.–3. Jh) entdeckte man an den Hauptstrassen, dh an der Strasse nach *Augusta Raurica* vom W-Tor bis in die Gegend des Brugger Rathauses, entlang der Strasse nach *Aventicum*, dh im Gebiet der Aarauerstr in Brugg, im Zuge der Strasse nach *Aquae Helveticae*/Baden, und zwar beidseits der Reuss in Unterwindisch und Gebenstorf, sowie im Bereich der Strasse W-Tor – Amphitheater und S des S-Tores.

Während Legionärgrabsteine vor allem in Unterwindisch und Gebenstorf (HM 274, 724, 278–280, 282, 283, 287, 289) entdeckt wurden, kamen an den ersten beiden Strassenzügen auffallend viele Fundamente von grösseren Grabmälern zutage – so besonders 1911 und 1971 je an der Zürcherstr in Brugg.

Ein spätröm Gräberfeld des 4./5. Jh wurde in

Oberburg zwischen 1865 und 1926 angeschnitten sowie 1957 und 1960, bes aber 1975/76 untersucht. Dabei konnten um die 300 Körpergräber, zT sarkophagartig bzw mit guten Trachtutensilien und Beigaben ausgestattet, gefasst werden. Ein Gräberfeld des 6./7. Jh, über 130 m O der Lindhofstr, konnte 1949 ausgegraben werden. Von den 40 Körpergräbern enthielten 22 verschiedenste Ausstattungsobjekte.

Zu den wichtigsten Funden aus *Vindonissa* zählen – abgesehen von den Massen von Kleinfunden und den gegen 10 000 Münzen, und abgesehen auch von den schon oben angeführten Objekten – die folgenden: in erster Linie die vielen und vielfältigen Waffen wie Schwerter, Dolche, bes jene mit tauschierten Scheiden, Helme, die zahlreichen Schanz- und anderen Werkzeuge, – dann die mannigfaltigen Bruchstücke von den Steinbauten und von Baukeramik, hierbei erwähnenswert dekorierte Stirnziegel sowie Entlüftungs- und Kaminziegel, die Überbleibsel von Bauinschriften, ua von Ehrenbögen (HM 265 und 268), von einem Getreide-Lagerbau (HM 267), Soldatengrabsteine, (HM 277, 280 und 281), Steinreliefs, darstellend Amor und Merkur, Attis, Merkur, Merkur und kapitolinische Trias, Statuetten von Hygiaia, Lar, Pan aus Bronze und Merkur aus Silber, das Fragment einer Sonnenuhr aus Sandstein, eine Menge von Tonstatuetten aus Gräbern und Knochenschnitzereien von einem Offiziers-Totenbett, Hunderte von Öllampen und Öllampenfragmente, von denen sehr viele Typen wie auch innerhalb der Gebrauchskeramik in *Vindonissa* hergestellt wurden.

Ao: VM Brugg, weniges SLM Zürich
Lit: RLaur-Belart, Vindonissa, Lager und Vicus, Berlin und Leipzig 1935 (m. ält. Lit) – EEttlinger, Vindonissa, RE IX, 1 (1961), Spalte 82–195 – HRWiedemer, Der Stand der Erforschung des römischen Legionslagers von Vindonissa, JbSGU 53, 1966/67, 63 ff – CUnz, Vindonissa – Bibliographie, JbGPV 1975, 23 ff – MHartmann, Vindonissa. Stand der Erforschung, JbGPV 1979/80, 5 ff – ders, Das römische Legionslager von Vindonissa, AFS 18, 1983 – ders, Vindonissa. Oppidum, Legionslager, Castrum. Windisch 1986 (m. ält. Lit)

Winkel ZH

Gutshof Seeb
Abb 92, 94, 130, 511–515

Rund 2,5 km S von Bülach bzw 500 NW von Seeb, in der Flur Kurzäglen und im Wäldchen W davon, wurden seit dem ausgehenden 18./frühen 19. Jh röm Funde entdeckt. Grössere Freilegungen, meistens verbunden mit Ausbrechen von Mauerwerk zur Gewinnung von Bausteinen, fanden besonders 1852–1854 und 1866–1868 statt. Damals entstanden die Flurnamen »Römerbuck« und »Römerwäldchen«. 1952–1955 erfolgten private Untersuchungen im Römerwäldchen. Ausgelöst durch grossräumige Kiesabbauvorhaben, wurde das Gutshofgelände 1958–1969 etappenweise ausgegraben und zum ▶ Freilichtmuseum ausgestaltet.

Die Gesamtanlage bildete ein längsaxiales, SO-NW orientiertes Hofgut. Seine Ummauerung konnte noch im Rahmen von 395 × 197 m gefasst werden; sie dürfte aber einst bis an den ca 150 m S des Herrenhauses gelegenen, im ausgehenden 19. Jh zugeschütteten Seeber See gereicht haben. Dieses mauerumzogene Hofgelände war durch eine Quermauer in den grösseren Wirtschaftshof (*pars rustica*) und den »Villenbezirk« (*pars urbana*) aufgeteilt. Hier standen das Herrenhaus A, die Nebengebäude B und E und das Badegebäude G, im Wirtschaftshof die Ökonomiebauten C, D, H, J, das Brunnenhaus F und die offenen Viehpferche K und L.

Das Herrenhaus A umfasste im Endausbau bei einer Ausdehnung von 82,40 × 56,70 m einen grossen Mitteltrakt, einen W-Flügel mit Badanlage und einen an die O-Ecke des Mitteltraktes angehängten O-Flügel. Vor dessen SW-Front und der SO-Fassade des Mitteltraktes verlief bis zum offenbar doppeltürmigen Risaliten vor dem W-Flügel eine abgewinkelte Portikus (2). Eine weitere Portikus (3) fand sich auf der NW Hofseite über einem Stützmauerwerk zum Garten hinunter und zwischen zwei »Korridor-Portiken« M und N, die das Herrenhaus mit den Toren O und P in der Quermauer verbanden. Der Mitteltrakt war dreigeteilt: in der Mitte ein saalartiger Raum (1) mit Herd vor einer grossen, gerundeten Wärmewand sowie links und rechts je mehrere, verschiedenar-

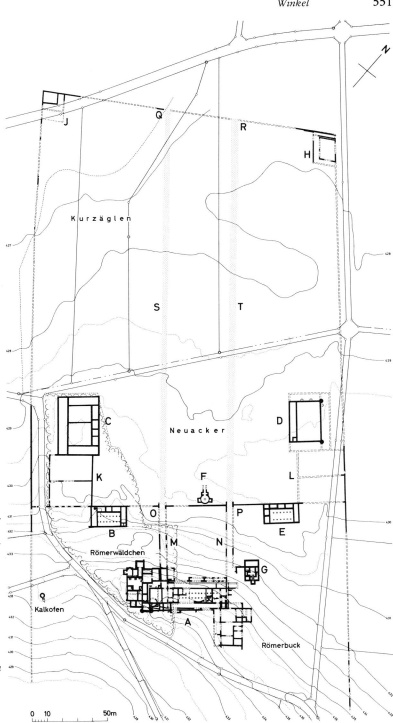

Abb. 511 Winkel. Seeb. Gutshof. A Herrenhaus, B und E grössere Nebengebäude, C und D Ökonomiegebäude, F Brunnenhaus, G Badegebäude, H und J kleinere Wirtschaftsbauten, zT mit Werkstätten, K und L offene Viehpferche, M und N offene Korridorportiken, O und P Tore in der inneren Hofmauer, Q und R Tore in der äusseren Hofmauer, S und T Fahrwege.

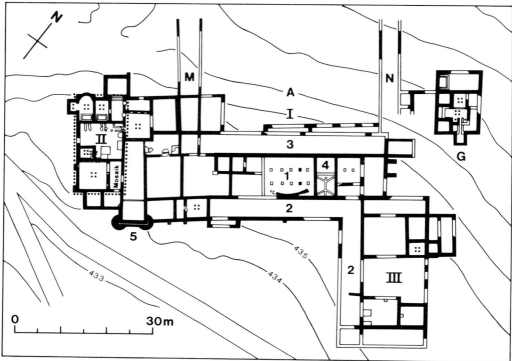

Abb. 512 Winkel. Seeb. Gutshof. Herrenhaus. A Herrenhaus, G Badegebäude, M, N Portikuskorridore zum Wirtschaftshof. Sichtbare Objekte: I Mitteltrakt, II W-Flügel mit Heizzentrale, sechsräumigem Bad und Korridormosaik (Schutzbau, punktiertes Rechteck), III O-Flügel. Nicht sichtbare Objekte: 1 Halle mit Fundament einer rundlichen Wärmestrahlwand, 2 Winkelportikus, 3 hofseitige Portikus, 4 Kanalheizung, 5 Risalit mit runden Ecktürmen.

tige Räume. Im W-Flügel fanden sich beidseits eines grossen Heizraumes mit fünf Präfurnien im NW eine mehrräumige, mit Mosaikböden ausgestattete Badeanlage und SO davon ein grosser, hypokaustierter und ein kleiner Wohnraum sowie ein Korridor, alle mit Mosaikböden. Davon ist allerdings nur noch das ▶ Korridormosaik an Ort und Stelle erhalten. Der an die O-Ecke des Mitteltraktes angehängte O-Flügel umfasste mehrere Räume, wovon einer hypokaustiert war. Dem so umschriebenen Bauzustand um die Mitte des 2. Jh gingen von ca 20 nChr ab sechs grössere Bauetappen voraus, und nach einer Zerstörung gegen 250 muss der Bau zumindest teilweise wieder benutzbar gemacht worden sein, so ua die Badeanlage mit zwei Ersatzbadewannen und im Mitteltrakt die O-Räume, wo eine Kanalheizung erstellt wurde.

▶ Der W-Flügel konnte grossenteils konserviert und unter einem Schutzbau zugänglich gemacht werden, während man sich in den übrigen Hausteilen auf die Konservierung bzw Markierung der Mauerzüge beschränken musste.
Von der Ausstattung wurden sichergestellt: ein Säulenkapitell aus Molassesandstein, verschiedenste Plattenelemente aus Ton und Juramarmor, sehr viele Wandmalereireste, ein Mosaikboden und Fragmente von solchen, Mörtelböden, Türschwellen und Treppenstufen aus Molasse- und Muschelsandstein, drei Fragmente einer überlebensgrossen Gewandstatue, eine kleine Jupiterbüste von einer Tonlampe und eine Herku-

Abb. 513 Winkel. Seeb. Herrenhaus. Korridormosaik nach der Freilegung am 2. 4. 1969, von N.

lesstatuette aus Bronze. In grosser Zahl liegen auch Zubehörteile, Werkzeuge, Keramik und Schmuck vor sowie 47 Münzen vom 1. bis frühen 4. Jh.
▶ Das Gebäude B, in zwei bzw drei Bauetappen entstanden, war im Endausbau 23,80 × 14,10 m gross und bestand aus einer Halle mit zwei Pfeiler- oder Pfostenreihen, einer Portikus vor der NW-Front und je einem portikusbreiten Annex auf den beiden Schmalseiten. Sowohl in der Halle als auch in der Portikus fanden sich mehrere aus Leistenziegeln konstruierte, verschieden grosse Herdstellen, in den Seitenräumen ein Dörr- und ein Töpferofen, dieser in der W-, jener in der O-Ecke. Die Mauerfundamente und die Pfeiler- oder Pfostensockel wurden konserviert, ebenso ▶ der Töpferofen, der in einem kleinen Schutzbau zu sehen ist. – Ausser den erwähnten Ausstattungsstücken verblieb noch eine grosse Türschwelle aus Muschelsandstein an Ort und Stelle. Ausserdem liegen vor: viele Hausratsgegenstände, sehr viel – zT im Töpferofen hergestellte – Keramik sowie zwei Votivbeilchen, eine Terrakottastatuette (Muttergottheit) und sechs Münzen des 2. und 3. Jh.

Das Gebäude E hatte offenbar zu B das Pendant gebildet, war in der dritten Bauetappe 23 × 14 m gross und umfasste eine Halle mit zwei Pfostenreihen, eine spätere und im nachhinein unterkellerte Portikus vor der NW-Front sowie je einen portikusbreiten Annex auf den beiden Schmalseiten. In der Halle war noch eine aus Leistenziegeln konstruierte Herdstelle vorhanden. ▶ Die Mauerfundamente konnten nur mittels Betonplatten markiert werden. Funde: Zubehörteile und Werkzeuge, viel Keramik, darunter vorab solche aus einem im Keller entdeckten Hort der Mitte des 3. Jh, und 19 Münzen, zwei des 1. und 2. Jh und 17 aus der Zeit von ca 230 bis an die Schwelle des 4. Jh.

Das Badegebäude G lag N des Herrenhaus-Mitteltraktes, hatte sich aus einem kleinen Hallen-Portikushaus entwickelt, war im Endausbau ein 14,50 × 10 m grosses Badegebäude und umfasste mehrere Räume, davon zwei hypokaustiert (Warm- und Lauwarmbad). ▶ Die Mauerfunda-

Abb. 514 Winkel. Seeb. Herrenhaus. Restaurierter NW-Teil des Badetraktes mit Badewannen von Osten.

mente wurden oberflächlich mittels Betonplatten markiert. – 80 cm vor der NO-Mauer kam eine 2,80 × 1,50 m weite und 2,90 m tiefe, ehemals mit Holz ausgefütterte Grube zum Vorschein, die recht viel Keramikreste, zwei Eisenmesser, Tierknochen und den Rest eines Rebzweiges enthielt.
▶ Das Brunnenhaus F wurde direkt NW der Quermauer zwischen den beiden Toren, dh am SO-Rand des Wirtschaftshofes entdeckt. Es bestand aus einem kellerartig eingetieften Rundbau (Dm 5,30 m) mit einem zentralen, 6 m tiefen Sodbrunnen von 1,10 m Dm und zwei rechteckigen Seitenflügeln sowie aus einem innerhalb eines 1,50 m weiten Korridors nach NW verlaufenden Rampe. Auf der Sohle des Soods lagen ausser südgallischen Terra sigillata-Scherben Fragmente von über einem Dutzend Tonkrügen des ausgehenden 1. Jh. Die Anlage wurde konserviert.
▶ Das Ökonomiegebäude C, in mindestens zwei Bauetappen entstanden, war im Endausbau 40,75 × 27,20 m gross. Die Anlage bestand aus einer grossen Halle mit offenbar zwei Pfostenreihen, einer ursprünglichen, später in Wohnräume aufgegliederten Portikus vor der NO-Front, zwei schmalen Annexen auf den beiden Schmalseiten und einem breiteren, portikusartigen Anbau auf der SW-Seite. Der Bau war in der Querachse mit Wagen durchfahrbar, auf der NO-Seite des SO-Annexes liegt noch eine Torschwelle aus Muschelsandstein mit zwei 1,25 m auseinanderliegenden Rad- bzw Fahrrinnen. Im S-Teil der Halle und in den NO-, NW- und SO-Annexen lagen verschiedene aus Leistenziegeln hergerichtete Herdstellen, in der NO-»Portikus« zwei Türschwellen aus Sandstein. Die Mauerfundamente und die Schwellen wurden konserviert. – Von den Funden sind erwähnenswert Zubehörteile, Pferdezaumzeugteile, zwei Radnägel, Werkzeuge und relativ viel Keramik.
Das Ökonomiegebäude D, im Endausbau 28,10

× 21 m gross, hatte das Pendant zu C gebildet, war in zwei Etappen entstanden und umfasste eine Halle und einen portikusbreiten Annex auf der SW-Seite, in dessen SO-Ecke die Fundamente eines kleinen »Geräteraumes«, wo ua zwei Messer und drei Sensen lagen. ▶ Die Hauptfundamente wurden mittels Betonplatten markiert. – Von den Funden sollen angezeigt werden: Zubehörteile, Pferdezaumzeugreste, Werkzeuge, wenig Keramik und eine Münze des Trajan (98–117).

Das Ökonomiegebäude H (16 × 16 m) war in den offenen Winkel der N-Ecke der Hofmauer gebaut worden. Es hatte offenbar aus einer Halle und zwei portikusartigen Annexen auf der SW- und SO-Seite bestanden. Der Erhaltungszustand war sehr schlecht, und entsprechend klein war die Fundausbeute.

Das Ökonomiegebäude J, hatte, analog zu Bau H, im spitzen Winkel der W-Ecke der Hofmauer gestanden. Die Aussenmasse des nur teilweise fassbaren Baues müssen 14,60 × 9–12 m betragen haben. Wie bei dem Gebäude H bildete auch hier eine Halle den Kern der Anlage, mit einer aus Leistenziegeln bestehenden Herdstelle. NO und SO müssen portikusartige Anbauten vorhanden gewesen sein, dazu offensichtlich SW ausserhalb der Hofmauer ein hölzerner Annex. Da und dort fanden sich Spuren von Eisenschmieden, und im Hauptraum gar ein grösserer Vorrat von Tafelgeschirr des frühen und mittleren 2. Jh, wohl eines Geschirrflickers. Ausser einigen Zubehörteilen, Werkzeugen und Küchengeräten, wie Mühlstein und Mörser, liegt eine Münze des Mark Aurel (161–180) vor.

Die beiden offenen Viehpferche K und L waren bloss ummauert.

Der Wirtschaftshof muss von zwei Fahrwegen S/T durchzogen gewesen sein, wie die Reste von den Toröffnungen O, P und Q erkennen liessen. Ein Kalkofen kam ca 50 m SW der Herrenhausruine zutage. In den Feldern S und O des Gutshauses wurden Baureste, vor allem Ziegel, weiterer Gebäude festgestellt, möglicherweise von Scheunen uä.

Ao: SLM Zürich

Lit: WDrack, Der römische Gutshof bei Seeb, AFS 1, 7. Aufl., 1981 (m. ält. Lit) – ders ua, Der römische Gutshof bei Seeb, Zürich (in Vorber)

Abb. 515 Winkel. Seeb. Brunnenhaus F nach der Konservierung, von NW.

Winterthur ZH

VITUDURUM

Abb 78, 87, 225, 273, 516–519, Tafel 6a

Sofort nach der Eroberung der Alpen und ihrer Vorlande 15 vChr begannen die Römer, die Hauptverbindungsstrassen auszubauen und daran Etappenstationen (*mansiones*) anzulegen. Eine solche Absteigestation muss *Vitudurum* an der Hauptstrasse *Vindonissa–Brigantium*/Bregenz–*Augusta Vindelicum*/Augsburg gewesen sein, zumal an dieser Stelle eine Strasse nach *Tasgaetium*/Eschenz und eine zweite nach *Cambiodunum*/Kempten bei Wetzikon und Kempraten am Zürichsee abzweigten. Aus dem Etappenort entwickelte sich offenbar sehr rasch ein Vicus. Der älteste bekannte Einzelfund aus *Vitudurum* ist ▶ der im Eingang des Rathauses aufgestellte, fragmentierte, noch 74,5 × 166 × 25,5 cm grosse Steinblock aus Jurakalk mit der Inschrift zum Bau der Befestigungsmauer von *Vitudurum* im Jahre 294 (HM 264). Dieser Stein stand vordem im Münster zu Konstanz, dh in der S an die Mauritius- oder Heiliggrab-Rotunde angebauten St.-Blasius- bzw Dreifaltigkeitskapelle. Dort ist er 1414 von Leonardo Aretino gesehen und hernach bekanntgemacht worden. Der Stein muss im frühen Mittelalter, als die Kirche St. Arbogast in Oberwinterthur Bistumsbesitz war, von einem Bischof nach Konstanz transferiert worden sein, in der Meinung, der in der Inschrift aufgeführte Unterkaiser Constantius sei der Gründer dieser Stadt gewesen. Am 1. September 1968 wurde dieses gewichtige historische Dokument vom Münsterpfarramt Konstanz unter den Auspizien des Erzbischöflichen Ordinariats Freiburg i. Br. und des Staatsministeriums von Baden-Württemberg der Stadt Winterthur in einem feierlichen Akt geschenkt.

1709 kamen beim Abtiefen des grossen Weidgrabens auf dem Lindberg, ca 1300 m NW der Kirche St. Arbogast bzw im Gebiet der Koord 698100/263300 fünf gallo-röm Votivbeilchen und acht Bronzefigürchen zutage: zwei von Merkur und sechs Tierchen (Stier, Eber, Pferd, Panther, Hund und Bär) – wohl ein im 3. Jh vergrabener Schatz. 1741 und 1775 wurden im Ort Gräber mit röm Münzen entdeckt. 1838 unternahm die Antiq. Gesellschaft Zürich Sondierungen, bei welcher Gelegenheit man am NO-Rand von Oberwinterthur auf röm Urnengräber stiess. 12 Jahre später kamen beim Abbruch der Friedhofmauer zwei als Spolien verbaute Pilasterkapitelle aus Sandstein zum Vorschein, die wohl von der W-Fassade der merowingischen St. Arbogastkirche stammen. Dank intensiverer Beobachtung von etwa 1930 an wurden entdeckt: 1931 im NO-Teil von Oberwinterthur 2 m breite Fundamente, die man als Reste eines »Römertores« interpretierte; 1934 NW unterhalb des Pfarrhauses der (spätröm) Spitzgraben; 1935 etwa 750 m NO des Kirchhügels in einem Acker ein goldener Fingerring des 4. Jh mit der Aufschrift *Constantino fidem*. 1949/50 konnten erste Ausgrabungen grösseren Umfangs auf dem Kirchhügel durchgeführt, dabei erstmals grössere Bauüberreste und ua Keramiküberbleibsel des zweiten Jahrzehnts vChr sichergestellt und ▶ im Anschluss daran 1951 Teile der Befestigungsmauer und eines Halbrundturmes N von St. Arbogast konserviert werden. Seither erfolgten systematische Sondierungen. Bei solchen Unternehmungen stiess man ua 1953 im Bereich des 1969/70 erbauten Hotels »Römertor« auf den röm Strassenkörper, 1957 auf die NW-»Ecke« der Ringmauer und 1958 am W-Fuss dieser Mauer, NW des Pfarrhauses, auf einen Münzschatz mit 59 Denaren des 1. und 2. Jh, der um 160 vergraben worden sein muss. Ausserdem war es 1959 möglich, die Ringmauerpartie N von St. Arbogast mit einem Tälchen und einer »Seitenpforte« in Zusammenhang zu bringen und den Spitzgraben NW des Pfarrhauses genau zu lokalisieren und in spätröm Zeit zu datieren. Ausgelöst durch den Bauboom der sechziger Jahre mussten von 1967 an Rettungsgrabungen durchgeführt werden: 1967/69 wegen der Überbauung »Römertor«, 1976/77 im Baugrund von St. Arbogast, 1977–1983 im »Unteren Bühl« NW des Kirchhügels und NO desselben an der Römerstr 186 sowie im Kirchhof von St. Arbogast.

Der Vicus des 1.–3. Jh. Dass der Ort *Vitudurum* schon im 2. Jahrzehnt vChr entstand, wurde schon 1949/50 bei den Ausgrabungen auf dem Kirchhügel erkannt, und zwar aufgrund von »Pfahllöchern und Balkengräbchen« früher Holzbauten, von arretinischer Sigillata mit vier

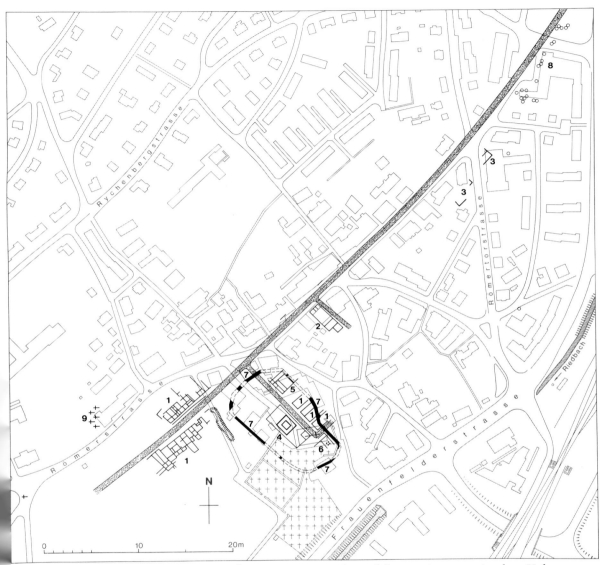

Abb. 516 Winterthur/Vitudurum. Übersichtsplan. 1 Frühe Holzbauten, 2 grosser einzelner Holzbau, 3 Mansio (?), 4 Tempel, 5 öffentliches Gebäude, 6 Thermen, 7 Festungsmauer, 8 Urnengräber, 9 Körpergräber.

Stempeln der Zeit zwischen 20 und 10 vChr und von einem Schichtaufschluss im Schnitt 32 a »Herdstellenareal« auf dem NW-Rand des Kirchhügels, wo zuunterst spätaugusteische arretinische Sigillata uä lag, überdeckt von sechs Schichten, von denen drei Fundgut der Zeit bis um 30 nChr enthielten, die siebente solches des letzten Viertels des 1. Jh. »Von der Brand- und

Trümmermasse des 2. bis 4. Jh . . ., die im Innern der Kastellmauer überall die Schichten des 1. Jh überdeckte, war im »Herdstellenareal« keine Spur zu finden.« Daraus zog man schon damals den Schluss, dass die Trümmerschicht erst nach Errichtung der Kastellmauer entstanden war.

Lage und Ausdehnung des Vicus hat Ferdinand Keller 1860 erstaunlich gut umschrieben: »Die röm Ortschaft Vitudurum stand genau auf derselben Stelle, die das jetzige Dorf Ober-Winterthur einnimmt. Die zu beiden Seiten der alten, gegenwärtig noch gebrauchten Strasse befindlichen Gebäude ruhen theilweise auf röm Grundmauern. Bergwärts zeigen sich in den Matten und Feldern, bis in die mit Weinbergen bepflanzte Anhöhe hinauf (dh bis in den Bereich der Lindbergstr) Fundamente von Wohnungen, Estriche (Mörtelböden) und zerstörte Hypokauste. Auch im Thale, namentlich bei der Mühle (dh bei jener ehem SO unterhalb des Kirchhügels stehenden Hütte), finden sich Trümmer von Gebäuden. Ein Begräbnisplatz der Einwohner lag am nordöstlichen Ende des jetzigen Dorfes bei dem äussersten Haus auf der Mittagseite der Landstrasse (dh wo 1953 und 1967 wieder Urnengräber zum Vorschein kamen).« Die neueren und neuesten Ausgrabungen und Entdeckungen haben diese Umschreibung im wesentlichen bestätigt. Demnach war der Vicus gegen 600 m lang und – in der Mitte, beim Kirchhügel – bis 300 m breit.

Die röm Hauptstrasse verlief, von *Ad Fines*/Pfyn TG herkommend, in einer Geraden, vom röm Gräberfeld an (im Bereich des Hotels »Römertor«) – unter der heutigen Römerstr – bis zum Dorfplatz mit dem Brunnen und von dort NW am Kirchhügel vorbei ins »Untere Bühl« hinunter und weiter Richtung Altstadt von Winterthur. Hart O des Brunnens zweigte im rechten Winkel eine Seitenstrasse auf den Kirchhügel hinaus ab, die im Bereich der St. Arbogastkirche wieder rechtwinklig nach O, ins »Thal« Ferdinand Kellers abdrehte. Im SW-Winkel zwischen Haupt- und Nebenstrasse scheint ein freier Platz gewesen zu sein, und in diesem, gegenüber dem Umgelände überhöhten Gebiet darf man nach Ausweis der og früh- bzw spätaugusteischen arretinischen Sigillaten, die hier einerseits als Streufunde, andererseits im »Herdstellenareal« entdeckt wurden, den Kern von *Vitudurum* vermuten.

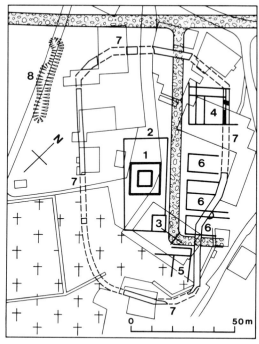

Abb. 517 Winterthur/Vitudurum. 1.–3. Jh. 1 Gallo-röm Tempel, 2 Hofmauer des Tempelbezirks, 3 Nebengebäude im Tempelbezirk, 4 öffentl. Gebäude, 5 Thermen, 6 Wohnbauten, 7 Ummauerung von 294, 8 Sicherungsgraben.

Gestützt auf die Befunde im »Herdstellenareal« und in anderen Sondierschnitten kamen die Ausgräber von 1949/50 zur Überzeugung, dass – abgesehen von den entlang der Hauptstrasse ausgemachten Bautenspuren – auf dem Kirchhügel »die Wohnschichten eindeutig dem Hügelrand entlang laufen«. Grundrisse der Frühzeit konnten damals allerdings keine gefasst werden.

Die frühesten derzeit bekannten Baureste von *Vitudurum* konnten 1977–1982 im »Unteren Bühl« SW des Dorfplatzes und 1979–1983 auf dem Areal Römerstr 186 NO des Dorfplatzes untersucht werden.

Im »Unteren Bühl« bzw im Vicus-SW-Teil entwickelte sich die Überbauung offenbar von NO nach SW, und zwar entstanden die ersten Bauten talseits der Hauptstrasse und – gemäss dendrochronologischen Daten – von ca 7 nChr ab. Es waren sieben Pfosten-Bohlenbauten (6 × 12 m) –

Abb. 518 Winterthur/Vitudurum. Unteres Bühl. Rekonstruktionsmodell. Ansicht von W.

zwei und fünf je zusammengebaut, mit der Giebelseite der Strasse zugekehrt. Sehr bald erweiterte sich diese Häuserreihe nach SW, wo offensichtlich in grösseren, hallenartigen Holzbauten Handwerker, ua Gerber, tätig waren. Die ersten Häuser erfuhren sehr bald bautechnische Veränderungen: vor allem die Strassenfronten wurden in Ständertechnik mit senkrechten Bohlen neu aufgeführt, dahinter entstand da und dort ein Wohnraum (4 × 4 m), verschiedentlich verlegte man Herdstellen in rückwärtige Räume. Noch vor der Mitte des 1. Jh entstanden dann auch bergseits der Strasse entsprechende Holzbauten. Sie waren ähnlich lang wie die Häuser talseits der Strasse, gegen diese hin auffällig einheitlich mit einem quadratischen Kopfteil ausgestattet, in der Querachse hingegen sehr verschieden gegliedert. Auch hier müssen handwerkliche Betriebe untergebracht gewesen sein. – Um die Mitte des 1. Jh erfolgte in diesem Vicus-Teil – innerhalb der bestehenden Häuserzeilen und grossenteils auch unter Beibehaltung der Hausabgrenzungen – ein rasches Ersetzen der Ständer-Bohlen- durch Fachwerkbauten. Aber auch die Neubauten wurden mit der traditionellen Schindelbedachung versehen, abgesehen von der gemeinsamen, 2,50 m breiten Portikus vor der bergseitigen Bautenreihe, die eigenartigerweise mit Ziegeln gedeckt war. Von Neuerungen im Innern der Häuser zeugten ua die in dieser Häuserzeile vorgefundene Herdstelle aus Tonplatten und eine Pflasterung anstelle der sonst üblichen Mergelstriche mit Bretterböden. – Nach einer Brandkatastrophe – möglicherweise im Jahre 69 – wurden erneut Holz- und Lehmfachwerkbauten errichtet, wieder innerhalb der ursprünglichen Parzellierungen. Diese letzten, entsprechend hoch gelegenen Bauteste des späten 1., 2. und wohl auch noch 3. Jh sind aber der Bodenbewirtschaftung und zuletzt der modernen Überbauung zum Opfer gefallen.

Ausser diesen Bauresten verschiedenartigster Holzhäuser des 1. Jh kamen im »Unteren Bühl« noch guterhaltene Überreste von anderen Holzkonstruktionen zum Vorschein: so eine quadratische Zisterne aus Pfosten und Bohlen, eine rechteckige, doppelwandige, lehmverdichtete Quellfassung, verschiedene Deuchelleitungen mit Gabelungen, Abwinkelungen, Zapfenverschlüssen, einem Überlauf, dann Kanalisationsleitungen in Holzfassungen und im SW-Bereich der talseitigen Bautenreihe drei Holzfässer mit Graffiti sowie Schlag- und Brandstempel-Bezeichnungen. Zu erwähnen ist auch, dass die röm Strasse an einer sehr feuchten Stelle zwischen den beiden Häuserreihen mit Eichenrundhölzern und Flussgeröllen verfestigt worden war.

Im Areal Römerstr 186 NO des Dorfplatzes kamen nach einem Hausabbruch, recht genau auf die seit alters bestehende Parzelle eingestimmt, die untersten Elemente eines hölzernen Hallenbaus (ca 20 × 11,60 m) zutage. Auch hier müssen

Abb. 519 Winterthur/Vitudurum. Linke Hälfte der Bauinschrift der Festungsmauer von 294.

schon sehr früh technische Änderungen erfolgt sein, war doch die eine der noch besser erhaltenen Wände aus Schwellbalken, Pfosten und vertikalen Bohlen konstruiert, die andere aber in Ständertechnik. Nach ca 75 muss ein Teil der Halle als gestreckter Blockbau aufgeführt worden sein. Weitere Holzbauten wurden 1979–1983 auf dem Kirchhügel N der Kirche St. Arbogast untersucht. Es handelte sich um Überbleibsel von drei, wahrscheinlich nach der Mitte des 1. Jh zwischen NO-Plateaurand und Nebenstrasse erbauten, minimal 20 m langen und ca 10 bzw 16 m breiten Fachwerkhäusern, bei denen die Ausfachungen ua aus gestampftem Lehm bestanden.
▶ Von den vielen und vielfältigen hölzernen Bau- und Ausstattungselementen wurden ua für einen örtlichen Schauraum wichtigste Teile konserviert bzw rekonstruiert.
Vom »Unteren Bühl« liegen ausserordentlich viele Kleinfunde vor: Keramik aller Art, recht viele Gläser, darunter ein Fischbecher, weitere Objekte aus Bronze, Holz, Leder, Bein, Horn usw sowie Pilumspitzen, ein Lanzenschuh und Reste von Brustpanzern. Ausserdem konnten geborgen werden: ein Hortfund mit Hausrat, eine Gruppe von Bronzestatuetten, so eine Minerva, zwei Merkurfigürchen, ein Amor an einem Gestellfuss sowie ein eigentliches Keramiklager, in dem zwei Venusstatuetten aus Pfeifenton lagen. Dazu kommen gegen 450 Münzen, und je gegen ein Dutzend von den Fundorten »Römerstrasse 186« und »Kirchhügel«, je zur Hauptsache aus dem 1. Jh, weniger aus dem frühen 2. Jh und relativ wenige aus der Zeit nach 150 stammend.
Auf dem Kirchhügel müssen nach den Aufschlüssen von 1949/50 und 1979–1983 je dem NO- und SW-Hügelrand entlang und von NW nach SO sich entwickelnd, von frühaugusteischer Zeit an bis um die Mitte des 1. Jh Holzbauten erstellt worden sein. Im Gefolge dieser Überbauung erfolgte der Ausbau der beim heutigen Dorfplatz von der röm Hauptstrasse abzweigenden und in der Längsachse über das Plateau verlaufenden Nebenstrasse sowie die Errichtung öffentlicher Gebäude. Rund 30 m SO der Haupt- und etwa 3 m NO der Nebenstrasse wurde anstelle älterer Holzbauten ein minimal 30 × 20 m grosses, gemauertes, ziegelgedecktes, mehrräumiges Haus mit einer Portikus vor der SW-Front erbaut.
Ein Tempelbezirk entstand W der Nebenstrasse. Innerhalb einer rechteckigen Ummauerung von ca 52 × 20 m kam im Zentrum ein gallo-röm Umgangstempel und in die O-Ecke ein kleines Rechteckhaus zu stehen. Die Aussenmasse beim Tempel betrugen 8,25 × 7,50 bzw 16,10 × 15,30 m. Der Tempel, anfänglich wohl teilweise aus Holz erbaut, muss um 100 abgebrannt und hernach wieder aufgebaut worden sein. In der SW-Peristasis bzw Portikus fand sich ein tuskisches Kapitell aus Tuffstein.
Die Vicus-Thermen hat man im SO-Bereich des Kirchhügels errichtet und im 2. Jh zu einem über 20 × 18 m grossen Bauensemble samt Portikus auf der NW-Seite vergrössert. Entweder aus dieser Anlage oder evtl aus dem Tempelbezirk dürfte ein in der mittelalterlichen St.-Arbogast-Kirche als Spolie verwendeter, 1977 entdeckter Kalksteinblock stammen, auf dessen Schauseite innerhalb einer Tabula ansata eine Inschrift aufgemalt gewesen sein muss. Im 3. Viertel des 2. Jh hat offenbar eine Brandkatastrophe die Bauten auf dem Kirchhügel vernichtet. Möglicherweise wurden der Haupttempel, am ehesten aber die Thermen zumindest wieder benützbar gemacht, obgleich sich der Vicus schon von etwa 100 an wohl zugunsten der rundum entstandenen Gutshöfe entvölkert hat. ▶ Von den Bauresten konnten Teile eines Hypokausts und der NW-Portikus der Thermen im Baugrund von St. Arbogast konserviert und zugänglich gemacht werden.
Die Mauerzüge, welche 1931 und 1957 ca 200 m S des Hotels »Römertor« bzw im Bereich Römertorstr 16 hart SO der röm Hauptstrasse angeschnitten wurden, stammen von mindestens drei massiven Bauten, die ein Ensemble von gegen 65

× 35 m Grösse gebildet hatten. Die Lage an der Strasse und am NO-Ende des Vicus lässt an eine Raststätte (*mansio*) denken.
▶ Die röm Hauptstrasse konnte 1967 und 1969 im Zuge der Überbauung »Römertor« untersucht sowie direkt SO des Hotels konserviert und zugänglich gemacht werden.
Ein Gräberfeld, SO der heutigen Römer- und rittlings der Stadlerstr über eine Länge von 50 m gefasst, wurde 1775 und 1874 entdeckt. 1953 und 1967 konnten weitere 17 bzw 5 Urnengräber geborgen werden, alle ohne Münzen, nur mit relativ bescheidenen Keramik- und Glasbeigaben vom frühen 1. bis frühen 2. Jh versehen.
Die Ummauerung des Kirchhügels im Jahre 294.
Wie die eingangs vorgestellte Inschrift lehrt, haben die Kaiser Diokletian und Maximian sowie die Cäsaren Constantius und Maximian die Befestigungsmauer von *Vitudurum* von Grund auf auf ihre Kosten bauen lassen unter Leitung des Provinzstatthalters Aurelius Proculus – im Jahre 294. Nach dieser Mauer wurde 1838, 1858, dann 1934, 1949–1951 und zwischen 1957 und 1959 gesucht. Die Stärke von 3 m wurde an verschiedenen Stellen festgestellt, und der Verlauf – entlang dem Plateaurand – ist weitgehend bekannt – samt der auffälligen Einknickung N des St.-Arbogast-Turmes, einem N davon vorspringenden Halbrundturm, den Spuren einer Pforte im Bereich des Kirchturmes und einem Spitzgraben (L 35 m, B 3,50 m, T 2 m) am SW-Fuss des Kirchhügels. Es fehlen dagegen noch der NO-Mauerabschnitt, Anhaltspunkte für ein Tor zur röm Hauptstrasse hin und Überreste von Innenbauten. Einstweilen liegen aus dem 4. Jh nur wenige Kleinfunde vor wie Fragmente von Argonnen-Sigillata und Lavezgefässen, vier Nadeln aus Bein und eine Zwiebelknopffibel sowie ein halbes Dutzend Münzen, deren Reihe mit Valentinian I. und Valens (364–378) endet. Die sämtlichen untersuchten Ruinen des 1. und 2. Jh und die noch nicht überbauten Geländeabschnitte innerhalb des Mauerrings von 294 waren bzw sind von einer fast halbmeterdicken, fettigschwarzen, mit Keramikscherben vor allem des 2. und 3. Jh durchsetzten »Planierschicht« überdeckt, die eher von einem Refugium mit Notunterkünften denn von einem mit Militär besetzten Kastell Zeugnis ablegt.
▶ Ein Halbrundturm wurde 1951 konserviert.

Die Ummauerung mag noch bestanden haben, als König Dagobert I., anscheinend um 625 zu Ehren des schon bald nach seinem Tod als Heiliger verehrten Strassburger Bischofs Arbogast, an diesem wichtigen Vorposten unfern der rätischen Grenze von fränkischen Bauleuten eine Kirche errichten liess.
Ao: HM Winterthur und SLM Zürich
Lit: FKeller 1860, 280 ff – HBloesch, HIsler, EEttlinger, Bericht über die Ausgrabungen in Oberwinterthur (Vitudurum) 1949–1951, 83. Njbl Hülfsges. Winterthur 1951, 1 ff (m. ält. Lit) – WDrack in Ber ZD unter Winterthur, Oberwinterthur: Schiltwiese, Röm Brandgräber und alte Strassentrassees (4. Ber ZD 1966/67, 163 ff), Spätröm Kastell Vitudurum (6. Ber ZD 1968/69, 157 ff), Ref. Kirche St. Arbogast (8. Ber ZD 1975/76, 219 ff) – HRWiedemer Schriften zur Römerzeit, hg HBloesch u EEttlinger, 306. Njbl Stadtbibl. Winterthur 1976, bes. Aufsätze S. 11 ff (Vitudurum), 27 ff (Das spätröm Kastell Vitudurum) – Die reformierte Kirche St. Arbogast in Oberwinterthur. Festschr z. Restaurierung 1976 bis 1981 – Die reformierte Kirche St. Arbogast in Oberwinterthur. SKF, 1985 – AZürcher, Vitudurum, in: Turicum-Vitudurum-Iuliomagus. Drei Vici in der Ostschweiz. Festschr Otto Coninx Zürich 1985, 169 ff (m. weit. Lit) – JRychener, PAlbertin ua, Ein Haus im Vicus Vitudurum – die Ausgrabungen an der Römerstrasse 186, in: Beiträge zum römischen Vitudurum-Oberwinterthur 2, Zürich 1986 – CEbnöther u LEschenlohr, Das römische Keramiklager von Oberwinterthur-Vitudurum, AS 8, 1985, 251 ff – GWalser (II) 1980, 178 f

Wittnau AG

Spätröm befestigtes Refugium
Abb 520

Die 1899 erstmals verzeichneten und 1915 generell vermessenen ur- und frühgeschichtlichen Befestigungsanlagen auf dem Wittnauer Horn wurden 1934 und 1935 untersucht. ▶ Anschliessend erfolgte die Konservierung der spätröm Toranlage.
Die in der 2. Hälfte des 3. Jh rittlings auf dem

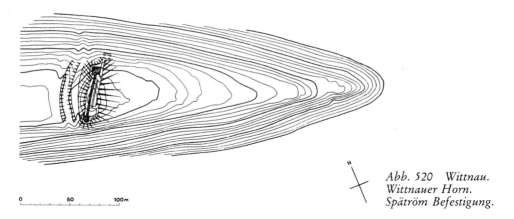

Abb. 520 Wittnau. Wittnauer Horn. Spätröm Befestigung.

Hauptwall der Spätbronze- bzw Urnenfelderzeit errichtete Sperrmauer war etwa 2 m breit und 45 m lang und beidseits mit Türmen bewehrt. Der N-Turm war auf einer rechteckigen Plattform von ca 10,50 × 7,50 m, der S-Turm auf einer talseits abgerundeten Fläche von etwa 4,50 × 4,50 m erbaut. Nach einer teilweisen Zerstörung um die Mitte des 3. Jh wurde diese Befestigung später im N durch einen Torturm von etwa 6 × 5 m Grösse und ca 2,50 m weiter Durchfahrt ergänzt.
Die durch Sperrmauer und Türme gesicherte Siedlung – wohl aus Holzbauten – bestand nach Ausweis vor allem der Keramik- und Münzfunde etwa von 260 bis 350.
Koord: 639240/259240
Lit: GBersu, Das Wittnauer Horn, Basel 1945 – LBerger u WBrogli, Wittnauer Horn und Umgebung, AFS 12, 1980 – JbSGU 66, 1983, 267

Würenlos AG

Steinbruch

Im Mai 1937 entdeckte Bildhauer H. Trudel, Baden, im Muschelkalksteinbruch Hasel bei Koord 669400/255700 ca 30 m über dem Talboden, eine etwa 16 × 6 m grosse röm Abbaustelle mit angeschroteten kubischen Blöcken, Mühlsteinen, Säulen, Meilensteinen (?) usw. ▶ Ein Teil der Abbaupartie ist noch erhalten.
Lit: PHaberbosch, Römischer Steinbruch bei Würenlos, Badener Njbl. 1938, 57 ff

Yverdon-les-Bains VD

EBURODUNUM
Abb 56, 282, 521, 522

An der Stelle einer keltischen Dorf- und Marktsiedlung am Übergang der Thièle entstand am oberen Ende der rd 65 km langen Wasserstrasse Neuenburgersee/Zihl/Bielersee und rittlings der röm Strasse *Aventicum–Ariolica*/Pontarlier zu Beginn des 1. Jh nChr ein Vicus und im späten 4. Jh in dessen Zentrum ein Kastell.
Röm Funde waren aus der Gegend SO der Altstadt Yverdon seit alters bekannt, zumal für deren Befestigungsanlagen ab 1250 die Kastellruine als Steinbruch gedient hatte. Noch anfangs 19. Jh ragten einige Ruinenteile meterhoch auf. 1820 bis ins ausgehende 19. Jh erfolgten erste Sondierungen und 1903–1906 grössere Ausgrabungen mit Freilegung einiger S-, SW- und NO-Abschnitte der Kastellummauerung samt mehreren Türmen, dem O-Tor sowie den N-Thermen und einem Teil eines Speichers (*horreum*). Bei neueren Untersuchungen seit dem Zweiten Weltkrieg kamen zutage: 1945 ein gallo-röm Haus O des NO-Turmes; 1954/55 und 1961 keltische Häuserreste O des Kastells; 1958 Vicushäuser NO des O-Tores; 1971 ein röm Schiff in der Thièlemündung N des Kastells; 1974 ein grosser Baukomplex S des Horreums; 1975/76 N-Stück der W-Kastellmauer samt W-Tor und NW-Turm; 1976 Elemente der S-Kastellmauer, die deutlich machten, dass diese in einem offenen Winkel um die S-Thermen ge-

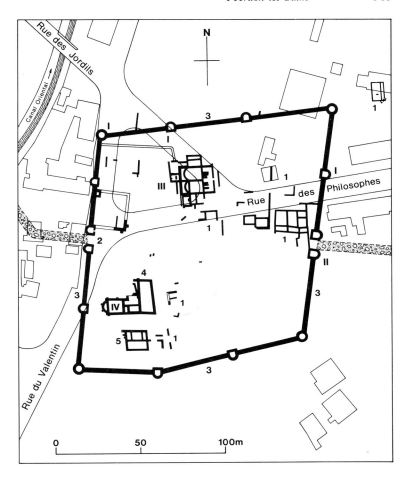

Abb. 521 Yverdon/Eburodunum. Sichtbare bzw. markierte Objekte: I Kastellmauer-Abschnitte (markiert in Strassen), II Osttor, konserviert, III Grosse bzw. N-Thermen, zT markiert, IV Horreum (Speicherbau). Nicht sichtbar: 1 Bauten des Vicus, 2 W-Tor, 3 Kastellmauer mit Eck- und Geschütztürmen, 4 weitere Bauten der Kastellzeit, 5 S-Thermen.

baut worden war. Neueste Rettungsgrabungen erbrachten 1982 wichtige Ergebnisse bzgl der Kontinuität zwischen Latènesiedlung und röm Vicus sowie der röm Fassung der rd 600 m SO des Vicus bzw Kastells liegenden Thermalquelle; 1984 ein zweites röm Schiff 50 m S des 1971 entdeckten.

▶ Konserviert wurden: 1906 der SW-Turm des Kastells, jedoch später wieder überdeckt; 1906 und 1975 das Horreum; 1971, 1982 Teile der N-Kastellmauer, im Zusammenhang mit Markierungen einiger Abschnitte der W- und O-Mauern und dortiger Türme.

Der Vicus des 1.–3. Jh ist dank verschiedener gefasster Bauten und Baureste in W-O-Richtung auf eine Länge von rd 600 und in N-S-Richtung in einer Breite von ca 250 m bekannt. Zur W-O verlaufenden Hauptstrasse, die später durch die beiden Kastelltore geführt wurde, muss N davon eine parallele Ortsstrasse angelegt gewesen sein. Auch N-S-Achsen zeichnen sich ab.
Die öffentlichen Bauten und Anlagen müssen sich vor allem N der Hauptstrasse – in der W-Hälfte des späteren Kastells – befunden haben, und zwar möglicherweise um einen forumartigen Platz gruppiert: so die Thermen und O davon mehrere grössere und kleinere Bauensembles. Weitere Baureste und Gebäudegrundrisse wur-

den 70 m S der Thermen festgestellt. Auch Tempel waren da, werden doch auf den aus dem Vicusbereich (?) stammenden Inschriften folgende Gottheiten erwähnt: Apollo, Mars, Merkur, Minerva, Sucellus, Victoria und Vindedus (?) (HM 168, 169, 173–178). Die übrigen, zufällig entdeckten Häuserreste liegen 100–170 m O und NO vom Zentrum entfernt, alle aber N der Hauptstrasse. Gegen W hin war der Vicus auf der Linie der späteren W-Kastellmauer durch die Thièle begrenzt.

Die N-Thermen (40 × 30 m), noch nicht eingehender untersucht, umfassten über 10 Räume. Davon waren die beiden zentralen Grossräume – Warmbad (*caldarium*) und Lauwarmbad (*tepidarium*) – je mit Hypokaust und halbrundem Bassin ausgerüstet. Badewannen zeigten noch Reste von Belagplatten aus Juramarmor, an Bleiröhrenstükken haftete der Niederschlag von Schwefel. Dies beweist, dass die Thermen von *Eburodunum* mit Wasser aus der rd 700 m entfernten heissen Schwefelquelle gespeist wurden.

Eine der dortigen Wasserfassungen bildete anscheinend der 1906/07 entdeckte Sodbrunnen (T 12 m), auf dessen Grund Bleiröhrenstücke einer Wasserleitung, das Fragment einer Marmorstatuette sowie vier Steine aus Jurakalk lagen: ein Blockfragment mit Weihinschrift an Mars Caturix, ein Statuensockel(?)-Bruchstück mit Weihinschrift an Apollo und zwei weitere analoge Sockel, der eine mit Weihinschrift an Apollo und Mars (HM 172, 170 und 171). Diese Weihungen scheinen auf ein einstmals in der Nähe stehendes Quell(?)-Heiligtum hinzuweisen, von dem die beiden 1982 gefassten Mauerzüge stammen könnten.

Die Kleinfunde aus dem Vicusgelände sind sehr zahlreich, vor allem die keramischen Überreste: von bemalten Spätlatènegefässen, Amphoren, Sigillaten und Gebrauchswaren aller Art vom frühen 1. bis um die Mitte des 4. Jh. Aus dieser Spätzeit liegen viele und verschiedenartigste Tongefässe der sog. Sigillée paléochrétienne vor.

Das Kastell wurde rittlings der eingangs erwähnten Hauptstrasse *Aventicum–Ariolica*, mit der W-Mauer entlang der Thièle, im W-Teil des Vicus und wohl unter Einbezug einiger noch bestehender öffentlicher Bauten errichtet. Die bisher

Abb. 522 Yverdon/Eburodunum. O-Tor bei der Ausgrabung 1987 von N.

vermutete Erbauungszeit unter Valentinian I. (364–375) ist 1986 bestätigt worden. Die Kastellanlage bildete ein stark verschobenes Viereck mit Seitenlängen von 140 und 130 m. Es war damit das grösste der Kastelle mit quadratischem oder rautenförmigem Grundriss in der Schweiz. In den vier Ecken standen Rundtürme, dazwischen erhoben sich rittlings der Mauerabschnitte Halbrundtürme. Je zwei grössere derartige, 6 m auseinanderliegende Türme flankierten die beiden je etwa 4,50 m weiten Tordurchgänge im W und O. Die Stärke der Kastellmauern variiert zwischen 2,40 und 2,60 m.
Von der kastellzeitlichen Innenbebauung ist erst wenig bekannt. Sicher wurden die Thermen weiter genutzt, und wahrscheinlich wurde damals ihr W-Teil um- und ausgebaut. Im Rahmen des Kastellbaus entstanden zudem ein N des W-Tores an die W-Mauer angebautes Gebäude (ca 12 × 10 m) und – SO des W-Tores – ein Speichergebäude (*horreum*). Dieses bestand aus einem wohl kubischen »Silobau« (10 × 10 m) und einem apsidial gestalteten Treppen(?)-Annex auf der W-Seite. Innerhalb dieses Baukörpers kamen grosse Mengen von verbrannten Getreidekörnern zutage. An diesen Kernbau wurden später in Etappen weitere Gebäude angefügt. Daraus stammen zahlreiche Kleinfunde: ein Dutzend Münzen (der Ausgrabung 1974/75), wovon drei der frühen Kaiserzeit, eine des Gothicus (268–270) und zwei des 3. und 4. Jh, unter Brandschicht, zudem acht aus der Zeit zwischen 364 und 565 (!), zudem vielfältige Keramiküberreste, darunter sog. Sigillée paléochrétienne des 4. und 5. Jh.
Bei der Ausgrabung des O-Tores 1986 kamen gegen drei Dutzend Münzen der Zeit Valentinians I. (364–375) zutage.
Die Brandschicht im Horreum mit den Massen verbrannter Getreidekörnern wurde mittels 14 C-Analyse um 470 datiert.
Eine frühchristliche Kirche wurde direkt O des »Silobaues« gefasst. Die Sigillée paléochrétienne dürfte damit in Zusammenhang gebracht werden. Einstweilen sind vom Kirchengrundriss aber erst die O-Mauer (L 6,65 m) und ein Mörtelbodenrest bekannt.
Ao: Mus. Yverdon und MCAH Lausanne.
Lit: WWavre, Inscriptions romaines des bains d'Yverdon, ASA 10, 1908, 31 ff – FStaehelin 1948, 612 f (m. ält. Lit) – G u AKasser, Yverdon: Eburodunum, US 33, 1969, 54 ff – RKasser ua, Yverdon, histoire d'un sol et d'un site. . . (Eburodunum I), Yverdon 1974 – RKasser, Castrum Eburodunense-Yverdon, AS 1978, 93 ff – KRoth-Rubi, Zur spätrömischen Keramik von Yverdon, ZAK 37, 1980, 149 ff – DWeidmann, Yverdon-les-Bains VD: Sources thermales d'Eburodunum, JbSGUF 66, 1983, 308 – PhCurdy ua, Intervention archéologique à Yverdon-les-Bains. . ., JbSGUF 67, 1984, 123 ff – GKaenel und PhCurdy, Yverdon-les-Bains VD – de La Tène à l'époque augustéenne, AS 8, 1985, 245 ff

Yvonand VD

Gutshof
Abb 523, 524

Röm Baureste in Yvonand und in der S anschliessenden, weiten Flur Mordagne werden erstmals von L.Levade 1824 erwähnt. Die Gutshofanlage aber entdeckte erst D.Weidmann 1960, als durch den Einsatz grösserer Pflüge viel Mauerwerk und sogar Mosaiken zerstört worden waren. Aufgrund genauer Oberflächenbeobachtung und anhand von selbstgefertigten Luftaufnahmen konnte er seit 1979 etappenweise einen Plan der Gesamtanlage zeichnen. Im Jahre 1980 wurden Baureste im S-Teil des Dorfes untersucht.
Der Gutshof von Yvonand-Mordagne muss eine mindestens 480 × 160 m grosse, längsaxiale Anlage gewesen sein mit dem Herrenhaus im N, dh im S-Teil des Dorfes, mehreren grösseren und kleineren, anscheinend in zwei Fluchten angelegten Ökonomiebauten und weiteren Gebäuden S ausserhalb der Hofanlage, darunter ein quadratischer gallo-röm Tempel.
Die untersuchten Baureste stammen zweifellos vom W-Teil des Herrenhauses und von einem W davon gelegenen Nebengebäude. Beim Herrenhaus sind einstweilen vier Raumeinheiten festgestellt, beim Nebengebäude ein Hauptraum (angeschnitten) und ein portikusartiger Anbau.
Der weite Ökonomiehof und die S davor befindlichen Baureste sind erst durch Geländebeobachtung und Luftaufnahmen ermittelt worden.
Der Gutshof von Yvonand-Mordagne ist ver-

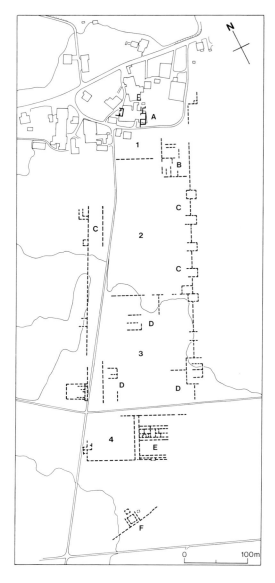

Abb. 523 Yvonand. Gutshof. 1 Herrenhausbezirk (pars urbana), 2–4 Wirtschaftshöfe (pars rustica). A Herrenhaus mit Nebengebäuden, B grosses Nebengebäude »Ost«, C Bauten im Hof 2, D Bauten im Hof 3, E Bauten im Hof 4, F Tempel (?).

gleichbar mit der nahen, ebenfalls längsaxialen, aber viel reicheren, vor allem aufgrund von Mosaikböden bekannten Anlage von → Orbe-Boscéaz.
Lit: LLevade, Dict.géogr., statist. et hist. du canton de Vaud, 1824 – MColombo, La villa galloromaine d'Yvonand-Mordagne et son cadre rural. Etudes des Lettres, Université de Lausanne, no 1, 1982, 86 ff – JbSGUF 68, 1985, 262

Palastartiges Herrenhaus

Nach ersten Ausgrabungsversuchen 1778, wobei man zwei Mosaiken entdeckte, wurde die Ruinenstätte besonders noch 1911 angegangen.
Die bislang freigelegten Baureste auf La Baumaz sind nur ein Teil, möglicherweise nur die SW-Hälfte eines ungefähr 110 m langen und ca 17 bzw 24 m breiten Gebäudes. Beidseits eines fast quadratischen Mitteltraktes (ca 12 × 12 m) müssen die Wohnräume je in einer Flucht aufgereiht gewesen sein. Beidseits dieser oblongen Trakte waren offenbar Portiken vorgesetzt: auf der SW-Bergseite eine schmalere, auf der dem Neuenburgersee zugewandten NW- oder Hauptfassade eine breitere – über anscheinend terrassiertem Abhang. An die S-Ecke angefügt war ein mehrteiliges Bad, in dessen grösstem Raum das grössere Mosaik zutage kam. Vom kleineren, im Raum A des bekannten SW-Wohntraktes entdeckten Mosaik ist nur die Zeichnung vorhanden. Danach handelte es sich nach VvGonzenbach um einen »quadratischen Zentralrapport schwarz-weiss geteilter Schuppen«, um 175–225 datierbar. – Das grössere Mosaik, nur in Fragmenten erhalten, zeigt(e) eine »quadratische Zentralkomposition mit Mittelkreis, umgeben von vier im Scheitel tangierenden Halbkreisen ...« und durch Zweistrangflechtband- und Trichterflechtband-Motive gegliedert. Im Mittelkreis sitzt Orpheus, in den andern Bildfeldern sind Tiere.
Goethe hat diesen Mosaikboden, »ein Mosaisches Pflaster bei Chaire gegen den Neustädter See zu«, am 21. Oktober 1779 gesehen und schrieb gleichentags über dessen nach seiner Ansicht unsachgemässe Behandlung erzürnt nach Weimar: »Die Schweizer traktieren so etwas wie die Schweine.« Der in »Mit Goethe in der

Abb. 524 Yvonand. Gutshof. Luftaufnahme von S.

Schweiz« (Zürich, München 1979) publizierte Stich ist von Ch. Boily.
Der Teil des Herrenhauses mit dem Badetrakt und dem grösseren Mosaik liegt auf dem Gebiet der Gem Cheyres FR.
Ao: Universität Fribourg, MCAH Lausanne und Museum Yverdon
Lit: ASA 1869, 39 – ebda 1911, 58 – Revue hist. vaud. 1903, 305 – JbSGU 4, 1911, 186 – ebda 5, 1912, 189 – DViollier 1927, 366 – VvGonzenbach 1961, 234 ff u Taf 39 u 42 – RDegen 1970, 459

Zell ZH

Gutshof

Anlässlich der archäologischen Untersuchungen der spätgotischen Kirche Zell im Winter 1958/59 kamen im Baugrund von Schiff und Chor die Mauerreste des Herrenhauses eines bis dahin völlig unbekannten röm Gutshofes zum Vorschein. Es war eine sog Hallen-Portikus-Villa mit Eckrisalit (in der SO-Ecke) von ca 20,50 × 17 m Grundfläche. ▶ Innerhalb des Kirchengrundrisses konnten die SO-Teile der Halle, die Portikus und die NW-Partien des Eckrisaliten konserviert und zugänglich gemacht werden.
Lit: WDrack, Zell: Kirche, 1. Ber ZD 1958/59, 70 ff

Zernez GR

Pferdewechselstation
Abb 525

Im Bereich der Kirche St. Mauritius O über Zernez konnten 1968 in der Flur Viel und 1971 hart SO der Kirche im Friedhof, dh innerhalb einer

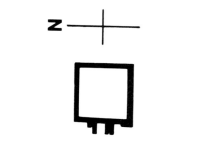

Abb. 525   Zernez. Pferdewechselstation. Hauptgebäude.

Fläche von ca 90 × 50 m, die Überreste einer Pferdewechselstation (*mutatio*) untersucht werden.
Die Reste in der Flur Viel W unterhalb der Kirche – Pfostenlöcher, Herdstellen sowie Mauer- und Mörtelbodenüberbleibsel – stammten offenbar von Holzbauten, diejenigen im Friedhof von einem massiv gemauerten Bau.
Dieses Gebäude war annähernd quadratisch, ca 9 × 8,50 m gross, und nach W, talwärts, orientiert. Auf der W-Seite war auch der Eingang – geschützt durch einen etwa 1,40 m breiten und 1,80 m tiefen Vorbau und ausgestattet mit einer starken Türschwelle aus Schiefergestein. Im Innern fanden sich Überreste zweier verschiedenaltriger Mörtelböden, von vier ebenfalls teilweise zu verschiedenen Zeiten angelegten Herdstellen sowie von diversen gemauerten und hölzernen Einbauten und von Gruben für Vorratshaltung. Weiter S kamen Spuren von Holzbauten aus spätröm Zeit zum Vorschein.
Ausser einer Münze des Carinus (283–285), wenigen Schmuckstücken sowie Bronze-, Stein- und Eisenobjekten liegen vor allem zahlreiche Fragmente von Laveztöpfen vor, von der Flur »Viel« zudem auch Bruchstücke von Terra sigillata und röm Gebrauchskeramik. Aufgrund der Baureste und der Kleinfunde muss es sich bei dieser röm Niederlassung um eine grössere, vor allem im 3./4. Jh betriebene Pferdewechselstation an der Verzweigung der Strassen Richtung Oberengadin bzw Ofenpass gehandelt haben.
Analoge Mutatio-Anlagen wurden festgestellt in → Alpnach OW, → Innertkirchen BE, → Riom GR und → Zillis GR.
Ao: RM Chur
Lit: JRageth, Römische Siedlungsüberreste von Zernez, Bündner Monatsblatt 5/6, 1983, 109 ff – JRageth 1986, 75 ff

Zillis-Reischen   GR

LAPIDARIA (?)

Zillis liegt an der Route Chur–Thusis–Viamala–Splügen- bzw San Bernardino-Pass, etwa 5 km oberhalb der Viamala, auf 945 m üM, rund 4 km von Andeer entfernt.
Seit langem waren von verschiedenen Stellen in und um Zillis röm Münzen aus dem 1.–4. Jh bekannt. 1938 wurden im Baugrund der Kirche St. Martin Reste eines röm Mörtelbodens, einer Hypokaustheizung und Ziegel- und Keramikfragmente des 2./3. Jh sowie, direkt über dieser Ruinenschicht, die Baureste einer Kirche entdeckt.
Die röm Funde bezeugen unzweideutig das einstige Vorhandensein eines röm hypokaustierten Gebäudes des 2. und 3. Jh, höchstwahrscheinlich von einer Pferdewechselstation (*mutatio*) wie in → Riom an der Julierstrasse. Hierbei handelte es sich doch wohl um *Lapidaria* nach der Peutingerschen Karte.
Die kirchlichen Baureste liessen auf einen ca 17,50 × 8 m grossen Saalbau mit grosser halbrunder Priesterbank(?) und langem, dreiräumigem Anbau auf der N-Seite schliessen, der aus typologischen Gründen um 500 datiert wird.
Ao: RM Chur
Lit: JbSGU 30, 1938, 117 f – HRSennhauser, in: Vorromanische Kirchenbauten, München 1966–1971, 390 (m. ält. Lit) – BOverbeck (u LPauli), Geschichte des Alpenrheintals in römischer Zeit, München 1982, 159 f – JRageth 1986, 78 ff

Strassenspuren in der Viamala

Die röm Strasse Chur–Thusis–Splügen bzw San Bernardino-Pass folgte ursprünglich dem prähistorischen Pfad über die linke Talseite auf ca 1300 m üM S vorbei an Acla Sut. Auf der N-Seite der Val Baselgia führte der Weg an den Rhein hinunter, überquerte ihn S der Viamala und ging über Reischen nach Zillis (*Lapidaria?*). Wo zwei Halbgalerien aus dem Fels geschlagen waren, wurde die Viamala direkt passiert.

A. Planta entdeckte zwischen 1965 und 1975 in der S Halbgalerie der Viamalaschlucht, bei Koord 753750/169875, grosse Dübellöcher von schwalbenschwanzförmigem Querschnitt als Elemente für eine Haltevorrichtung sowie zwischen Acla-Tobel und Acla Sut, bei Koord 753180/170780, auf einer Strecke von etwa 27 m exakten Felseinschnitt und Reste zweier Dübellöcher genau gleicher Art wie eines der Löcher in der Viamalaschlucht.

Lit: APlanta, Alte Wege durch die Rofla und die Viamala, Chur (RM) 1980

Zofingen AG

Gutshof
Abb 526, 527

Die Fluren Äppenhalde und Eigen, 500 m S der Altstadt, waren seit alters durch röm Funde bekannt. Nach der Entdeckung von röm Mauerwerk und Mosaikteilen 1826 wurde das Herrenhaus eines Gutshofes 1827/28 untersucht und ▶ 1830/31 die Mosaikböden durch Schutzbauten gesichert und konserviert. 1949 erfolgte im SO-Bereich eine Ergänzungsgrabung, und 1958 fand man rund 200 m W der Herrenhausruine Teile des N-Astes der Gutshof-Ummauerung und die Fundamente eines N-Tores. In den Jahren 1973–1975 wurden die Mosaiken einer modernen Restaurierung unterzogen.

Das Herrenhaus stand in der Äppenhalde, dh einer schmalen Geländeterrasse am Heiterenplatz-Hügel, rund 10 m über der Talsohle, nach SW orientiert, zum fernen Jura. Das palastähnliche Gebäude war im Endausbau rd 106 × 26 bzw – incl Bädertrakt – 33 m gross. Der Kernbau dürfte mit dem rd 56 × 22,50 m grossen Rechteck N des Badetraktes identisch sein – umfassend den symmetrischen Wohnraumtrakt (48,50 × 11,50 m), die (nur zur Hälfte erfasste) seitlich abgewinkelte Portikus und die beiden Seitenannexe, deren Vorderräume Eckrisaliten gewesen sein dürften. Dieser Baukörper wurde später im Innern um- und ausgebaut bzw stark erweitert – vor allem durch Ausgestaltung des SO-Wohntraktteils, ua mit zwei Hypokausten, bzw durch Erstellung eines NW-Anbaus, einer bergseitigen Portikus und der grossen Badeanlage.

Im Wohntrakt waren in den eingehender untersuchten Räumen entweder Lehmstampfböden oder Mosaiken entdeckt worden. Diese sind an Ort und Stelle in den Schutzbauten konserviert:
Schutzbau Süd: ▶ Mosaik I »Orthogonaler Schachbrett-Teppich«, ▶ Mosaik II »Diagonaler Rhombenstern-Rapport mit umschlossenen Sechseckfeldern; in der Mitte ein grösseres sechseckiges Hauptfeld«.
Schutzbau Nord: ▶ Mosaik III »Rautenrapport aus regelmässigen Reihen Spitz-an-Spitz stehen-

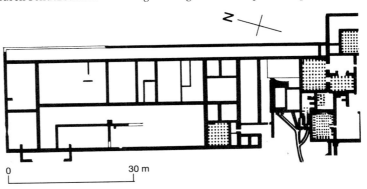

Abb. 526 Zofingen. Gutshof. Herrenhaus.

Abb. 527 Zofingen. Mosaik III von 150–175 im Schutzhaus 2.

der Rauten, rechtwinklig durchzogen von gleichen Reihen liegender Rauten. In den Zwischenräumen eingeschriebene Kreise...« – Dieses Mosaik lag im zentralen Hauptwohnraum (oecus).
Von den weissgrundigen Wandmalereien sind nur ein paar wenige Fragmente vorhanden, die teils lanzettförmige Blättchen, teils rote Streifen zeigen.
Der Badetrakt zählte im Endausbau fast ein Dutzend Räumlichkeiten. Davon waren sechs Räume mit Hypokausten und drei mit Abwasserkanälen ausgerüstet, die in einen Sammelkanal einmündeten. Von einer guten Ausstattung legen ua Wandbelagplattenstücke aus Juramarmor Zeugnis ab. Auch drei Säulenbruchstücke aus Jurakalk liegen vor.
Dank dieser grossen Badeanlage heisst die Fundstätte heute »Römerbad«.
Aufgrund der vorhandenen Münzen, Kleinfunde und Mosaiken muss diese palastartige Herrenhausanlage in der 1. Hälfte des 1. Jh im Kernbau errichtet, dann stark umgestaltet und erweitert um die Mitte des 4. Jh. aufgelassen worden sein.
Ao: Museum Zofingen
Lit: FKeller 1864, 150 ff – HLehmann, Die römische Villa beim Römerbad in Zofingen, Zofinger Njbl 1936, 3 ff – RFellmann, Die römische Villa vom Römerbad bei Zofingen, Zofinger Njbl 1960, 127 ff – RDegen 1970, 222 ff – MHartmann, Der römische Gutshof von Zofingen, AFS 6, 1975 (m. ält. Lit)

Zuchwil SO

Röm Ossuar

In den Anlagen W des Pisoni-Schulhauses steht ein kubischer ▶ Block aus Jurakalkstein mit Seitenlängen von ca 90 cm. In der Oberseite finden sich ein zentraler, zylindrischer Hohlraum von 34 cm Dm und 32 cm Tiefe und darum herum eine 47 × 43 cm grosse und 5 cm tiefe Deckelaus-

sparung. Der Stein muss in röm Zeit als Ossuar gedient haben.
Lit: JbSGU 41, 1951, 128

Zullwil SO

Spätröm Refugium

Auf der Kuppe der Portifluh entdeckte man 1953 neben prähistorischen Scherben Keramiküberreste der 2. Hälfte des 3. Jh und eine Münze des Gallienus (253–268), wodurch auch dieser Platz zu den spätröm Refugien gezählt werden muss.
Ao: HM Olten
Lit: Jb f. Sol. Gesch. 27, 1954, 219 ff – SMartin-Kilcher, Die Funde aus dem römischen Gutshof von Laufen-Müschhag, Bern 1980, 121

Zürich

TURICUM
Abb 528–530, Tafel 19b

Das Zürcher Seebecken mit dem Limmatausfluss spielte wegen der nach NW und SO ziehenden Wasserwege auf See und Limmat sowie wegen der guten Übersetzstelle für die grosse Querverbindung durch das schweizerische Mittelland seit Urzeiten eine sehr grosse Rolle. So war es ganz selbstverständlich, dass die Römer im Zusammenhang mit der Eroberung des Alpenraumes 15 vChr auf dem See und Fluss beherrschenden Moränenhügel »Lindenhof« ein Kastell erbauten. Später entstand hier eine Zollstation, um die sich dann ein Vicus entwickelte.
Der antike, keltische Name des Ortes ist zwar in mittelalterlichen Schriften – zB in der Passio SS. Felicis et Regulae und in der Vita Sti. Galli – teils gut, teils etwas entstellt überliefert, war aber den Humanisten des 16. Jh unbekannt. Jedenfalls erlosch Glareans »Tigurum« erst, als 1747 bei Bauarbeiten auf dem Lindenhof der Grabstein des *Lucius Aelius Urbicus* (HM 260) aus dem späten 2. Jh mit der Nennung der *Statio Turicensis* entdeckt wurde. – Schon 1724 waren auf dem Lindenhof ca 30 röm Münzen von Augustus bis Valentinian II. (375–392) gefunden worden. 1837 suchte F. Keller daselbst die Baureste des spätröm Kastells, fand auch entsprechendes Mauerwerk, 12 Münzen, sehr viel Keramik- und Ziegelreste sowie Metallobjekte. 1852 stiess man beim Bau der Freimaurerloge auf den SO-Abschnitt der Kastellmauer und das Fragment eines Abundantia-Reliefs. Im Laufe des 19. Jh wurden auch in der näheren und weiteren Umgebung des Lindenhof-Hügels zahlreiche röm Baureste bekannt. F. Keller erwähnt 1860 solche von der N-Abdachung im alten Ötenbachkloster, aber auch von der S-Seite, auf der St. Peter-Hofstatt, ferner beim Münsterhof und von rechts der Limmat. Von vier damals für röm gehaltenen Bronzestatuetten ist eine echt: der Amor, der 1669 beim Schanzenbau im Talacker entdeckt worden war. Röm Wasserleitungen hatte Keller im oben erwähnten Kloster und auf dem Hottingerberg gesehen. Besonders aber hatte man nach ihm im frühen 19. Jh röm Brandgräber gefunden: 1836 beim Bau der Post im »Zentralhof« an der Poststrasse und 1847 beim Eisenbahnbau im Hard N des heutigen Hauptbahnhofs. Auch Baureste nächster Gutshöfe hat Keller überliefert: in der Enge (mit Mosaikbodenrest), unterhalb der »Waid« und auf dem ehem Hochgericht bzw Galgenhügel in Albisrieden. 1868 kam im ehem Ötenbachkloster die Weiheinschrift der Bärenjäger an die Götter Diana und Silvanus zum Vorschein (HM 261). Sie hatte im Schutt eines röm Gebäudes gelegen, wo zudem noch zwei grosse, tordierte Schlangenkopfarmspangen und mehrere Fingerringe, zT mit Gemmen verziert, alles Goldobjekte wohl eines Hortes, sichergestellt wurden. Ein sicherer Schatzfund, der mindestens 1000 Münzen umfasst haben muss, wurde 1878 am W-Hang des Lindenhofs, am Rennweg, von Knaben entdeckt und – sofort verkauft . . . Nur ein geringer Rest konnte zurückerworben werden. Grundlegend neue Erkenntnisse über das röm Zürich erbrachten erst die von E. Vogt auf dem Lindenhof vom 7. September 1937 bis 2. Januar 1938 durchgeführten Untersuchungen; ferner für das Vicusgebiet punktuelle Beobachtungen in den folgenden Jahren, besonders aber die seit 1976 vom Büro für Archäologie der Stadt Zürich im Rahmen der Sanierung der Altstadtkanalisationen organisierten Rettungsgrabungen.

Die frühen militärischen Anlagen auf dem Lindenhof. Gemäss den Untersuchungen von 1937 war auf dem Lindenhof-Hügel in der Mitte des 2. Jahrzehnts vChr – in Holz-Erde-Technik – ein Kastell erbaut worden. Davon zeugten vor allem zwei 3,50 × 4,40 m grosse und über 2 m tiefe Kellergruben sowie viele Keramikreste, Waffen, Werkzeuge. Von der aus Holzpfosten erstellten Kastellbefestigung konnten 1979 Überreste, wohl eines Tores(?), 50 m S des Lindenhofes gefasst werden. Nach Ausweis der ab 50 nChr zahlreicher werdenden Funde – ua Ziegel der 21. und 11. Legion aus *Vindonissa* – scheint der Lindenhof zumindest im 1. Jh und möglicherweise auch noch in den folgenden beiden Jahrhunderten von Militär besetzt gewesen zu sein. Ausser kleineren Bauresten, wie einem Korridor sowie Abfall- und Kellergruben im O-Teil fanden sich im NW-Teil in einer Gebäuderuine des 2. Jh auch Überbleibsel von einer Hypokaustanlage und bemaltem Wandverputz.

Der Vicus des 1.–4. Jh. Wie anderwärts Zivilbauten und wie das augusteische Kastell auf dem Lindenhof müssen die ersten Bauten des Vicus *Turicum* bis ins 3. und 4. Jahrzehnt des 1. Jh aus Holz bestanden haben. Schon vor 1972 waren röm Baureste W und O der Limmat nachgewiesen: eine grössere Zahl um den Lindenhof herum, N davon bzw N der Uraniastr, im Bereich des ehem Ötenbachklosters sowie S und SO des Lindenhofs, auf der Peterhofstatt, in der Schipfe und W oberhalb des Weinplatzes, dh in der Weggengasse. In den Ruinen N der Uraniastr fand man ua Hypokaust-, Mosaik- und Wandmalereireste, in denen auf der Peterhofstatt Hypokaustteile und Wandmalereifragmente. – Im Gebiet O der Limmat waren röm Gebäudeüberbleibsel beim Rindermarkt und der Münstergasse entdeckt worden, letztere mit gewerblicher Heizröhrenanlage. Aufgrund der Streuung dieser Baureste muss der Vicus *Turicum* etwa 400 × 400 m gross gewesen sein.
Seit 1972 hat sich das röm Siedlungsbild besonders zwischen Lindenhof-Hügel und Münsterhof erheblich verdichtet. Im Raum Weinplatz und N davon stiess man auf die Spuren einer Hafenanlage und flussabwärts, auf dem O-Ufer, auf wohl mit Anlegeplätzen zusammenhängende Uferverbauungen. Neue Anhaltspunkte gewann man auch für eine röm Brücke beim ehem Metzgerstein in der Flussmitte unterhalb der Rathausbrücke und für den Verlauf der röm Hauptstrasse von *Vindonissa* her über Rennweg/Strehlgasse – Limmatbrücke – Stüssihofstatt/Münstergasse/Oberdorfstr Richtung rechtes Seeufer zu den Bündner Pässen. Wichtige Neuentdeckungen sind aber dann vor allem: die Pfählungsreste einer röm Brücke über einen Hochwasserarm der Sihl inmitten des Münsterhofes und ein vom Weinplatz bzw röm Hafen weg S-wärts verlaufender Strassenzug, der über diese Brücke hinweg auf die 1836 an der Poststr entdeckten Gräber zulief. Auf der Höhe Stegengasse war mitten in dieser Strasse ein Rundbau von 4 m Dm iL und etwa 2 m N davon ein quer, dh W-O orientierter, 12 m langer Bau errichtet worden. Innerhalb und ausserhalb des Rundbaus fanden sich an die 100 röm Münzen – wohl Opfergaben, die auf eine Kultstätte hindeuten. Im quergestellten Langbau war als Passage für die Straße ein 2,40 m weites Tor zu erkennen. Dies und die vielen Amphoren- und Krugfragmente erlaubten den Schluss, dass diese Baureste von einem Lagerhaus oä stammten.
Die Thermen, die wichtigsten Gebäudereste des Vicus, kamen 1983 in der SW-Ecke des Weinplatzes, also in nächster Nähe des röm Flusshafens zutage. Anstelle eines kleinen Bades im 2. Jh errichtet, müssen diese Thermen im Endausbau rund 20 × 30 m gross gewesen sein. Insgesamt vier Räume waren hypokaustiert, und zudem fand man auch Reste von Mosaiken und vegetabil verzierten Wandmalereien vor. Ausser den oben angezeigten Gross- und Kleinfunden sind besonders auch die Überreste von eigentlichen Denkmälern zu erwähnen: an erster Stelle der Grab-

Abb. 528 Zürich/Turicum. Thermen des 2. Jh. Rekonstruktionsversuch von J. Schneider.

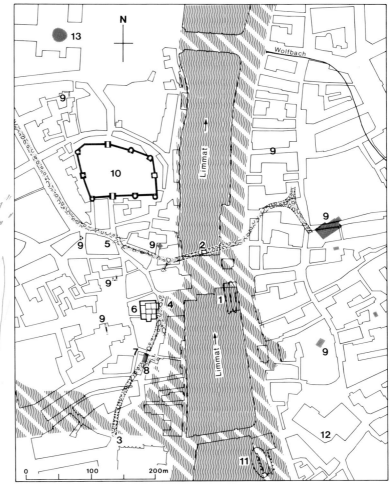

Abb. 529 Zürich/Turicum. Gesamtplan.
1 Limmatinsel, 2 Limmatbrücke, 3 Brücke über einen Nebenarm der Sihl, 4 Hafen, 5 Spuren des früheren Tores, 6 Thermen, 7 Lagerhaus (?), 8 Zentralbau (Heiligtum, ?), Vicusbauten, 10 Kastell zur Zeit Valentinians I., 11 Martyrium von Felix und Regula, 12 Grab der Heiligen (nach der Legende), 13 Schatzfund von 1868.

[handwritten note: statt „Vicusbauten" lies: „9 Vicusbauten"]

stein für *Lucius Aelius Urbicus*. Der Stifter des Steins, der Vater des kaum anderthalbjährigen Verstorbenen, war nämlich kaiserlicher Freigelassener und Vorsteher der Zollstation *Turicum* für die Erhebung gallischen Ein- und Ausfuhrzolls von 2,5% an der Grenze nach Rätien (eine Abgusskopie findet sich seit 1986 an der Pfalzgasse). Ein Grabstein für *Flavia Sacrilla*, 1937 als Spolie in der N-Wand des Abwasserkanals im O-Tor des Kastells entdeckt, zeigt auf, dass gewisse Vicus-Einwohner von *Turicum* schon vor 212 das röm Bürgerrecht besassen. Vom grössten, bisher aus dem Vicus *Turicum* bekannt gewordenen Denkmal, einer auf ca 20 m Höhe geschätzten sog Jupitergigantensäule, stammt ein 92 × 59 × 47 cm grosser Eckblock, der als Eckstein eines spätröm Gebäudes 1937 auf dem Lindenhof entdeckt wurde. Es ist das Fragment des ursprünglich 153 × 153 cm grossen und 2,90 m hohen Sockels des besagten Monuments, dessen vier Seiten mit Reliefs von vier Göttern geschmückt waren. Auf dem erhaltenen, im Rahmen einer Teilrekonstruktion im Schweiz. Landesmuseum Zürich ausgestellten Bruchstück ist

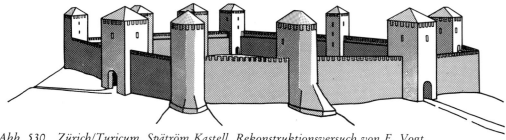

Abb. 530   Zürich/Turicum. Spätröm Kastell. Rekonstruktionsversuch von E. Vogt.

ein kleiner Ausschnitt einer Victoria-Darstellung zu erkennen.

Das spätröm Kastell. Trotz offenbar einiger für die Zeit nach etwa 250 nachgewiesenen Zerstörungen durch die Alamannen wurde *Turicum* erst unter Valentinian I. (364–375) wohl gegen 370 durch einen Kastellbau auf dem Lindenhof befestigt. Aufgrund der Entdeckungen von 1937 und einer grösseren Ausgrabung von 1966 hatte das Kastell einen unregelmässigen, fünfeckigen Grundriss, weil die Ummauerung den Geländekanten entlang geführt worden war. Die Seiten weisen folgende Längen auf: im O 48 m, im N 96 m, im W 60 m und im S 80 m. Die Anlage war offenbar mit 10 Türmen bewehrt. Davon dienten der O-Turm und die W-Türme in der S- und N-Front als Tortürme. Der O-Turm hatte einen 4 m breiten Innenraum, die Passage aber anscheinend nur eine geringe Weite, während sie bei den N- und S-Toren rund 2 m breit war. Im Innern des Kastells sind einstweilen nur eine längere Gebäudemauer im SO-Bereich und ein 2,80 m im Geviert messender, verputzter Raum innerhalb der SW-Ecke gefasst. Wie die Untersuchungen von 1937 weiter ergaben, muss das Kastell weit über das 4. Jh hinaus genutzt worden sein. Nur wenig über dem spätröm Niveau fand man im Innern entlang der Mauern, aber auch ausserhalb – besonders auf der O-Seite – Mauerreste von mehreren Bauten sowie je beim W- und O-Turm letzte Überbleibsel von zwei Mörtelscheiben bzw einer einzelnen von gegen 3 m Durchmesser, alles grossenteils aus vorkarolingischer Zeit.

In dieser Kastellzeit im späten 4./5. Jh muss an der rechtsufrigen Ausfallstrasse gegen Rätien innerhalb eines spätröm Friedhofes von einer bzw der Christengemeinde über dem Grab der als Heilige verehrten Felix und Regula eine Memoria (Kapelle) errichtet worden sein. Diese waren gemäss der Legende nach dem Martyrium der Thebäischen Legion in *Acaunum*/St-Maurice VS unter Maximian I. (286–305) nach *Turicum* geflohen und hier enthauptet worden. Anstelle der Memoria entstanden später über dem Märtyrergrab die immer grösseren Kirchen zu SS. Felix et Regula, die Vorgängerbauten des Grossmünsters.

Ao: SLM Zürich

Lit: EVogt, Der Lindenhof in Zürich, Zürich 1948 (m. ält. Lit) – EMeyer, Zürich in römischer Zeit, in: EVogt, EMeyer, HCPeyer, Zürich von der Urzeit zum Mittelalter, Zürich 1971, 105 ff (m. ält. Lit) – JSchneider, Turicum: Zürich in römischer Zeit, in: Turicum-Vitudurum-Iuliomagus (Drei Vici in der Ostschweiz), Festschrift Otto Coninx, Zürich 1985, 39 ff (m. ält. Lit)

Zurzach   AG

TENEDO
Abb 531–536

Die Rheinübergänge bei Zurzach, auf der kürzesten Verbindung zwischen unterstem Aaretal/Hochrhein und oberer Donau, müssen den röm Strategen schon vor dem Alpenfeldzug 15 vChr bekannt gewesen sein. Deshalb entstanden hier schon im frühen 1. Jh Auxiliarkastelle und ein Vicus sowie um 300 die Doppelkastell-Anlage im Gebiet »Burg«.

Die Erinnerung an die röm Zeit blieb in Zurzach

Zurzach 575

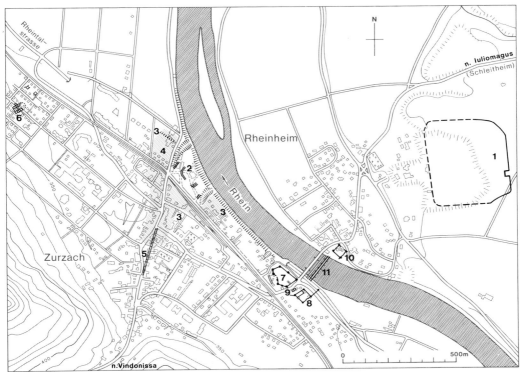

Abb. 531 Zurzach und Umgebung. 1 Röm Legionslager (Dangstetten), 15–10 v. Chr., 2 drei Kastelle, nacheinander zwischen 40 und 50 n. Chr. angelegt, 3 Vicus-Gebiet, 4 Badegebäude, 5 röm Gräber an röm Strasse, 6 Herrenhaus eines Gutshofes, 7, 8 spätröm Kastelle Kirchlibuck und Sidelen, 9 Badegebäude in den Kastellen, 10 spätröm Brückenkopf (Rheinheim), 11 spätröm Brücke.

in der Legende der hl. Verena lebendig, die mit den im Gebiet »Burg« erhalten gebliebenen eindrücklichen Kastellmauern in Verbindung gebracht wurde. So ist es verständlich, dass der 1517 auf »Sidelen« entdeckte Grabstein des vermeintlichen »Gründers von Certiacum«, *Certus*, in die W-Mauer der »Oberen Kirche« eingelassen wurde. 1580 wurden an der Fasnacht sieben Brückenpfähle mit Eisenschuhen aus dem Rhein gezogen, und 1670 entdeckte man die Fundamente des röm Brückenkopfes bei der Kirche Rheinheim. 1671 erfolgten Sondierungen auf »Sidelen«, und 1819 suchte man nach röm Brückenresten im Rhein. Ausgrabungen wurden durchgeführt 1903/04 auf »Sidelen« und 1905/06 auf »Kirchlibuck«. Neuere Untersuchungen erfolgten 1934 beim »Kastellbad« sowie 1954/55 und 1961 je auf »Kirchlibuck«. Beim Bau der N-Umfahrung wurden 1983–1987 umfassende Ausgrabungen zwischen »Kirchlibuck« und »Uf Rainen« organisiert. Während das Kastellgebiet »Sidelen« seit dem 19. Jh überbaut wurde, konservierte man auf »Kirchlibuck« 1934, 1948 und erneut und grundlegend 1973/74 den SO-Turm und die SW-Kastellmauer sowie 1955 und 1961 die Baureste der frühchristl Kirche mit Baptisterium und eines weiteren Kultgebäudes.

Die Anlagen des 1.–3. Jh. Drei Holzkastelle des 1. Jh wurden 1984/85 aufgrund von Spitzgräben, Balkengräbchen, Pfostengruben und dgl hart O der Barzstrasse, knapp 50 m vom Rhein entfernt, entdeckt. Das erste, kleinste(?) Kastell wurde offenbar kurz nach 40 nChr erbaut und dürfte etwa 80 × 50(?) m gross gewesen sein. Das zweite Kastell, gegenüber dem ersten etwas nach W verschoben, wurde einmal umgebaut. Bau- und Umbauzeit dieser Anlage sind indes noch nicht genauer bekannt, da die Auswertung erst begonnen werden konnte. Das dritte Kastell wurde – kurz vor 50 – so weit nach O vergrössert, dass die Anlage die ganze Fläche zwischen den Bachgräben bei einer Distanz von ca. 170/180 m einnahm. Auf dem Kirchlibuck dürfte in dieser Frühzeit zur Sicherung der dortigen Brücke eine zumindest kleine militärische Anlage bestanden haben, auch wenn erst nur wenige Kleinfunde vorliegen. *Der Vicus Tenedo* scheint sich in der Nähe W und S der Auxiliarkastelle entwickelt zu haben. Gemäss den Entdeckungen von 1981/82 standen jedenfalls mehrere Holzbauten W der Kastelle bzw der Barzstr, wo dann nach 70 ein Badegebäude entstand. Dieses war im Endausbau 15 × 9 m gross und umfasste fünf Räume, davon zwei hypokaustierte. Gleichzeitig und später erweiterte sich die Siedlung – entlang einer Richtung Achenberg-Übergang verlaufenden Strasse – südwärts. So wurden 1964 im Baugrund des Rathauses Spuren eines nach 70 erbauten, wohl hölzernen Wohnhauses und 1975 unter den Überresten mehrerer Vorgängerbauten des Verenamünsters – entlang der erwähnten Strasse – Gräber des 1. bis 4. Jh und O davon sogar noch des 6./7. Jh ausgemacht. Die röm Gräber markieren zugleich das S-Ende des Vicus, und die späteren bezeugen die Kontinuität des Siedlungsplatzes im Frühmittelalter.

In der nächsten Umgebung bestanden vom ausgehenden 1. bis ins 3. Jh zwei Gutshöfe: der 1914 entdeckte rd 800 m W des Vicus und der 1955/56 in Spuren gefasste in etwa 2,5 km Entfernung rheinaufwärts in Rekingen.

Das Doppelkastell auf »Burg« und der rechtsrheinische Brückenkopf. Der Umstand, dass das Hochufer des Rheins im Gebiet »Burg« durch zwei parallele, ca 125 m auseinanderliegende Tälchen in zwei Kuppen gegliedert ist, in eine grössere im W (Kirchlibuck) und eine kleinere im O (Sidelen), zwang die Festungsingenieure – wohl zur Zeit Diokletians (um 300) – zum Bau von zwei völlig verschiedenen Kastellanlagen.

▶ Das Kastell »Kirchlibuck« hatte, da die Um-

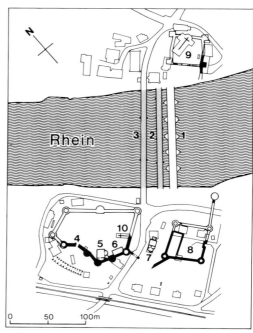

Abb. 532 Zurzach/Tenedo. Kastelle Sidelen und Kirchlibuck. 1 Spätröm Brücke zur Zeit Valentinians I., 2 mittelalterliche Brücke, erbaut zwischen 1267 und 1275, 3 heutige Brücke, erbaut 1906/07, 4 Kastelltor, 5 Kirche mit Apsischor und angebautem kleinem Baptisterium, 5. Jh., 6 Nebengebäude der Kirche, 7 Badegebäude, 8 Kastell Sidelen, 9 Brückenkopf Rheinheim.

mauerung dem Plateaurand folgte, besonders auf der SO- und SW-Seite einen unregelmässigen Grundriss, während der NO-Teil entsprechend den recht geraden NW- und NO-Kanten wohl – analog zum Nebenkastell »Sidelen« – rhombisch geschlossen gewesen sein dürfte. Wie die noch vorhandenen Baureste der S- und W-Türme zeigen, müssen die Hauptecken – wiederum analog zu Sidelen – mit Rundtürmen ausgerüstet gewesen sein. Die dazwischen liegenden Mauerabschnitte waren offensichtlich durch je eingemittete »Halbrundtürme« gesichert. Das im offenen Mauerwinkel zwischen W-Turm und dem nächsten Turm ausgesparte Tor öffnete sich nach innen von ca 3 auf 4 m Weite. Die NW-SO-Achse des Kastells war etwa 100 m lang, die grösste SW-

Abb. 533 Zurzach/Tenedo. Kastell Kirchlibuck. Zwiebelknopffibeln. 4. Jh.

NO-Strecke ca 80 m breit. Die Mauern sind bis 3,50 m stark, und die Rundtürme haben ca 3,30 m Dm.
Im Innern sind erst Überbleibsel von frühchristlichen Anlagen bekannt, die um oder nach der Mitte des 5. Jh entlang der SW-Mauer erbaut worden waren: eine Kirche mit querrechteckigem Schiff, einer Apsis und einer Schranke, die mit Kreis- und Rautenmustern bemalt war, – ein trapezoides Baptisterium mit einem ca 100 × 50 cm weiten und 90 cm tiefen Taufbecken, – und ein zweiräumiges Gebäude. – An besonderen Funden liegen aus dem Kastell vor: Fragmente einer grossen Grabstele des 2./3. Jh, Schwertteile, Schmuck und Münzen von 307–455.
Das Kastell »Sidelen« – rund 40 m SO des Kirchlibucks – hatte ein verschobenes Quadrat mit 48 bzw 50 m Seitenlänge gebildet. In den vier Ecken waren Rundtürme hochgeführt. Die dem Kirchlibuck zugekehrte NW-Mauer war etwa 1,60 m stark, die übrigen hatten Breiten von 2,65 bzw 3,50 m, die Rundtürme Durchmesser von ca 8 m. Je in der Mitte der SW- und SO-Mauern war ein Eingang. Die wichtigsten Funde sind eine Lanzenspitze, eine Bronzeschüssel sowie Münzen: je eine um 180 und 270, besonders aber zwischen 307–455.
Zusätzliche Festungsmauern müssen die Flanken gedeckt und die beiden Kastelle rückseitig verbunden haben.
Ein Badegebäude war ins Tälchen zwischen den beiden Kastellen gestellt worden. Es mass ca 25,50 × 10,30 m und umfasste fünf Räume, davon zwei hypokaustiert, und das Warmbad (*caldarium*) war mit zwei in Apsiden untergebrachten Wannen ausgestattet. Von den 1906 und 1934 sichergestellten Funden, dh Bauresten, ist ein Schieber aus Ton für die Wärmeregulierung zum Caldarium erwähnenswert.
Überreste zweier antiker Brücken sind besonders seit 1819 bekannt: Pfähle von einer unteren und Pfählungen rautenförmiger Brückenjoche aus

Abb. 534 Zurzach/Tenedo. Baptisterium nach der Freilegung am 19. 3. 1955.

Zurzach

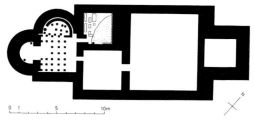

Abb. 535   Zurzach/Tenedo. Kastellbad.

Steinquadern von einer oberen. Die Brückenreste, die 1819 entdeckt worden waren, sind 1986 dendrochronologisch untersucht worden. Aufgrund dieser Analysenergebnisse wurde die obere Brücke mit Pfählungen von rautenförmigen, gemauerten, mit Steinquadern verblendeten Brückenpfeilern unter Valentinian I. um 368 (Fälldatum), der untere, bloss von schmalen Pfahlreihen-Jochen getragene Rheinübergang erst im Mittelalter 1274 erbaut.
▶ Der rechtsrheinische Brückenkopf, seit alters bekannt, wurde ab 1975 untersucht und anschliessend teilweise konserviert. Die Baureste stammen von einem fast quadratischen, 42,50 × 41 m grossen Kastell mit ausbauchenden Seitenmauern im NW und SO und je einem quadratischen Turm an den vier Ecken mit ca 7 m Seitenlänge. Die Mauerstärke ist rheinseits ca 2 m, sonst um 3 m. Von der S-Ecke aus verlief eine Flankenmauer an den Rhein hinunter. Von den Funden verdient ein als Spolie verwendeter Grabstein des 1. Jh aus *Tenedo* Erwähnung.
Lit: FKeller 1860, 302 ff – JHeierli, Das römische Kastell bei Zurzach, ASA IX, 1907, 23 ff u 83 ff – RLaur-Belart, Eine frühchristliche Kirche mit Baptisterium in Zurzach, US 19, 1955, 65 ff – ders, Ein zweites frühchristlich. Kultgebäude in Zurzach, US 25, 1961, 40 ff – HRSennhauser, in: Vorromanische Kirchenbauten. München 1966–1971, 396 ff – ALambert u EMeyer 1973, 76 f – GFingerlin, Rheinheim: Spätrömischer Brückenkopf, in: Die Römer in Baden-Württemberg, Stuttgart 1976, 461 ff – MHartmann, Das römische Kastell Zurzach-Tenedo, AFS 14, 1980 – WDrack 1980, 31 ff – RHänggi, Zurzach AG/Tenedo: Römische Kastelle und Vicus, AS 9, 1986, 149 ff – MHartmann, Eine spätrömische und eine mittelalterliche Rheinbrücke in Zurzach AG, AS 10, 1987, 13 ff

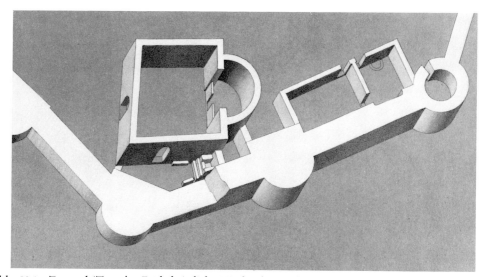

Abb. 536   Zurzach/Tenedo. Frühchristliche Kirche des 5. Jh mit Baptisterium und Nebengebäude im spätröm Kastell auf Kirchlibuck. (Isometrischer Plan von A. Hidber).

Anhang

Anmerkungen zum ersten Teil
Zeittafel
Inschriften (aufbewahrt ausserhalb der Museen)
Meilensteininschriften
Lateinische Ortsnamen und geographische Bezeichnungen in der Schweiz
Die überlieferten lateinischen Ortsnamen
Museen mit römischen Funden
Literaturverzeichnis
Namen- und Sachregister
Ortsregister

Anmerkungen zum ersten Teil

Eroberung und Konsilidierung – Das 1. Jahrhundert n. Chr. – Das 2. und 3. Jahrhundert n. Chr.

1 Sottoceneri: Meyer (1972) 55 mit Anm. 2 und 3. – Wohnsitze der Helvetier: SRZ 27 mit Anm. 4, 28–30. Paunier (1981) 5 mit Anm. 2. Furger-Gunti (1984) 78 mit Anm. 163. Frei-Stolba (1977) 297–298 mit Anm. 19–21.
2 Helvetiereinöde: Ptolemaeus, Geogr. 2.11.6. Tacitus, Germania 28. Dazu: SRZ 27 mit Anm. 4, 28. – Magdalensberg: Meyer (1969) 73, Taf. 20,1. Frei-Stolba (1977) 296 mit Anm. 12.
3 Ariovist: 59 v. Chr., Freundschaftsvertrag mit Rom auf Antrag des damaligen Konsuls Caesar, Ehrentitel »Rex et amicus Populi Romani«.
4 SRZ 75–76. – Verteidigungslinie entlang der Rhone: US 8 (1944) 2, 32 ff. Genava 23 (1945) 44 ff. Furger-Gunti (1984) 104–106, Abb. 180–182. Caesar BG 1,8,1–2. Alle diese Werke und Anlagen bedürfen noch der näheren Untersuchung.
5 Caesar BG 1,26,5. SRZ 81–83. Furger-Gunti (1984) 112–116.
6 Caesar BG 1,51–53.
7 »Ut arcerent, non ut custodirentur«; Tacitus, Germania 28. – Bei Cicero, de Prov. cons. 33 wird ausdrücklich betont, Caesar habe die Germanen und die Helvetier *besiegt*, die übrigen Gallier *unterworfen*. Dazu: E. Meyer, Zwei unbekannte Zeugnisse zur Geschichte der Schweiz in röm. Zeit; Provincialia 382 ff. – Helvetierfoedus: SRZ 83 mit Anm. 6. Frei Stolba (1976). R. Frei-Stolba; Historia 25 (1976) 314 ff. Dies.; SZG 25 (1975) 127. F. Fischer, Caesar und die Helvetier; BJbb. 185 (1985) 1–26. J. G. Best und B. H. Issac, The Helvetians: From foederati to stipendiarii; Talanta 8–9 (1977) 11 ff.
8 Bern-Engehalbinsel: E. Ettlinger und H.-J. Müller-Beck, Die Besiedlung der Engehalbinsel; 43/44. BerRGK (1962–63) 108 ff. – Bois de Châtel: G. Kaenel und H. M. v. Kaenel, Le Bois de Châtel près d'Avenches; AS 6 (1983) 3, 110–119.
9 Caesar, BG 1,28,1–3.
10 A. Furger-Gunti, Oppidum Basel-Münsterhügel; JbSGUF 58 (1974/75) 77 ff. und Furger-Gunti (1976) 87–130.
11 Furger-Gunti (1976) 148–152.
12 SRZ 91–95. – Name der Kolonie: Konrad Kraft, Die Rolle der Colonia Iulia Equestris und die römische Auxiliar-Rekrutierung; JbRGZM 4 (1957) 81 ff. spez. 96. Jan G. P. Best, Colonia Julia Equestris and Legio Decima Equestris; Talanta 3 (1971) 1–10.
13 Grabinschrift des L. Munatius Plancus: CIL X 6087 = HM 334. Fellmann (1957 II) Abb. 7. und Taf. 2,5. – Zur angeblichen Kolonie in Basel: M. Martin, »... in Gallia colonias deduxit Lugudunum et Rauricam«; Jahresber. Römerhaus und Museum August 1971, 3 ff. Die Vorstellung, dass in der Inschrift CIL X 6087 »Rauricam« ein Ortsname sei, ist unrichtig. »Rauricam« ist Adjektiv zu »colonias« und nicht Akkusativ der Richtung eines Ortsnamens. Das ergibt sich u. a. aus dem Text der Ehreninschrift für L. Octavius (vgl. unten Anm. 27), in der »Raurica« neben andern Adjektiven steht. Es hat weder je einen Ort »Raurica« gegeben, noch tragen die Oppida und Ortschaften der Keltenstämme den Stammesnamen. – Fundspektrum 4. und 3. Jahrzehnt v. Chr: Vorzügliche, knappe Zusammenstellung bei G. Kaenel [et alii], Nouvelles recherches sur le vicus g.-r. de Lousonna; CAR 18 (Lausanne 1980) 154 mit Anm. 27–30.
14 B. H. Best, Colonia Munatia Triumphalis and Legio Nona Triumphalis; Talanta 3 (1971) 11–34, bes. 19/20.
15 Gallien zwischen 43 und 16 v. Chr.: B. H. Best,

Gallia Comata between 43–16 BC; Talanta 3 (1971) 34–38.
16 Augustus, chaotische Verhältnisse in Gallien: Cassius Dio 53, 22. – Gr. St. Bernhard: Caesar, BG. 3,1–6, dazu SRZ. 85–90. – Besançon: Gallia 42 (1984) 2. 327–328.
17 Augusta Praetoria: SRZ 105. – Gr. St. Bernhard: A. Geiser, Un Monnayage celtique en Valais: Les monnaies des Véragres; Rev. Num. Suisse 63 (1984) 55–107. S. A. Pantasso, Le monete preromane dell'Italia settentrionale; Centro di Studi preistorici ed archeologici (Varese 1966). Ders., Helvètes ou Salasses?; Rev. Suisse de Numism. 51 (1972) 40–46.
18 SRZ 107–109. Frei-Stolba (1977) 354–357 F. Fischer, P. Silius Nerva. Zur Vorgeschichte des Alpenfeldzuges von 15 v. Chr.; Germania 54 (1976) 147–155. Schön (1986) 43–56.
19 Schön (1986) 56–61. bes. 61. Mit Schöns Ausführungen zur Rolle des Piso, die wir etwas relativieren möchten, kontrastiert scharf die Auffassung von R. Syme, The Augustan Aristocracy (Oxford 1986) 335–336.
20 J. Formigé, Le Trophée des Alpes; 2ème Suppl. à Gallia (1949).
21 Basel-Münsterhügel: Fellmann (1959). Furger-Gunti (1979), vgl. zu letzterer Publikation die kritischen Anm. von S. v. Schnurbein; BerRGK 62 (1981) 4, Anm. 192 und 88, Anm. 339. C. M. Wells hat seine Keramik-Datierungen in ganz enge Zeitspannen inzwischen selbst widerrufen; vgl. Schönberger (1985) 326, Anm. 14. – Zürich-Lindenhof: Vogt (1948) 28 ff. Schneider (1985). – Wichtig in diesen Zusammenhängen auch der Hügel von St-Triphon VD: G. Kaenel, Fouilles récentes sur la colline de Saint-Triphon, Comm. d'Ollon; AS 1 (1978) 2, 66–70.
22 Walenseetürme: Zusammenfassend (mit Lit.) Schönberger (1986) A 58, S. 436. Wichtig die Datierung der Keramik durch D. Paunier in; Van Berchem (1982) 100, Anm. 55. Die merkwürdigen Treppenfundamente finden eine Parallele an einem frühen Bau auf dem Magdalensberg; Carinthia I, 168 (1978) 54–56, Abb. 6. – Septimer: H. R. Wiedemer, Die Walenseeroute in frührömischer Zeit; HelvAnt 167–172, Abb. 2 und 3.
23 Gute Zusammenfassung des Forschungsstandes bei Schönberger (1986) 324–342. Seither ist durch Luftaufnahmen und nachherige Sondierungen ein weiteres augusteisches Lager am Main bei Marktbreit (in der Nähe v. Würzburg) bekannt geworden: L. Wamser, Ein augusteisches Legionslager auf dem Kapellenberg bei Marktbreit; Das Arch. Jahr in Bayern 1986 (1987) 105–108.

24 Dangstetten: RBW 376–380. Für die Kleinfunde: Fingerlin (1986), 26 und Abb. 38,1/Taf. 4 (Inschrift) und 86 Abb. 221, 1/Taf. 4 (Sabazioshand). – Zurzach: R. Hänggi, AS 9 (1986) 4, 150.
25 Wir stehen einer extrem engen Feindatierung, wie sie von A. Furger-Gunti (1979) 154 (in Zusammenfassung) für die Schichten auf dem Basler Münsterhügel (Schicht 3 oben, Schicht 4 unten) vorgeschlagen wird, eher zurückhaltend gegenüber. Vgl. auch die Besprechung durch G. Kaenel; JbSGUF 64 (1981) 284–289, bes. 285.
26 Vgl. Anm. 20. Die Inschrift: CIL V 7817 und Plinius NH 3.136.
27 Colonia Raurica, Nuncupatio durch L. Octavius: H. Lieb, Zur zweiten Colonia Raurica; Chiron 4 (1974) 415–422. Vgl. auch die Anm. 13 und 76 zu diesem Kap. – Frühe Bautätigkeit: a. Augusta Raurica: Insulae 25/31, Dendro-Datum 6 v. Chr.: A. R. Furger, Augst 6 v. Chr. Dendrodaten und Fundhorizonte; JberAK 5 (1985) 123–146, zu beachten auch Anm. 28 mit der Auflistung der bisherigen Datierungsvorschläge zur Stadtgründung. Münzrolle aus Insula 17: Martin (1977) 10–11. Weitere Hinweise auf frühe Holzbauten liegen aus den Insulae südl. des Forums vor (z. B. Ins. 20). b. Julia Equestris/Nyon: J. Morel, Rue de la Gare, Fouilles 1982; JbSGUF 66 (1983) 290–292. c. Lousonna/Lausanne-Vidy: G. Kaenel, M. Klausener, S. Fehlmann, Nouvelles recherches sur le vicus gallo-rom. de Lousonna; CAR 18 (Lausanne 1980) 150–151 mit Anm. 25 und 26. d. Vitudurum/Oberwinterthur, Dendro-Datum 1 v. Chr.: Zürcher (1985) 209. – Querverbindungen zwischen Vienna und Julia Equestris: L. Iulius Brocchus Velleius Bassus als Inhaber hoher Aemter in beiden Kolonien: CIL XII 2606 = HM 93 = Walser 13. L. Sergius Lustrostaius, »der alle Aemter sowohl in Vienna als auch in Julia Equestris bekleidet hat«; CIL XIII 5011 = HM 145 = Walser 46. – Iuliomagus: Tab.Peut. III 5. R. Frei-Stolba, Erwägungen zum Ortsnamen Iuliomagus; FdberBW 13 (1987). H. Lieb [in Bürgi und Hobbe (1985) 7] sieht in dem Namen eines Hinweis auf eine frühe Neugründung oder Umbenennung eines Hauptortes einer kleinen videlikischen Stammesgemeinde. – Drusomagus: Ptolemaeus II 12,3. SRZ 127 ff. Identifikation dieses nur bei Ptolemaeus erwähnten Ortes mit Sitten VS durch Th. Mommsen (CIL XII, p. 22). – Forum Tiberii: Ptolemaeus II 9,10. Zur Identifikation: HM 101, Anm. 3. SRZ 166–167. Der Ort muss, wie Staehelin richtig gesehen hat, an einer »Via Tiberia« gelegen haben. Damit ist wahrscheinlich die Achse der tiberischen »Grenzstrasse« aus dem Schweizer Mittelland bis ins raeti-

sche Alpenvorland gemeint (vgl. unsere Abb. 18).
28 Ehreninschriften für Augustus; CIL XII 136 = HM 37 = Walser 253 (Seduni) und CIL XII 145 = HM 38 = Walser 259 (Nantuates). – Ehreninschriften für C. und L. Caesar; CIL XII 146 = HM 39 und CIL XII 141 = HM 40 sowie Walser 287 und 313. Vgl. zu diesen Inschriften SRZ 126, Frei-Stolba (1977) 353–354, E. Meyer, HelvAnt. 228 ff. Völlig abwegig ist der Gedanke, dass diese Inschrift aus Chur wegen Fehlens gleichzeitigen Fundmaterials »gleichsam in der Luft hänge« und neu interpretiert werden müsste (A. Siegfried-Weiss, R. Steinhauser, M. Primas, Arch. Beitrag zum Formationsprozess des frühmittelalterlichen Churrätiens; Festschrift Iso Müller (Disentis 1986) 9/10 und 12. Lege artis gilt es doch, Befunde an epigraphisch gesicherte Daten anzuhängen und nicht umgekehrt.
29 Frei-Stolba (1977) 358–364. H.-J. Kellner, Zur römischen Verwaltung in den Zentralalpen; BVGBl 39 (1974) 92–104.
30 Besetzung des Alpenvorlandes: S. v. Schnurbein, Die Besetzung des Alpenvorlandes durch die Römer; Die Römer in Schwaben, Arbeitsheft 27, Bayr. Landesamt f. Denkmalpfl. (München 1985) 17–23. – Augsburg-Oberhausen: S. v. Schnurbein, Die Funde von Augsburg-Oberhausen und die Besetzung des Alpenvorlandes durch die Römer; Forschungen zur provinzialr. Arch. in Bayrisch-Schwaben (Augsburg 1985) 15–43. M. Mackensen, Frühkaiserzeitl. Kleinkastelle bei Nersingen und Burlafingen an der Oberen Donau; Münchner Beitr. Vor- und Frühgesch. 41 (München 1987) 136–138.
31 SRZ 129. Schönberger (1985) 343–344. Ritterling, Artikel »Legio«; RE XII 1237 ff. Zugehörigkeit des Helvetiergebietes zur Gallia Belgica (bis zur Neuordnung durch Domitian): Frei-Stolba (1977) 364–65.
32 Schön (1986) 94 ff. Mackensen (1987) 136 ff. v. Schnurbein (1985) 15–43. Schönberger (1985) 344.
33 Gründungsdatum des eigentlichen Legionslagers um 17 n. Chr.: K. Kraft, Zu den Schlagmarken des Tiberius und Germanicus. Ein Beitrag zur Datierung der Legionslager Vindonissa und Oberhausen; Jahrb. f. Numism. und Geldgesch. 2 (1950/51) 21–35. Gute Zusammenst. der weit. Lit. bei Frei-Stolba (1977) 366 Anm. 268. Die Keramikfunde aus frühaugusteischer Zeit, die früher als Argument für eine frühere Gründung des Legionslagers angeführt wurden, lassen sich jetzt dem inzwischen archäologisch nachgewiesenen frühaugusteischen Posten zuweisen, dazu: Hartmann (1986) 30–35. – Defensivcharakter: K. Christ, Militärgeschichte der Schweiz in röm. Zeit; SZG 5 (1955) 466 ff. K. Kraft, a.a.O. 34. – Lage im Strassennetz. A. Matter; JberGPV 1942/43, 4–26.
34 F. B. Maier, Eine frühe Westfront des Legionslagers von Vindonissa; JbSGUF 70 (1987) 188–192. – Sacroviraufstand: Tacitus, Annalen III 43. G. Alföldy, La politique provinciale de Tibère; Latomus 1965, 824–844.
35 D. und F. Tassaux, Aulnay de Santogne: un camp augustotibérien en Aquitaine; Aquitania I (1983) 49–95. Dies., Aquitania II (1984) 105–157, spez. 145 ff. mit Abb. 21.
36 Kastelle in der Unterstadt von Augusta Raurica: T. Tomasevic-Buck, Ausgrabungen in Augst und Kaiseraugst 1980; Jber-AK 5 (1985) 278–280, Abb. 39–43. – Tenedo/Zurzach: R. Hänggi, Zurzach Tenedo: Röm. Kastelle und Vicus; AS 9 (1986) 4, 149–159. – Brigantium/Bregenz, Cambodunum/Kempten, Damasia/Auerberg, Abodiacum/Lorenzberg. Gauting und Rederzhausen: Mackensen (1987) 138–141 mit Anm. 360–374. – Brigobannis/Hüfingen: RBW 337. Pferdehirt (1986) 284. – Vindonissa: Hartmann (1986) 43 ff. und Plan 2. F.B. Maier, a.a.O. (Anm. 34).
37 »Legionsterritorium«: Ausführliche Diskussion der Frage (mit Lit.) bei Frei-Stolba (1977) 366–377. – Schutthügel, Lederfunde: Gansser-Burckhardt (1942). Holzfunde: Publikation durch R. Fellmann in Vorbereitung.
38 Schönberger (1985) 345 ff. und Kartenbeilage B. – v. Gonzenbach (1963).
39 Donaukastelle: Mackensen (1987) 143 ff. mit Abb. 60. – Weil a. Rh.: G. Fingerlin, Zum römischen Weil; Das Markgräflerland, Beitr. zu seiner Gesch. und Kultur 2 (1986) 7–17. M. Martin, Die röm. Zeit am rechten Rheinufer zw. Augst und Kembs; Führer zu vor- und frühgesch. Denkmälern 47 (Mainz 1981) 64–91, bes. Abb 1 und 3. – Sasbach: RBW 537 mit Abb. 355. – Hüfingen: Pferdehirt (1986) 284. – R. Wiegels (1983) 1–42.
40 Meilensteine: Walser (1984) 34/35 und 66/67. – Ausbau: A. Planta, Zum römischen Weg über den Gr. St. Bernhard; AH 37 (1979) 10, 15–30. – F. Wible, Forum Claudii Vallensium, Das römische Martigny: AW 14 (1983) 2, 2–32, bes. Abb. 9.
41 Civitas Vallensium und Abtrennung von Raetien: Ausführliche Darstellung und Diskussion (mit Lit.) bei Frei-Stolba (1977) 358–364 und 377–384. – Kleiner St. Bernhard-Pass: G. Walser, Via per alpes graias, Beitr. z. Gesch. d. Kl. St. Bernhard-Passes in röm. Zeit; Historia Einzelschr. 48 (Stuttgart 1986). – Zuständigkeit des Lagaten von Obergermanien: CIL XII 113 [Terminationsstein von Les Plagnes (F)]. Walser a.a.O. Taf. 7.

42 Tacitus, Historien 1.67–69.
43 G. Walser, Tacitus und das Strafgericht über die Helvetier im Jahre 69 n. Chr.; SZG 4 (1954) 2, 260 ff. C. Schucany, Tacitus und der Brand der der jüngeren Holzbauten von Baden/Aquae Helveticae; JberGPV 1983 (1984) 35 ff.
44 Eburodunum/Yverdon – Rue des Philosophes: US 10 (1946) 1, 11–13 (Brandschicht mit Münze des Galba). Degen (1970) 149, Anm. 9 und 10, 169, Anm. 48. JbSGU 38 (1947) 67 [die hier und bei Degen (1970) erwähnte Dokumentation von A. Kasser in der Landesaufnahme der SGUF war 1987 nicht mehr auffindbar]. – Mt. Vully: G. Kaenel und Ph. Cudry, Fouilles du Mt. Vully; AS 6 (1983) 3, 102–109. – Vitudurum/Oberwinterthur: Rychener (1984) 68, beachte dazu die Einschränkungen in Anm. 90 [wir haben es hier abermals mit dem Phaenomen der nicht enger als innerhalb eines Jahrzehntes datierbaren Keramikspektren zu tun]. – Uetliberg–Zürich: W. Drack, der Uetliberg, Die Erforschung der Ur- und Frühgeschichte; »Der Uetliberg« (Zürich 1984) 109–144, bes. 137. – Basel: Brand eines Gebäudes in neronischer Zeit (Rittergasse 4): G. Helmig, Die Grabungen an der Rittergasse 4, 1982; Basler ZS Gesch. u. Altertumskde. 83 (1983) 323–340, speziell 335 ff.
45 R. Hänggi, Zurzach AG/Tenedo: Röm. Kastelle und Vicus; AS 9 (1986) 4, 149–159.
46 SRZ 241–252. M. P. Speidel, Die Helvetier als Reiterkrieger, Gallien und Obergermanien als Herkunftsgebiet der kaiserlichen Gardereiter; MH 43 (1986) 127–130.
47 Sueton, Vespasian 1, 3: »später hat er, Flavius Sabinus, (der Vater Kaiser Vespasians) bei den Helvetiern Geld auf Zinsen verliehen und starb auch dort. SRZ 197. D. van Berchem, Un banquier chez les Helvètes; Ktema 3 (1978). Die Inschrift CIL XIII 5138 = HM 233 = Walser 97 bezieht sich nach einer Korrektur durch van Berchem auf Pompeia Gemella, die Gouvernante des Kaisers Titus gewesen sein dürfte.
48 Damnatio memoriae: HM 269, 270 und 275. In diese Zusammenhänge dürfte auch das absichtliche Abbrechen der Spitzen von Dolchscheiden zu stellen sein: G. Ulbert, Silbertauschierte Dolchscheiden aus Vindonissa; JberGPV 1961/62, 5–18, bes. 17.
49 VIII Legion: Oldenstein-Pferdehirt (1984). – Mirebeau-sur-Bèze: Dieses Legionslager scheint der VIII Legion bis Ende des 1. Jh. n. Chr. gedient zu haben; E. Schallmeyer, Ziegel mit Stempeln der VIII Legion; Denkmalpfl. in Baden-W. 16 (1987) 3, 157–158.
50 Allgemein zum Clemensfeldzug: SRZ 209–221.

H. Lieb, Zum Clemensfeldzug; Studien zu den Militärgrenzen Roms, Beih. BonnJbb 19 (1967) 94 ff. R. Wiegels (1983) 22–25 mit Anm. 72–76. – Bauinschrift Augusta Raurica: CIL XIII 11542 = HM 337 = Walser 232. – Tafel von Wutöschingen: Nesselhauf; BerRGK 27, 1937 (1939) 68 ff., Nr. 63. Wiegels (1983) 23/24 mit Anm. 73 [zum neuesten Stand der Forschung].
51 Strassenverbindung: Meilenstein aus Offenburg CIL XIII 9082. – Triumphalornamente: SRZ 211. CIL XI 5271.
52 Arae Flaviae/Rottweil: Pferdehirt (1986) 255 ff. und 283/284 [gute Zusammenfassung des neuesten Forschungsstandes].
53 Postenketten: v. Gonzenbach (1963) 114 ff. Oldenstein-Pferdehirt (1984) 408 ff. und Karten Abb. 6–8.
54 Fredegar II 36. SRZ 205 mit Anm. 6.
55 SRZ 222 mit Anm. 4. HM 256/257 zur Inschrift CIL XIII 5089 = HM 198 = Walser 82, die den Kolonienamen am vollständigsten wiedergibt.
56 Tribuszugehörigkeit: z. B. CIL XIII 11478 = HM 197 = Walser 105 (mit Kommentar zur Frage).
57 Der Problemkreis wird ausführlich diskutiert, unter Vorlage der früheren Literatur, bei R. Frei-Stolba (1977) 384–404. P. Frei, Zur Gründung und Rechtsstellung der röm. Kolonie Aventicum; BullAPA 20 (1969) 5 ff.
58 Anzeichen für korporative Organisation: CIL XIII 5102 = HM 203 [Coloni] und CIL XIII 5072 = HM 208 = Walser 74 sowie CIL XIII 5091 = HM 211 = Walser 83 [Incolae].
59 D. van Berchem, Avenches Colonie Latine ?; Chiron 11 (1981) 221–228 = van Berchem (1982) 141–150.
60 P. Ducrey, Die römische Schweiz; Geschichte der Schweiz und der Schweizer, Bd. 1 (Basel 1982) 68–69. – Zu Pompeia Gemella vgl. oben Anm. 47
61 Stadtmauer: J.-P. Dewarrat; JbSGUF 68 (1985) 244–246.
62 G. Grosjean, Die römische Limitation von Aventicum; JbSGU 50 (1963) 7 ff.
63 Stadtmauer Augusta Raurica: L. Berger [et alii], Die Grabungen beim Augster Osttor im Jahre 1966; JberAK 5 (1986) 20–21 mit Anm. 31–44a. – Stadtmauern als Geschenk: CIL XII, 3151 (Nîmes), III 2907 und 13264 (Zadar YU). – Generell: P. A. Février, Enceinte et Colonie; Riv. Studi Liguri 35 (1969) 277 ff.
64 Chattenkrieg: SRZ 236 mit Anm. 1. H. Braunert, Zum Chattenkrieg Domitians; BonnJbb 153 (1953) 97 ff. Wilmanns (1981) 84 mit Anm. 253. – Nauheim: Pferdehirt (1986) 275, Nr. 18, vgl. auch SRZ 236, Anm. 1. – Vindonissa: CIL XIII 11517 =

HM 291. – Mirebeau: Wiegels (1983) 40–42 mit Anm. 122–126. Wilmanns (1981) 80, Anm. 223. – Brücke Tasgaetium/Eschenz: J. Bürgi, Römische Brücken im Ktn. Thurgau; AS 10 (1987) 1, 16–19. – Brücke Le Rondet: E. Hollstein, Mitteleurop. Eichenchronol.; Trierer Grabungen und Forsch. XI (Mainz 1980) 172–173.
65 Ausbauaktionen: Oldenstein-Pferdehirt (1984) Abb. 8. Schönberger (1985) 366–378.
66 SRZ 237 (um 90 n. Chr.).
67 Saturninusaufstand: SRZ 56–57. – Abzug der 11. Legion: SRZ 239 mit Anm. 2. – Die 11. Legion wurde aus dem Obergermanischen Heere ausgegliedert und dem Pannonischen Heere zugeteilt.
68 Bronzener Schildbuckel mit Insignien der VIII Legion: Hartmann (1986) 110, Abb. 99. – Forum über aufgelassenen Principia: Burnum: M. Kandler in; S. Zabehlicky-Scheffenegger und M. Kandler, Burnum I; Schriften des Balkankomm. XIV (Wien 1979) 14–15. – Vindonissa: R. Fellmann, Neue Untersuchungen an den Principia des Legionslagers Vindonissa; Studien zu den Militärgrenzen Roms II (Köln–Bonn 1977) 121–130, Abb. 3. Der Bau wurde damals von mir noch als Principia (Stabsgebäude) der Spätzeit (nach 260 n. Chr.) angesprochen. – Lopodunum/Ladenburg: RBW 387–391, Abb. 207–209, Taf. 71. S. Sommer, Ausgrabungen in Ladenburg, Landesamt Baden-Württemberg (Ladenburg o. J.) 11–15.
69 Sottoceneri: P. Baldacci, Comum et Mediolanum, i rapporti tra le due città nel periodo della romanisazione; Thèmes de recherche sur les villes antiques d'occ., Colloques int. du CNRS, No. 542 (Paris 1977) 98–116. – Genava/Genf: HM Seite 219 und Inschr. 92 = Walser 40 (mit Kommentar). SRZ 481.
70 Vallis Poenina: Frei-Stolba (1977) 362. – Helvetiergebiet: G. Walser, Die Provinzzugehörigkeit des Helvetiergebietes; Mélanges A. Piganiol (Paris 1966) III 1397 ff. Meyer, Provincialia 385.
71 Curatores civium Romanorum conventūs Helvetici: HM Seite 240 ff. CIL XII 2618 = HM 97 = Walser 21. CIL XIII 5026 = HM 156 = Walser 51. CIL XIII 11478 = HM 197 = Walser 105.
72 Civitas Caluconum mit Curia/Chur als Civitas-Hauptort, erwog H. Lieb auf Grund des Ausbaustatus (Platzanlage mit vier Altar(?)-Fundamenten) von Curia und der oben (Anm. 28) gen. Ehreninschrift in einem Referat vor der Schweiz. Römerkommission. Zu vergleichen wäre die grosse Platzanlage mit Altar in Brigantium/Bregenz (A), das sicher Civitas-Hauptort war; E. Vonbank [et alii], Das römische Brigantium (Bregenz 1985), Faltplan, Band 16, S. 146 ff. mit Abb. 1–6.

73 Eine gute Uebersicht über diese Beamtungen: F. G. Maier, Oeffentliche Organisation; UFAS V (1975) 5–14. – Praefectus arcendis latrociniis: CIL XIII = HM 140 = Walser 47. Das Amt, ursprünglich nur aus der Colonia Iulia Equestris bekannt und für eine dortige Spezialbeamtung gehalten, ist jetzt auch in Gallien belegt: L. Cerialis Rectus als Priester f. Roma und Augustus, IIII-vir und Praefectus arcendo latrocinio; M. Mangard, L'inscription dédicatoire du théâtre du Bois de l'Abbé à Eu; Gallia 40 (1928) 35 ff.
74 Magistri Vici, Salodurum/Solothurn: Walser 141. – Selbstverwaltung, Aquae Helveticae/Baden: CIL XIII 5233 = HM 258 = Walser 187. Vindonissa, CIL XIII 5195 = HM 265 = Walser 149.
75 Prosperität und Friede: SRZ 252–253.
76 Name der Colonia Raurica: Gut belegt ist »Colonia Raurica« [Inschrift am Munatiusgrab, Nuncupationstafel und Plinius NH IV 1063]. »Colonia [Augusta] Raurica« ergänzt H. Lieb auf der Nuncupationstafel. »Augusta Rauricorum« ist in dieser Form nirgendwo belegt, sondern aus dem Griechischen Αὐγούστα Ραυρίκων bei Ptolemaeus II 9.9. rückerschlossen, was uns nicht unbedingt statthaft scheint. Itinerarium Antonini (353.3) und Tabula Peutingeriana haben »Augusta Rauracum«, respr. »Augusta Ruracum«. Diese Formen, bei denen es sich um eine Kurzform des Genetivus Pluralis des Stammesnamens handelt, entsprechen in auffallender Weise der Namensgebung der Hauptstadt der benachbarten Provinz Raetia Augusta Vindelicum/Augsburg. Eine Namensform »Augusta Rauracorum« ist ebenfalls nicht überliefert. Sie ist aus »Augusta Rauracum« rückerschlossen. Von der Mitte des 2. Jh. n. Chr. an scheint sich nach Ausweis der Inschriften die Schreibung des Stammesnamens mit »a« (Rauracus) durchgesetzt zu haben. »Rauraci« heisst der Ort denn auch stets in der Spätantike (z. B. bei Ammianus Marcellinus). Eigentlich müsste man von »Colonia Raurica« oder für eine spätere Phase der Stadtgeschichte von »Augusta Rauracum« sprechen. Wir wählen im vorliegenden Buch bewusst, in Kenntnis der Sachlage, die Bezeichnung (Colonia) Augusta Raurica. – Aufstände unter Antoninus Pius: Hist. Antoninus Pius 12,2. – Lousonna: C. Martin, Le trésor monétaire de Vidy; Rev. Hist. Vaudoise 1941, 193 ff. D. van Berchem; Rev. Hist. Vaud. 52 (1944) 135, Anm. 4. – Aventicum: G. Th. Schwarz, Die Kaiserstadt Aventicum (Bern 1964) 36 und Anm. 100–102.
77 Chatteneinfall: Historia Augusta, Marcus Aurelius 8, 7/8. – Innere Unruhen: Historia Augusta, Marcus Aurelius 22, 10. Grenier (1931 ff.) 1ere par-

tie 100 und 230 [Zerstörung von Alesia und Lillebonne im Jahre 166 n. Chr.] – Vitudurum/Oberwinterthur: H. R. Wiedemer, Ein Münzschatz des zweiten Jahrhunderts aus Oberwinterthur; JberSLMZ 1958, 3–14. Zürcher (1985) 232.

78 Markomannenkriege: H.-J. Kellner, Raetien und die Markomannenkriege; BVGBl 30 (1965) 1/2, 154–175. H. W. Böhme. Archaeologische Zeugnisse zur Gesch. der Markomannenkriege; JbRGZM 22 (1975) [= Festschrift Hunt. 2. Teil] 153–217. Th. Fischer, Ein Keller mit Brandschutt aus der Zeit der Markomannenkriege aus dem Lagerdorf des Kastells Regensburg-Kumpfmühl; Ber. Bayr. Bodendenkmalpflege 24/25 (1983/84) 24–64. – Sulz am Neckar: RBW 582. – Pest: F. Gilliam, The plague under Marcus Aurelius; Americ. Journ. of Philology 82 [327] (1961) 125–251.

79 Bellum desertorum/Maternusaufstand: Herodian 1, 10 1–2. Hist. Augusta, Commodus 13,5. G. Alföldy, Bellum desertorum; BJbb 171 (1971) 367–376.

80 Praefectus arcendis latrociniis: In Julia Equestris/Nyon, CIL XIII 5010 = HM 140 = Walser 47. Neue Inschrift aus Nyon, F. Mottas: AS 1 (1978) 4, 134 ff. Inschrift von Eu; Gallia 40 (1982) 35 ff. – Zum Begriff des »Latrocinium«: L. Flam-Zuckermann, Etude du phénoméne du brigandage dans l'empire Romain; Latomus 29 (1970) 451 ff. vgl. auch Arch. Ertesitö 1941, 40 ff.

81 Schatzfund von Witenlingen: JbSGU 23 (1931) 54. – Schatzfunde in Augusta Raurica: Martin (1977) Abb. 21 [Schatzfunde B und C, sowie Münzspektren der Insulae 24 und 31]. – Münzumlauf: H.-M. von Kaenel, Die Fundmünzen von der Engehalbinsel bei Bern; JbBHM 55–58 (1975–78) 103–113, bes. 109. – Relief Augusta Raurica: ZAK 27 (1970) 199. Von P. Noelcke, Studien zu den Militärgrenzen Roms III (Stuttgart 1986) 213–225, Abb. 7 als Centurio erkannt. Bei Martin (1987) 90, Abb. 80 nach wie vor als »Paar, das die romanisierte Tracht der provinzialrömischen Bevölkerung des späteren 2. und 3. Jahrh. n. Chr. vor Augen führt«, angesprochen. Dies trifft bloss für die Frau zu.

82 Constitutio Antoniniana: Cassius Dio 77,9: ». . . abgesehen von dem Bürgerrecht, das er allen Untertanen des Römischen Reiches, angeblich als eine Auszeichnung, tatsächlich aber in der Absicht verlieh, dadurch seine Einkünfte zu vermehren, da nämlich die Nichtbürger die meisten dieser Abgaben nicht zu entrichten brauchten.« – Status der Colonia Raurica: s. oben Anm. 76.

83 Meilensteine: SRZ 256 mit Anm. 2. Walser (1976) 70. – Alamanni: Aurelius Victor, Caesares 21,2. – Rainau-Dalkingen, Limestor: D. Planck, Das Freilichtmuseum am rätischen Limes im Ostalbkreis; Führer arch. Denkm. Baden-Württemberg 9 (Stuttgart 1983) 68–94.

84 Alamanneneinfall 233: Kellner (1976) 136–141. – Schatzfunde: Widen AG, St. Martin-Kilcher, Ein römischer Bronzefund des 3. Jh. aus Widen; AS 3 (1980) 1, 17–22. Wettingen AG: Chr. Simonett; ZAK 8 (1946) 1 ff. Obfelden ZH, E. Vogt, Gesch. d. Gemeinde Obfelden (Zürich 1947) 47 ff. Winterthur-Lindberg, F. Keller; MAGZ 15 (1864) 3, 119 und Taf. 5.

85 Alamanneneinfall 242: Kellner (1976) 143–144. – Bellum civile: Eutropius 9,4. Dazu auch die Münzprägung eines Usurpators (?) Marcus Silbannaeus? [F. Mattingly, Roman Imp. Coinage 4, pt. 3, 66–67]. – Zu diesen Ereignissen könnte der Münzfund aus der Villa von Osterfingen SH gehören, der in oder unter einer 22 cm starken Brandschicht gefunden wurde und dessen Schlussmünze 236 geprägt wurde; JbSGU 26 (1934) 61; 28 (1936) 73. Degen (1970) 369.

86 Alamanneneinfall 254: Kellner (1976) 147. RBW 92. P. R. Franke, Die röm. Fundmünzen aus der Saalburg; Saalburg Jb 15 (1956) 10 ff. R. Roeren, Zur Archaeol. und Gesch. Südwestdeutschlds. im 3. bis 5. Jahrh.; JbRGZM 7 (1960) 219 ff. – Augusta Raurica-Ins. 42: T. Tomasevic-Buck, Ein Depotfund in Aug. Raurica, Insula 42; Forschungen in Augst 4 (August 1980) = BVGBl 45 (1980) 9–116. – Depotfund Kaiseraugst: T. Tomasevic-Buck [et alii]: Ein Bronzedepotfund aus Aug. Raurica (Dorfstr. 1, Kaiseraugst); BVGBl 49 (1984) 143–196. – Augusta Raurica-Insula 6: M. Peter in Tomasevic-Buck a.a.O. 190. – Kritische Stimmen zur Datierung dieser Depots: Martin Kilcher (1985) 191, spez. Anm. 118. M. Peter, Die Münzfunde (Grabungen beim Augster Osttor im Jahre 1966); JberAK 5 (1985) 54 und Anm. 132. Bender (1987) 36 mit Anm. 53 und 54. – Villa Hüttwilen-Stutheien: M. Hartmann, Die Fundmünzen, in; K. Roth-Rubi, Die Villa von Stutheien/Hüttwilen; Antiqua 14 (Basel 1986) 44–45, bes. Tabelle 45. – Villa Biberist-Spitalhof: C. Schucany, Der röm. Gutshof von Biberist-Spitalhof; 69 JbSGUF (1986) 199–220, bes. 211. – Vicus Lenzburg: JbGPV 1967, 69. – Nuglar: ASA 1890, 343 und JbSGU 1936, 72.

87 Inschrift von Herbrechtingen: RBW 334–335, Abb. 162. – Vindonissa, Gallienusinschrift: CIL XIII 5203 = HM 294 = Walser 155. H. Lieb, Zur Datierung und Bedeutung einer Altenburger Inschrift; JbGPV 1948/49, 22–28. – Manu militari: Der Ausdruck bezeichnet den Mauerbau um eine Zivilsiedlung durch Militär (vgl. CIL III 3378 und

8031. Typisch die Inschrift aus Romula/Bukarest (Dessau 510): »ob tutelam civium coloniae suae Romul(ae) circuitum muri manu militari fecerunt = zum Schutz der Bürger ihrer Kolonie Romula den Umkreis der Mauer mit Truppeneinsatz gebaut« [d. h. Philippus Arabs 248] – Vindonissa, Bautätigkeit: Trägt man die Fundpunkte der Münzen aus der entspr. Zeitperiode auf dem Lagerplan ein, so ergeben sich Anhäufungen beim Westtor, an den Eckpunkten des Lagers und an der Südfront, deren Struktur mit den in die Mauerstärke integrierten Türmen sie ohnehin als ein Bauwerk aus dem 3. Jahrh. ausweist. – Offensichtlich hatte die Zivilbevölkerung die ihr hinderliche Südmauer niedergelegt. Dazu: O. Lüdin und H.-R. Wiedemer, Die Ausgrabungen in Windisch 1967; JbGPV 1967 31 ff. spez. 36 und 50, Abb. 1 und Beilage 1.

88 Kaiseraugst: T. Tomasevic-Buck, Neue Grabungen im Kastell Kaiseraugst; Studien zu den Militärgrenzen Roms III (Stuttgart 1986) 268–273. – Basilia/Basel–Münster: Fellmann (1981) 38, Abb. 35, 36 und 43,9. – Mons Brisiacus/Breisach: H. Bender, Neuere Untersuchungen auf dem Münsterberg von Breisach (1966–75); ArchKorrBl 6 (1976) 309 ff.

89 Abfolge der Ereignisse im Jahre 260: I. König, Die gallischen Usurpatoren von Postumus bis Tetricus; Vestigia, Beiträge zur Alten Geschichte, Bd. 31 (München 1981). M. Christol, Les règnes de Valérien et de Gallien (253–268): travaux d'ensemble, questions chronologiques; ANRW II, 2, 804–826. J. Lafaurie, L'empire Gaulois. Apport de la numismatique; ANRW II,2, 853–1012.

90 L. Berger, Zu zwei Problemen der spätrömischen Schweiz, Die Zerstörungen der Jahre 259/60 im schweizerischen Mittelland; JbSGUF 59 (1976) 203–205. – Münzdepots mit Endmünzen des Gallienus und des Saloninus (letzter Stand): M. Feugère, Le trésor de Chalain-d'Uzore, Cahiers arch. de la Loire 4/5 (1984–85) 66–68. M. Py, J. Hiernard, J.-C. Richard, Le Trésor de Nages-et-Solorgues; Trésors monétaires V (Paris 1983) 117–123, besonders die Karte Abb. 2. – Stadtmauer Verona: CIL V 3329, Bauzeit vom 3. April bis 4. Dezember. – Neftenbach: A. Zürcher, Ein Münzschatz im röm. Gutshof von Neftenbach; AS 10 (1987) 1, 30–31, Abb. 1–3. Die ersten Untersuchungen am Münzschatz, die im SLMZ unternommen werden, haben ergeben, dass Münzen des Postumus enthalten sind (freundl. Mitteilung von J. Rychener im Februar 1988). Aufgrund dieser Sachlage dürfte eine Vergrabung des Neftenbacher Münzschatzes im Zusammenhang mit den Ereignissen von 260 ziemlich unwahrscheinlich sein.

91 Weltchronik des Sog. Fredegar II 40, bei HM S. 168. P. Frei, Das römische Aventicum bei Fredegar; MH 26 (1969) 107 ff. – Goldbüste des Marcus Aurelius: P. Schatzmann, Buste en or représentant l'empereur Marc-Aurèle; ZAK 2 (1940) 69–93. H. Jucker, Marc Aurel bleibt Marc Aurel; BullAPA 26 (1981) 7–36. Aufgrund der Resultate, die die Aufarbeitung der Münzen von Aventicum durch F. König erbracht haben (unter Anm. 94), wäre ein Zeitpunkt der Verbergung nach dem Alamanneneinfällen nicht auszuschliessen, da die Münzreihe von Aventicum keineswegs mit dem Jahre 260 abbricht. H. Jucker denkt für diesen Fall an eine Bergung vor christlichen Bilderstürmern (a.a.O. 17, Anm. 82).

92 Massongex: 54. JbSGUF (1968/69) 163. ZAK 21 (1961) 163 mit Anm. 106 und 107. – Münzfund von Bex-Sous-Vent: Rev. Suisse de Numism. 1895, 274. UFAS 5 (1975) 118, Abb. 21.

93 St-Maurice, Iunius Marinus: CIL XII 149 = HM 45 = 261. P. Ducrey, Etat des recherches sur le Valais Romain; Vallesia 23 (1978) 17–30. – Colline de St-Léonard: D. van Berchem, Fragments d'inscriptions latines trouvés á St-Léonard VS; Mélanges Collart, CAR 5 (1976) 75–81. – Porticussäulen als Meilensteine: F. Mottas, Milliaires et vestiges de voies romaines du Canton de Vaud; AS 3 (1980) 3, 154–168, spez. 156 und 162.

94 Aventicum: Ammianus Marcellinus XV 11,12, ». . . Aventicum, eine zwar verlassene, früher aber nicht unbedeutende Stadt, wie die halbeingestürzten Gebäude auch jetzt noch bezeugen.« Ammianus Marcellinus schreibt von »aedificia semiruta« und nicht von »aedificia deleta«. Dürfen wir daraus vor allem auf eine Entvölkerung und Veröding der Stadt und auf den Einsturz mancher nicht mehr unterhaltener Gebäude schliessen? Dass nach 260 kein markanter Siedlungsunterbruch stattgefunden hat, zeigen die Münzen, die von F. König aufgearbeitet worden sind (noch ungedr. Diss. Univ. Bern). Die Statistik, die H. Doppler unter Berücksichtigung der Arbeit von F. König vorlegt (H. Doppler, Die römischen Münzen aus Baden; Handel und Handwerk im römischen Baden [Baden 1983] 9 und Anm. 38) zeigt, daß in A. erst nach 305 ein markanter Rückgang des Münzumlaufes eintritt. Man wird die oben zitierte Stelle bei Ammianus Marcellinus tatsächlich auf diesem Hintergrunde sehen müssen. – Siedlungsumstrukturierung: Bögli (1984) 7. G. Th. Schwarz, Kaiserstadt Aventicum (Bern 1964) 121 [dort auch Hinweis auf Brandschichten in der Insula 26 und in den Zugängen zum Amphitheater].

95 Augusta Raurica, Gladiatorenmosaik: L. Berger

und M. Joos, Das Augster Gladiatorenmosaik; Jber. Römermus. Augst 1969/70 (Augst 1971) 5–105. – Palazzo des dreigehörnten Stieres: Martin-Kilcher (1985) 194. – Augusta Raurica, Truppenstationierung: T. Tomasevic-Buck, Neue Grabungen im Kastell Kaiseraugst; Studien zu den Militärgrenzen Roms III, 268–273. Martin-Kilcher (1985) 194 und Anm. 135 (Insulae 5 und 29).

96 Agri Decumates: J. G. F. Hind, Whatever happened to the Agri Decumates; Britannia 15 (1984) 187–192.

97 Lostorf-Gr. Chastel: Chr. Ph. Matt, Die römische Station Gr. Chastel im Soloth. Jura; AS 4 (1981) 2, 75–81. Ders., Der Grosse Chastel bei Bad Lostorf, ein spätröm. Refugium im Soloth. Jura; Arch. d. Ktns. Solothurn 5 (1987) 67–155. – Büttenloch: Martin-Kilcher (1980) 121, 129 und Abb. 49. – Salève: Revue Savoise 19 (1878) 77–79. – Mt. Musiège: D. Paunier, Un refuge du Bas-Empire au Mt. Musiège (Hte. Savoie); MH 35 (1978) 295–306. – Mettlen-Waldi: Z. Bürgi, Die prähistorische Besiedlung von Toos-Waldi; AS 5 (1982) 2, 82 und Anm. 5. – Schaan-Krüppel: D. Beck, H. J. Kellner, K. Gerhardt, Die Höhensiedlung »auf Krüppel« ob Schaan; Jb. Hist. Ver. Fürstent. Liechtenstein 64 (1965) 7–142. – Wittnauer Horn: G. Bersu, Das Wittnauer Horn; Monogr. z. Ur- und Frühgesch. 4 (Basel 1965). E. Gersbach, Zur Baugesch. der Wehranlagen auf dem Wittn. Horn; Provincialia 551 ff. K. J. Gilles, Zur spätröm. Toranlage auf dem Wittn. Horn; Germania 54 (1976) 440-451. L. Berger, Zur Datierung und Bedeutung der spätröm. Befestigungsanlagen auf dem Wittn. Horn; 59 JbSGUF (1976) 206–207. – Mt. Terri: D. Paunier; MH 35 (1978) 304, Anm. 18. – Stürmenkopf: A. Gerster, Die spätröm. Befestigung auf dem Stürmenkopf; US 32 (1968) 17 ff. – Trimbach-Frohburg: Nachr. Schweiz. Burgenverein 48 (1975) 147 und 51 (1978) 122–123. – Châtillon-sur-Glâne: H. Schwab. Un oppidum de l'époque de Hallstatt près de Fribourg en Suisse; Mittbl. SGU. 7 (1976) 2–11. – Castiel-Carschlings: Chr. Zindel, Castiel-Carschlings; AS 2 (1979) 2, 109 ff. – Spolienmauern: Basilia/Basel: Fellmann (1981) 29–32, Abb. 29–31. Genava/Genf: M. R. Sauter, Ch. Bonnet, Nouvelles observations sur l'enceinte romaine tardive de Genève; JbSGUF 56 (1971) 165 ff. In einer ersten Bauphase bestand die spätrömische Wehrmauer von Genava/Genf aus einer doppelten Palisadenreihe. Die 2. Bauphase brachte dann auf einer Steinpackung die Spolienmauer, deren Blöcke teilweise aus Julia Equestris/Nyon geholt wurden; Genava 34 (1986) 52 ff. Abb. 5 und 6 [Grabungen bei der Tour de Boël]. – Augusta Raurica-Kastelenplateau: Keramik des späten 3. und der ersten Hälfte des 4. Jh. aus dem Halsgraben bei Martin-Kilcher (1985) Abb. 31 und 32. Martin (1987) 159.

98 Vindonissa: Th. Pekary, Die Fundmünzen von Vindonissa; Veröfftl. GPV 6 (Brugg 1971) 13 und 51–53. Das Ausgreifen des Sonderreiches nach Osten könnte bis zur Grenze Raetiens gereicht haben, wenn man die zahlreichen Münzen der Tetrici von Zürich/Uetliberg dahingehend interpretieren will. – Augusta Raurica, Waffenfunde, Kämpfe: Martin-Kilcher (1985) passim, spez. 191–195. – Muttenz: B. Kapossy, Der röm. Münzfund Feldreben II aus Muttenz; Schweiz. Num. Rundschau 52 (1973) 52–59 (Kapossy gibt eine sorgf. Analyse der verschiedenen Muttenzer Funde [Feldreben I und II, Tetricusfund, Hardfund, Reichensteiner Fund aus dem benachbarten Arlesheim BL]. Zum hier angesprochenen Zeithorizont könnte der Fund Feldreben I gehören. Vgl. aber auch die Bemerkungen Kapossys zur »Undatierbarkeit« dieser Funde wegen der in ihnen enthaltenen »barbarischen« Nachprägungen). – Augusta Raurica, »Im Liner«: Bender (1987) 36, spez. Anm. 59. – Augusta Raurica, Gladiatorenmosaik: L. Berger und M. Joos, a.a.O. (Anm. 95), 68 ff. mit Anm. 107. – Bachofenscher Münzschatz: Ich beziehe mich auf eine durch W. E. Stöckli nach Durchsicht des gesamten Materials erstellte Liste, die mir der Autor freundlicherw. zur Verf. gestellt hat. – Einfälle nach Raetien: Overbeck (1982) 198 ff. und 203 ff.

99 Ende von Augusta Raurica: Martin-Kilcher (1985) 195 mit Abb. 31 und 32 [Halsgraben Kastelen]. Martin (1977) 37–38, Abb. 21. Bender (1987) 37. – Castrum Rauracense, Bauperioden: Frdl. Hinweis des aarg. Kantonsarchaeol. M. Hartmann, der diese Befunde vorzulegen gedenkt.

100 Augusta Raurica, Sodbrunnen: M. Schwarz, Der Brunnenschacht beim SBB-Umschlagplatz in Kaiseraugst; JberAK 6 (1986) 65–80. B. und D. Markert, Brunnenschacht in Kaiseraugst 1980: Die Knochen; JberAK 6 (1986) 81–123. – Regensburg: P. Schröter, Skelettreste aus zwei römischen Brunnen von Regensburg-Hartling als archaeol. Belege für Menschenopfer bei den Germanen der Kaiserzeit; Das archaeol. Jahr in Bayern (Stuttgart 1984) 118–120.

101 Basilia/Basel: R. D'Aujourd'hui u. G. Helmig, Basel-Münsterhügel: Archaeologie in Leitungsgräben; Basler Zs f. Gesch. und Altertkde. 80 (1900) 243–246. Fellmann (1981) 22 und Abb. 25. – Wittnauer Horn: L. Berger und W. Brogli, Wittnauer Horn und Umgebung; AFS 12 (1980) 24. – Schaan-Krüppel: Beck, Kellner u. Gerhardt, a.a.O. (Anm.

97) 72–74, Abb. 2. – Vindonissa: Pekari, a.a.O. (Anm. 98) 14 »Nach der Wiederherstellung der Reichseinheit unter Aurelian verliert offenbar Vindonissa die Bedeutung, die es während kurzer Zeit besessen hatte«. – Castrum Vindonissense: Hartmann (1986) 117–126.

102 Inschrift für Probus: L. Bakker, Ehreninschriften für die Kaiser Probus und Diokletian in Augsburg; Die Römer in Schwaben, Arbeitsheft Bayr. Landesamt f. Denkmalpflege 27 (Augsburg 1985) 261–262. Kellner (1976) 153, Abb. 155. – Rheinfelden-Görbelhof: H. Bögli und E. Ettlinger, Eine gallo-röm. Villa rustica bei Rheinfelden; Argovia 75 (1963) 5–72. – Münzfund von Balgach, u. a.: B. Overbeck, Alamanneneinfälle in Raetien 270 und 288 n. Chr. – Jb. Num. und Geldgesch. 20 (1970) 81–99, spez. 89 ff. – Donau-Iller-Rheinlimes: J. Garbsch, Der spätröm. Donau-Iller-Rheinlimes; LMAKlSchr 6 (1970).

Strassen und Verkehr

1 Peutingersche Tafel: Tabula Peutingeriana, Codex Vindobonnensis 324, Vollständige Faksimile-Ausgabe im Originalformat mit Kommentar von E. Weber, Graz 1976. – Die Schweiz betreffende Routen bei HM 116–120. – Zur Datierung: E. Weber, Die Tabula Peutingeriana; AW 15 (1984) 1, 3–8. – Itinerarium Antonini: O. Cuntz, Itineraria Romana, Vol. 1 (Leipzig 1929). – Die Schweiz betreffende Routen bei HM 112–116. – Zur Datierung: N. Reed, Pattern and purpose in the Antonine Itinerary; American Journ. of Philology 99 (1978) 228–253.

2 Meilen- und Leugensteine: Walser (1967). – Walser 315–323. – G. Walser, Anepigraphe Meilensteine in der Schweiz; Chiron 4 (1974) 457–460. G. Walser, Longae et Milia; Clotes Coll. int. cols des Alpes (Bourg-en-Bresse 1969) 55–57.

3 Pierre Pertuis: CIL XIII 5166 = HM 244 = Walser 125 mit S. 34–35. – SRZ 359–360. – Vogogna: CIL V 6649 = Walser 298 mit S. 112–113. – SRZ 377 mit Anm. 2.

4 Römerstrasse Rohr AG: Hartmann (1985) 195. – ASA, NF 1, 122. – US IV (1940) 2/3, 42–44. – Städtische Strasse Forum Claudii: Sog. »Rue du Nymphée«; Wiblé (1983) 10, Abb. 15.

5 Langenbruck: SRZ 353 mit Anm. 5. – Bohlenweg der »Langen Brücke«: ASA 1914, 110 ff. – 1957 konnte ein Stück dieses Bohlenweges freigelegt werden. Deutlich erkennbar waren die Radspuren (Spurweite innerkant 105,4, ausserkant 122 cm): Th. Strübin, Neues von der „lange Brugg"; Baselb.

Heimatblätter 27 (1962) 1, 117–119, Abb. 9. – Dazu das Passdorf bei Holderbank SO mit seinen Holzbauten; E. Müller, Holderbank, ein röm. Passdorf; AS 4 (1981) 2, 57–61.

6 Oberer Hauenstein: SRZ 353/354 mit Anm. 5. – Th. Burckhardt-Biedermann, Die Strasse über den Oberen Hauenstein am Basler Jura; BZ 1 (1902) 28/29 [Nachweis, dass im Mittelalter die Wagen mittels eines Seiles die Steilstrecke hinabgelassen wurden. Es ist stets nur vom »abhin ze lassen« die Rede. Dasselbe Vorgehen am Untern Hauenstein: a.a.O., 30/31. Ob diese Technik schon in röm. Zeit verwendet wurde, ist unklar].

7 Geleisestrassen: SRZ 338/339 (bereits vorsichtig zurückhaltend). – Die Diskussion um das Alter dieser Strassenspuren wurde erneut in Gang gebracht durch die kritische Analyse von: François Mottas, De la plaine d'Orbe en Franche-Comté: voie romaine et chemin saunier; AS 9 (1968) 3, 124–134. Gute Abbildungen von Einachskarren in: H. Cüppers, et al. [Herausg.], Die Römer an Mosel und Saar, Zeugnisse der Römerzeit in Lothringen, in Luxemburg, im Raume Trier und im Saarland (Mainz 1983) Nr. 2 aus Metz, Ilot St-Jacques, Nr. 3 aus Trier (vgl. TZ 45, 1982, 244), Nr. 182 aus Trier-St. Maximin. Beim bekannten Relief mit der Darstellung eines entsprechenden Wagens auf dem Grabpfeiler von Igel (D) ist ein zweites Pferd seitlich beigespannt. Vermutlich wurde es bei Beginn einer Gebirgsstrecke im Kettenzug vorgespannt, vgl. T. Bechert, Römisches Germanien (Zürich/München 1982) Abb. 214. – Eine gute Abbildung eines Karrens mit Kettenzug aus der Nähe von Malaga (E) bei R. Laur, US 32 (1968) 2/3, 36, Abb. 25. Dass im Kettenzug gefahren wurde, war auch in dem o. g. Bohlenweg der „langen Brücke" erkennbar. Strübin a. a. O. (Anm. 6): „In der Mitte der Stammstücke zeigten sich von Hufeisen herrührende Abnützungsspuren. Diese beweisen, dass einspännig, d. h. mit Gabelfuhrwerken, natürlich mit dem nötigen Vorspann, gefahren wurde." Strübins Ausführungen sind dahin zu korrigieren, dass auch unbeschlagene Pferdehufe für eine Abnützung der Bohlenhölzer gesorgt hätten. Leider war 1957 noch nicht dendrochronol. Datierung der Bohlen noch nicht zu denken.

8 Brücken: Le Rondet: H. Schwab, Le Rondet, eine röm. Militärbrücke im Grossen Moos; Arch. KorrBl 3 (1973) 335–343. – Tenedo/Zurzach: Martin Hartmann, Eine spätrömische und eine mittelalterliche Rheinbrücke in Zurzach AG; AS 10, (1987) 1, 13–15. – Brücken von Tasgaetium/Eschenz und Bussnang TG: Jost Bürgi, Römische Brücken im Kanton Thurgau; AS 10 (1987) 1, 16–22.

9 Dazu SRZ 339 mit Anm. 2.
10 Zum genauen Zählschema entlang der Strasse und für eine genaue Auflistung aller Meilensteine vgl.: Walser (1984) 34/35 und 66/67.
11 Armon Planta, Zum römischen Weg über den Grossen St. Bernhard; AH 37, 10, (1979) 15–30. Die Route wurde vom Verf. dieses Buches abgeschritten. Er kann Plantas Schlussfolgerungen nur bestätigen. – Meilenstein von Bourg-St-Pierre: Pauli (1980) 240, Abb. 136.
12 Bronzevotiv mit Maultier: Fellmann (1957 I), Abb. 43. – Zur Routenführung: Walser (1984) 35. – Kleiner St. Bernhard: G. Walser, Via per Alpes Graias, Beitr. zur Gesch. d. Kl. St. Bernhard-Passes in röm. Zeit; Historia Einzelschr. 48 (Stuttgart 1986).
13 Julierpass: SRZ 381–382. – Armon Planta, Der römische Fahrweg über Julier und Maloja; AS 2, 1979, 2, Beilage. – Planta (1986) 15–39. – Eine sorgfältige Analyse der Münzfunde und der archäologischen Funde zum Passheiligtum bei König (1979). – Septimer: Planta (1986) 67–78. – Hans Rudolf Wiedemer, Die Walenseeroute in frühröm. Zeit; HelvAnt 167–172 [Zu den Funden auf der Passhöhe. Dazu auch Rageth (1986) 98]. – Strassen im Oberhalbstein: Rageth (1986) 98 ff. – Mansio Murus: Rageth (1986) 79–82. – Vgl. auch den Topographischen Teil. – Mansio Tinnetio: Itinerarium Antonini 277, 7. – SRZ 382. – Zur Lokalisierung: Rageth (1986) 46, Anm. 3. – Mansio Riom: zusammenf. Rageth (1986) 68–74. – Zum Bautypus solcher Strassenstationen vgl. die gut dokumentierte Station von Sigmaringen (D) Fundber. a. Schwaben NF 19, (1971) 175 ff.
14 Via Mala: SRZ 384–386 [durch die Forschungen Plantas überholt]. – Planta (1980). – Splügen: Rageth (1986) 56, Anm. 40 [Noch unveröffentl. Forschungen A. Plantas nur als Saumpfad ausgebaut]. – Station Lapidaria: Rageth (1986) 79, mit Anm. 91.
15 Die Julier-Route fehlt in der Peutingerschen Tafel; dazu Rageth (1986) 47. – San Bernardino-Pass: Zu diesem Übergang, der sich vielleicht in einer Route in der Peutingerschen Tafel spiegelt, die westlich der Splügenroute eingetragen ist, abschliessend: Armon Planta, Unumgängliche Fragen zur römischen San Bernardinoroute; Bündner Monatsblätter 1975, 1/2, 32–44. – Gotthard-Pass: SRZ. 379 mit Anm. 4. – Auf eine Benützung des Gotthard-Passes in der La Tène-Zeit weist der Goldschatz von Erstfeld hin: René Wyss, Der Goldschatz von Erstfeld; HA 7 (1976) 25, 2–16, bes. 12. – Peter Robick, Ein römischer Münzfund aus Uri; HA 10 (1979) 38, 68 ff. – P. A. Donati, Sull' uso dei valichi alpini dal Gottardo al Bernina in Epoca preromana; Quaderni Ticinesi di numismatica ed antichità class. 1979. – Madrano: Mario Fransioli, La necropoli romana di Madrano; JbSGU 47 (1958/59) 57 ff.
16 Alpnach: MAGZ 27,4 (1916) 227 ff. – Innertkirchen-Wiler: JbBHM (1965/66) 596. – Iffigensee, Rawil, Kaltwasserpass: Hans Grütter, der Rawilpass mit antikem Vorgänger am Kaltwasserpass, Festschrift G. Grosjean; Jb. Geogr. Gesellsch. Bern 55 (1983–85) 353–366. – Albrunpass und Binntal: Gerd Gräser, US 28 (1964) 29–39 und 44 (1969) 1–8. – Ders., Provincialia 335–352.
17 Vgl. oben Anm. 3. – Zur strategischen Bedeutung SRZ 377, Anm. 2.
18 Bözberg: R. Laur-Belart; ASA 25 (1923) 13–24 (beurteilt das römische Alter der Strasse mit grösster Zurückhaltung). – Ders., Zwei alte Römerstrassen über den Bözberg; US 32 (1968) 30 ff. (Keine Zweifel mehr am römischen Alter der Strasse). – Hugo Doppler, Alte Römerstrassen über den Bözberg; Archaeologie im Grünen; AS 3 (1980) Beilage.
19 Zum Strassenverlauf: Von Kaenel (1980) 60/61 und Kartenbeilage. – G. Walser, Die römischen Durchgangsstrassen in der Schweiz; Schweiz. Archiv für Verkehrswissenschaft und Verkehrspolitik 19, 2 (1964) 108–130. – Die durch das Grosse Moos von Kallnach schnurgerade nach Petinesca ziehende Strasse (ASA 1856, 2 ff.) ist nach Mitteilung des Berner Kantonsarchaeologen, Hans Grütter, nicht römisch. Es muss sich um eine mittelalterliche Anlage handeln. Die römische Strasse folgte in erhöhter Lage der Hangkante. Dazu auch: H. Herzig, Probleme der Erforschung römischer Strassen; SZG 33 (1983) 70 ff. – F. Mottas, Les voies romaines en terre vaudoise; Strasse und Verkehr 68 (1982) 112 ff. Ders.: Milliaires et vestiges de voies romaines du Canton de Vaud; AS 3, (1980) 154 ff.
20 Strasse über den Raimeux: La Route Romaine de Grandval; »Le Démocrate« 9 Octobre 1981, sowie a.a.O. 9 und 10 octobre 1981. – Blauenplatte: Alban Gerster, Alte Passübergänge über den Blauenberg; Regio Basiliensis 14 (1973) 490–499.
21 Rheinbrücke Cambes/Kembs (F): J. J. Hatt, Découverte des vestiges d'un pont romain en maçonnerie dans l'ancien lit du Rhin à Kembs; CAHA 131 (1951) 83–87. – Strassenstation Larga: Westdeutsche Zeitschrift 1907, 273 ff. – Strasse Tavannes – Ajoie: Rudolf Moosbrugger-Leu, Ein unbekanntes Stück Römerstrasse im Jura; Provincialia 400–409. Zum gleichen Strassenzug gehören auch die Funde bei Glovelier: Cinque monnaies romaines à Glovelier-Bone en Bez; AS 10 (1987) 2, 67–69.
22 F. Mottas, De la plaine d'Orbe en Franche-Comté: voie romaine et chemin saunier; AS 9 (1986) 3, 124–134.

23 Schiffahrt allgemein: J. du Plat Taylor, H. Cleere [Hrg.], Roman shipping and trade: Britain and the Rhine provinces; CBA Research Report 24 (London 1978). – Hafen von Aventicum: F. Bonnet, Le canal romain d'Avenches; BullAPA 27 (1982) 3–55. AS 5 (1982) 2, 127 ff. – Stein von Colijnsplaat: P. Stuart und J. E. Bogaers, Augusta Raurica und die Dea Nehalennia; JberAK 1 (1980) 49–53.

24 Barkenfunde: Michel Egloff, La barque de Bevaix, épave gallo-rom. du Lac de Neuchâtel; HA 5 (1974) 19/20, 82–91. Béat Arnold, La barque gallo-rom. de Bevaix; Cahiers d'archéologie subaquatique 3 (1974) 133 ff. Gilbert Kaenel et Denis Weidmann, La barque romaine d'Yverdon; HA 5 (1974) 19/20, 66–81. Denis Weidmann, Une nouvelle barque gallo-rom.; AS 7 (1984) 4, 148–149. Hans Bögli, Vestiges d'une embarcation romaine à Avenches; HA 5 (1974) 19/20, 92–93. Denis Weidmann und Max Klausener, Un canot gallo-rom. à Yverdon-les-Bains; AS 8 (1985) 1, 8–14. – Béat Arnold, Navigation sur le lac de Neuchâtel, Une esquisse à travers les temps; AH 11 (1980) 43/44, 178 ff. Karte der Schweizer Schiff-Funde; Arch.KorrBl 12 (1982) 231.

Die Siedlungen des Landes

1 Allgemein zur Limitation: Heimberg (1977) mit Lit. auf S. 83. – Kataster von Orange: André Piganiol, Les documents cadastraux de la colonie romaine d'Orange, 16. Suppl. à Gallia (1962).

2 Genfersee: E. Pélichet, Contr. à l'étude de l'occupation du sol de la Col. Iul. Equestris, Festschr. R. Bosch (Aarau 1947) 117–136. R. Itie, D. Paunier, Das vestiges de centuriation à Genève?; Dossiers de l'Archéologie 22 (1977) 88–91. N. Pichard, M. Andres-Colombo, Recherches prél. sur la cadastration romaine dans la région lémanique; JbSGUF 70 (1987) 133–143. – Aventicum: G. Grosjean, Die röm. Limitation von Aventicum; JbSGU 50 (1963) 7 ff. Die Arbeiten von Grosjean haben die Existenz mehrerer Limitationsschemata von verschiedener Orientierung ergeben, wobei bis jetzt eine zeitliche oder sonstige Differenzierung und eine Anbindung an hist. Fakten unmöglich ist. Vgl. dazu Ders., Jagd auf Quadrate, Neue Aspekte und Hypothesen zur röm. Limitation in der Westschweiz; Festschr. H. G. Bandi (Bern 1985) 147–156. – Aaretal: H. Kaufmann, Die römische Limitation bei Solothurn; Jb. Soloth. Gesch. 33 (1960) 188 ff. – Augusta Raurica: R. Laur-Belart, Reste römischer Landvermessung in den Kantonen BL und SO; Festschrift E. Tatarinoff (Solothurn 1948) 41–60. H. Stohler, Zur Limitation der Colonia Augusta Raurica; ZAK 8 (1946) 65 ff. [Vgl. dazu aber unbedingt: J. Le Gall, Les Romains et l'orientation solaire; Mél. Ecoles fr. de Rome et Athènes 1975, 1, 287–320]. Die beiden von Laur und Stohler erarbeiteten Vermessungsnetze sind völlig verschieden orientiert. Beide Systeme werden durch relativ wenige Geländepunkte (Wege, Grenzen) dokumentiert. Ihre Richtigkeit und ihr allfälliges relatives (zeitliches?) Verhältnis wird noch zu überprüfen sein. Eine Verknüpfung mit allfälligen amtlichen Vorgängen halten wir auf jeden Fall für verfrüht.

3 Allgemein: J. Le Gall, Les rites de fondation des villes romaines; Compt. rend. Acad. Inscr. (Paris 1970) 292–307. – Planungsschemata: Aventicum: Bögli (1984) Abb. 3. Augusta Raurica: Dem von Laur-Belart (1978) 24–26, mit Abb. 9 vorgelegten Planungsschema stellt M. Martin [Zur Topographie und Stadtanlage von Augusta Rauricorum; AS 2 (1979) 4, 172–77, Abb. 1 und 4] ein überzeugenderes, die Gegebenheiten der inzwischen entdeckten Unterstadt berücksichtigendes Modell gegenüber. Zum System der Unterstadt von Augusta Raurica: U. Müller, Ausgr. in Kaiseraugst im Jahre 1982; Jber AK 6 (1986) 147–169, Abb. 1 und bes. Abb. 17. Aventicum: Bögli (1984) Abb. 3.

4 Aussenquartiere: Aventicum: H. Bögli und C. Meylan, Les fouilles de la région »Derrière la Tour«; BullAPA 25 (1980) 7–52. Bögli (1984) Abb. 3,6–8. Augusta Raurica: Handelshäuser und Mansio: Bender (1975). Gewerbehaus Schmidmatt: U. Müller, Die röm. Gebäude in Kaiseraugst Schmidmatt; AS 8 (1985) 1, 15–29. – Aventicum, Cigognier: Bridel (1982). – Augusta Raurica, Schönbühl: R. Hänggi, Der Podiumtempel auf dem Schönbühl in Augst; Augster Museumshefte 9 (August 1986) [Der Bezug zum Theater wird nicht angesprochen, vgl. unten Anm. 10].

5 Fora: Forum Claudii: Wiblé (1983), Abb. 11 und 12. Ders. (1986) Fig. 18 und 19. Iulia Equestris: D. Weidmann, La Ville romaine de Nyon; AS 1 (1978) 2, 75–78, Abb. 2. Ph. Bridel, Le nouveau plan arch. de Nyon; AS 6 (1982) 3, Abb. 1 und 4. Augusta Raurica: Laur-Belart (1978) 32 ff. Die Podien links und rechts der Tempeltreppe waren mit Reiterstatuen geziert. Aventicum: Die Aufarbeitung der verschiedenen zum Forum gehörigen Befunde ist im Gange. Das Tempelpodium, noch 1 m hoch über Boden erhalten, wurde 1840 abgetragen. Vor dem Podium verlief der Decumanus der Stadt durch das Forum. Die Platzanlage, von Portiken mit Tabernen und kleinen Exedren umgeben, dürfte 93 × 183 m gemessen haben und war mit zahlreichen Bronzestatuen (u. a. einer 3 m hohen Panzerstatue) geschmückt. An die Platzanlage stiessen die verschie-

denen »Scholae« (Nautenschola, Scholen des Macer und der Otacilier). – Fora, Parallelen: H. Cüppers und H. Biévelet, Die röm. Fora in Bavay und Trier; TZ 28 (1965) 53–67. H. Cüppers, das Forum der Colonia Augusta Treverorum; Festschr. 100 Jahre Rhein. Landesmus. Trier (Mainz) 211–261. In dieser Arbeit (Abb. 34–40) werden die Fora von Iulia Equestris und Augusta Raurica in den Rahmen der zitierten verwandten Forumgrundrisse gestellt und mit ihnen verglichen. Auch das Forum von Aventicum dürfte zum gleichen Plantypus gehört haben. – Basiliken: G. Kaenel und A. Tuor, Les Basiliques romaines de Nyon et Vidy; AS 1 (1978) 2. 79 ff. Die zweischiffigen Basiliken entsprechen dem in den gallischen Provinzen üblichen Schema für die ersten Bauperioden solcher Gebäude. Augusta Raurica: Laur-Belart (1978) 36–39. Reiterstatue (mit Inschrift C. CAECILIVS SEPTIMVS): Jber. Römerhaus und Mus. Augst 1962 (1963) 19, Abb. 8.

6 Kryptoportiken unter Forumsanlagen: Allgem.: E. Will, Les Cryptoportiques de Forum de la Gaule, in: Les cryptoportiques dans l'archit, romaine; Coll. Ecole fr. de Rome 14 (Rome 1973) 325–342. L. Mannina, Cryptoporticus; Homage Benoît, Riv. Studi Lig. 35 (1969) 287 ff. Iulia Equestris/Nyon: Ph. Bridel, Le nouveau plan arch. de Nyon; AS 5 (1982) 3, Abb. 2 E. Pelichet, Un ensemble monumental romain à Nyon; Mélanges Bosset (Lausanne 1950) 166–180, Abb. 3, 9, 10 und 12.

7 Forumsanlagen, Schmuck: Iulia Equestris: D. Weidmann, Découvertes architect, dans le centre monum. de Nyon; AS 7 (1984) 1, 23–24. JbSGUF 68 (1985) Fig. 58 [Statue aus Kalkstein]. Aventicum: Bossert (1983) 41 ff. Augusta Raurica: Laur-Belart (1978) 40–41.

8 Forumstempel: Augusta Raurica: Laur-Belart (1978) 44–48. – Capitolia: Allgem.: U. Bianchi, Disegno storico del culto Capitolino nell'Italia Romana e nelle provincie dell'Impero; Accad. Linc. Memorie, Cl. sc. mor., storia e filos. Ser 8a II (1949/50) 349 ff. I. M. Barton, Capitoline Temples in Italy and in the Provinces; ANRW II, 12,1 259–342. Aventicum: H. Bögli, Rapport prélim. sur les fouilles du Capitole (1972–1975); BullAPA 23 (1975) 40 ff.

9 Aventicum, Cigognier: Bridel (1982). R. Etienne, Un complexe monum. du culte impérial à Avenches; BullAPA 29 (1985) 6–26.

10 Augusta Raurica, Schönbühltempel: R. Hänggi, Der Podiumstempel auf dem Schönbühl in Augst; Augster Museumsh. 9 (August 1986). – Kulttheater allgemein: E. Bouley, Les théâtres cultuels de Belgique et des Gérmanies, Réflexions sur les ensembles architecturaux théâtre-temples; Latomus 42 (1983) 546–571. G. Ch. Picard, Les Théâtres ruraux sacrés en Gaule; Archéologia 28 (1969) 68–77. J. Krier und R. Wagner, Das Theater des röm. Vicus in Dalheim; ArchKorrbl 15 (1985) 481–495. – Ribemont: J.-L. Cadoux, Un sanctuaire g.-r. isolé; Latomus 37 (1978) 325–357. – Autun: M. Pinette und A. Rebourg, Autun, Guides arch. de la France (Paris 1986) Taf. 17.

11 Amphitheater: Bern-Engehalbinsel: H. Müller-Beck, Das Amphith. auf der Engehalbinsel bei Bern; Berner Zs f. Gesch. u. Heimatkde. 2/3 (1957) 59–67. Vindonissa: R. Fellmann, Führer durch das Amphitheater von Vindonissa (Brugg 1952). Aventicum: Bögli (1984) 12–15, 80 (Lit.). Augusta Raurica: JbSGUF 70 (1987) 215. Forum Claudii/Martigny: Wiblé (1986) 47/48 Abb. 70–73.

12 H. Bögli, Städte und Vici, UFAS 5 (1975) 31–48 mit Lit. R. Fellmann, Die Vici, Struktur und Funktion eines röm. Siedlungstypus; Siedlungsarch. d. Schweiz, Einführungskurs der SGUF 1981 (Basel 1981). Für die seither ersch. Lit. vgl. man den topogr. Teil dieses Buches, sowie: D. Paunier [et alii], Du nouveau à l'ouest de Lousonna-Bilan de trois années de recherche, AS 10 (1987) 3, 112–125. Ders., La Présence de Rome, in: Histoire de Lausanne 44–80. R. Hänggi, Zurzach, röm. Kastelle und Vicus; AS 9 (1986) 4, 149–159. Schneider (1985) [Turicum/Zürich]. Zürcher (1985) [Vitudurum/Oberwinterthur]. H. W. Doppler, Der röm. Vicus von Aquae Helveticae/Baden; AFS 8 (Basel 1976). M. Hartmann, Baden/Aquae H., die Unters. von 1977 an der Römerstr.; AS 3 (1980) 1, 12–16.

13 Basilica in Lousonna: Paunier a.a.O. (Anm. 12) 55–57.

14 Thermen: Allgemein: D. Krencker und E. Krüger, Die Trierer Kaiserthermen; Trierer Grabungen und Forsch. 1 (Augsburg 1929). W. Heinz, Römische Thermen (München 1983). E. Brödner, Die röm. Thermen und das antike Badewesen Darmstadt 1983 [dazu unbedingt die Bespr. v. H. Manderscheid; Gymnasium 92, (1985) 3, 260–262]. Schweiz: H. Manderscheid, Katalog der öffentl. Thermenanlagen des Röm. Reiches, Projekt und Durchführung am Beispiel der Schweizer Thermen; JberAK 3 (1983) 59–76 [umfassender Katalog]. T. Tomasevic-Buck, Zwei neu entdeckte Thermenanlagen in Augusta Raurica; JberAK 3 (1983) 77–79. G. Th. Schwarz, Die flavischen Thermen »en Perruet«; BullAPA 20 (1969) 59–68. Bürgi und Hoppe (1985) [Iuliomagus/Schleitheim]. – Verpachtung: CIL II, Suppl. S. 788, Zeile 19 ff. [Gemeindeverfassung des Bergmannsvicus Vipascum im heutigen Portugal, Dt. Uebersetzung bei Brödner a.a.O. 120–121].

15 Thermen: So z. B. in der Anm. 14 zitierten Gemeindeverf. von Vipascum: »Der Pächter soll sich von jedem Manne 1/2 As, von jeder Frau 1 As bezahlen lassen« Kinder und Militär hatten in Vipascum freien Eintritt. – Zum Badevorgang: Krenker und Krüger a.a.O. (Anm. 14) 328–330. – Kanalheizungen: W. Drack; UFAS 5, 67, Abb. 38, W. Drack, Die röm. Kanalheizungen der Schweiz; JbSGUF 71 (1988) [im Druck].

16 Latrinen: Forum Claudii/Martigny: Wiblé (1983) 23. Abb. 46 und 47. – Augusta Raurica: A. R. Furger, Vom Essen und Trinken im römischen Augst; AS (1985) 3, Abb. 12,10. Insula 35, Westporticus; JberAK 4 (1984) 21, Plan 4, Abb. 19 und 20.

17 Aquaedukte: Aventicum: J.-P. Aubert, Les aqueducs d'Aventicum; BullAPA 20 (1969) 23 ff. Augusta Raurica, Hauptleitung: Laur-Belart (1978) 145–147, Abb. 108 und 111. Augusta Raurica, Ostleitung: Laur-Belart (1978) Abb. 112. Bender (1987) 1–22. Vindonissa: Hartmann (1986) 89–92. Genava/Genf: L. Chaix, C. Dubochet, D. Paunier, C. Reynaud, Un nouveau segment de l'aqueduc rom. de Genève; Comp. rend. Soc. préh. et hist. nat. Genève 15 (1980) 1, 15–26.

18 Wasserverteilung: Augusta Raurica, Hochleitung: Laur-Belart (178) Abb. 107. Bender (1975) 149, Anm. 121, 88 mit Taf. 17,3. Ders. (1987) 21 mit Anm. 59. – Holzleitungen (Deuchel): Augusta Raurica: Laur-Belart (1978) 148, Abb. 109. Insula 34/35: JberAK 4 (1984) 21–24 Abb. 19 und 21. vgl. auch JberAK 1 (1980) Abb. 11. Vitudurum/Oberwinterthur: R. Clerici, B. Rütti, A. Zürcher, Archaeol. Unters. im röm. Vicus Vitudurum/Oberwinterthur; AS 5 (1982) 120–122, Abb. 3 und 4. Zürcher (1985) 212–214, Abb. 3.38 und 3.39. – Bleileitungen: Laur-Belart (1978) Abb. 110. – Strassenbrunnen: U. Müller; JberAK 5 (1985) 221, Abb. 17. Martin (1987) Abb. 37.

19 Kloaken: Augusta Raurica: Laur-Belart (1978) 153–155. Iulia Equestris/Nyon: E. Pelichet, Le cloaque rom. de Nyon; Rev. hist. Vaudoise 82 (1974) 7 ff. D. Weidmann, JbSGUF 70 (1987) 228–229, Abb. 16. Vitudurum/Oberwinterthur: AS 5 (1982) 122, Abb. 5 und 6. – Schotterstrassen: Augusta Raurica: Laur-Belart (1978) 26–27 mit Abb. 10. JberAK 1 (1980) Abb. 2. – Trittsteine: Augusta Raurica, Ins. 24: JbSGU 31 (1939) 30, Taf. 6,2. Ins. 35/36: JbSGUF 68 (1985) Abb. 40 [mit Vordach vor der Porticus]. JberAK 1 (1980) 10, Plan 1 und Abb. 2. – Plattenstrassen, Forum Claudii/Martigny. Rue du Nymphée: Wiblé (1983) 9 und Abb. 15. – Fliegende Händler: T. Tomasevic-Buck; JberAK 1 (1980) 10, Plan 1 und Abb. 3. Insula 31; JberAK 4 (1984) 16, Abb. 11 [Grillrost].

20 Bautechniken: Holz- und Erdkonstruktionen, umfassender Ueberblick bei: D. Paunier, La Suisse, in: Architectures de terre et de bois; Documents d'Archéologie Française 2 (Paris 1983) 113–126. – Holzbauten und Fachwerkbauten: Vitudurum: Zürcher (1985) 208–212, Abb. 3.19, 3.17, 3.32–33, 3.35–37. Augusta Raurica: Steiger [et alii] (1977) Abb. 7 und 8. Insula 34; JberAK 4 (1984) 25, Abb. 23. – Stampferdebau (Pisé): Augusta Raurica: JbSGUF 66 (1983) 272. – Lufgetrocknete Ziegel: J. Morel, Avenches, Aux Conches-Dessous. 1985/86; JbSGUF 70 (1987) 185–188, Abb. 1 und 3. – Fugenstrich: Bender (1975) 140–142. JberAK 4 (1984) 61, Abb. 6. – Ziegelbänder: Bender (1975) 139–140. – Insulae (Quartierblöcke): Aventicum: H. Bögli, Insula 16 Est; BullAPA 21 (1970/71) 19–40, Pl. 17–31. Vgl. die Rekonstruktionszeichnung in UFAS 5, 36, Abb. 5 Augusta Raurica: J. Ewald, Die frühen Holzbauten in Augusta Raurica, Insula 30 und ihre Parzellierung; Provincialia 80–104. R. Laur-Belart (1978) 128–133, Abb. 92 und 93 [Insulae 24 und 30/31]. – Porticus: z. B. Augusta Raurica, Insula 31 und 34; JberAK 4 (1984) 14, Abb. 6 und 7, 25, Abb. 22. Steiger [et alii] (1977) Abb. 24 [gute Rekonstruktionszeichnung]. – Gewerbehallen: Steiger [et alii] (1977) Abb. 12. Furger (1987) 60. – Winterzimmer: AS 8 (1985) 3, 176, Abb. 12,5.

21 Vicushäuser: Vitudurum: Rychener und Albertin (1986) 16–45. Zürcher (1985) 187–205, Abb. 3.13 und 3.24. Lousonna: H. Bögli, Les fouilles entreprises jusqu'en 1963 dans le vicus romain de Lausanne; Rev. Hist. Vaud. 71 (1963) 97–186, besonders Fig. 90, 91, 94, 102, 113, 124 und 125. Bern-Engehalbinsel: H. J. Müller-Beck und E. Ettlinger, Die Besiedlung der Engehalbinsel in Bern; 43/44. BerRGK (1962/63) Abb. 17. – Katasternotizen: Lousonna: Walser 57. Genava/Genf: CIL XII 2610 = HM 102 = Walser 17.

22 Villae rusticae: Streukarten: UFAS 5 (Basel 1975), Kartenbeilage 1. M. Martin, Die spätröm.-frühm. Besiedlung am Hochrhein und im schw. Jura und Mittelland; Vortr. und Forschungen 25 [Konstanzer Arbeitskreis] (Sigmaringen 1979) Abb. 1. Martin-Kilcher (1980) Abb. 44. Fellmann (1981) Abb. 28. Furger (1987) 18/19 (mit Markierung der frühesten Gründungen). H. Schwab, Die Streuung der römischen Villen im Ktn. Freiburg; Freib. Geschbl. 58 (1972/73) 22–27. – Typologie der Gutshöfe und Literatur: W. Drack, Die Gutshöfe; UFAS 5 (1975) 49–72. – Einige wichtige Villenpublikationen seit 1975: K. Roth-Rubi, Die Villa von Stutheien-Hütwilen TG, ein Gutshof der Mittleren Kaiserzeit; Antiqua 14, (Basel 1986). H. Schuler und W. E. Stöckli, Die röm. Villa auf dem Niderfeld bei Wied-

lisbach; Jb. Oberaargau 1984, 197–234. Ph. Ribaux und G. De Boë, La Villa rom. de Colombier, fouilles récentes et nouvelle évaluation; AS 7 (1984) 2, 79 ff. R. Degen, Fermes et villas romaines dans le Canton de Neuchâtel; HA 11 (1980) 43/44 152 ff. A. Gerster, Der röm. Gutshof im Müschhag bei Laufen; HA 9 (1978) 33, 2 ff. [dazu das Fundmaterial bei Martin-Kilcher (1980)]. W. Drack, Der röm. Gutshof bei Seeb; AFS 1 (Basel 1979). St. Bratschi, P. Corfu, A.-P. Krauer, La villa gallo-rom. de Cuarnens; Etud. de lettres, Rev. Fac. des Lettres Univ. Lausanne 1 (1982) 49–84. M. Colombo, La villa gallo-rom. d'Yvonand-Mordange; Etud. de lettres, Rev. Fac. Lettres Univ. Lausanne 1 (1982) 85–103. C. Rapin, Villas rom. des env. de Lausanne; Etud. de lettres, Rev. Fac. des Lettres Univ. Lausanne 1 (1982) 29–47. Dietikon; JbSGUF 70 (1987) 219–220, Abb. 8–10. H. Châtelain, La villa rom. de Commugny; HA 7 (1976) 26, 39 ff. C. Schucany, Der röm. Gutshof von Biberist-Spitalhof; JbSGUF 69 (1986) 199–220. Möhlin; JbSGUF 70 (1987) 225–227, Abb. 13 und 14. D. Weidmann, La villa rom. du Prieuré à Pully; AS 1 (1978) 2, 87–92.

23 Landwirtschaftliche Geräte: Allgemein: R. Pohanka, Die eisernen Agrargeräte der röm. Kaiserzeit in Oesterreich; Brit. Arch. Report S 298 (Oxford 1986). K. D. White, Farm equipment of the roman world (Cambridge 1975). Die reichen Funde von landwirtschaftlichen Geräten aus der Villa von Seeb wird R. Fellmann im Rahmen der von W. Drack geplanten Gesamtpublikation vorlegen (BerZD, Monographien). – Tierhaltung: H. R. Stampfli, Die Tierreste aus der galloröm. Villa von Ersingen-Murrain; JbBHM 45/46 (1965/66) 449–469. E. Schmid und M. Hummler, Tierknochen und Speisereste in Martin-Kilcher (1980) 80–91. U. Körber-Grohe, Nutzpflanzen und Umwelt im röm. Germanien; LMA,KlSchr 21 (Stuttgart 1979). O. Jacquat, Römische Pflanzen aus Oberwinterthur; in Rychener und Albertin (1986) 241–254. Vgl. auch UFAS 5, 71.

Tägliches Leben und Umwelt

1 Equites: Titus Coelius [. . .]nianus im Range eines »Vir egregius«, der ihm als dem Provinzstatthalter der Alpes Graiae et Poeninae zustand; Inschrift aus Forum Claudii (HM 44 = Walser 273). Titus Exomnius Mansuetus, Praefekt der 2. Kohorte der Hispanier, bezeichnet sich als »Eques Romanus«; Grabstein in zweiter Verwendung verbaut in der Kirche in Sion-Sous le Scex (H. Lehner; AS 9 (1986) 23, Abb. 2–4.) – Senatorischer Stand: Sarkophag der Nitonia Avitiana mit dem Titel »clarissima femina«, der ihr als Angehöriger einer Familie senatorischen Standes zustand; in St-Maurice (HM 66 = Walser 280). Dasselbe gilt für Vinelia Modestina (Grabstein im Couvent de la Géronde/Gerundenkloster zu Sierre/Siders VS: Walser 291).

2 Patronymische Namensbildung: z. B. Rhenicus → Rhenicius (CIL XIII 11548 = HM 363 = Walser 235), Macer → Macrius (CIL XIII 5098 = HM 200 = Walser 90); dazu SRZ 496, Anm. 13; Walser (1980) 190, Nr. 203. – Zur häufigen Namensbildung mit der keltischen Vorsilbe Ad- (Steigerung?): Adiantus, Adnamtus, Adcomargus, Adledus, alle aus Augusta Raurica; Martin (1987) 126. – Freigelassene: Decimus Valerius Sisses aus Julia Equestris (CIL XIII 5012 = HM 144 = Walser 41) war bezeichnenderweise VI-Vir Augustalis. Antiphilus, mit 18 Jahren verstorben; die Freilasserin (patrona) setzte ihm den Grabstein (CIL XIII 5016 = Walser 42).

3 R. Frei Stolba, Zur Ziegelinschrift von Erlach; AS 3 (1980) 2, 103–105.

4 CIL XIII 5137 = HM 232 = Walser 101.

5 CIL XIII 5312 = HM 362 = Walser 228, der Stein stammt vermutlich aus dem Grabmonument, in dem die Bewohner der Pars urbana des Gutshofes von Munzach beerdigt waren.

6 Toga: L. M. Wilson, The roman Toga (1924). Ders., The Clothing of the ancient Romans (1938). – Provinzielle Trachten: J. P. Wild, Clothig in the nordwestern Provinces of the Roman Empire; BonnJbb. 168 (1968) 166–240. S. Langwis, Vêtements gallorom.; Mém Comm. Ant. Dép. Côte d'Or 25 (1959–1962) 195 ff. M. und S. Martin, Schmuck und Tracht zur Römerzeit; Augster Blätter zur Römerzeit 2 (August 1979). – Martres-de-Veyre: P.-F. Fournier, Patron d'une robe de femme et d'un bas gallo-rom. trouvés aux Martres-de-Veyre; Bull. hist. et scient. de l'Auvergne 76, No. 573 (1956) 202–203. – Augusta Raurica, Zwerg im Cucullus: R. Steiger, Tonstatuette eines Mimen im Kapuzenmantel; Jber. Römerhaus und Museum Augst 1967 (1968) 30–37, Abb. 15. – Fibeln: E. Ettlinger, Die römischen Fibeln der Schweiz; Handb. der Schweiz zur Römer- u. Merovingerzeit (Bern 1973). E. Riha (1977).

7 Originalfund eines Subligars aus Leder in Londinium/London: R. Merrifield, A Handbook to roman London, Guildhall Museum (London 1973) 27, Abb. 13. Bronzestatuette mit Subligar aus Rennes (F): Revue Arch. 19, 216. – Brustbinde, Fascia: Relief mit einem Liebespaar aus Augusta Raurica, Ins. 37; JberAK 4 (1984) 19, Abb. 16. = Martin (1987) Taf. 37.

8 Toilettengeräte: Riha (1986). – Kämme: Hartmann (1985) Abb. 97.
9 Haarnadeln und -Trachten: Hartmann (1985) Abb. 96–98. – V. v. Gonzenbach, Zwei Typen figürlich verzierter Haarpfeile; JbGPV 1950/51, 3–19, Abb. 1–5. – Trachten im Alpenraum: Knöchelringe Wallis: S. Peyer, Zur Eisenzeit im Wallis; BVGBl 45 (1980) 59–75. Zwei neue Funde: JbSGUF 67 (1984) 206–207, Abb. 41 und 42. – Fibeln, Binntal: G. Gräser, Ein reiches gallo-röm. Grab aus dem Binntal; US 18 (1964) 29 ff. = JbSGU 51 (1964) 108–110. Ders., Ein neuer Grabfund aus dem Binntal; US 33 (1969) 2–8. – Misoxerfibeln, Madrano: M. Fransioli, La necropoli romana di Madrano; JbSGU 47 (1958/59) 57 ff. Misoxerfibeln, Lötschental: O. Schulthess, JbSGU 14 (1922) 76–77. Misoxerfibel, Hohtenn: C. Pugin; JbSGUF 67 (1984) 229, Abb. 73 [die Fibel wurde in einem (Grab-)ensemble (?) gefunden, das einen Armreifen aus dem 4. Jh. n. Chr. enthielt!].
10 Eine Ausnahme scheint der Ring aus Vindonissa zu bilden mit der Inschrift: AVO/MIO/TOC/NAI/IXV/TIO/VDR/VTO. Dazu Simonett (1947) 31 und HM 427. Der Text beginnt vermutlich mit der bekannten kelt. Formel »Avo(t) mi...«. (= mich machte).
11 Eigennamen keltischen Ursprungs: Vgl. die ausführliche Liste in SRZ 494–496 und unsere Ausführungen zur patronymischen Namensbildung in Anm. 2.
12 Kelt. Inschriften mit griechischen Buchstaben: Caesar BG 1.29,1. P. M. Duval [Ed.], Receuil des Inscriptions gauloises, Vol 1; 45ᵉ Suppl. à Gallia (Paris 1985). – Divixtus: CIL XIII 5281 = HM 356 = Walser 216 (aus Basel). – Anextlomara: HM 218 = Walser 104 (aus Aventicum).
13 R. Fellmann, Eine neue Inschrift aus Augst; US 13 (1949) 4, 53–57, Abb. 38 und 39. Vgl. dazu CIL XIII 11587 aus Langres = Catalogue du Musée de Langres (Langres 1931) Nr. 98 mit Abb [MADD ACASTUS].
14 Cixa: Le Gonidec, Dictionnaire Breton-Français, [Ed. Th. Hersart de la Villemarqué] (St-Brieuc 1850) 193/194, Stichwort »Kî« = Hund (und Zusammensetzungen mit diesem Wort). H. Roparz, Nouveau Dictionnaire Breton-Français, 4ᵉ éd. (Brest 1970) 458, Stichwort »Ki-chase« = Jagdhund.
15 Schreibtäfelchen: Hartmann (1985) Abb. 50/51. Zürcher (1985) Abb. 3.44. – Kursivschrift: Th. Mommsen; CIL III S. 965 ff. und 1065, Tabelle A.
16 Alphabetreihen: Petinesca: Meisterhans, ASA (1891) 484 ff. – Klassische Verse: Tasgaetium: SRZ 492, Anm. 4. Lousonna: C. Rapin, Villas romaines des environs de Lausanne; Etudes de lettres. Rev. Fac. des Lettres Univ. de Lausanne 1 (1982) 36 mit Anm. 22, Abb. 7. Drack (1950) 116, Abb. 118 mit weiterer Lit. – Grammatik- und Schreibfehler: CIL XIII 5312 = HM 362 = Walser 228: »illaeus« statt »illius« (Stein aus Munzach), »sucure« statt »succurre« (Graffito aus Augusta Raurica, vgl. unten Anm. 29). P. Lebel, Latin vulgaire et fautes de graveur dans les inscr. gallo-rom.; RAE 16 (1965) 115–120.
17 L. Exomnius Rusticus: CIL XII 118 = HM 71 [Sarkophag aus La Vilette bei Axima/Aime-en-Tarantaise F], vgl. auch SRZ 491. – Octodurus, Auditorium: Wiblé (1986) 28 (Abb. 39) = HM 44 = Walser 273.
18 CIL XIII 5079 = HM 210 = Walser 77.
19 Vindonissa, Valetudinarium: Chr. Simonett, Grabungen der Ges. pro Vindonissa 1935/36; ASA 19 (1937) 81 ff. und 201 ff. – Aerzte: Tiberius Ingenuius Satto: CIL XIII 5277 = HM 359 = Walser 212. C. Sentius Diadumenus: CIL XIII 5053 = HM 173 = Walser 61.
20 Zahnzangen: Simonett (1947) Abb. 14, 9. – Augenarztstempel, besser Augensalbenstempel: Vindonissa: Hartmann (1985) Abb. 107. Augusta Raurica: Riha (1986) Taf. 62, Nrn. 680 und 681, S. 90 mit weiterer Lit. unter Nr. 681. – Schröpfköpfe: Wiblé (1983) Abb. 21.
21 Hartmann (1985) Abb. 105.
22 Baden: R. Wiedemer, Die Entdeckung der römischen Heilthermen von Baden/Aquae Helveticae 1967; JbGPV 1967, 83–93. Ders., Badener NjBl. 1969, 45–56.
23 L. Aurelius Repertus: CIL XIII 5006 = HM 147 = Walser 45. – T. Exomnius Mansuetus: H. Lehner, Sion, Sous le Scex, Wiederverwendete römische Grabsteine; AS 9 (1986) 1, 23, Abb. 2–4. – Flavia Pusinna: CIL XIII 5155 = HM 238.
24 L. Camillius Faustus: CIL XIII 5097 = HM 213 = Walser 89.
25 Sonnenuhren: Simonett (1947) 67 und Abb. 16. A. Schlieben, Römische Reiseuhren; Annalen Ver. Nassau. Altertkde. 22 (1890) 115 ff. Behrens, Neue und ältere Funde aus dem Legionskastell Mainz; Mainzer Zs 12/13 (1917/18) 34, Abb. 16.
26 Gladiatoren: Aubonne: J. Mayor, Aventicensia; ASA NF 6 (1904/05) 9–15, Taf. 1. Augusta Raurica: L. Berger und M. Joos, Das Augster Gladiatorenmosaik; Jber Römerhaus und Museum Augst 1969–70 (Augst 1971) 5–106. – Bärenfänger: CIL XIII 5243 = HM 261 = Walser 192. SRZ 568. – Zirkusdarstellungen: Villa Munzach: v. Gonzenbach (1961) Taf. 43. Pully: D. Weidmann, La villa romaine du Prieuré; AS 2, 1978, 87 ff. – Drack (1986)

Taf. 5. Augusta Raurica; Martin (1987) Abb. 71 = Drack (1986) Titelbild.
27 Spielbretter: Augusta Raurica: Martin (1987), Abb. 83 A, S. 165. Furger (1987) 91/95. Vindonissa: Hartmann (1985) Abb. 112. Aventicum: Bögli (1984) 66, Abb. 80. – Würfel: Martin (1987) Abb. 50.
28 Lampenbilder: Leibundgut (1977) Taf. 37 und 38. Martin (1987) 65 Abb. 53 und 54.
29 G. E. Thüry, »Amo te sucure«, Bemerkungen zu einer Augster Fibelinschrift; JberAK 1, 1980, 97–98, Abb. 1, speziell auch Anm. 10. vgl. auch ORL II, 1, Nr. 8, Kastell Zugmantel, 82, Anm. 1.
30 Mittlochpfeifen: Martin (1987) 63 Abb. 50. – Orbe-Boscéaz, Pastoralmosaik: v. Gonzenbach (1961) Taf. 49. Wochengöttermosaik: Gonzenbach (1961) Taf. 64, 65. – Windhundrennen: Gonzenbach (1961) Taf. 18. – Kampfhähne sind auf einem Votivtellerchen aus dem Tempelbezirk von Allmendingen dargestellt (Abb. 220): H. Grütter, Einzigartige Weihegaben aus dem gallo-röm. Tempelbezirk von Thun-Allmendingen; HA. 7 (1976) 27/28, 102–108.
31 Astragalspiel: Hartmann (1985) Abb. 54. – Gliederpuppen: Augusta Raurica; Martin (1987) 165, Abb. 83. Ein fast vollständig erhaltenes Exemplar wurde 1987 im Kastell Ad Fines/Pfyn gefunden (noch unveröffentlicht, frdl. Mitteilung des Entdeckers J. Bürgi).
32 HM 206 = Walser 111. SRZ 230.
33 Gymnasium: CIL XIII 5042 = HM 179 = Walser 70. SRZ 472. – Becher aus Augusta Raurica: A. R. Furger, Vom Essen und Trinken im römischen Augst; AS 8, 1985, 3, 175, Abb. 3.
34 A. R. Furger; AS 8 (1985) 3, 176, Abb. 12.
35 Augusta Raurica: Gute Aufstellung des Koch- und Trinkgeschirrs bei; A. R. Furger, AS 8 (1985) 3, Abb. 4, 5 und bes. 6. – Bronzegeschirrfund Kaiseraugst-Dorfstrasse: T. Tomasevic-Buck; BVGBl 49 (1984) 143 ff. = A. R. Furger, AS 8 (1985) 3, Abb. 8 = Martin (1987) Abb. 127. – Forum Claudii, Trésor de la Délèze: Wiblé (1983) Abb. 60, 62 und 63. W. Déonna, Vaisselle et instruments antiques provenant de Martigny; Genava 11, 1933, 51–73. H. J. Gosse; ASA 9 (1876) 647.
36 Authepsa: Augusta Raurica: Martin (1987) Abb. 122 und AS 8. 1985, 3, 185, Abb. 27. Aventicum: A. Mutz, Bau und Betrieb einer römischen Authepsa; US 23 (1959) 37–48.
37 Speisen: S. Fünfschilling, C. Jacquat, J. Schibler, A. Zürcher, Pflanzenanbau, Nahrungsmittel und Essgewohnheiten im röm. Vicus Vitudurum/Oberwinterthur; AS 8 (1985) 3, 160 ff. – Sturmlaterne: Martin (1987) 84, Abb. 74 und 75, sowie 132, Abb. 121. Furger (1987) 62, Nr. 8.

Handel, Handwerk und Gewerbe

1 H. v. Petrikovits, Römischer Handel am Rhein und an der oberen und mittleren Donau; Abh. Akad. Wiss. Göttingen, Phil.-hist. Klasse, 3. Folge, Nr. 143 (1985) 299–336 [mit weiterer Liter.].
2 Z. B. exotische Hölzer, wie die Flöte aus Ebenholz aus dem Legionslager Vindonissa [Simonett (1947) Taf. 17a und b].
3 Handelsachsen u. Orte: H. v. Petrikovits, a.a.O. (Anm. 1). – Aventicum, Hafen: F. Bonnet, Le canal romain d'Avenches; BullAPA 27 (1982) 5–55.
4 CIL XIII 2029 [Lyon], CIL V 5911 [Mailand], CIL XIII 11480 = HM 212 [Aventicum]. A. Alföldi, La corporation des Transalpini et Cisalpini à Avenches; US 16 (1952) 1, 3–9. J. Reynolds, Q. Otacilius Pollinus of Aventicum; BullAPA 20 (1969) 53–57.
5 Ratiarii superiores: CIL XII 2597 = HM 108 = Walser 15 [Altar für Silvanus in Genava/Genf]. SRZ 531. – Nautae lacus Lemanni: HM 92 = Walser 40 [Genava/Genf]. HM 152 = Walser 52 und HM 153 = Walser 54 [Lousonna/Lausanne-Vidy]. SRZ 481 ff.
6 CIL XIII 5221 = HM 267 = Walser 164 (mit Lit. zu den Handelsgenossenschaften).
7 F. Vittinghof, RE 22 (1953) 346–399, Artikel »Portorium«, zur XL-Galliarum spez. 353–58.
8 Acaunum/St-Maurice: HM 54 und 55 = Walser 274 und 275. Genava/Genf: HM 105 = Walser 32. – Turicum/Zürich: CIL XIII 5244 = HM 260 = Walser 193.
9 Posten sind belegt in: Viviscus/Vevey: CIL XII 164 = HM 59 = Walser 59 [Benefiziarier der XXII Legion]. Augusta Raurica: Martin (1987) 109, Abb. 100 [Inschrift auf einem Votivrädchen aus Bronze]. Salodurum/Solothurn: CIL XIII 5170 = HM 245 = Walser 130 [Abdetachierter aus der XXII Legion]. Genava/Genf: CIL XII 5878 = HM 106 = Walser 38 [mit besonderem Auftrag (a curis) abdetachierter Soldat der XXII Legion]. Tarnaiae/Massongex: HM 58 = Walser 277 [zum Posten an der Rhonebrücke in Tarnaiae abkommandierter Soldat der VIII Legion].
10 J. P. Kent, B. Overbeck, A. U. Stylow, Die römische Münze (München 1973) 23–75. R. Göbl, Antike Numismatik (München 1978).
11 Münzumlaufeinbruch: H. W. Doppler, Die röm. Münzen aus Baden; Handel und Handwerk im röm. Baden (Baden 1983) 3–12, besonders die Vergleichstab. S. 9.
12 Münzstätten (Karten): Kent, Overbeck, Stylow, a.a.O. (Anm. 10) 189–190. – Münzherstellung in Augusta Raurica: Es handelt sich um zwei Werkstätten. In der einen (Ins. 50), die um 200 n. Chr. ar-

beitete, wurden sog. »subaerate Denare«, d. h. Münzen aus versilberter Bronze geprägt. Die zweite Werkstätte konnte nicht genau lokalisiert werden. In ihr wurden Imitationen von Denaren gegossen. Die entspr. Formen stammen aus den Insulae 17 und 24. Die jüngste abgegossene Münze ist ein Denar des Maximinus Thrax, der 235/36 geprägt wurde. Furger (1987) 50–52. H. W. Doppler, Münzstempel und Münzgussformen aus Augst; Jber. Römerhaus und Museum Augst 1965 (1966) 18 ff. M. Martin, Altes und Neues zur »Falschmünzerwerkstätte« im röm. Augst; AS 5 (1982) 165–27.

13 ». . . Der Finger (digitus) ist aber der sechzehnte Teil des Fusses, die Unze der zwölfte« (Frontin, De aquis I 24). – Klappbare Fussmassstäbe mit drei Skalen (4 Palmi, 12 Unzen, 16 Digiti): ORL VII B 72, Taf. 7,53 (Kastell Weissenburg). A. Héron de Villefosse, Outils d'Artisans romains; Mém. Soc. Nat. Antiquaires de France 62 (1901) 205–240 und 63 (1902) 329–353.

14 A. Mutz, Röm. Waagen und Gewichte; Augster Museumshefte 6 (August 1983). A. Oxé, Antike Hohlmasse und Gewichte in neuer Beleuchtung; BonnJbb 147 (1942) 91 ff. Furger (1987) 40–41 (Uebersicht über das Gewichtssystem).

15 Th. Ibel, Die Waage im Altertum und Mittelalter; Diss. Erlangen 1908. O. Paret, Von römischen Schnellwaagen und Gewichten; SaalburgJb 9 (1939) 73–86. A. Mutz. Eine röm. Schnellwaage; US 20 (1956) 32 ff.

16 R. Fellmann, Römische Rechentafeln aus Bronze; AW 14 (1983) 1, 36–40.

17 Schreibtäfelchen, Vitudurum: Zürcher (1985) Abb. 3.44. – Bleietiketten: R. Frei-Stolba, Bleietiketten von Oberwinterthur-Vitudurum; AS 7 (1984) 4, 127–138. Dies., Palaegraphische Bemerkungen zu den Bleietiketten von Oberwinterthur/Vitudurum; Epigraphica 47 (1985) 65–70.

18 Augusta Raurica, Nebenforum: Laur-Belart (1978) Abb. 48. – Vindonissa, Forum ausserhalb des Lagers: Hartmann (1986) 103, Abb. 91.

19 Eingesalzene Hülsenfrüchte: CIL XIII 5221 = HM 267 = Walser 164 [Inschrift aus den Cannabae von Vindonissa]. – G. E. Thüry und F. Strauch, Zur Herkunft des röm. Austernimportes in der Schweiz; AS 7 (1984) 3, 100–103.

20 Olivenöl: Martin-Kilcher (1987). Dies., Les amphores romaines à l'huile de Bétique d'Augst et Kaiseraugst (un rapport prél.); Prod. y com. del aceite en la antiguedad, II. Congreso (Madrid 1983) 337–347. HA 7 (1976) 26, 60 [C. ANTONI QVIETI]. J. Remesal-Rodriguez, Oelproduktion und Oelhandel in der Baetica, ein Beisp. für die Verb. archäol. und hist. Forschung; Münstersche Beitr. z. ant. Handelsgesch, 2 (1983) 2, 91–111. – Garum: O. Bohn, Pinselinschr. auf Amphoren aus Augst und Windisch; ASA 28 (1926) 202, Nr. 2 [aus Augusta Raurica]. – Rheinschiffer Marcellus: P. Stuart und J. E. Bogaers, Augusta Raurica und die Dea Nehalennia; JberAK 1 (1980) 49–58. – Oliven: O. Bohn, Pinselinschriften auf Amphoren in Augst und Windisch; ASA 28 (1926) 197–212, spez. 208, Nr. 13 [aus Vindonissa]. – Datteln: A. Caspari, ASA 1874, Nr. 1, 494/495. F. Keller, Südfrüchte aus Aventicum; ASA 1874, 580/581 mit Abb.

21 Terra sigillata: Allgemein: J. Garbsch, Terra sigillata, ein Weltreich im Spiegel seines Luxusgeschirrs; Praeh. Staatssammlg. München, Ausstellungskataloge, Bd. 10 (München 1982). Lyon: M. Picon, J. Lasfargues, Transfert de moules entre ateliers d'Arezzo et ceux de Lyon; RAE 25 (1974) 61 ff. H. Vertet, et J. Lasfargues, Observations sur les gobelets d'Aco de l'atelier de la Muette à Lyon; Rev. arch. du Centre 25 (1968) 35–44.

22 Töpferzentren: Garbsch a.a.O. (Anm. 21). B. Pferdehirt, Die röm. Terra sigillata-Töpfereien in Südgallien; LMA,KlSchr. 18 (1978). – Geschirrdepots: Tasgaetium/Eschenz: H. Urner-Astholz, Die römerzeitl. Keramik von Eschenz-Tasgetium; Thurg. Beitr. z. Verld. Gesch. 78 (1942). Brigantium/Bregenz: J. Jacobs, Sigillatafunde aus einem römischen Keller zu Bregenz; Jahrb. f. Altertumskunde 6 (1912) 172–184.

23 Neben lokaler Produktion (vgl. dazu unten Anm. 41) stehen sichere Importstücke. Z. B. das Schlangenfadenglas von Cham-Hagedorn ZG: B. Rütti, Das Schlangenfadenglas von Cham-Hagedorn; HA 14 (1983) 55/56, 217–114. Auch bei den Fragmenten der sog. Zirkusbecher dürfte es sich um Importstücke (aus Italien?) handeln. Vgl. L. Berger, Röm. Gläser aus Vindonissa; Veröfftl. GPV B 1.6 (Basel 1960) 56–67.

24 Inschrift Tenedo/Zurzach: JbSGU 41 (1951) 128, Taf. 20,2 = JbGPV 1973 12, Anm. 13. – Vindonissa, Schwertscheide: Hartmann (1986) Abb. 33. – Port: O. Tschumi, Urgesch. d. Kantons Bern (Bern 1953) 329. – Agathangelus: Hartmann und Weber (1985) Abb. 106.

25 Bleibarren: Basel: Fellmann (1955) 38, Taf. 27,3. R. Laur-Belart; US 16 (1952) 53. Arbon: O. Meyer; US 16 (1952) 51–54. N. Grögler, J. Geiss, M. Grünenfelder, F. G. Houtermann, Isotopenuntersuchungen zur Bestimmung der Herkunft röm. Bleirohre und Bleibarren; Zs. f. Naturforschung 21 a, Heft 7 (1966) 1167 ff. Allgemein: Petrikovits; a.a.O. (Anm. 1) 301–302, Anm. 4.

26 Eisenmasseln: H.-M. von Kaenel, Ein Depotfund von 16 doppelpyramidenförmigen Eisenbarren in

Schwadernau BE; AS 4 (1981) 1, 15–21. – U. Müller, Die röm. Gebäude in Kaiseraugst-Schmidmatt; AS 8 (1985) 1, 37, Abb. 15.

27 Türgewände: Martin (1987) 48, Abb. 34 und 35. – Salbenreibplättchen: Riha (1986) 43–49. M. Joos und W. Stern, Petrographische und morphometrische Unters. der Augster Reibplatten; in: Riha (1986) 49–55.

28 Kämme: Hartmann (1985) Abb. 97. – Bürsten: Unveröffentlicht. Publikation durch R. Fellmann in Arbeit (Veröffentlichungen der GPV).

29 Hochuli-Gysel [et alii] (1986 I) 241–247 mit Tab. 42, welche die Herkunft und die Menge der Importgüter in den ersten vier Jahrhunderten auflistet.

30 Gemellianus: L. Berger (mit Beitr. von W. Epprecht und W. B. Stern), Die Thekenbeschläge des Gemellianus von Aquae Helveticae und verwandte Beschläge; Handel und Handwerk im röm. Baden (Baden 1983) 13–42. – Ocellio: RBW 624, Abb. 456.

31 Lavez: D. Paunier. La Pierre ollaire dans l'antiquité en Suisse occidentale; La Pietra ollare dalla Preistoria all'età moderna, Atti del convegno 1982 = Archeologia dell'Italia Settentrionale 5 (Como 1987) 47–57. A. Sigfried-Weiss, Lavez, in: A. Hochuli-Gysel [et aliae] (1986) 130–156. R. Kenk, Lavezfunde vom [Basler] Münsterhügel; Basler Zs f. Gesch. u. Altertumskunde 79 (1979) 285–88 (mit Literatur z. Thema).

32 Exporte: Vieh, Käse: SRZ 440–441 mit Anm. 1–3. – Holz: SRZ 441., Anm. 4.

33 R. Laur-Belart, Gallische Schinken und Würste; US 17 (1953) 33–40.

34 Domitius Carassounus: HM 82. SRZ 347, Anm. 3. – Q. Otacilius Pollinus: J. Reynolds; BullAPA 20 (1969) 56.

35 Gemellianus: L. Berger, a.a.O. (Anm. 30). – Ocellio: RBW 624, Abb. 456. – Augusta Raurica: Furger (1987) 53–55. M. Martin, Römische Bronzegiesser in Augst; AS 1 (1978) 112–120. R. Steiger, Gussform für einen Löffel; Römerhaus und Museum Augst 1967, 38 ff. – Vindonissa: JbGPV 1979/80, 53, Abb. 32. – Aventicum, Insula 18 und anschl. Insula: Metallgiesserei aus der Mitte des 3. Jahrh. n. Chr. (Publikation bevorstehend).

36 Eisen: P.-L. Pelet, Sidérurgie antique au pied du Jura vaudois; HA 1 (1970) 86–95. Ders., Fer, charbon, acier dans le pays de Vaud. Les sources archéol.; Bibl. hist. vaudoise 49 (1973).

37 Schmiedehandwerk: A. Mutz, Ein römisches Fenstergitter aus Hölstein; US 18 (1954) 15 ff. Ders., Römisches Schmiedehandwerk; Augster Museumshefte 1 (August 1976).

38 Hufeisen: Es ist hier nicht der Ort, in die immer noch schwebende Diskussion einzugreifen. W. Drack wird dies demnächst in einem fundierten Aufsatz (in AW 1988) tun. Immerhin sei auf zwei Funde von Hufeisen in römischem Kontext hingewiesen: Saalburg Jb 22 (1965) 51, mit Anm. 72, Abb. 3,1 und Abb. 6,1 [Grubenfund aus Kastell Gross Gerau], B. Rabold, Vicusfunde aus dem Weiherbereich bei Waldmössingen, Kreis Rottweil; FdberBW 9 (1984) 385 ff., spez. Abb. 11,1–4 [Schutthügelartige Deponie]. – Hufschuhe (Hipposandalen): H. Corot, Les Hipposandales, Essai de Classification etc.; Pro Nervia, Rev. Historique 4 (1928) 1–17. – Zum Gegenstand: Plinius NH 33, 140. – Herstellungstechnik: Furger (1987) 56.

39 Grabstein des Lyders Camillius Polynices und seines Sohnes Camillius Paulus. Goldschmiede aus Aventicum: CIL XIII 5154 = HM 236 = Walser 117.

40 Goldschmuck: Kaiseraugst, Sodbrunnen: JberAK 4 (1984) 94, Abb. 4. – Obfelden-Lunnern: E. Vogt, Gesch. d. Gemeinde Obfelden (Zürich 1947) 47 ff. – Zürich-Oetenbachkloster: Schneider (1985) 70–74.

41 Glasfabrikation: Augusta Raurica, Unterstadt: JberAK 4 (1984) 39–48, Abb. 38–41 und Plan 9. T. Tomasevic-Buck, Ein Glasschmelzofen in den Aeussern Reben, Kaiseraugst AG; Festschrift E. Schmid (Basel 1977) 243–252. Furger (1987), 57–60. Martin (1987) 62, Abb. 49 [Formplatte für Flaschen mit quadr. Grundriss]. – Glasfabrikation Muralto: P. Donati; AS 6 (1983) 3, 125 ff. mit Abb. 13 (Bergkristall) und 15 (Glasstücke und Schmelzabfall). P. Donati, Marchi di fabbrica su vetri romani del Ticino; Quaderni di numism. ed antichità class. (Lugano 1978). – Forum Claudii-Martigny: Wiblé (1983) 14, Abb. 23.

42 E. Schmid, Beindrechsler, Hornschnitzer und Leimsieder im röm. August; Provincialia 185–197. Dies., Beinerne Spielwürfel von Vindonissa; JbGPV 1978 54–81. Furger (1987) 62/63, Abb. 50.

43 Dendrophori: CIL XIII 5153 = HM 237 = Walser 116. SRZ 557 ff. Zürcher (1985) Abb. 3.31–36.

44 A. Mutz, Röm. Eisenwerkzeuge aus Augst; Provincialia 151–169. Ders., Ein Fund von Holzbearbeitungswerkzeugen aus Augst Insula 31; JberAK 1 (1980) 117–131. A. R. Furger, Römerhaus Augst, Jahresbericht 1985; JberAK 6 (1986), 202, Abb. 18 [Hobel aus Eisen mit Resten des Hobelkörpers aus Apfel- oder Birnenbaumholz und Keil aus Haselholz]. H. Schwab, Die Vergangenheit des Seelandes in neuem Licht (Freiburg 1973) 94, Abb. 110–111 [Holzbearbeitungswerkzeuge von Le Rondet].

45 Gerberei und Lederverarbeitung: Vitudurum: Zürcher (1985) 189, Abb. 3.14. Vindonissa, Lederstück mit Markierung TOTA: A. Gansser-Burckhardt,

Die Lederfunde aus dem Schutthügel von Vindonissa 1951; JbGPV 1951/52, 57–65, Abb. 31. Ders., Das Leder und seine Verarbeitung im röm. Legionslager Vindonissa, Veröfftl. Gesellsch. pro Vindon. 1 (Basel 1942).

46 U. Müller, Die röm. Gebäude in Kaiseraugst-Schmidmatt; AS 8 (1985) 1, 23–28, Abb. 14 a und b.

47 Steinbrüche: Concise-La Lance: ASA 1909, 215 ff. Dittingen: A. Gerster, Ein röm. Steinbruch bei Dittingen; AH 9 (1978) 33, 67 ff. Würenlos: P. Haberbosch; Badener Neujahrsblätter 1938, 57 ff. – Chavannes-le-Chêne: JbSGU 34 (1943) 71, Tafel 8, Abb. 1 = US 7 (1943) 55 ff. – Iulius Silvester: HM 222 = Walser 110. – Steintransport Orbe → Langendorf: AS 4 (1981) 2, 73.

48 Töpfereien: H. Bender und R. Steiger, Ein römischer Töpferbezirk des 1. Jh. n. Chr. von Augst-Kurzenbettli; Beitr. und Bibliogr. z. Augster Forsch. (Basel 1975) 198–286. R. M. Swoboda, Der Töpferbezirk am Südostrand von Augusta Raurica; HA 2 (1971) 5, 7–21. Tonstatuettchen: JberAK 4 (1984) 93, Abb. 3. Model für Tonstatuettchen und Zierscheiben (oscilla): JberAK 5 (1985) 237, Abb. 5 [Insula 35]. Lampenmodel: Leibundgut (1977) 86–87.

49 Augusta Raurica: A. R. Furger, Vom Essen und Trinken im röm. Augst; AS 8 (1985) 3, Abb. 18,2 [Inschrift: Sacredo]. Sierentz-Hochkirche: J.-J. Wolf, Sierentz, 5000 ans d'histoire, Etat des rech. arch. 1977–1985 (Sierentz 1985) 67 [GANNICVS, MARTIREG].

50 O. Tschumi, JbBHM 3 (1923) 72–84 [Töpfereigebäude mit Ofen]. Ders., JbBHM 14 (1934) 57 ff. [Töpferei mit Ofen und Sumpfgrube, Tonmatrize Muttergottheit]. Ders., Röm. Töpfermodel von der Engehalbinsel b. Bern; JbBHM 15 (1935) 69 ff. Ders., JbBHM 16 (1936) 53 ff. [Lampenmodel des COMMVNIS, dazu Leibundgut (1977) 86–87 mit Abb. 11]. E. Ettlinger und K. Roth-Rubi, Helvetische Reliefsigillaten und die Rolle der Werkstatt Bern-Enge; Acta Bernensia 8 (Bern 1978).

51 Töpferöfen: R. Fellmann, Zwei röm. Töpferöfen in Vindonissa; US 20 (1956) 38. Stempel der XI Leg. (in planta pedis): W. Drack, die Helvetische Terra sigillata-Imitation; Schriften d. Inst. f. Ur- und Frühgesch. d. Schweiz 2 (Basel 1945) 42, 110/111, Taf. 17, Stempel 52 und 53.

52 K. Roth-Rubi, Röm. Töpferhandwerk in Baden; Handel und Handwerk im röm. Baden (Baden 1983) 43–50. A. Jornet und M. Magetti, Die Terrasigillata von Baden, Ergebn. einer naturw. Studie; Handel und Handwerk in röm. Baden (Baden 1983) 51–59.

53 Terra sigillata: D. Paunier und G. Kaenel, Moules pour la fabrication de céram. sigillée à Lousonna; AS 4 (1981) 3, 120–126. A. Laufer, La Péniche, Un atelier de céramique à Lousonna; CAR 20 (Lausanne 1980). – Lampen: Leibundgut (1977) 83–86, Abb. 10 [Verbreitungskarte].

54 Glanztonkeramik: M. Egloff, Premiers témoignages d'une industrie gallo-romaine de la céramique à Avenches; BullAPA 19 (1967) 5–36. G. Kaenel, Aventicum I, Céramiques gallo-rom. décorées, CAR 1 (Avenches 1974).

55 Geschirrflicker: S. Martin-Kilcher, Römische Geschirrflicker; Augster Blätter zur Römerzeit 1 (August 1978).

56 Ziegeleien: R. Degen, Fabriken röm. Privatziegeleien in der Schweiz; US 27 (1963) 33 ff. – H. M. v. Kaenel, Neue Funde gestempelter Ziegel aus dem Ktn. Bern; AS 3 (1983) 2, 94–102. – L. C. PRISC (AS 1 (2978) 1, 38 ff. – R. Frei-Stolba, Zur Ziegelinschrift von Erlach; AS 3 (1980) 103–105. – L. Berger, ein röm. Ziegelbrennofen bei Kaiseraugst, mit einigen Bem. zur Typologie röm. Ziegelbrennöfen; Ausgrabg. in August III (Basel 1969) mit Liste der Ziegelbrennöfen auf S. 40–43. – Hartmann (1985) 176 [Ziegelofen mit vermauerten Ziegel der 21. und 11. Legion in Kaisten]. – Hochuli [et alii] (1986 I) 215–216, Abb. 82 a und b [Ziegel mit Handsignatur]. – P. Arnold, Die röm. Ziegeleien von Hunzenschwil/Rupperswil; JbGPV 1965, 37 ff.

Kunst und Kunstgewerbe

1 In Vorbereitung stehen Arbeiten über die Steindenkmäler (Chr. Pfister-Burgener) und die Wandmalereien (Hanspeter Otten) von Augusta Raurica sowie über die Steinreliefs von Aventicum (Martin Bossert [in den CAR]).

2 Diese Zone äussert sich auch im Keramikspektrum der Siedlungen östlich und westlich davon. Sie wurde vermutlich in der Antike geographisch akzentuiert durch eine grosse Waldzone, die sich vom Napf bis fast zum Lauf der Aare hinzog. Sie ist noch heute in Resten fassbar.

3 Jucker (1958) 37.

4 Knaben- oder Ephebenstatuen [neben Kopf auch noch 5 weitere Fragmente]: Leibundgut (1976) Nr. 134, 110–113, Taf. 67–71. – Hore oder Jahrzeitgöttin: Leibundgut (1976) Nr. 32, 49 ff., Taf. 35–37; zum Herstellungsort S. 10/11.

5 Bossert (1983) 40–41, Nr. 36, Taf. 45 (Julia); 30, Nr. 14, Taf. 24–25 (Mädchenkopf mit Melonenfrisur); 41–45, Nrn. 37–40, Taf. 46–5 (Kolossale Ehrenstatuen der iulisch-claudischen Dynastie).

6 Bossert (1983) 35, Nr. 24, Taf. 36–38 (Sucellus-

Gruppe); 22–27, Nr. 9 a–e, Taf. 9–20 (Minerva-Akrolith). Die zugehörigen Millefiori-Glasscheiben sind sicher Import.
7 Martin (1987) 124, Abb. 116 (Hercules, Grienmatt); 48, Abb. 37 (Relief mit Liebespaar); 106, Abb. 95 (Oscillum, vgl. Jber. Römerhaus und Museum 1963 (1964) 11–16, Abb. 8–11); 48, Abb. 34 und 35 (Türumrahmung Grienmatt). L. Berger, Venus aus der Heidenmauer; US 22 (1958) 15 ff.
8 Venus Bellach: M. Boss, Die Venus von Bellach; Archaeologie des Ktns. Solothurn 3 (1983) 9–28. – W. Drack, Der röm. Gutshof bei Seeb; AFS 1 (Basel 1979) 28 (Bronzestatue Seeb).
9 Aventicum, Wölfin: Bögli (1984) 63, Abb. 73. – Basel, Soldatenrelief: Fellmann (1981) Abb. 30.
10 Augusta Raurica, Curia: Laur-Belart (1978) 41. – Augusta Raurica, Bronzedepot Insula 28: JbSGUF 28 (1966/67) 125, Taf. 44, 2. – Aventicum, Bacchus: Leibundgut (1976) Nr. 13, 25–28, Taf. 7–10. – Augusta Raurica, Minerva: T. Tomasevic-Buck, Göttin Minerva aus Augusta Raurica; HA 16, 1985, 62, 72–74. Augusta Raurica, Grienmatt: Martin (1981) 11.
11 Aventicum, Grossbronzen: Leibundgut (1976) 110–128, Nrn. 134–170, Taf. 67–90 und 59/60, Nr. 39, Taf. 44/45 [Barbarenkopf]. A. E. Furtwängler, Bruchstücke von Grossbronzen in Avenches; BullAPA 20 (2969) 45 ff. Forum Claudii: Leibundgut (1980) 140–142, Nrn. 185–189, Taf. 173–178. – Bronzeschwert Julia Equestris: Genf, Musee d'Art et d'Histoire Nr. 16827. – Fellmann (1957 I) 127 Nr. 40. Aus Julia Equestris stammt auch das Ohr eines monumentalen Bronzepferdes: Leibundgut (1980) 145, Nr. 194, Taf. 181.
12 Leibundgut (1980) 135–138, Nr. 182, Taf. 164–169.
13 Leibundgut (1980) 56–59, Nr. 51, Taf. 72–78.
14 Leibundgut (1980) 28–29, Nr. 17, Taf. 24–26 (Mercur von Ursins), 46–48, Nrn. 42 und 43, Taf. 54–59 (Muri, Iuno und Minerva). – Leibundgut (1976) 49–51, Nr. 32, Taf. 35–37.
15 Merkur von Ottenhusen: I. R. Metzger, Merkur von Ottenhusen; HA 14 (1983) 55/56, 205–216. – Augusta Raurica, Venus mit Goldreifen: Martin (1987) 100, Abb. 91 = Kaufmann-Heinimann (1977) Nr. 69. Eros mit Helm: Laur-Belart (1978) Abb. 99. Kaufmann-Heinimann (1977) 53–54, Nr. 49, Taf. 48/49 [als Genius angesprochen]. Schmidmatt, Silberstatuetten: A. Kaufmann-Heinimann; AS 8 (1985) 1, 30 ff.
16 P. Schatzmann, Buste en or représentant l'empereur Marc Aurèle trouvé á Avenches en 1939; ZAK 2 (1940) 69–93. H. Jucker, Marc Aurel bleibt Marc Aurel; BullAPA 26, 1981, 7–36.

17 R. Fellmann, Die gallo-röm. Villa rustica vom Hinterbohl bei Hölstein; Baselb. Heimatbuch 5 (1950) 43–47, Abb. 15 und 16. Kaufmann-Heinimann (1977) 38–39, Nr. 31, Taf. 27.
18 Jucker (1958) 37.
19 S. Deyts, Catalogue de l'Exposition »Ex-Voto de la source de la Seine« (Paris 1966). – A.-M. Romeuf und M. Dumontet, Musée Bargoin, Ex-Voto gallorom. de la source des Roches à Chamalières (Clermont-Ferrand 1980).
20 Holzstatuen: Tasgaetium/Eschenz: J. Bürgi, Eine röm. Holzstatue aus Eschenz; AS 1 (1978) 14 ff. R. Wys, La statue celte de Villeneuve; HA 10 (1979) 38, 58 ff. Genf: R. Degen, Neudatierung der ältesten monumentalen Holzplastik; HA 5 (1974) 19/20, 106. – Grabsteine: Genf: Walser 36. Basel: Walser 220. – Vindonissa, Stirnziegel: Hartmann (1985) Abb. 23. – Merkurweihung, Nyon: Walser 49. – Büsten, Aventicum: Leibundgut (1976) 51–52, Nr. 33, Taf. 38/39. Augusta Raurica: Laur-Belart (1978) Abb. 90. Kaufmann-Heinimann (1977). – Venthône, Venus: Leibundgut (1980) 06–88, Nr. 88, Taf. 112–114.
21 Vallon: Neue Zürcher Zeitung 23./24. Juni 1985, Fernausgabe Nr. 142, 7 = Basler Zeitung 21. Juni 1985, Nr. 142, 16. – Signatur, Oberweningen: Gonzenbach (1961) 72, Nr. 5.23, Taf. 26. Aventicum, Inschrift: v. Gonzenbach (1961) 167–171, Nr. 90, Taf. 18. M. Fuchs, La mosaique de Marcien, Flavien d'Avenches; BullAPA 1988 (im Druck) [Fuchs kann nachweisen, dass der Auftraggeber richtigerweise Marcus Flavius Marcianus hiess].
22 Für eine umfassende Darstellung sei auf Drack (1950) und (1986) verwiesen.

Religion

1 Lyoner-Altar: D. Fiswick, The federal cult of the three Gauls, in: Les martyrs de Lyon, Colloques intern. du CNRS, 575, Paris 1978, 33–45. – Ders., The temple of the three Gauls; JRS 62, 1972, 46–52. – Teilnahme der Helvetier und Rauriker: R. Frei-Stolba, Q. Otacilius Paulinus, Inquisitor III Galliarum, in: Alte Geschichte und Wissenschaftsgeschichte, Festschrift Karl Christ, Darmstadt 1988, 186–201 (mit vielen Lit.-Zitaten). – SRZ 117, Anm. 3.
2 SRZ 500–501. – Flamines: CIL XIII 5102–04 = HM 203 ff. (in Aventicum), CIL XIII 5274 und 5273 = HM 324 (Augusta Raurica), CIL XIII 5009, 5010 = HM 139 = Walser 47 und CIL XII 2606, 2607 = HM 93 = Walser 13 (Julia Equestris). – Flaminicae: CIL XII = HM 51 = Walser 257 (Grabstein für Vinia Fusca in Sion), CIL XIII 5064 = HM

169 = Walser 66 (Ehreninschrift für Iulia Festilla in Eburodunum), CIL XII 2616 = HM 100 (Genava), CIL XIII 5002 = HM 143 (Julia Equestris).
3 SRZ 157 ff. – Wissowa, RE II, Sp. 2351, s. v. Augustales. – Seviri Augustales in der Schweiz, Liste eines entspr. Collegium, bestehend aus lauter Freigelassenen, in Genava: CIL XII 2617 = HM 101 = Walser 20. Selten ein Freigeborener als Mitglied: CIL XII 264 = HM 53 = Walser 264 (S. Varenus Priscus aus Tarnaiae). Weitere Inschriften bei Walser III 186.
4 Mercurius Augustus: CIL XIII 5056 = HM 174 = Walser 64 (Eburodunum). HM 153 = Walser 54 (Lousonna/Vidy). CIL XIII 5259 und 5260 = HM 351 und 344 = Walser 204 und 205 (Augusta Raurica). Zu Mercurius Augustus SRZ 503 ff. – Aesculapius Augustus: HM 345 = Walser 237 (Augusta Raurica). – HM 152 = Walser 52 (Numinibus Augustorum) und CIL XIII 5026 = HM 156 = Walser 51 (pro salute Augustorum) beide aus Lousonna/Lausanne-Vidy. – In honorem domus divinae: HM 352 = Walser 239 (Augusta Raurica). CIL XIII 11539 = HM 347 = Walser 229 (Basel). M.-Th. Rapsaet-Charlier, La datation des inscriptions latines dans les provinces occidentales de l'Empire Romain d'après la formule »IN H(ONOREM) D(OMVS) D(IVINAE)« et »DEO, DEAE«; ANRW II, 3 (1975) 232–282.
5 Aventicum, Cigognier-Tempel: R. Etienne, Un complexe monum. du culte imp. à Avenches; BullAPA 29 (1985) 5–26. – Augusta Raurica: siehe unten, Anm. 45. – E. Bouley, Les théâtres cultuels de Belgique et des Germanies, Réflexions sur les ensembles archit. théâtre-temples; Latomus 34 (1975) 1010–1019.
6 Capitolia: I. M. Barton, Capitoline Temples; ANRW II, 12, 1, 259–243. U. Bianchi, Accad. Lincei, Classe sc. morali, Memorie, Ser. 8 a, II (1949/50) 249 ff. M. Cagiano de Azevedo, I Capitolia dell'Impero romano; Mem. Pont. Accad. Ser. III, V (1941).
7 Akrolith, Allgemein: H. Lechat, Monuments Piot 23, 1918/19, 27–43. Amelung, OeJh 11, 1908, 169 ff. CRAI 1969, 338, Anm. 2–5. – Aventicum: H. Bögli, Rapport préliminaire sur les fouilles du Capitole; BullAPA 23, 1975, 40–43. Bossert (1983) 22–27.
8 Muri: Statuettengruppe, wohl Tempelinventar: Leibundgut (1980) Nrn. 6 (Iuppiter), 42 (Iuno), 43 Minerva, 31 (Lar), 59 (Dea Naria), 60 (Dea Artio), 99 (Prunkhenkel). Zur Fundsituation: Leibundgut (1980) 193–194 pflichtet der allgemeinen Annahme bei, dass es sich bei den Statuetten um ein Lararium handle. Man wird sich dabei allerdings sehr fragen,

was dann die Stiftungsinschrift der Regio Arurensis auf dem Sockel der Statuette der Dea Naria soll.
9 Haupttempel Augusta Raurica: Laur-Belart (1978) 44–48, Abb. 23
10 Aquae Helveticae: UFAS 5, 1975, 128, Abb. 9. – Equestris: UFAS 5, 1975, 128, Abb. 8. – Salodurum: UFAS 5, 1975, 13, Abb. 8. – Minnodunum: CIL XIII 5042 = HM 179 = Walser 70.
11 Minervabüste Augusta Raurica: T. Tomasevic-Buck, Göttin Minerva aus Augusta Raurica; HA 16, 1985, 62, 72–74. Martin (1987) Abb. 136. – Victoria: CIL XIII 5080 und 5081 = HM 225 = Walser 78 und 79 [aus Aventicum nach Münchenwiler verschleppt]. – Wochengötter: SRZ 564–568, Abb. 173–175. – Diana: Walser 319 [Altar von Sils-Baselgia GR]. – Biviae, Triviae, Quadruviae: CIL XIII 5069 = HM 219 = Walser 73 [Aventicum]. SRZ 525 ff.
12 Fortuna: CIL XIII 5066 = HM 183 = Walser 93 (Fortuna Redux), vgl. weiter Walser 166, 198, 268. Statuetten: z. B. Leibundgut (1980) Nrn. 54–57.
13 Apollo, Augusta Raurica: F. Staehelin, Ein gallisches Götterpaar in Augst; ZAK 3 (1941) 4, 241–244, Taf. 71,1 (Griff einer Schöpfkelle mit Widmung an Apollo und Sirona [aus dem »Treppenhaus« bei der Basilica]), Taf. 71,2 und 3 (Omphalos mit Widmung an Apollo aus dem Heiligtum Grienmatt). Altar für Apollo HM 346 = Walser 238 (Grienmatt). Vindonissa: CIL XII 11500 = HM 298 = Walser 165 (zusammen mit einem Altar für die Nymphen [= Walser 167]). CIL XIII 11471, 11472 und 11473 = HM 170, 171 und 172 = Walser 67, 68 und 69 (alle drei Altäre aus dem Quellheiligtum der Thermen von Eburodunum). – Aesculap: HM 345 = Walser 237 (Augusta Raurica, Grienmatt) dazu SRZ 540.
14 Genava: Als Genava Augusta gleichzeitig in den Kaiserkult eingebunden, HM 90 = Walser 30, SRZ 506. – Aventia: CIL XIII 5072 = HM 208 = Walser 74 und CIL XIII 5073 = HM 207 = Walser 75. – Rhenus: CIL XIII 5255 = HM 371.
15 Genius, Inschriften: Vgl. bei Walser 5, 51, 75–77, 93, 131, 258. – Genius: Statuette: Leibundgut (1980) 39, Nr. 33, Taf. 38–39 [aus St-Saphorin]. – Laren: Leibundgut (1980) 37–38, Nr. 31, Taf. 36–37 [Muri Depotfund, vgl. Anm. 8]. – Suleivien: SRZ 522 ff. CIL XIII 5027 = HM 161 = Walser 55 [Lousonna], CIL XIII 11477 = HM 224 = Walser 103 [Aventicum], CIL XIII 11499 = HM 250 = Walser 140 [Salodurum].
16 Böser Blick: S. Seligmann, Zauberkraft des Auges und das Berufen (Hamburg 1922). – Amulette: Hartmann (1985) Abb. 12–15. AS 2 (1979) 3, 163, [aus Basel].

17 Phallusrelief: Aventicum; JbSGUF 57 (1972/73) 285, Taf. 46,2. – Augusta Raurica, Insula 31; JbSGUF 53 (1966/67) 126.
18 Vitudurum: AS 5, (1982) 2, Abb. 110. Zürcher (1985) Abb. 3. 21. – Meikirch: Drack (1986) Taf. 11 b. – Aquae Helveticae/Baden: ASA 5 (1872) 311, Taf. 34,1.
19 Cantismerta: CIL XII 131 = HM 60 = Walser 249 [St-Clément unterhalb Lens VS]. – Sucellus: Allg.: SRZ 528 ff. Leibundgut (1980) 43 mit Anmerkungen. – Sucellus, Bildwerke: Augusta Raurica, Ins. 2: JberAK 4 (1984) 79–80, Abb. 35. Leibundgut (1980) 41, Nr. 37, Taf. 42–45 [Visp]. Leibundgut (1980) 43, Nr. 38, Taf. 46–49 [Lausanne]. Leibundgut (1980) 44/45, Nrn. 39 und 40, Taf. 50–52 [Pully und Genf]. Inschriften: HM 352 = Walser 239 [Augusta Raurica]. – Epona: R. Magnen, Epona, déesse gauloise des chevaux, Inventaire des monuments par E. Thévenot (Bordeaux 1953). M. Th. Hanoteau, Epona, déesse des chevaux, figurations découvertes en Suisse; HA 11 (1981) 41, 2 ff. K. M. Linduff, Epona a Celt among the Romans; Latomus 38, 4, 1979, 817 ff. – Taranis: D. Van Berchem (1982) 172–184. – Sedatus: Stein von Acaunum/St-Maurice, HM 62 = Walser 278, vgl. unten Anm. 27. – Anechtlomara: SRZ 514. HM 218 = Walser 104. – Sirona: F. Staehelin, Ein gallisches Götterpaar aus Augst; ZAK 3 (1941) 4, 241–244, Taf. 71,1. – Naria Nousantia: CIL XIII 5151 = HM 188 = Walser 115 [La Neuveville BE]. – Naria: Leibundgut (1980) 65–66, Nr. 59, Tafel 84–87. – Cicolluis: Simonett, Deus Genitor; JbergPV 1947/48, 20 ff. E. Thévenot, Pilier de Mavilly (F); Latomus 14, 1955, 97 mit Anm. 2. CIL XIII 5589 und 5599. Gallia 37 (1979) 201. – Lugoves: CIL XIII 8078, dazu SRZ 524–525. Bögli (1984) 68, Abb. 84.
20 Dea Artio: Leibundgut (1980) 66–70, Nr. 60, Tafeln 88–94 ausführliche Wertung der Statuettengruppe. Untersuchungen im Bern. Hist. Museum haben ergeben, dass die sitzende Göttin erst sekundär angebracht wurde, dass also schon in der Antike an der Gruppe Veränderungen vorgenommen wurden, vgl. Taf. 92 [Lötspuren auf der Basis] und Taf. 94 [ursprüngliche Aufstellung].
21 Dreigehörnte Stiere: RAE 4 (1953) 108–135 und 13, 1962, 217–219. BerROB 12/13, 1962/63, 579–581. L. Closuit, Les taureaux tricornes gallo.-rom. (Martigny 1978). Ders.: Le taureau tricorne et les grands bronzes d'Octodure (Martigny 1978). Leibundgut (1980) 142/143, Nr. 189, Taf. 175–178.
22 Holzstatuen: Tasgaetium: Jost Bürgi, Eine römische Holzstatue aus Eschenz; AS 1, 1978 14 ff. – Genf und Villeneuve: R. Wyss, La statue celte de Villeneuve; HA 10, 1979, 38, 58 ff. Ders.: Rekonservierung und Herstellung einer Kopie der kelt. Monumentalstatue aus Genf; JberSLMZ 83, 1974, 73 ff. R. Degen, Neudatierung der ältesten monumentalen Holzplastik; HA 5, 1974, 19/20, 106 (abgeb. HA 4, 1973, 14, 32). – Genius Cucullatus: W. Déonna, Divinité gallo.-rom. au cucullus; OGAM 8, 1955, 245–254.
23 Muttergöttinnen: Crissier: C. Rapin, Villas romaines des environs de Lausanne; Etudes de lettres, Rev. Fac. des Lettres Univ. de Lausanne 1982, 1, 29–47, Abb. 9. Augusta Raurica: Tonstatuette aus der Werkstatt des Pistillus; Jber. Römerhaus und Museum Augst 1966 (1967) Abb. 46. Vindonissa: Simonett (1947) 77–78, Abb. 19. ASA 1921, Abb. 1 a. Troinex: Genava 20 (1942) 63, Fig. 37. Allgemein: SRZ 521–522. G. Schauerta, Darstellungen müttlicher Gottheiten in den röm. Nordwestprovinzen; BonnJbb. Beihefte (1987).
24 Alpes: Es handelt sich eher um eine grosse Statuenbasis als um einen Altar. Zur Inschrift vgl. HM 234 = Walser 124. Umstritten ist, ob auch im Passheiligtum auf dem Julier die »Alpes« verehrt wurden. Die entspr. Inschrift ist doch wohl zu fragmentarisch. Vgl. H. Conrad, Beitr. zur Frage der urgesch. Besiedlung des Engadins; Jber. Hist.-ant. Ges. Graubünden 70 (1940) Taf. 18. – Pastores: Walser 311: Pastoribus/Tertius Valerii v(otum) s(olvit) l(ibens) m(erito) = »Für die Hirten(-Götter) hat Tertius, Freigelassener des Valerius, sein Gelübde gerne nach Gebühr erfüllt.« H. Erb, A. Bruckner, E. Meyer, Römische Votivaltäre aus dem Engadin und neue Inschriften aus Chur; Helvetia antiqua, Festschrift E. Vogt, Zürich 1966, 223–232.
25 Gr. St. Bernhard, Tempel: Notizie Scavi 1887, 476 ff; 1890, 294 ff.; 1892, 63 ff. und 400 ff.; 1894, 33 ff. G. Walser, Römische Militärinschriften von Gr. St. Bernhard; AS 6 (1983) 1, 15–29. – Interpretatio Romana: Der Begriff bei Tacitus, Germania 34,3. G. Wissowa, Interpretatio Romana; Archiv f. Rel. Wissensch. 19 (1916/19) 1–49. J. de Vries, Die Interpretatio Romana der gallischen Götter; Indogermanica, Festschr. Wolfg. Krause (Heidelberg 1960) 204 ff.
26 Caesar, BG 6, 17, 1. – Apollo, Merkur und Minerva: z. B. auf einem Weihestein aus Eburodunum, CIL XIII 5055 = HM 175, Walser 62, der Weihende trägt den typischen keltischen Namen Togirix. Die gleiche Götterdreiheit auf einem Votivblech aus Grand (F); Gallia 44 (1986) 2, 304, Abb. 18.
27 Deus Sedatus: R. Wiegels, FdberBW 3, 1977, 504 mit Anm. 37. Es handelt sich um eine einheimische Gottheit, die etwa dem Vulcanus gleichzusetzen wäre. – Dea Artio: vgl. oben Anm. 20. – Mercurius Cissonius: Walser 307 und 307 [die Fundorte der

beiden Altärchen sind, im Gegensatz zu den Angaben Walsers, identisch, d. h. die Strassenstation von »Murus« bei Promontogno GR]. - Mars Caturix: Nonfoux bei Essertines VD (HM 164 = Walser 58). Pomy bei Yverdon VD (HM 165 = Walser 60). Thermen von Yverdon (HM 172 = Walser 68). Aventicum (HM 110 = Walser 110), Riaz/Tronche-Bélon FR (Vauthey [1985] 32/33; HM 181; SRZ 533, Anm. 9).
28 CIL XIII 5243 = HM 261 = Walser 192 (aus Turicum/Zürich). Der Stein ist neben dem Deus Silvanus auch der Dea Diana geweiht. Walser vermutet hinter diesem Götterpaar Sucellus und Nantosvelta. Auch beim Deus Silvanus, dem der Beneficiarier L. Speratius Ursulus in Viviscus/Vevey einen Altarstein weihte, dürfte es sich um einen einheimischen Wald- oder Flurgott gehandelt haben (CIL XII 164 = HM 59 = Walser 59).
29 Tempel in Augustodunum/Autun (F): H. Koethe, Die keltischen Rund- und Vielecktempel; 23. BerRGK (1933), 99. A. Grenier (1958) 458-463. M. J. T. Lewis, Temples in Roman Britain, Cambridge 1968. Die üblichen Rekonstruktionen gehen zurück auf H. Lehner und R. Schulze, Der Tempelbezirk der Matronae Vacallinehae bei Pesch; BonnJbb 125 (1919) Taf. 27,1 und 30. Wichtig auch: H. Mylius, Zum Aufbau der Kultbauten 38 und 6, Ein Beitrag zur Baugestalt keltischer Tempel, in: Gose (1972), 251-260.
30 Grenier (1958) 466, Abb. 154 zurückgehend auf L. de Vesly, Les fana ou petits temples gallo-rom. de la région normande (Rouen 1909). Für diese Art der Rekonstruktion plädiert auch A. Furger-Gunti (1984).
31 Regiones, allgemein: H. Herzig; JbSGUF 57 (1972/73) 180. - Regio Lindensis: HM 234 = Walser 124. Zu den Bauten vgl. unten Anm. 38. - Regio Arurensis: CIL XIII 5161 = HM 241. Zur Statuette der Dea Naria vgl. oben Anm. 19. - Regio O[...] Walser 121. H. Herzig, Eine neue Otacilier-Inschrift auf der Engehalbinsel Bern; JbSGUF 57 (1972/73) 175 ff. und JbBHM 53/54 (1973/74) 35 ff. H. Grütter, Ein dritter gallo-röm. Vierecktempel auf der Engehalbinsel in Bern; HA 4 (1973) 13, 1-6.
32 Petinesca: H. M. v. Kaenel. Archaeol. Wanderungen über den Jaissberg bei Biel (Petinesca); AS 1 (1979) 1, Beilage. H. Grütter, Ein zweiter Tempelbezirk in Studen-Petinesca bei Biel; US 28 (1964) 2, 25-28.
33 Mars Caturix: Essertines-Nonfoux: CIL XIII 5046 = HM 164 = Walser 58. D. Viollier, Carte arch. du Canton de Vaud (1927) 164.- Riaz/Tronche-Bélon: Vauthey (1985). - Aventicum, Grange du Dîme-Tempel: Verzar (1977) [die Deutung als Heiligtum des Kaiserkultes entbehrt jeder Grundlage].
34 Schauenburgerfluh: Th. Strübin, Das gallo-röm. Höhenheiligtum auf der Schauenburgerfluh; HA 5 (1974) 18, 34-46, zu den Münzen JbSGUF 56 (1971) 215 ff. - Augusta Raurica/Flühweghalde: R. Laur-Belart, Ein Cybele-Heiligtum bei Kaiseraugst; ASA (1935) 64-72. Riha (1980). Wir können der Deutung der Kultstatue als Genius nicht zustimmen. - Ursins, Tempel: A. Rapin, Ursins, L'église St-Nicolas; US 33 (1969) 73 ff. Ursins, Statuetten: Leibundgut (1980) 74, Nr. 63, Taf. 98-100 (Ziegenbock), 28-29, Nr. 17, Taf. 24-26 (Merkur). - Tegna: A. Gerster, Il castello di Tegna; ZAK 26 (1969) 117 ff. - Ufenau: B. Frei, Der gallo-röm. Tempel auf der Ufenau im Zürichsee; Provincialia 299-316. Ders.; JbSGUF 57 (1972/73) 310-312, Abb. 86 (Plan). - Petersinsel (Twann BE): D. Gutscher; JbSGUF 69 (1986) 278-280 und 70 (1987) 238-240.
35 Gournay: J.-L. Brunaux, P. Meniel, F. Poplin, Gournay I, Les fouilles sur le sanctuaire et l'oppidum; Rev. arch. de Picardie, No. spécial (1985). Dies., Das keltische Heiligtum von Gournay-sur-Aronde; AW 13 (1982) 2, 39-62.
36 Riaz/Tronche-Bélon: Vauthey (1985). - Forum Claudii/Martigny: F. Wible, Un nouveau sanctuaire galloromain découvert à Martigny; Festschrift Walter Drack (Stäfa 1977) 89-94. F. Wiblé, Le téménos de Martigny; AS 6 (1983) 2, 57-67. Wiblé (1986) 37-42, Fig. 57-61.
37 D. Paunier; JbSGUF 69 (1986) 268/269, Abb. 44. D. Paunier [et alii], Du nouveau á l'ouest de Lousonna-Bilan de trois années de recherches; AS 10 (1987) 3, spez. 119-125. - Zur sog. »Pierre Oupin«, einem Stein mit drei männlichen Gesichtern, vgl. SRZ 547, Anm. 1.
38 Thun-Allmendingen: O. Tschumi, Urgeschichte des Ktns. Bern (Bern 1953) 142/143 und 369. H. Bögli, Die römische Zeit; Beiträge zur Thuner Geschichte Bd. 1 (Thun 1964), 52 ff. und 72-74 [Katalog aller Funde bis 1964]. A. Bruckner, Jb. Hist. Mus. Schloss Thun 1967, 33 ff. Dies., Attis aus Thun-Allmendingen; Provincialia 226 ff. G. Grosjean, Ortung und Masse im gallo-röm. Tempelbezirk von Thun-Allmendingen; Jb. Hist. Mus. Schloss Thun 1968, 48 ff. mit Plan der Grabung 1967 als Beilage). H. Grütter, Einzigartige Weihgaben aus dem Tempelbezirk von Thun-Allmendingen; HA 27-28 (1976) 102 ff.
39 Forum Claudii: V. Vodoz, Les fibules du sanctuaire indigène de Martigny; AS 6 (1983) 2, 78 ff. - Favissa: Um eine solche dürfte es sich auch bei den Funden von St-Cierges-Tour du Molard VD gehandelt haben; JbSGU 498 (1969/61) 169-174. - Biel:

SRZ 541 mit Anm. 4. Die Münzen wurden im Innern der Quellgrotte im ersten Ueberlaufbecken nach dem schachtartigen Quellaufstoss gefunden. Der Ortsname Biel könnte auf den keltischen Gott Belenus zurückgehen. – Aquae Helveticae: H. R. Wiedemer, Die Entdeckung der röm. Heilthermen von Baden/Aquae Helveticae; JberGPV 1967, 83–93. Ders., Die römischen Heilthermen von Baden-Aquae Helveticae; Badener Neujahrsbl. 1969, 45–56.

40 Votivbeilchen: R. Forrer, Die helvetischen und helvetorömischen Votivbeilchen der Schweiz; Schriften Institut f. Ur- u. Frühgesch. 5 (Basel 1948). AH. 1 (1970) 10. US 13 (1949) 4, 57–60, Abb. 40. – Silbervotive: G. Walser, Ein silbernes Ex-Voto vom Gr. St. Bernhard; AS 6 (1983) 2, 87–89. – Votivtäfelchen: G. Walser, Römische Militärinschriften aus dem Tempel vom Gr. St. Bernhard; AS 6 (1983) 1, 15–29. – Goldreifen: Venus aus Augusta Raurica; Martin (1987) Abb. 91. Apollo aus Forum Claudii; Wiblé (1986) Titelseite. – Walser 128 [ex visu]. – CIL V 6875 = HM S. 218, Nr. 86 [pro itu et reditu].

41 Tempelschätze: Winterthur-Lindberg: E. Graf, Ein helvetisch-röm. Fund vom Lindberg bei Winterthur; Beilage Programm Gymnasium und Industrieschule Winterthur 1897/98 (Winterthur 1897). Keller (1864) 41 ff. und 63 ff. – Wettingen: Simonett; ZAK 8 (1947) 1 ff.

42 Tempel der Maia in Genava: Walser 31, HM 113, SRZ 151. – Apollo Augustus in Salodurum: Walser 129 = HM 113 = CIL XIII 5169. – Mars Caturix in Nonfoux bei Essertines VD: Walser 58 = HM 164 = CIL XIII 5046. Iuppitertempel in Minnodunum: Walser 71 = HM 180 = CIL XIII 5043.

43 Salodurum: Walser 141. – Gr. St. Bernhard: R. Degen, Römische Standartenfragmente vom Summus Poeninus; ZAK 38 (1981) 4, 244–259. – Vauthey (1985) 34–40, Inschriftfragmente B 98–116. Die von den einzelnen Stiftern gespendete Summe scheint jeweilen 75 Denare betragen zu haben.

44 Kulttheater für Mars: M. Mangard, L'inscription dédicatoire du théâtre du Bois de l'Abbé à Eu; Gallia 40 (1982) 35 ff. – Kulttheater in Gallien und in den germ. Provinzen: Autun: M. Pinette und A. Rebourg, Autun, Ville gallo.-rom.; Guides arch. de la France 12 (Paris 1986) Taf. 17. – Ribemont: J.-L. Cadoux, Les fouilles du sanctuaire gallo-romain de Ribemont-sur-Ancre (Somme)-un bilan; Rev. arch. de Picardie 4 (1982) 136–144. – Trier/Altbachtal: E. Gose (1972) 102–109. – Sanxay: J. Formigé; Gallia 3 (1944), 67 ff. – Allgem.: G. Ch. Picard, Les théâtres ruraux sacrés en Gaule; Archéologia 28 (1969) 68–77. Ders., Rev. Arch. 1970, 185–192.

45 Die Datierungen der einzelnen Bauelemente belegen die gleichzeitige Existenz des gallo-röm. Tempelbezirkes und des ersten Theaters, bzw. des darüber errichteten Amphitheaters. Schönbühl: H. Doppler, Münzfunde aus den gallo-röm. Tempeln auf Schönbühl; Provincialia 70–79 und Laur-Belart (1978) 80–81 (frühaugusteisch bis Domitian, dann Umbau in Stein in der 2. Hälfte des 1. Jahrh., benutzt bis Mitte 2. Jh. – Amphitheater: C. Claereboets, A. R. Furger, Die Sondierungen durch die Orchestra des Augster Theaters 1985; JberAK 6 (1986) 55–64; Laur-Belart (1978) 73. – Ursins: A. Rapin, L'église St-Nicolas; US 33 (1969) 73–77 [Tempel]. Paunier (1982) 21 mit Anm. 49 [Kulttheater]. – Riehen: SRZ 547 mit Anm. 1. Riha (1980) Abb. 24, 4. Fellmann (1981) 23, Abb. 23.

46 Bern-Engehalbinsel: H.-J. Müller-Beck, Das Amphitheater auf der Engehalbinsel bei Bern; Schriften der hist.-ant. Kommission der Stadt Bern = Berner ZS f. Gesch. u. Heimatkde. 2/3 (1957). – Augusta Raurica: Enge Verbindung Amphitheater-Tempelbezirk »Sichelen 1« vgl. Riha (1980) 38, Abb. 25,2.

47 Jupitergigantensäulen: G. Bauchhenss, Jupitergigantensäulen; LMA.KlSchr 14 (Aalen 1976). Ders., Die Jupitergigantensäulen in der Provinz Germania Superior; Beih. BonnJbb 1976/77. G. Weber, Jupitersäulen in Rätien; Forsch. zur Provinzialröm. Arch. in Bayerisch-Schwaben (Augsburg 1985) 269–288. – Aventicum: Bossert (1983) 33–35, Taf. 32–35. – Zürich: Vogt (1948) 140 ff., Taf. 31,5 und 6. UFAS 5, 1975, 137, Abb. 24. – Bubendorf: Th. Strübin, Ein Jupiterheiligtum beim Bad Bubendorf; Baselbieter Heimatbücher 13 (1977) 303–315 (nach Ausweis der Münzen bestand das Heiligtum auch noch im 4. Jh.). – Blitz-Grab: D. Paunier, Une inscription lapidaire dédiée à la foudre; Genava 21 (1973) 287–295. Ders., JbSGUF 59 (1976), 250. Der Kult scheint besonders in der Gallia Narbonensis verbreitet gewesen zu sein.

48 M. J. Vermaseren [Herausg.], Die Orientalischen Religionen im Römerreich; Etudes prél. aux religions orientales dans l'empire romain Bd. 93 (Leiden 1981). – R. Wiegels, Die Rezeption orientalischer Kulte in Rom; Freiburger Univ.-Blätter 65 (1979) 37–61. – E. und J. Harris, The oriental cults in Roman Britain, Leiden 1965.

49 Sabazioshände: Dangstetten: Fingerlin (1986) 86, Taf. 4, 221,1. – Aventicum: Fellmann (1957 I), Abb. 34 und 35. – Gr. St. Bernhard: Fellmann (1957 I), Abb. 38. – Zum Sabazioskult allgemein: Fellmann (1981). – Schlangenvasen: Diese lassen sich in mehrere Typen gliedern, wobei die mit der Abbildung von Fröschen und Eidechsen ohne Zweifel dem Sabazioskult zuzuweisen sind, da diesen Tieren im

Kult des Mithras kaum eine Bedeutung zukommt. Daneben gibt es selbstverständlich auch Schlangenvasen im Mithraskult. Eine weitere Gruppe bilden die Schlangengefässe aus dem Wallis (Graburnen?) und die Schlangenvasen lokaler Produktion, wie sie u. a. aus Augusta Raurica bekannt sind. Zur ganzen Frage: R. Fellmann, Zum Sabazioskult von Vindonissa; Studien zur Religion und Kultur Kleinasiens, Festschrift F. K. Dörner, Bd. 1, EPRO 66, (Leiden 1978) 284–294, bes. S. 290/92 mit Anm. 16–23. – Exemplar in Aventicum: BullAPA 21 (1970/71) 72, Pl. 72.

50 Genava: CIL XII 2587 = HM 110 = Walser 5. SRZ 256 und 550 ff.

51 SRZ 562 mit Anm. 1. – E. Pelichet, Un ensemble monumental romain à Nyon; Mélanges Bosset (Lausanne 1950) Abb. 12 und 13. Ders., Fouille arch. à Nyon en 1958; 47. JbSGU (1958/59) 117–121. – Augusta Raurica: SRZ 561. CIL XIII 5261 = HM 348. ASA 1883, 448.

52 Augusta Raurica: SRZ 561, Anm. 5. Anhand der Inventare und Register des Hist. Mus. Basel lässt sich die Herkunft aus Augusta Raurica nicht mit letzter Sicherheit belegen. UFAS 5, 1975, 142, Abb. 28,1. – Riegel: RBW 506–508. – Oedenburg-Biesheim: Informations archéologiques; Gallia 36 (1978) 351–353.

53 R. Fellmann, Zum Sabazioskult von Vindonissa, Festschrift F. K. Dörner, EPRO 66 (Leiden 1978) 290, Anm. 15, Taf. 90, 8/9.

54 Attis: A. Bruckner, Attis aus Thun-Allmendingen; Provincialia 226–232, Abb. 1–5. SRZ 557–559.

55 Aquae Helveticae, Isisinschrift: CIL XIII 5233 = HM 258 = Walser 187. UFAS 5, 1975, 139, 25,3. – Sistrum: UFAS 5, 1975, 139, Abb. 25,2. Aus Lousonna stammen auch zwei Fragmente von Tonreliefs mit Hieroglyphen. – Isis-Statuetten: UFAS 5, 1975, 139, Abb. 25,1 (aus Augusta Raurica). – Allgemein: SRZ 548–550.

Gräber und Bestattungssitten

1 Bossert (1983) 65, Taf. 28–31.
2 Courroux: Martin-Kilcher (1976) – Wenslingen: S. Martin-Kilcher, Römische Gräber in Wenslingen; Baselb. Heimatbuch 13 (Liestal 1977) 279–302.
3 Wavre: Bridel, Le Mausolée de Wavre; 59. JbSGUF (1976) 193–102. – Ardon: F. O. Dubuis, Les fouilles dans l'Eglise St-Jean d'Ardon; ZAK 21 (1961) 113–142 = 54. JbSGUF (1968/69) 126–127, Abb. 23, 155–163, Abb. 38.
4 Sarkophage: Walser 280 [aus Acaunum/St-Maurice], L. Berger und St. Martin-Kilcher, Gräber und Bestattungssitten; UFAS V (1975) 154, Abb. 12 [Salodurum/Solothurn]. – Bleisärge: Allg.: E. v. Merklin, Antike Bleisarkophage; Arch. Anz. 51 (1936) Sp. 252 ff. – Augusta Raurica: Berger und Martin-Kilcher, a.a.O. 166, Abb. 34. – Wallis, Conthey: ASA 1883, 434 und 452; 4 (1901) 91 ff.; JbSGU 1921, 97, Taf. 15 [Bleisarg mit Münze des Constantius]; JbSGU 1930, 95 = JbSLMZ 1930, 22 [die Leiche des im Sarg bestatteten Mannes war mit Eichenblättern bedeckt]. E. Vogt, Ein spätant. Gewebefund aus dem Wallis; Germania 18 (1934) 198 ff.

5 Festus: De significatu verborum (Ed. W. Lindsay, Leipzig 1913) 29, s. v. bustum: »Bustum proprie dicitur locus, in quo mortuus est combustus et sepultus . . .; ubi vero combustus quis tantummodo, alibi vero est sepultus, is locus ab urendo ustrina vocatur . . .« = Bustum wird eigentlich ein Platz genannt, an dem ein Toter verbrannt und begraben worden ist . . .; wo einer aber nur verbrannt worden ist, dann aber anderswo begraben worden ist, dieser Platz heisst nach dem Verbrennen ustrina.

6 R. Fellmann, Grabungen an der Alten Zürcherstrasse 1954; JbGPV 1955/56 25 ff.

7 Berger (und Arbeitsgruppe), Die Grabungen beim Augster Osttor im Jahre 1966, Das Grabmal; JberAK 5 (1985) 7–36.

8 Castella (1987) 22/23, Fig. 12 [zu den versch. Typen von Bustum-Gräbern], 33–39, Abb. 19 und 20 [Datierung der Nekropole], 91–96, Fig. 99–102 [Bustum-Grab 36 mit Auslese der Knochen aber sehr reichen Beigaben] = vgl. auch BullAPA 28 (1984) Abb. 29.

9 R. Nierhaus, Römerzeitliche Bestattungssitten im nördlichen Gallien; Helinium 9 (1969) 245–262. – Zu den versch. Bestattungsarten: R. Nierhaus, Das röm. Brand- und Körpergräberfeld »Auf der Steig« in Stuttgart-Bad Cannstatt; Veröffetl. Staatl. Amt f. Denkmalpfl. A, 5 (Stuttgart 1959) und M. Mackensen, Das röm. Gräberfeld auf der Keckwiese in Kempten; Materialh. z. Bayr. Vorgesch. 34 (Kallmünz 1978). – Gute Graphiken zu den verschiedenen Arten der Niederlegung auch bei Castella (1987) Fig. 13–15. – Domdidier: J. Engel, Les urnes cinéraires de la chapelle de Domdidier; Dossiers Hist.-Arch. 62, avril 1982, 69–73.

10 J. H. Schleifring, Anthropologische Gesichtspunkte zum Nebeneinander von Brand- und Körpergräbern auf römischen Nekropolen, dargest. am Beispiel Gross-Geraus; Arch.KorrBl 16 (1986) 200 [dazu unbedingt der korrigierende Hinweis von W. Binsfeld; Arch.KorrBl 16 (1986) 455.] – Bern-Rossfeld: V. Gessner; 34. JbSGU (1943) 149. – Unterseen: D. Streit, Das röm. Gräberfeld von Unterseen; Jahrb. vom Thuner- und Brienzersee 1987,

69–89, Abb. 3. – Gräber in den Alpentälern: O. Schulthess, Ein Dezennium röm. Forschung in der Schweiz; BerRGK 15 (1923/24) 25, Abb. 10 (4 Brandgräber aus Kippel/Lötschental VS mit Misoxerfibeln, Zangenfibeln und rädchenförmigen Emaillefibeln) = F. Wiblé, in; Le Valais avant l'Histoire (Sion 1986) 337, Nr. 61, G. Gräser, US 28 (1964) 29 ff. und 33 (1969) 2 ff. (Körpergräber mit extrem grossen Armbrustfibeln aus dem Binntal VS. Das Vorkommen gleicher Fibeln im Gräberfeld von Ornavasso [I] (Gräberfeld Persona, Gräber 5, 10, 11, 53, 57 und 59) bestätigt die Nachricht bei Plinius, NH 3.135, wonach die Uberi Lapontier seien. Vgl. I. Graue, Die Gräberfelder von Ornavasso; Hamburger Beitr. zur Arch. Beiheft 1 (1974) Taf. 53–55 und 62–65.), Wiblé, La Vallée des Conches de la Préhistoire à l'Epoque Romaine, in; Le Valais avant l'Histoire 302–313, Abb. 231–239. F. Wiblé; Le Valais avant l'Histoire, 149, Abb. 104 [Grabensemble aus Sierre] und 150, Abb. 105 [Grabensemble mit Arm- und Fussringen aus Conthey]. M. Fransioli, La Necropoli rom. di Madrano; JbSGU 47 (1958/59) 57 ff. [Körpergräber mit Misoxerfibeln und Emaillefibeln].

11 Plinius, Nat. Hist. 7, 72: »Hominem prius quam genito dente cremari mos gentium non est« = Es ist nicht Sitte der Völker, einen Menschen zu kremieren, bevor die Zähne durchgebrochen sind. Juvenal 15, 139–140: » . . . terra clauditur infans et minor igne rogi« = Als Kleinkind wird er in der Erde geborgen und noch zu klein für das Feuer des Scheiterhaufens. – W. Binsfeld, Arch.KorrBl 16 (1986) 455. M. Mackensen, Körperbestattete Neonaten in der röm. Nekropole von Šempeter; Arheoloski Vestnik 29 (1978) 336–341.

12 Bern-Rossfeld: J. Wiedmer; ASA 11 (1909) 9 ff. Ders. JbBHM 1908 29–32. Berger und Martin-Kilcher, a.a.O. (Anm. 4) Abb. 24. – Minusio-Cadra und Tessiner Gräberfelder: C. Simonett, Tessiner Gräberfelder; Monogr. z. Ur- und Frühgesch. d. Schweiz 3 (Basel 1941). Dazu zu vergl. die Rezension von N. Lamboglia; Riv. Studi Liguri 10 (1944) 163–194. P. Donati, Locarno, Necropoli di Solduno; Quaderni d'Informazione 3 (Bellinzona 1971). P.-A. Donati, F. Ronchetti-Butti, S. Biaggio-Simone, Ascona, La necropoli rom.; Quad. Inform. 12 (Bellinzona 1987). – Aventicum, Hafennekropole, Gr. 36: Castella (1987) Abb. 100–102.

13 Castella (1987) 71, Abb. 24, Grab Nr. 3.

14 Tonstatuetten: Wiblé (1983) 20, Abb. 39 [Forum Claudii/Martigny]. V. v. Gonzenbach, Die röm. Terracotten in der Schweiz (Bern 1986).

15 Speisebeigaben: Berger (und Arbeitsgruppe), a.a.O. (Anm. 7) 28 [Knochen von Schwein, Schaf oder Ziege, Hase, Huhn und Getreide], 32–36 [drei gefüllte Weinamphoren]. – Münzbeigaben: I. Gorecki, Studien zur Sitte der Münzbeigabe in römerzeitl. Körpergräbern zwischen Rhein, Mosel und Somme; BerRGK 56 (1975) 182–467.

16 Getreidekörner: AS 8 (1985) 3, 183, Anm. 7 und Abb. 14,3 und 4. – Rituelles Zerschlagen v. Geschirr: F. Bonnet, Les ports romains d'Aventicum; AS 5 (1982) 2, 127–131, spez. 130 und Abb. 10.

17 Aventicum: Säulenförm. Grabstein: Walser 99. Hölzerne Grabbauten: Bögli (1984) 71.

18 Grosse Grabsteine: Fellmann (1981) Abb. 29 und 31. Walser 216 [Basel]. – Grabaltäre: Walser 24 [aus Carouge], 26 [aus Genava/Genf], 119 [aus Aventicum], 193 [aus Turicum/Zürich], 275 [aus Acaunum/St-Maurice].

19 Obelisk: Wiblé (1983) 20, Abb. 38 [aus Forum Claudii]. – Mit Obeliskenaufsatz: z. B. Walser 43 [aus Coppet, VD], 48 [aus Julia Equestris/Nyon].

20 Walser 262 und 266 [aus Acaunum/St-Maurice, errichtet für M. und D. Pansius Severus (Vater und Sohn)]. Walser 185 [Vindonissa], 228 [Munzach bei Liestal], 222 und 242 [Augusta Raurica].

21 Grabgärten: H. Schwab, Domdidier/Notre Dame de Compassion; Freiburger Gesch.-Blätter 62 (1979/80) 285–286, Abb. 25 und 26. – Grabgärten oder Aediculae: T. Tomasevic und M. Hartmann, Die Grabungen an der Alten Zürcherstrasse in Brugg 1963 und 1971; JbGPV 1971, 7–35, bes. Abb. 1 und Faltplan.

22 Rundgrab: Berger (und Arbeitsgruppe), a.a.O. (Anm. 7). – Funus publicum: CIL XIII 5110 = HM 194 = Walser 95 [C. Valerius Camillus, dem die Civitates der Haeduer und der Helvetier ein »funus publicum« beschlossen haben].

23 Ascia: Walser 43 [aus Coppet, VD], 48 [aus Julia Equestris/Nyon], 135 [aus Salodurum/Solothurn].

24 Grabsteine mit Bildschmuck: Vitudurum/Oberwinterthur: W. Drack, Fragment eines gallo-römischen Grabsteines von Vitudurum; AS 2 (1979) 4, 191, Abb. 1. – Aventicum: Bossert (1983) Taf. 61,1. – Vindonissa: Berger und Martin-Kilcher, a.a.O. (Anm. 4) Abb. 8 = Simonett (1947) Taf. 27 b. – Basel: Berger und Martin-Kilcher, a.a.O. Abb. 15 = Fellmann (1981) Abb. 29. – Augusta Raurica: Berger und Martin-Kilcher, a.a.O. Abb. 5).

25 Walser 38 [Stein der Sevva aus Genava/Genf], 220 [Stein der Ioincatia Nundina aus Basel].

26 Halbmond und Stern: Walser 262 [St-Maurice]; Halbmond: Walser 193 [Turicum/Zürich]; Rose: Walser 264 [Tarnaiae/Massongex]; Rosettenstern: Walser 266 [St-Maurice]; Zirkelschlagrosette: Walser 299 [Isola di Brissago TI]; Eichenlaub: Walser 208 [Basel].

27 Noch unveröffentlicht, ähnliche Darstellung im Giebeldreieck des Grabsteines des II-Vir C. Cominius aus Sierre-La Géronde: F. Wiblé, Des noms et des hommes à l'époque romaine; Le Valais avant l'Histoire (Sion 1986) 161–163, Abb. 117.
28 H. J. Lehner, Die Ausgrabungen in Sitten »Sous-le Scex«, Zwischenbericht über die Arbeiten von 1984–87; AS 10 (1987) 4, 145–156, Abb. 8 a und b.
29 Grabstein eines Praefectus Alae: H. J. Lehner, Sion, Sous-le-Scex; AS 9 (1986) 1, 23, Abb. 2–4 und Titelbild. – Amtssessel: F. Wiblé, Nouvelles stèles funéraires d'époque romaine découvertes à Sion; Vallesia 42 (1987) [erscheint demnächst].
30 Neuallschwil: E. Ettlinger und W. Schmassmann, Das gallo-röm. Brandgräberfeld von Neu-Allschwil; Tätigkeitsber. Naturf. Ges. Baselland 14 (1944) 181 ff. Martin-Kilcher (1976) 98–101, Abb. 29. Vgl. die kritischen Aeusserungen zu diesen Horizontalstratigraphien bei Mackensen a.a.O. (Anm. 5) 125, Anm. 5 und 6.
31 Collegia funeraticia (Begräbnisvereine), Collegia tenuiorum (Vereine von Leuten einfachen Standes): Die Mitglieder bezahlten monatliche Beiträge aus deren Kapital im Falle des Ablebens ein Sterbegeld (funeraticum) ausbezahlt wurde (gutes Beispiel CIL XIV 2112). – Kornemann; RE IX 380–480 sv. Collegium. T. Schiess, Die röm. Collegia funeraticia nach den Inschriften (München 1888).

Spätantike

1 Allgemein: E. Stein, Geschichte d. spätröm. Reiches, Bd. 1, Vom römischen zum byzantinischen Staate (Wien 1928) 192 ff. – Provinzverzeichnis (sog. Laterculus Veronensis): O. Seek, Notitia Dignitatum (Berlin 1876) 247–251.
2 Preisedikt: S. Laufer, Diokletians Preisedikt (1971). Th. Mommsen und H. Blümner, Der Maximaltarif des Diokletian (1893, Neudruck 1958). – Zwangsverpflichtung der Stadträte: Codex Theod. XII, I, 1 und 10–13. – Bindung an den Beruf: Codex Theod. XII, XXII, 1; XIII, V, 1 und 2. – Bindung an die Scholle: Codex Theod. V, XVII, 1.
3 J. Garbsch, Der spätrömische Donau-Iller-Rhein-Limes; LMA, KlSchr. (Aalen 1970). – D. Hoffmann, Die Gallienarmee und der Grenzschutz am Rhein in der Spätantike; Nassauische Annalen 84, 1–18.
4 Breisach: H. Bender, Neuere Untersuchungen auf dem Münsterberg von Breisach; Arch.KorrBl 6 (1976) 309 ff. – Augusta Raurica: R. M. Swoboda, Neue Ergebnisse zur Geschichte des Castrum Rauracense; JbSGUF 57 (1972/73) 182–202. T. Tomasevic-Buck, Neue Grabungen im Kastell Kaiseraugst; Studien z. d. Militärgrenzen Roms III (Stuttgart 1986) 268–273. – Tasgaetium: CIL XIII 5256 = HM 370 = Walser 199. – Vitudurum: CIL XIII 5249 = HM 264 = Walser 197.
5 J. Kolendo. La chronologie des guerres contre les Germains au cours des dernières années de la tétrarchie; Klio 52 (1970) 197–203, bes. 202.
6 Legio I Mart., Namen der Legion: CIL VIII 16551 »ex numero Martensium de Gallicano exercitu« (Theveste/Tebessa). CIL III 3653: »Praepositus Legionis I Martiorum«. Ammianus Marcellinus 26. 6,7: »Praepositus Martensium militum«. – Castrum Rauracense: T. Tomasevic-Buck. a.a.O. (Anm. 4).
7 Mons Brisiacus/Breisach: Stempel der Legio I Mart. fanden sich in der Brandschicht, die mit den Ereignissen des Jahres 351/52 zusammenhängt [frdl. Auskunft von H. Bender vom Juli 1985]. Auch bei den Grabungen 1983–86 konnten wieder ähnliche Beobachtungen gemacht werden. Dazu schreibt mir der Bearbeiter, M. Klein, freundlicherweise (Brief vom 29. 2. 1988): »Was die Breisacher Martia-Stempel betrifft, so kann ich Ihnen mitteilen, dass diese nun aufgrund des dortigen Befundes in die Regierungszeit Konstantins d. Gr./Constantinus II datiert werden müssen (münzdatierte Schichten, keine Datierung von »aussen«).« – Publikation der Stempel, bzw. des Befundes: Matthias Klein [et alii], Neue Ausgrabungen auf dem Münsterberg in Breisach a. Rh.; FundberBW 13 (1988). Ebenda: G. Wesch-Klein, Die gestempelten Ziegel aus den Grabungen 1983–1986 (Frau Wesch-Klein sei für die Erlaubnis zur Einsichtnahme in ihr Manuskript herzlich gedankt).
8 Castrum Rauracense, neuester Plan: Furger (1987) 70/71. Ob die Bezeichnung der Ostfront des Kastells als »Murus Magidunensis« [nach Martin (1987) 56, Abb. 43 und S. 159/60] wirklich gerechtfertigt ist, muss offen bleiben. Die Beispiele »Murus Vitudurensis« und »Murus Tasgaetiensis« in den Bauinschriften der Kastelle von Oberwinterthur und Burg/Stein a. Rhein scheinen dagegen zu sprechen. – Abbruch von Gebäuden der Koloniestadt: Mansio: Bender (1975) 110. M. Martin; UFAS V (1975) 182, Anm. 2 weist nach, dass für 20 000 m³ der Kastellmauer (im Aufgehenden) das Steinmaterial von gut einem Dutzend Insulae nötig war. – Boppard: Arch.KorrBl 8 (1978) 323 ff.
9 Kastellbad: T. Tomasevic-Buck, Zwei neuentdeckte öffentliche Thermenanlagen in Augusta Raurica; JberAK 3 (1983) 77 ff.
10 Genava/Genf: Spolientransport aus Nyon: Ph. Bridel, Le nouveau plan archéologique de Nyon; AS 5 (1982) 3, 183. – Mehrperiodigkeit: Genava 34 (1986)

52 ff., Abb. 5 und 6. – Bischofspalast: Ch. Bonnet, Genève aux premiers temps chrétiens (Genf 1986) 22 ff.

11 Man beachte in diesem Zusammenhang auch die Vielfalt der Grundrissgestaltungen (Abschnittsfestungen, Quadriburgia, glockenförmige und ovale, rechteckige und trapezförmige Grundrisse), bei deren Ausgestaltung auch lokale topographische Gegebenheiten massgebend gewesen sein dürften. Dasselbe gilt für die Grundrisse der Türme (rechteckig, halbrund, polygonal). Auch hier muss man einzelne Ausformungen weniger eine chronologische, als eine lokale Bedeutung zumessen (fächerförmige Ecktürme in Noricum, Pannonien und Moesien).

12 Interessante Vorschläge zur (Neu-)Datierung verschiedener Kastelle macht K.-J. Gilles, Zur spätrömischen Toranlage auf dem Wittnauer Horn, Germania 54 (1976) 440–451 spez. 446–447 mit Anm. 21 und 29: Irgenhausen = diokletianisch-constantinisch; Turicum/Zürich = constantinisch (Konstantin I oder Söhne); Schaan = 2. Hälfte 4. Jahrh.; Altenburg b. Brugg = ab 289; Olten und Solothurn = »weniger valentinianische Neugründungen als Aus- bzw. Umbauten bereits vorhandener Anlagen«. – E. Abetel, Yverdon-les Bains, Castrum et Porte de l'Est; JbSGUF 70 (1987) 192–197 Abb. 1 [neuster Plan], 2–6 [Osttor].

13 Glockenkastelle: Beim jetzigen Forschungsstand ist unklar, ob die »Glockenkastelle« zeitgleich sind. Die Mauer von Olten enthielt streckenweise den klassischen, rostförmigen Balkendurchschuss, der bei valentinianischen Bauten mehrfach nachgewiesen ist. Epomanduodurum/Mandeure scheint eine Fundamentbasis aus Spolien gehabt zu haben (Gallia 44 [1986] 2, 237, Fig. 3). Eine solche fehlte in Salodurum/Solothurn am 1987 aufgedeckten Teilstück an der Aarefront (noch unveröffentl.).

14 Ammianus Marcellinus XV 11, 12: »Aventicum, desertam quidem civitatem sed non ignobilem quondam, ut aedificia semiruta nunc quoque demonstrant.«

15 Aventicum: Bögli (1984) 7. – Ausserdem wurde auf dem Hügelrücken des sog. Bois-Châtel, südöstl. der Stadt, ein Kastell errichtet, das alle Elemente einer diokletianischen oder konstantinischen Anlage aufweist: AS 6 (1983) 3, 110–119. – Augusta Raurica, Kastelen: Martin (1987) 159 [Halsgraben und Abschnittsmauer]. Martin-Kilcher (1985) Abb. 31 und 32 [Keramik aus dem Halsgraben]. – Lousonna/Lausanne-Vidy: D. Paunier [und Mitarb.], Du nouveau à l'Ouest de Lousonna-bilan de trois ans de recherches; AS 10 (1987) 3, 116. – Aquae Helveticae: H. W. Doppler, der röm. Vicus Aquae Helveticae/Baden; AFS 8 (Basel 1976) 22 und Abb. 35.

16 M. Martin, Die Zeit um 400; UFAS V (1975) 171–184, Abb. 2 und 3.– Görbelhof: H. Bögli und E. Ettlinger, Eine gallo-röm. Villa rustica bei Rheinfelden; Argovia 76 (1963) 5 ff.

17 A. Sigfried-Weiss, Lavez, in: Hochuli-Gysel [et alii] (1986 I) 130–156.

18 Terra sigillata aus Rheinzabern: H. Bernhard, Zur Diskussion um die Chronologie Rheinzaberner Relieftöpfer; Germania 59 (1981) 79–93. F. K. Bittner, Zur Fortsetzung der Diskussion um die Chronologie der Rheinzaberner Relieftöpfer; BVGBl 51 (1986) 233–257. – Argonnensigillata: G. Chenet, La céramique gallo-romaine d'Argonne du 4eme siècle (Paris 1941). W. Hübener, rädchenverzierte Argonnensigillata aus Vindonissa; JbGPV 1968, 7 ff. – Mittelmeersigillata: E. Ettlinger, Nordafrikanische Terra sigillata in Chur; US 27 (1963) 29 ff. CM. Mackensen, Tonpunzen für stempelverzierte Terra sigillata chiara D; BVGBl 45 (1980) 199 ff. G. Kaenel, Céramique romaine d'Afrique en Suisse occidentale; AS 4 (1981) 1, 22–28. – Glanztonkeramik: S. Gagnière und J. Granier, Nécropole gallo-rom. et barbare de la Font-du-Buis à Saze; Rev. arch. de Narbonnaise 5 (1972) 138 ff. – Gute Übersicht über alle Gattungen spätröm. Keramik: K. Roth-Rubi, Zur spätröm. Keramik von Yverdon; ZAK 37 (1980) 149 ff., spez. Abb. 5 [Importe].

19 Glasurkeramik: B. Dubuis, M.-A. Haldimann, St. Martin-Kilcher, Céramique du Bas-Empire découverte à Sion »Sous-le-Scex«; AS 10 (1987) 4, 157–168, bes. Fig. 3, 19–21. [Im Aufsatz werden auch Terra sigillata chiara D, Paléochrétienne und Argonnensigillata vom selben Fundort vorgelegt]. R. Schweitzer, Contribution à l'Etude de la céramique du Bas-Empire; Bull. Musée hist. Mulhouse 84 (1977) 65–76, spez. 74–76. – J. Schweitzer, Du castellum d'Uruncis au Palacio Régio d'Hilciaco; Bull. Musée hist. Mulhouse 88 (1981) 5–24. – Paléochrétienne: J. Rigoir, Les sigillées paléochrétiennes grises et orangées; Gallia 26 (1968) 1, 177–244. J. und Y. Rigoir, La sigilée paléochrétienne de la Suisse; JbSGUF 55 (1970) 95–118. E. Ettlinger, Spätrömische, graue Stempelkeramik in Vindonissa; JbGPV 1986, 27–39.

20 Grabstein in Theveste/Tebessa: CIL VIII 16551, Der Verstorbene, Valerius Vitalis, wird ausdrücklich als ein Mitglied eines Detachementes (numerus) der »Martenses« aus Gallien bezeichnet. Hoffmann, a.a.O. (Anm. 4) 175 und 306.

21 Abfolge der Ereignisse: H. A. Cahn, Die Zeitumstände, 337–357 n. Chr. in: Cahn und Kaufmann-Heinimann [Herausg.] (1985) 53–54. Dazu unbedingt: P. Bastien, Le monnayage de Magnence; Nu-

mismatique Romaine 10 (1977) 139 ff. bes. 7 ff., Rappel historique. – Eutropius, X, 12,1: »Ingentes Romani imperii vires ea dimicatione consumptae sunt, ad quaelibet bella externa idoneae, quae multum triumphorum possent securitatisque conferre.« – Münzschätze: Martin (1977) 28–30.
22 Martin (1977) Abb. 24 [Schatzfunde der Jahre nach 350 und Zerstörungen aus demselben Zeitraum]. – Versuche des Constantius II: Ammianus Marcellinus XIV 10,6. – Schlacht von Strassburg: Ammianus Marcellinus XVI 12, 1 ff.
23 H. Wrede und H. A. Cahn, Vermutungen über Funktion und Besitzer des Silberschatzes; in: Cahn und Kaufmann-Heinimann [Herausg.] (1985) 405–409.
24 H. A. Cahn, Silberbarren; in: Cahn und Kaufmann-Heinimann [Herausg.] (1985) 324–329.
25 Châtel-Aruffens: JbSGUF 56 (1971) 22 und Rev. Hist. Vaud. 29 (1971) 186. – Julian, Brief an die Athener Kap. 7 (279 a und b). Libanius, Oratio XVIII 34 ff.
26 Julian setzt die Barbaren unter Druck: Ammianus Marcellinus XVII 9, 3 ff; XVII 10, 1–7. Zosimus III 4,4 ff. Ammianus Marcellinus XVI 10,9. – Castrum Rauracense: »Discedens inter haec Julianus a Rauracis. = Während dieser Ereignisse brach Julian von Rauraci auf ...« (Ammianus Marcellinus XX 18,1).
27 Valentinian als Ausbauer des Rheinlimes: Ammianus Marc. XXII 8,44. – Burgi zwischen Basel und Bodensee: Stehlin und v. Gonzenbach (1957). Drack (1980). – Bauinschriften: CIL XIII 11537 = HM 339 = Walser 201 [Kleiner Laufen oberhalb Koblenz]; CIL XIII 11538 = HM 340 = Walser 202 [Etzgen, rote Waag] (die beiden Abbildungen zu 201 und 202 sind bei Walser vertauscht). – Zu den Besatzungen: E. Vogt, Germanisches aus röm. Rheinwarten; Provincialia 632–646.
28 Robur: Ammianus Marc. XXX 3,1 und Cod. Theod. VIII 5,33. – Fellmann (1981) 45–47, Abb. 45. – Gute Parallele mit Balkendurchschuss: JbSGUF 61 (1978) 207 [Burgus Hardwald]. – Mannheim-Neckarau: H. Gropengiesser, Spätröm. Burgus bei Mannheim-Neckarau; Bad. Fdber. 13 (1937) 117–118. W. Schleiermacher, Befestigte Schiffländen Valentinians; Germania 26 (1942) 191–195.
29 Petinesca: H.-M. Von Kaenel; AS 1 (1978) 4, 146. – H. Lehner, Die Ausgrabungen in der Kirche Biel-Mett; AS 1 (210978) 4, 1409–154. – Aegerten: AS 7 (1984) 3, 117 [Abbildung des Pfahlfeldes von Aegerten-Isel] P. Suter und R. Zwahlen; JbSGUF 69 (1986) 253–254. – Dendrochron. Datierung: Aegerten/Isel = 369 n. Chr.; Aegerten/Bürglen (Kirche) = 368 n. Chr. [frdl. Mitteilung von H.

Grütter, Vorsteher d. Arch. Dienst des Ktns. Bern]. Bei Ägerten/Bürglen war der charakteristische rostförmige Balkendurchschuss im Mauerwerk wiederum fassbar. Dieselbe Beobachtung konnte im Winter 1987/88 an einem bisher unbekannten Burgus in Rheinsulz AG gemacht werden.
30 M. Hartmann, Eine spätrömische und eine mittelalterliche Rheinbrücke in Zurzach AG; AS 10 (1987) 1, 13–15.
31 Ammianus Marc. 31.10.20.
32 J. Harris; Journal Roman Studies 68 (1978) 26–38.
33 In diesem Lichte ist die bekannte Stelle bei Claudian (De Bello Pollentino 419–429) zu sehen, in der vom »entblössten Limes« (= nudatus Limes) und von »abgezogenen Besatzungen« (= Remotae excubiae) die Rede ist. Hoffmann a.a.O. (Anm. 4) 10 mit Anm. 71.
34 Constantin III: Hoffmann, a.a.O. (Anm. 4) 10 und 14 mit Anm. 111. – Burgunder: K. F. Stroheker, Studien zu den hist.-geogr. Grundlagen der Nibelungendichtung; in: Germanentum und Spätantike (1965) 246 ff. P. Wackwitz, Gab es ein Burgunderreich in Worms?; Der Wormsgau, Beih. 20 (1964) und 21 (1965).
35 M. Martin, Die spätrömisch-frühmittelalterliche Besiedlung am Hochrhein und im schweizerischen Mittelland; Vortr. und Forschungen XXV (Sigmaringen 1979) 412–445, spez. 430 und 432.
36 Vorkommen spätrömischer Funde in alamannischen Höhensiedlungen: G. Fingerlin, Der Zähringer Burgberg, eine neuentdeckte Höhensiedlung der Völkerwanderungszeit, in: Die Zähringer, eine Tradition und ihre Erforschung, Veröffentl. zur Zähringerausstellung I (Sigmaringen 1986) 1–4 und Taf. 1.
37 M. Martin, Art. »Burgunden«; Reallexikon d. Germ. Altertumskunde, Bd 4 (1978) 248–271. Ders., Die Ansiedelung d. Burgunder in der Sapaudia; Mitt.-Bl. der SGUF 7 (1976) 28, 17 ff.
38 Sidonius Apollinaris VII 372.
39 Martin, a.a.O. (Anm. 37) 264 (Gräbersitten), 267 (Bildung und Schrift).
40 Raetien: H. Lieb, Die Bistümer der Raetia prima und secunda; Montfort 38 (1986) 2, 121–125.
41 Basel/Schwarzwaldallee (Gotterbarmweg): E. Vogt, Das alamannische Gräberfeld am alten Gotterbarmweg in Basel; ASA 32 (1930) 145 ff. U. Giesler, Das rechtsrheinische Vorland von Basel und Augst im frühen Mittelalter; Führer zu vor- und frühgesch. Denkm. 47 (Mainz 1981) 92–125.
42 M. Martin, Das Fortleben der spätrömisch-romanischen Bevölkerung von Kaiseraugst und Umgebung im Frühmittelalter auf Grund der Orts- und Flurnamen; Provincialia 133–150. Ders., Das Ge-

biet des Ktns. Solothurn im Frühen Mittelalter; JbSGUF 66 (1983) 215 ff.
43 Martin (1976). M. Martin, Spätröm.-frühmittelalterl. Besiedlg. am Hochrhein a.a.O. (Anm. 35) 419–428 mit Abb. 7—9 [Horizontalstratigraphien] und 10 [Grabsteine und -Platten].
44 M. Martin, a.a.O. (Anm. 35) 424–428, Abb. 11–13.
45 Fellmann (1981) 50–55, Abb. 52–54. JbSGU 46 (1957) 154 ff.
46 H. M. Von Kaenel, Das spätrömische Grab mit reichen Beigaben in der Kirche von Biel-Mett; AS 1 (1978) 4. 138–148.
47 Olten: Jb. Soloth. Gesch. 48 (1975) 232 ff. – Sursee: Der Geschichtsfreund 72 (1921) 83 ff.
48 Courroux: Martin-Kilcher (1976). – Avusy-Sézegnin: B. Privati, La nécropole de Sézegnin; Mém. et Docum. publ. par la Soc. d'Histoire et d'Arch. de Genève, 10 (Genève 1983). Dies.: AS 9 (1986) 1, 9–19 [spätröm. Gutshof].
49 Heidn. Heiligtümer: z. B. Dietikon: JbSGUF 70 (1987) 219. Schauenburger Fluh: JbSGUF 56 (1971) 215. – Verbot der heidn. Kulte: Cod. Theod. 16. 10. 12.
50 Johannes Chrysostomos, Homilien über den Epheserbrief, 6. Hom. 4 und 11. Hom. 6: »Dagegen sind grundverdorbene, von zahllosen Lastern strotzende Menschen in die kirchlichen Gemeinden eingedrungen, die Aemter sind käuflich geworden...«. Ammianus Marcellinus 27, 3, 14: »Wer das [die römische Bischofswürde] glücklich erreicht hat, der ist in alle Zukunft wohl geborgen; er fährt in Kutschen daher, ist hochansehnlich gekleidet und lässt sich reichliche Schmäuse herrichten, dass sein Tisch ein Königsmahl in den Schatten stellt.«
51 H. Büttner und I. Müller, Frühes Christentum im Schweizer Alpenraum (Einsiedeln 1967).
52 R. Degen, Zu einem frühchristlichen Grab in Aventicum; HelvAnt 253–270.
53 Kaiseraugst, Silberschatz: Cahn und Kaufmann-Heinimann [Herausg.] Taf. 27 und 30,1. – Kaiseraugst, Stein der Eusstata: Walser 243. – Stein in Sitten: CIL XII 138 = HM. 46 = Walser 255. – Fibel, Basel: Fellmann (1981) 53–54, Abb. 53. Zu deren genauer Zeitstellung vgl. H. J. H. van Buchem, Bemerkungen zu den Dreiknopffibeln des vierten Jahrhunderts; Bulletin antieke beschaving 48 (1973) 142–157 (mit ausf. Lit.).
54 Ch. Bonnet, Genève aux premiers temps chrétiens (Genève 1986). Ders., Développement urbain et topographie chrétienne de Genève; Comptes rend. Acad. Inscr. et Belles-Lettres 1985 (avril-juin) 320–338. Ders., Les origines du groupe épiscopal de Genève; Compt. rend. Acad. Inscr. et Belles-Lettres 1981 (juillet-octobre) [1982] 414–433.

55 Castrum Rauracense: R. Laur-Belart, Frühchristliches Baptisterium mit Bad in Kaiseraugst; US 29 (1965) 21–37. Ders., Frühchristl. Kirche in Kaiseraugst; US 30 (1966) 51–59. – Tenedo/Zurzach: R. Laur-Belart und R. Fellmann, Eine frühchristliche Kirche mit Baptisterium in Zurzach; US 19 (1955) 4, 65 ff. R. Laur-Belart, Ein zweites frühchristliches Kultgebäude in Zurzach; US 25 (1961) 3/4 40 ff. – Vindonissa: Hartmann (1986) 130–135, Abb. 125–126. – Schaan: D. Beck, Das Kastell Schaan; Jb. Hist. Verein Liechtenstein 57 (1958) 231–272.
56 H. R. Sennhauser, Spätantike und frühmittelalterliche Kirche Churrätiens; Vortr. und Forsch. 25 (Sigmaringen 1979) 193–218. Ders., Kirchen und Klöster; UFAS 6 (1979) 133–148, bes. Abb. 2. Sulser W. und Claussen H., St. Stephan, Frühchr. Grabkammer und Friedhofskirche (Zürich 1978).
57 D. Van Berchem, Le Martyre de la Légion Thébaine; Schw. Beitr. z. Altertumswiss. 8 (1956).
58 H.-J. Lehner, Die Ausgrabungen von Sitten »Sousle-Scex«, Zwischenbericht über die Arbeiten von 1984–87; AS 10 (1987) 4, 145–156.
59 Unsere Information beruht auf folgenden Quellen: 1. Vita vetustissima = Mon. Germ. Script. rerum Merov. IV (1902) 253–256 [nur in Fragmenten erhalten]. – 2. Wetti, Vita Galli = Monum. Germ. Script. rerum Merov. IV (1902) 257–280. – 3. Walahfrid, Vita Galli = Monum. Germ. Script. rerum Merov. IV (1902) 280 ff. – 4. Jonas von Bobbio, Vita Columbani = Monum. Germ. Script, rerum Merov. IV (1902) 64 ff. Dazu: L. Kilger, Die Quellen zum Leben der heiligen Kolumban und Gallus; Zs. für Schweiz. Kirchengeschichte 1942, 107–120. – Aufenthalt in Duconia/Tuggen und Arbona/Arbon: Wetti, Vita Galli, Kap. 4 und 5. Walahfrid, Vita Galli, Kap. 4 und 5. W. Drack und R. Moosbrugger, Die frühm. Kirche von Tuggen; ZAK 20 (1960) 4, 176–207, spez. 199 ff.
60 Heidnischer Tempel in der Aurelienkirche von Bregenz, Quellentexte [Uebersetzung durch Verf.]: 1. »Dort verehrten die abergläubischen Heiden drei vergoldete Bronzestatuen« (Wetti, Vita Galli, Kap. 6). 2. »Als sie [Columban und Gallus] aus dem Schiffe gestiegen waren, gingen sie zur Kirche, die zu Ehren der heiligen Aurelia erbaut worden war. Sie fanden aber in dem Kultraum drei vergoldete Bronzestatuen, die an der Wand befestigt waren. Diese verehrte das Volk, da es den Kult des heiligen Altars aufgegeben hatte. Nachdem sie Opfer dargebracht hatten, pflegten sie zu sagen: Dies sind die alten Götter und die althergebrachten Beschützer dieser Oertlichkeit, deren Schutz für uns und unsere Habe bis zum heutigen Tage andauert« Walahfrid, Vita Galli, Kap. 6). – Bieropfer, Quellentext:

»Dort sind nämlich auch die benachbarten Stämme der Sueben. Als er [Columban] sich dort aufhielt und unter den Einwohnern jenes Ortes herumging, beobachtete er, dass sie sich anschickten, ein heidnisches Trankopfer zu veranstalten. Sie hatten ein grosses Gefäss voll Bier, das sie im Volksmunde Fass nennen und das mehr oder weniger 20 Scheffel [ca. 160 lt.] enthielt, in die Mitte gestellt. Der Mann Gottes trat hinzu und fragte, was sie damit im Sinne hätten. Sie sagten, sie wollten ihrem Gotte Wotan, den andere angeblich unter dem Namen Merkur verehren, ein Trankopfer spenden. Als jener von diesem Teufelswerk hörte, blies er, worauf das Fass auf wunderbare Weise zersprang, in Stücke zerbrach und die Bierflüssigkeit mit Gewalt herausfloss« (Jonas v. Bobbio, Vita Columbani, Kap. 27). Die Wertung dieser Stellen ergibt das Nebeneinander zweier Bevölkerungsgruppen. Die »Romani«, die ehemals christianisierten Gallo-Römer, waren wieder ins Heidentum zurückgefallen. Man wird die drei vergoldeten Bronzestatuen, die als die »alten Tutelgötter von Brigantium« bezeichnet werden, doch nur dahin interpretieren können, dass es sich um Bildwerke handelte, die in der antiken Tradition standen. Es liegt auf der Hand, dass sich hier eine Bevölkerungsgruppe wieder dem alten Kultus ihrer Vorfahren zugewandt hatte. Handelte es sich um die Verehrung der Kapitolinischen, oder gar der alten gallorömischen Trias, bestehend aus Apollo, Merkur und Minerva? Müssen wir mit einem Kultinventar rechnen, das wieder hervorgeholt wurde, nachdem es zu Ende des 4. Jahrhunderts vor christlichen Zeloten verborgen worden war (wie vielleicht der goldene Marc Aurel von Avenches?). Wir müssen diese Erscheinung auch auf dem Hintergrund des oben aufgezeigten Wiedererstarkens der heidnischen Kulte im 4. Jahrhundert sehen.

Anders die »Suevi« (d. h. Alamannen), die Wotan ihr Bierfest darbringen. Die Columbanvita meldet in der Folge freilich, dass es unter den Teilnehmern dieses Festes auch Leute gehabt habe, die zuvor vom Christentum abgefallen waren. Dabei kann es sich um ein Anzeichen der beginnenden Vermischung der beiden Bevölkerungsgruppen handeln oder aber um Angehörige ehemals christianisierter alamannischer Familien (Dienst in der römischen Armee der Spätzeit?).

Zeittafel

v. Chr. Geb.

122	Niederlage der Allobroger, Provincia Narbonensis.
121	Integration des Gebietes bis Genf.
113	Beginn der Kimbernkriege.
107	Bellum Cassianum, Sieg der Tiguriner unter Divico über die Römer.
101	Ende der Kimbernkriege.
um 70	Ariovist setzt mit seinen Germanen erstmals über den Rhein.
61	Ariovist schlägt die Gallier bei Admagetobriga. Aufstand der Allobroger unter Catugnatos.
59	Ariovist als »König und Freund des römischen Staates« bezeichnet.
58	Auswanderung der Helvetier und ihrer Verbündeten. C. Iulius Caesar greift militärisch ein. Schlacht bei Bibracte. Die Helvetier repatriiert.
52	Aufstand des Vercingetorix; Teilnahme der Helvetier.
47	Caesar verspricht seinen Veteranen Landzuweisungen nach Ende des Bürgerkrieges.
46	Gründung der Colonia Iulia Vienna/Vienne (F).
45/44	Gründung der Colonia Iulia Equestris/Nyon.
44	Caesar wird am 15. März ermordet. L. Munatius Plancus in Gallien: Kämpfe gegen die »Räter«. Gründung einer Kolonie im Gebiet der Rauriker. Vor November des Jahres verlassen die meisten in der Gallia comata stehenden Truppen ihre Garnisonsorte, um in den Bürgerkrieg zu eilen.
43	Gallia comata fällt nach Absprache an M. Antonius; die legio X Equestris schliesst sich ihm an.
42	Schlacht von Philippi; abermalige Entlassung der legio IX und X. Letztere werden als Kolonisten in die Kolonie Narbo Martius/Narbonne (F) geschickt.
41	Schlacht von Perusia/Perugia (I) zwischen Oktavian und Lucius Antonius. Oktavian übernimmt Gallien von den Generälen Ventidius und Calenus samt deren Armeen. Die Truppen werden nach Italien übergeführt.
40	Gallien offiziell von M. Antonius an Oktavian übertragen.
39–37	Oktavian und Agrippa kämpfen in Gallien gegen die Aquitanier und gegen Germanen, die den Rhein überschritten hatten. Abbruch der Unternehmungen, da Einsatz im Bürgerkrieg gegen Sextus Pompeius nötig wird.
35	Sextus Pompeius besiegt. Veteranen in die Provincia Narbonensis gesandt.

Zeittafel 613

35–34	Oktavian muss Pläne in Afrika und Britannien wegen Aktionen der Salasser, Taurisker und Liburner aufgeben.
34–30	Oktavian ist mit dem Kriege gegen M. Antonius beschäftigt.
30	Ende des Bürgerkrieges. Auf dem Petrisberg über Trier wird ein kurzfristig belegtes Lager errichtet.
29	Oktavian kehrt aus Ägypten zurück. Triumph.
28–27	Nonius Gallus bekämpft die Treverer, die sich mit den Germanen verbündet haben.
28	C. Carrinas unterdrückt eine Revolte der gallischen Morini und anderer Stämme.
28–27	Valerius Mesalla Corvinus besiegt die abermals aufständischen Aquitanier. Über den Rhein vorgedrungene Sueben werden zurückgeschlagen.
27	Oktavian erhält vom Senat den Ehrennamen Augustus verliehen.
	Er muss Pläne, Britannien zu erobern aufgeben, da er in Gallien ein Chaos angetroffen hat, »weil die Eroberung unmittelbar vom Bürgerkrieg gefolgt war«. Gallien wird kaiserliche Provinz. Zensus und Organisation der Gebiete.
26	Augustus kann wegen Aktivitäten der Salasser, Cantabrer und Asturer abermals nicht nach Britannien fahren.
25	Terentius Varro Murena unterwirft die Salasser, Augustus die Cantabrer und Asturer in Spanien. Gründung der Kolonien Augusta Praetoria/Aosta (I) und Augusta Emerita/Merida (E).
25	Marcus Vinicius führt eine Strafexpedition über den Rhein.
22	Die Provincia Gallia Narbonensis geht an den Senat über, da militärischer Präsenz in ihr nicht mehr nötig ist.
22–19	Zweite Statthalterschaft Agrippas in Gallien. Stammeskämpfe und Einmischung der Germanen.
17	Bauarbeiten an der römischen Brücke in Trier.
16	Der Statthalter M. Lollius erleidet gegen eine Koalition der Tencterer, Usipier und Sugambrer eine Niederlage.
	Augustus bricht zusammen mit Tiberius nach Gallien auf.
	Publius Silius Nerva besiegt die aufständischen Cammuni und Venii im Alpenraum.
15	Alpenfeldzug des Drusus und Tiberius sowie des L. Piso. Das Gebiet der heutigen Schweiz wird römisch.
um 12	Errichtung des Legionslagers Dangstetten (D) gegenüber Zurzach AG. Besatzung: Teile der 19. Legion.
12	1. August: Einweihung des gallischen Bundesheiligtums für Roma und Augustus (sog. Lyoner Altar) in Condate bei Lugudunum/Lyon.
	Beginn der Feldzüge gegen die Germanen.
11	Errichtung des Legionslagers Oberaden im Lippetal (Sommer oder Herbst).
9	Tod des Drusus. Unterbrechung der Kämpfe. Das Lager von Dangstetten wird aufgegeben.
7/6	Errichtung des Tropaeum Alpium in La Turbie (F).
8–6	Inschriften der Civitates des Wallis für Augustus.
3/2	Inschrift in Curia/Chur für L. Caesar.

n. Chr. Geb.

9	Bellum Varianum, Niederlage im »Teutoburger Wald«.
14	Tod des Augustus.
14–16	Feldzüge des Germanicus in Germanien.

14–37	Kaiser Tiberius.
16	Abberufung des Germanicus. Übergang zur Defensive auf Anordnung des Tiberius.
um 17	Errichtung des Legionslagers Vindonissa; Besatzung die 13. Legion.
21	Aufstand der Häduer unter Sacrovir.
37–41	Kaiser Gaius Caesar Germanicus (Caligula).
41–54	Kaiser Claudius (Ti. Claudius Caesar Augustus). Gründung von Forum Claudii Vallensium/Martigny. Organisation der vier Walliser Stämme in der Civitas Vallensium.
45–68	Die 21. Legion in Vindonissa. Ausgreifen der Armee auf rechtsrheinische Gebiete. Grosses Lager bei Riegel am Kaiserstuhl (D).
54–68	Kaiser Nero Claudius Caesar (Nero).
69	Dreikaiserjahr: Galba, Otho und Vitellius. Aufstand der Helvetier; Verwüstungen im schweizerischen Mittelland durch die obergermanischen Legionen.
69–79	Kaiser Vespasian (Titus Flavius Vespasianus). Aventicum wird Kolonie. Bau der Stadtmauer.
69–96	Periode der flavischen Kaiser.
69–101	Die 11. Legion in Vindonissa.
73/74	Eroberung der rechtsrheinischen Nachbargebiete. Grössere Truppenmassierungen und Vorstoss bis Arae Flaviae/Rottweil (D) unter Cn. Pinarius Cornelius Clemens. Strassenbau durch den Schwarzwald.
79–81	Kaiser Titus (Titus Flavius Vespasianus).
81–96	Kaiser Domitian (Titus Flavius Domitianus).
um 90	Errichtung der Provinz Germania Superior (Obergermanien).
96–98	Kaiser Nerva (Marcus Cocceius Nerva).
98–192	Periode der Adoptivkaiser.
98–117	Kaiser Trajan (Marcus Ulpius Traianus).
101	Abzug der 11. Legion von Vindonissa. Das Legionslager wird nicht mehr belegt. Die Schweiz bleibt im Kommandobereich des obergermanischen Heeres. Strassenposten mit Soldaten der 8. und 22. Legion besetzt.
um 100	Baubeginn am grossen »Cigognier«-Tempel in Aventicum.
117–134	Kaiser Hadrian (Publius Aelius Hadrianus).
134–161	Kaiser Antoninus Pius (Titus Aelius Hadrianus Antoninus). Aufstände in mehreren Provinzen unterdrückt. Spuren von Zerstörungen in Lousonna/Vidy VD.
um 160	Vorverlegung des obergermanisch-rätischen Limes auf die endgültige Linie.
161–180	Kaiser Marcus Aurelius (Marcus Aurelius Antoninus).
162	Einfall der germanischen Chatten in die Provinz Obergermanien. Gegenschlag unter C. Aufidius Victorinus. Unruhen im Gebiete der Sequaner unterdrückt.
166	Zerstörung von Alesia (F).
167–177	Markomannenkriege. Rückwirkungen auf schweizerisches Mittelland möglich. Truppen schleppen die Pest ein.
177	Christenverfolgungen in Lyon.
180–192	Kaiser Commodus (Marcus Aurelius Commodus Antoninus). Aufstände in den germanischen Provinzen nach Amtsantritt niedergeschlagen.
193–211	Kaiser Septimius Severus (Lucius Septimius Severus Pertinax).
196–197	Kämpfe des Septimius Severus gegen Clodius Albinus (Pecimis Clodius Albanus). Münzdepot in Augusta Raurica.
197	Schlacht von Lyon. Sieg des Septimius Severus, anschliessend Repressalien gegen die reiche Oberschicht in Gallien.

211–217	Kaiser Caracalla (Marcus Aurelius Antoninus).
212	Constitutio Antoniniana. Verleihung des römischen Bürgerrechtes an alle freien Einwohner des Reiches. Grössere Bauarbeiten an den Strassen als Vorbereitung für den bevorstehenden Germanenkrieg.
213	Erste Erwähnung des Stammesbundes der Alamanni. Caracalla überschreitet den Limes. Sieg über die Alamannen in der Nähe des Mains.
217–222	Kaiser Elagabal (Marcus Aurelius Antoninus).
222–235	Kaiser Severus Alexander (Marcus Aurelius Severus Alexander).
227	In Persien bemächtigt sich die Dynastie der Sassaniden der Herrschaft (bis 637 n. Chr.).
233	Einfall der Alamannen nach Obergermanien und Rätien. Durchbruch durch den obergermanisch-rätischen Limes, Zerstörungen vor allem in Rätien.
235–308	Periode der Soldatenkaiser.
235–238	Kaiser Maximinus Thrax (Gaius Iulius Verus Maximinus). Vertreibung der Alamannen aus dem Hinterland des Limes. Wiederherstellung der Kastelle.
238–244	Kaiser Gordian I, II und III.
244–249	Kaiser Philippus Arabs (Marcus Iulius Philippus).
249–251	Kaiser Decius (Gaius Messius Quintus Traianus Decius).
251–253	Kaiser Trebonianus Gallus (Gaius Vibius Trebonianus Gallus).
253	Kaiser Aemilianus (Marcus Aemilius Aemilianus).
253–260	Kaiser Valerian (Publius Licinius Valerianus). Sohn Gallienus Mitregent.
253–268	Kaiser Gallienus (Publius Licinius Egnatius Gallienus).
254	Massive Einbrüche der Alamannen nach Obergermanien und Rätien.
260	Bauarbeiten an der Umfassungsmauer von Vindonissa mit Einsatz von Truppen. Truppenpräsenz in der Unterstadt von Augusta Raurica. Versuch, einen Rheinlimes aufzubauen? Kaiser Valerian wird von den Persern gefangengenommen. Grosser Alamanneneinfall in Obergermanien und Rätien. Endgültiger Fall des obergermanisch-rätischen Limes. Vorstösse der Alamannen über die Alpen. Das Wallis unversehrt. Kämpfe an der Sperre von Acaunum/St-Maurice und Siegesdenkmal des Gallienus bei St-Léonard im Wallis. Die Bevölkerung errichtet Fluchtburgen.
260–268	Gallienus Alleinherrscher. Heeresreform, Schwergewicht auf der Reiterei. Sieg über die Alamannen bei Mailand.
260–273	Gallisches Sonderreich, Kaiser Postumus (Marcus Cassianius Latinius Postumus). Evakuierung und Umsiedlung der Bevölkerung aus dem rechtsrheinischen Gebiet der Decumates Agri?
268–270	Kaiser Claudius II. Gothicus (Marcus Aurelius Claudius).
269	Siege über die Alamannen, Kämpfe im Balkangebiet. Das Gallische Sonderreich dehnt sich nach Osten aus und umfasst Teile der heutigen Schweiz.
270–275	Kaiser Aurelian (Lucius Domitius Aurelianus). Alamanneneinfälle durch die Westschweiz und das Alpenrheintal. Zerstörungen und Kampfspuren in Augusta Raurica.
271	Sieg über die Alamannen bei Pavia. Ummauerung von Rom.
273	Tetricus (Gaius Pius Esuvius Tetricus), der letzte Kaiser des Gallischen Sonderreiches, ergibt sich kampflos Aurelian.
274	Einrichtung eines Staatskultes für Sol Invictus.
275–276	Kaiser Tacitus (Marcus Claudius Tacitus).
276–282	Kaiser Probus (Marcus Aurelius Probus).

277	Vertreibung der Barbaren aus Rätien, Wiederherstellung der Donaugrenze.
281	Ehreninschrift für Probus als Wiederhersteller der Provinz Rätien.
282–284	Kaiser Carus (Marcus Aurelius Carus).
284–305	Kaiser Diokletian (Gaius Aurelius Valerius Diocletianus).
284/286	Bauernaufstand (Bagauden) in Gallien unter Amandus.
288/289	Vorstösse über den Rhein stellen Ruhe in den Provinzen wieder her.
291–191	Erneute Einfälle der Alamannen.
293	Errichtung der 1. Tetrarchie. Diokletian und Maximian (Marcus Aurelius Valerius Maximianus) als Oberkaiser (Augusti) mit ihren beiden Unterkaisern (Caesares).
294	Kastellbauten in Vitudurum/Oberwinterthur ZH und Tasgaetium/Eschenz.
295	Reform des Münzsystems.
296	Grosser Feldzug des Maximian von Mainz quer durch die »Decumates Agri« zum Kastell Günzburg am ehemaligen Limes.
297	Neueinteilung des Reiches in 12 Diözesen. Neue Provinzeinteilung: Maxima Sequanorum, Raetia prima und Raetia secunda.
302	Schwerer Alamanneneinfall. Sieg des Constantius Chlorus (Gaius Flavius Valerius Constantius) bei Vindonissa.
303	Christenverfolgung.
305	Diokletian und Maximianus danken ab.
306	Konstantin d. Gr. (Flavius Valerius Constantinus) Herrscher über die westlichen Provinzen. Ausbau des Donau-Iller-Rheinlimes. Die legio I Martiorum in der Provinz Maxima Sequanorum.
308	Konstantins Gegner Maxentius (Marcus Aurelius Valerius Maxentius) versucht, Rätien zu erobern. Brand des Kastells Caelius Mons (Kellmünz [D])
312	Schlacht an der Milvischen Brücke. Sieg Konstantins
313	Mailänder Edikt. Allgemeine Religionsfreiheit.
323–337	Konstantin Alleinherrscher.
325	Konzil von Nicaea.
337–361	Herrschaft der Söhne Konstantins: Constantius II. (Flavius Iulius Constantius) und Constans (Flavius Iulius Constans).
350	Aufstand des Magnus Magnentius (Flavius Magnus Magnentius) gegen Constans. Abmarsch des siegreichen Usurpators nach dem Donauraume mit den Heereseinheiten der Galliearmee, darunter die legio I Martiorum. Teile der legio I Martiorum werden nach Nordafrika detachiert.
352	Grosser Barbareneinfall. Zerstörung der Kastelle Mons Brisiacus/Breisach (D) und Castrum Rauracense/Kaiseraugst AG. Vergrabung des Silberschatzes von Kaiseraugst.
353	Magnentius kommt ums Leben.
354	Gegenstoss des Constantius. Verhandlungen mit alamannischen Königen beim Castrum Rauracense.
355	Julian wird Caesar.
357	Einfall der Juthungen. Zerstörungen im Legionslager Regina Castra/Regensburg (D) und im Kastell Abusina/Eining an der Donau (D). Sieg Julians über die Alamannen bei Strassburg.
361	Aufbruch Julians vom Castrum Rauracense zum Zug gegen Constantius.
361–363	Julian (Flavius Claudius Iulianus) Alleinherrscher. Wiederherstellung der heidnischen Kulte. Julian fällt in der Schlacht gegen die Perser.
364–375	Kaiser Valentinian I. (Flavius Valentinianus).
365	Alamanneneinfälle über den zugefrorenen Rhein.

Zeittafel 617

367/368	Weitere Alamanneneinfälle. Plünderung von Mainz.
ab 367	Ausbauarbeiten am Donau-Iller-Rheinlimes.
368	Bau einer Rheinbrücke beim Kastell Tenedo/Zurzach AG und eines grossen Burgus in Ägerten (Kirche).
369	Valentinian im Kastell Mons Brisiacus/Breisach (D). Bau eines grossen Burgus in Ägerten-Isel BE.
371	Bau von Burgi am Rheinlimes.
374	Valentinan in Basilia/Basel. Bau eines rechtsrheinischen Vorwerkes (munimentum Robur). Einfälle der Quaden in den Donauraum.
375	Valentinan I stirbt in Brigetio.
377	Kaiser Valentinian II. (Flavius Valentinianus) und Gratian (Flavius Gratianus).
378	Massive Einfälle der Alamannen über den Rhein. Schlacht von Argentovaria/Horburg im Elsass. Schlacht von Adrianopolis/Edirne (T), in der Kaiser Valens (Flavius Valens) fällt.
379–395	Kaiser Theodosius I. (Flavius Theodosius). Die Franken drängen die Alamannen nach Süden ab. Einfälle in Rätien. Zerstörung des Bürgle von Gundremmingen (D).
383–388	Aufstand und Usurpation des Magnus Maximus. Er beherrscht zeitweilig den ganzen Westen des Reiches. Neugliederung der gallischen Provinzen.
390	Aufstand gegen Kaiser Theodosius in Thessalonike.
391	Verbot der heidnischen Kulte. Christentum wird Staatsreligion.
395	Reichsteilung.
395–423	Kaiser Honorius (Flavius Honorius) im Westteil des Reiches.
395	Der Magister Equitum Stilicho schliesst mit den Barbaren Verträge ab.
um 400	Isaak als Bischof in Genava/Genf.
401	Stilicho zwingt mit Grenztruppen vom Donau-Iller-Rheinlimes Alarich, Italien zu verlassen.
406	Einfall der Sueben, Vandalen und Alanen. Alle Garnisonen von Strassburg bis und mit Mainz werden aufgerieben. Durchzug der Barbaren bis Spanien.
407–411	Constantinus III. (Flavius Constantinus) regiert als Gegenkaiser in Gallien. Er schliesst Verträge mit den Barbaren ab und überträgt ihnen die Grenzwehr. Die Besatzungstruppen südlich und nördlich der im Jahre 406 aufgerissenen Lücke dem Bewegungsheer eingegliedert. Ende des Systems der linearen Grenzverteidigung.
419 (?)	Mauritius, Bischof in Sion/Sitten.
425–455	Kaiser Valentinian III. (Flavius Placidus Valentinianus). Aëtius Heermeister.
um 430	Salvius (?), Bischof in Sion/Sitten.
436	Hunnen vernichten das Reich der Burgunder um Worms.
um 440	Salonius, Bischof in Genava/Genf.
443	Ansiedlung der Burgunder in der Sapaudia (Savoyen, Westschweiz) durch Aëtius.
451	Sieg des Aëtius über Attila und seine Hunnen bei Troyes (F). Asinio, Bischof in Curia/Chur.
454	Ermordung des Aëtius. De facto Ende der römischen Herrschaft über das Gebiet der Schweiz.
457	Erhebung Genfs zur Hauptstadt der Burgunder.
476	Odoaker setzt den letzten weströmischen Kaiser Romulus Augustulus ab.
480–516	Gundobad, König der Burgunder. Lex Burgundionum.
481–511	Chlodwig, König der Franken.
486	Sieg Chlodwigs über Syagrius.

493	Rätien und Teile der Nord- und Ostschweiz unter der Schirmherrschaft des Ostgotenkönigs Theoderich.
496	Sieg Chlodwigs über die Alamannen. Protektorat Theoderichs über Teile der Alamannen.
517	Auf dem Burgundischen Reichskonzil von Epao sind die Bischöfe von Octodurus/Martigny, Genava/Genf und Vindonissa anwesend.
534	Chlodwig macht dem Burgunderreich ein Ende.
536	Eingliederung der Nord- und Ostschweiz ins Frankenreich.
574	Einfall der Langobarden ins Wallis. Zerstörung von Octodurus/Martigny.
584	Bischof Heliodorus in Sion/Sitten bezeugt.
um 610	Die irischen Missionare Columban und Gallus treffen im Kastell Arbor Felix/Arbon TG eine christliche Gemeinde an, die überlebt hat.
614	Victor, Bischof von Chur, auf der Synode von Paris.
618	Ragnachar als Bischof von Basel und Augst bezeugt.

Inschriften in der Schweiz, aufbewahrt ausserhalb der Museen

Walser	CIL XII–XIII BerRGK CIL V	Howald-Meyer	Fundort, Funddatum	Standort	Charakter
11	CIL XII 2602	120	Carouge GE, 1805	Carouge, Kirche Ste-Croix (Außenmauer des Chores).	Grab.
23	2623	124	Landecy GE	Landecy (Gem. Bardonnex GE), Besitzung Micheli.	Grab.
24	2626		Carouge GE, 1805	Carouge, Kirche Ste-Croix (Sakristei).	Grab.
51	CIL XIII 5026	156	Vidy VD, 1739	Lausanne, Rathaus.	Weih.
70	5042	179	Moudon VD, 1732	Moudon, Rathaus (Vorhalle).	Weih.
92	5051		Baulmes VD, 1871	Baulmes, Kirche (Süd-Eingang).	Weih.
60	5054	165	Pomy/Yverdon VD	Chougny (Gem. Vandoeuvres GE), Besitzung Fol.	Weih.
93	5066	183	Payerne VD, 16. Jh.	Payerne, Abbatiale (Kapelle St-Michel über Narthex).	Weih.
101	5137		Murten FR	Murten, Historisches Museum	Grab.
107	BerRGK 40, 39		Payerne VD	Payerne, Abbatiale (in den Fundamenten als Spolie eingemauert).	Grab.
112			Münchenwiler BE, ca. 1960	Münchenwiler, Schloß (unter der Treppe der rückseitigen Terrasse).	Ehren.
113	BerRGK 17, 92	184	Payerne VD, 1919	Payerne, Abbatiale (Kapelle St-Michel über Narthex).	Weih.
114	CIL XIII 5150	187	Cressier NE, 1828	Cressier NE, Gemeindehaus.	Weih.
115	5151	188	La Neuveville BE, 1608	Cressier NE, Gemeindehaus.	Weih.
119	5156	239	Amsoldingen BE, 1809	Amsoldingen, Schloß (Garten).	Grab.
120	5157		Amsoldingen BE, 1875	Amsoldingen, Schloß (Garten).	Grab.
122	5163		Rapperswil BE	Rapperswil, Altes Pfarrhaus (in der Stützmauer dahinter).	Weih.

Walser	CIL XII–XIII BerRGK CIL V	Howald-Meyer	Fundort, Funddatum	Standort	Charakter
127	5168		Leuzigen BE, 1843	Leuzigen, »Doktorhaus« (Vorgarten).	Grab.
145	5034	185	Morens FR	Morens, Kirche (Sakristei, in der SO-Ecke eingemauert).	Grab.
187	5233	258	Wettingen AG	Wettingen, Kirche St. Sebastian (Vorhalle).	Weih.
197	5249	264	Oberwinterthur (v. MA – 1968 in Konstanz)	Winterthur ZH, Rathaus (Eingangshalle, seit 1968).	Bau.
248	5111		Faoug VD, 1631	Môtier FR, Haus Biolley (Keller, Sockel für Tragpfosten).	Grab.
268	CIL XII 163		St-Saphorin VD, 1818	St-Saphorin, Kirche (im Innern)	Weih.
283			Ardon VS, 1894	Ardon, Gemeindehaus.	Weih.
284			Ardon VS, 1894	Ardon, Gemeindehaus.	Weih.
290			Siders VS, 1953	Siders-Géronde, Kloster (an der Außenmauer).	Grab.
291			Siders VS, 1963	Siders-Géronde, Kloster (in der Kirche).	Grab.
294	CIL V 5442	24	Ligornetto TI, 1849	Stabio TI, Gemeindehaus (Vorplatz).	Weih.
295	5444	19	Ligornetto	Castiglione (Italien).	Grab.
296	5445	21	Stabio TI	Stabio, Gemeindehaus (im Innern).	Grab.
297	6648	32	Muralto TI	Muralto, Kirche S. Vittore (über dem S-Portal eingemauert).	Grab.
302		20	Riva S. Vitale TI	Riva S. Vitale, Haus des Arciprete (im Innern).	Grab.
304		23	Minusio TI	Minusio, Rivapiana, Kirche S. Quirico (N-Außenmauer).	Weih.
314	AS 1979, 97		Dusch GR, 1977	Chur	Grab.

Meilensteininschriften in der Schweiz

Howald-Meyer	Walser 1967	Fundort	Standort	Zählpunkt	Kaiser
372	1	Bourg-St-Pierre VS	Bourg-St-Pierre, Kirchhofmauer	Martigny	Constantinus
	2	Martigny VS	Martigny, Kirche	Martigny	Constantinus
373	3	Martigny	Martigny, Fondation Pierre Gianadda	Martigny	1. Tetrarchie
		Martigny	Martigny, Fondation Pierre Gianadda	Martigny	Fragment
374	4	St-Maurice VS	St-Maurice, Abtei	Martigny	Constantinus
	5	St-Maurice	St-Maurice, Abtei	(Martigny)	Constantinus
	6	St-Maurice	St-Maurice, Abtei	(Martigny)	Constantinus
	7	St-Maurice	St-Maurice, Abtei (am Kirchturm) »Martolet«	(Martigny)	Carus
	8	St-Maurice	St-Maurice, Abtei	(Martigny)	?
	10	Monthey VS	Monthey, Musée	Martigny	1. Tetrarchie
375	9	St-Triphon VD	Ollon VD, Kirche	Martigny	Licinius
		Versvey VD	Yvorne VD, Gemeindehaus	Martigny	1. Tetrarchie/Constantinus
		Versvey	Yvorne, Gemeindehaus	Martigny	Claudius
376	12	Rennaz VD	Lausanne, MCAH	Martigny	2. Tetrarchie
	13	Villeneuve VD	Lausanne, MCAH	(Martigny)	Constantinus
	14	Vevey VD	La Tour-de-Peilz VD	(Martigny)	3. Tetrarchie
377	15	St-Saphorin VD	St-Saphorin, Kirche (Nebentüre)	Martigny	Claudius
387	33	St-Prex VD	Morges, Boiron-Brücke (Gem. Tolochenaz)	(Nyon)	Caracalla
386	32	Lavigny VD	Lavigny, Gemeindehaus	(Nyon)	Gordianus
	31	Etoy VD	Lausanne, Ancienne Académie	(Nyon)	?
385	29	Dully VD	Nyon VD, Musée romain	(Nyon)	Maximinus Thrax
384	28	Vich VD	Nyon, Musée romain	(Nyon)	Trebonianus Gallus
		Nyon VD	Nyon, Musée romain	(Nyon)	Septimius Severus
383	27	Colovrex GE	Genève, Musée d'Art et d'Histoire	(Nyon)	Marcus Aurelius

Howald-Meyer	Walser 1967	Fundort	Standort	Zählpunkt	Kaiser
382	26	Colovrex GE	Genève, Musée d'Art et d'Histoire	(Nyon)	Philippus
	25	Prévessin (F)	Prévessin, Kirche	(Nyon)	Elagabalus
381	25	Prévessin (F)	Prévessin, Kirche	Nyon	Maximinus Thrax
380	23	Messery GE	Genève, Musée d'Art et d'Histoire	(Nyon)	Septimius Severus
		Nyon-Crans VD	Nyon, Musée romain (vgl. AS 1980, 166)	(Nyon)	Septimius Severus
	21	Hermance GE	Genève, Musée d'Art et d'Histoire	(Nyon)	2. Tetrarchie
378	20	Genève	Genève, Musée d'Art et d'Histoire	(Nyon)	Elagabalus
379	19	Versoix GE	Genève, Musée d'Art et d'Histoire	(Nyon)	Traianus
	18	Genève	Genève, Musée d'Art et d'Histoire	(Nyon)	Elagabalus
	34	Penthaz VD	Penthaz, Kirche	(Aventicum)	Septimius Severus
388	35	Entreroches VD	Lausanne, Ancienne Académie	Aventicum	Hadrianus
	36	Orbe VD	Orbe, Boscéaz: Schutzbau IV	(Aventicum)	Caracalla
	37	Chavornay VD	Lausanne, Ancienne Académie	Aventicum	Septimius Severus
389	38	Treycovagnes VD	Yverdon, Musée historique	Aventicum	Septimius Severus
394	39	Montagny VD	Yverdon, Musée historique	(Aventicum)	Caracalla
393	45	Baden AG	Baden, Historisches Museum	Aventicum	Tacitus
392	46	Unterwil AG	Zürich, Schweiz. Landesmuseum	Aventicum	Traianus
397	47	Mumpf AG	Rheinfelden, Fricktalisches Heimatmuseum	A(ugusta) R(aurica)	Antoninus Pius
390	40	Paudex VD	Lausanne, Ancienne Académie	Aventicum	Antoninus Pius

Howald-Meyer	Walser 1967	Fundort	Standort	Zählpunkt	Kaiser
396	49	Sion/Sitten VS	Sion/Sitten, Rathaus	Aventicum	Trebonianus Gallus
		Curtilles VD	Curtilles, Schulhaus (im Hof)	(Aventicum)	?
	48	Amsoldingen BE	Thun, Historisches Museum	Aventicum	Trebonianus Gallus
		Amsoldingen	Thun, Historisches Museum	(Aventicum)	?
		Bargen BE (?)	Niederried BE, Koord 586750/209100	(Aventicum)	?
391	42	Solothurn SO	Solothurn, Museum Schloss Blumenstein	Aventicum	Caracalla
	44	Solothurn	Solothurn, Museum Schloss Blumenstein	Aventicum	?
		Therwil BL	Therwil, Koord 609150/261650	?	?

Lateinische Ortsnamen und geographische Bezeichnungen in der Schweiz

Acaunum, Acaunus	St-Maurice VS
Ad Fines	Pfyn TG
Aquae Helveticae	Baden AG
Arbor Felix	Arbon TG
Augusta Raurica	Augst BL
Aventicum	Avenches VD
Basilia	Basel
Bellitiona, Bilitio	Bellinzona TI
Cambiodunum (?)	Kempten, Gem Wetzikon ZH
Castrum Rauracense	Kaiseraugst AG
Confluentes	Koblenz AG (?)
Curia	Chur GR
Dunum (?)	Thun BE (?)
Eburodunum	Yverdon VD
Equestris	Nyon VD
Forum Claudii Vallensium	Martigny VS
Genava, Genua	Genf, Genève GE
Iulia Equestris	Nyon VD
Iuliomagus	Schleitheim SH
Lapidaria	Zillis (?) oder Andeer (?)
Lausonna, Leusonna, Lousonna	Lausanne VD (Vidy)
Magia (?)	Maienfeld GR (?)
Minnodunum	Moudon VD
Murus	Castelmur, Gem Bondo GR
Noviodunum	Nyon VD
Octodurus	Martigny VS
Pennelocus	Villeneuve VD
Petinesca	Studen BE
Salodurum	Solothurn SO
Seduni (Stammesname)	Sitten, Sion VS

Tarnaiae	Massongex VS
Tasgaetium, Tasgetium	Eschenz TG
	(in spätröm Zeit: Kastell Burg, Gem Stein am Rhein SH)
Tenedo	Zurzach AG
Tinnetio	Tinzen, Tinizong GR
Turicum	Zürich ZH
Urba	Orbe VD
Uromagus	Oron-la-Ville VD
Vallis Poenina	Wallis
Vindonissa	Windisch AG
Viviscus	Vevey VD
Vitudurum	Winterthur ZH (Oberwinterthur)

Lateinische Bergnamen in der Schweiz

Adulas	Splügen (?)
Alpes	Alpen
Iura	Jura
Poeninus (mons)	Grosser St. Bernhard
Vocetius (mons)	Bözberg (?)

Lateinische See- und Flussnamen in der Schweiz

Arola, Arula, Arura	Aare
Brigantinus (lacus)	Bodensee
Ceresius (lacus)	Luganersee
Eburodunensis (lacus)	Neuenburgersee
Lemannus (lacus)	Genfersee
Losanensis (lacus)	Genfersee
Moesa	Moesa
Rhenus	Rhein
Rodanus	Rhone
Venetus (lacus)	Bodensee
Verbanus (lacus)	Langensee, Lago Maggiore

Die überlieferten lateinischen Ortsnamen

	Itinerarium Antonini	Peutingersche Tafel	Notitia Galliarum
Arbon	Arbor Felix	Arbor Felix	
Augst	Rauraci, Augusta Rauracum	Augusta Ruracum	
Avenches	Aventiculum H.	Aventicum Helvetiorum	Civitas Helvetiorum
Baden			
Basel			Civitas Basiliensium
Bellinzona			
Chur	Curia	Curia	
Eschenz/Burg			
Genf	Genava	Gennava	Civitas Genavensium
Gr. St. Bernhard	Summus Peninus	Summus Penninus	
Kaiseraugst			Castrum Rauracense
Lausanne	Lausonio (l.)	Losonne (l.)	
Maienfeld		Magia	
Martigny	Octodurus	Octodurus	Civitas Vallensium
Massongex	Tarnaiae	Tarnaiae	
Moudon	Minnodunum	Minodum	
Nyon	Equestres	Col. Equestris	Civitas Equestrium
Orbe	Urba		
Oron-la-Ville	Uromagus	Viromagus	
Pfyn	Ad Fines	Ad Fines	
St-Maurice			
Schleitheim		Iuliomagus	
Solothurn	Salodurum	Salodurum	
Studen	Petinesca	Petenisca	
Tinzen	Tinnetio		
Tuggen			
Vevey	Vibiscus	Viviscus	
Villeneuve	Penne Loci	Pennoluci	
Windisch	Vindonissa	Vindonissa	Castrum Vindonissense
Winterthur	Vitudorum		
Yverdon		Eburodunum	Castrum Ebrodunense
Zürich			
Zurzach		Tenedo	

Geograph v. Ravenna	Ammianus Marcellinus	Inschriften
Arbor Felix Augusta		Colonia... Augusta Raurica
	Aventicum	Incolae Aventicenses, Colonia... Helvetiorum, Colonia Aventicensium Aquae Helveticae
Bazela Bellitiona	Basilia	
		Murus Tasgaetinus, Vicani Tasgaetienses
Genua		Statio Genavensis
		Poeninus
	Rauraci	
Lausonna		Leusonna
Octodorum Tarauae		Octodurum, Forum Claudii Vallensium
		Vicani Minnodunenses
Equestris		Colonia Equestris
		Statio Acaunensis
		Vico Saloduro, Vikani Salodurenses
Duebon = Duchon Bibiscon Pennelocus		
		Murus Vitudurensis Vicani Eburodunenses
Ziurichi Wrzacha		Statio Turicensis

Museen mit römischen Funden

Agno TI	Museo plebano
Arbon TG	Hist. Museum
Augst BL	Römermuseum
Avenches VD	Musée romain
Baden AG	Hist. Museum
Basel	Hist. Museum
Bellinzona TI	Museo civico
Bern	Bernisches Hist. Museum
Beromünster LU	Schlossmuseum
Biel BE	Museum Schwab
Bischofszell TG	Museum
Brugg AG	Vindonissa-Museum
Bulle FR	Musée gruérien
Burgdorf BE	Hist. Museum Schloss
Chur GR	Rätisches Museum
Delémont JU	Musée jurassien
Dornach SO	Heimatmuseum
Frauenfeld TG	Museum (Schloss)
Fribourg	Musée d'Art et d'Histoire
Genève	Musée d'Art et d'Histoire
Grd. St-Bernard VS	Musée de l'Hospice
Grenchen SO	Ortsmuseum
Hallau SH	Heimatmuseum
Hallwil AG	Schloss
Herzogenbuchsee BE	Ortsmuseum
Landeron, Le NE	Musée
Langenthal BE	Museum
Laufen BE	Museum Laufental

Lausanne VD	Musée cant. d'Archéologie et d'Histoire
Lenzburg AG	Museum Burghalde
Liestal BL	Museum i. Alten Zeughaus
Locarno TI	Museo civico
Luzern	Natur-Museum
Martigny VS	Fondation Pierre Gianadda
Mollis GL	Ortsmuseum
Montlingen SG	Heimatmuseum
Moudon VD	Musée du Vieux-Moudon
Murten FR	Hist. Museum
Muttenz BL	Ortsmuseum
Näfels GL	Museum d. Landes Glarus
Neuchâtel	Musée cant. d'Archéologie
Nyon VD	Musée romain
Oberweningen ZH	Heimatmuseum
Olivone TI	Museo di San Martino
Olten SO	Hist. Museum
Pfäffikon ZH	Ortsmuseum
Pfyn TG	Ortsmuseum
Porrentruy JU	Musée
Poschiavo GR	Museo vallerano poschiavino
Pully VD	Villa romaine de Pully
Rapperswil SG	Heimatmuseum
Rempen SZ	March-Museum
Rheinfelden AG	Fricktaler Museum
Riehen BS	Dorfmuseum
Rorschach SG	Heimatmuseum
Saint-Maurice VS	Trésor de l'Abbaye
San Vittore GR	Museo moesano
St. Gallen	Hist. Museum
Sargans SG	Museum Sarganserland
Sarnen OW	Heimatmuseum
Saxon VS	Musée du Vieux-Saxon
Schaffhausen	Museum zu Allerheiligen
Schleitheim SH	Smlg. d. Vereins f. Heimatkunde
Schönenwerd SO	Museum f. Natur- u. Heimatkunde
Schötz LU	Wiggertaler Museum
Schwyz	Turmmuseum
Scuol/Schuls GR	Unterengadiner Museum
Seon AG	Heimatmuseum
Sion VS	Musée archéologique

Sissach BL	Heimatmuseum
Solothurn	Hist. Museum Schloss Blumenstein
Solothurn	Lapidarium
Spreitenbach AG	Ortsmuseum
Stabio TI	Museo d. civ. cont. d. Mendrisiotto
Stampa GR	Ciäsa Granda
Stans NW	Hist. Museum
Steckborn TG	Heimatmuseum am Untersee
Stein am Rhein SH	Heimatmuseum
Suhr AG	Heimatmuseum
Tafers FR	Heimatmuseum d. Sensebezirks
Thayngen SH	Reiat-Museum
Therwil BL	Dorfmuseum
Thun BE	Hist. Museum
Trun/Truns GR	Oberländer Talmuseum
Uznach SG	Heimatkundliche Sammlung
Vallorbe VD	Musée du fer
Vevey VD	Musée du Vieux-Vevey
Vidy VD	Musée romain
Wangen a. d. Aare BE	Ortssammlung
Weesen SG	Heimatmuseum
Wetzikon ZH	Ortsmuseum
Wiedlisbach BE	Hist. Museum
Winterthur ZH	Museum Lindengut
Yverdon VD	Musée d'Yverdon
Zofingen AG	Museum
Zug	Kant. Museum f. Urgeschichte
Zug	Museum in der Burg
Zürich	Schweiz. Landesmuseum
Zurzach AG	Messe- und Bezirksmuseum
Vaduz FL	Liechtensteinisches Landesmuseum

Abkürzungsverzeichnis Literatur

AB	Acta Bernensia
AFS	Archäologische Führer der Schweiz
ANRW	Aufstieg und Niedergang der Römischen Welt
APA	Association Pro Aventico
Aquitania	Aquitania, Revue inter-régionale d'archéologie, Bordeaux
ArchKorrBl	Archäologisches Korrespondenzblatt
AS	Archäologie der Schweiz
ASA	Anzeiger für Schweizerische Altertumskunde
AV	Annales Valaisannes
AW	Antike Welt, Zeitschrift für Archaeologie und Kulturgeschichte
BerRGK	Bericht der Römisch-Germanischen Kommission des DAI
BerROB	Berichten von de Rijksdienst voor het oudheidkundig bodemunderzoek
BerZD	Berichte »Zürcher Denkmalpflege«
BonnJbb	Bonner Jahrbücher
BullAPA	Bulletin de l'Association Pro Aventico
BVGBl	Bayrische Vorgeschichtsblätter
CaesarBG	C. Iulius Caesar, Commentarii Belli Gallici
CAHA	Cahiers d'Archéologie et d'Histoire Alsacienne
CAR	Cahiers d'Archéologie Romande
Chiron	Chiron, Mitteilungen der Kommission für Epigraphik und Alte Geschichte des DAI
CIL	Corpus Inscriptionum Latinarum
DAI	Deutsches Archäologisches Institut
FdberBW	Fundberichte aus Baden-Württemberg, Stuttgart
Gallia	Gallia, Fouilles et monuments archéologiques en France métropolitaine, Paris
Genava	Genava, Musée d'Art et d'Histoire, Genève
Germania	Germania, Anzeiger der röm.-germ. Kommission des Deutschen Archaeologischen Institutes, Frankfurt a/M.
GPV	Gesellschaft Pro Vindonissa
HA	Helvetia Archaeologica
HBLS	Historisch-Biographisches Lexikon der Schweiz
HelvAnt	Helvetia Antiqua. Festschrift Emil Vogt (Zürich 1966)
Historia	Historia, Zeitschrift für Alte Geschichte, Wiesbaden
HM	E. Howald und E. Meyer, Die Römische Schweiz (Zürich 1940)
JbBHM	Jahrbuch des Bernischen Historischen Museums
JbGPV	Jahresbericht der Gesellschaft Pro Vindonissa
JbRGZM	Jahrbuch des Römisch-Germanischen Zentralmuseums Mainz
JbSGU	Jahrbuch der Schweizerischen Gesellschaft für Urgeschichte

JbSGUF	Jahrbuch der Schweizerischen Gesellschaft für Ur- und Frühgeschichte
JberAK	Jahresberichte aus Augst und Kaiseraugst
JberSLMZ	Jahresberichte des Schweizerischen Landesmuseums, Zürich
Kdm	Die Kunstdenkmäler der Schweiz
Latomus	Latomus, Revue d'études latines, Bruxelles
LMA,KlSchr	Limesmuseum Aalen, Kleine Schriften zur Kenntnis der Besatzungsgeschichte Südwestdeutschlands
Limesforsch	Limesforschungen, Studien zur Organisation der römischen Reichsgrenze an Rhein und Donau
MAGZ	Mitteilungen der Antiquarischen Gesellschaft Zürich
MH	Museum Helveticum, Schweiz. Zs. für Klassische Altertumskunde
NF	Neue Folge
Njbl	Neujahrsblatt (-blätter)
NZZ	Neue Zürcher Zeitung
OGAM	OGAM, Tradition celtique, Rennes
ORL	Der Obergermanisch-rätische Limes des Römerreiches
PAR	(Stiftung) Pro Augusta Raurica
Provincialia	Provincialia, Festschrift für Rudolf Laur-Belart, Herausgegeb. von der Stiftung pro Augusta Raurica (Basel 1968)
RAE	Revue archéologique de l'Est et du Centre-Est, Dijon
RBW	Filtzinger, Planck, Cämmerer (Hrsg.), Die Römer in Baden-Württemberg, 3. Aufl. (Stuttgart und Aalen 1986)
RE	Realenzyklopaedie der Klass. Altertumswiss.
RepUFS	Repertorium der Ur- und Frühgeschichte der Schweiz
RHV	Revue historique Vaudoise
SKF	Schweizerische Kunstführer
SRZ	Felix Staehelin, Die Schweiz in Römischer Zeit, 3. Auflage (Basel 1948)
SZG	Schweizerische Zeitschrift für Geschichte
TZ	Trierer Zeitschrift, Trier
UFAS	Ur- und Frühgeschichtliche Archäologie der Schweiz
US	Ur-Schweiz
Vallesia	Vallesia, Jahrb. der Walliser Kant.-Bibl., des Staatsarchivs und der Museen Valeria und Majoria
Walser	Gerold Walser, Römische Inschriften in der Schweiz für den Schulunterricht ausgewählt und erklärt, Teile 1 – 3 (Bern 1979–80)
ZAK	Zeitschrift für Schweizerische Archäologie und Kunstgeschichte
Zs	Zeitschrift

Literatur

Bender, H.: Archäologische Untersuchungen zur Ausgrabung Augst–Kurzenbettli; Antiqua 4 (Basel 1975)
–: Römischer Reiseverkehr, Cursus publicus und Privatreisen; LMA,KlSchr Nr. 20 (Aalen 1986)
–: Kaiseraugst, im Liner 1964/67; Forschungen in Augst Bd. 8 (August 1987)
Berger L. und A. Furger-Gunti: Katalog und Tafeln der Funde aus der spät-keltischen Siedlung Basel-Gasfabrik; Basler Beiträge zur Ur- und Frühgeschichte Bd. 7, (Derendingen/Solothurn, 1980)
Bögli, H.: Aventicum, die Römerstadt und das Museum; AFS 20 (Basel 1984)
Bossert, M.: Die Rundskulpturen von Aventicum; Acta Bernensia 9, (Bern 1983)
Bridel, Ph.: Le Sanctuaire du Cigognier, Aventicum III; CAR 22, (Lausanne 1982)
Bullinger, H.: Spätantike Gürtelbeschläge; Dissertationes Gandenses (Brügge 1969)
Bürgi J. und R. Hoppe: Schleitheim-Iuliomagus, die römischen Thermen; Antiqua 13 (Basel 1985)
Burkart, S.: Die römischen Befestigungen am Rhein von Mumpf bis Kaiseraugst; ASA 5 (1903/04) 256 ff.
Cahn H. und A. Kaufmann-Heinimann (Hrsg.): Der spätrömische Silberschatz von Kaiseraugst, 2 Bde. (Derendingen 1984)
Castella D.: La nécropole du Port d'Avenches, Aventicum IV; CAR 41 (Avenches 1987)
Christ, R.: Militärgeschichte der Schweiz in römischer Zeit; Schw. Zs. f. Gesch. 5 (1955) 460 ff.
Chronologie: Archäologische Daten der Schweiz; Antiqua 15 (Basel 1986)
Degen R.: Römische Villen und Einzelsiedlungen der Schweiz, Diss. (Basel 1970) (Typoskript Univ.-Bibliothek Basel)
Drack, W.: Die römische Wandmalerei der Schweiz; Monographien zur Ur- und Frühgeschichte der Schweiz, Band 8 (Basel 1950)
–: Die spätrömische Grenzwehr am Hochrhein; AFS 13 (Basel 1980)
–: Römische Wandmalerei aus der Schweiz (Feldmeilen 1986)
Ducrey, P.: Vorzeit, Kelten und Römer, in: Geschichte der Schweiz und der Schweizer, Bd. 1 (Basel 1983)
Fellmann, R.: Basel in römischer Zeit; Monographien zur Ur- und Frühgeschichte der Schweiz 10 (Basel 1955)
–: Die Schweiz zur Römerzeit; Katalog der Ausstellung zur Feier der vor 2000 vollzogenen Gründung der Colonia Raurica, (Basel ²1957 I)
–: Das Grab des Lucius Munatius Plancus; Schriften des Instituts für Ur- und Frühgeschichte der Schweiz 11 (Basel 1957 II)
–: Die Principia des Legionslagers Vindonissa und das Zentralgebäude der römischen Lager und Kastelle, (Brugg 1958)
–: Das römische Basel; Führer durch das Historische Museum Basel, Heft 2, (Basel 1981)
Filtzinger, Ph., D. Planck, B. Cämmerer: Die Römer in Baden-Württemberg, (Stuttgart und Aalen ³1986)
Fingerlin, G.: Dangstetten I, Katalog der Funde; Forschungen und Berichte zur Vor- und Frühgeschichte in Baden-Württemberg 22, (Stuttgart 1986)
Frei-Stolba, R.: Die römische Schweiz: Ausgewählte staats- und verwaltungsrechtliche Probleme im Frühprinzipat; ANRW II, 5,1, 288–403 (Berlin 1977)
–: Götterkulte in der Schweiz zur römischen Zeit; aus: La Religion Romaine en Milieu Provincial; Bulletin des Antiquités Luxembourgeoises 15, 1984, 75–126 (Luxembourg 1984)

Furger A. R.: Römermuseum und Römerhaus Augst. Kurztexte und Hintergrundinformationen; Augster Museumshefte 10 (Augst 1987)
Furger-Gunti, A.: Die Ausgrabungen im Basler Münster, I: Die spätkeltische und augusteische Zeit; Basler Beiträge zur Ur- und Frühgeschichte Band 6, (Derendingen SO 1979)
–: Die Helvetier, Kulturgeschichte eines Keltenvolkes, (Zürich 1984)
Gansser-Burckhardt, A.: Das Leder und seine Verarbeitung im römischen Legionslager Vindonissa; Veröfftl. der Ges. Pro Vindonissa 1 (Basel 1942)
v. Gonzenbach, V.: Die Kontinuität in der römischen Besetzung der Schweiz; Museum Helveticum 16 (1959) 257 ff.
–: Die römischen Mosaiken der Schweiz; Monographien zur Ur- und Frühgeschichte der Schweiz, Band 13 (Basel 1961)
–: Die Verbreitung der gestempelten Ziegel der im 1. Jh. n. Chr. in Vindonissa liegenden römischen Truppen; Bonn Jbb. 163 (1963)
Gose, E.: Der gallo-röm. Tempelbezirk im Altbachtal zu Trier; Trierer Grabungen und Forschungen, Bd. 7 (Mainz 1972)
Grenier, A.: Manuel d'Archéologie gallo-romaine (Paris 1934 ff.)
Guyan, W. U.: Iuliomagus, das antike Schleitheim; in: Festschrift Otto Coninx (Zürich 1985) 135–306
Hartmann M. und H. Weber: Die Römer im Aargau (Aarau 1985)
–: Vindonissa, Oppidum – Legionslager – Castrum (Windisch 1986)
Heierli, J.: Ueber das römische Grenzwehrsystem am Schweizer Rhein; Jb. Geogr.-Ethnol. Ges. Zürich (Zürich 1904/05)
Heimberg, U.: Römische Landvermessung, Limitatio, Kl. Schriften zur Kenntnis der röm. Besatzungsgeschichte Südwestdeutschlands Nr. 17 (Aalen 1977)
Hochuli-Gysel A., A. Siegfrid-Weiss, E. Ruoff, V. Schaltenbrand: Chur in römischer Zeit, Bd. 1, Areal Dosch; Antiqua 12 (Basel 1986)
Hochuli-Gysel, A.: Chur in römischer Zeit aufgrund der archäologischen Zeugnisse; Jahrbuch 1986 der Historisch-antiquarischen Gesellschaft von Graubünden (Chur 1986)
Howald E. und E. Meyer: Die Römische Schweiz, (Zürich 1940)
Jucker, H.: Die bildende Kunst. Resumé nach Vortrag, in: Repertorium der Ur- und Frühgeschichte der Schweiz, Heft 4 (1958) 37–42
v. Kaenel, M.: Das Seeland in römischer Zeit, in: Das Seeland in ur- und frühgeschichtlicher Zeit; Jahrbuch Geograph. Gesellsch. Bern, Bd. 53, 1977–79 (Bern) 59–78
Kaufmann-Heinimann A.: Die römischen Bronzen der Schweiz I, Augst und das Gebiet der Colonia Augusta Raurica (Mainz 1977)
Keller, F.: Die römischen Ansiedelungen in der Ostschweiz; MAGZ 12,7 (Zürich 1860)
–: Die römischen Ansiedelungen in der Ostschweiz II; MAGZ 15 (Zürich 1864)
Kellner, H.-J.: Die Römer in Bayern, (München ³1976)
König, F. E.: Der Julierpass in römischer Zeit: JbSGUF 62 (1979) 77–99
Lambert A. und E. Meyer: Führer durch die römische Schweiz (Zürich 1973)
Laur-Belart, R.: Vindonissa, Lager und Vicus; Röm.-germ. Forsch. 10 (Berlin und Leipzig 1935)
–: Führer durch Augusta Raurica, (Basel ⁴1978)
Leibundgut, A.: Kunst und Kunstgewerbe, in: Ur- und Frühgeschichtliche Archäologie der Schweiz, Bd. 5, 73–88, (Basel 1975)
–: Die römischen Bronzen der Schweiz II, Avenches (Mainz 1976)
–: Die römischen Lampen in der Schweiz; Handbuch der Schweiz zur Römer- und Merovingerzeit (Bern 1977)
–: Die römischen Bronzen der Schweiz, III, Westschweiz, Bern und Wallis (Mainz 1980)
Lieb, H. und R. Wüthrich: Lexicon Topographicum der römischen und frühmittelalterlichen Schweiz, I (Bonn 1976)
Mackensen, M.: Frühkaiserzeitliche Kleinkastelle bei Nersingen und Burlafingen an der oberen Donau; Münchner Beitr. zur Ur- und Frühgesch. 41 (München 1987)
Martin, M.: Das spätrömisch-frühmittelalterliche Gräberfeld von Kaiseraugst, Kt. Aargau; Basler Beitr. zur Ur- und Frühgesch. 5B (Derendingen-Solothurn 1976)
–: Römische Schatzfunde aus Augst und Kaiseraugst; Augster Museumshefte 2 (Augst 1977)
–: Römermuseum und Römerhaus Augst; Augster Museumshefte 4, 2. korrigierte und ergänzte Aufl. (Augst 1987)

Martin-Kilcher, St.: Das römische Gräberfeld von Courroux im Berner Jura; Basler Beitr. zur Ur- und Frühgesch. 2 (1976)
–: Die Funde aus dem römischen Gutshof von Laufen-Müschhag (Bern 1980)
–: Fundort Schweiz, die Römerzeit (Solothurn 1983)
–: Die römischen Amphoren aus Augst und Kaiseraugst 1, Die südspanischen Ölamphoren; Forschungen in Augst 7 (Augst 1987)
Meyer, E.: Neuere Forschungen zur Geschichte der Schweiz in römischer Zeit; Museum Helveticum 19 (1962) 141 ff.
–: Neuere Forschungen zur Geschichte der Schweiz in römischer Zeit; 54. JbSGUF (1968/69) 73 ff.
–: Römische Zeit; Handbuch der Schweizergeschichte, Bd. 1 (Zürich 1972)
Oldenstein-Pferdehirt, B.: Die Geschichte der Legio VIII Augusta; JbRGZM 31 (1984) 397–433
Overbeck, B.: Raetien zur Prinzipatzeit; ANRW II,5,2, 658–689 (Berlin 1976)
–: Geschichte des Alpenrheintales in römischer Zeit (München 1982)
Pauli, L.: Die Alpen in Frühzeit und Mittelalter, Die archäologische Entdeckung einer Kulturlandschaft (München 1980)
Paunier, D.: La céramique gallo-romaine de Genève; Société d'histoire et d'archéologie de Genève, Mémoires et Documents, Série 4⁰, Vol. IX (Genève 1981)
–: L'archéologie gallo-romaine en Suisse Romande: Bilan et Perspectives; Etudes de lettres (Lausanne 1982)
Pferdehirt, B.: Die römische Okkupation Germaniens und Rätiens von der Zeit des Tiberius bis zum Tode Traians, Untersuchungen zur Chronologie südgallischer Reliefsigillata; JbRGZM (1986) 221–320
Planta, A.: Alte Wege durch die Rofla und die Viamala; Schriftenreihe des Rätischen Museums Chur, Nr. 24 (Chur 1980)
–: Verkehrswege im alten Rätien, Bd. 1 (Chur 1985)
–: Verkehrswege im alten Rätien, Bd. 2 (Chur 1986)
Rageth, J.: Römische Verkehrswege und ländliche Siedlungen in Graubünden; Jahrbuch 1986 der Hist.-ant. Gesellschaft von Graubünden (Chur 1986) 45–108
Riha, E.: Die römischen Fibeln aus Augst und Kaiseraugst; Forschungen in Augst 3 (Augst 1979)
–: Der gallorömische Tempel auf der Flüheweghalde bei Augst; Augster Museumshefte 3 (Augst 1980)
–: Römisches Toilettengerät und medizinische Instrumente aus Augst und Kaiseraugst; Forschungen in Augst 6, (Augst 1986)
Rychener, J.: Der Kirchhügel von Oberwinterthur, die Rettungsgrabungen 1976, 1980 und 1981; Berichte Zürcher Denkmalpflege, Monographien 1 (Zürich 1984)
Rychener, J., P. Albertin: Beiträge zum römischen Vitudurum-Oberwinterthur 2; BerZD, Monographien 2 (Zürich 1986)
Schneider, J. E.: Zürich in römischer Zeit; in Festschrift Otto Coninx (Zürich 1985), 39–167
v. Schnurbein, S.: Untersuchungen zur Geschichte der römischen Militärlager an der Lippe; BonnJbb 62 (1981) 5–128
–: Die unverzierte Terra Sigillata aus Haltern (Münster 1982)
Schön, F.: Der Beginn der römischen Herrschaft in Raetien (Sigmaringen 1986)
Schönberger, H.: Die römischen Truppenlager der frühen und mittleren Kaiserzeit zwischen Nordsee und Inn; BerRGK 66, 1984/85 (Frankfurt 1985)
Schwab, H.: Die Vergangenheit des Seelandes in neuem Licht. Archaeologische Entdeckungen und Ausgrabungen bei der 2. Juragewässerkorrektion (Freiburg 1973)
Simonett, Chr.: Führer durch das Vindonissa-Museum (Brugg 1947)
Staehelin, F.: Die Schweiz in römischer Zeit, 3. Aufl. (Basel 1948) [abgekürzt SRZ]
Stehlin K. und V. v. Gonzenbach: Die spätrömischen Wachttürme am Rhein von Basel bis zum Bodensee; 1. Untere Strecke [Basel–Zurzach] (Basel 1957)
Steiger, R., G. Th. Schwarz, R. Strobel, H. Doppler: Augst, Insula 31; Forschungen in Augst 1 (Augst 1977)
Ternes, Ch.-M.: Die Provincia Germania Superior im Bild der jüngeren Forschung; ANRW II, 5, 2, 721–1260 (Berlin 1976)
Van Berchem, D.: Aspects de la Domination romaine en Suisse; SZG, 5 (1955) 460 ff.
–: Les Routes et l'Histoire, Etudes sur les Hélvètes et leurs voisins (Genève 1982)
Vauthey, P.-A.: Riaz/Tronche-Bélon, le Sanctuaire gallo – romain; Archéologie Fribourgeoise 2 (Fribourg 1985)
Verzár, M.: Aventicum II, Un Temple du Culte impérial; Car 12 (Avenches 1977)

Viollier, D.: Carte archéologique du Canton de Vaud (Lausanne 1927)
Vogt, E.: Der Lindenhof in Zürich (Zürich 1948)
Walser, G.: Die römischen Strassen in der Schweiz, 1. Teil: Die Meilensteine, (Bern 1976)
–: Römische Inschriften in der Schweiz, Teile 1–3 (Bern 1979–80)
–: Summus Poeninus, Beiträge zur Geschichte des Grossen St. Bernhardpasses in römischer Zeit; Historia, Einzelschriften Heft 46 (Wiesbaden 1984)
Wells, C. M.: The German Policy of Augustus (Oxford 1972)
Wiblé, F.: Inscriptions latines du Valais antique; Vallesia 33 (1978) 31–53
–: Forum Claudii Vallensium, das Römische Martigny; AW 14 (1983) 2, 2–32
–: Forum Claudii Vallensium, la ville romaine de Martigny; AFS 17 2eme éd., revue et compl. (Martigny 1986)
Wiegels, R.: Zeugnisse der 21. Legion aus dem südlichen und mittleren Oberrheingebiet. Zur Geschichte des obergermanischen Heeres um die Mitte des 1. Jahrh. n. Chr.; Epigraphische Studien 13 (Bonn 1983) 1–42
Wilmanns, J. C.: Die Doppelurkunde von Rottweil und ihr Beitrag zum Städtewesen in Obergermanien; Epigr. Studien 12 (Bonn 1981) 73 ff.
Zürcher, A.: Vitudurum, Geschichte einer römischen Siedlung in der Ostschweiz; in Festschrift Otto Coninx (Zürich 1985) 169–233

Namen- und Sachregister

Abwasser 123
Ädilen 64
Ärzte 151 f
Äsculap 225
Aëtius, magister militum 297, 298
Agathangelus, Bronzegiesser 179
Akrolith 222
Alamannen 288 ff, 298
Alamanneneinfälle 72, 73, 296 ff
ala Vallensium 51
Alanen 296
Albanus, Gaius Valerius, Töpfer 351
Albanus, Iulius, Töpfer 196, 351
Allobroger 14, 16
Alpenfeldzug 22 ff
Alpenkulte 229
Alpenraum 30, 31
Alpenstrassen 46 f
Alpentransversale 93 ff
Alpinus, Iulius, Helvetier 49
Amerbach, Basilius 326
Ammianus Marcellinus, Geschichtsschreiber 283, 284, 354
Amphitheater 113, 114, 247, 334, 363, 543
Amphoren 177
Amulette 226
Anextlomara 226
Antonius Saturninus, L., Legat 61
Apodyterium 117
Apollo 225
Aquädukte 121, 123
Aretino, Leonardo 536
Arsakiden, persische Dynastie 72
Attis 252
Attius, L., Töpfer 199
Auer, Ch. 420
Augenarztstempel 152
Augustus, Kaiser 22, 23, 30
Aulus Caecina Alienus, Kommandeur 48, 49

Auskleideraum → Apodyterium

Badeanlagen *116 ff,* 153, 333, 342, 351, 365, 372, 377, 406, 407, 449, 450, 456, 459, 460, 504, 508, 564
Badevorgang 117
Baptisterium 402, 404, 493
Basilika 107
Bataver-Aufstand 52
Baukeramik 201
Bautechnik 125 ff
Beamtenwahl 64
Beatus Rhenanus 326
Befestigung, spätrömische 356, 471, 527, 561 f
→ auch Refugium, Kastell
Beisetzungsbräuche 269
Beleuchtung 166
bellum desertorum 68
Berchem, D. van 313
Bergheiligtum 373
Bern, Erasmus Ritter von 340
Bersu, Gerhard 420
Bestattungsarten 257 ff
Bestattungssitten 255 ff
Bevölkerung, gallo-römische 298
Bildung 145 ff
Bibracte, Schlacht bei 16
Bischofssitz 360, 402
Blei 265
Bleisärge 258
Blondel, L. 399, 405, 406
Bock, Hans 326
Bohnerzverhüttung 185
Bonnet, Ch. 402
Bonstetten, Gustav von 410
Bourgeois, V.-H. 495
Brandschüttgräber 260
Brenner-Ehinger, E. 326
Bronzegeschirr 179
Bronzegiesser 184 f

Bronzestatuen 208, 210
Brücken 92, 535, 577 f
Brückenbauten 295
Brückenpfähle 92, 93, 378
Bruckner, Daniel 326
Bürgermeister 64
Bürgerrecht, latinisches 62
–, römisches 47, 62, 70, 138 f
Burckhardt-Biedermann, Theophil 354, 419
Burgi 294, 295
Burgunder 296, 297
Burkart, S. 479
Bustum-Grab 260

Caesar (Gaius Iulius Caesar) 13, 15 ff
Caius Caesar, Enkel des Augustus 30
caldarium 117 f
Cantismerta 226
Cantorix, Stammesfürst 20
Caracalla (Marcus Aurelius Antoninus), Kaiser 70
cardo 101
centuriatio 101
Chattenkrieg 58 f
Chuodomar, alamannischer König 293
Christianisierung 301, 307 ff
Civitas 47, 51
Civitas Helvetiorum 57
– Vallensium 47
Civitasverwaltung 63 f
Claudius Cossus, Helvetier 49
Claudius Severus, Helvetier 49
Clodius Albinus (Decinus Clodius Septimius Albinus), Gegenkaiser 68
cohors I Helvetiorum 51
– II Sequanorum et Rauricorum equitata 51

- III Hispanorum 45
- VI Raetorum 45
- VII Raetorum 45
- XXVI voluntariorum civium Romanorum 45
Columban, Missionar 314
Commodus (Marcus Aurelius Commodus Antoninus), Kaiser 67
Constans (Flavius Iulius Constans), Kaiser 288
Constantius I., Chlorus (Gaius Flavius Valerius Constantius), Kaiser 276, 279
Constantius II. (Flavius Iulius Constantius), Kaiser 288 f, 290
Constitutio Antoniniana 70 ff, 140
Cornelius Pinarius Clemens, Cn. 54

Dea Artio 226
decumanus 101
Defensivsystem 36
Deuchelleitung 123
Diadumenus, C. Sentius, Arzt 151
Diana 224
Diözesen 276
Diokletian (Gaius Aurelius Valerius Diocletianus), Kaiser 276
Domitian (Titus Flavius Domitianus), Kaiser 58 f
Domitius Carassaounus, C., Sklavenhändler 184
Dompierre, F. R. de 340
Donati, P. 449
Donau-Iller-Rheinlimes 277 ff, 283, 294, 476
Dreiweggöttinnen 224
Drusus (Nero Claudius Drusus Germanicus) 24
Dunod, Pierre Joseph 326

Eisenbarren 185
Eisenschmelzöfen 494
Eisenverarbeitung 185
Epona 226
Erdbestattung 257
Essbesteck 163
Essen 163 ff
Essgeschirr 163
Eutropius, Historiker 289
Export 181

Fabri, Felix 326
favissa 222, 239
Fellmann, Rudolf 409
Fernhandel 168
Felsdurchbrüche 90
Festungsbauten 319
Fibeln 144
Flachziegel 129

flamen Augusti 221
Flureinteilung, antike 101
Fortuna 225
Forum 106, 109
Franken 298
Fredegar, Chronist 55
Frei, B. 497
Freigelassene 139, 221
Frey, Peter 57
frigidarium 118
Fry, Sigmund 537

Galba (Servus Sulpicius Galba), Kaiser 22
Galerius (Gaius Galerius Valerius Maximianus), Kaiser 276
Gallia Belgica 33
- cisalpina 15
- Lugdunensis 33
- Narbonensis 62
Gallienus (Publius Licinius Egnatius Gallienus), Kaiser 73, 74 ff
Gallus, Missionar 314
Gannicus, Töpfer 195
Gemellianus, Bronzegiesser 181, 184, 351
Genius 225
Geräte, landwirtschaftliche 137
Gerberei 193
Gerlach, Franz Dorothaeus 354
Germanenfeldzug 26 ff
Germania inferior 32
- superior 32, 48, 60, 62
Germanicus (Iulius Caesar Germanicus) 32
Gerster, A. 420, 467, 535
Gesellschaft, römische 138 f
Gewerbe 167 ff
Gewichte 173
Glanztonkeramik 200
Glashersteller 188
Glasherstellung 188, 191
Glasurkeramik 287
Gleissstrassen 90 ff
Godegisel, Burgunderkönig 404
Götter, einheimische 226 ff
-, römische 220 f
Goldschmiede 188
Gonzenbach, V. v. 377, 406, 408
Gordianus II. (Marcus Antonius Gordianus Sempronianus), Kaiser 72
Grabaltar 271
Grabbau 323
Grabbeigaben 266, 303
Grabsteine 271, 272 f
Gräber 255 ff
Grammatius, Bischof 348
Gratian (Flavius Gratianus), Kaiser 295
Graubünden 30

Gundelfinger, Heinrich 537
Gundes, Bischof 348
Gundobad, Burgunderkönig 404
Gundomad, Gaukönig der Alamannen 290
Gutshöfe *133 ff*, 285, 360 f, 361, 362, 366 f, 369 f, 375 ff, 384 f, 387 f, 388, 389 f, 391, 392, 394, 407, 408, 409, 410, 416, 418, 420, 430 ff, 434, 446, 451, 457, 459, 460, 462, 463, 465 f, 466 f, 497 f, 498 f, 505 f, 506, 514, 523 f, 528, 529 f, 531 f, 534, 535, 537, 550 ff, 565 f, 567, 569 f

Haartracht 142
Häduer 15
Häfen 168, 400, 422
Händler 168
Hafenanlagen 99, 346
Haller, Franz Ludwig 363, 538
Handel 167 ff, 285 ff
Handelsachsen 167
Handelsbeziehungen 285
Handelsgesellschaften 168
Handwerk 167 ff, 285 ff
Handwerk, metallverarbeitendes 184
Haupttempel 107
Hausbau 125 ff
Hauser, Otto 538
Heer, Oswald 395
Heeresbezirke, germanische 33, 59 ff
Heierli, Jakob 490, 538
Heilbad 153, 348 ff
Heizraum 118
Helvetier 13, 14, 15 ff, 24, 29, 49, 51, 63
Helvetieraufruhr 48 ff
Hemmerli, Felix 348
Herberge → Pferdewechselstation
Herrenhaus, palastartiges 385 f, 386 f, 405, 471 f
Hohlmasse 173
Hohlziegel 129
Holzbauten 126
Holzbearbeitung, Werkzeuge 192
Holztäfelchen 149
Holzverarbeitung 191, 192
Honorius (Flavius Honorius), Kaiser 296
Horizontalstratigraphie 275
Hosen 142
Hufschmiede 188
Hyginus, Q. Postumius, Arzt 150
Hypokauströhren 201
hypocaustum 118

Illyricum 15
imbrex 129

Import 176 ff
Ingenuus, Usurpator 75
Inschriften 272 f
Instrumente, medizinische 153
insula 104, 130
Interpretatio Romana 230 f
Isaak, Bischof 402
Isiskult 254
Isistempel 348
Itinerarium Antonini 88, 96
Iucundus, Töpfer 199
Iuenis, Töpfer 200
Iulianus Apostata (Flavius Claudius Iulianus), Kaiser 291, 293, 294
Iulius Civilis, C., Bataver 52
Iuno Regina 222
Iupiter, Kult des 224
Iupiter Dolichenus 252
– Poeninus 230, 372 f
– Sabazius 250

Jagd 158 f
Jahn, Albert 363, 539
Jucker, H. 214
Jupitergigantensäulen 247
Juraübergänge 98
Justinian, Bischof 414

Kaiserkult 220
Kalender 154
Kaltbad → frigidarium
Kanalheizung 119
Kanalisation 123
Kanalisationsstränge 124
Kapitoltempel 110
Kapuzenmantel 142
Kasernenbaracken 42
Kastelle, frühe römische 354
Kastelle, spätrömische *281 ff*, 322, 348, 374 f, 380, 382, 411 f, 461, 468 ff, 470, 499 f, 512 f, 516 f, 548 f, 562 f, 574, 576 ff
Kastenziegel 118
Keller, Ferdinand 320, 351, 375, 377, 410, 477, 480, 484, 486, 487, 489, 501, 514, 538, 571
Keller-Tarnuzzer, K., 410
Keramik 194
Kirchenbauten 310 ff
Kleidung 141 ff
Kochgeschirr 163
Körperbestattung 257, 265
Kollegien 64
Koloniegründung 20, 55 ff
Koloniestädte 104 ff
Koloniestatus 30, 57
Konstantin I., der Grosse (Flavius Valerius Constantinus), Kaiser 280

Kreuzweggöttinnen 224
Kugelamphoren 177
Kulte, ägyptische 254
–, orientalische 249 ff
Kultstätten, keltische 235
Kulttheater 245
Kultvereine 243
Kunst 204 ff
Kunst, gallo-römische 214 f
Kunstgewerbe 204 ff
Kybele 252

Längenmass 172
Lagerspital 42
Landvermessung 101
Langobarden 298
Laren 225
latrocinium 68
Laur-Belart, Rudolf 320, 390, 395, 501
Lauwarmbad → tepidarium
Lavezstein → Speckstein
Leben, tägliches 138 ff
Lebenserwartung 151 ff
legatus Augusti pro praetore 60
legio I Martensium 280, 281, 288, 295, 359, 398, 411
– II adiutrix 71
– II Traiana 71
– III Italica 67
– VII 53, 61
– VIII Augusta 52, 53, 61, 68
– X equestris 21
– XI Claudia pia fidelis 52, 54, 59, 61, 196, 202, 541, 542 f
– XIII gemina 33, 34, 42, 540
– XIV 54
– XVIIII 25
– XXI rapax 42 f, 48, 52, 202, 504
Legionslager 33 ff, 540 ff
Legionsziegel 202
Legler-Staub, Fritz 395
Leichenverbrennung 258
Leuge 88
Leugensteine 88
Lieb, Hans 75
limitatio 101
Levade, L. 565
Lokalverwaltung 64
Lollius, Statthalter 24
Lucius Caesar (Enkel des Augustus) 30

Magazinbau 481
Magnentius, Flavius Magnus, General 288, 289, 290
Malin, Georg 392
Mansio → Pferdewechselstation
Mansuetus, Titus Exomnius, Ritter 139, 155
Marcellinus, General 288

Marcus Aurelius (Marcus Aurelius Antoninus), Kaiser 66
Marinus, Iunius, kaiserlicher Beamter 81
Marius, Bischof 348
Markomannenkrieg 66
Martin, Bischof 348
Martin, Max 285
Martireg, Töpfer 195
Masse 172 f
Maternus, T. Claudius, Ädil 162
Maternus, Aufrührer 67
Mauerwerk 126 f
Maximian (Marcus Aurelius Valerius Maximianus), Kaiser 276
Maximinus Thrax (Gaius Iulius Verus Maximinus), Kaiser 72
Maximus, Usurpator 296
Medizin 151 ff
Meile, römische 88
Meilensteine 88, 93
Meisterhans, K. 419
Merian d. Ä., Matthäus 340
Merkur 230
Messikommer, H. 538
– J. 538
Meyer, Georg Friedrich 326
Militärlager → Legionslager, Kastelle
Militärposten 169
Militärziegeleien 201 ff
Minerva 222
Mithras 251 f
Mittelmeersigillata 285
Mommsen, Theodor 477
Montandon, R. 399
Mosaiken 215 ff
Mottas, F. 495
Münster, Sebastian 326, 340
Münzen 170 ff
Münzfunde 74
Münzreform 276
Münzschätze 76
Münzstätten 170, 172, 297
Münzsystem 170
Munatius Plancus, L. 21
Murena, A. Terentius Varro, Legat 22
Mutatio → Pferdewechselstation
Muttergöttinnen 229

Namen, keltische 145 f
Namensgebung 145
Nantuaten 24, 30
Naria Nousantia 226
Nerva, P. Silius, Legat 24
Northampton, Lord 340
Notitia Galliarum 296
Nussbaumer, J.-F. 471
Nymphäum 334, 351

Ocellio, L. Cusseius, Bronzegiesser 181, 184
Octavius, L. Kommissar 29
Öl 177
Oppida 16 f, 29
ordo decurionum 109
Otho (Marcus Salvius Otho), Kaiser 48

Parent, Aubert 326, 340
Passheiligtum 367, 373, 426
Pastores 230
Paternus, M. Dunius, Bürgermeister 88
Paulus Camillius, Goldschmied 188
Paunier, Daniel 366
peregrini 138 f
Persien 71 f
Pferdewechselstation 320, 371, 397 f, 411, 426, 491 ff, 567 f
Pindarus, Töpfer 199
Piso L. Calpurnius, Konsul 24
Planta, Armon 93, 96, 367, 368, 373
Platter, Thomas d. J. 419
Pollinus, Q. Otacilius, Sklavenhändler 184
Polynices, Camillius, Goldschmied 188
Pompeia Gemella, Erzieherin 58
Portikus 137
Postumus (Marcus Cassianius Latinius Postumus) gall. Teilherrscher 76
praefurnium 118
Prätorianergarde 61
Priapus 226
primus pilus 32
Privatziegeleien 201 ff
Probus (Marcus Aurelius Probus), Kaiser 87, 277
Provincia Alpes Graiae et Poeninae 47 f, 62, 63
– Germania superior 60, 62
– Maxima Sequanorum 276, 280
– Raetia prima 276, 299
– Raetia secunda 276
– Viennensis 276

Quästoren 64
Quiquerez, Auguste 387, 535

Rädchensigillata 285
Räter 20, 51
Rätien 67
Räuchern 184
Ragnacher, Bischof 314, 360
Rais, A. 406
Ratsversammlung 64
Rauriker 17, 18, 24, 29, 63

Refugium, spätrömisches 379 f, 398, 426, 434, 500 f, 514, 525, 536, 548, 551
Reichsverwaltung, Vollzugsorgane 64
Religion 220 ff
Repertus, L. Aurelius, Rechtsanwalt 154
Rheinlimes 476 ff
Rohmetall 180
Romulus, General 289
Ryff, Andreas 326

Sabaziuskult 249 ff
Sacredo, Töpfer 195
Salasser 22
Saloninus (Publius Licinus Cornelius Saloninus), Cäsar 75
Salutaris, Bischof 348
Sarkophagbestattungen 257, 320
Sassaniden, pers. Dynastie 72
Satto, Ti. Ingenuus, Arzt 151
Schatzfunde 74
Schmiedehandwerk 187
Schmid, Johann Jakob 326
Schmitt, Samuel 340
Schmuck 141 ff
Schoepflin, Johannes Daniel 326
Schreiben 145 f
Schreibgerät 149
Schriftsprache 149
Schule 150
Scribonius Faustus, Bronzegiesser 179
Seduner 24, 30
Seccius Otacilius, duumvir 366
Seeschiffer 115, 400
Selbstverwaltung 63
Septimius Severus (Lucius Septimius Severus Pertinax), Kaiser 68
Severius Commendatus, Zimmermann 192
Severus Alexander (Marcus Aurelius Severus Alexander), Kaiser 72
seviri Augustales 221
Siedlungen 101 ff
Sigillée paléochrétienne 288
Sigismund, Burgunderkönig 404
Silberbarren 292
Silberschatz 291
Silberstatuetten 213
Silvanus 224
Silvester Iulius, Steinhauer 193 f
Silvinus, Töpfer 196, 351
Simenteus, Ziegler 202
Sirona 226
Sklaven 140
Sklavenhalterei 140
Sklavenhandel 184
Sol Invictus 251
Sommer, P. 397

Sonnenuhr 155
Spätantike 276 ff
Speckstein 182, 285
Spiele 158, 162
Spolienmauern 83
Sport 162
Sprache 145 ff
–, keltische 145
Stadtanlage 104 ff, 327 f, 340
Stadtgottheiten 225
Stadtmauer 58
Stadtrat 109
Stadtplanungssystem 104
Staehelin, Felix 354
Steinbau 126
Steinbruch 153 f, 380, 386, 561
Steingefässe 285
Steinmetzwerkstätten 193 f
Steinskulpturen 206
Stier, dreigehörnter 226
Stilicho, Heermeister 296
Strassen 46 f, 88 ff
Strassenaborte 124
Strassenbelag 125
Strassendamm 89
Strassenführung 93 ff
Strassenspuren 367 f, 373, 390, 391, 396, 406, 419, 420, 434, 446, 447, 466, 494, 495, 515, 524, 569
Strassensysteme, städtische 104
Strassentunnel 90, 524
Stumpf, Johannes 326, 340, 354
Sucellus 226
Sueben 296
Suleviae 225

Tacitus, Cornelius, Geschichtsschreiber 48, 49, 50, 51
Tafel, Peutingersche 88, 96
Taranis 226
Tatarinoff, Eugen 389, 408
tegula 129
Tempel, römische 109, 222 ff
Tempel, gallo-röm → Umgangstempel
Tempelschätze 242
tepidarium 118
Terra sigillata 178, 195, 196, 201, 285
–, Imitationen, helvetische 199
Tetrarchie 276
Theater 111, 155 ff, 245 ff, 429
Theodosius I. (Flavius Theodosius), Kaiser 296, 307
Theodul von Martigny, Bischof 496
Thermen → Badeanlagen
Tiberius (Tiberius Iulius Caesar Augustus), Kaiser 24, 32
– Claudius, Ädil 64
Titus (Titus Flavius Vespasianus), Kaiser 57
Töpfereien 194 ff
Toga 141

Toilettenanlagen 119 f, 124
Toilettgeräte 142
Tracht 266
Transport 168
Transportkosten 168
Trinken 163 ff
Tropaeum Alpium 29
Tschudi, Aegidius 326, 340, 348, 371, 473, 538
Tumulus-Grab 272
Tunika 141

Uberer 24, 30
Uhren 155
Umgangstempel *231 ff,* 342, 365, 388, 389, 397, 415, 438, 471, 491, 504, 522, 523, 525 ff, 529
Unterbodenheizung → hypocaustum
Unterricht 150
Urne 262
ustrina 260

Vadomar, Gaukönig der Alamannen 290
Valentinian I. (Flavius Valentinianus), Kaiser 294, 295
– II. (Flavius Valentinianus), Kaiser 295
Valerian (Publius Licinius Valerianus), Kaiser 73, 74, 75
Valerius Albanus C., Töpfer 196, 351

Valetudinarium → Lagerspital
Vandalen 296
Veragrer 24, 30
Vercingetorix, Keltenfürst 20
Verkehr 88 ff
Verkehrsachsen 46
Vermessungssysteme 101
Verwaltung 61 ff
Verwaltungsgliederung 47 f
Verwaltungsorgane 61 ff
Verwaltungsreform 276
Vespasian (Titus Flavius Vespasianus), Kaiser 52, 57
Via Claudia Augusta 47
Victoria 224
Victorinus, Ziegler 202
Vicus 64, 115 f
Vicusbauten 130, 132
Viehzucht 137
Viereckschanzen 235
Vierweggöttinnen 224
Villiger, J. 485
Vischer, Wilhelm 326, 354
Vitellius (Aulus Vitellius), Kaiser 48
Vogt, Emil 354, 424, 571
Volkskunst, gallo-römische 214 f
Votivgaben 239

Waagen 173
Wachttürme, frührömische 320 f, 501, 536
–, spätrömische 397, 452, 478 ff, 534, 536

Wagen 91
Wallis 30, 79
Wandmalerei 215 ff
Warmbad → caldarium
Wasserleitung 121, 123, 531
Wasserschloss 121
Wasserversorgung 120 ff, 328
Wasserwege 100
Wehrli, Th. 489
Weidmann, D. 472
Weihegaben-Depots 239
Wein 163
Werthmüller, E. 406
Willimar, Priester 315
Wochengötter 224
Wohnbauten 130
Wohnblöcke 104
Wurstisen, Christian 326
Wyss, R. 408

Zahlensystem 173
Zeit 155
Zeiteinteilung 155
Zeller-Werdmüller, H. 488
Ziegeldächer 127 ff
Ziegelsorten 118, 129, 201
Ziegelstempel 42 ff
Zimmerleutezunft 188
Zölle 168 f
Zollbezirk 169
Zollposten 169
Zollstation 496

Ortsregister

Abodiacum → Lorenzberg b. Epfach
Acaunum → St-Maurice
Ad Fines → Pfyn
Adulas → Splügen
Ägerten 200, *319*
Äschi 319
Agno 257, *320*
Aime-en-Tarantaise 48
Albrunpass 97
Allaz 219
Allmendingen → Thun
Allschwil 275
Alpnach 96, *320*
Altreu → Selzach
Altenburg → Brugg
Altenburg-Rheinau 29
Amden 320 f
Amsoldingen 322
Andeer 96
Aosta 23
Aquae Helveticae → Baden
Ara Ubiorum → Köln
Arae Flaviae → Rottweil
Arbona → Arbon
Arbor Felix → Arbon
Arbon 282, 296, 315, *322*
Ardon 255, *323*
Argentoratum → Strassburg
Argentovaria → Horburg im Elsass
Aubonne 156
Augsburg 32, 33, 62, 67
Augst 21, 29. 30, 36, 52, 53, 58, 65, 68, 69, 70, 74, 75, 81, *84 ff*, 104 f, 116, 121, 124, 168, 184, 188, 192, 194 f, 208, 213, 216, 219, 224, 229, 234, 250, 251, 252, 260, 271, 272, *323 ff*
Augusta Praetoria → Aosta
Augusta Raurica → Augst
Augusta Vindelicum → Augsburg

Avenches 30, 49, *55 ff*, 64, 65, 66, 79, 81, 104 ff, 116, 121, 151, 168, 188, 200, 206, 210, 217, 219, 221, 224, 231, 243, 246, 248, 250, 260, 266, 282, 284, 308, *337 ff*
Aventicum → Avenches
Avusy 306
Axima → Aime-en-Tarantaise

Bad Bubendorf 248
Baden 64, 66, 74, 115, 153, 181, 196, 224, 239, 252, 254, 282, 284, *348 ff*
Balerna 257, *353*
Balgach 87
Ballaigues/Lignerolle 353
Bardonnex 353
Basel 18, 24, 26, 36, 49, 75, 83, 87, 191, 208, 215, 271, 274, 277 f, 296, 300, 305, *354 ff*
Basilia → Basel
Baulmes 360
Bellach 208
Bellikon 360 f
Bellinzona 361
Bellmund 186
Bennwil 361 f
Berg am Ichel 489
Beringen 362
Bern, 115, 219, 233, 247, 265, 266, 275, *363*
Bernex 248, *366*
Besançon 22
Bettwil 367
Bex-Souvent 79
Biberist 74
Biel 239, 280
Bilitio/Bellitiona → Bellinzona
Birsfelden 478
Bivio 95, *367 f*
Bösingen 219, *369 f*

Bözberg → Effingen/Unterbözberg
Bonaduz 306, *370*
Bondo, 96, 231, *370 ff*
Boscéaz → Orbe
Bourg-St-Pierre 22, 47, 93, 94, 188, 235, 243, *372 ff*
Bregenz 38, 168, 178, 276, 315, *374*
Breisach 45, 280, 290
Brigantium → Bregenz
Brigobannis → Hüfingen
Brugg 283, *374*
Buchs ZH 137, 219, *375 ff*
Bülach 378
Bussnang 378

Cambes → Kembs
Cambiodunum → Pfäffikon
Cambodunum → Kempten
Carouge 378 f
Castelmur → Bondo
Castiel 82, *379 f*
Castra Regina → Regensburg
Castrum Rauracense → Kaiseraugst
Castrum Vindonissense → Windisch
Chamues-ch → La Punt
Chancy 380
Châtillon-sur-Glâne 82, 83
Chavannes-le-Chêne 194, *380*
Cheseaux → Morrens
Chur 30, 31, 54, 115, 185, 187, 202, 219, 282, 299, 312, *380 ff*
Colombier 384 f
Commugny 219, *385 f*
Concise 194, *386*
Constantia → Konstanz
Conthey 258
Courroux 255, 275, 306
Cressier 386

Crissier 229, *386 f*
Cuarnens 387
Curia → Chur

Dättwil 76
Dagmersellen 387
Dangstetten 25, 32
Develier 387 f
Diessenhofen 491
Dietikon 134, 239, *388 f*
Dittingen 194
Domdidier 265, 271
Drusomagus 30
Dulliken 389 f

Eburodunum → Yverdon-les-Bains
Effingen/Unterbözberg 390
Eglisau 488
Elgg 390
Epomanduodurum → Mandeure
Erlach 202
Erschwil 391
Ersigen 70, *391*
Eschen 392 ff
Eschenz 17, 59, 150, 215, 229, *515 ff*
Ettingen 82
Etzgen 294, *483*

Faimingen 276, 277
Ferpicloz 394 f
Feuerthalen 490
Filzbach 395 f
Fisibach 487
Forum Claudii Ceutronum → Aime-en-Tarantaise
Forum Claudii Vallensium → Martigny
Forum Tiberii 30
Frauenkappelen/Neuenegg 396 f
Freienbach 234, *397*
Freienstein-Teufen 488 f
Frenkendorf 397
Frick 397 f
Full-Reuenthal 485

Gamprin 398
Gauting 38
Genava → Genf
Genf 13, 62, 93, 115, 121, 168, 169, 200, 215, 216, 242, 251, 274, 282, 308, *398 ff*
Glattfelden 487 f
Glovelier 406
Gorges de Covatanne → Ste-Croix
Gotthard 96
Grandval 406 f
Gravesano 407
Grenchen 407
Gretzenbach 219, *407 f*

Hägendorf 408
Hauptwil 76
Hauenstein → Läufelfingen
Herzogenbuchsee 216, *408 f*
Hölstein 137, 213, 216, 219, *409 f*
Hohenrain 410
Horburg im Elsass 280
Hüfingen 41, 45
Hüttwilen 74, *410 f*
Hunzenschwil 202

Innertkirchen 96, *411*
Irgenhausen → Pfäffikon
Iuliomagus → Schleitheim
Iulia Equestris → Nyon

Julierpass → Bivio

Kaiseraugst 74, 85, 191, 208, 280, 281 f, 290, 291, 292, 293, 296, 300, 301, *411 ff*
Kaisten 202, *483*
Kallnach 447
Kembs 93, 168
Kempten 38, 276
Kempraten → Rapperswil
Kirchberg → Küttigen
Kloten 416 ff
Koblenz 294, *485*
Kölliken 202
Köln 54
Konstanz 418, 556
Kottwil 74, 76
Küttigen 418 f

La Lance → Concise
La Punt-Chamues-ch 420
La Turbie 24, 29
La Villeneuve 215
Ladenburg 61
Läufelfingen 91, *420*
Langenbruck 90, *419*
Langendorf 194
Lapidaria → Zillis-Reischen
Laufen 82, 134, 137, *420 ff*
Laufen-Uhwiesen 490
Laufenburg 483
Laupersdorf 265
Lausanne 50, 66, 115, 121, 168, 199, 200, 236, 243, 254, 284, *422 ff*
Leibstadt 485
Lenk 96, *426 f*
Lenzburg 64, 74, 115, 245, *427 ff*
Leuggern 485
Leuzigen 271, *430*
Leusonna → Lausanne
Liestal 430 ff
Lignerolle → Ballaigues/Lignerolle
Lignières 434

Lindau 434
Lötschenpass 96
Lopodunum → Ladenburg
Lorenzberg b. Epfach 38
Lostorf 82, *434*
Lousonna → Lausanne
Lugudunum → Lyon
Lyon 20, 24, 68, 178, 220

Madrano 96, 144
Mainz 33
Maloja → Stampa
Mandeure 168
Martigny 31, 47, 48, 64, 95, 106, 115, 120, 150, 188, 208, 210, 219, 224, 226, 235, 239, 252, 271, 298, 313, *434 ff*
Massongex 31, 47, 79, 93, 95
Meikirch 137, 149, 219, 226
Meinisberg 186
Mellikon 486
Mettlen 82
Minnodunum → Moudon
Minusio 266
Mirebeau-sur-Bèze 58
Möhlin 479
Mogontiacum → Mainz
mons Poeninus → St. Bernhard, Grosser
Montricher 293
Mont Terri 82
Mont Vully 16, 50
Morens 446
Morrens 446
Môtier 446
Moudon 115, 162, 224, 243, *446 f*
Münchwilen 447
Münchenwiler 447
Münsingen 216, 219
Müntschemier 306
Muntelier 447
Munzach → Liestal
Mumpf 295, *481 f*
Muralto 188, *447 ff*
Muri BE 210, 226, 233
Murten 451
Muttenz 478

Nauheim 59
Neftenbach 451
Nemausus → Nîmes
Nendeln → Eschen
Neuenegg → Frauenkappelen/Neuenegg
Nidau 186
Niedergösgen 451
Nîmes 109, 121
Nonfoux 231, 234
Noviodunum → Nyon
Nürensdorf 452

Nyon 20, 30, 64, 104, 109, 121, 182, 200, 210, 215, 216, 217, 224, 251, 252, 282, *452 ff*

Oberbözberg → Effingen/Unterbözberg
Oberdorf 82
Oberentfelden 134, *457 ff*
Oberer Hauenstein → Langenbruck
Oberlunkhofen 459
Oberweningen 146, 162, 217, 219 *460 f*
Oberwichtrach 219
Oberwinterthur → Winterthur
Obfelden 72, 74, 76, 188, 201
Octodurus → Martigny
Oedenburg 45, 280
Olten 82, 283, 294, 306, *461 ff*
Orbe 134, 194, 217, *463 ff*
Ormalingen 465 f
Orny/Eclépens 466
Osterfingen 466
Ottenhusen 210 f

Paspels 467
Passwang → Erschwil
Payerne 467
Péry 467 f
Petinesca → Studen
Pfäffikon ZH 283, *468 ff*
Pfyn 191, 306, *470 f*
Phoebiana → Faimingen
Pierre Pertuis → Tavannes
Porrentruy 471
Port 186
Posieux 471
Promontogno → Bondo
Pully 135, 219, *471 ff*

Rapperswil BE 473
Rapperswil SG 201, *473 ff*
Regensburg 67
Rekingen 486
Rheinau 489 f
Rheinfelden 87, 285, 291, *476*, 479
Rheinklingen 491
Riaz 231, 234, 235, 243, *491*
Riehen 245
Riom-Parsonz 96, 185, 187, 219, *491 ff*
Riva S. Vitale 493 f
Rohr 89, *494*
Romainmôtier 494
Rovio 494
Rottweil 54
Rümikon 486
Rüti bei Büren 495
Ruppersw il 202

Säckingen 482 f
Ste-Croix 495
St-Maurice 79, 81, 95, 169, 271, *495 f*
St-Prey 497
St-Saphorin 497
Saletio → Selz
Salodurum → Solothurn
Sanctio → Stein AG/Säckingen
Sanetschpass 97
St.-Bernhard-Pass → Bourg-St-Pierre
Sargans 497 f
Sarmenstorf 70, *498 f*
Sasbach 45, 46
Schaan 82, 87, 283, *499 ff*
Schänis 501
Schauenburgerfluh 234
Schiers 501 f
Schleinikon 502
Schleitheim 30, *502 ff*
Schongau 506
Schwaderloch 484
Schwadernau 185
Sedunum → Sitten
Seeb → Winkel
Selz 45
Selzach 506
Septimerpass → Bivio
Siders 506
Sils-Baselgia 229
Silvaplana 506
Sisseln 295, *483*
Sitten 31, 81, 97, 274, 298, 314, *507 ff*
Solothurn 64, 115, 169, 201, 224, 242, 253, 271, 283, *510 ff*
Sonvico 513
Splügen 513 f
Stabio 514
Stallikon 49, *514*
Stampa 95, *515*
Stein AG 482 f
Stein am Rhein 279, 306, *515 ff*
Strassburg 45, 46, 52, 290
Studen 26, 150, 200, 234, 282, 295, *519 ff*
Stürmenkopf → Wahlen
Sugiez 59
Suhr 523
Sulz 483
Summus Poeninus → Bourg-St-Pierre
Summa Rapida → Koblenz

Tannay 523 f
Tarnaiae → Massongex
Tarvessedum 96
Tasgaetium → Stein am Rhein
Tavannes 88, 471, *524*
Tegna 234, *525*

Tenedo → Zurzach
Tesserete 525
Thun 188, 210, 229, 233, 237, 238, 252, *525 ff*
Tiefencastel 527
Tinnetio → Tinzen
Tinzen 96
Toos 527
Trimbach 527
Trins 527 f
Troinex 229
Tschugg 528 f
Tuggen 314
Turicum → Zürich

Üetliberg → Stallikon
Ütendorf 529 f
Ufenau → Freienbach
Unterbözberg → Effingen/Unterbözberg
Unterschlatt 490
Unterseen 265
Ursins 210, 234, 245, *530*

Vallon 156, 217
Vandoeuvres 531
Venthône 215
Versoix 151, *531*
Vesontio → Besançon
Vevey 169
Viamala → Zillis-Reischen
Vicques 201, *531 f*
Vidy → Lausanne
Vienna → Vienne
Vienne 30, 109
Villigen 534
Vindonissa → Windisch
Vitudurum → Winterthur
Vuippens 534
Viviscus → Vevey
Vully-le-Haut 93, *535*

Wahlen 535
Walensee 25
Walenstadt 536
Wallbach 480 f
Walliswil-Bipp 186
Wavre 255
Weiach 487
Weil am Rhein 45
Wenslingen 255
Wettingen 72, 74, 76, 242, 254, *536 f*
Widen 74
Wiedlisbach 537
Windisch 26, *33 ff*, 55, 59, 61, 64, 74, 75, 87, 115, 149, 193, 215, 219, 229, 252, 260, 272, 280, 282, *537 ff*
Winkel 134, 136, 200, 208, *550 ff*

Winterthur 38, 49, 64, 66, 72, 74, 115, 123, 192, 234, 242, 279, 284, *556 ff*
Wistenlacher Berg → Mont Vully
Witenlingen 68
Wittnau 82, 84, 87, *561 f*
Würenlos 194, *562*

Yverdon-les-Bains 50, 115, 153, 282, *562 ff*
Yvonand 134, *565 f*

Zell 567
Zernez 567 f
Zillis-Reischen 568 f

Zofingen 216, *569 f*
Zuchwil 570 f
Zürich 24, 76, 169, 248, 282, *571 ff*
Zullwil 82, *571*
Zurzach 25, 38, 45, 50, 93, 168, 179, 282, 283, 312, *575 ff*

Abbildungsnachweis

Die nicht nachgewiesenen Zeichnungen wurden von Karl-Heinz Ponradl, Reutlingen, nach Entwürfen von Walter Drack gezeichnet.

M. Allegrini, Yverdon: Tafel 17a
Nach Antiqua 12 (1986): 300
Nach AS: 56, 106, 127, 128, 129
Archäologischer Arbeitsdienst: 215, 263–265
Archäologischer Dienst Kt. Bern: 220, 294, Tafel 10
Archäologischer Dienst Kt. Freiburg: 51, 258, 259, Tafel 17b
Archäologischer Dienst Kt. Graubünden, Chur: Tafel 7a, 8, 23b
Nach Augster Museumshefte: 135 [6, 1983], 154 [1, 1976]
Ausgrabungen Augst und Kaiseraugst: 68, 79, 80, 81, 217, 271, 312, 315
Archéologie cantonale, Genf: Tafel 22
Nach P. Baldacci, Coll. CNRS 542 (Paris 1977)
Bernisches Hist. Museum, Abt. f. Ur- und Frühgeschichte: 70, 95, 134, 164, 185, 186, 187, 206, 209, 221, 236, 245, 262, 267, 342, 490, 491, Tafel 11
Nach L. Berger, Handel und Handwerk in röm. Baden (1983): 145
R. Bersier, Fribourg: 180, 184, 202, 237/238, 295, 324, 361
Bildarchiv SGUF, Basel: 100, 131, 228
Bircher, Photo-Atelier, Humlikon: 518
H. Bögli, Avenches: 169, 201, 229
Nach H. Bögli, Rév. Hist. Vaud. 1963: 163
Nach H. Bögli (1984): 77
Nach H. Bögli und E. Ettlinger, Argovia 76 (1963): 27
Nach Bossert (1983): 63, 232

Nach Bridel (1982): 65
Nach Bridel, JbSGUF 59 (1976): 248, 249
Nach Brit. Arch. Report S 109: 141
Nach BullAPA: 57, 82
Büro Sennhauser, R. Celio: 8
Nach H. Cahn und A.-M. Heinimann (1984): 296
Photo Carpi, Bellinzona: 54
B. Dubuis, Sion: 461, 473
Nach J. Ewald, Provincialia (Basel 1968): 86
R. Fellmann: 5, 13, 21, 41, 43, 76, 84, 88, 96, 99, 101, 102, 104, 105, 107, 110, 112, 117, 120, 125, 130, 144, 147, 165, 166, 183, 195, 198, 199, 203, 205, 208, 216, 222, 227, 235, 241, 242, 254, 255, 256, 268, 272, 274, 309, 316, 325
Nach R. Fellmann (1957 II): 5
Nach R. Fellmann (1981): 6, 91
Nach R. Fellmann, Führer d. d. Ampith. Vindonissa: 69, 118
Entwurf R. Fellmann: 2, 7, 18, 28, 31, 36, 38, 39, 45, 52, 168, 214, 227, 234, 276, 278, 280
Nach F. Fischer, BonnJbb 185 (1985): 1
M. Fuchs, Avenches: Tafel 15
Nach A. Furger-Gunti (1979): 4, 16
H. D. Flury, Basel: 311
Nach M. Fransioli, JbSGU 47 (1959/59): 260
L. Geiges, Staufen (D): 21
Gessler, Brugg: 204
K. Gygax, Zürich: Tafel 2b
Nach M. Hartmann (1986): 23, 25, 33
P. Heman, Basel: 9, Tafel 3a, 18a
H. J. Henn, Zürich: 17
E. Hinz, Allschwil: Tafel 16

Hist. Museum, Basel: 10, 143, 181, 213, 243, 269, 281, 335
Nach JberAKA: 271
Nach JberGPV: 22, 103, 161, 170, 270, 293
Nach JbSGUF: 78, 260, 277, 282, 299
Nach A. Jones, Römische Kastelle (Mainz 1987): 26
Kantonales Amt f. Archäologie, Martigny: Tafel 23a
Kant. Denkmalpflege Zürich: 92, 94, 233, 251, 273, 355, 513, 514, 515, 519, Tafel 6a
Kantonsarchäologie Aargau, Brugg: 257, 445, 502, 510, 527
Kantonsarchäologie Solothurn: 178
Kantonsmuseum Baselland, Liestal: 49, 196
Nach G. Kaenel, Bull. Et. Préh. Alpines 18 (1986): 3
R. Kaysel, Birmenstorf AG: 500
Nach F. Keller (1864): 255
H. Keller, Frauenfeld: 207
V. Keller, Brugg: 193
Nach H.-J. Kellner, BVGBl. 39 (1974): 12
E. Kühne, Bern: 159
R. Laur-Belart, Basel: 72, 148, 149, 297, 384, 529
Nach R. Laur-Belart (1935): 19
Nach R. Laur-Belart (1978): 61, 71, 136
H. J. Lehner, Sion: 475, 476
Leuenberg-Holliger, Brugg: 122
Nach H. Lieb, Chiron 4 (1974): 11
Nach M. Martin (1976): 289
Nach M. Martin (1977): 46
Nach M. Martin, Spätr.-frühm. Bes. am Hochrhein (1979): 288
Nach M. Martin, UFAS 6: 90, 279, 290, 291, 292
Nach M. Martin (1987): 30, 98, 133, 155, 157
Nach St. Martin-Kilcher (1976): 275
Nach St. Martin-Kilcher, Amphores rom. à l'huile de Bétique (Madrid 1983): 137
W. Meyer, Birsfelden: 252
Militärflugdienst: 66
Monuments hist. et Archéologie du Canton de Vaud: 47 (F. Francillon), 83 (J. Morel), 162, 322, 495, 522, 254, Tafel 2a
Musée Cantonal d'Archéologie et d'Histoire, Lausanne: 194
Musée Romain, Avenches: 201, 266
Musée Romain, Nyon: 415, 416
Musée Romain de Vidy: 394
Museum zu Allerheiligen, Schaffhausen: Tafel 24
Photo Neeser, Biel: 486
W. Nefflen, Ennetbaden: 331, 365
J.-F. Nussbaumer, Porrentruy: 432
Österreichische Staatsbibliothek, Wien: Tafel 9
Office Cantonal des Recherches Archéologiques, Martigny: 111, 402, 403, 406
Nach D. Paunier, Docum. d'Arch., franç. (Paris 1983): 82
A. Peillex, Genf: 377
H. Preisig, Sion: 401
A. Planta, Sent: 479
Rätisches Museum, Chur: 210
W. Reber, Riehen: 49, 390
Nach E. Riha (1986): 151
Römermuseum Augst (E. Schulz): 29, 44, 53, 109, 114, 119, 126, 141, 142, 161, 176, 188, 190, 191, 211, 212, 239, 250, 267, 284, 285, 350, 393, 417, 462
Römermuseum Augst: 37, 64, 124, 132, 150, 174, 175, 182, 312, Tafel 7b, 8, 12 (Humbert und Vogt AG), 14 (R. Humbert), 19a (Humbert und Vogt AG)
Nach K. Roth-Rubi, Handel und Handw. in röm. Baden (1983): 167
M. Schaub, Ormalingen: 58
R. Schmid, Sion: 407
Nach H. Schwab (1973): 158
St. Schwyter, Bern: 121, 160
Schweiz. Landesmuseum Zürich: 40, 116, 123, 124, 173, 189, 197, 221, 240, 243, 246, 253, 286, 396, 408, 533, Tafel 1, 19b, 20, 23c
Nach Chr. Simonett (1947): 97, 113, 139
W. Straile, Oberstenfeld: Vorsatzkarte
Th. Strübin, Liestal: 75, 398, 399
Nach Th. Strübin, Baselb. Heimatb. 13 (1977): 231, 233
Swissair-Photo AG: 67, 313, 430, 505
Nach T. Tomasevic, Stud. Militärgesch. III (1986): 277
Ufficio monumenti storici, Bellinzona: Tafel 4, 6b
Nach UFAS 5: Tabelle S. 170, 283
Nach UFAS 6: 287
Nach US: [1940] 48, [1953] 171, [1964] 261, [1959] 298
Nach Van Berchem (1982): 42
V. Vicari, Lugano: 459
Vindonissamuseum, Brugg: 20, 24, 144, 504
W. Wachter, Schaan [FL]: 368
G. Walser, Bern: 32, 35, 55, 89, 192, 443
H. Weber, Lenzburg: 507, Tafel 3b, 5, 18b
D. Weidmann, Lausanne: 422
B. Wertgarner, Enns [A]: 328
Nach F. Wiblé (1986): 59, 74
E. Zappa, Langendorf: 477
Nach ZAK 8 (1947): 224
H. Zbinden, Seminar f. Klass. Archäologie, Universität Bern: Tafel 13 und Umschlagbild

Archäologie im Konrad Theiss Verlag

Die Römer in Hessen

Hrsg. von D. Baatz und F.-R. Herrmann. 532 Seiten mit 486 Abb., zum Teil in Farbe, Zeichnungen, Kartenskizzen, Zeittafel, Orts-, Namen- und Sachregister. Leinen.
Alles Wissenswerte über die Römer in Hessen von der Besetzung um Christi Geburt bis zur Spätantike: Geschichte, Kultur, Religion, Kunst, Alltag. Mit grossem topographischem Teil.

Die Römer in Baden-Württemberg

Hrsg. von Ph. Filtzinger, D. Planck und B. Cämmerer. 732 Seiten mit 76 Tafeln, zum Teil in Farbe, und 457 Abb. im Text. Leinen.
Das grosse Standardwerk über die Geschichte der Römer in Südwestdeutschland. Mit grossem, alphabetisch geordnetem topographischem Teil.

Die Römer in Nordrhein-Westfalen

Hrsg. von H. G. Horn. 720 Seiten mit 559 Abb. und 24 Farbtafeln. Leinen.
Die ausführliche Darstellung der fast fünfhundertjährigen römischen Geschichte auf dem Boden des heutigen Bundeslandes. Mit grossem topographischem Teil.

Das römische Neuss

Hrsg. von der Stadt Neuss. 192 Seiten mit 148 Abb., davon 24 in Farbe. Leinen.
Eine farbige Rekonstruktion der Geschichte des römischen Neuss in Text und Bild.

M. Grünewald
Die Römer in Worms

103 Seiten mit 82 Abb., davon 48 in Farbe. Fester Einband.
Neue Grabungen werden in diesem reich bebilderten Buch ebenso umfassend erläutert wie kostbare Funde.

W. Menghin
Die Langobarden

Archäologie und Geschichte. 620 Seiten mit 191 Abb. und 24 Farbtafeln.
Eine Rekonstruktion der spannenden, mitunter blutigen Geschichte dieses germanischen Eroberervolkes. Die Sichtung archäologischer Funde und die Prüfung der alten Quellen lassen ein erstaunlich klares Bild der Langobarden entstehen.

R. Christlein
Die Alamannen

Archäologie eines lebendigen Volkes. 298 Seiten mit 112 Tafeln, davon 54 in Farbe, 135 Zeichnungen und Karten im Text. Leinen.
Diese erste Archäologie der Alamannen bringt in Text und Bild einen Überblick über ihre Besiedlung und Erschliessung des Landes, über Tracht, Bewaffnung und Schmuck, Wirtschaft und Gesellschaft, Glaube und Aberglaube.

Die Kelten in Baden-Württemberg

Hrsg. von K. Bittel, W. Kimmig und S. Schiek. 536 Seiten mit 438 Abb., davon 30 in Farbe, Plänen, Karten, Zeichnungen. Leinen.
Die Gesamtdarstellung der Kelten in Südwestdeutschland, ihrer Geschichte, Kultur und Kunst mit einer Übersicht über alle wichtigen Grabungen, Funde und Bodendenkmäler.

H. Roth
Kunst und Handwerk im frühen Mittelalter

Archäologische Zeugnisse von Childerich I. bis zu Karl dem Grossen.
320 Seiten mit 52 Abb. im Text und 112 Tafeln, davon 52 in Farbe. Leinen.
Eine zusammenfassende Darstellung von Kunst und Handwerk im Europa des 5. bis 9. Jh. und ihrer Einbettung in Leben und Alltag der damaligen Zeit.

Archäologie im Konrad Theiss Verlag

D. Planck/W. Beck
Der Limes in Südwestdeutschland

Limeswanderung Main-Rems-Wörnitz. 148 Seiten mit 128 Abb. und 15 Farbtafeln. Fester Einband.
Alle Bücher über den Limes sind mit einer beigelegten farbigen Limeswanderkarte 1:50 000 ausgestattet.

U. Körber-Grohne
Nutzpflanzen in Deutschland

Kulturgeschichte und Biologie. 622 Seiten mit 95 Textabb. und 132 Tafeln, davon 25 in Farbe. Leinen.
Dargestellt werden – bis auf Obstpflanzen, Küchen- und Heilkräuter – alle im Freiland für den menschlichen Verzehr und Gebrauch angebauten Artengruppen sowie ihre wilden Vorfahren und Verwandten. Das Handbuch der Kulturgeschichte und Biologie unserer Nutzpflanzen. Die umfassende Information für Natur- und Gartenfreunde, archäologisch und kulturgeschichtlich interessierte Leser.

Archäologie in Deutschland

Die Zeitschrift für den historisch und archäologisch interessierten Leser.
- Archäologie in Deutschland bringt aktuelle Berichte und Nachrichten über neue Funde, über gefährdete und gerettete Denkmäler und über die Probleme archäologischer Tätigkeit.
- Archäologie in Deutschland widmet sich in jeder Ausgabe einem Schwerpunktthema der Archäologie und Geschichte, stellt Museen vor und gibt Tips für archäologische Wanderungen und Ausstellungen.
- Archäologie in Deutschland ist von Fachleuten leicht verständlich geschrieben, informiert über die neuesten Forschungsergebnisse, berichtet in grundlegenden und spannenden Beiträgen über die Kulturgeschichte der Menschheit und wird bereichert durch farbige Reportagen über »Deutsche Archäologie im Ausland«.
- Archäologie in Deutschland erscheint vierteljährlich. Format 21×28 cm. Ca. 50 Seiten mit zahlreichen, grossenteils farbigen Abbildungen. Probeheft beim Verlag, kostenlos und unverbindlich.

G. Ulbert/Th. Fischer
Der Limes in Bayern

Von Dinkelsbühl bis Eining. 120 Seiten mit 93 Abb. und 7 Farbtafeln. Fester Einband.

E. Schallmayer
Der Odenwaldlimes

Die römische Grenze zwischen Main und Neckar. 144 Seiten mit 124 Abb. Fester Einband.

Führer zu archäologischen Denkmälern in Deutschland

Hrsg. vom Nordwestdeutschen und dem West- und Süddeutschen Verband für Altertumsforschung. Die Vergangenheit erlebbar machen, sie wieder zu entdecken in der nahen Umgebung, z. B. auf einer Wanderung, ist das Anliegen dieser Buchreihe. Die reiche Ausstattung mit Fotos, Zeichnungen und Lageplänen erleichtert es wesentlich, die Objekte aufzuspüren,
Der ständige Ausbau der Reihe (jeder Band umfaßt 200–250 Seiten) durch die Herausgeber garantiert dem Abonnenten eine umfassende Bibliothek über die Zeugnisse der Geschichte und Archäologie in unserem Lande. Bestellen Sie die Buchreihe zum günstigen Fortsetzungspreis.

Bisher sind erschienen:
Band 1: **Kreis Herzogtum Lauenburg I**
Band 2: **Kreis Herzogtum Lauenburg II**
Band 3: **Tübingen und das Obere Gäu**
Band 4: **Landkreis Rotenburg (Wümme)**
Band 5: **Regensburg – Kelheim – Straubing I**
Band 6: **Regensburg – Kelheim – Straubing II**
Band 7: **Stadt und Landkreis Kassel**
Band 8: **Landkreis Schwalm-Eder-Kreis**
Band 9: **Landkreis Soltau-Fallingbostel**
Band 10: **Der Kreis Lippe I**
Band 11: **Der Kreis Lippe II**
Band 12: **Koblenz und der Kreis Mayen-Koblenz**
Band 13: **Hannoversches Wendland**
Band 14: **Landkreis Weissenburg-Gunzenhausen I**
Band 15: **Landkreis Weissenburg-Gunzenhausen II**
Band 16: **Karlsruhe und der Oberrheingraben**

Legende zur umseitigen Karte der im archäologischen Teil aufgeführten Gemeinden

1 Ägerten BE
2 Äschi SO
3 Agno TI
4 Alpnach OW
5 Amden SG
6 Amsoldingen BE
7 Arbon TG
8 Ardon VS
9 Augst BL
10 Avenches VD
11 Baden AG
12 Balerna TI
13 Ballaigues/Lignerolle VD
14 Bardonnex GE
15 Basel BS
16 Baulmes VD
17 Bellikon AG
18 Bellinzona TI
19 Bennwil BL
20 Beringen SH
21 Bern BE
22 Bernex GE
23 Bettwil AG
24 Bivio GR
25 Bösingen FR
26 Bonaduz GR
27 Bondo GR
28 Bourg-St-Pierre VS
29 Bregenz (Österreich, Vorarlberg)
30 Brugg AG
31 Buchs ZH
32 Bülach ZH
33 Bussnang TG
34 Carouge GE
35 Castiel GR
36 Chancy GE
37 Chavannes-le-Chêne VD
38 Chur GR
39 Colombier NE
40 Commugny VD
41 Concise VD
42 Cressier NE
43 Crissier VD
44 Cuarnens VD
45 Dagmersellen LU
46 Develier JU
47 Dietikon ZH
48 Dulliken SO
    Eclépens VD → Orny VD
49 Effingen/Unterbözberg AG
50 Elgg ZH
51 Erschwil SO
52 Ersigen BE
53 Eschen FL
54 Ferpicloz FR
55 Filzbach GL
56 Frauenkappelen/Neuenegg BE
57 Freienbach SZ
58 Frenkendorf BL
59 Frick AG
60 Gamprin FL
61 Genf/Genève GE
62 Glovelier JU
63 Grandval BE
64 Gravesano TI
65 Grenchen SO
66 Gretzenbach SO
67 Hägendorf SO
68 Herzogenbuchsee BE
69 Hölstein BL

70 Hohenrain LU
71 Hüttwilen TG
72 Innertkirchen BE
73 Kaiseraugst AG
   Kallnach BE → Muntelier FR
74 Kloten ZH
75 Konstanz (BRD, Baden-Württemberg)
76 Küttigen AG
77 Langenbruck BL
78 La Punt-Chamues-ch GR
79 Läufelfingen BL
80 Laufen BE
81 Lausanne VD
82 Lenk BE
83 Lenzburg AG
84 Leuzingen BE
85 Liestal BL
86 Lignières NE
   Lignerolle VD → Ballaigues VD
87 Lindau ZH
88 Lostorf SO
89 Lugano TI
90 Martigny VS
91 Massongex VS
92 Mendrisio TI
93 Mettmenstetten ZH
94 Minusio TI
95 Mollis GL
96 Montreux VD
97 Montricher VD
98 Morens FR
99 Morrens VD
100 Motier FR
101 Moudon VD
102 Münchenwiler BE
103 Münchwilen AG
104 Muntelier FR/Kallnach BE
105 Muralto TI
106 Murten FR
107 Neftenbach/Winterthur ZH
    Neuenegg BE → Frauenkappelen BE
108 Niedergösgen SO
109 Nürensdorf ZH
110 Nyon VD
111 Oberentfelden AG
112 Oberlunkhofen AG
113 Oberweningen ZH
114 Olten SO
115 Orbe VD
116 Ormalingen BL
117 Orny/Eclépens VD
118 Osterfingen SH
119 Paspels GR
120 Payerne VD
121 Péry BE
122 Pfäffikon ZH
123 Pfyn TG
124 Porrentruy JU
125 Posieux FR
126 Pully VD
127 Rapperswil BE
128 Rapperswil SG
129 Rheinfelden AG
130 Riaz FR
131 Riom-Parsonz GR
132 Riva S. Vitale TI
133 Romainmôtier VD
134 Rovio TI

135 Rohr AG
136 Rüti bei Büren BE
137 Ste-Croix VD
138 Ste-Croix/Vuiteboef VD
139 St-Maurice VD
140 St-Prex VD
141 St-Saphorin VD
142 Sargans SG
143 Sarmenstorf AG
144 Schaan FL
145 Schänis SG
146 Schiers GR
147 Schleinikon ZH
148 Schleitheim SH
149 Schongau LU
150 Selzach SO
151 Siders/Sierre VS
152 Silvaplana GR
153 Sitten/Sion VS
154 Solothurn
155 Sonvico TI
156 Splügen GR
157 Stabio TI
158 Stallikon ZH
159 Stampa AG
160 Stein AG
161 Stein am Rhein SH
162 Studen BE
163 Suhr AG
164 Tannay VD
165 Tavannes BE
166 Tegna TI
167 Tesserete TI
168 Therwil BL
169 Thun BE
170 Tiefencastel GR
171 Toos TG
172 Trimbach SO
173 Trins GR
174 Tschugg BE
175 Ütendorf BE
    Unterbözberg AG → Effingen AG
176 Ursins VD
177 Vandoeuvres GE
178 Versoix GE
179 Vicques JU
180 Villigen AG
181 Vuippens FR
    Vuiteboeuf VD → Ste-Croix VD
182 Vully-le-Haut FR
183 Wahlen BE
184 Walenstadt SG
185 Wettingen AG
186 Wiedlisbach BE
187 Windisch AG
188 Winkel ZH
189 Winterthur ZH
190 Wittnau AG
191 Würenlos AG
192 Yverdon-les-Bains VD
193 Yvonand VD
194 Zell ZH
195 Zernez GR
196 Zillis-Reischen GR
197 Zofingen AG
198 Zuchwil SO
199 Zullwil SO
200 Zürich ZH
201 Zurzach AG

(ohne Gemeinden mit Wachttürmen am Rhein)

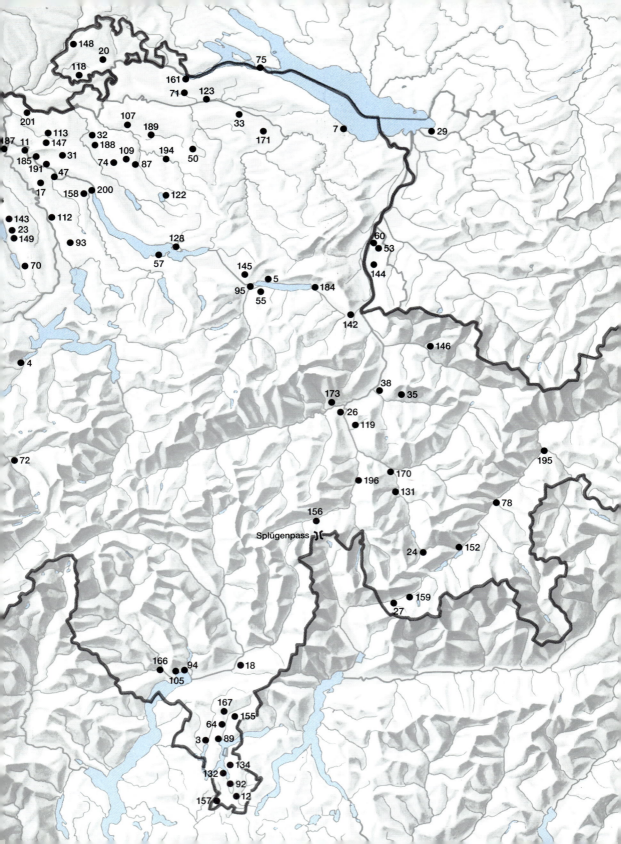